돈황

이 도서의 국립중앙도서관 출판예정도서목록(CIP)은 서지정보유통지원시스템 홈페이지(http://seoji.nl.go.kr)와
국가자료공동목록시스템(http://www.nl.go.kr/kolisnet)에서 이용하실 수 있습니다.
(CIP제어번호: CIP2015000824)

WEALTH & POWER

돈과 힘

\ 중국의 부강을 이끈 11인의 리더 /

존 델러리 · 오빌 셸 지음 | 이은주 옮김

문학동네

존경하는 독자들에게.

한국에 머물렀던 지난 4년간의 세월이 내게는 큰 행운으로 느껴진다. 그동안 낮에는 연세대학교에서 학생들을 가르치고 밤에는 홍익대학교 인근의 조용한 카페에서 이 책을 집필하는 데 몰두했다. 비록 이 책에는 한국에 관한 내용이 그리 많이 언급돼 있지 않으나 이 책의 '출생지'는 분명히 한국이다. 그리고 한국은 중국의 과거와 현재에 대한 내 사고에 많은 영향을 미쳤다. 공저자와 나는 한국의 유명 출판사 가운데 한 곳인 문학동네 덕분에 이 책을 한국 독자들에게 선보일 수 있게 됐다는 사실이 매우 기쁘다.

수천 년 동안 이웃나라로 지내왔기 때문에 당연히 한국인이 미국인보다는 중국에 대해 훨씬 많이 알고 있을 것이다. 그러나 나는 한국의 독자들이 이 책을 읽고 나서, 그리고 미국인 학자 두 명의 눈에 비친 중국의 모습을 보면서 중국에 대해 새로운 사실을 더 많이 알게 되리라 확신한다. 어쨌거나 세상은 이제 용과 독수리, 즉 중국과 미국이라는 두 '강대국'이 지배하는 이른바 G2 체제로 나아가고 있다. 이러한 맥락에서 한국의 지도자와 국민은 중국의 부상 그리고 이와 관련한 중미의 세력 균형관계를 명확히 알아야 할 필요가 있다. 이 책의 핵심 화두도 바로 이것이다.

한국은 '부국富國'이라는 관점에서 중국과의 관계가 더욱 긴밀해지고 있으나 '강병強兵'의 관점에서는 여전히 미국에 대한 의존도가 높은 편이다. 양자 간의 충돌을 해결하는 일에 한국의 미래가 달려 있다 해도 과언이 아니다. 이 책 하나로 그 미래를 보장할 수는 없다. 그러나 이 책을 읽으면 한국인들이 중국의 근대사와 미국인의 중국관을 이해하는 데 도움이 될 것이다.

이 책은 각기 다른 방식으로 '부국강병'이라는 똑같은 목적을 이루려 했던 유명 인사들의 삶과 생각을 통해 중국의 근대사를 조명하고 있다. 각 장은 펑계분馮桂芬과 같이 사람들의 기억 속에서 사라진 사상가로부터 마오쩌둥毛澤東과 덩샤오핑鄧小平 같은 세계적 정치가에 이르기까지, 중국의 역사를 대표하는 유명인들의 짧은 전기와 같은 형태를 취하고 있다. 전체로서의 중국의 운명과 마찬가지로 이들의 인생은 극적인 반전으로 가득차 있다. 이들의 인생을 들여다보면 극과 극을 달린다 싶을 정도로 각기 다른 생각과 사상을 지녔으면서도, 이들의 글과 말 속에서는 묘하게 공통되는 부분이 발견된다. 즉, 이들은 모두 중국이 '강대국'의 위치를 다시 찾기를 염원했다.

안타깝게도 19세기와 20세기에 진행된 강대국으로의 복귀 노력은

❀

5

실패로 끝나고 말았다. 그러나 전임자들의 실수를 반면교사로 삼았던 덩샤오핑의 등장과 함께 중국도 서서히 변화하기 시작했다. 덩샤오핑 치하에서 중국은 경제발전과 부의 창출이라는 기적을 이뤄냈다. 오늘날의 중국은 시진핑習近平 주석의 통치하에 새롭게 이룩한 강대국의 힘을 시험해보고 있다. 논란을 빚은 동중국해 혹은 남중국해 문제는 겉으로는 사소해 보일지 모르나 사실 중국이 '치욕의 역사'를 바로잡고 국가 부흥을 이뤄낼 수 있는지를 시험하는 하나의 잣대다. 그러나 이 사명을 완수하려면 서태평양 권역 및 미국과의 주도권 다툼을 피할 수 없다. 양국의 세력 균형이 한국을 비롯한 동아시아 전체의 운명을 좌우할 것이다. 이 책은 역사적 맥락에서의 중국에 대한 이해를 통해 미국이 좀더 신중하게, 그리고 좀더 지혜롭게 반응하게 하는 데 도움을 주고자 한다.

그러나 미중 관계는 단순히 세력 균형의 관점 하나로만 이해할 수 있는 부분이 아니다. 적어도 미국인에게 중국은 '가치관'과 관련한 부문에 문제가 있는 국가다. 이러한 맥락에서 한국의 지도자들도 미중 관계의 본질을 이해할 수 있는 측면이 있을 것이다. 일례로 이 책을 읽은 내 중국인 친구들은 마지막 장이 노벨 평화상 수상자 류샤오보劉曉波에 관한 이야기임을 알고 실소를 금하지 않았다. 류샤오보는 국가 권력 전복을 시도한 혐의로 11년 징역형을 선고받은 사람이 아니던가! 중국 독자들의 눈에 류샤오보 이야기로 대미를 장식한 이 책은 조지 워싱턴과 토머스 제퍼슨으로 시작된 미국의 역사책이 에드워드 스노든(국가 기밀을 폭로한 전 CIA 요원)의 이야기로 끝난 것과 같은 모양새일 것이다.

중국의 국가 정체성을 부국강병의 추구보다는 인권과 민주주의 같은 보편적 가치에 기반을 둬야 한다고 주장하는 류샤오보 같은 사람을 이 책에 포함하는 것은, 사실 미국인의 관점이 많이 반영된 것이라 할수 있다. 오늘날 대다수 중국인의 시각처럼 류샤오보가 한낱 경계인으로 남을지, 아니면 (역시 내란 음모죄 선고를 받았고 또 노벨 평화상 수상자가 된 한국의 김대중 전 대통령처럼) 중국의 운명을 바꾸는 중대한 역할을 하게 될지 누가 알겠는가! 이러한 가치관의 문제는 미국이 중국을 어떻게 바라볼 것인지를 규정하는 중요한 요소이며 이는 한중관계와는 사뭇 다른 방식으로 미국 정부의 대對중국 정책에 직접적인 영향을 미친다. 한국 독자들은 새로운 관점에서 중국의 부상과 관련하여 이와 같은 가치관의 문제를 미국이 어떻게 다루어나갈지를 이해하게 될 것이다.

공저자 오빌 셸은 저명한 중국 전문가로서 하버드 대학교를 졸업한 직후 마오쩌둥이 아직 권력을 잡고 있던 시절에 처음 중국을 방문했다. 나는 예일 대학교 신입생이던 20여 년 전에 처음으로 중국을 방문했고 이후 중국어와 중국 역사를 공부했다. 중국 연구는 내 평생의 여정이다. 이 여정에 동참한 모든 독자를 진심으로 환영한다.

존 델러리

차례 W E A L T H

들어가는 글

부국강병富國強兵 : 중국은 어떻게 돈과 힘을 움켜쥐었는가

안으로는 쇠락, 밖으로는 외세의 위협과 침략이라는 이중고로 말미암아, 20세기가 시작되는 시점에도 중국은 회생의 기미를 보이지 않은 채여전히 막막한 현실에서 벗어나지 못하고 있었다. 이러한 시대 상황 속에서 정치평론가이자 개혁가인 량치차오梁啓超가 『신중국미래기新中國未來記』라는 제목의 공상소설을 쓰기 시작했다. 대중잡지에 연재된 이 소설은 우국적 몽상과 공상적 열망이 교묘히 혼합된 창작물이었고 저자는부푼 기대감 속에서 당시로부터 60년 후 다시 한번 세계 속에 우뚝 선부강한 중국의 모습을 그리고 있었다. 새 시대에 적응하는 데 실패한 청왕조에 깊은 실망감을 느꼈던 수많은 독자들은 이 소설의 두세 장章만을접하고서도 다른 국가에 비해 한참 뒤처진 당시의 중국이 1962년 즈음에는 어떤 모습으로 변화할지 부푼 기대감을 품고 중국의 장밋빛 미래를 다시 꿈꾸었다. 량치차오는 이 소설에서 전 세계의 내로라하는 학자와 정치가, 상인 들이 상하이上海에서 열린 세계박람회에 전부 몰려와, 찬란한 유교문화로 대표되는 과거의 중국과 새 시대에 완벽하게 적응한

10

富國強兵

근대 중국을 찬양하는 모습을 그렸다. 신기한 사실은 실제로 2010년 상하이에서 세계박람회가 열렸다는 점이다. 우연이라 하기에는 참으로 묘한 일이 아닐 수 없다. 당시 가장 영향력 있는 대중 지식인이었던 량치차오는 이렇게 썼다. "나는 이 책이 중국의 미래에 큰 도움이 되리라 믿는다."[1]

량치차오 스스로 이 글을 쓰는 자신이 한심하다는 생각이 들었다고 고백할 만큼, 사실 『신중국미래기』는 문학성이 대단히 뛰어난 작품은 아니었다.[2] 그러나 그때보다 부강해지고 국제적 위상도 높아진 지금의 중국을 보면서 이 책을 다시 읽으면, 상상 속에서라도 잘사는 국가의 미래를 그려보고 싶어할 정도로 당시 중국인들이 국력 쇠락이라는 참담한 현실에서 벗어나기를 얼마나 간절히 원했는지가 느껴져 안쓰러운 마음이 들기도 한다.

근 1세기 동안 쇠락의 나락에 빠져 있던 중국으로서는 그러한 몽상적 기대야말로 비참한 현실에 대한 유일한 탈출구였는지도 모른다. 그리고 현실과 동떨어진 꿈에 탐닉했던 이는 량치차오뿐만이 아니었다. 40년 후 또 한 명의 저명한 작가 린위탕林語堂 역시 전보다 훨씬 더 비참해진 국내 상황과 일본 제국군에 점령된 조국의 암담한 현실을 보면서 이와 비슷한 염원을 담아 중국의 장밋빛 미래를 그려냈다. 린위탕은 1942년에 발표한 『제소개비嗤笑皆非』에서 신비한 마력에 빠진 듯 직관적으로 글을 썼고 그것은 마치 '그동안 자신의 정신과 의지를 거의 마비 상태로 옥죘던 끔찍한 미로 속으로 스며든 한줄기 신선한 공기와도 같은 것'이라고 표현했다.[3] 분명히 중국이 절망과 무기력의 나락에서 허덕이고 있음에도 린위탕은 중국의 성장을 장담하고 있었다. 린위탕은 온

❀
11

갖 부정적 증거 앞에서도 이렇게 쓰고 있다. "나는 전화戰火를 겪으며 오히려 정화된 4억 5000만 인구와 함께 중국이 부상하고 있다고 믿는다. 중국의 강점과 성장 잠재력은 중국 안에 존재하며 서구의 어느 국가도 중국의 성장을 가로막거나 계속 쇠락의 나락에 머물러 있게 하지는 못할 것이다."[4]

훗날 중국이 부강한 국가로 우뚝 서리라는 이 같은 몽상에는 사실 중국의 부활을 염원하는 간절함이 담겨 있다. 이와 동시에 중국이 '중화제국'으로서 다시 세계의 중심으로 부활할 것이라 장담할 수 없음에 대한 체념 섞인 애잔함이 드러나 있기도 하다. 그러나 그로부터 30년 후 그 유례를 찾을 수 없을 정도로 엄청난 규모와 속도로 눈부신 경제성장을 이룩한 오늘날의 중국을 보면 오래전 중국의 장밋빛 미래를 부르짖던 량치차오와 린위탕의 '몽상'이 선지자의 예언이 아니었나 싶기도 하다.

오랫동안 중국을 괴롭혔던 처참한 발전사에 돌연 종지부가 찍힌 것을 보면, 실패로 점철됐던 중국의 근대화 과정에 다시 눈을 돌리지 않을 수 없게 된다. 중국의 근대사는 실패한 개혁의 역사라 해도 과언이 아니다. '새로운 중국'을 창조하려 애썼던 사람들에게 내려진 저주인 듯 실패한 개혁과 굴욕과 쇠락으로 점철된 중국의 근대사가 어떻게 갑자기 성공의 역사로 방향을 전환했을까? 이것은 정말 덩샤오핑이 꿈꿨던 기적이 마오쩌둥 시대 이후에 돌연 실현된 것일까? 혹은 오래전에 뿌려둔 성장의 씨앗이 갑자기 싹을 틔운 것일까? 당시에는 도저히 알아차리지 못할 정도로 그렇게 서서히 꿈이 이루어진 것일까? 공상소설이라면 모를까 일반적 상황에서는 상상조차 할 수 없는 그러한 형태로 꿈이 실현

12

富國強兵

된 것인가?

　이 책은 중국의 부상을 칭송하거나 우려하는 책이 아니다. 그보다는 오늘의 중국을 만들고자 고군분투했던 주요 지도자와 사상가의 노력에 대한 역사적 고찰이라고 하는 편이 더 낫다. 이러한 역사를 통해 중국의 '경제기적'에 대한 자국인들의 시각을 살펴보는 동시에 이와는 다른 관점에서 문제를 바라보고자 한다. 요컨대 우리 목적은 쇠락, 피점령, 내전, 억압통치, 사회주의혁명 등으로 점철된 근 1세기를 보내고 나서 중국이 어떻게 활력과 성장의 시대로 진입했는지를 좀 다른 방향에서 설명해보려는 것이다. 그래서 우리는 새로운 기록과 자료가 아니라 중국의 고전에 해당하는 것에서부터 좀더 최근의 연구 결과물을 포함한 기존의 연구 자료를 활용하기로 했다. 이러한 과거 자료들을 통해 중국의 미래를 조금이나마 가늠해볼 수 있기를 기대한다. 또한 우리는 둘 다 오랫동안 중국에서 살면서 여행도 하고 연구도 한 경험이 있기 때문에 이 특별한 국가가 어떠한 과정을 거쳐 그리고 어떠한 이유로 세계사에 유례가 없을 정도로 특이한 행보를 보여왔는지를 조금은 더 쉽게 이해할 수 있었다.

　이 책에 등장하는 주요 정치인과 대중 지식인의 전기와 저작물, 연설문 등을 통해 우리는 이들의 공통 화두가 바로 '부와 힘', 즉 '부강富強'이었음을 알게 됐다. 중국의 근대사는 국가 지도자들이 어떻게 중국인들을 이끌고 국가 '부흥復興'이라는 목표를 향해 나아갔는지를 보여주는 역사다. 중국사회는 결국 이러한 과정을 통해 개방된 민주사회라는 미래에 더 가까이 다가갈 수 있게 됐다.

　'부강'이라는 말은 흔히 '부와 힘'으로 표현되는데 이는 '국가를 부

13

유하게 하고 군사력을 키워라'라는 의미의 고대 중국의 격언 '부국강병
富國強兵'을 줄여서 부르는 말이다. 이 용어는 지금부터 2000여 년 전 이
른바 '전국시대'라 일컬어지는 시기에 탄생했다. 당시 법가 사상가 한비
자韓非子는 '현명한 군주가 있어 부국과 강병을 이루어낼 수 있다면 이
군주는 자신이 원하는 모든 것을 얻을 수 있다'[5]라는 말로 부국강병의
핵심을 설명했다. 19세기 초 이후로 중국의 개혁가들은 자신들의 선조
가 한때 당연하게 여겼던 세계 중심국, 즉 중화中華라는 중국의 위상을
회복하겠다는 열망을 품었고 '부강'이라는 두 글자에는 그러한 염원이
고스란히 담겨 있었다. 특히 이들은 중국이 외세의 침략으로부터 자국
을 방어할 수 있는 강한 국가가 되기를 간절히 바랐다. 전국시대에는
'부강'이라는 말이 매우 공격적인 의미를 담고 있었다. 그러나 19세기에
부활한 이 단어에는 그때와는 달리 외국을 공격한다는 의미보다는 자기
방어의 의미가 더 강하게 담겨 있었다. 국력이 쇠하고 외세의 침략에 맞
서 영토를 온전히 보존하는 일이 우선이던 시절이었기 때문이다.

아편전쟁(1840~1842)을 비롯해 제국주의 열강에 무참히 무너지는
일이 계속되면서 중국의 수치심과 굴욕감이 깊어졌고 이에 따라 다시
부강한 국가가 되는 일이 중국인에게 절박한 과제가 됐다. 이후 중국의
지식인들과 정치지도자들은 '부강'한 중국을 만들고자 무진 애를 썼다.
비록 이러한 노력이 별 성과를 보지는 못했으나 '부강'이라는 화두가 중
국으로 하여금 혁신과 부활이라는 목표를 계속해서 추구할 수 있게 한
원동력이 됐음은 틀림이 없다.

물론 '부국강병'을 꿈꾸는 이면에는 빈곤, 약함, 치욕으로 대변되는
자국의 굴욕적 현실이 자리했다. 서구 제국과 일본이 중국의 영토 주권

을 계속해서 침해했고 중국인들은 자국의 근간인 유교 질서의 우월성에 대한 자신감마저 잃기 시작했다. 처음에는 반신반의하는 정도였다가 나중에는 의구심과 자기 비난의 강도가 점점 높아졌고 이러한 부정적 정서들이 전체 사회를 좀먹고 있었다. 청일전쟁(1894~1895) 당시 중국이 아시아의 약소국으로 치부됐던 일본에 패했을 때 중국인들이 느꼈던 충격이란 이루 말로 다 할 수 없을 정도였다. 또 제1차 세계대전이 끝났을 때 중국은 대전의 피해국 처지였고 이것이 중국인들에게 크나큰 상처와 모멸감을 주었으며 이러한 '굴욕적' 자기 인식은 심리적, 정치적으로는 물론 문화적으로도 중국에 지대한 영향을 끼쳤다. 피해국 대 침략국에 관한 갑론을박이 벌어지는 와중에 결코 승전국이라 할 수 없는 처지였던 중국은 야만적 침략국이었던 제국 열강을 비난하기 바빴다.

한편 중국은 제1차 세계대전 당시 일본에 패한 충격으로 심한 열등감과 무력감에 빠져 있던 중국인들의 마음을 달래는 일에도 신경을 써야 했다. 이것이 당시 중국의 개혁가들과 정치지도자들이 떠안은 시급하고도 중대한 과제였다. 이러한 노력의 하나로 수많은 선전문구가 등장했고 그중 대다수가 지금까지도 사용되고 있다. 이러한 문구들은 대개가 이제 더는 중국이 세계의 중심국이 아니라는 상실감에서 오는 모멸감과 충격에서 나온 것이었다. "국가를 재건하고 굴욕의 상처를 지우자!" "치욕의 역사를 국가 재건의 발판으로 삼자!"[6] 1940년대까지 중국은 '굴욕의 100년'이라는 말을 주기적으로 부르짖었고 더 나아가 '국치일'이라는 기념일까지 정해놓을 정도였다. 중국인들은 지금도 아이들에게 '치욕의 역사를 절대 잊지 말고 국방을 튼튼히 해야 한다'라고 가르친다.[7]

근대 중국의 지식인들은 지속적으로 불만을 한데 모아 아주 정교한 모양의 태피스트리를 만들어냈다. 그 태피스트리 속의 중국은 공격적이고 야만적인 강대국의 등쌀에 어쩔 수 없이 참전하여 큰 피해만 본 불행한 피해자로 그려졌다. 이러한 역사적 배경을 고려한 우리는 이 책에서 외세의 침략과 이에 따른 중국인의 모멸감과 굴욕감이 어떻게 해서 도리어 국가의 치욕적 역사를 긍정적으로 이해하게 하는 발판이 될 수 있었는지를 살펴볼 것이다. 그리고 어떻게 이러한 굴욕적 경험이 새로운 국가 정체성의 일부로 체화(일부 학자는 이를 '피해의식의 정화'라고도 한다)될 수 있었는지도 고찰해볼 것이다.[8]

다시 말하지만, 근대 중국은 서구 열강을 배척해야 하는 상황에서도 한편으로 그러한 서구 열강을 따라잡기 위해 서구 문물을 배워야 하는 묘한 딜레마에서 빠져나오지 못하고 있었다. 따라서 우리는 마지막으로 이 굴욕감이 어떻게 이러한 딜레마에서 빠져나올 돌파구를 마련해주었는지를 살펴볼 생각이다. 중국의 처지에서 서구 열강에 밀렸다는 사실은 분명히 수치스럽고 굴욕적일 수 있다. 그러나 또 한편으로 이 사실은 치욕의 역사를 지우는 한 방법으로서 중국 인민을 채근해 다양한 개혁과 혁신 운동에 동참하게 하는 일종의 회초리 구실을 했다. 중국의 개혁가들과 혁신가들은 치욕의 강에서 국민을 건져올릴 한 방법으로서 '민족주의'를 전면에 내세웠다. 그리고 이 민족주의는 '치욕의 역사'에 뿌리를 둔 중국인의 실패와 무력감을 치유하는 처방전이 됐다.

국치國恥의 흔적을 지우고, 부유하고 강한 옛 중국의 명성을 되찾으려는 노력은 계속됐다. 19세기에는 주로, 어떻게 하면 서구 열강의 군사기술과 경제'기법'을 '자강自强'이라는 목적을 달성하는 데 이용할 수 있는지 그 방법을 찾는 데 초점이 맞춰져 있었다. 그러나 20세기 초가 되자 좀더 광범위하고 급진적인 접근법이 절실해졌다. 중국의 사상가들이 중국 전통문화의 근간이라 할 핵심적 본질體은 건드리지 않으면서 서구 문물을 제대로 활용할 방법을 진지하게 고려하기 시작한 것도 이때가 처음이었다. 행여라도 당시 중국의 후진 상태와 근대사회에 대한 적응 부진이 중국 문화의 본질인 유교적 가치체계에서 비롯됐다는 비난이 나오지 않을까 저어했기 때문이다. 실제로 량치차오나 옌푸嚴復 같은 급진적 대중 지식인들은 절대 강국의 옛 면모를 되찾기 위해서라면 중국 문화의 근간을 버리고라도 서구 문물을 받아들일 준비가 돼 있었다. 옌푸는 절실하게 자신의 심정을 토로했다. "그것이 중국의 것인지 서구의 것인지, 또 옛것인지 새로운 것인지 따질 시간이 없다. 어떤 방법이 무지와 빈곤과 허약함만을 낳는다면 우리는 과감히 이 방법을 버려야 한다. 반면에 다른 방법이 무지를 타파하여 빈곤과 허약함을 치유하는 데 효과적이라면 그것이 비록 서구 야만인들의 방법이라 할지라도 우리는 과감히 그 방법을 가져다 써야 한다."9

이러한 의견들이 나오고 나서 얼마 지나지 않아 지식인들 가운데 량치차오나 옌푸보다 훨씬 더 급진적인 성향의 회의론자들을 중심으로 '신문화운동'이라는 문화적 봉기가 일어났다. 이들은 중국의 '과거 전면 거부'와 훨씬 광범위한 수준의 '서구 문물 도입'이라고 하는 새로운 방식의 해법을 표방하고 나섰다. 이들에게 중국 문화의 근간인 유교 질서를 '타파'하는 일은 나라를 구하는, 즉 '구국救國'이라는 신성한 임무를 실현하는 차원에서 반드시 이루어야 할 소명이었다.

서구 제국의 민주적 정치개혁은 인간의 기본권과 보편적 가치에 대한 믿음에서 비롯됐다. 이 인권은 '천부적' 권리까지는 아니더라도 생래적生來的 권리인 자연권으로서 그 유효성에 관계없이 지지되어야 하는 권리다. 그런데 서구의 정치개혁과는 달리 중국에서 이루어진 개혁은 실용적 측면에 그 뿌리를 두고 있었다. 중국의 개혁은 기본적으로 자국을 다시 부강한 국가로 만드는 것에 초점이 맞춰져 있었으며 이러한 목표를 달성하는 데 도움이 되는 방법이라면 어느 것이든 고려할 가치가 있다고 보았다. 프랑스혁명이 '자유, 평등, 박애'를, 서구사회가 '근대화'를 외쳤다면 중국은 '부, 강, 명예'를 외쳤던 것이다. 그런 의미에서 서구인의 눈에 중국의 개혁가들은 '목적'이라는 이상적 세계보다는 '수단'이라는 실리적 세계를 사는 사람들처럼 보였다. 개혁가들이 민주적 통치에 관심을 보였던 이유는 양도할 수 없는 절대적이고 신성한 권리로서의 '정치적 자유'를 소중히 여겨서라기보다 그 민주적 통치가 중국을 더 역동적이고 더 강한 국가로 만들어줄 것으로 기대했기 때문이었다. 중국의 국부國父로 일컬어지는 쑨원孫文은 이런 말을 했다. "어떤 방식이든 실용성이라는 차원에서 따져보지 않고는 그것이 좋은 것인지 나쁜 것인지 판단하기 어렵다. 실용적 가치가 있다면 그것은 좋은 것이고 실용성이 없다면 그것은 나쁜 것이다."[10]

이러한 논리라면 중국 개혁가들이 국가를 부강하게 하는 데 도움이 된다는 서구의 정치체제와 진보적 정치철학을 시험해보지 않을 이유가 있겠는가? 공산주의나 파시즘, 혹은 독재주의도 마찬가지다. 어떤 방식이나 체제가 부국강병이라는 목적을 실현하는 데 적합하지 않다면 또다른 방식을 시도할 것이고 그마저 신통치 않으면 자국에 적합한 방식을 찾아낼 때까지 또다른 방식을 계속해서 시험해볼 것이다. 이러한 맥락

富國強兵

에서 중국의 개혁가들은 줄곧 부국강병의 수단을 열심히 찾아 헤맸고 그 과정에서 경제, 지식, 문화, 정치 등 모든 측면에서 중국에 도움이 될 서구 문물을 도입하는 데 힘을 쏟았다.

처음에는 외국 혹은 외국인을 극도로 혐오하는 수구적 정치 일파인 일명 보수배외파保守排外派가 이러한 과정과 추세를 방해하거나 막으려 했다. 그러나 시간이 지나면서 도입해도 괜찮겠다 싶은 외국 문물의 범위가 계속해서 확대됐다. 외국 문물의 '도입'에 관해 그 의미나 수준을 어떻게 정의하든 이러한 작업의 목적은 늘 같았다. 즉 '구국'과 세계 중심국인 '중화라는 옛 명성의 회복'이 그것이었다. 이러한 목적을 달성하는 데 도움이 된다 싶은 것이면 무엇이든 하겠다는 의지까지는 좋았다. 문물 도입의 문제를 실용적 잣대로만 판단하다보니 '중국의 근대 역사' 자체가 체계라고는 없이 뒤죽박죽돼 있다는 인상을 심어주었다. 마치 '중국 근대사'라는 제목의 연극작품을 각기 다른 극작가들이 한 조각씩 만들어 이어붙인 것처럼 무질서하고 엉성하기 짝이 없었다.

외국의 발전 모형을 도입한다는 것 자체에 본질적인 문제가 내포돼 있었다. 다른 곳의 무엇을 받아들인다는 행위에는 수천 년 동안 지켜온 중국 고유의 문화적 전통을 부인한다는 의미가 깔렸기 때문이다. 중국의 전통문화는 지난 1000여 년 동안 중국사회를 잘 지탱해왔다. 그 좋았던 문화가 이제는 중국을 후진국으로 만든 진짜 원흉이라는 지적이 나오고 있었다. 중국은 이 전통문화를 배척할 것이냐 그냥 가지고 갈 것이냐를 놓고 우왕좌왕하기만 했다. 그렇게 둘 사이에서 갈피를 못 잡고 허비한 세월이 150여 년이나 됐다. 그러다 마침내 마오쩌둥이 등장했다. 마오쩌둥은 폭력적이고 전체주의적인 방식도 불사하며 중국이라는 국가의 정체성의 본질까지 파괴하려는 계획을 수행하기에 이르렀다. 산불은 재앙적 사건임에 틀림이 없다. 그런데 이 산불이 아이러니하게도 새로운 숲을 조성하는 데 이바지한다. 이와 마찬가지로 마오쩌둥의 이러한 무자비한 정책이 후임자인 덩샤오핑에게 눈부신 경제발전을 이룩할 길을 열어주었는지도 모른다.

과거 150년 동안의 중국 근현대 정치사를 보면 중국이 이 시기 동안 국가 재창조를 위해 끊임없이 노력했음을 알 수 있다. 그리고 격랑 속에 점점 더 큰 파도가 해안을 강타하듯 그러한 시도와 노력은 회를 거듭할수록 한층 더 강력하고 파괴적인 것이 되어갔다. 현대화를 위한 중국의 끊임없는 노력 과정을 제대로 이해하려면 대중 지식인, 정치지도자, 개혁가, 혁신가 등 중국 근현대사를 이끈 대표적 인물 11인의 면면을 살펴볼 필요가 있다. 이들은 19세기 초부터 오늘날까지의 인물들로 모두가 '중국 근현대사'라는 드라마에서 사상가와 인습타파주의자, 지도자로서 중대한 구실을 했다. 이렇게 주요 인물들을 중심으로 중국 근현대사를 조명하려는 데는 그만한 이유가 있다. 한없이 모호하고 불가해하게 보일 수밖에 없는 외국 역사를 우리에게 좀더 익숙한 인물 중심으로 풀어나감으로써 그 모호한 역사를 더 선명하고 분명하게 그려보고자 하는 바람이 있었기 때문이다. 더 나아가 세대를 이어 계속 반복됐던 근현대사의 중심 사상이 대체 무엇인지를 이해하는 데 이러한 인물 중심의 역사 조명이 조금이나마 도움이 되기를 바랐기 때문이다. 그리고 이러한 배경지식을 통해 중국이 얼마나 어려운 과정을 거쳐 현재와 같은 강대국 반열에 올라섰는지를 독자들이 제대로 이해하기를 바라는 마음이 있었다.

富國強兵

\ 1장 \

행기유치行己有恥
: 부끄러워할 줄 아는 것이
힘이다

\

위원

WEALTH & POWER

"
왕도 없이 부강이 실현된 바는 있어도
부강 없이 왕도가 실현된 바는 없다.
"

위원

行己有恥

난징南京 시 서북쪽, 그러니까 양쯔 강 기슭과 스쯔 산獅子山 사이에는 저 유명한 사원 징하이 사靜海寺가 자리하고 있다. 그러나 '고요한 바다'라는 뜻의 그 이름이 무색하게 사원 주변은 '고요'와는 거리가 멀어도 한참 멀다. 자동차와 화물차가 3차로 대로를 달리며 14세기에 축조된 거대한 성벽의 성문을 지나 난징 시내를 향해 질주한다. 새 도읍의 방어를 위해 명나라 때 세워진 장성長城이 지금도 여전히 이 현대적 도시 난징을 에워싸고 있다. 이 앞쪽으로는 스쯔 산 봉우리가 우뚝 솟아 있다. 아주 오래전에 명나라 왕실 관리들이 이 스쯔 산에 거대한 탑을 세우려 했었다. 사람들이 이 거탑에 올라 양쯔 강과 난징의 경관을 내려다보았다면 장관을 이루는 그 위엄에 압도되고도 남았을 것이다. 그러나 국고가 바닥나는 바람에 거대한 탑을 세우겠다는 왕실의 계획은 먼 훗날을 기약할 수밖에 없는 상황이 됐다. 그리고 그로부터 600년이 지난 2001년 9월에 비로소 그 탑이 완공됐다.

❋

23

국력 회복을 위한 길고도 험난한 여정의 출발

스쯔 산 기슭에 있는 징하이 사는 작은 사원으로 중국 근대사에서 매우 중요한 의미가 있는 장소다. 1842년 8월, 숨막힐 듯한 더위 속에 이 사원의 뒷방에서는 역사적인 사건이 벌어지고 있었다. 마지못해 영국측 대표와 마주앉은 중국측 대표들은 불평등조약인 난징조약에 울며 겨자 먹기로 서명을 해야 했다. 이 치욕스러운 조약의 체결로 서구 열강과의 첫번째 큰 충돌이자 장장 3년이나 끌었던 아편전쟁은 막을 내렸다. 그러나 이 조약은 아편전쟁의 종식을 의미하는 동시에 이후 군사적, 외교적 측면에서 중국이 서구 제국주의 열강에 번번이 당하게 될 굴욕적 참패의 서막을 의미했다.

조약이 체결된 이 장소는 당시 상태와 비슷하게 복원되어 중국인들로 하여금 '불평등조약'을 체결할 수밖에 없었던 자국의 쓰라린 역사를 되새기게 하는 구실을 하고 있다. 중국 대표들은 이 사원 옆 양쯔 강에 정박해 있던 영국 해군 전함 콘월리스호 선상에서 조약에 서명했고 이때만 해도 이것이 신뢰를 바탕으로 한 약속이 되어 앞으로 양국의 평화를 보장해줄 문서이기를 기대했다.[1] 당시 청 왕실은 마뜩잖기는 했으나 피할 방도가 없었기에 영국측에 많은 것을 양보했다. 그래놓고는 강대하고 공격적인 서구 제국을 살살 달래 돌려보내고자 짜낸 교묘한 술책이었노라며 불평등조약의 체결을 합리화했다. 서구 열강을 일단 중국에서 몰아냄으로써 세계의 중심국이던 이전의 위치를 회복할 속셈이었다는 눈가림으로 현실을 외면하려 했던 것이다.

오늘날 징하이 사는 사람들을 과거로 인도하는 훌륭한 창구 구실을

行己有恥

한다. 전시실에서 제일 처음 보게 되는 안내판에는 영어와 중국어로 다음과 같이 설명돼 있다. "이러한 불평등조약은 치욕의 족쇄가 됐고 중국은 이 조약으로 정치적, 군사적 지배력을 상실했으며 중국의 사회 및 경제 발전이 심각하게 저해됐다. 이것이야말로 근대사 속의 중국이 가난하고 약한 국가가 될 수밖에 없었던 주요 원인 가운데 하나였다." 그리고 이 안내판은 이 조약이 중국 근대사의 시작을 알리는 상징물이 됐다는 설명도 덧붙였다. 근대 중국 역사상 최초의 불평등조약인 난징조약의 체결지가 바로 이곳 징하이 사였기 때문이다.

우리가 이 긴 이야기를 시작하면서 중국인들이 치욕적 근대사의 출발지인 동시에 국력 회복을 위한 길고도 험난한 여정의 출발지로 생각하는 이곳 징하이 사를 화두로 삼은 것은 바로 이러한 이유에서다. 근대 중국의 정체성 형성에 중대한 구실을 했던 이 사원은 나약하고 무기력한 중국의 근대 역사를 생생하게 대변하는 상징적 장소다. 서구인들은 영국의 명예혁명이라든가 바스티유 감옥 습격 사건으로 시작된 프랑스혁명 그리고 미국의 독립선언서 서명 등과 같이 가슴 벅찬 승리의 순간과 함께 시작된 서구 제국의 근대사에 익숙하다. 그러한 서구인들로서는 생각지도 못했던 패전의 충격과 대국으로서의 위상을 잃은 순간을 더욱 부각하는 중국이 쉽게 이해되지는 않을 것이다. 이를 보는 서구인의 시선과는 상관없이 뜻밖의 패전, 분노, 치욕 등은 결국은 긍정적 요소로 작용했다. 물질적으로는 부유할지 모르나 문화적으로는 열등한 서구 열강, 더 나아가 중국 지도자들이 경멸의 의미를 담아 '야만국'이라 칭하는 서구 강대국에 무릎을 꿇었던 치욕스러운 경험이 오히려 세계 대국으로서의 옛 위상을 회복하겠다는 동기로 작용했다. 근대사 속의 새로운 국가 정체성을 확립하는 과정에서 국가적 수치가 긍정적 힘으로 전환되면서 국민의 사기를 떨어뜨리던 요소가 오히려 자극 요소로 변화됐다. 세계의 중심국이던 '지상낙원'에서 살다가 나락으로 떨어져 다른 국가에 훨씬 뒤처져버린 참담함에서 오는 수치심이 아이러니하게도 국력을 강화해 서구 열강을 따라잡고 다시 옛 국력을 회복하겠다는 강한 의지로 작용했다.

이 파란만장한 '드라마'는 현재까지 계속되고 있으며 이 역사 전시실의 마지막 안내판을 보면 중국이 자국의 굴욕적 근대사를 교훈적 서사극으로 바꾸고 있음을 알 수 있다.

치욕의 역사를 되짚어보는 것은 여간 힘든 일이 아니다. 불평등조약은 역사적 비극으로서 중국인에게 깊은 상처와 슬픔, 치욕을 안겨주었다. 그러나 이 불평등조약의 철폐는 독립과 자강을 위한 중국인의 확고한 투쟁정신을 보여준 것이다. 수치심이 용기를 이끌어낸다. 치욕의 역사를 반면교사로 삼아 국가 부흥의 의지를 확고히 하는 것이 바로 우리가 해야 할 일이다.

공식적으로 중국은 1842년을 근대사 원년으로 본다. 경쟁률이 치열한 대학입시를 준비하는 고교 수험생들은 중국 역사가 아편전쟁 이전과 이후로 나뉜다는 사실을 반드시 암기해야 한다. 이러한 역사적 시대 구분에는 그 나름의 의미가 있다. 어쨌거나 아편전쟁은 과거와 미래의 경계선을 긋는 구실을 했고 또 세계에서 중국이 차지하는 현실적 위치가 어디인지, 앞으로 생존을 위해 어떤 변화가 필요한지를 색다른 각도에

26

서 생각해보는 계기를 마련하는 데 중대한 역할을 했다.

중국이라는 국가의 자의식과 자아상, 근대 중국의 역사적 경험은 모두 '치욕의 역사'에 그 뿌리를 두고 있다. 이 치욕스러운 역사의 기원을 찾으려면 과거를 좀더 거슬러올라갈 필요가 있다. 사실 중국은 제1차 아편전쟁에서 영국에 패하기 수십 년 전에 이미 뭔가 크게 잘못됐다는 사실을 인식하기 시작했다. 그러나 중국은 역사적으로 자국의 문화와 기본적 통치방식에 의문을 제기하는 데 익숙하지 않았기 때문에 그러한 자각이 너무도 더디게 진행됐다.

자국의 국력이 쇠하고 있다는 사실을 처음으로 깨닫고 '국가 부흥'의 방법을 찾으려 노력했던 인물이 바로 위원魏源이라는 사대부였다. 위원은 중국의 위상이 예전과 같지 않다는 참담한 현실을 자각한 몇 안 되는 지식인 가운데 한 명이었다. 당시 중국의 제해력制海力은 서구 열강에 현저히 밀리고 있었다. 오랫동안 묻어두었던 '치국적 정치개혁'이라는 고유 전통을 부활시키는 것만이 국력 회복의 길이라고 여긴 위원은 전략적 차원에서 영국과 같은 서구 열강의 문물을 도입해야 한다고 주장했다. 증기기관과 최신형 대포로 무장한 영국 전함들이 중국 해안은 물론이고 본토의 심장부에 이르는 주요 물길을 초토화하는 것을 경험한 터였다.

위원은 한족漢族 출신이지만 만주족이 세운 청나라가 18세기에 이룩한 대국적 위상에 상당한 자긍심을 느끼고 있었다. 그러다 19세기 초 중국의 국력이 쇠했음을 인지하고 크게 상심했다. 위원은 중국 지식인 사회와 정계에 끊임없이 경고를 보냄으로써 근대 중국의 지식계와 정계에 영구적으로 회자할 중요한 의제를 남겼다. 그것이 바로 '부강'이었다.

그는 중국의 지도층이 주안점을 두어야 할 기본 목표는 '부강'한 중국을 만드는, 아니 부강했던 중국의 옛 모습을 되찾는 것이라고 보았다. 위원이 다시 꺼낸 이 '부강'이라는 화두는 사실 2000년 전에 만들어진 이후, 줄곧 중국의 지식인들과 정치지도자들이 좌우명으로 삼고 실천하려 했던 금과옥조와도 같은 말이었다.

금방이라도 좌초할 것 같은 '일급 전함'

위원은 1794년에 후난湖南 성 사오양邵陽에서 청나라 중급 관리의 아들로 태어났다. 이로부터 약 100년 뒤에는 사오양 인근 마을에서 마오쩌둥이 태어났다.[2] 1790년대는 청나라가 정치적, 경제적, 군사적으로 최고 전성기를 누리던 시기였다. '세계의 중심'을 뜻하는 '중국中國'이라는 말 자체에서 알 수 있듯 중국은 적어도 표면적으로는 여전히 최고 대국인 것처럼 보였다. 실제로 청나라는 '번영과 융성의 시대', 즉 성세盛世를 누리고 있다고 생각했다.[3] 중국의 인구는 명나라 때 이후 두 배로 증가해 3억 명을 넘어섰다. 이로써 중국은 전 세계에서 인구가 가장 많은 국가가 됐다. 다른 어느 국가보다 '월등히' 더 잘산다고까지는 할 수 없어도 웬만큼은 사는 국가, 즉 적어도 보통 정도의 생활수준을 영위하는 사람의 수가 꽤 많은 그런 국가가 됐다. 케네스 포머런츠Kenneth Pomeranz가 조사한 바로는 중국에서 가장 부유한 지역인 양쯔 강 삼각주 유역 거주민의 평균 생활수준은 유럽에서도 가장 잘사는 국가에 속하는 영국이나 네덜란드의 생활수준에 맞먹었다고 한다. 게다가 영국이나 네덜란드

行己有恥

에서는 중국의 차, 도자기, 비단에 대한 수요가 점차 증가하고 있었다. 당시 청나라 경제는 산업화 이전 세계에서 '경제의 세계화'를 이끄는 중요한 동력이었다.[4]

영토 측면에서 중국은 그야말로 거대 국가임에 틀림이 없었다. 만리장성 이북 지역인 만주 벌판을 주름잡던 만주족이 1644년에 베이징北京을 함락하고 세운 국가가 청나라였다. 청나라 때는 이전 왕조인 명나라보다 영토가 두 배 이상 넓어졌다. 18세기 말이 되자 히말라야, 즉 티베트 수도 라싸拉薩(1792년에 청나라군이 네팔 구르카족의 침공을 격퇴했다)까지 그리고 홍강紅河 유역에서 하노이(비록 일시적이기는 하나 1788년에 청나라는 폐위된 베트남 왕을 복위시켰다)까지 아우를 정도로 군사력이 막강해졌다. 또 건륭제乾隆帝가 장장 60년 동안 재위한 덕분에 정치적 안정을 유지할 수 있었다.[5]

위원이 태어나기 불과 몇 달 전에 건륭제가 영국 왕실의 특사 조지 매카트니George Macartney 경을 접견한 적이 있었다. 이때가 청나라 국력의 정점이었다고도 볼 수 있고, 이 사건은 당시 중국과 서구 제국 간의 관계가 어떠했는지를 짐작할 수 있는 대목이기도 하다. 영국 왕 조지 3세는 매카트니를 수장으로 하여 95명으로 구성된 대규모 외교사절단을 베이징으로 보냈다. 이들은 황제에게 바치고자 최신 유럽 기술과 발명품을 들고 청나라를 방문했다. 이들이 청나라를 방문한 공식 목적은 양국이 상주 대사를 교환함으로써 영국과 중국 간에 '정상적' 외교관계를 구축하는 것이었다. 그러나 매카트니에게 주어진 이보다 훨씬 더 중대한 임무는 양국 간의 통상관계를 증진하는 것이었다. 21세기 미국처럼 18세기 당시 영국은 막강한 경제력과 군사력을 자랑하고 있었음에도 중

29

국과의 교역에서 극심한 적자에 시달리고 있었다. 영국인들은 중국차를 끔찍이도 좋아했고 따라서 그 수요가 엄청났다. 무역수지 균형을 맞추려면 영국이 수입해온 차만큼 중국에 수출할 수 있는 품목이 있어야 하는데 영국에는 중국인들이 좋아해서 열심히 사줄 만한 품목이 없었기 때문이다.

매카트니가 그렇게 고대하던 중국 황제와의 접견이 마침내 이루어졌을 때 건륭제는 아주 거만한 태도로 청나라는 영국의 물품이나 발명품이 별로 필요하지 않으며, 어떤 경우에도 또 어떤 국가와도 '동등한' 외교관계 따위를 수립할 필요성을 느끼지 못한다고 말했다. 건륭제는 매카트니를 통해 조지 왕에게 전달할 칙서에서 당당히 이렇게 말하고 있었다. "우리 청나라가 100년이 넘는 기간에 걸쳐 수립한 절차와 규정을 귀하 한 사람의 뜻에 따라 바꿔버리는 것이 가능하다고 보는가? 귀국의 특사가 직접 확인한 바와 같이 우리에게는 부족한 것이 없다. 우리는 이상한 물건 혹은 새로운 물건에 별로 가치를 두지 않을뿐더러 귀국이 만든 제품은 우리에게 필요가 없다."[6] 건륭제의 이 같은 말은 부강한 대국을 다스리는 통치자의 자기만족감이 드러난 언사이기는 하지만 사실 당시 중국과 서구 제국 간 힘의 균형 상황을 이성적으로 평가한 결과에서 나온 반응이라 해도 무방할 것이다.

그러나 매카트니 역시 만만한 인물은 아니었다. 청나라가 그토록 자부심을 느끼는 그 정치체계의 근간이 이미 흔들리기 시작했다는 사실을 눈치챈 매카트니는 자신의 일기에 이렇게 쓰고 있다. "중국은 일급 전함이지만 아주 오래되고 금방이라도 좌초할 것 같은 상태의 전함이다. 천만다행으로 지난 150년 동안은 경계심이 강하고 유능한 관리자들이 있

30

行己有恥

어 이 전함이 침몰하지 않고 계속 떠 있을 수 있었다. 이렇게 '겨우' 떠 있으면서 단지 그 광대한 크기와 엄청나 보이는 외양만으로 주변 국가를 압도하려 했고 지금까지는 그러한 노력이 효과를 보았다. 그러나 앞으로 무능한 사람이 지휘권을 장악하는 날이면 이 전함의 규율과 안전은 보장할 수 없을 것이다. 물론 이러한 일이 발생하더라도 이 전함이 단번에 침몰하는 일은 없을지도 모른다. 얼마간은 난파선처럼 떠다니다가 결국 산산이 부서져버리고 말지 모를 일이다. 어찌됐든 좌초한 전함은 적어도 예전과 똑같은 모습으로 재건될 수 없을 것이다."[7]

매카트니가 느꼈던 것처럼 중국의 '번영기'는 이미 종말을 향해 치닫고 있었다. 인구통계학적 압력, 생태학적 제약, 정치적 부패, 문화적 경화 현상이 거함巨艦 청국의 파멸을 자초하고 있었다. 수십 년간 계속된 인구 증가, 농업의 집약화, 무분별한 토지 개간 등이 토양 침식, 유휴지 증가, 가뭄, 홍수 등과 같은 생태학적 재앙을 낳기 시작하면서 농부들이 가족을 먹여 살리기가 더 어려워졌다. 건전하고 활력이 넘치는 정부라면 그러한 상황을 잘 극복하도록 필요한 지원을 해줄 수도 있을 것이다. 그러나 안타깝게도 청나라는 부정부패가 만연해 있었다. 청나라 백성의 눈에 청국은 문제를 해결할 수 있는 주체가 아니라 문제의 한 축으로 보였을 뿐이다.[8]

쇠락의 기미는 위원이 태어나던 그해에 나타났다. 이때 불만을 품은 농민들이 대규모 봉기를 일으켰고 청나라 왕실이 이 봉기를 진압하는 데 근 10년이 걸렸다. 그런데 사실 '백련교도白蓮教徒의 난'으로 불린 이 농민봉기는 이후 계속될 반란과 폭동, 저항, 파벌싸움, 내전 발발의 신호탄에 불과했다. 내내 중국을 괴롭히던 이 같은 상황은 1949년 마오쩌둥이 내전에서 승리를 거두면서 마무리됐다. 매카트니가 쓴 다음 글에서 이 영국인 외교 특사의 예언력이 다시 한번 빛을 발하게 된다. "청나라 왕실이 불만에 가득찬 백성의 원성이 폭발하지 않도록 언제까지고 이들을 억누를 수 있으리라 생각한다면 그것은 크나큰 오산이다. 이쪽이 조용하다 싶으면 저쪽에서 봉기가 일어나고 또 저쪽이 괜찮다 싶으면 또다른 지역에서 백성이 들고일어나는 식으로, 어느 한 해라도 봉기 없이 조용히 지나간 적이 없다. 평상시에는 그 불만을 잘 억누르는 것이 사실이지만 이처럼 봉기가 잦다는 것은 언제든 크게 폭발할 에너지가 잠재돼 있다는 뜻이다. 이러한 폭동과 봉기가 진압되기는 했으나 그 불씨는 여전히 남아 있었고 문제가 완전히 치유된 것은 아니었다."[9] 중국의 통치자들 모두가 민중 봉기에 대한 두려움을 지니고 있었고 이 같은 상황은 근현대에 들어서도 마찬가지였다. 덩샤오핑과 그 이후의 통치자들도 예외는 아니었다. 이들 또한 그 형태를 불문하고 국가와 사회의 안정을 해칠 수 있는 반란이나 봉기에 극도의 반감을 드러냈다.

세상을 경영하다

고향인 후난 성에서 가장 촉망받는 인재였던 위원은 19세 때 수도인 베이징에서 공부할 수 있는 자격을 얻었다. 위원은 새 신부를 고향땅에 남겨두고 난다 긴다 하는 인재들과 함께 공부를 하고자 베이징으로 떠났다. 이렇게 모인 학생들은 물론 이들을 가르치는 교사들 또한 과거에 합격해 벼슬길에 오르고자 유교 경전을 달달 외우는 데에만 정신이 팔려 있었다. 유교라는 테두리 안에 이러한 사람들이 모여 아주 폐쇄적인 '그들만의 사회'를 형성하고 있었던 것이다. 작은 고을, 성, 중앙정부 등의 수준에서 치러지는 이 시험은 선비들이 관직에 올라 합법적으로 신분 상승을 꾀할 수 있는 유일한 길이었다. 마을 단위로 치러지는 가장 낮은 수준의 시험에 합격해도 관리로서의 명예와 특권을 누릴 수 있었다. 그렇다고는 해도 이마저도 3년에 한 번씩 치러지는 과거에 통과하여 진사進士라는 벼슬을 얻어야 가능한 일이었다. 그런데 위원처럼 야망이 큰 학생이라면 이 정도에서 만족할 리 없었다.

베이징에서 열심히 과거 준비에 매달리던 위원은 유봉록劉逢祿과 같이 상대적으로 진보적 성향을 지닌 사상가에게 관심을 보였다. 유봉록은 지금은 잊힌 인물이지만 당시에는 중국의 선구적 사상가 가운데 한 명이었다. 유봉록은 총명한 제자 위원을 공양학公羊學의 세계로 인도했다. 경문에 숨겨져 있는 공자의 뜻을 밝히는 일, 즉 미언대의微言大義를 밝히는 일이 바로 공양학의 목표였다. 시험에 합격하고자 유교 경서를 달달 외우는 기계적 암기방식에 익숙했던 학생들에게 이는 매우 흥미로운 신세계였다. 유봉록의 견해 가운데 가장 진보적이었던 것은 당시 중국 지식인들의 보편적 역사관과는 달리 역사는 이른바 왕조 주기dynastic cycle를 중심으로 끝없이 '순환'하는 것이 아니라 '선형적'으로 진보해간다고 주장한 부분일 것이다. 즉 역사는 혼돈으로 점철된 고대로부터 '대동大同(대화합을 의미)'이라는 유토피아적 미래를 향해 진화해 나아간다는 것이다. 유봉록은 공자 자신도 이미 평화가 정착된 시대가 아니라 아직은 평화를 향해 나아가는, 불완전한 과도기적 시기를 살았다고 주장했다. 그러면서 제자들에게 '대동'이라는 목적지에 도달할 때까지 세상의 질서를 유지하는 실리적이고 현실적인 방법들을 가르쳤다. 유봉록은 중국이 분명히 혼돈의 시기를 지나 대동의 시기로 가고 있다고 믿었고 얼마 후 위원은 실리적이고 진보적인 이 새로운 유교 학파의 가설을 더 과감한 방식으로 실전에 적용하게 된다.[10]

1822년에 위원은 성省에서 주관한 향시鄕試에 차석으로 합격했다.[11] 마침내 위원은 중국 엘리트 계층의 일원이 됐고 이제 베이징에서 치러지는 최고 수준의 과거에 응시할 자격을 얻었다. 그러나 위원은 자신이 그토록 갈망하던 최고위급 관리 자리에 오르기까지 20년 이상을 더 기다려야 했다. 아이러니하게도 위원의 이러한 개인적 '실패'가 오히려 그 자신을 역사적으로 중요한 인물로 만드는 데 일조한 것 같다. 과거에 떨어져 좌절을 겪은 한 불운한 '수험생'은 이 때문에 오히려 독립적이고 창조적인 사상가의 길로 들어서게 된다.

위원은 실제로 1820년대 초에 문서작성 업무를 맡게 됐고 이를 통해 개혁가의 길로 들어섰다. 그리고 이는 위원 자신이 원했던 고위 관리가 됐을 때 할 수 있었을 그 어떤 일보다 중국의 미래에 훨씬 중대한 영향을 끼치게 된다. 당시 부유한 성이던 장쑤江蘇 성의 포정사布政司(명·청 대 민정과 재정을 맡아보던 지방 장관—옮긴이)가 위원을 채용해 국정, 경제정책, 사회질서 등에 관한 문헌을 편찬하는 일을 맡겼다. 1826년에 나온 『황조경세문편皇朝經世文編』은 '번영을 누리는 대국' 청나라의 위상이 흔들리는 것이 아닌지 염려하기 시작한 일부 학자들과 관리들에게 지대한 영향을 끼쳤다. 경세經世는 글자 그대로 '세상을 다스린다' 혹은 '세상을 경영한다'는 의미다. 실리주의를 표방한 부류들은 윤리적 차원의 자기 수양, 형이상학적 철학, 성리학 쪽에 더 관심이 많은 유교 학파 추종자들과 자신들을 구분하는 데 이 용어를 사용했다. 이러한 배경에서 위원의 『황조경세문편』은 정부 관료들을 위한 실용서인 동시에 정치 및 경제 개혁 이론에 관한 해설서 역할을 할 수 있도록 구성됐다. 중국의 오래 묵은 표어인 '부강'을 다시 꺼내 개혁이라는 의제에 섞어낸 이 책은 중국 근대화의 개념적 기초를 제공하는 구실을 톡톡히 했다.[12]

사실 이 책을 구성하는 문헌과 자료는 모두 사대부한테서 나온 것들이다. 따라서 적어도 표면적으로는, 충보다 효를 그리고 물질보다 윤리적 가치를 중시하고 상벌보다는 의례와 교육을 통한 통치를 강조하는 정통 유교 사상을 고수하는 것처럼 보인다. 그러나 이 책 전체를 놓고 보면 윤리를 강조한 정통 유교 사상과는 배치되는 면이 있었다. 이 책에는 국가를 정치적, 경제적, 군사적으로 강하게 하는 새롭고 실용적인 방식을 추구했던 사대부들의 정책 제안 내용이 포함돼 있었다. 사실 위원의 개혁 의제는 공자가 설파했던 윤리적 가치보다는 부국과 강병을 내세운 법가 사상가들의 가르침에 바탕을 둔다고 볼 수 있다.

기원전 500년경 조상에 대한 효와 군주에 대한 충을 강조하는 윤리 규범을 설파했던 공자의 사상을 처음으로 비판하고 나선 사람들이 법가 출신의 관료들이었다. 유가로 알려진 공자의 추종자들은 인仁, 덕德, 예禮, 의義 등이야말로 좋은 국가를 이루는 기초 덕목 가운데 유일하게 합법적이고 효율적이라고 주장했다. 황제 앞에서 벌어진 법가와 유가의 저 유명한 논쟁에서 유가 사상가들은 '예와 의'가 국가의 근간이며 '힘과 이득'을 추구하는 것은 국가의 근간을 흔드는 일이라고 주장하며 '부국강병'을 강조하는 법가측을 공공연하게 비난했다.[13]

사실 정치적으로나 철학적으로 유가와 대척점에 선 학파가 법가였다. 법가 사상가들은 덕망 있는 학자들이 평화롭고 조화로운 농경사회를 다스린다는, 이른바 공자의 덕치德治 개념을 부정했다. 이들은 군주와 그 관료들이 추구해야 할 치국의 목표를 '부국강병'이라는 문구로 간단히 정리했다. 이러한 새로운 사상의 주창자 가운데 한 명이 기원전 4세기 정치가인 상앙商鞅이었다. 상앙은 비록 성격이 좀 포악한 면은 있었으나 부국강병을 위해 평생을 바쳤던 뛰어난 인물이었다.[14] 상앙이 법가 사상을 현실에 적용하려 했던 최초의 '실천가'였다면 가장 위대한 '이론가'는 전국시대 말기에 활약했던 한비자였다. 한비자의 가르침은 윤리나 도덕과는 거리가 한참 멀었던 진시황에게 큰 감명을 주었다. 진秦나라의 초대 황제인 진시황은 기원전 221년에 무력으로 중국을 통일하면서 춘추전국시대의 막을 내린 인물이다. 한비자 철학의 핵심은 다음과 같은 말로 요약된다. "현명한 군주가 있어 부국과 강병을 이루어낼 수 있다면 이 군주는 자신이 원하는 모든 것을 얻을 수 있다."[15] 그리고 '평시에는 경제력, 전시에는 군사력'이 중요하다는 점을 강조했다는 측면에서 한비자의 견해는 마키아벨리의 사상과 일맥상통하는 면이 있다.[16]

법가 사상가들은 급진적 관점에서 공자의 조화로운 농경사회 개념에 대한 대안을 제시했다. 이들은 국력 증강이 군사 기술의 선진화를 꾀하고, 민간기업의 활동과는 별개로 국가가 기간산업을 독점하는 이른바 혼합적인 산업체계를 통해 경제를 활성화하고, 엄격한 법규범을 통해 사회질서를 유지하는 데서 비롯된다고 주장했다(사실 법가 사상가가 말하는 경세 원칙들은 '국가 주도형 자본주의'로 대표되는 오늘날 중국의 '경제 모형'과 상당히 닮아 있다). 법가에서는 인간의 본성을 비관적 시선으로 바라본

行己有恥

다. 인간은 충이나 덕보다는 두려움이나 욕망 같은 기본적 욕구에 따라 행동한다는 것이다. 이러한 관점에서 보자면 군주가 해야 할 일은 다름 아니라 어떠한 예외도 허용되지 않는 엄격한 상벌체계를 부과하는 것이다. 법가 사상은 법 앞에 모두가 평등하다는 점을 강조했다는 측면에서 인류평등주의를 지향한다. 또 법가 사상가들은 '법가'라는 그 이름에 걸맞게 덕치를 강조하는 공자의 정치철학보다는 법치法治를 더 높이 평가한다. 법가 사상가들의 논리에 따르면 군주가 수많은 개인의 이기적 욕망과 행동을 통제하고 공공이익 실현에 매진하고 또한 이러한 과정을 통해 자신의 권력을 유지할 수 있으려면 당근과 채찍을 적절히 사용해야 한다. 이들은 실속 없이 윤리니 도덕이니 운운하는 유가 사상가들의 '철없는' 소리를 참을 수 없어했다. 현실적이고 실리적인 법가 사상가들은 선의善意 따위에는 관심을 두지 않았기 때문에 이들에게 정책의 성공과 실패를 가르는 결정적 요소는 '부'와 '강' 이 두 가지뿐이었다.

위원의 『황조경세문편』과 관련하여 특히 주목해야 할 부분은 이러한 반反유가적 사상이 19세기 개혁 사조의 주류를 형성했다는 사실이다. 위원은 유교적 사대부들의 행동지침서 구실을 한 이 책 속에 법가에서 말하는 사상과 가치 개념을 속속들이 박아넣음으로써 안으로부터의 내밀한 혁명을 시작한 셈이었다. 물론 『황조경세문편』이 직접적으로 유교 사상을 공격하거나 노골적으로 의문을 제기한 것은 아니었다. 위원 자신이 유교 신봉자였기 때문에 직접적으로 유교를 부정하거나 공격하는 일은 할 수 없었다. 그보다는 '왕도王道'와 같은 유가의 도덕적 이상주의를 '부강'과 같은 법가의 실용주의로 대체하려 했다. 위원은 요컨대 아무리 뛰어난 성군聖君이라 해도 부국과 강병을 반드시 실현해야 한다고

부끄러워할 줄 아는 것이 힘이다

보았다. 위원은 이렇게 쓰고 있다. "자고로 왕도 없이 부강이 실현된 바는 있어도 부강 없이 왕도가 실현된 바는 없다."[17] 공자가 살던 시대에도 '부국과 강병'은 국가 통치의 핵심이었다고 주장했다. 위원은 이렇게 덧붙였다. "충분한 식량과 막강한 군사력은 국가 통치의 주요한 수단이었다. 공자와 그 제자들이라고 해서 백성이 물질적 번영을 누리고 국가가 세수입을 관리하는 것에 관심을 두지 않았다고 생각하는가?"[18] 다시 말해 철인哲人 군주라 해도 백성을 부유하게 하고 국가를 강하게 하는 데 힘을 쏟아야 함은 당연지사라는 것이다. 그리고 위원 자신의 시대를 고려하면 여기서 더 나아가 성군이든 폭군이든 중요한 것은 '부강'에 초점을 맞춰야 한다는 사실이라고 보았다.

아편전쟁과 굴욕적 평화

『황조경세문편』이 나오면서 위원은 당대의 선도적 정치개혁가라는 명성을 얻었다. 그러나 과거에 계속 낙방하는 바람에 고위 관료가 되는 길이 막혀버렸다. 이 때문에 그는 고위 관리로서 그 출중한 능력을 발휘할 수 없는 한계를 지니고 있었다. 위원은 지방 관료들에게 정치적 조언을 해주는 한편, 소금과 곡물 운송 거래 관행을 개혁하는 일 등에 몰두했다. 본래 소금과 곡물 거래는 국가가 독점해 큰 이익을 보던 부문이었으나 위원이 활동할 당시에는 높은 비용과 부패로 큰 골칫덩이가 된 상황이었다. 위원은 조언을 해주는 것에 그치지 않고 자신도 얼마간의 돈을 민간 소금 운송업자에게 투자했다. 이렇게 해서 번 돈으로 1834년 양

쯔 강 삼각주 부근에 있는 양저우揚州에 대저택을 마련했고 더불어 과거
는 아예 포기해버렸다.[19]

　그러던 중 아편전쟁이 터졌다. 위원은 양저우에 있는 자신의 저택에
서 이 놀라운 사건이 전개되는 모습을 지켜보았다. 그는 그 자신이 이
전쟁의 발발에 직접적인 영향을 끼친 것도 아니고 그저 간헐적으로 미
미한 역할을 한 것뿐이었으나 이후 이 전쟁의 주요 관련자 몇몇과 직접
적인 관계를 맺게 됐고 결국에는 『도광양소정무기道光洋艘征撫記』라는 제
목의 '전쟁기戰爭記'까지 쓰게 됐다. 여기서 말하고자 했던 핵심은 세계
대국으로서의 위상을 회복하기 위해서는 외국 문물 도입을 포함하여 중
국의 개혁이 시급하다는 점이었다. 이 같은 주장은 후세대 정치인들에
게 큰 반향을 일으켰다.[20]

　위원의 『도광양소정무기』는 1839년 초 아편 사용을 금하고 영국인
아편 거래업자의 공격적 판매행위를 중지시키라는 황제의 특명을 받고
광저우廣州로 파견된 흠차대신欽差大臣 임칙서林則徐의 영웅적 역할에 초점
을 맞추고 있다. 당시 영국인 업자의 무차별적 아편 판매로 중국에서는
아편중독자가 엄청나게 불어나고 있었다. 중국이 부와 번영을 누리던
시절에는 아편 사용이 제한됐던 반면 영국인은 중국차에 대해 중독에
가까운 집착을 보였던 탓에 그 시절에는 중영무역에서 중국이 크게 흑
자를 내고 있었다. 그러나 1820년대 이후로 영국 상인들은 다소 위험 소
지는 있으나 영국의 은괴가 광저우로 유출되는 것을 막아줄 아주 그럴
듯한 방법을 찾아냈다. 광저우는 당시 중국 항구 중 유럽인에게 개방된
유일한 곳이었다. 영국령 인도에서 재배한 고급 아편을 중국인 중개업
자에게 판매하면서 대중무역에서 빚어진 만성적 적자가 드디어 흑자로

부끄러워할 줄 아는 것이 힘이다

돌아섰다. 아편업자들은 그 대다수가 영국 정부의 비호를 받는 동인도회사와 관련돼 있었고 아편 카르텔을 형성하고 있었다. 아편무역이 성공을 거두자 영국 의회는 필요하다면 무력을 사용해서라도 광저우 이외 지역으로 시장을 넓혀야겠다는 의지를 굳히게 됐다. 한편 청나라 황제 도광제道光帝는 갑자기 은괴의 국외 유출이 급증하면서 심각한 재정위기를 맞게 됐다. 게다가 자국의 백성이 아편에 중독돼가는 상황에 매우 놀라지 않을 수 없었다. 어쨌거나 중국과 영국 모두 근대사 최초의 마약전쟁 가운데 하나인 아편전쟁에 돌입해야 할 충분한 이유가 있었던 셈이다.[21]

이 같은 대결 국면에서 흠차대신 임칙서의 선제행동이 결국 아편전쟁의 도화선이 됐다. 임칙서가 광저우에 도착하고 나서 맨 처음 한 일이 바로 아편 창고와 영국인 아편업자들이 거주하는 지역을 봉쇄한 것이었다. 그리고는 이들에게 아편 2만 상자를 내놓으라고 명했다. 위원은 이때의 상황을 다음과 같이 생생히 묘사하고 있다. "해안에서 좀 떨어진 약간 높은 지역에 방책이 빙 둘러쳐진 공간이 있었는데 그곳에 큰 구덩이가 파여 있었다. 그 안에는 바닷물과 함께 아편이 가득차 있었다. 여기에 석회를 들이붓자 그 구덩이는 뜨거운 화로가 되어 안에 있는 아편을 곤죽으로 만들어버렸다. 저녁 무렵에 수로를 통해 이를 썰물과 함께 바다로 흘려보냈다."[22]

임칙서의 부하들은 3주일에 걸쳐 천천히 아편을 폐기했고 이 과정은 사람들에게 큰 구경거리가 됐다.[23] 이 사건은 아마도 중국이 서구 열강과의 대결에서 거둘 수 있었던 마지막 승리가 아니었을까 싶다. 100여 년이 지난 다음 한국전에서 마오쩌둥의 군대가 일시적으로나마 미군

行己有恥

과 싸워 승리를 거머쥘 때까지는 말이다. 그러나 결과적으로 임칙서가 취한 이 같은 공격적인 아편 몰수 및 폐기 조치는 내심 전쟁을 일으키고 싶어했던 영국에 전쟁의 빌미를 줬을 뿐이다. 역사학자 피터 워드 페이 Peter Ward Fay의 표현에 따르면 영국의 개전開戰 이유는 이랬다. "중국으로 하여금 아편을 폐기한 행위와 그로써 이 전쟁을 자초한 대가를 치르게 하는 것이 어째서 잘못인가?"[24]

임칙서는 강경노선을 견지했고 영국의 빅토리아 여왕 앞으로 윤리적, 경제적 차원에서 아편무역의 중지를 요구하는 내용의 서한까지 썼다. 그러나 안타깝게도 역시 호전적 성향의 매파 정치인 파머스턴 경이 마련한 영국의 외교정책에 변화가 생길 여지는 거의 없었다. 1839년 가을에 양국 간 무력충돌의 전조가 보이자 임칙서는 광저우를 중심으로 방어 태세를 갖췄다. 1840년 여름에 마침내 영국군이 중국에 쳐들어왔다. 예상과는 달리 영국군은 광저우를 공격하지 않았다. 그 대신 이곳을 지나 연안을 따라 위쪽으로 올라가면서 상하이 인근에 있는 전략 요충지들을 쉽게 손에 넣었다.

개인적으로 위원이 아편전쟁에 관여하게 된 때는 1840년 9월경이었다. 이때 영국인 측량사 피터 앤스트루더Peter Anstruther가 저장浙江 성에서 정찰임무 수행중 청군의 포로가 됐는데 그곳 관리들이 위원에게 이 포로를 심문하는 데 도움을 줄 것을 요청했다.[25] 이 포로가 갇힌 감옥에 도착한 위원은 영국이라는 국가에 대해 여러 가지를 물어보았다. 물론 앞으로도 가볼 가능성은 거의 없으나 꽤 관심이 가는 국가였기 때문이다. 앤스트루더는 목에 큼직한 쇠고리를 차고 발에도 약 8킬로그램이나 되는 족쇄를 찬 채 멀고 먼 나라 영국에 관해 묻는 위원의 질문에 성

심껏 대답을 해주었다. 이 포로의 설명에 따르면 자신이 사는 섬나라 영국(위원은 이를 '잉제리'로 음역한다)은 매우 작은 나라여서 해상무역에 의존할 수밖에 없다고 했다. 이러한 과정에서 영국인들은 배를 만들고 화기火器를 제조하는 신기술을 습득했다는 것이다. 앤스트루더는 또 중국이 토지나 근로소득에 부과하는 세금에 의존하는 데 비해 영국 정부의 수입원은 해상무역에서 나오는 관세 수입이 대부분이라는 사실도 알려주었다. 심문을 마친 위원은 「영국에 관하여」라는 제목의 보고서를 작성했다. 그는 이 보고서에서 다음과 쓰고 있다. "영국은 아편을 생산하지도 소비하지도 않는다. 그런데도 아편에서 나오는 수입으로 부강한 국가가 될 수 있었다."[26]

위원이 이 영국인 포로를 심문하는 동안 임칙서는 영국군이 광저우를 공격하는 것에 대비해 서양의 화기를 해안가에 배치해놓고 있었다. 위원은 『도광양소정무기』에서 임칙서가 '300만 은량(중량 단위로서 1은량은 37.7그램-옮긴이)이면 중국이 원하는 배와 무기를 사들일 수 있고 적의 최신 기술을 도입하면 우리를 공격하려는 적의 의지를 고사시킬 수 있을 것'으로 확신했다고 쓰고 있다.[27]

그러나 안타깝게도 임칙서처럼 '적의 선진 기술을 모방할 필요가 있다'고 주장하는 측은 극소수에 그쳤다. 중국 관료 대다수는 외국의 것이라면 무엇이든 일단 멸시부터 하는 태도를 보였다. 덩컨 맥퍼슨Duncan MacPherson과 같이 중국 내 서구인들에게는 이러한 부분이 확연히 느껴졌다. 아편전쟁에 참전했던 맥퍼슨은 자신의 회고록에서 중국인에 대한 인상을 이렇게 적고 있다. "오만하고 매정하고 위선적인 중국인은 자신들의 국가를 제외한 세상의 모든 국가를 멸시한다. 그리고 중국과 중국

行己有恥

인은 완전무결하다고 생각한다. 중국 사람들은 자신들이 세상에서 가장 뛰어난 사람들이며 중국은 세상에서 가장 문명화되고 가장 풍요롭고 가장 오래된 국가라고 생각한다. 한마디로 말해 중국인들에게 중국은 이 세상에 존재하는 유일무이한 국가다."[28] 위원의 표현대로 임칙서는 정치적으로 외국을 혐오하는 극단적 매파와 유화적 비둘기파 사이의 '무인도'에 갇힌 꼴이 됐다. 전쟁을 불사하자는 강경파나 유화파 모두 영국의 막강한 제해권의 본질을 모르기는 마찬가지였다. 그들은 이 엄청난 힘이 중국에 얼마나 큰 위협을 가하는지 제대로 파악하지 못했다. 그리고 광저우를 제외한 모든 지역에서 고전한 이 전쟁에 대해 임칙서를 그 희생양으로 삼으려 했다.

1840년 9월 말에 결국 청나라 왕실은 임칙서를 베이징으로 불러들여 책임을 물었다. 그런데 그 후임으로 광저우로 파견된 인사가 한심하게도 임칙서의 요새화 정책을 백지화하는 바람에 광저우는 영국군의 공격에 그대로 노출되고 말았다. 1841년 1월이 되자 청나라 왕실은 임칙서를 파면한 대가를 톡톡히 치르게 된다. 영국의 공격을 당해내지 못한 임칙서의 후임자는 영국에 700만 은량을 아편 배상금으로 내주고 더불어 당시 말라리아가 기승을 부리던 오지 홍콩에 대한 개발권까지 넘겨준다는 내용의 휴전협정서에 서명해야 하는 상황에 몰렸다. 그러나 도광제는 이를 거부했다. 당시 상황을 위원은 이렇게 쓰고 있다. "도광제는 광저우의 요새가 함락됐다는 소식에 크게 노했고 영국군의 위압적이고 방자한 태도에 더욱 격분하면서 아편 배상금으로 단 한 푼도 내주지 않을 것이며 청나라 땅은 단 한 뼘도 내주지 않겠다고 말했다."[29]

늘 누군가에게 책임을 전가하는 중국 관료사회의 전형적 분위기 속에서 이번에는 임칙서의 후임자가 희생양이 되어 관에 체포됐다. 그리고 이 사람을 대신하여 1841년 봄에 광저우로 파견된 매파 성향의 흠차대신이 무모하게도 영국 함대에 기습공격을 명령했다. 영국군은 대반격을 가했고 총력전을 펼친 끝에 중국이 참패하면서 광저우가 함락되고 말았다. 그해 여름에 임칙서는 두 아들과 함께 중국 서북쪽에 있는 이리伊犁 강 인근 변방으로 추방됐다. 이곳은 지금의 신장웨이우얼新疆維吾爾 자치구 사막 변두리에 있는 마을이었다. 임칙서는 유배길에 올라 양쯔강 유역의 전장鎭江을 지날 때 위원과 만나 저녁을 함께 보냈다. 두 사람은 아편전쟁에서의 참담한 결과를 애석해하고 서구 제국의 선진 군사력을 하루빨리 따라잡아야 할 필요성이 있다는 점에 공감하는 한편, 국력이 쇠하는 것을 보면서도 아무것도 할 수 없는 자신들의 무능함에 가슴을 쳤다. 점잖은 유학자들이 거의 그렇듯 위원도 유배길에 오르는 자신의 친구이자 스승을 보면서 다음과 같은 내용의 한시를 지었다.

> 푸르고 아득한 하늘의 태양을 대하오니,
> 만감이 교차하여 말 한마디 못하네.
> 폭풍우는 자벌레처럼 굼실거리는 것을 증오하고,
> 세월은 도살된 용을 비웃네.
> 방술은 삼 년이면 끝나고,
> 산하는 양쪽을 경계해야 하노라.
> 뗏목에 올라 천상의 일들을
> 날 밝아 갈매기와 오리떼가 날아오를 때까지 논해보리라.[30]

行己有恥

萬感蒼茫日, 相逢一語無.
風雷憎蠖屈, 歲月笑龍屠.
方術三年艾, 河山兩戒圖.
乘槎天上事, 商略到鷗鳧.

　나중에 임칙서는 좀더 읽기 편하게 산문으로 다음과 같이 썼다. "지금은 이 들불을 잠재우기가 더 어렵다. 어쨌거나 전함, 대포, 해군력은 절대적으로 필요한 것이다. 설사 저 거친 야만인들이 패하여 바다 건너 자기 나라로 돌아간다 하더라도 앞으로도 영구히 우리 해안을 방어할 수 있으려면 해군력을 증강하는 것이 여전히 시급하다. 더 나아가 우리에게 무기가 없다면 무엇으로 악어를 쫓을 것이며 그 무엇으로 고래를 없앨 수 있단 말인가."[31]

　사실 1842년에 영국이 상하이를 공격하고 양쯔 강을 따라 북상할 수 있었던 것은 세계 최초의 철갑 외륜선인 네메시스호 건조기술과 같은 선진 군사기술 덕분이었다. 남부의 쌀을 북부 베이징까지 수송하는 주요 물길인 대운하와 양쯔 강이 합류하는 지점을 점령한 영국 해군은 청나라의 급소를 눌러 옴짝달싹 못하게 한 것이나 다름없었다. 영국은 왕실에 대한 식량 조달을 비롯하여 상업 요충지에서의 거래를 효과적으로 차단함으로써 청나라를 절체절명의 위기 상황으로 몰고 갔다. 양저우에서 활약하던 부유한 소금거래상(한때 위원도 소금거래업에 손을 댔었다)들도 영국 함대가 그곳을 떠나는 대가로 이들에게 50만 은량을 갖다 바쳐야 했다. 그러나 영국이 양저우에서 물러났다 해서 문제가 끝난 것은 아니었다. 위원도 보고서에 적었다시피 영국 함대는 양쯔 강을 거슬러올라가면서 계속 위협을 가했던 것이다.[32] 그리고 마침내 80척이 넘는 영국 전함이 난징에 도달하자 당황한 청의 황제는 자신의 대사에게 자유재량권을 주어 필요한 경우 어떠한 조치든 취할 수 있게 했다.[33] 한때 강경한 태도를 견지했던 왕실은 이제 영국군이 난징을 공격할까 두려워 평화협정 체결을 필사적으로 원하게 됐다. 난징의 중국인들을 관찰한 한 영국 관리는 이렇게 표현했다. "중국인의 불안과 초조감은 극에 달해 도저히 그것을 숨길 수 없는 지경이 됐다. 이들이 바라는 일은 오직 우리가 한시바삐 그곳을 떠나주는 것뿐이었다."[34]

1842년 8월 11일에 징하이 사에서 저 유명한 난징조약의 협상을 위해 영국 대표단과 청국 대표단이 마주앉았다. 영국군이 하루라도 빨리 떠나기를 바라는 마음이 컸던 중국인들은 굴욕적 조건마저 넙죽 받아들였다. 청나라는 홍콩을 할양했을 뿐 아니라 유럽 상인들의 자유로운 교역을 위해 상하이(이곳은 얼마 후 '동양의 진주'로 탈바꿈하게 됐다)를 비롯해 항구도시 네 곳을 추가로 개방했다. 이렇게 탄생한 이른바 조약항條約港들을 필두로 이후 외국인들이 계속해서 만들어낸 '진주'가 목걸이처럼 중국 해안을 에워쌀 지경에 이르게 된다. 다시 말해 이렇게 양보하기 시작한 중국은 이후 서구 열강의 요구에 따라 점점 더 많은 항구를 개방하게 된다. 영국 국민은 '치외법권'의 원칙에 따라 중국 현지에서 재판을 받지 않아도 되는 이른바 면책특권을 갖게 됐다. 마지막으로 청나라 왕실은 임칙서가 폐기한 아편 값을 포함하여 전쟁배상금 명목으로 2100만 은량을 지급하겠다고 약속했다.[35]

위원은 영국이 이보다 훨씬 적은 배상금이라도 받아들였을 것이며 더 나아가 아편 판매를 금지한다는 조항까지 넣을 수 있었을지 모른다

行己有恥

고 주장했다(아편전쟁을 끝낸다는 이른바 '종전'이란 말이 언급조차 되지 않았다는 것이 난징조약의 현실이었다). 그러나 청국 대표단은 처음부터 잔뜩 기가 죽은 상태에서 영국측의 모든 요구를 수용했다. 위원은 이러한 상황을 두고 크게 낙담하면서 이렇게 썼다. "싸워야 할 때 물러섰고 싸우지 말아야 할 때 싸우자고 덤볐으며 또 화평을 논해서는 안 될 때 화평을 하자고 목을 맸다."[36]

위원은 서구 세력이 가하는 위협의 본질을 꿰뚫어보지 못한 중국이 충격적인 역사적 결말을 맞게 되리라는 사실을 예견했고 '부강'을 강조한 법가 사상에 더욱 몰두하여 이를 개혁의 기초로 삼게 됐다. "우리가 야만인이라 칭한 외국인에게 엄청난 금액의 전쟁배상금을 치를 것이 아니라 그 돈을 외국의 화기와 배를 사고 병사를 훈련하는 데 사용했어야 한다. 그리하여 국가를 부강하게 하고 군사력을 증강한다는 우리 목적에 맞게 외국의 선진 기술과 문물을 우리 것으로 만들어야 했다."[37]

강병을 위한 새로운 방식을 시급히 도입해야 한다는 사실 외에 위원이 아편전쟁을 통해 얻은 또하나의 중요한 교훈은 이것이다. 즉 아무리 제국주의 열강이라도 이 세력을 중국의 이익에 맞게 잘 활용하려면 국제관계에 관한 지식과 이해가 필요하다는 점이었다. 다시 말해 국제관계를 잘 파악하여 중국에 이득이 되는 쪽으로 서구 열강을 이용할 필요가 있다는 것이다. 위원이 보기에 당시 중국의 외교력은 한심한 수준이었다. 예를 들면 아편전쟁이 한창인 와중에도 미국과 프랑스가 중국에 수차례 교섭 의사를 타진해왔다. 그러나 미국과 프랑스 모두 영국과 긴장관계를 형성하고 있다는 사실을 몰랐던 청나라 관료들은 이들 세력을 이용하여 영국을 물리칠 수 있는, 즉 같은 서방국가를 이용하여 다른 서

※

47

방국을 견제하거나 물리칠 기회를 놓쳐버리고 말았다. 일례로 1843년에 조인된 추가 조약에서 청나라는 영국에 '최혜국'의 지위를 부여했다. 즉 청나라가 다른 국가와 새로운 조약을 체결할 경우 부여하는 특권은 자동으로 영국에도 부여한다는 내용이었다. 그러자 미국도 '최혜국'의 권리를 주장하고 나서면서 중국은 저마다 그러한 권리를 얻겠다고 기를 쓰는 서구 열강의 각축장이 됐다. 이 '최혜국'이라는 조항 때문에 청나라는 '오랑캐로 오랑캐를 친다'는 의미의 이이제이以夷制夷 전략을 사용하는 것이 거의 불가능해졌다. 대신, 서구 열강은 다른 국가가 얻어낸 '전리품' 혹은 각종 '특권'을 같이 이용할 수 있는 상황이 연출됐다.[38]

아편전쟁을 계기로 위원은 연구와 저술활동에 몰두하게 됐다. 위원은 난징조약이 체결된 그달에 만주족의 부흥과 만주족이 세운 제국 청나라를 찬양하는 내용의 새 저서 『성무기聖武記』를 완성했다. 10여 년에 걸친 청의 역사 연구 내용을 바탕으로 한 이 책은 부국강병을 통치원리로 삼아 뛰어난 정치력으로 외세의 위협을 막아냈을 뿐 아니라 계속해서 국세를 확장해나갔던 청국 초기의 발전상을 그리고 있다. "국가가 부강하면 그러한 국가 내에서는 효율적인 통치가 가능하다. 반역자들에 대한 처리가 확실하여 다시는 사람들이 반역을 꾀할 엄두를 못 낼 것이다. 국가 수입을 잘 관리하여 국고가 낭비되는 일이 없을 것이다. 효과적으로 무기를 들여와 무력에 구멍이 생기는 일이 없을 것이다. 병력과 군대를 잘 조직하여 군사력이 약해지는 일도 없을 것이다. 이러할진대 이 세상 어느 오랑캐든 두려워할 이유가 있겠는가? 오랑캐가 공격해온다 한들 이를 물리치지 못할까 걱정할 필요가 있겠는가?"[39]

동료 학자들은 1842년 아편전쟁 참패의 군사적, 외교적 의미를 고

行己有恥

심하고 있었다. 이때 위원은 이 책을 통해 '과거 청조가 태평성대를 구가했던 것은 네덜란드의 화기든 예수회의 지도제작술이든 국가 발전에 도움이 된다면 기꺼이 도입하겠다는 의지를 포함한 역동적이고 개방적인 외교정책이 바탕이 됐기 때문'이라는 사실을 상기시켜주었다.

이 책에서 위원은 또 한 가지 개념을 소개했는데 이는 장래 중국의 엘리트들에게 특히 중대한 영향을 끼쳤다. 위원은 당시 중국이 처한 상황에 대해 중국인들이 훨씬 더 많이 수치스러워해야 한다고 주장했다. 위원이 번영기 청나라의 역사를 소개했던 이유는 사람들이 그 성공적 역사에 자긍심을 느끼기를 바라서가 아니라 지금의 쇠락에 심한 수치심을 느끼기 바라서였다. 위원은 고대의 유교 경서에서 고난 속의 19세기 청나라 상황에 딱 들어맞은 문구를 발견했고 이를 이 책의 서문에 적어놓았다. "수치심이 사람들의 행동을 자극한다. 국가가 치욕을 당하면 사람들이 각성하게 되고 이를 통해 정신이 고양된다."[40] 이러한 생각은 이후 150여 년 동안 다른 사람들의 입을 통해서도 계속 흘러나왔다. 사실 역사박물관으로 꾸며진 징하이 사 전시실 내 안내판에 쓰인 '수치심이 용기를 이끌어낸다'라는 문구 역시 여기에서 영감을 받은 표현으로 생각된다.

위원은 이 책에서 청나라가 어떻게 유라시아 대륙을 호령하는 대국이 됐는지를 자세히 그리고 있다. 이 책을 읽는 독자들이 아주 잘 알고 있다시피 위원이 태어난 1790년대 이후로 청나라는 그런 대단한 역사를 더는 써나갈 수 없었다. 게다가 난징조약이 고난으로 점철된 역사의 시작을 알리는 신호탄에 불과하다는 사실을 예견한 사람도 거의 없었다. 난징조약을 시작으로 중국은 외세와의 대결에서 계속 패하면서 수많은

부끄러워할 줄 아는 것이 힘이다

인명과 아까운 영토를 잃어야 했다.

이기려면 우선 알아야 한다

1843년에 출간된 또하나의 진보적 서적 『해국도지海國圖志』에서 위원은 청나라가 쇠락한 덕을 이미 톡톡히 보고 있던 신흥 해상 강국들에 관심을 돌렸다. 그는 광저우에서 자신의 우상이던 임칙서가 서구 열강들에 관한 자료를 수집하는 일을 시작할 때 그를 보좌하면서, 또 영국인 앤스트루더를 심문하면서 배운 여러 가지 사실에서 느낀 바가 많았다.

임칙서는 『사주지四洲志』의 내용을 위원에게 알려주었고 유배를 가야 하는 상황에 몰리자 좀더 체계적인 방식으로 이를 가다듬게 됐다. 이러한 상황에서 위원은 새로운 해상 강국으로 부상하여 이제는 중국을 위협하는 지위를 차지한 신흥 열강들에 관해 믿을 만한 새로운 정보를 되도록 많이 입수하기 시작했다.

이 방대한 작업은 마치 어둠 속에서 길을 찾는 것처럼 막막하기 이를 데 없었다. 원자료가 턱없이 부족했을 뿐 아니라 위원 자신이 중국을 떠난 적도 없고 또 외국어를 공부해본 적도 없었기 때문에 작업을 진행하기가 무척 어려웠다. 그래서 프로이센인 선교사 카를 귀츨라프Karl Gützlaff나 마카오 출신 선교사의 아들 존 로버트 모리슨John Robert Morrison 같은 서구인들이 중국어로 쓴 자료들에 주로 의존해야 했다. 이 두 사람 모두 아편전쟁 당시 영국군에게 중국어 통역을 해준 전력이 있었다.[41]

중국의 최고 지식층은 자국 땅에서 단 3000명의 영국군이 2만 명이

行己有恥

나 되는 중국군을 패퇴시킨 전쟁의 충격을 경험한 이후에도 '오랑캐'한 테 배우자는 주장을 받아들이지 않았다. 이러한 상황에서 위원의 이 작업은 더욱 복잡하고 어려울 수밖에 없었다.[42] 단지 중국인들에게 중국이 처한 현실을 알리고 이들의 주의를 환기하려고 했다는 이유만으로 위원은 외국 사상에 물든 매국노로 비칠 위험을 안고 있었다. 위원 자신이 지적한 바와 같이 사실상 외국에 관한 공부를 하는 것 자체가 잠재적 범죄행위였다. "요즘은 외국 서적을 번역해도 안 되고 서구의 기술을 모방해도 안 된다. 우리끼리 외국에 관한 이야기를 해도 안 된다. 이렇게 하면 외국인과 내통하여 문제를 일으켰다는 죄목으로 처벌받을 것이다."[43] 결과적으로 서구 열강은 중국에 관해 점점 더 많은 것을 알아가는데 중국은 서구에 관해 여전히 아는 것이 별로 없었다.

그러나 위원은 정통 유가 사상가들의 이 같은 외국 혐오증에 굴하지 않았다. 이 새로운 해상 강국들을 전략적 차원에서 철저히 분석하고 연구할 필요가 있다고 굳게 믿었다. 또 위원은 춘추전국시대의 군사전략가이자 『손자병법孫子兵法』의 저자이기도 한 손자의 가르침 '지피지기 백전백승', 즉 '적을 알고 나를 알면 백 번을 싸워도 백 번 다 이긴다'는 사상에 따라 행동했다. 역사학자 제인 케이트 레너드Jane Kate Leonard의 말대로 위원의 『해국도지』는 서구 열강의 팽창과 이것이 아시아 제국의 무역과 정치에 미치는 지정학적 영향에 관해 중국인이 행한 최초의 현실적인 분석 및 평가 작업의 결과물이었다.[44]

가장 시급하고 세밀한 연구와 분석이 필요한 국가는 바로 영국이었다. 위원은 영국이라는 나라가 어디에 붙어 있는지 정도만 겨우 아는 상태였는데도 상업적 제국주의의 본질이라든가 그것이 중국에 미치는 영향 등에 대해 꽤 정확히 파악하고 있었다. 위원은 『해국도지』에 이렇게 쓰고 있다. "영국은 무력을 사용하여 자국의 무역을 증진한다. 군사력과 무역은 상호의존적이다. 영국은 무력으로 경쟁자를 제압함으로써 오랑캐 중 가장 부강한 국가가 됐다."[45]

위원은 앤스트루더에게서 많은 것을 배웠으나 제해권을 바탕으로 한 영국의 상업적 제국주의 노선을 단시간 내에 청나라가 도입하리라는 섣부른 기대는 하지 않았다. 다만, 중국이 자국을 방어할 수 있을 만큼 '오랑캐의 기술'을 열심히 배우고 익혀 기존 영토만이라도 지켜나가기를, 그리고 조금 더 욕심을 내자면 나아가 아시아 해상을 주름잡았던 해상 강국의 옛 명성을 회복할 수 있기를 바랐을 뿐이다.[46]

위원이 주장하는 외교전략은 다음과 같은 핵심 원칙으로 정리된다. "평화협정을 맺기 전에는 우선 이이제이 전략을 생각해볼 필요가 있다. 그리고 일단 평화협정이 맺어진 이후에는 적을 통제하기 위해 그들의 선진 기술을 배워야 한다."[47] 위원은 이렇게 결론 내렸다. "오랑캐의 선진 기술은 ①전함 ②화기火器 ③병사를 훈련하고 관리하는 방법 등 세 가지로 요약된다."[48] 위원은 유럽이나 서구 열강을 가치나 문명화에 대한 이상적 대안으로 보지는 않았다. 실제로 위원은 유럽을 오로지 '힘과 돈'만 중시하고 올빼미만큼이나 음험한 사람들이 사는 곳이라고 표현했다.[49] 그러면서도 중국이 다시 부강한 국가가 되어 세계무대에 우뚝 서려면 이들의 '선진 기술'을 무시할 수 없다고 주장했다.

위원은 민주주의를 매우 긍정적으로 바라보았다. 특히 『해국도지』 중 미국을 다룬 부분에서 당시 참정권의 확대(비록 전체 '백인'에 국한된 것이기는 하지만)를 가져온 이른바 잭슨 민주주의를 매우 긍정적으로 평가

行己有恥

했다. "미국의 정치는 대중의 뜻을 충실히 받들고 있으므로 과거와 현재를 통틀어 진정한 '대중'정치로 부를 수 있는 것이 바로 미국의 정치제도가 아닐까 한다."[50] 민주적인 미국과 전제적인 중국의 근본적 차이점이 무엇인지를 생각해보던 위원은 '그 모든 것이 군주와 고위 관료의 뜻에 따라 이루어지는 중국과 달리 미국은 정부 정책의 결정과 고위 관료의 선출을 비롯한 모든 것이 국민에서 비롯된다'는 사실을 알게 됐다.[51]

　미국을 찬양하기는 했으나 위원은 미국의 민주주의 모형을 통째로 모방해야 한다거나 권력이 중앙에 집중되는 것을 억제하려는 미국 헌법의 기본 사상까지 받아들여야 한다고 주장하지는 않았다. 역사학자 필립 쿤Philip Kuhn은 이렇게 쓰고 있다. "청 왕조 치하에서 중국 인구가 세 배로 증가했고 이것은 사회적 안정을 위협하는 요소가 됐다. 이는 특히 중국 엘리트층의 기반을 흔들 수 있는 잠재적 위험 요소였다. 따라서 당시 중국은 전제적 통치체제를 약화할 것이 아니라 오히려 강화해야 할 때였다. 청조 말기에 서구 열강의 침략을 빌미로 중국의 엘리트층이 민족주의를 중심 화두로 삼을 때마다 이러한 논리가 끊임없이 대두됐다."[52] 사실 현재까지도 국력 강화의 필요성은 중국의 거의 모든 정치지도자와 사상가가 늘 들고나오는 주제다.

　『해국도지』를 간행하고 나서 위원은 드디어 베이징에서 치러진 전시殿試에 합격하여 가까스로 고위 관료로 임명될 수 있는 자격을 얻었다. 그는 이후 10여 년 동안 장쑤 성에서 지방 관료로 일했다. 젊은 시절 그 성의 관료들에게 정치 조언을 해주었던 바로 그곳에서 말이다. 그러나 독립적 활동에 익숙했던 위원에게 장쑤 성 관리로 지내는 일은 고역으로 느껴질 따름이었다. 게다가 모친상을 당하자 유교의 기본 덕목인

'효'에 따라 고향인 후난 성으로 돌아가 3년의 공백기를 가졌다.

공직에서 물러날 즈음 위원은 중국의 관료사회에 완전히 환멸을 느끼던 상태였다. 1854년이 되자 태평천국의 난太平天國運動과 함께, 위원을 위시한 실용적 개혁가들이 내걸었던 '경세'를 표방하며 신세대 사상가들과 활동가들이 등장했다. 위원 자신은 이내 사람들의 기억 속에서 사라졌다. 위원은 1856년 불교에 귀의한 뒤 가족의 곁을 떠나 항저우杭州에 있는 절로 들어갔고 이듬해 초에 사망했다. 위원이 관리로서 보여준 실용적 차원의 업적과 성과도 물론 중요하다. 그러나 애국적 차원에서, 즉 중국이 더욱 '부강'한 국가가 되기를 바라는 마음에서 비롯된 방대한 저술작업은 후대 중국의 개혁가들에게 지대한 영향을 끼쳤다.

行己有恥

2장

자강自强
: 수치심을 느껴야
강해진다

풍계분

WEALTH & POWER

"

자강의 출발점으로
수치심을 느끼는 것보다 더 좋은 것은 없다.

"

풍계분

自強

청 왕실의 여름 궁전夏宮인 원명원圓明園은 베이징 서북부의 서쪽 구릉에 자리잡고 있다. 18세기 초에 강희제康熙帝가 자신의 아들에게 주는 선물로 이 궁전을 짓기 시작했다. 그리고 1750년대에 강희제의 손자 건륭제가 청나라에 거주하는 예수회 소속 유럽인 선교사들의 도움을 받아 원명원을 공원, 정원, 호수, 언덕, 탑, 궁 등이 혼합된 복합건물로 만들어 놓았다. 가히 중국의 베르사유라 해도 과언이 아닐 정도로 눈부시게 아름다운 궁전이었다.[1] 유럽인 건축가들이 중국풍으로 궁을 설계하는 쪽으로 가닥을 잡아가고 있을 때 강희제는 동양과 서양의 건축양식을 혼합하여 동서양 문화가 조화된 새로운 건축물을 탄생시키기로 마음을 정했다. 실제로 매카트니 경은 수백 개의 부속건물이 넓은 경내에 흩어져 있고 울창한 나무들과 엄청나게 큰 바위 사이로 난 통로들, 도원경 같은 전시관들이 모두 하나로 연결된 원명원을 보고 감탄해마지않았다. 이 모습에 크게 매혹된 매카트니는 그날의 감상을 자신의 일기에 이렇게 기록했다. "호수와 강이 어우러진 지상 최고의 건축물에 완전히 매료된

*

57

나는 그 감동을 뭐라 말로 표현할 수조차 없었다."[2]

"가장 큰 치명타는 자긍심에 상처를 주는 것"

18세기만 해도 서구 열강은 중국과의 냉담한 관계에도 별다른 불만을 표출하지 않은 채 그럭저럭 그러한 상황을 받아들이고 있었다. 요컨대 베이징 내 가톨릭교도는 중국 관습을 반드시 따라야 한다는 전제하에 거주 및 체류가 허용됐고 유럽 상인들은 광저우 지역으로 활동반경이 제한됐으며 청나라가 서구인과의 상업적 거래를 관리 통제하려는 목적으로 만들어낸 제한적 체계 내에서 상업적 이익을 추구해야 했다. 그러나 제1차 아편전쟁(1840~1842)과 함께 제한적으로나마 유지되던 '안정기'도 갑작스레 종말을 맞았다. 그리고 제2차 아편전쟁(1856~1860)과 더불어 중국의 대외관계 전반에 큰 변화가 생겼다. 이 과정에서 중국은 서구 열강과 '불평등' 관계를 형성하기 시작했고 게다가 그 관계에서 약자의 위치를 차지하는 수모를 겪었다.

광저우의 관리가 전前 홍콩 선적船籍 상선 애로호에 대해 해적행위와 아편 밀수 혐의로 항해 및 거래 활동을 금지한 것을 계기로 1856년에 제2차 아편전쟁이 터졌다. 애로호측은 이 상선의 관할권이 영국에 있으므로 이 배를 나포하는 것은 곧 전쟁도발 행위임을 강력하게 주장하고 나섰다. 곧 이 사건은 1839년에 임칙서가 영국 상인의 아편을 몰수한 사건처럼 또 한번의 개전 이유가 됐다. 그리고 중국 내에서 자국의 상업활동 범위를 확대하고자 전쟁을 부추길 필요가 있었던 영국측에 전쟁의 정당

自強

성을 제공해주었다. '애로호 전쟁'이라는 명칭 속에는 영국의 개전 구실이 적나라하게 드러나 있다. 어쨌거나 영국 해군은 신속하게 광저우를 손에 넣은 다음 계속 북진하여 베이징의 관문이자 톈진天津의 전략항인 다구大沽 요새를 점령했다. 영국은 1858년 6월에 무력으로 청나라를 압박하여 또하나의 불평등조약인 톈진조약을 체결했다. 이로써 청나라는 영국 공사의 베이징 주재駐在 허용, 10개 조약항의 추가 개항, 기독교 선교사의 중국 내 포교활동 허용, 아편에 대한 관세표준화, 외국 물품에 대한 통과료(청국의 주 수입원이었다) 인하 등의 조건을 받아들여야 했다.[3]

이 정전협정은 지켜지지 않았다. 청나라 왕실이 톈진조약에 불만을 제기하고 나섰던 것이다. 지연전술로 이 굴욕적 조약을 개정해보려는 속셈이었다. 인내심이 한계에 다다른 영국은 결국 프랑스와 연합하여 1859년 여름에 다시 전쟁을 일으켰다. 영프 연합군은 유감스럽게도 다구 요새를 재점령하는 데 실패했다. 이에 한껏 고무된 청나라는 자국의 힘을 과대평가한 나머지 영프 협상단을 인질로 잡는 우를 범하고 만다. 이에 격분한 영국과 프랑스는 그 즉시 3500명으로 구성된 원정군을 조직하여 베이징을 향해 파죽지세로 진격했다. 마침내 인질은 구출됐다. 그런데 이들 가운데 19명은 사망했고 나머지 사람들은 고문을 당했다고 한다. 연합군은 이에 대한 보복으로 청 황제가 애지중지하는 아름다운 건축물인 원명원을 공격하기로 했다.

영국인 사령관 엘긴 경은 '원명원 파괴는 청나라가 저지른 일에 대한 엄숙한 응징행위'이며 이 과정에서 아무도 다치지 않겠으나 '황제의 자긍심에는 큰 상처가 될 것'이라고 말했다.[4] 실제로 영프 연합군이 베이징에 당도하기도 전에 청나라의 젊은 황제인 함풍제咸豊帝는 이미 후궁

59

(머지않아 서태후가 된다)과 함께 만주에 있는 은신처로 몸을 피했다. 하늘 같은 군주를 오지의 오두막으로 도망하게 한 유럽인들은, 중국인이 절대 잊어서는 안 되는 교훈을 몸소 보여준 셈이었다. 그 교훈이란 바로 이것이다. "영국 왕은 자국민의 인권이 유린당하는 것을 절대로 참지 않는다. 그곳이 설사 본국에서 아주 멀리 떨어진 중국이라 해도 마찬가지다." 역사학자 제임스 헤비아James Hevia는 이 상황을 이렇게 설명한다. "청나라로서는 더할 수 없는 굴욕이었고 이는 영국의 힘을 거스르려는 자에 대한 살벌한 본보기였다."[5]

연합군의 약탈로 원명원은 아수라장이 됐으나 그 행위만큼은 체계적이고 치밀하게 이루어졌다. 먼저 프랑스군이 왕궁에 도착하여 마구잡이 약탈을 시작했다. 뒤이어 영국 원정군에 소속된 해군 중령 울즐리G. J. Wolseley가 이곳에 도착했다. 그는 프랑스군이 저지르고 있는 무자비한 약탈 현장을 보면서 '인간의 내면에는 무시무시한 파괴욕구가 자리하고 있음이 틀림없다'고 생각했고, 그 상황을 다음과 같이 생생하게 기술하고 있다. "천자天子임을 자처하던 그 고고하고 위대한 황제들이 그토록 자랑스러워하던 저 유명한 궁이 다 파괴되어 그 잔해만이 무성했다. '엉망진창, 뒤죽박죽'. 이곳을 표현하는 말 가운데 이보다 더 적절한 것은 없을 것이다. 프랑스군 진영은 온갖 종류의 비단과 직물로 가득했고 병사들은 더 약탈할 물건을 찾아 사방팔방으로 뛰어다녔다. 이러한 식의 약탈이 벌어질 때면 늘 그렇듯 병사들 대다수가 아주 우스꽝스러운 옷차림을 하고 있었다. 말하자면 이는 약탈 병사들의 관행이었다. 왕궁에는 갖가지 옷들이 가득했기 때문에 옷이 없어서 그런 복장을 하지 못하는 병사는 없었다."[6]

自强

마침내 영국군이 도착하여 이 참혹한 작전을 마무리지었다. 1860년 10월 18일에 이들은 인근에 흩어져 있던 모든 왕궁에 대해 전면 공격을 개시했다. 이때의 상황을 울즐리는 이렇게 적고 있다. "이날 하루 온종일 그리고 그다음 날까지도 이 웅장하고 화려했던 궁터에서는 짙은 연기가 자욱하게 피어올랐다."[7] "10월 19일 저녁 무렵이 되자 이 여름 궁전은 이제 이 세상에서 자취를 감추고 말았다. 검게 탄 목재 부스러기와 건물 잔해만이 이곳에 저 유명한 왕궁이 있었음을 알리고 있었다."[8]

당시 27세였던 영국 육군 공병대 대위 찰스 조지 고든Charles George Gordon은 그때 상황을 이렇게 설명했다. "이곳에 그 아름답고 웅장한 궁전이 있었으리라고는 아무도 상상할 수 없을 것이다. 그 대단한 건물을 불태워버린 우리도 가슴이 아팠다. 궁전은 무척 크고 웅장했고 우리는 시간에 쫓겼기 때문에 구석구석 다니며 샅샅이 약탈할 수 없었다. 엄청난 양의 금 장신구도 불태웠다. 군인으로서 참으로 하기 어려운 작업이었다."[9]

울즐리 중령도 자신들이 저지른 끔찍한 '만행'에 일말의 가책을 느끼며 다음과 같이 말했다. "우리가 처음 원명원에 들어갔을 때 동화에 나오는 마법의 나라에 온 것 같은 착각이 들었다. 그런데 10월 19일, 우리는 그곳을 완전히 파괴하여 폐허로 만들어버렸다."[10]

그러나 울즐리도 결국 청 왕실의 '보물' 같은 곳을 그렇게 파괴하는 이유와 논리에는 수긍했다. 말하자면 청나라 왕실과 백성이 가장 상처받을 만한 곳을 찾아 공격하는 것이 가장 효과적이라는 사실을 본능적으로 알고 있었던 것이다. "가장 큰 치명타는 이들의 자긍심에 상처를 주는 것이다. 세상의 중심이라는 그 대단한 자부심을 단번에 뭉개버릴 방법으로 원명원을 파괴하는 것만큼 효과적인 것은 없다."[11] 원명원을 파괴하는 것은 '힘의 우위를 과시하는 가장 효과적인 방법'이자 '중국이 세상의 중심이라는 중국인의 터무니없는 미망을 여지없이 깨는 도구'가 됐다.[12]

한편 고든 대위는 중국인들이 외국인의 이 같은 약탈행위를 자기반성의 계기로 삼은 것이 아니라 오히려 외국인에 대한 분노만 더 키웠을지도 모른다는 생각을 하며 이렇게 쓰고 있다. "중국의 고위층이 우리를 싫어하는 것 같다. 그도 그럴 것이 우리가 무슨 짓을 했는지 이 사람들이 다 알고 있을 테니 말이다."[13] 사실 고든의 이 판단은 옳았다. 몇 년이 지난 다음에 청나라 조정에서 가장 힘센 권세가 중 한 사람은 서구 유럽을 연구하려는 사람들을 비롯하여 서구 열강에 우호적인 사람들을 책망하려는 목적으로 1860년도에 있었던 이 비참한 사건을 상기시켰다. 몽골족 출신인 워런이라는 이름의 이 관리는 황제에게 '오랑캐들은 우리 적'이라는 사실을 일깨워주었다. "1860년에 이들 오랑캐는 무력으로 우리를 위협했다. 그리고 청국의 수도와 그 주변 지역을 점령하고 종묘를 뒤흔들었으며 왕궁을 불태웠다. 이 때문에 수많은 관리와 백성이 죽고 다쳤다. 우리 청국은 지난 200년 동안 이런 수모를 당해본 적이 없었다. 청국의 모든 학자와 관리는 이에 깊은 분노를 느꼈고 지금도 그들에 대한 증오와 원한이 가슴에 남아 있다. 우리는 어쩔 수 없이 그 오랑캐들과 화친을 해야 하는 상황이다. 그러나 단 하루인들 이 수모와 증오를 어찌 잊을 수 있겠는가."[14]

지금도 원명원의 잔해는 폐허 속에 그대로 남아 있다. 반쯤만 조립되다 만 거대한 레고 블록처럼 을씨년스럽게 말이다. 중국 공산당 정부

自强

가 잔해 그대로 보존해놓은 이 왕궁 터는 후손들에게 과거 서구 열강이 중국에 어떤 만행을 저질렀는지를 생생히 보여주는 일종의 역사박물관 역할을 하고 있다. 주말이나 공휴일이면 사람들이 이 여름 궁전의 옛터를 즐겨 찾는다. 베이징 시민은 소풍 삼아 그리고 타지 사람들은 성지를 순례하는 기분으로 이곳을 방문하는 것이다(외국인은 거의 없다). 도심의 혼잡한 교통과 삭막한 콘크리트 건물에 숨막혀하는 현지인들은 호수와 수풀이 우거진 정원 속에서 조용히 휴식을 즐기러 이곳을 찾는다. 그러나 전국 각지에서 사람들이 굳이 이곳을 찾는 이유는 목가적인 풍경에 끌려서만이 아니라 이곳에서 역사적 교훈을 얻기 때문이다. 가족, 연인, 학생 단체가 부서진 기둥과 무너진 건물더미 사이를 걸어간다. 그리고 한때 웅장했던 원명원의 잔해 속에서 오래전에 잃어버린 중국의 대국적 위엄을 애써 상상해보려 한다. 안내인은 이곳을 둘러보는 사람들에게 잃어버린 낙원에 대해 생각하라고 말한다. 또 '이 치욕을 절대 잊지 말자'라는 경계 문구에 주목하라고도 한다.

　베이징에서 휴일에 가족과 함께 이곳을 찾은 한 아버지도 중국인이면 누구나 느끼는 그러한 심정을 드러냈다. 이 사람은 당시의 역사적 사실을 상세한 부분까지는 몰랐어도(이 사람은 1860년대의 영프 연합 원정군과 이보다 나중인 1900년 의화단사건 때의 원정군을 혼동하고 있었다) 요점은 제대로 파악하고 있었다. "그때 중국은 약했다. 그러나 지금 우리는 점점 강해지고 있다." 위원 바로 직후 세대에 속한 선도적 개혁가들이 서구 열강이 자행한 원명원 파괴와 약탈행위에서 얻은 교훈도 바로 이것이었다. 이들 가운데 가장 대담한 개혁가가 바로 위원이 주장하는 개혁 의제의 계승자이자 19세기 후반기의 주요 정치사상가인 풍계분馮桂芬이었다.

63

풍계분은 위원의 사상적 기초 위에 중국을 다시 부강한 국가로 만들 수 있는 새로운 방법을 생각해냈다. 풍계분은 이를 자강自强이라 명명했다. 그는 서구 열강이 아무리 야만적인 오랑캐라 해도 이들을 좀더 자세히 알아야 하고 또 그래야 위원이 생각했던 것 이상으로 광범위하게 이들의 '기술과 방법'을 차용할 수 있으리라 생각했다. 외세의 침략과 내란이라는 이중고 속에서 풍계분은 국가 위기 타개책 가운데 가장 효과적이리라 생각되는 방법을 찾아낸 것이다.

안팎에서 근심이 몰려들다

풍계분은 중국이 여전히 동아시아의 맹주였던 1809년에 태어났다. 장쑤 성 쑤저우蘇州의 부유한 명문가 출신이지만 성년이 됐을 때는 가세가 좀 기울어 그저 평범한 생활을 유지하는 정도였다. 유일하게 남아 있는 초상화에서 풍계분은 대머리를 대신하기라도 하듯 기다란 염소수염과 무성한 콧수염을 기르고 있다. 크게 도드라진 광대뼈와 깊게 파인 눈가 주름을 보면 높은 벼슬자리에 오르고자 수도 없이 치러야 하는 과거를 준비하기 위해 유교 경서를 달달 암기하면서 젊은 시절을 보냈음을 짐작할 수 있다.[15] 풍계분은 청나라에서 가장 부유하고 교육수준 또한 높아서 경쟁이 가장 치열한 지역에 속한 지방에서 치러진 이른바 지방시地方試에 합격하는 등 초급 단계 시험에서는 뛰어난 성적을 거두었다. 이렇게 해서 풍계분은 난징으로 가게 됐다. 당시 난징은 위원이 곡물과 소금 운송체계 개혁에 힘을 쏟고 있었던 곳이었다. 풍계분은 1832년 이

自强

곳에서 처음 응시한 향시鄕試에 합격했다. 이때 제출했던 뛰어난 답안으로 '100년에 한 번 나올까 말까 한 인재'라는 찬사를 받았다.[16] 그러나 풍계분은 회시會試에는 낙방하여 황제가 주관하는 전시殿試에 응시할 자격을 얻는 데는 실패했다. 1835년에 치른 재시험에서도 또 낙방하여 가족들이 크게 실망했다. 위원을 비롯해 이렇게 과거 준비를 하는 다른 대다수 사람과 마찬가지로 풍계분은 미야자키 이치사다宮崎市定의 표현처럼 '중국의 입시 지옥'에 갇혀버렸다.[17]

다행히 풍계분은 당시 장쑤 성의 성장省長이던 임칙서의 눈에 띄어 그의 부관으로 채용됐다. 이를 통해 풍계분은 풍부한 행정 경험을 쌓았고 관료사회와 연을 맺게 됐다. 그뿐만 아니라 이는 다음 과거에 대비해 계속 시험 준비를 하는 데 큰 도움이 됐다. 그리고 드디어 1840년에 우수한 성적으로 시험에 합격했다. 이 시험에 합격한 것으로 끈기 있게 공부를 해온 지난 20여 년의 시간이 말끔히 보상되고도 남았다. 풍계분은 곧바로 자신의 정신적, 물질적 후원자였던 임칙서에게 감사의 편지를 썼다. 비록 그가 아편전쟁 참패의 희생양이 돼 유배길에 오르는 참담한 처지에 놓였음에도 말이다.

사대부들과 과거를 준비하는 유생들이 모여 전쟁에 패한 사실을 두고 번민하며 이런저런 대책을 내놓고 또 새롭게 알게 된 중국의 무기력과 나약함에 관해 심사숙고하기 시작하는 등 1840년대는 사회적으로, 또 정치적으로 혼란과 불안정이 뒤엉킨 시기였다. 이러한 형태의 토론이 벌어지던 한 모임에서 풍계분은 아편전쟁의 영웅으로 추앙받는 인물이 하는 말을 들었다. (타이완에서) 영국군에 맞서 열심히 싸웠으나 결국에는 청 왕실로부터 처벌을 받은 사람이었다. 풍계분의 전언에 따르면

이 사람은 다음과 같은 말로 끝맺음을 했다고 한다. "모든 것이 여러분에게 달렸다! 자부심을 잃지 마라! 자존심을 지켜라!" 풍계분은 그때 상황에 대해 이렇게 말했다. "그 말을 듣고 있던 사람들 모두가 수치심 때문에 갑자기 시선을 아래로 떨구었다."[18] '수치심이 행동을 불러일으킬 수 있다'는 가르침이 현실로 드러나는 순간이었다.

풍계분은 생각이 같은 학자들이 모여 만든 또다른 회합에서 실제로 위원을 만났다. 정치적으로 색깔이 비슷한 개혁 사상가들이었음에도 두 사람은 별로 가까워지지 않았다. 풍계분은 '오랑캐'의 장점을 배우자고 주장한 최초의 개혁가라는 점에서는 위원을 높이 평가하면서도 오늘의 친구가 얼마나 쉽게 적으로 돌변할 수 있는지를 간과할 만큼 지나치게 순진했다는 점과 오래된 자료에 의존한 나머지 『해국도지』에서 몇몇 오류가 발견됐다는 이유를 들어 위원을 비판했다.[19] 이렇게 비판을 하면서도 부국강병, 정치개혁, 서구 유럽에 대한 연구 등에 관한 위원의 자료와 저서에서 적잖은 영향을 받았다. 풍계분을 유명하게 해준 '자강' 개념도 사실은 위원의 아편전쟁을 다룬 기록물에서 최초로 사용했다. 여기서 위원은 중국이 '자수자강自修自强'할 필요가 있다고 주장했다.[20]

풍계분은 제1차 아편전쟁 이후 관료로서 차근히 단계를 밟아 올라가던 중 1845년에 모친상을 당하면서 시묘侍墓(부모상을 당한 후 상복을 입은 채 무덤 옆에 움막을 짓고 생활하면서 매일 제사를 올리며 부모를 기리는 것-옮긴이)를 사느라 3년 동안 현직에서 물러나 있어야 했다. 그러나 천만다행히 풍계분의 운은 여기서 다하지 않았다. 1850년, 풍계분을 좋게 보고 뒤를 봐주던 정치적 후원자들이 20세에 즉위한 새 황제 함풍제를 알현할 기회까지 마련해주었다. 그런데 풍계분이 이 대단한 기회를 잡아 황

自強

제를 배알하기 직전, 이번에는 부친상을 당해 황제와 만나는 일이 무산된 것은 물론이고 일체의 공직활동을 접고 또다시 낙향해야 하는 신세가 됐다.[21]

부친의 시묘가 끝났을 즈음 청나라는 또다시 위기 상황에 몰려 있었다. 1853년에 풍계분을 비롯한 사대부들은 태평太平이라는 종교집단이 주도한 반란 상황에 직면하게 됐다. 게다가 밖으로는 제2차 아편전쟁에까지 휘말리면서 법가에서 말하는 '내우외환內憂外患'의 이중고에 시달리는 상황이 됐다.[22] 1850년대와 1860년대는 국가적으로 엄청난 난제, 즉 안으로는 반란을 진압하고 밖으로는 외세의 침략을 물리쳐야 하는 시험대에 오른 시기였고 풍계분 개인적으로는 개혁 사상에 더욱 몰입하게 된 시기였다.

태평천국의 난은 1850년에 소규모 비밀 종교집단이 지방 관리들과 마찰을 일으키면서 시작됐다. 그러나 소규모 운동으로 시작된 이 봉기는 전국으로 급속히 번져나가 급기야 청나라 왕실을 위협하는 대규모 반란으로 비화했고 이 난으로 중국인 2000만 명이 목숨을 잃었다. 이 집단의 우두머리인 홍수전洪秀全 역시 오랫동안 과거를 준비하던 사람으로서 시험에 여러 번 낙방하자 심리적으로 피폐해졌고 그러다가 자신이 천자天子이며 예수와 같은 구세주라는 망상에 사로잡혔다. 중국 남부에서 활동하던 선교사를 통해 얻은 성서를 읽고 나서 자신이 예수의 동생이며 역사가 조너선 스펜스Jonathan Spence의 말을 빌리자면 자신은 세상을 구원하기 위해 '중국에서 태어난 하느님의 아들'이라고 굳게 믿게 됐다. 홍수전은 태평천국太平天國이라는 신정국神政國(신의 대리자가 다스리는 국가-옮긴이)의 수립을 선포하기에 이르렀다. 태평천국은 수백만 무장

농민 추종자들이 지지하는, 중국의 전통적 유교 통치 철학과 기독교 사상이 혼합된 국적 불명의 기기한 종교집단이었다.[23]

반란의 무리는 증오의 대상인 지방 지주들은 물론이고 만주족 출신의 황제까지 타도하겠다는 약속으로 농민들을 합류시키면서 세를 불려나갔고 이 운동은 마치 용암과도 같이 중국 남부 전역으로 번져나갔다. 반란군은 사기가 꺾인 청나라 군대를 계속 격퇴하면서 승승장구했고 1855년에는 난징을 함락하기에 이르렀다. 이들은 난징을 태평천국의 새 도읍으로 삼았다. 청 왕조는 회복 불능의 나락으로 떨어진 것 같았고 완전한 패망은 시간문제로 보였다.

이러한 절체절명의 위기 상황에서 풍계분은 세상사에 무심한 유생들과 선비들처럼 한가하게 책이나 읽으면서 나라가 일촉즉발의 위기로 내몰리는 것을 지켜보고만 있을 수는 없다고 생각했다. 풍계분은 고향인 쑤저우로 서둘러 내려가 반란군을 무찌르기 위해 무력 저항군을 이끌었다. 반란군으로서는 중요한 조약항인 상하이를 손에 넣으려면 그 길목에 있는 쑤저우가 절실히 필요했다. 난징조약으로 유럽과의 무역이 허용된 상하이는 이미 크게 번성하고 있었다. 상하이는 잘 무장돼 있었고 방어 준비도 돼 있었다. 그러나 쑤저우에서 상하이로 진군하려는 반란군을 저지하고 있던 병력은 풍계분의 저항군뿐이었다. 이 때문에 1856년에 높은 자리를 주겠다며 왕실에서 불러올렸을 때도 풍계분은 이 저항군을 이끄는 것이 더 시급하다고 판단하여 고향인 쑤저우에 남는 쪽을 선택했다.

한창 진행중인 태평천국의 난 외에도 1856년 광저우에서 발생한 애로호 사건으로 영국인의 적대감이 극에 달한 이후 외세의 압박도 점차 거세졌다. 안타깝게도 청나라는 이 두 가지 중 어느 것 하나에도 제대로 대응하지 못했다. 1860년 봄에 태평천국군이 양쯔 강에서 청나라 군대를 무찌르고 쑤저우로 진격하자 풍계분은 가까스로 몸을 피해 중국 남부에서 유일한 피난처였던 상하이로 탈출했다.

"자강의 출발점은 수치심을 느끼는 것"

1860년 말에 상하이에 도착한 풍계분은 처음에는 중국인 거주 지역에 머물렀다. 그러다 얼마 지나지 않아 영국인과 프랑스인 거류지를 방문하기 시작하면서 상하이 경마장에서 벌어지는 경마 경기를 구경하기까지 했다. 언젠가 런던선교회에서 통역사로 일하던 왕도王韜(훗날 중국 최초의 저널리스트가 됐다)가 자신이 통역 일을 해주며 친하게 지내던 한 영국인의 집에 풍계분과 그 아들이 방문할 수 있게 해준 적이 있었다. 위원이 앤스트루더를 심문하면서 외국인과 처음 접촉했듯 풍계분이 직접적으로 서구 세계와 접촉한 것은 이때가 처음이었다. 이때 풍계분은 가죽으로 된 가구와 악기, 책이 빽빽이 들어찬 서가, 그 옆 벽에 걸린 사실주의 화풍의 그림 그리고 서구적 생활방식이 곳곳에 묻어나는 갖가지 물품들을 둘러보면서 비로소 유럽인의 물질생활을 몸소 느껴볼 수 있었다.[24] 비록 이러한 풍경이 서구사회의 한 단면에 불과하더라도, 적어도 이것은 눈으로 볼 수 있고 손으로 만질 수 있는 그 무엇이라는 점에서 서구의 모습을 조금이나마 '체감'하는 기회가 됐다. 풍계분은 1861년 초에 가족과 함께 영국인과 프랑스인 거류지 근처로 이사했다. 그렇게 하

69

면 중국의 지식인으로서 몸은 중국에 있으면서도 서구 문물을 충분히 접할 수 있으리라 기대했던 것이다.[25] 중국 땅에 '이식'된 이 낯선 이국적 세계에서 풍계분은 전과는 다른 방식으로 사고하면서 자신의 생각을 기록으로 남기기 시작했다.

1842년에 청나라가 아편전쟁에서 패하는 상황을 목격한 위원이 이를 계기로 중국 역사를 되짚어보고 서구 열강을 재평가하게 된 것과 마찬가지로 풍계분은 1860년에 반란군에 패하고 상하이로 도피한 것을 계기로 전과는 다른 방식으로 중국이 나아갈 바를 제시하게 된다. 서구화된 상하이의 외국인 거류지에서 풍계분 자신이 서구인과 서구 문물을 접한 영향도 여기에 한몫했다. 50세가 된 풍계분은 간질환에 시달리면서도 외국인 거류지에 있는 자신의 집에서 소책자를 집필하는 데 여념이 없었다. '자강' 개념을 바탕으로 자신의 새로운 생각을 정리한 이 책자는 근대 중국 지성사知性史에 지대한 영향을 끼쳤다.

풍계분은 책자의 제목을 『교빈려항의校邠廬抗議』라고 함으로써 정통 유교 사상에 익숙한 독자들에게 이 책은 외국의 침략행위에 저항하는 내용을 담고 있다는 인상을 주었다. 이 제목을 접한 사람들은 여기서 말한 '빈'이 현 시안西安 근처에 있는 지명 '빈'이라고 생각할 것이다. 빈은 주나라 무왕의 출생지다. 무왕은 오랑캐의 도발행위에 격렬하게 대항한 인물로서 중국인들에게 외세 저항의 상징으로 여겨진다. 고대 주나라 때 시안은 이웃 오랑캐 국가와의 국경 부근에 있었다. 그런데 지금의 빈은 상하이, 그것도 상하이 한복판인 '오랑캐' 거류지였다. 제목에 오두막廬을 뜻하는 '려' 자를 명시하여 자신이 허름한 '오두막'에서 지낸다고 한 것은 과감한 발언을 해도 거칠 게 없다는 의미를 내포한 것이라고도

自强

할 수 있다. 어쨌거나 이 책을 통해 풍계분은 중급 지방 관리이면서도 아주 대범하게 청나라 왕실을 향해 국가 정책에서부터 외교에 이르는 다양한 사안에 대한 전략적 조언을 하고 오랜 염원이자 오늘날의 중국에도 큰 의미가 있는, 조국 근대화를 위한 기본 원칙을 제안했다. 이러한 원칙과 논리는 오늘날의 중국인들에게 아직도 영향력을 행사하고 있다.

다소 과격하게 표현되기는 했으나 풍계분이 제기한 의문은 이런 것이었다. "우리 청나라의 면적은 러시아의 여덟 배, 미국의 열 배다. 프랑스보다는 100배나 더 크고 영국보다는 자그마치 200배나 더 크다. 우리보다 훨씬 더 작은 그 국가들은 강한데 이렇게 큰 우리는 대체 왜 이토록 약한가?"[26] 이에 대한 풍계분의 대답은 아주 과감하고 거침이 없었다. "우리는 이 새로운 적들이 부강해질 수 있었던 비법을 알아내야 한다. 그러려면 적들이 우리보다 더 월등하다는 사실을 받아들이고 이들의 방법을 도입하든지 아니면 그냥 망하고 말든지 둘 중 하나다."

풍계분은 서구 열강이 단순히 증기선이나 화기, 군사훈련 등에서만 월등한 것이 아니라고 보았다. 더 심오하고 체계적인 무언가가 있었다. 풍계분은 서구 제국이 교육(인재 등용), 경제발전(놀리는 땅 없이 땅에서 취할 수 있는 모든 이득을 취함), 정치적 정당성(통치자와 국민 간의 근접성), 지적 탐구의 속성(겉으로 드러나거나 알려진 것과 실상이 일치하는 이른바 표리일체의 진리를 추구) 등 네 가지 부문에서 청나라를 능가한다고 판단했다.[27] 풍계분은 중국이 영국과 어깨를 나란히 하려면 자존심을 누르고 이 네 가지 부문에서 이들의 방식을 닮아가야 한다고 결론 내렸다.

풍계분이 중국인들에게 제안한 방법이 바로 '자강'이었다. 즉 서구의 방법을 배우고 서구 문물을 받아들이되 서구 세계에 의존하지는 말

71

자는 것이다. 여기서 더 나아가 외국으로부터 군사적 원조를 받는 것의 위험성을 경고했다. 그리고 단순히 외국의 무기 제조 기술만 도입할 것이 아니라 중국인에게 그 신기술을 사용하고, 무기를 제조하고, 군사와 병기를 관리하는 방법 자체를 가르칠 것을 주장했다.[28] "당분간은 외국의 군사전문가를 고용하여 근대적 군사기술을 배울 필요가 있겠으나 장기적 차원에서는 훈련을 통해 중국인을 군사전문가로 키워나가야 한다. 사실 큰 대가를 치르지 않으면서 외국 문물을 도입하는 일은 앞으로 등장할 중국 지도자들에게 주어진 절대적 명제이고 이것이 이들을 항상 고민케 할 것이다."

어쨌거나 문화적 고립주의를 취하는 보수 인사들은 항상 개혁주의자들을 역적으로 몰아세울 준비가 돼 있었다. 건륭제 시대 이래로 서구 '오랑캐'에 대한 일반적 시각이 별로 달라지지 않았다고 생각되는 상황에서, 더구나 불타버린 원명원의 잔해에서는 아직도 연기가 피어오르는 시점에서 풍계분이 『교빈려항의』를 쓴 것은 여간한 용기로는 불가능한 일이었다. 실제로 1852년에 영국의 통역관 토머스 테일러 메도스Thomas Taylor Meadows는 중국인들이 외교 문제를 논할 때 '오랑캐 관리'라는 표현을 썼다고 전한다. 중국인에게 외국은 여전히 '오랑캐'였던 것이다. "5개 조약항을 통틀어도 직접 서구의 관습과 문화를 배울 기회를 얻는 사람은 중국 전체 인구 3억 6000만 명 가운데 5000 혹은 6000명에 불과할 것이다." 그리고 이렇게 덧붙였다. "그 대다수가 윤리적으로나 지적으로 우리를 자신들보다 한 수 아래로 본다. 나는 한두 명이 아니라 많은 중국인과 이야기를 나누어보았는데 이들은 우리가 생각했던 것과는 다른 사람들이라는 느낌을 받았다. 그리고 이들도 우리에 대해 같은 생

自強

각을 하는 것 같았다. 우리를 만나본 중국인들은 우리도 이름에 성姓을 쓰고, 또 부父, 형제兄弟, 아내婦, 자매姉妹 등 촌수와 가족관계를 이해하고 있다는 사실을 알고는 경악하는 수준까지는 아니더라도 꽤 놀라는 눈치였다. 금수禽獸처럼 사는 줄 알았는데 '사람'답게 사는 모습이, 이전에 자신들이 생각했던 서양인의 이미지와는 달랐던 모양이다."[29]

이렇게 멸시하는 혹은 무시하는 시선으로 외국인을 바라보는 것이 중국인의 일반적인 시각이었다고 할 때 '수치심' 혹은 '굴욕감'을 화두로 삼은 풍계분의『교빈려항의』는 그 출발점부터가 본질적으로 달랐다고 할 수 있겠다. '수치심'은 사람을 곤혹스럽게 하는 부정적 감정이기만 한 것이 아니라 국력 증대의 촉매 구실을 하는 유용한 감정이기도 하다는 것이 풍계분의 생각이었다. 풍계분은 사람이 자신의 부족한 부분을 깨닫고 여기에 대해 수치심을 느낀다면 그러한 감정을 느끼는 그 순간부터 부족한 부분을 메우는 행동이 시작된다고 생각했다. "자강의 출발점으로서 수치심을 느끼는 것보다 더 좋은 것은 없다."[30]

풍계분이 생각하는 자강 계획의 핵심은 바로 군사력이었다. 국가의 최우선 정책이 바로 자주국방이다. 그리고 여전히 보수적인 중국 관료 사회에서 외국의 문물 가운데 그나마 가장 저항 없이 받아들여질 수 있는 형태가 군사 및 국방에 관한 것이었기 때문이다. 풍계분은 태평천국군이 점령한 이 도시를 재탈환하고자 용병을 모집하여 투입하려 애쓰는 쑤저우 내 현지 외국인들과 뜻을 같이했다. 풍계분에게 이러한 경험은 서구 문물을 도입하는 것이 어떤 의미인지를 피부로 느낄 수 있게 한 생생한 체험이었다.[31] 풍계분은 상하이에서 활약한 유명한 외국인 장교 세 명에 대한 일대기를 짤막하게 소개한 글까지 썼다. 바로 프레더릭 타운

센드 워드Frederick Townsend Ward, 헨리 버제빈Henry Burgevine, 찰스 조지 고든Charles George 'Chinese' Gordon이 그들이었다. 이 가운데 고든은 원명원이 파괴된 상황을 묘사했던 인물로 나중에는 태평천국군에 맞서 싸우기까지 한다. 풍계분은 영국과 미국 관리들이 자국의 선진 기술과 서구 유럽의 군사전술을 동원하여 청나라 군대가 반란군을 진압하도록 도와주는 모습에 크게 감명을 받았다. 그래서『교빈려항의』에서 전략적 요충지에 있는 이른바 전략항에 서구 유럽 양식의 조선소와 병기창을 둘 것을 청나라 왕실에 제안했다. "그렇게 해야만 중국의 옛 국력을 회복할 수 있고 또 그래야만 근래 우리가 당한 치욕에서 벗어날 수 있으며 그렇게 해야만 비로소 이 넓은 세상에서 가장 강한 국가라고 자부할 수 있게 된다."[32]

풍계분은 기술적 근대화 문제를 놓고 늘 고심해왔던 터라 이웃 일본의 근대화에서 배울 점이 많다는 사실을 누구보다 일찍 깨달았다. 일본의 근대화 방식은 서구 문물을 어떻게 도입하여 활용할 것인가에 대한 해답을 찾게 해주는 것으로써 앞으로 중국이 참고하기에 매우 적절한 대안 모형이었다. 일본은 1850년대 말에 이미 개혁과 개방 작업이 한창 진행중이었고, 풍계분은 일본이 이처럼 발빠르게 개방정책 노선을 정한 것에 큰 점수를 주었다. 일본은 반강제로 외세에 시장을 개방한 지 2년 만에 근대식 전함을 건조할 수 있게 됐다. 그런데 중국은 제1차 아편전쟁 이후 근 20년 동안 전혀 발전이 없었고 풍계분은 이러한 사실이 한탄스러웠다. 풍계분은 중국이 일본과 같은 행동을 취하지 않는다면 '중국인은 수많은 외국의 먹잇감이 되고 말 것'이라고 엄중히 경고했다.[33]

풍계분의 관심이 국방 쪽에만 머문 것은 아니었다. 그는 서구 열강

自強

이 전쟁에서 그토록 강한 힘을 발휘할 수 있었던 이유를 정치적 기초에서 찾으려 했다. 그는 서구 제국의 역동성과 힘은 국민에 대한 정부의 책임의식에서 비롯된 측면이 크다고 주장했다. 풍계분을 비롯한 중국의 개혁적 정치사상가들은 이를 '군주와 백성 간의 근접성' 차원에서 이해하려 했다.[34] 풍계분은 군신君臣 간의 이러한 친밀성 혹은 근접성이 영국의 의회 민주주의나 미국의 대통령 민주주의와 같은 정치 모형의 자연스러운 결과물이라고 믿었다. 이와는 대조적으로 중국의 관료들은 백성과 완전히 격리돼 있었다. 풍계분은 이렇게 썼다. "나는 평생을 올곧게 그리고 강직하게 살아왔다. 그래서 현과 주 단위의 지방 관리뿐 아니라 중앙의 고위 관리들에게 단도직입적으로 백성이 얼마나 힘들게 사는지 알고 있느냐고 물었다. 그랬더니 대다수가 깜짝 놀라면서 그런 이야기는 들어본 적이 없다고 말했다. 이처럼 백성의 실정을 모르는 것은 의사소통의 부재에서 비롯된 것이다."[35] 풍계분은 태평천국의 난이 급속히 번져간 것도 통치자와 백성 간의 이러한 소통 단절이 원인이라고 보았다. 소통 단절이 태평천국의 난과 같은 대규모 민중봉기 상황을 만들었다고 생각했다. "반란자들은 날 때부터 반란자였던 것이 아니라 배불리 먹지 못하고 마음껏 배우지 못했기 때문에 반란자가 돼버린 것이다."[36]

『교빈려항의』 희귀 필사본에는 미국의 민주정치를 긍정적으로 평가한 내용이 담겨 있다. 이 글은 1860년 에이브러햄 링컨이 대통령에 당선된 직후에 쓴 것이었다. 풍계분은 실용주의적 관점에서 이 같은 민주적 선거 과정이 미국이 누리는 '부강'과 밀접한 관련이 있다고 보았다. "오랑캐의 책을 보면 미국에서는 대통령이 국가를 통치하고 또 정치권력은 대통령의 아들이 아니라 현명한 누군가에게 계승된다고 한다. 사람들은

수치심을 느껴야 강해진다

자신이 좋아하는 후보자의 이름을 투표용지에 적어 이 용지를 투표함에 넣는다. 그러면 표를 가장 많이 받은 사람이 대통령이 된다. 한 주州를 다스리는 주지사도 이와 같은 절차를 거쳐 선출된다. 이러한 과정에서 미국은 부강해졌고 점차 러시아와 영국, 프랑스 같은 강대국을 능가하게 됐다. 이러할진대 오랑캐국에는 위대한 인물이 없다고 누가 감히 말할 수 있겠는가."[37]

미국에 대한 찬사는 여기서 그치지 않았다. 풍계분은 마을 단위로 이루어지는 소규모 민주주의의 도입을 제안했다. "각 마을 단위로 주민들이 투표용지에 해당 관직에 어울린다고 생각하는 사람의 이름을 적어 넣는다. 이 용지함은 관청으로 옮겨져 여기서 투표수를 계산한다. 그리고 표를 가장 많이 받은 사람이 그 관직에 오른다."[38] 그리고 그는 과거에 급제한 사람이나 정계에 연줄이 있는 사람뿐 아니라 학자, 유생, 촌장 등에게서 폭넓은 지지를 받은 사람들도 고위 관직에 오를 수 있게 해야 한다고 주장했다.[39] 비록 잠정적인 논의이기는 하나 이는 피통치자의 대중적 동의에 관한 첫번째 담론이었다. 풍계분은 이렇게 주장했다. "한두 사람의 개인적 의견에 귀기울여야 하느냐 아니면 절대다수에서 나온 대중의 의견을 경청해야 하느냐고 묻는다면 당연히 후자에 중점을 두어야 한다고 생각한다."[40]

풍계분은 또 정부의 예산 집행 과정을 철저히 감시하고 조사해야 한다고 주장했다. 이는 당시로는 매우 혁신적인 제안이었다(지금의 시각으로 보아도 혁신적이다).[41] 그리고 네덜란드의 소년원이나 스웨덴의 의무교육에 대해 듣고 북유럽의 사회복지와 대중교육 제도를 찬양했다.[42] 풍계분은 중국어로 번역된 유럽에 관한 자료를 읽고 '오랑캐 연구 전문가(아

自強

마도 이 가운데 일부는 상하이에 거주하는 '오랑캐', 즉 외국인이었을 듯하다)'와 대화를 나누어본 다음 외국의 정치제도가 어떻게 운용되는지, 또 중국에 유용한 제도로는 어떤 것이 있는지를 생각했다. 그리고 고대 중국의 전통적 모형을 무조건 답습하기를 거부한 풍계분은 다음과 같이 주장했다. "좋지 않은 제도면 그것이 아무리 전통적인 것이라도 버려야 한다. 반면에 좋은 제도라면 그것이 오랑캐의 것이라도 따라야 한다. 오랑캐의 책을 보고 나는 그러한 좋은 것을 몇 가지 찾아냈다. 단지 그것이 오랑캐의 것이라는 이유로 거부해서는 안 된다."[43]

그러나 풍계분의 정치철학을 '민주적'이라고 평가하기는 어렵다. 그보다는 이른바 '참여적 전제주의' 쪽에 더 가깝다. 풍계분은 여전히 정치권력은 황제 혹은 군주에게서 나온다고 생각했다. 결국에 그를 추종하는 후세대 개혁가들과 마찬가지로 풍계분은 서구 민주주의는 중국에 적합하지 않다는 결론을 내렸다. 게다가 풍계분은 중국의 가치와 유교 원칙의 우월성을 굳게 믿고 있었다. 그렇다. 중국은 '부국강병'이라는 목적 달성을 위해 서구의 기술을 받아들여야 한다. 그러나 중국인의 사회적 기본 성향, 윤리적 기반, 문화적 기초는 손상되지 않아야 한다. 중국과 중국인은 이 세상 어느 국가, 어느 국민에도 견줄 수 없는 월등한 존재라는 것이다.

풍계분은 이렇게 조언했다. "지금 우리는 다시 한번 외국을 배워야 한다. 같은 공간, 같은 시간 속에 사는데 그들은 부국강병을 이루어냈다. 우리라고 못할 것이 무엇인가? 그들의 장점을 쉽게 모방하지 못할 이유가 무엇인가? 부국강병을 달성하려면 중국의 전통윤리와 가르침을 기본 바탕으로 삼고 그 위에 외국의 기술을 도입하여 보완하는 것이 가

수치심을 느껴야 강해진다

장 이상적이지 않겠는가?"⁴⁴ '동양'의 목적을 달성하기 위해 '서양'의 수단을 이용한다는 한 중국 개혁가의 이러한 비전은 수십 년을 이어져 내려와 덩샤오핑에게까지 이르렀으며 이 생각은 오늘날의 중국 정치인들에게도 영향을 끼치고 있다.

통치의 핵심 열쇠

　　풍계분은 『교빈려항의』의 집필을 끝내자마자 이를 청나라의 최고 권력자에게 보냈다. 그런데 풍계분이 말하는 그 최고 권력자는 겨우 여섯 살에 새로 황제에 오른 동치제同治帝가 아니라 중국의 율리시스 그랜트Ulysses S. Grant라 할 증국번曾國藩 장군이었다. 당시 청나라 황제에게 증국번이 이끄는 군대는 태평천국의 난을 잠재울 마지막 희망이었다.

　　어린 나이에 과거에 급제했는데 1853년에 태평천국군에 맞서 싸우려고 고향인 후난 성으로 돌아갔다는 점에서 보면 증국번의 일생은 풍계분과 비슷한 면이 있다고도 할 수 있다. 그러나 풍계분과 달리 증국번은 내 고장을 지키겠다고 나선 지역 유지들과 일반 백성을 모아 완전히 새로운 유형의 군대인 상군湘軍(여기서 '상'은 후난 성을 의미함-옮긴이)을 조직하여 태평천국의 난이라는 '내우內憂'를 진압하는 데 성공했다. 1860년 무렵에는 태평천국군 진압에 대한 모든 희망이 증국번에게 달려 있었다. 관군은 완전히 무력했다. 이러한 상황이 되자 청국 왕실은 증국번이 이끄는 상군에 병권을 위임하고 이들에게 모든 희망을 걸 수밖에 없었다. 위원의 『성무기』를 읽은 사람이라면 짐작하겠지만 왕권을 이런

自強

식으로 분산하는 것은 과거 청나라에서는 있을 수 없는 일이었다. 중국에는 '관직 회피 규정'이라는 것이 있어서 중앙 관리는 자신의 고향 성省에서 관직을 맡지 못하게 돼 있었다. 그런데 베이징에 있던 관료들이 반란군 진압을 위해 각자의 고향에서 싸우는 상황이라 당연히 이러한 규정을 적용할 수 없었다. 이 규정의 적용이 중지된 것은 이때가 처음이었다.[45]

모든 희망을 증국번과 그가 이끄는 상군에 걸었던 것은 황제와 조정 대신들만이 아니었다. 상하이에 있던 풍계분도 증국번의 도움이 절실했다. 『교빈려항의』의 집필을 끝낸 달이기도 한 1861년 11월에 풍계분은 증국번에게 군대를 좀 보내달라는 내용의 편지를 썼다. 태평천국군이 점령한 쑤저우 탈환을 위해 황군皇軍 편에 서서 반란군과 싸우는 영미 용병과 합류해달라고 부탁했던 것이다. 이 요청을 받은 증국번은 사실 자신과 자신의 군대가 월권을 하는 것이 아닌지 신경이 쓰여서 처음에는 좀 주저했다. 그러나 결국은 휘하 장군이던 이홍장李鴻章을 상하이로 파견하기로 했다.[46]

당시 30대 후반이던 이홍장은 눈에 확 띄는 사람이었다. 6척 장신에 이글거리는 눈과 냉혹한 시선으로 사람들을 압도했다. 프랑스 소설가 피에르 로티Pierre Loti는 이홍장을 만나보고 나서 그 인상을 이렇게 썼다. "기골이 장대하고 광대뼈는 툭 불거져나왔으며 눈은 아주 작았으나 눈매는 몹시 날카로웠다."[47]

이홍장은 증국번의 명령으로 고향인 안후이安徽 성에서 민병대인 회군淮軍을 조직했다.[48] 풍계분과 상하이 거주 외국인들은 이홍장이 이끄는 회군이 빠르고 안전하게 상하이로 올 수 있도록 일곱 척의 영국 증기

수치심을 느껴야 강해진다

선을 준비하여 이들의 이동을 도왔다. 이홍장은 회군을 이끌고 1862년 봄에 상하이에 도착했고 1863년이 끝나갈 무렵에 쑤저우를 탈환했다.

이렇게 이홍장, 증국번과 돈독한 관계를 맺은 풍계분은 자신의 '자강' 사상과 실천 계획을 황제를 비롯한 조정 대신들에게 피력할 기회가 있으리라 기대했다. 실제로 증국번은 자신의 일지에 『교빈려항의』는 '훌륭한 학자'가 쓴 글이라고 적었고 이 책의 필사본을 만들어 자신의 부하들에게 나누어주었다.[49] 증국번은 휘하 관원들과 토의할 때 풍계분의 생각에 동조하는 의견을 내기 시작했다. "자강을 이루는 방법을 알고 싶다면 과거제도를 개혁하고 능력 있는 인재를 등용해야 하며 서구의 화기와 증기선, 기타 유용한 도구를 제조하는 기술과 방법을 배워야 한다."[50] 증국번은 풍계분에게 그 책을 공식적으로 발표하라고 권했으나 풍계분은 이 제안을 거절했다. 보수세력이 이 책의 내용을 수용할 리 만무했다. 자신과 이 책에 비난이 쏟아질 것을 저어한 풍계분은 그 대신 필사본을 만들어 비공식적으로 이 책을 배포하는 방법을 택했다. 필사작업은 증국번과 같은 선도적 지도자를 따르는 재야 학자들이 맡았다.[51]

이홍장은 상하이에 도착하자마자 풍계분을 수석 참모로 임명하고 개혁적 정책 제안서를 작성하는 업무를 돕게 했다.[52] 실제로 이홍장이 '자강'이라는 표현을 쓴 것도 상하이에 도착한 직후부터였다.[53] 이홍장은 또 수치심이 자강의 촉매 구실을 할 수도 있다는 풍계분의 생각에 동조했다. 이홍장은 증국번에게 보낸 편지에서 이렇게 쓰고 있다. "청나라의 무기가 외국이 쓰는 무기에 한참 뒤떨어져 있다는 사실이 몹시 부끄러웠다. 그래서 나는 부관들에게 마음을 겸손하게 하고 수치심을 느낄 줄 알아야 하며 서구인들의 비법을 열심히 배워 외국에 대한 지식을 늘

自強

려야 한다고 매일 당부하고 또 당부한다."[54]

서구식 무기를 제조해야 한다는 풍계분의 오랜 꿈은 이홍장이 상하이와 쑤저우에 소규모 근대식 병기창을 세우면서 비로소 현실이 됐다. 1863년에 풍계분은 왕실에 보내는 청원서를 작성했고 이홍장은 이를 왕실에 전달했다. 무기와 같은 형태가 있는 것뿐 아니라 군대 양성과 병사 훈련 방법 같은 무형적인 기술도 도입할 필요가 있다고 설명하는 내용이었다. 두 사람은 이 청원서에서 이렇게 밝혔다. "중국이 강한 국가가 되기를 원한다면 외국의 월등한 기술을 배우고 이를 사용하는 방법 외에 더 좋은 것은 없다. 무기를 만들 장비가 필요하다면, 또 그 장비를 만들 사람이 필요하다면 그것을 전문적으로 가르치는 교육 과정이 있어야 한다."[55]

이홍장의 이 청원서는 총리각국사무아문總理各國事務衙門으로 보내졌다. 지금의 외무부 격인 이 기관은 제2차 아편전쟁의 승자인 영국의 요청으로 신설됐다. 총리각국사무아문은 자강을 통한 개혁을 주장한 풍계분의 의견에 지지 의사를 표하며 이 청원서를 황제에게 보냈다. 이 기관은 이렇게 주장했다. "국가 통치의 핵심 열쇠는 '자강'에서 찾아야 한다. 자강과 관련한 사안 중 지금과 같은 상황에서 가장 중요한 것은 군대를 양성하는 것이다. 그러나 이보다 선행돼야 하는 것은 바로 무기를 제조하는 일이다."[56] 1865년에 이홍장은 강남江南병기창으로 알려진 지역 군수공업 단지의 중심지 역할을 기대하며 기존의 소규모 병기창들을 하나로 병합하여 난징에 초근대식 군수공장을 설립했다. 이로써 『교빈려항의』에서 제안했던 풍계분의 구상이 실현된 것이다.

오늘날, 난징 옛 성벽의 남문 바로 밖에 있는 옛 강남병기창을 방문한 사람들은 유럽식 회색 벽돌 건물을 구경하면서 그때로 돌아가 과거를 한번 생각해보게 된다. 쇠락을 경험하고 있던 중국이 당시로서는 파격적이랄 수 있는 급진적 개혁 사상을 받아들였고 그 결과물로 나타난 것이 이 병기창일 수 있다는 상상을 하면서 말이다. 놀랍게도 이 구조물은 일본의 난징대학살, 공산당과 국민당이 벌인 내전, 마오쩌둥의 문화혁명 등 파란만장한 20세기를 거치면서도 크게 훼손되지 않은 채 남아 있었다. 지금은 네온등이 번쩍이는 초현대식 복합단지가 된 이곳은 이홍장의 업적을 기리는 차원에서 '1865'라는 이름이 붙어 있으며 고급 식당, 예술가의 스튜디오, 5성급 호텔, 소프트웨어 회사 등으로 구성돼 있다. 강한 중국을 꿈꾸던 풍계분의 희망은 이제 '부강'이라는 개념으로 이어져 이곳에서 숨쉬고 있었다.

풍계분은 병기창 설립을 비롯한 군사적 측면의 개혁 외에 이를 보완해줄 다른 부문에서의 개혁도 필요하다고 보았고 이에 따라 기존과는 다른 혁신적 유형의 교육기관을 설립할 계획도 갖고 있었다. 서구의 선교사, 외교관, 학자 들은 상당히 진취적이었고 따라서 중국어를 배우고 유학 서적을 열심히 공부했다. 결과적으로 다른 국가의 문화를 이해하는 데서 중국인을 월등히 앞질렀다. 이 또한 중국인이 수치심을 느껴야 하는 부분이었다. 풍계분이 새로운 유형의 교육기관을 생각한 것도 이같은 상황과 무관하지 않다. 풍계분은 중국 엘리트들의 사고방식이나 마음가짐에 큰 변화가 필요함은 물론이고 기존 교육방식에도 혁신적 변화가 필요하다고 생각했다. "20년 전에 외국과의 무역을 개방한 이후 중국어를 읽을 줄 알고 들을 줄 아는 외국인이 많아졌고 심지어 중국 고전과 역사책을 읽는 사람도 있다. 덕분에 이들은 중국 왕조의 법, 행정, 지

自強

리, 중국인의 특성 등 여러 가지 사안을 놓고 토의할 수 있다. 그런데 우리는 조정 대신부터 일반 백성에 이르기까지 저들에 대해 아는 것이 없으니 어찌 부끄럽지 않겠는가?"[57]

그는 이렇게 외국에 대해 전혀 모르는 상황을 극복하려면 이제라도 외국을 알려고 노력해야 하고 그러려면 과거제도를 전면적으로 개혁해야 한다고 주장했다. 이러한 맥락에서 유교 경서에 능한 사람을 과거에 급제시키듯 외국어를 잘하는 사람도 합격시킬 것을 제안했다. 당시로는 정말로 파격적인 의견이 아닐 수 없었다.[58] 더 나아가 과거를 준비하는 유생 가운데 유교 경서가 아니라 무기 제조와 공업기술 과목을 공부하는 사람이 절반 정도는 있어야 한다고 주장했다.

1862년에 총리각국사무아문에서 베이징에 중국 최초의 통역대학을 설립하자 풍계분은 자신의 책 『교빈려항의』에서 주장했던 바와 같이 상하이에 외국어와 과학을 가르치는 학교를 세우자며 관리들을 설득하기 시작했다. 이홍장은 풍계분의 주장을 지지하며 왕실에 그러한 학교 설립을 인가해줄 것을 건의했다. "우리가 유럽인의 언어를 완벽하게 배운다면 서로 소통할 수 있고 그러면 증기선과 화기를 제조하는 선진 기술도 점차 완벽하게 배울 수 있다."[59]

황제는 풍계분의 이 제안을 받아들였다. 중국은 상하이(1863), 광저우(1864), 푸저우(1866)에 외국의 언어와 학문을 공부하는 학교를 설립했고, 풍계분은 상하이에 세운 중국 최초의 근대식 교육기관의 초대 교장에 임명됐다.[60] 그러나 이러한 움직임에 수구 보수세력은 거세게 반발했다. 어쨌거나 관직에 올라 권세와 영화를 누릴 수 있는 유일한 경로는 유교 경서를 공부하는 것이었고 이러한 관행이 수세기 동안 이어져왔

수치심을 느껴야 강해진다

다. 이것이 아닌 다른 것을 공부해도 과거에 급제하여 관료가 될 길을 열어줌으로써 기존의 교육 원칙과 교육 과정을 바꾸는 것은 정치적, 사회적 질서를 교란하는 일이었다. 그런데 서구 유럽을 배우자고 주장하는 사람들은 1867년에는 외국어뿐 아니라 수학과 과학으로 학습의 범위를 넓히고 더 나아가 정치 경제와 국제법도 배워야 한다고 주장하고 나섰다. 보다못한 보수세력이 법가의 '실리주의'를 내세워 유교의 '의례와 윤리'를 교묘히 훼손하는 비겁한 행위라며 이를 비난했다.[61] 총리각국사무아문 내부에서 '외국을 배우자'고 주장하는 세력을 지지하는 인사들은 풍계분의 '자강' 이론에 기반을 둔 다음과 같은 논리로 보수파의 주장을 반박했다. "외국어를 배우고, 기계장치를 만드는 다양한 방법을 배우고, 서구식 화기로 무장한 군대를 양성하고, 관리를 외국에 보내 견학하게 하고, 그곳의 관습과 사회 상황을 조사하고, 국가 방위를 위해 도읍 주변에 6군軍을 설치하는 등 이 모든 제안은 자강을 이루려는 목적에서 하는 일이다."[62] 이 논쟁에서는 결국 '외국을 배우자'는 쪽의 개혁파가 승리를 거두었으나 이는 그저 최소한의 것을 얻어낸 작은 승리일 뿐이었다. 또한 이처럼 전통에 뿌리를 둔 정치문화 속에서 '외국을 공부'할 수 있는 교육기관도 그 범위가 상당히 제한됐다.

풍계분은 쑤저우에서 후학을 양성하고 저술활동을 하면서 말년을 보냈다. 이홍장은 1867년과 1870년 두 차례에 걸쳐 풍계분을 높은 자리에 천거했다. 풍계분은 크게 출세한 축에 들었음에도 수수한 옷차림을 하고 다녔고 여느 사대부들과 달리 화려하고 방탕하게 생활하지 않았다.[63] 풍계분은 1874년에 숨을 거두었다. 풍계분의 『교빈려항의』는 중국의 개혁세력에 지대한 영향을 끼쳤음에도 사후 10년이 될 때까지 인쇄

自強

본이 나오지 않았다. 그러다 1898년에 황제가 직접 이것을 읽고 1000여 부를 인쇄하여 조정 대신들에게 주면서 이들에게 풍계분이 제안한 사항 가운데 반드시 실행해야 할 것이 무엇인지 찾아보라고 명했다.[64] 당시 중국은 영국과 비교하여 자강 수준이 한참 뒤처졌을 뿐 아니라 이보다 훨씬 위협적인 이웃나라 일본과도 그 격차가 심각한 수준으로 벌어져 있었다. 청나라의 국력 회복이라는 목적 달성을 위해 풍계분이 새로운 개혁 사상에 바탕을 둔 혁신적 제안을 했고 이홍장이 이러한 구상과 제안을 실현하고자 노력했음에도 중국은 계속해서 쇠하고 있었으며 마침내는 '아시아의 병자'로 불리는 치욕을 당하기에 이르렀다.

수치심을 느껴야 강해진다

3장

체용體用
: 지키되 구하라

\

서태후

WEALTH & POWER

"
우리에게 적합한 것을 하나씩 적용해나가다보면
우리가 바라던 결과를 얻을 수 있을 것이다.
"

서태후

體用

사람들은 중국 왕실을 망하게 한 사람은 서태후西太后(혹은 자희태후)라고 말한다. 적어도 보수적 시각으로 역사를 바라보는 사람들은 그렇게 생각한다. 서태후는 반세기 동안 중국을 사실상 통치했던 중국 왕실의 마지막 최고 권력자였다. 역사책에는 당나라 때의 측천무후則天武后와 좀더 최근 인물로 마오쩌둥의 처 장칭江青에 맞먹는 세기의 팜파탈(파괴적 매력을 지닌 요부형 여자—옮긴이)이라고 기록돼 있다. 서태후는 청 왕조가 무너지고 중국이라는 국가 자체가 파국적 무질서와 혼란에 빠지기 3년 전인 1908년에 세상을 떠났다. 지금까지도 그녀는 정통 유교 사상을 바탕으로 한 맹목적 배외주의와 동양학 혹은 중국학 학자들의 근거 없는 중상모략에 휘둘린 부분이 많다. 이 때문에 서태후를 둘러싼 온갖 이야기들이 과연 진실인지 아니면 억측에 불과한 것인지 확인하기가 어렵다. 심지어 서태후 때문에 청나라가 망했다는 주장도 과연 옳은 것인지 잘 모르겠다.

※

지키되 구하라

'용의 여인'이라 불리는 여자

서태후가 베이징 중심부에 있는 자금성紫禁城을 서구인에게 개방한 청나라 최초의 통치자라는 점도 사실과 소문을 구분하여 진실을 알아내는 데는 별로 도움이 되지 않는다. 서태후 자신은 외국인을 혐오하는 축이면서도 잇단 서구 열강의 위협과 침략적 행위를 조금이라도 줄여보겠다는 심산으로 단단히 빗장을 걸어두었던 왕궁을 개방하여 외교관 부인들과 기타 외국인 방문객을 맞아 이들의 비위를 맞추었다. 이 금단의 장소에 초대된 손님 가운데 한 명이었던 미국인 선교사는 이렇게 쓰고 있다. "무엇보다 '용의 여인'이라 불리는 '서태후'가 무척 궁금했다."[1]

범인凡人이 감히 범접할 수 없는 구중궁궐, 자금성의 안주인 서태후는 독특한 복색을 한 채 아첨하기 바쁜 수많은 환관에게 둘러싸여 있었고 왕실 법도 또한 매우 까다롭고 복잡했다. 서구인의 눈에는 이 모든 것이 이국적으로만 비쳤다. 상상의 날개를 펼치기 좋아하는 외국인들에게 서태후는 은밀한 성적 환상을 자아내는 인물이었다. 서태후에 관한 사실인지 허구인지 알 수 없는 이러한 허무맹랑한 이야기 놀음에 가장 큰 공헌을 한 사람은 영국인 동양학자 에드먼드 백하우스Edmund Backhouse 경이었다. 오스카 와일드 같은 인물이 되기를 꿈꾸었던 백하우스는 똑똑하기는 하지만 퇴폐적 성향이 있는 몽상가였다. 그는 1899년 옥스퍼드에서 베이징으로 와 제2차 세계대전 때까지 이곳에 거주했다. 그러면서 날조됐다고밖에 볼 수 없는 신빙성 떨어지는 기록과 일기, 회상록을 남겼다.

이러한 기록들에는 청나라 패망을 둘러싼 궁중 비사라고 주장하는 내용이 담겨 있다. 서태후 자신은 '고불古佛(나이 많고 덕이 높은 승려에 대한 존칭-옮긴이)'이라고 불리는 것을 좋아했다. 그러나 안타깝게도 백하우스는 서태후를 권력욕에 사로잡혀 왕좌를 찬탈한 포악한 후처일 뿐 아니라 기괴하고 탐욕스러운 여러 가지 욕구를 지닌 여인으로 묘사하고 있다. 청 왕실에 접근할 수 없었던 서구인들은 백하우스의 이러한 기록을 그대로 받아들였고 이후로 여기에 왕실에 관한 서구인들의 허무맹랑한 생각이 계속해서 덧붙여졌다. 실제로 백하우스의 기록물은 정체불명의 신비로운 존재였던 서태후라는 인물을 '적나라하게 파헤쳐준 귀중한 자료'라는 식으로 지나친 칭송을 받았다.[2] 백하우스가 영국『타임스』의 블랜드J. O. P. Bland와 공동으로 저술한 베스트셀러『서태후 치하의 중국 China Under the Empress Dowager』(1910)은 실은 청나라 관리들이 날조한 이야기를 바탕으로 한 것이었다. 이러한 사실은 한참 후에나 밝혀지게 된다.

　그러나 이보다 더 뻔뻔스러운 날조와 허구는 백하우스 사후에 나온 '회고록'에서 찾아볼 수 있다. 왕궁에서 벌어진 변태적 행위를 노골적으로 묘사한 글이 참으로 음탕하고 외설적이라 바로 출판되지 못하다가 백하우스가 사망한 뒤 한참이 지난 2011년에야 비로소 출간됐다. 회고록 형식의 기록물『퇴폐적인 중국 여자: 에드먼드 트렐로니 백하우스 경의 중국 회고록Décadence Mandchoue: The China Memoirs of Sir Edmund Trelawny Backhouse』는 지금까지 서구인이, 그것도 학자라는 사람이 중국에 관해 쓴 글 가운데 가장 기이하고 추잡한 '학술' 자료에 속한다. 백하우스는 중국어, 라틴어, 프랑스어, 일본어, 이탈리아어, 만주어, 심지어 고대 그리스어까지 동원하여 무슨 뜻인지도 모를 애매한 주석을 마구 달아놓았다. 그렇게 문학적 가치가 있는 대작이라도 되는 양 현학적 허세로 그럴듯하게 포장해놓았으나 그것은 도착적 성 취향이 드러난 음란한 이야기 그 이상도 이하도 아니었다.

진위를 확인할 수 없는 서태후와의 관계를, 사실인 양 기술한 것도 놀라운데 그 내용이 너무도 노골적이라는 데서 또 한번 놀라게 된다. 선정적인 내용이 수도 없이 많은데 그중 서태후와 밀회하기 전 환관과 나눈 대화를 이렇게 기록하고 있다. "식사 도중에 환관이 내게 태후와의 정사에 관해 말했다. 환관은 이렇게 말했다. '태후는 상대방을 문지르는 것을 좋아한다. 둘이 함께하면 아마도 태후가 비정상적으로 큰 자신의 음핵으로 당신의 항문을 문지를 것이다.'"[3] 서태후는 70세를 바라보고 있고 그는 아직 팔팔한 20대였지만 수없이 정사를 벌여야 했던 백하우스는 자신이 동성애자였음에도 이성애자인 서태후의 비위를 맞추고자 애써 자신의 성적 성향을 억눌렀고, 두 사람은 일반인이 생각할 수 없을 정도로 수많은 형태의 음탕한 행위를 즐겼다고 한다.[4]

백하우스의 말에 따르면 두 사람의 첫번째 정사는 제2차 아편전쟁 때 파괴된 원명원을 대신하여 건설한 여름 궁전에서 이루어졌다고 한다. 지나치게 외설적이라 검열에서 통과하지 못한 그 글에서 백하우스는 이렇게 밝혔다. "균형 잡힌 자그마한 몸 전체에서 기쁨과 희열이 뿜어져나왔다. 진주처럼 매끄럽고 큰 엉덩이가 맵시 있게 드러나자 감탄이 절로 나왔다. 나는 태후야말로 진정한 '호색녀'라는 생각이 들었다. 지금까지 동성애자인 나를 성적으로 이토록 흥분시킨 여인은 만나본 적이 없었다."[5]

청나라 왕실과 서태후에 대한 서구인의 시각은 박학다식하고 말주변 좋고 교양 넘치며 설득력까지 갖춘 이 '사기꾼'의 영향을 크게 받았다. 백하우스는 두 명의 유명한 유럽인 기자인 『타임스』의 베이징 주재 특파원 블랜드와 조지 어니스트 모리슨George Ernest Morrison에게 청 왕실에 관한 이야기를 전해주는 주요 정보통이었다. 이러한 맥락에서 서구인이 접할 수 있는 청나라 왕실과 서태후에 관한 정보라고는 이 사람이 말하는 것이 거의 전부였다고 해도 과언이 아니다. 이들은 베이징과 상하이에서 벌어지는 일들을 기사화하여 『타임스』에 실었고, 따라서 서태후를 비롯한 청나라 왕실에 대한 서구인의 인식 형성에 지대한 영향을 끼쳤다. 그런 만큼 이에 관해 왜곡된 사실이 전달됐을 개연성도 있었다. 어쨌거나 이 세 명의 영국인이 만들어낸 청나라와 서태후에 대한 인상은 오늘날까지 그대로 유지되고 있다.

　좀더 균형 잡힌 시각에서, 이 중요한 인물과 자강운동이 실패하는 데 그녀가 어떤 역할을 했는지를 알아보려면 자칭 동양학자라는 사람들의 공상과 유학자들의 여성혐오증이 빚어낸 허구를 벗겨내야 한다. '고불古佛' 서태후는 복합적인 성격의 소유자였다. 그러나 그녀의 진정한 중요성은 백하우스가 공상 속에서 읊조린 왕성한 성욕이나 음탕한 성생활 따위가 아니라, 각국이 점점 밖으로 나오면서 약탈적 제국주의의 기세가 등등해지는 가운데 홀로 쇠락해가는 청나라를 이끌어가는 능력, 혹은 그 부족함에 있다. 사실 서태후는 중국이 옛 국력을 회복하여 다시 부강해지기를 바랐다. 분명한 사실은 그 절체절명의 시기에 중국을 다스렸던 사람이 바로 서태후라는 점이다. 이 시기에 중국은 근대화를 이룰 기회를 놓쳤고 그 때문에 20세기 신흥 강국들에 훨씬 뒤처져버렸다.

많이 배울수록 더 크게, 더 빨리 성장한다

　서태후가 절대 권력자의 길로 들어선 것은 1861년이었다. 제2차 아편전쟁 당시 영국군이 베이징으로 밀고 들어오자 이 젊고 아름다운 황후는 함풍제와 함께 만리장성을 넘어 만주족의 옛 땅 열하熱河(지금의 청더承德)에 있는 여름 별궁으로 몽진蒙塵(나라에 난리가 있어 임금이 도주하는 것-옮긴이)을 했다.[6] 이름이 '난아蘭兒(어린 난초라는 뜻)'인 서태후는 황제에게 베이징에 남아 도읍을 방어하라고 했으나 이 뜻은 받아들여지지 않았다.[7] 결국 함풍제의 이복동생인 공친왕恭親王 혁흔奕訢에게 침략군과의 협상이라는 골치 아픈 임무를 맡겨놓은 채 몽진을 했고 그녀와 황제는 그후로 외국군이 베이징에서 물러나기만을 학수고대했다. 왕실 일가가 몽진한 직후 청나라의 자랑이며 그들이 그토록 아꼈던 원명원을 영국군과 프랑스군이 파괴했다는 소식을 들었다. 백하우스는 서태후에게 이는 '황제를 크게 절망케 한 몰상식한 보복행위'라고 표현했다.[8] 함풍제는 서른을 갓 넘긴 젊은 나이에 죽고 말았다. 함풍제의 유일한 후사後嗣는 서태후의 다섯 살짜리 아들이었다. 결국은 이 아들이 제위에 올라 동치제同治帝가 됐다.

　밖으로는 외국의 침략군이 베이징을 점령하고 안으로는 태평천국군이 남부를 휩쓸고 있던 그 중차대한 시점에 무리수를 두어가며 왕위 계승 싸움에서 자신의 뜻을 관철한 서태후는 죽은 함풍제의 정실부인 동태후東太后('자안태후'라고도 한다)와 공동 섭정에 들어가게 된다. 그런데 만주족 출신 귀족들과 한족 출신 조정 관료 간에 치열한 권력다툼이 벌어지자 어린 황제와 아직 20대인 젊은 두 태후는 자신들의 위치와 역할

이 매우 중요해졌다는 사실을 알게 됐다. 이 권력투쟁 판에서 서태후는 시동생인 공친왕과 연합하는 정치적 수완을 발휘했다. 공친왕은 곧바로 청나라 권력의 중추인 군기처軍機處의 수장 재군기처행주在軍機處行走에 임명된다. 중국 전통에 따르면 황제의 형제는 관직을 맡지 못하게 돼 있었다. 그러나 서태후는 이러한 전례를 깨고 죽은 황제의 이복동생을 고위직에 임명하여 자신의 자리를 지켜주는 바람벽 구실을 하게 했다.[9]

어린 나이에 즉위한 황제에게 붙여진 이름 '동치제'가 모든 것을 말해준다. '동치제'의 '동치'는 바로 '공동 통치'라는 의미였다. 서태후와 공친왕이 힘을 합쳐 진행한 첫번째 일은 반대파를 숙청하는 것이었다. 정식으로 왕권을 승계한다는 취지의 공식 문서 따위와는 상관없이 옥새玉璽를 손에 쥔 두 명의 태후와 공친왕은 적어도 어린 황제가 성년이 될 때까지 청나라 조정과 군사에 대한 통제권을 거머쥐게 됐다.

동치제 재위 기간(1862~1874)에 시행된 이른바 '공동 통치' 체제는 청나라 왕족, 즉 죽은 황제의 두 아내와 동생 간에 이루어진 새로운 왕족 동맹이면서 그때 막 자강운동을 시작했던 증국번과 이홍장 같은 한족 출신의 개혁파 지방 관료들과의 연합이기도 했다. 서태후 하면 딱 떠오르는 '초보수주의자'라는 전형적 이미지와는 달리 그녀는 1860년대에 이홍장이 지방(성) 차원에서 벌이던 수많은 개혁정책을 적극적으로 지지했다. 이러한 정책에는 풍계분이 제안했던 근대식 군수공장과 외국에 관한 공부를 할 수 있는 교육기관 설립이 포함된다. 그러나 가장 큰 문제는 지방 차원에서 분산적으로 전개된 개혁운동을 중앙 차원의 포괄적이고 집중적인 전全 국가적 정책개혁운동으로 확대하지 못했다는 점이다.

❖

95

개혁파 인사들은 풍계분의 『교빈려항의』가 발표되고 나서 10여 년이 지났는데도 전과 크게 다를 바 없는 지지부진한 개혁 행보에 크게 낙심하지 않을 수 없었다. 1869년에 서태후를 알현한 증국번은 청나라 왕실의 지도력 부재 상황을 크게 염려했다. 증국번은 이렇게 썼다. "두 태후의 능력은 결코 뛰어나다고 할 수 없다. 이들의 능력에 대해서는 왈가왈부할 건더기조차 없었다. 황제는 너무 어리고 그 존재감이 두드러지지 않았기 때문에 능력이 어떤지 가늠하기가 어려웠다. 다른 왕실 사람들은 이들보다 더 평범했다. 이것이 문제였다."[10] 몇 년 후 또다른 고위 관료는 이렇게 불만을 토로했다. "1860년에 영국과의 평화협상이 마무리됐을 당시에는 모두가 입을 모아 자강의 필요성을 강조하고 나섰다. 그러나 지난 10여 년 동안 나아진 것이 거의 없었다."[11]

이홍장은 증국번이나 풍계분보다는 좀더 젊었기에 왕실의 지도력 부재 문제에 크게 낙담하지는 않았다. 젊은 개혁가 이홍장은 1872년에 증국번이, 1874년에 풍계분이 사망하고 나자 자강운동에 더욱 매진했다. 이홍장은 태평천국의 난을 진압하는 데 공을 세웠고 서구 '오랑캐'를 다루는 데 탁월한 외교적 수완을 보였기 때문에 서태후의 신임을 얻어 청조 말 개혁과 외교 부문에서 핵심 인물로 부상했다.

1860년대에 양쯔 강 이남 지역에서 유능한 참모진을 모으고 충성스러운 군대의 기반을 마련한 이홍장은 1870년에 북부의 항구도시 톈진으로 갔다. 그리고 베이징 인근의 전략적 요충지를 관할하는 총독 자리에 올랐으며 북부의 전투군인 북양해군(북양함대)을 창설하여 군사훈련을 주도했다. 이홍장은 변발에 콧수염, 염소수염을 기르는 등 비록 전형적인 청국 관리의 모습을 하고 있었으나 서구 열강이 훌륭한 군함을 건조하고 전쟁에서 승승장구할 수 있었던 것은 그 국가의 탄탄한 인프라 덕분이었다는 사실을 알고 있었다. 그 인프라는 연구기관, 운송체계, 통신체계, 새로운 유형의 재정 등에 기반을 두고 있었다. 이홍장을 비롯한 개혁 인사들은 기술적 근대화와 인프라의 근대화 추진에 더욱 박차를 가했다. 예를 들어, 시급한 정책 과제 목록에 새로 이름을 올린 부문이 바로 '운송'이었다. 이홍장의 부하 가운데 한 사람이 쓴 글을 보면 다음과 같다. "모든 유럽국이 부강을 목표로 서로 경쟁하고 있으며 이들 국가 모두 눈부신 성장을 하고 있다. 이들의 급속한 발전은 증기선과 철도에 바탕을 두고 있다. 이 철도를 이용하지 않는다면 우리에게 부강이란 그림의 떡일 뿐이다."[12]

서태후의 신임과 비호 아래 이홍장은 일찍이 중국에 철도와 증기선, 전신, 방직공장, 근대식 석탄 및 철 채광기술을 도입했다.[13] 풍계분이 누누이 경고했다시피 중국인이 중국 나름의 방식으로 산업화를 이루어내지 못한다면 외국이 그들의 방식으로 중국의 산업화를 강행하게 될 터였다. 이홍장은 중국이 서두르기만 한다면 서구 유럽과의 격차를 못 줄일 것도 없다고 주장했다. 이 같은 목표를 향해 나아가던 이홍장은 1872년에 새로운 유형의 민관 합작 기업 중국선박주식회사中國船舶有限公司를 세웠다. 이 회사는 '관이 관리 감독하고 민간이 경영하는' 이른바 관독상판官督商辦 형태의 기업으로서 국가가 주도하는 발전적 자본주의와 국가 소유 기업으로 대표되는 21세기 중국의 기업 및 경제구조의 원형이라 할 수 있다. 이홍장은 1872년에 서구 유럽의 산업 경영에 관해 이렇게 쓰고 있다. "저들의 방식을 확실히 이해한다는 전제가 충족된다면 그 방식을 많이 배우면 배울수록 더 크게 더 빨리 성장할 수 있다. 이렇게 하다보면 한 100년쯤 후에는 이들에게 의존하지 않고 우리 힘으로 설수 있지 않겠는가?"[14]

서태후는 자신의 아들 동치제가 성년이 되자 1873년에 공식적으로 섭정을 끝냈다. 그후 당분간은 국사를 잊고 파괴된 원명원을 대신해 호화로운 여름 별궁을 새로 짓는 데 몰두했다. 새 궁을 짓는 일은 외국인에게 당한 치욕의 흔적을 지운다는 측면에서는 상징적 가치가 있었으나 무척 많은 돈이 들어갔기 때문에 날로 궁핍해지는 청나라 재정에 큰 부담을 안긴 것도 사실이었다.[15] 1874년에 아들 동치제가 자신의 아버지 함풍제의 뒤를 이어 젊은 나이에 천연두로 세상을 떠났을 때도 서태후는 여전히 별궁을 짓는 데 필요한 자금을 마련하느라 분주했다. 서태후는 다시 한번 왕위 계승 다툼에 휘말리게 됐다. 이번에는 황제의 직계 후사가 없는 상황이라 다툼이 더 치열했다. 이럴 때는 혈통의 연속성 유지를 위해 황제의 조카를 황제로 옹립하는 것이 청나라 왕실의 전례였다. 그러나 서태후는 이번에도 이러한 왕실의 전례를 뒤엎고 자신의 아들인 동치제의 사촌, 즉 자신의 여동생과 정치적 동지 순친왕醇親王 사이에서 난 아들을 황제로 세웠는데 이 황제가 바로 광서제光緒帝였다. '영광스러운 계승'이라는 의미의 '광서'제는 겨우 세 살배기였기 때문에 서태후는 다시 한번 절대 권력을 쥘 수 있게 됐다.[16]

서태후의 전쟁기

1878년에 증국번의 아들을 접견한 데서 알 수 있듯 두번째 섭정 기

體用

간 내내 서태후는 국가적 치욕과 자강의 관계를 논한 '경세' 개혁가들의 정치담론을 공개적으로 지지했다. 서태후는 이렇게 말했다. "그날의 치욕을 어찌 잊을 수 있겠는가? 우리는 반드시 힘을 키워나가야만 한다."[17] 서태후는 이홍장을 비롯한 지방 관료들이 지역적으로 벌이던 개혁운동을 계속해서 지지했다. 1882년에 언급했다시피 이홍장은 '강병보다 부국이 우선'이라고 주장했다. 그러나 부국을 우선순위에 둔 접근법과 사심이 깃든 부정축재 간의 경계가 모호할 때가 있어 이홍장 또한 구설에 휘말리고 말았다.[18]

서태후는 외교 문제도 이홍장을 비롯한 자강파自強派 인사들에게 맡겼다. 이들을 잘만 활용한다면 서구 열강에 당한 모욕과 치욕 자체를 국력 회복이라는 대의 실현의 도구로 이용할 수 있다는 믿음을 버리지 않았다. 한 예로 1880년에 중국 근대 언론의 선구자 왕도王韜는 이렇게 썼다. "근래 서구 열강과 무자비한 적들이 호시탐탐 우리를 노리는 것이 나쁜 것만은 아니다. 사실 중국으로서는 이러한 상황이 불운이 아니라 축복일 수도 있다. 이것이 촉매가 되어 우리가 달성해야 할 목표를 향해 앞으로 나아가게 해준다. 우리가 서구 유럽에 한참 뒤처져 있다는 사실에 부끄러움을 느낄 수 있다면 오히려 그 격차를 줄이는 데 필요한 일은 무엇이든 하겠다는 의지가 샘솟을 것이다."[19]

1880년에 서태후는 건강상의 문제로 1년 이상 국사를 돌보지 못했다. 서태후의 병세가 호전되는 동안 청 왕실은 성페테르부르크조약의 수정 협상을 위해 증국번의 아들 증기택曾紀澤을 러시아로 보냈고 이 협상 결과 중국은 러시아 군대가 점령했던 서북부 땅을 다시 찾게 됐다. 청나라 조정의 강경 보수파 관리들은 뜻밖에 거둔 이러한 외교적 성과

지키되 구하라

에 크게 고무됐다. 그래서 이른바 청류당淸流黨을 중심으로 결집하여 온건적 '자강파'를 몰아세우며 서구 제국에 대해 좀더 공격적인 외교정책을 펼 것을 주장했다. 그러나 안타깝게도 이들은 근대 전쟁에서 승승장구하던 서구 열강의 막강한 군사력에 대응할 힘을 갖추지 못한 상태에서 섣부른 강경책을 썼고 이것이 패착이었다.[20] 프랑스가 당시 청나라 세력권에 있던 베트남을 넘보자 청류당은 무모하게도 무력으로 이를 제압하자고 주장했다. 그러자 본래 강경파(매파) 성향이 있었던 서태후도 이번에는 전쟁 불사파不辭派를 지지하고 나섰다. 서태후는 1884년에 군기처의 최고위 관리들에게 이렇게 말했다. "함풍제는 1860년 전쟁에서 치욕적으로 패배한 것을 잊지 못했다. 그러나 선대 황제는 치욕을 씻겠다는 뜻을 이루지 못하고 세상을 떠났다. 이제 우리가 선대 황제의 굴욕을 되갚아줘야 한다."[21]

그 결과 중국은 베트남에 대한 지배권을 두고 프랑스와 전쟁을 벌였다. 그러나 서구 열강의 강력한 힘 앞에 또다시 무릎을 꿇고 말았다. 이러한 패배는 또다른 의미에서 우려되는 바가 컸다. 중국이 기술적인 부분에서만 서구에 밀린 것은 아니라는 사실이 명백히 드러났기 때문이다. 일례로 그동안의 자강운동 결과 중국 남부 푸저우福州 항에 버젓한 해군이 이미 주둔해 있었다. 적어도 외형적으로는 중국이 크게 밀리는 상황은 아니었다. 그러나 프랑스의 전술과 전략은 당해낼 수가 없었다. 더 심각한 것은 중국의 개혁운동이 지방 차원에서 분산적으로 이루어졌는데 이것이 치명적 결과를 낳았다는 점이다. 이홍장(이 전쟁을 찬성하지 않았다)이 중국 북부 지역에서 창설한 북양해군은 톈진에 주둔중이었는데 프랑스군은 남부 쪽으로 향했고 또다시 '불평등조약' 체결을 요구하

고 나섰다. 1885년에 이홍장은 결국 서태후를 대신하여 이 조약에 서명하고 말았다.[22]

지역을 불문하고 청나라 전역의 군 기반이 일시에 붕괴하는 듯 보였다. 미얀마, 네팔, 타이, 베트남, 류큐제도 등 충성스러운 조공국朝貢國을 거느렸던 아시아의 종주국이 이제 과거의 영광을 전부 내려놓을 판이 됐다. 이들 조공국은 무역권 확보와 외교적 보호에 대한 대가로 청나라에 매년 조공을 바쳤고 어떤 측면에서 청나라는 이를 통해 거대 제국을 이끌어나갈 수 있었다. 궁지에 몰린 서태후는 앞으로 있을 전쟁에서 또 패배할지 모른다는 두려움 속에서 북양함대를 확대 재편하겠다는 이홍장의 계획을 지지하고 나섰다. 이후 10여 년이 흐르는 동안 북양함대는 25척의 전함을 거느린 아시아 최강 함대로 발전했다. 그러나 이홍장에게는 새로운 걱정이 떠나지 않았다. 19세기 후반이 된 시점에서 중국은 여전히 서구 열강에 뒤처진 상태였고 이제는 중국인들이 오랫동안 '미개하고' 열등한 국가로 생각해왔던 이웃나라 일본에도 밀리는 형편이었다. 1885년에 이홍장은 이렇게 예견했다. "앞으로 10년 뒤면 일본은 엄청나게 발전해 있을 것이다. 일본이야말로 미래의 중국을 위협할 난적이다."[23]

청나라의 이홍장과 일본의 이토 히로부미伊藤博文는 동시대 인물이면서도 서로 대조적인 삶을 살았고 그러한 차이에서 양국의 위상 차이가 극명하게 드러났다. 한쪽은 꾸준히 급성장을 하고 있었고 나머지 한쪽은 내리막길에서 어떻게든 더는 내려가지 않으려 안간힘을 쓰고 있었다. 이홍장은 단 한 번도 중국 밖으로 나간 적이 없다. 그러나 이토 히로부미는 수없이 외국을 드나들었다. 일본의 새로운 헌법을 마련하기 위해 2년 동안 외국에 나가 서구의 정치 모형을 공부하고 돌아온 것도 이와 같은 맥락에서였다. 이토 히로부미는 미국 캘리포니아 주 새크라멘토에서 있었던 한 강연회에서 이렇게 말했다. "우리는 이 나라의 장점을 배우러 왔다. 그 좋은 점을 우리나라에 폭넓게 적용할 수 있다면 우리도 강한 국가가 될 수 있을 것이다."[24] 외국의 헌법을 공부하러 갔다가 돌아온 이토 히로부미는 이후 메이지 천황의 국가 정책을 수립하고 실행하는 막강한 권한을 부여받았다.[25] 이와는 대조적으로 한 번도 외국에 나가본 적이 없던 이홍장은 주로 외국 거주 중국인이 쓴 글이나 번역물을 통해 간접적으로 서구 문물을 접할 수밖에 없었고 외국의 자강 실현 방식을 시험해보는 것도 전국이 아니라 성 단위에서만 가능했다.

일본의 근대화 모형을 찬양과 불안이 반반씩 섞인 복잡한 심정으로 지켜본 사람이 이홍장만은 아니었다. 이 무렵에 당시 27세였던 광저우 출신의 젊은 개혁가가 당돌하게도 이홍장에게 이토 히로부미가 했던 것처럼 선진 무기를 제조하고 사용하는 기술을 배워 오겠으니 자신을 프랑스로 파견해달라는 내용의 서한을 보냈다. "이제 우리는 자강을 위한 노력을 아끼지 않고 있다. 이렇게만 하면 우리도 머지않아 서구 제국과 어깨를 나란히 할 수 있을 것이다. 이웃나라 일본만 보아도 알 수 있다."[26] 충정 넘치는 이 젊은이가 바로 쑨원孫文이었다. 그러나 쑨원의 이 충정 어린 요청은 받아들여지지 않았으며 그는 아예 이홍장을 만날 기회조차 얻지 못했다.[27]

자강파, 보수파, 청류파가 제각기 권력을 장악하려 암투를 벌이는 동안 서태후는 1880년대 말까지 이허위안頤和園이라는 새 여름 별장을 짓는 데 몰두했다. 왕실 재정은 전보다 더 악화했는데도 절대 권력자에게 아첨하기 바빴던 관료들은 서태후의 행동에 제동을 걸지 않았다. 결국에는 자주국방과 경제적 근대화에 사용해야 할 자금이 호화 별궁을 짓겠다는 개인적 욕심을 채우는 데 사용되고 말았다. 서태후의 양자로서 황제 자리에 오른 광서제의 부친, 즉 순친왕도 해군 근대화에 사용할 목적으로 마련한 특별기금마저 이 별궁에 쏟아부었다. 이렇게 해서 탄생한 것 중에는 1860년에 부분 파괴됐던 18세기 유람선을 대리석으로 재현한 근대식 복층 외륜선外輪船도 있었다.[28] 이 돌배는 엄청난 돈이 들어간 호화로운 건조물이었다. 그러나 아이러니하게도 이것은 '중국의 전통을 바탕으로 하여 서양의 문물을 도입하자'는 개혁파의 이른바 중체서용中體西用의 논리가 엉뚱하게 구체화된 사례였다.

자강 노력의 실패를 상징하는 이 돌배는 이허위안 내 쿤밍호昆明湖의 북쪽 연안에 여전히 자리하고 있다. 오늘날 이곳을 찾는 관광객들은 착잡한 심정으로 이 돌배를 관람한다. 무용지물인 이 돌배만큼이나 아무 짝에도 쓸모가 없는 이 인공호수 너머로는 불교, 라마교, 도교의 사원과 전각들이 미로처럼 복잡하게 들어서 있다. 에드먼드 백하우스 경의 말에 따르면 자신은 서태후와 쿤밍호 유람을 마친 후에 이 사원들에 들러 서태후의 왕성한 '성욕'을 충족시켜주고자 온갖 노력을 다 했다는 취지의 음탕하고 추잡한 내용을 열심히 기록했다고 한다.[29] 도도한 위용을 자랑하는 이 거대한 별궁은 서태후의 60세 생일에 맞춰 완공하기로 돼 있었다. 그러나 안타깝게도 서태후 자신의 통치 기반을 뒤흔든 가장 파괴적인 전쟁 때문에 잔치는 결국 열리지 못했다.

지키되 구하라

전통과 관습에 발목이 잡히다

수세기 동안 중국은 이웃나라 한국(조선)을 포함하여 극동 아시아의 맹주로 군림했고 서태후 역시 그 수혜자였다. 1392년에 이성계가 건국한 조선 왕조는 유교를 통치 이념으로 삼은 철저한 유교 국가이자 인접국 가운데 정치적으로 중국에 대한 충성도가 가장 높은 나라였으며 명조와 청조 '조공체계'에서 핵심적 구실을 해왔다. 상황이 이렇다보니 메이지 시대의 일본이 조선에 대한 청나라의 지배권을 야금야금 갉아먹는 기미가 보이자 서태후의 참모진은 크게 당황하기 시작했다. 1894년 조선에서 동학농민혁명이 일어나자 청나라와 일본 두 나라 모두 '한반도'에 대한 패권 사수를 위해 조선에 군대를 파견했다. 이로써 기존의 아시아 맹주 청나라와 떠오르는 맹주 일본이 300년 만에 처음으로 전쟁에 돌입했다.[30]

1894년 9월 17일 청일전쟁 중 황해해전黃海海戰에서 양국 해군이 충돌했다. 그때까지 이홍장의 북양함대가 일본 해군보다 훨씬 더 강하다고 믿었던 서태후는 당연히 청나라가 일본을 이길 것으로 생각했다. 그러나 청나라 해군은 훈련, 전략, 협력 등 모든 면에서 월등했던 일본 군대의 상대가 되지 못했다. 해전이 시작된 첫날에만 청나라 해군 절반이 수장되고 말았다. 수륙 양동작전을 펼친 일본군은 산둥山東반도 북부의 군사 요충지 뤼순旅順 항을 점령하고 육로를 따라 진격하여 남부 해안에 있는 웨이하이威海衛를 함락했다. 그리고는 곧바로 웨이하이 기지에 남아 있던 북양해군을 궤멸했다. 이때 남양함대는 일본의 진격 사실을 알면서도 지원할 생각은 하지 않고 방관만 했다.[31]

體用

그때까지도 멸시하는 의미로 '왜놈'이라 부르던 일본인에게 패한 것이 중국인에게는 엄청난 충격이었다. 게다가 전쟁에 승리한 일본은 청나라 군대의 핵심 인사인 이홍장을 지목하여 일본 땅에 와서 굴욕적인 패배를 인정하는 조약에 서명하도록 요청했다. 사실 이홍장과 이토 히로부미는 상호 평등한 처지에서 양국 간의 평화 교섭을 위해 10년 전에 이미 텐진에서 만난 적이 있었다. 그런데 이번에는 일본 땅 시모노세키에서 중국이 왜 이 전쟁에서 참패했는지, 또 왜 이토록 나약해졌는지를 구차하게 설명해야 하는 곤혹스러운 처지가 됐다. 이토 히로부미는 자신보다 20세나 많은 이홍장에게 유창한 영어로 이렇게 물었다. "청나라는 왜 지금까지 하나도 변한 것이 없는가?" 이홍장은 조국 근대화운동의 중심에 서 있던 지난 30년 세월을 뼈아프게 떠올리며 통역관을 통해 이렇게 대답했다. "우리는 전통과 관습에 갇혀버렸다. 하고자 하는 것이 있어도 그것을 쉽게 할 수가 없다. 물론 중국에도 근대화를 말하는 사람은 있다. 그러나 봉건제 시절에 일본도 그랬듯 지금 중국은 성省이 너무 많아 중앙집권화가 불가능하고 파벌주의가 지나치게 강해서 누구든 포괄적 권한을 갖고 일을 도모하는 것이 불가능하다."[32]

　　위원과 풍계분, 이홍장 자신 등 굴욕과 수치심을 자양분 삼아 조국의 근대화를 부르짖던 선구적 개혁가들의 노력은 어디에서도 흔적조차 찾아볼 수 없었다. 노쇠한 원로 정치가 이홍장은 한탄스러운 넋두리를 내뱉었다. "전통이라는 것이 우리 발목을 잡는 바람에 우리에게는 참으로 제약이 많았다. 그 때문에 나는 내가 하고자 했던 것을 거의 성취할 수가 없었다. 눈 깜짝할 사이에 10년 세월이 흘렀는데 변한 것은 아무것도 없다. 모든 것이 후회스럽고 이러한 상황이 애석할 따름이다. 하고 싶은 것은 많았는데 그것을 실현할 힘이 없었다는 점이 부끄럽고 또 부끄럽다."[33]

이러한 대화만으로도 굴욕감을 견디기 어려울 지경인데 여기에 한술 더 떠 조약 체결 직전에 이홍장의 암살을 주장한 일본의 강경파가 근거리에서 총격을 가하는 바람에 그는 안면에 부상까지 당했다.[34] 1895년 4월 17일에 이홍장은 퉁퉁 부은 얼굴에 붕대를 감은 채 시모노세키 조약에 서명해야 했다. 그 볼썽사나운 이홍장의 모습은 당시의 청나라가 얼마나 참담한 지경인지를 확실히 보여주는 듯했다. 1860년에 영국이 그랬듯 이제는 일본이 청나라에 큰 굴욕을 안겼다.[35] 일본은 이 조약을 통해 기대했던 것 이상을 얻어냈다. 시모노세키조약으로 일본도 중국이 배워야 할 대상이라는 사실을 확실히 증명한 셈이었다. 일본은 한반도에 대한 사실상의 지배권을 확보했을 뿐 아니라 타이완과 타이완 서쪽에 있는 펑후澎湖제도에 대한 통치권을 얻었으며 4개 조약항의 추가 개항을 약속받았다. 그뿐 아니라 중국은 일본에 전쟁배상금 2억 3000만 은량을 지급해야 했으며 일본은 이를 통해 자국의 산업 현대화에 더욱 박차를 가했다. 이로써 일본은 자국 내 국가주의 분위기를 더욱 고조시켰고 장래 중국에 대한 경제적, 군사적 지배권을 더욱 공고히 했다.[36]

청일전쟁은 메이지 천황의 성공한 근대화와 서태후의 실패한 개혁 간의 차이를 극명하게 보여준 사건이었다. 서태후는 자신을 빅토리아 여왕과 비교하기를 좋아했으나 비슷한 재위 기간도 그렇고 어느 모로 보나 빅토리아 여왕보다는 메이지 천황과 비교하는 것이 더 적합하다. 1867년부터 1912년까지 일본을 통치한 메이지 천황은 강력한 왕권을 바탕으로 일본의 근대화에 성공한 인물이었다. 놀랍게도 일본의 개혁가들은 중국의 '자강' 개념과 비슷한 비전을 염두에 두고 있었으며 심지어 위원을 비롯해 수많은 중국 개혁가가 쓴 책까지 읽었다.[37] 중국과 달리 일본의 관료들은 이 이상을 현실로 만드는 데 성공했다.

일본도 1853년에 미국의 해군 제독 매슈 페리Matthew Perry가 '검은 함대'를 이끌고 온 것을 계기로 개항을 하게 됐다. 일본 역시 그 상황을 기꺼이 받아들인 것은 아니었다. 그런데도 일본은 실리적 측면에서 외국을 배우는 데 몰두했다. 1860년대에 일본의 지배계층은 서방 세계에 문호를 개방하고 정치체계를 개혁하며 협력적이고 중앙집권화된 방식으로 경제발전에 매진하는 한편, 관료와 학생을 외국으로 보내 서구의 발전방식을 배워 오게 하자는 데 의견의 일치를 보았다. 이에 따라 1871년에는 고위 관리 50명으로 구성된 저 유명한 이와쿠라 사절단을 2년간 외국에 보내 서구 문물을 배워 오게 했다.[38] 서태후가 통치하던 청나라는 이와 달랐다. 서구 문물과 기술, 즉 양무洋務에 통달한 관리나 유생은 몇 명 되지도 않았는데 그나마도 사회질서를 교란하는 문제자 취급을 받았다. 또 겨우 청소년 교육 사절단을 미국 코네티컷 주로 보냈다 싶었는데 자금 부족과 정치적 논란으로 어려움을 겪다가 수구보수파의 반대로 1881년에 사절단 활동이 영구 중단되고 말았다.[39]

서태후 쪽과는 달리 메이지 천황이 이끄는 일본의 조정 대신들은 서구 열강의 국력은 바로 '통치자와 국민 간의 근접성'에서 나온다는 풍계분의 사상을 현실화하는 데 몰두했고 여기에 필요한 모든 행동을 할 준비가 돼 있었다. 이러한 근접성은 선거 민주주의, 의회 민주주의와 같은 정치적 방식에 기인한 것이었다. 메이지유신을 주도한 개혁가들은 참여적 전제주의 수립, 엘리트층의 확대, 정부에 대한 국민의 관여 확대 등

❀

107

풍계분이 꿈꾸었던 이상들을 실현했다. 더구나 신성한 천황의 권력이나 일본의 전통문화를 훼손하지 않고 이 일을 이루어냈다. 이 과정에 무수한 정치적 알력과 암투가 있었다. 그러나 1889년에 메이지 정권은 아시아 최초의 근대 헌법을 마련하는 데 성공했다.[40]

정치뿐 아니라 경제 부문에서도 이와 같은 개혁과 변화가 시행되었다. 메이지유신체제의 일본은 국내 산업화와 제국주의적 팽창에 기반을 둔 새로운 발전방식을 적극적으로 수용했다. 일본 개혁가들은 위원이 주장한 '부국강병'(일본어로는 '후코쿠쿄헤이'라고 발음한다) 개념을 받아들였다.[41] 그리고 19세기 말의 중국에서는 분명히 찾아볼 수 없던 '팽창과 발전' 개념을 여기에 추가했다.[42]

이 모든 것 중에서 서태후의 청나라와 메이지 천황의 일본 사이의 가장 중요한 차이점은 이토 히로부미를 비롯한 기타 입안자들이 메이지 천황의 이름으로 교육, 정치, 경제, 군사 등 각기 다른 부문의 개혁정책을 적절히 통합하여 일원화하는 데 성공했다는 점이다. 그러나 안타깝게도 청나라는 이와는 정반대 방향으로 나아갔다. 즉 중국은 고도로 중앙집권적인 왕실 권력체계에서 분권적 정치체제, 지역적 경제체제, 군벌주의체제로 개혁을 진행했다. 서태후 치하에서 서구 문물을 배워 서구 열강을 따라잡자는 취지로 시작된 자강운동은 모든 정책을 중앙에서 통합적으로 조율하여 실시하는 방식이 아니라 각 지방(성) 단위로 개별적으로 시행하는 선에서 그치고 말았다.

개혁의 그늘

청일전쟁에서 패배한 중국은 다시 한번 자강운동에 매진하게 됐고 이번에는 서태후 주도로 추진됐다. 이홍장도 마침내 유럽 순방길에 올랐다. 미국 대통령 그로버 클리블랜드Grover Cleveland는 화려한 뉴욕 항에서 이홍장을 맞았고 영국의 빅토리아 여왕은 그에게 기사 작위를 수여했으며 프로이센의 오토 폰 비스마르크는 군사전략에 관한 조언을 해주었다.[43] 그러나 고국에서의 정치적 지위와 영향력이 쇠한 뒤 이루어진 이 같은 외국 방문은 이홍장으로서는 너무 늦은 감이 있는 행보였다.

청나라에 돌아왔을 때는 장지동張之洞과 위안스카이袁世凱 같은 차세대 개혁 인사들이 이미 이홍장을 대신하여 자강운동의 주축세력이 돼 있었다. 장지동은 한때 청류당에 속한 강경파였으나 베트남에 대한 종주권 유지를 위해 프랑스와 벌인 전쟁에서 패한 이후 '양무파'로 노선을 바꾸었다. 1896년에 서태후는 난징에 자강학당自強學堂을 설립하고 자강군自強軍을 신설하자는 장지동의 제안을 받아들였다. 장지동은 자강운동의 가장 유명한 문구 '중학위체中學爲體, 서학위용西學爲用'을 만들어냈다. 간단히 '중체서용'으로 표현되는 이 말은 중국을 배우는 것을 기본으로 하되 실리적 차원에서 서양도 배워야 한다는 것을 의미한다.[44]

물론 장지동이 만든 이 문구는 '중국의 전통윤리와 유교적 가르침'을 기본으로 하여 '부강을 실현하는 데 도움이 되는 기술'을 도입하자는 풍계분의 주장을 재구성한 것에 불과하다. 그러나 19세기가 끝나갈 무렵이 되자 풍계분이나 장지동의 개혁 비전은 캉유웨이康有爲 같은 비정통적 사상가들이 주장하기 시작한 좀더 급진적인 개혁 비전과 비교하면

지키되 구하라

상당히 시대착오적인 것으로 비치기 시작했다. 시모노세키조약이 체결되자 캉유웨이는 회시會試를 치르려고 베이징에 모인 유생들을 대표하여 광범위한 개혁을 요구하는 내용의 1만 단어로 된 청원서를 황제에게 제출하는 방식으로 대중 시위를 이끌었다. 중국 대중은 캉유웨이와 개혁 세력의 주장에 동조했다. 1897년에는 캉유웨이가 제출한 다른 청원서들을 왕실이 받아들이지 않자 새로 창간된 『상하이 신문』이 이 청원서의 내용을 실었다.[45]

캉유웨이와 같은 새로운 유형의 대중 지식인 가운데 옌푸嚴復라는 인물도 있었다. 옌푸는 청나라가 의회제 채택과 같은 혁신적 개혁을 시행할 것을 주장하는 내용의 「원강原强」을 비롯한 일련의 논평을 발표하면서 대중 지식인 사회에 모습을 드러냈다. 이러한 개혁을 통해 수동적인 황제의 '백성'은 능동적인 근대 '시민'으로 거듭난다는 것이었다. 캉유웨이나 옌푸 같은 대중 지식인이 쓴 글은 량치차오를 비롯한 젊은 학자들에게 지대한 영향을 끼쳤다. 이 젊은 학자들은 20세기 초 중국을 이끌어갈 선도적 대중 사상가로 성장한다.[46]

1898년이 되자 중국은 지는 태양이고 일본은 뜨는 태양이라는 사실을 직시하기 시작한 정치사상가들과 정치행동가들이 연합하여 더 과감한 수준의 급진적 개혁을 주장하고 나섰다. 이 새로운 개혁운동의 중심에 선 인물이 이제 27세가 된 서태후의 조카 광서제였다. 그간 심약하고 감성적으로만 보였던 광서제는 어릴 때부터 외국에 대해 공부했고 지금은 변화와 개혁을 요구하는 젊은 사상가들의 뜻에 동조하고 있었다. 광서제는 1898년 6월에 일본의 제국대학을 본보기 삼아 현 베이징 대학의 전신인 경사대학당京師大學堂을 설립한 것을 비롯해 갑작스럽게 정부와

교육 부문에서 전면적 개혁을 시도하여 관료사회는 물론이고 일반 백성 사이에 일대 파란을 몰고 왔다.[47]

　이처럼 과감한 개혁을 시도하는 데 결정적 구실을 한 사람은 다름아닌 풍계분이었다. 그해 여름 광서제는 풍계분의『교빈려항의』를 인쇄하여 배포할 것을 명하고 조정의 고위 관리들에게 그것을 읽은 소감을 말하라고 했다. 마찬가지로 장지동이 쓴『권학편勸學篇』도 인쇄하여 배포한 다음 대신들의 의견을 물었다. 장지동은 여기서 유교적 가치의 '핵심'을 보존하는 더 나은 방법으로서 중국의 교육제도 일부를 근대화할 것을 제안했다.[48]

　이 젊은 황제 광서제는 캉유웨이나 량치차오같이 좀더 급진적이고 과감한 개혁을 원하는 소수 신진 개혁파의 주장도 귀담아들었으며 서태후를 중심으로 한 기존 관료와 기득권층이 수용할 수 있는 수준을 넘어선 과감한 변화를 추구했다. 광서제는 정치적 지지를 얻는 데 필요한 실질적 전략을 수립하지 않은 상태에서 조정 대신들에게 몹시 급작스럽고 극적인 변화를 요구하기 시작했다. 참모진의 조언은 황제의 성에 차지 않았다. 광서제는 1898년 6월 16일에 처음 이들 신진 개혁파인 변법유신파變法維新派의 거두 캉유웨이를 접견했다. 이때 캉유웨이는 황제에게 매우 낙관적인 이야기를 들려주었다. "황제 같은 정도의 지성이면 중국이 자강을 이루어내는 것은 손바닥 뒤집기만큼이나 쉬운 일이다."[49] 당연한 일이겠지만 광서제의 개혁 의지와 변화 요구는 기존 수구 보수파 관료층에 엄청난 충격을 안겨주었다.

　1898년 초여름에 광서제가 '백일유신'으로도 알려진 무술변법戊戌變法을 시행했고 서태후도 이에 관한 보고를 받았으나 처음에는 크게 반대

111

하는 기색은 없었다. 그러나 9월 무렵 보수파의 반발이 거세지자 서태후도 이들의 편에 설 수밖에 없었다. 궁지에 몰린 광서제로서는 이토 히로부미가 알현을 청한 것이 마지막 지푸라기였을지도 모른다.[50] 보수파 관료들은 자국의 황제가 청일전쟁 당시 수많은 해군 병사를 수장시킨 적군의 장수를 자금성으로 들여 환영하는 모양새가 탐탁지 않았을 것이다.

이웃 나라 조선에서 어떤 일이 벌어졌는지 잘 아는 서태후로서는 이토 히로부미가 베이징에 나타난 것이 몹시 불안하고 신경이 쓰였다. 여성인 서태후가 권력을 잡은 청나라처럼 1890년대의 조선도 한 여인, 즉 명성황후가 실권을 쥐고 있었다. 고종 황제의 아내인 명성황후는 조선의 개혁파와 일본의 힘이 강해지는 것을 원치 않았다. 그러자 일본은 1895년에 궁궐로 자객을 보내 명성황후를 시해하고 그 시체를 궁전 뜰에서 불태우는 만행을 저질렀다. 이 사건이 터지고 3년이 지난 지금 서태후가 자신에게도 이와 비슷한 일이 벌어지지 않을까 걱정하는 것도 무리는 아니었다. 서태후에게 대놓고 그녀를 '엉터리 황후'라고 했던 캉유웨이였다. 그가 자신을 향해 직접 칼을 겨누지 않는다는 보장도 없었다.[51] 베이징에 나타난 이토 히로부미가 광서제의 측근 세력인 신진 개혁파와 손잡고 자신을 시해할지 모른다는 걱정이 서태후로서는 영 터무니없는 생각은 아니었다는 말이다.[52]

이 때문에 서태후는 이토 히로부미가 청나라 방문을 끝내고 일본으로 돌아가고 나서 사흘 후에 섭정을 재개하겠다는 내용의 칙서를 발표했다. 광서제가 무술변법을 시행하는 동안 즉위 후 처음으로 진짜 황제다운 일을 할 수 있었으나 그 기간은 단 102일에 그쳤다. 이를 '백일유신'이라고 하는 것은 이런 이유에서다.

이 개혁운동이 실패로 끝나고 나자 보수파가 거센 반격을 가해왔다. 서태후는 캉유웨이의 형제를 포함하여 개혁파의 중심인물 일곱 명을 숙청했다. 캉유웨이와 그의 애제자 량치차오는 가까스로 목숨을 구해 일본으로 망명했다. 이들은 일본에서 광서제 복위를 위해 보황회保皇會를 설립하는 등 근대 중국 역사의 새 장을 열어간다. 불운한 황제 광서제는 자금성 인근 누각인 영대瀛臺에 감금되었고 정치적 영락零落과 함께 건강마저 잃고 말았다. 그는 다음과 같이 자신의 신세를 한탄했다. "나는 이 나라의 발전을 위해 많은 생각을 했고 여러 가지 복안도 갖고 있었다. 그러나 다들 알다시피 나는 진정한 황제가 아니었기 때문에 그것을 실현할 만한 힘이 없었다."53

'백일유신'을 무력화한 사건은 서태후가 중국 역사를 후퇴시킨 주범으로 낙인찍히는 데 한몫을 하게 된다. 망명한 량치차오가 그 사건을 자세히 밝히기 시작한 것이 그 시발점이라 할 수 있겠다.54 그러나 권력에 눈이 먼데다가 초보수주의자인 늙은 용녀龍女가 똑똑하고 진취적이고 개혁적인 조카를 쳤다는 식으로 묘사하는 것은 서태후 자신과 그 사안을 지나치게 단순화한 측면이 있다. 서태후가 개혁 자체를 반대한 것은 아니었다. 실제로 서태후는 다시 권력을 잡자마자 '자강'에 매진했다. 1898년 11월에 발표한 칙령에서 서태후는 이렇게 주장했다. "나는 항상 자강에 대해 생각해왔다. 서구 열강의 관습과 정치제도가 여러 가지 면에서 우리와 다르다 하더라도 대체로 이들의 방법과 기술은 청나라가 부국강병을 이루는 데 도움이 될 것이다. 이러한 것들 가운데 우리에게 적합한 것을 찾아 하나씩 적용해나가다보면 우리가 바라던 결과를 얻을 수 있을 것이다."55

❧

113

서태후는 옛 격언을 인용하며 경세와 자강의 의지를 더욱 굳건히 했다. "목구멍에 무엇인가 걸려 질식할 뻔했다고 해서 그후로 다시 목에 뭐가 걸릴까봐 먹는 것을 중단할 수는 없는 노릇이다."[56] 흥미로운 것은 이로부터 1세기 후에 『런민일보人民日報』가, 1989년에 민주화운동이 발생한 이후 '개혁과 개방'의 연속성을 촉구하면서 이와 똑같은 경구를 인용했다는 사실이다.[57]

가지치기만 계속할 것인가, 아예 베어버릴 것인가

공자는 '모름지기 군자君子가 60세에 다다르면 중용의 도를 지키는 선에서 자신의 욕구를 충족시킬 수 있어야 한다'고 했다. 서태후는 60대에 들어서자 적어도 자신의 욕구를 충족시키는 데는 도가 튼 것처럼 보였다. 문제는 중용 혹은 절제였다. 정신적인 부분을 보자면 서태후는 윤리를 따지는 유교보다는 의례적인 불교를 더 선호하는 것 같았다. 어쨌거나 서태후의 신앙은 영적 충만을 목적으로 한다기보다는 허영심 충족을 위한 하나의 수단이었던 것 같다. 서태후는 평소에 관음보살처럼 차려입고, 역시 승려들이 입는 옷을 걸친 환관들에게 둘러싸여 사진 찍는 것을 좋아했다. 그녀는 언젠가 자신의 시녀이자 통역 일을 맡아 했던 데어 링Der Ling에게 그러한 모습으로 사진 찍히는 것을 좋아하는 이유에 대해 설명한 적이 있었다. "화가 나거나 뭔가 걱정할 일이 있을 때 관음보살처럼 차려입으면 마음이 차분해진다. 사람들이 나를 자비로운 보살로 우러러보는 것 같아서 기분이 아주 좋다. 그렇게 차려입고 사진을 찍

體用

으면 항상 그런 모습으로 있을 수 있을 것 같은 기분이 든다."[58]

그러나 청나라 말기를 살았던 사람들에게 서태후는 자비로운 사람과는 거리가 멀어도 한참 먼 사람으로 비쳤을 뿐이다. 서태후를 찬양하는 쪽인 데어 링조차 다음과 같이 서태후의 잔혹성을 암시하는 듯한 말을 했을 정도다. "다른 사람의 불행에서 큰 기쁨을 느끼는 성향이 있다."[59] 데어 링에게 '만사가 다 귀찮다'는 말을 한 적이 있는 것으로 보아 우울증 증세도 있지 않았나 싶다.[60] 게다가 갑자기 화를 낼 때도 자주 있었다. 서태후가 화내는 모습을 본 한 관리의 말에 따르면 서태후가 격분했을 때는 '눈에서 날카로운 광선이 쏟아져나오는 것 같았고 광대뼈가 더 도드라졌으며 이마는 핏줄이 튀어나올 듯 부풀어 있었고 파상풍을 앓는 사람처럼 치아를 다 드러냈다'고 한다.[61]

서태후에 대한 진실이 가려진 것은 여성을 업신여기는 정통 유교 사상에서 비롯된 측면이 있다. 서태후는 공친왕이나 순친왕, 군기처 관료들과 국사를 논할 때마다 여성을 인정하지 않는 유교 원칙에 따라 늘 '가리개'를 사이에 두고 대화를 이어갔다. 이러한 불쾌한 경험 때문인지 서태후는 자신이 남자였다면 궁중생활이 어떠했을지 무척 궁금해했던 것 같다. 궁금한 정도를 떠나 자신이 남자이기를 바랐던 것 같다. 전기작가 마리나 워너Marina Warner는 서태후가 증국번이나 이홍장 같은 '무관'을 더 좋아했다고 한다. 무능한 아버지, 방탕한 남편, 나약한 아들 그리고 자신을 에워싼 수천 명의 환관 등 자신의 인생에 들어온 모든 남자가 이러했기에 남자답고 용감하고 강한 남자를 갈망하게 됐던 것 같다.[62] 그러나 결국 자신이 신뢰할 수 있는 '최고의 남성'은 자신뿐이었다. 데어 링은 자신의 회고록에서 이렇게 밝혔다. "태후는 항상 남자가

되고 싶어했다. 그리고 모든 사람에게 자신을 진짜 남자처럼 대하도록
했다."63

서태후는 왕실 안에서는 주변 사람들의 아첨에 길들어 지나칠 정도
로 자신감이 넘쳤고 때로는 과도하여 자기기만 수준에까지 이르기도 했
다. 어찌됐든 서태후는 인생의 마지막 10년 동안 왕실의 위엄을 유지하
고자 애를 썼으나 모두 허사였다. 결국 의화단사건(1898~1901)으로 서태
후는 돌아올 수 없는 강을 건너고 말았다.

광서제의 '백일유신'이 실패했을 무렵 중국 북부 빈곤 지역에 거주
하며 왕실 정책에 불만을 품은 농민들이 모여 의화단을 조직했다. 이들
은 기독교 개종자를 공격 대상으로 삼았다. 개종자들은 일찍이 불평등
조약에 따라 치외법권이 인정된 외국인 선교사의 비호 아래 법적, 경제
적 특혜를 누리고 있던 터라 가난한 농민들에게는 눈엣가시와도 같은
존재였다. 의화단의 세가 커지면서 중국인 기독교도뿐 아니라 외국인
선교사까지 이들의 공격 대상이 됐고 결국 이들은 베이징 공사관 지역
에 거주하는 외교관까지 겨냥하게 됐다. 청국해관淸國海關의 총세무사總稅
務司 로버트 하트Robert Hart는 진퇴양난에 빠진 서태후의 상황을 다음과
같이 묘사했다. "의화단사건을 진압하지 않으면 공사관이 압력을 가할
것이고 이를 진압하면 충정 넘치는 이 집단이 청 왕실에 등을 돌리게 될
것이다."64

서태후는 그동안 외국에 당한 굴욕을 되갚아주겠다는 목적에서가
아니라 정치적 자기보호 본능에 따라 의화단의 손을 들어주었다. 반외
세를 외치는 의화단이 자금성에서 몇 발자국밖에 떨어져 있지 않은 공
사관을 포위했을 때도 서태후는 의화단을 지지했다. 로버트 하트가 예

상한 대로 의화단이 베이징 공사관 지역을 공격한 것이 청나라에는 파국적 결과를 몰고 왔다. 8개국 연합군이 이 포위를 풀고자 공격에 나섰던 것이다. 서태후는 외국군이 왕궁으로 몰려오자 또다시 피신해야 하는 신세가 됐다.

힘을 잃은 군주의 모습처럼 처량한 것은 없을 것이다. 그 많던 환관과 시종을 두고 다시 왕궁을 떠나야 하는 서태후의 모습은 처량하고 참담했다. 자기연민에 빠진 서태후는 불만을 토로했다. "환관이 3000명이나 있었는데 내가 떠날 때는 몇 사람밖에 남아 있지 않았다. 더 참을 수 없는 것은 아주 무례한 행동을 범한 자들이 있었다는 점이다. 내가 소중히 여기는 귀한 꽃병을 돌바닥에 내동댕이쳐 부숴버리기까지 했다. 그 발칙한 것들은 급히 떠나야 하는 상황이라 내가 그 죄를 묻지 못한다는 것을 잘 알고 있었던 것이다."[65] 서태후가 쫓기듯 왕궁을 떠날 때는 정치적으로 재기하지 못할 것처럼 보였다. 초라한 행색으로 새벽부터 밤늦게까지 강행군을 계속해 드디어 시안에 당도했다. 2000년 전 중국을 통일하고 진秦나라를 세운 진시황이 이곳 시안에 도읍을 정했었다. 진시황이 수천에 달하는 병마용兵馬俑(진흙으로 만든 병사-옮긴이)과 함께 묻혀 있는 곳이기도 했다. 30세인 광서제는 노새가 끄는 수레를 타고 이동했고 서태후는 가마 안에서 폭염에 몸을 비틀며 가야 했다. 장맛비에 흠뻑 젖어가며 힘들게 이동하는 중에 서태후 일행을 따르던 수행원들도 점점 줄어들었다. 그래도 지방 관리들은 이 불운한 왕실 사람들을 온 힘을 다해 맞으려 했다. 절박한 상황에서 왕실의 체통을 지키기란 무척 어려웠다.

더럽고 구중중한 행색으로 마침내 시안에 도착한 서태후는 자신들이 묵을 숙소를 보고 '몹시 낡고 축축하고 비위생적'이라고 표현했다.[66]

※

117

서태후는 이곳에서 의화단 지지 결정을 철회하고 이들의 토벌을 명했다. 결국 서태후는 자신의 백성(의화단)을 배신했고 더불어 외국군이 베이징을 짓밟는 것을 묵인했다.

그러나 외국군에게 또다시 치욕적 패배를 당한 서태후는 개혁의 필요성을 절감했고 뒤늦은 감은 있으나 1901년 1월 29일에 '개혁 칙령'을 반포하고 이같이 선언했다. "이제 평화 협상이 시작됐다. 조정의 모든 체계를 철저히 정비하여 진정한 부국강병을 도모해야 할 것이다."[67] 그녀는 서구 유럽의 문물을 배우자는 주장을 적극적으로 수용했다. "서구 문물의 핵심을 배우지 않고 수박 겉핥기로 해서야 어찌 부국강병을 이룰 수 있겠는가?"[68]

이러한 개혁정책을 시행하기에 앞서, 공사관을 포위한 의화단을 물리치기 위해 베이징에 온 서구 연합군을 몰아내려면 화평조약부터 체결해야 했다. 그래야만 안전하게 다시 베이징으로 돌아갈 수 있었다. 서태후는 이번에도 이홍장에게 조약 체결이라는 성가신 임무를 맡겼다. 1901년 9월에 체결된 신축조약辛丑條約('베이징 의정서'라고도 한다)으로 비록 막대한 전쟁배상금을 물게 됐으나 청나라와 서구 유럽국 간의 충돌은 그렇게 마무리됐다. 청나라는 8개국에 39년 동안 총 4억 5000만 은량을 배상금으로 지급해야 했다. 더 굴욕적인 사실은 이 배상액은 중국인 한 명당 1은량이라는 식으로 멋대로 정해졌다는 점이다.[69]

1902년 1월 어느 추운 겨울날 서태후 일행은 천천히 베이징으로 향했다. 이번에는 기차도 이용했다. 서태후는 이때 처음으로 기차를 타보았다. 그러나 자금성에 당도하자 심장이 내려앉는 기분이었다. "왕궁을 다시 보았을 때 큰 충격을 받았다. 아, 모든 것이 완전히 변해 있었다.

그 많던 값비싼 장식품과 장신구는 다 망가졌고 도둑맞은 것들도 있었다. 내가 매일 절을 올리던 백옥 불상의 손가락도 부러져 있었다."[70]

서태후는 또 전쟁의 승자인 외국인들이 청나라 왕실과 자신을 비웃기라도 하듯 자신의 옥좌에 버젓이 앉아 사진까지 찍었다는 사실도 알게 됐다. 신성모독이 따로 없는 행동이었다. 이렇게 자금성에 들어온 외국인 가운데 1890년부터 베이징에서 교사와 선교사로 활동해온 레버런드 헤들랜드Reverend Isaac Taylor Headland라는 사람이 있었다. 이 호기심 많은 선교사는 서태후가 자금성을 비운 틈을 타 직접 이곳을 보려고 했다. "나는 서태후의 침전으로 들어갔다. 다른 사람들도 들어왔다. 그 사람들은 소파에 앉더니 친구들에게 사진을 찍으라고 했다. 나는 그렇게 할 수 없었다. 모자를 벗고 가만히 서서 경탄해마지않는 시선으로 태후의 침상을 바라보았다. 수놓은 커튼이 천장부터 바닥까지 드리워져 있었고 길이가 3미터나 되는 노란색 공단 매트리스와 크고 둥글고 딱딱한 베개가 눈에 띄었다. 그리고 마치 서태후의 환궁을 기다리기라도 하듯 섬세한 비단 이불이 얌전히 젖혀져 있었다. 맞은편에는 북부 지역 사람들이 사용하는 것과 같은 벽돌 침대가 놓여 있었다. 전 세계 인구의 3분의 1을 다스리는 이 대단한 여제가 이곳에서 휴식을 취하는 동안 시녀는 그 벽돌 침대에서 잠을 자거나 유령처럼 조용히 앉아 있었으리라."[71]

방자하게도 자신의 조국은 물론 침실까지 짓밟은 외국인들이지만 서태후는 자존심을 억누른 채 자금성으로 돌아갔고 이들의 비위를 맞추려 나름대로 애를 썼다. 실제로 전에는 상상도 못했을 일인데 서태후는 과감하게도 외국 공사의 부인들을 자금성으로 초대하기까지 했다. 예의

❋

119

가 발랐던 미국 공사의 부인 세라 콩거Sarah Conger는 특히 서태후에게 좋은 인상을 받았던 것 같다. 헨리 제임스Henry James(미국 출신의 영국 작가-옮긴이)에 따르면 콩거 부인이 처음 서태후를 만난 것은 1898년 12월이었다. 그녀는 그때 태후는 나이는 들었지만 '총명하고 유쾌한' 여인으로 비쳤으며 '호의가 느껴지는 얼굴'이라 표현했다고 한다.[72] 1902년에 콩거 부인이 두번째로 서태후를 만났을 때는 약간은 안쓰러운 기분으로 그녀를 대했던 것 같다. 그때 일을 편지에 이렇게 적었다. "태후는 두 손으로 내 손을 감싸쥐었다. 그때 태후의 마음이 내게 전해지는 것 같았다. 애써 마음을 진정하고 목소리를 가다듬은 태후는 이렇게 말했다. '지난 일을 생각하면 참으로 후회스럽고 애통하기 그지없다. 너무 큰 잘못을 저질렀다. 앞으로 우리 청나라는 외국과 친하게 지낼 것이다. 그런 일은 두 번 다시 일어나지 않을 것이다. 우리는 이제 외국인을 보호할 것이고 앞으로 서로 친하게 지내기를 바란다.'"[73]

레버런드 헤들랜드의 부인 역시 서태후에게 호의적이었다. "태후는 손님들의 손을 일일이 잡아 이끌며 걱정스러운 투로 자금성까지 오는 길이 불편하지는 않았는지 혹여 피곤하지는 않은지 물었다. 여름이면 더위를, 또 겨울이면 추위를 걱정해주었다. 태후는 준비한 다과가 손님의 입맛에 맞지 않을까봐 불안해했다. 그리고 이렇게 만날 수 있는 것을 큰 복으로 생각한다고 진지하게 말했다. 전에 태후에 대해 안 좋은 쪽으로 선입견을 품었던 사람조차 직접 만나본 다음에는 안주인으로서 완벽하게 손님맞이를 해내는 모습을 보고 태후를 매력적인 사람이라고 생각했다."[74] 에드먼드 백하우스가 말하던 음탕한 색정녀色情女와는 거리가 멀어도 한참 멀었다. 헤들랜드 부인은 이렇게 말했다. "기회가 있을 때

마다 서태후는 서양의 제도와 방식을 열심히 배우려고 했다."[75]

　세라 콩거 부인은 서태후에게 세계에 청나라를 알리는 의미로 1904년 세인트루이스 세계박람회에 내놓을 초상화를 그려보는 것이 어떠냐고 했다. 콩거의 친구인 초상화가 캐서린 칼Katherine Carl은 서태후의 초상화를 그리는 데 몇 달을 보냈다. 마침내 완성된 초상화를 본 서태후는 그림 속의 자신이 실제 자신과 똑같은 것이 불만이었다. 그래서 화가에게 더 젊게 그려달라고 요청했다. 말하자면 붓으로 '성형수술' 효과를 내달라고 한 셈이었다. 현재 스미스소니언박물관에 걸려 있는 서태후의 초상화는 젊은 시절 그녀의 모습이라고 보면 될 것이다.[76]

　인생의 마지막 10년 동안 서태후는 결국 청나라 정부조직의 근본적인 변혁 요구를 받아들였다. 서태후는 데어 링에게 이렇게 말했다. "내 인생은 아직 끝나지 않았으며 앞으로 어떤 일이 벌어질지는 아무도 모른다. 언젠가 외국인이 또 아주 이상한 것을 가지고 온다면 나는 그때도 굉장히 놀랄 것이다. 그러나 예전과는 정반대로 행동할 것이다."[77] 늦은 감은 있으나 서태후는 청나라의 이토 히로부미 격인 장지동의 개혁운동에 힘을 실어주려고 했다. 장지동은 '신정新政'이라는 전면적 개혁안을 설계하고 최종적으로 군대와 경찰의 근대화, 법률 개정, 헌법 제정, 교육 기회 확대 등을 주장한 인물이었다.[78]

　서태후가 시행한 개혁 중 가장 극적이며 또 가장 큰 논란을 불러일으킨 것은 1905년에 단행한 '과거제도 폐지'가 아닐까 한다. 1000여 년 동안 과거제도는 중국 관료제 유지의 근간이었다. 관리가 되려는 사람은 유교 경전에 대한 지식을 시험하는 과거를 통해 벼슬자리에 오를 수 있었다. 과거제도 폐지는 관료사회에 젊은 피를 수혈하고 외국의 방식을 도입하려는 의도에서 시행됐다. 그러나 과거를 통해 관직에 오르는 것을 평생의 꿈으로 삼았던 수많은 유생과 그 가족은 이러한 조치에 크게 동요했다. 지방의 유림사회도 중국의 오랜 전통을 하루아침에 내팽개치는 처사에 강하게 반발했다. 산시山西 성에 사는 한 선비는 다음과 같은 글로 언짢은 심경을 토로했다. "부국과 강병을 추구한다고 하면서 관계나 원칙은 안중에도 없다. 궁극적으로 이러한 시도는 '나라'를 흥하게 할지 몰라도 '백성'에게는 해가 된다. 서양의 것을 배워 중국을 변화시키는 데만 뜻이 있으니 참으로 통탄할 일이다."[79] 서태후는 결국 지배계층을 흔들어 청 왕조를 지탱하는 근간을 약화시켰다.

서태후는 과거제를 폐지하는 동시에 신정新政 개혁가들에게 법률을 개정하고 기존 6부에 외교부, 우정통신부, 상무부 등의 근대적 명칭을 부여하여 조직을 개편하는 안을 시행하게 했다. 또한 뒤늦게나마 메이지유신체제의 일본을 모방하여 헌정시찰단憲政視察團을 꾸려 외국의 헌정체계를 배워 오게 했다. 헌정시찰단은 1906년 7월에 청나라로 돌아와 서태후에게 시찰 내용을 보고했다. 이들이 내린 결론은 이러했다. "외국이 부국강병을 이룰 수 있었던 가장 근본적인 이유는 그들이 헌법을 가지고 있고 중요한 문제는 공공 토의를 통해 결정하기 때문이다. 외국은 군주와 백성이 보이지 않는 끈으로 묶인 듯 서로 강하게 밀착돼 있었다."[80] 다시 말해 부강이라는 목적을 달성하려면 유교적 정치체계의 근간을 바꿔야 했다.

헌정시찰단의 제안 사항을 시행하는 데 필요한 실행기구가 꾸려졌으나 사람들이 이 새로운 정치체계를 받아들이는 데는 적어도 10년에서 15년의 '예비 기간'이 필요하다는 결론이 내려졌다.[81] 그런데 입헌제로

體用

나아가는 과정에 '군주제라는 과도기'가 필요하다는 아주 매력적인 개념은 20세기 내내 되풀이해 주장됐다. 따라서 국민자치제를 지지하는 개혁파들은 계속해서 멀어지기만 하는 수평선을 하릴없이 뒤쫓는 형국이 돼버렸다.

한편 중국사회 안에서 반만주족 정서가 형성되기 시작했다. 어쨌거나 만주족은 한족과는 다른 민족이었고 당시 청나라는 다수 한족을 소수 만주족이 다스리는 형태였다. 절대다수를 차지하는 한족은 변발과 같은 만주족의 풍속을 억지로 따르고 있었다. 1903년에 상하이 외국인 거류지에 사는 한 10대 청년이 『혁명군』이라는 선전지를 발행했다. 여기에는 서태후와 서태후를 따르는 주변 무리가 문제의 근원이며 중국의 모든 문제는 이들에게서 비롯됐다는 내용이 실려 있었다. 이 선전지는 독자들에게 큰 감흥을 일으키며 급속도로 퍼져나갔다. 이 선전지를 만든 추용鄒容은 이렇게 썼다. "지금 청나라의 '강强'은 만주족의 강이요, 이것은 우리 한족과는 아무런 상관이 없다. 지금 청나라의 '부富'는 만주족의 '부'다. 이 또한 우리 한족과는 아무 관계가 없다."[82] 다시 말해 부와 강은 한족과 국가 전체가 고루 누렸어야 한다는 것이다.

한족이 주도하는 만주족과 청조 타도 물결이 거세지는 가운데 점점 고립되고 있던 서태후와 청 왕실은 1907년에 한족 출신의 애국지사가 안후이 성 성장省長을 암살한 사건을 계기로 더욱 휘청거리게 됐다. 서태후는 한족과 만주족 간의 혼인 금지 규정을 폐지하는 등 점점 고조되는 민족적 갈등을 풀어보려 애를 썼다.[83] 그러나 청나라 왕실이 점점 쇠하는 국력을 회복하고자 급진적 정책을 시행하기 시작하고 한족은 모든 실패의 근원을 만주족 출신의 지배층에서 찾기 시작하면서 증오감은 점점 더 강렬해졌다.

서태후 측근을 제외한 거의 모든 사람의 눈에 서태후는 모든 문제의 원흉으로 보였다. 특히 1900년 의화단사건 이후 외국 연합군에 의해 파괴된 별궁을 재건하는 데 집착하는 서태후가 달가울 리 없었다. 변화의 시대에 발맞춰 서태후는 1903년에 전기선을 가설하여 전등을 달았고 뒤이어 자금성과 서북 외곽 지역의 여름 별궁을 연결하는 전화선도 가설했다. 사진기에도 큰 관심을 보여 개인적, 정치적 목적으로 많은 사진을 찍어 남겼다. 그러나 이러한 근대식 시설과 장치 몇 가지를 들여왔다고 해서 중국이라는 국가 전체의 근대화가 이루어진 것은 아니었다. 중국은 여전히 다른 국가에 현격하게 뒤처져 있었다.

서태후는 1908년 가을에 세상을 떠났다. 조카인 광서제가 죽은 다음 날이었다. 그로부터 100년 후인 2008년에 서태후가 광서제를 죽였다는 의혹이 제기됐다. 법의학자들이 사체를 검안檢案한 결과 광서제가 비소 중독으로 죽었다고 발표한 것이다. 그러나 서태후가 정말 광서제를 죽였을지 모른다는 추측만 가능할 뿐 그 진실은 알 수 없다. 서태후의 장례식은 성대하게 치러졌다. 1909년 11월에 조정 대신, 라마교 승려, 만주족 병사, 낙타를 탄 몽골인, 환관 등 수많은 사람이 장례행렬을 이루었고 84명이나 되는 장정들이 베이징 북쪽에 있는 청나라 왕릉 청동릉清東陵까지 나흘에 걸쳐 서태후의 영구靈柩를 운반했다. 진나라의 초대 황제 진시황처럼 서태후도 자신의 이 화려한 장례식을 10년 넘게 공들여 준비했다. 편안하고 안락한 사후 생활을 준비하며 옥 그릇, 금은 향로, 기타 귀한 장식품과 장신구를 마련하는 데 800만 은량이라는 거금을 썼다.[84]

體用

그러나 이 초호화판 무덤도 서태후의 시신을 보호해주지는 못했다. 중국이 혼란의 소용돌이에 빠져 한참 허우적대고 있을 때인 1928년에 도굴범들이 석관을 부수고 닥치는 대로 귀한 물건들을 가져갔고 이 과정에서 시신이 심하게 훼손됐다. 무덤을 보호하고 훼손된 시신을 복원하기로 한 당국은 특별위원회를 조직하여 조사에 나섰다. 이들의 보고서에는 이렇게 쓰여 있었다. "우리는 옥체玉體를 아주 조심스럽게 뒤집었다. 서태후의 안색은 매우 창백했고 두 눈은 움푹 꺼져 마치 검은 동굴 두 개가 뚫려 있는 듯한 형상이었다. 그리고 아랫입술 부위에 자상의 흔적이 남아 있었다."[85] 코에 총알이 박힌 채 시모노세키조약에 서명했던 이홍장처럼 서태후는 죽어서까지도 '자신의 얼굴을 보호'할 수 없었던 모양이다.

서태후는 1861년 이래로 자강파와 문화적 보수파, 청류당 사이를 왔다갔다하면서 청나라의 최고 권력자 자리를 지켜왔다. 그러나 그 자리에 있는 동안 중앙 차원의 전면적 근대화를 이루어내지는 못했다. 이웃나라 일본이 메이지유신을 통해 근대화에 성공한 것과 비교된다. 서태후의 실정과 그 참담한 결과를 목격한 중국의 주요 사상가들은 중국의 문제를 해결하려면 좀더 포괄적이고 중앙집중적인 대책이 필요하다는 점을 인식하게 됐다. 이러한 인식과 함께 당시 사람들이 느낀 절망과 혼란을 가장 잘 집어낸 사람이 바로 번역가이자 사회사상가인 옌푸였다. 옌푸는 처연한 심정으로 다음과 같이 썼다. "이 모든 것(자강을 위한 개혁)이 서구 유럽이 부강한 국가가 될 수 있었던 바탕이었다. 우리도 그것을 도입했으나 이는 화이허淮河 강변에 귤나무를 심은 것과 같은 결과를 나타냈다. 그 나무에는 껍질만 두꺼운 못 먹을 귤만 달렸다. 삶과 죽음의 경계선 즈음에 서 있는 것처럼 보이는 이 귤나무에서 우리는 그토록 원하는 열매를 얻을 수 없다. 대체 그 이유가 무엇인가? 중국과 서구 유럽의 가장 큰 차이는, 중국은 현재를 무시하고 과거만을 중시하는데 서구 유럽은 과거가 아닌 현재에 초점을 맞춰 치열하게 오늘을 살아간다는 점이라고 생각한다."[86] 서태후 통치 시절은 이 귤나무 비유로 가장 잘 표현된다. 가지치기만 계속하면서 이 나무를 두고 볼 것이냐 아니면 아예 베어버리고 새 나무를 심을 것이냐를 결정해야 하는 것은 다음 세대의 몫이 됐다.

\ 4장 \

신민新民
: 근본적 변화 없이는
생존할 수 없다

\

량치차오

WEALTH & POWER

"

낡은 것, 오래된 것에 집착하면
날로 쇠해 결국은 망하고 말 것이다.

"

량치차오

新民

이제 량치차오梁啓超의 초라하고 황량한 무덤 이야기를 하려 한다. 이 무덤을 보면 량치차오가 남긴 찬란한 유산이 격동의 역사 속에 어떻게 스러져 가물가물한 기억 속의 산물이 돼버렸는지가 한눈에 확연히 느껴질 것이다. 20세기 초 중국에서 가장 영향력 있던 사상가이자 중국 민족주의와 자유주의의 대부인 량치차오의 무덤이 샹산香山 공원 기슭에 있는 베이징 식물원의 한구석에 덩그러니 자리하고 있다는 사실은 매우 뜻밖이었다. 1920년대 미술 양식을 떠올리게 하는 살굿빛 화강암 묘석이 덩굴식물에 휘감겨 있고 무덤 주변은 관목에 둘러싸여 있다. 기념비처럼 우뚝 서 있는 묘비에는 역시 아르데코 양식을 떠올리게 하는 우아하고 세련된 글씨체로 량치차오와 그 부인의 이름이 새겨져 있다. 바로 옆에는 칠각형으로 된 구조물이 서 있었다. 이 또한 화강암으로 만든 것인데 그 솜씨가 어찌나 정교한지 마치 목탑을 보는 것 같았다. 꼭대기는 청록색 연꽃 모양으로 장식돼 있었다. 악취 나는 더러운 연못물 속에서 홀로 고고하게 피는 연꽃은 불교의 상징화이기도 하다.

'새로 시작해야 한다'는 강박관념의 창시자

량치차오의 마지막 안식처인 이 무덤은 무성한 잡초와 함께 쓸쓸하게 남아 있다. 격동의 중국 역사에서 한 획을 그을 만큼 대단한 영향력을 끼치며 한 시대를 풍미했던 위대한 개혁가는 이제 사람들의 기억 속에서 지워진 인물이 돼버린 듯싶었다. 이 무덤은 량치차오의 아들인 유명 건축가 량쓰청梁思成이 설계했다. 1920년대에 펜실베이니아 대학에서 공부한 량쓰청은 파괴가 자행되던 마오쩌둥 시절에 옛 베이징의 모습을 보존하고자 애를 썼으나 그 결실을 보지는 못했다. 량치차오의 손자 량충제梁從誡가 이곳을 방문하여 깊은 생각에 잠겨 있다가 이렇게 말했다. "우리 집안은 개혁가, 아니 실패한 개혁가 가문이다." 잡초와 넝쿨이 무성한 이곳은 안에 누가 누워 있는지도 모를 정도로 황량하고 쓸쓸하기 그지없다. 역사 관리의 책임을 진 중국 공산당이 중국 근대사의 절대 풍운아 량치차오 같은 인물을 어떻게 대해야 하는지 전혀 모르는 것만 같았다.

이 무덤의 주인은 중국의 저명한 지식인으로서는 처음으로 중국이 국력을 회복하려면 발전을 방해하는 문화적 전통을 전면 폐기하고 온전히 새로운 국가 개념을 세워야 한다고 주장한 인물이었다. 량치차오는 20세기 벽두에 자신이 발간하는 잡지 『신민총보新民叢報』에 다음과 같은 글을 썼다. "우리가 안정되고 부유하고 타국의 존경을 받는 훌륭한 국가가 되기를 바란다면 어떻게 해야 새로운 시민, 즉 '신민'을 창조할 수 있는지 그 방법을 논해야 한다."[1]

'신민'을 창조해야 한다는 량치차오의 주장은, 전통적 유교 가치와 황제 통치체제 내에서 얼마든지 변화를 추구할 수 있으리라는 기대를 접지 않았던 서태후는 말할 것도 없고 풍계분이나 위원 같은 선대 개혁가들의 주장보다 훨씬 더 급진적이라 할 수 있다. '부강'을 최종 목표로 삼은 점은 다른 개혁가들과 같지만 량치차오는 그 경계를 허물고 좀더 광활한 새 시대를 준비했다는 점이 다르다. 새로운 의식과 자아의 창조를 당부했던 량치차오의 사상은 후대 개혁가들에게 지대한 영향을 끼쳤다. 자신이 발간한 잡지 『신청년新靑年』에서 유교를 공격했던 천두슈陳獨秀에서부터 신문화운동 당시 사회비판 소설을 쓴 루쉰魯迅, 신생활운동新生活運動을 추진한 장제스蔣介石, 혁명적 신중국의 청사진을 내놓은 마오쩌둥까지 모두가 량치차오의 영향을 크게 받았다.

중국인의 머릿속에 박힌 '새로 시작해야 한다'는 강박관념은 사실상 량치차오로부터 시작됐다고 보아도 무방하다. 숱한 사상가와 정치가 가운데서 근 100년 만에 '구舊사고'라는 수족관에 빠져 익사 직전에 처한 자신과 조국을 함께 탈출시킨 첫번째 인물이 량치차오였다. 쇠고랑을 찬 채 물이 가득찬 수족관에 갇혀 있다 구사일생으로 탈출하는 마술사처럼 말이다. 과거의 전통에 깊이 함몰돼 있어 절대로 그곳에서 발을 뺄 수 없을 것만 같았던 바로 그 사람이 '과거로부터의 해방'을 시도했다는 사실이 참으로 아이러니할 뿐이다. 이후에 등장한 수많은 개혁가와 마찬가지로 전통 타파를 외쳤던 젊은 선지자 량치차오 역시 종국에는 한때 자신이 그토록 공격했던 '중국의 전통'으로 회귀했다.

근본적 변화 없이는 생존할 수 없다

"오래된 것에 집착하면 날로 쇠해 결국 망할 것"

량치차오는 1873년에 중국 남부 항구도시인 광저우 외곽 장먼江門 신후이 구新會區에 있는 한 작은 마을에서 태어났다. 농민과 어부 5000여 명이 거주하는 자그마한 마을이었다. 1873년은 풍계분이 임종을 앞둔 해이자 서태후가 광서제에게 통치권을 넘기고 섭정을 끝낸 해이기도 하다. 굴욕적 패배이기는 했지만 어쨌거나 제2차 아편전쟁이 끝나고 태평천국의 난이 진압되면서 '내우외환'에 싸였던 청나라의 혼란스런 정세는 진정될 기미를 보이는 듯했다. 그러나 이마저도 그리 오래가지는 못했다. 남중국해에 접한 작은 마을에서 태어난 량치차오는 공부깨나 한다는 아이들이 과거 수백 년 동안 그래왔듯이 정통 유교 교육을 받으며 자랐다. 량치차오는 신사紳士 계층 출신이기는 했으나(조부가 동시童試에 합격했고 부친은 훈장이었다) 다른 가족은 대다수가 농민이었다. 량치차오는 방대한 규모의 고대 중국 역사를 모조리 외워버렸다. 이유는 간단했다. 그때 집에 읽을 책이 별로 없었기 때문에 몇 권 안 되는 책을 읽고 또 읽고 하다보니 그렇게 된 것이었다.[2]

그다지 부유하지는 않았으나 그래도 그 집안에서는 자식들에게 기대하는 바가 컸다. 다행히 량치차오는 아주 똑똑했다. 조부와 마찬가지로 동시에 합격했는데 그때가 아직 어린 나이인 11세였다. 이듬해인 1885년에는 광둥廣東 성에서 치르는 향시鄕試를 준비하러 광저우로 갔다. 이후 중국 남부에서 가장 유명한 학당인 학해당學海堂에 들어갔고 이곳에서 정통 유교 철학을 더 심도 있게 공부했다.[3] 1889년에 16세의 나이로 향시에 급제하여 거인擧人이 됐고 이로써 베이징에서 치러지는 회시會試

에 응시할 자격을 얻었다.

량치차오는 특별히 잘생겼다고는 할 수 없으나 당시 모든 백성이 해야 하는 만주족의 풍습인 변발 때문에 기골이 장대하다는 느낌이 훨씬 강했고 전체적으로 박학다식한 학자의 면모를 풍겼다. 실제로 향시의 성적이 워낙 좋아 량치차오를 눈여겨본 시험관이 자신의 누이동생 리후이셴李蕙仙과의 정혼을 주선하기까지 했다. 리후이셴은 유일한 부인은 아니었지만 그래도 량치차오의 평생 동지로 남았다.[4]

위원이나 풍계분처럼 량치차오는 1890년에 베이징에서 회시를 치렀으나 낙방하고 말았다. 시험에 떨어져 낙심한 량치차오는 집으로 돌아오는 길에 상하이에 머물렀고 여기서 서계사徐繼畬가 서구 유럽에 대해 쓴 『영환지략瀛寰誌略』을 접하게 된다. 아직 10대인 량치차오는 난생 처음으로 상하이 외국인 거류지에서 생활하는 사람들의 모습을 보고 영국이 그렇게 부강한 국가가 될 수 있었던 것은 팽창적 제국주의의 힘에서 비롯된다는 서계사의 선견적 주장에 공감하기 시작했다. 서계사는 1850년에 간행된 이 책에서 다음과 같이 말했다. "영국은 겨우 섬 세 개로 이루어졌으며 저 서쪽 바다 끝에 붙어 있는 작은 국가다. 땅 전체가 돌밖에 없는 불모지인데 그런 곳에서 농사를 지은들 소출이 얼마나 되겠는가? 그러던 영국이 별안간 부강해진 이유는 자국 영토를 넘어 정치력을 행사하면서 서쪽으로는 아메리카를 손에 넣고 동쪽으로는 인도 대부분 지역을 점령할 수 있었기 때문이다."[5] 서구 제국을 설명한 이러한 자료를 접한 량치차오는 쇠락한 국력과 조국의 불확실한 미래에 대한 걱정이 엄습해옴을 느꼈다. 량치차오는 이렇게 썼다. "열일곱 살 때 이후로 외국의 강함과 중국의 약함을 느끼게 하는 징후들 때문에 걱정이 많았다."[6]

근본적 변화 없이는 생존할 수 없다

량치차오는 베이징에서 치러진 회시에는 또 낙방했으나 그래도 그곳에서 얻은 것도 있었다. 장차 스승이 될 캉유웨이를 만났던 것이다. 캉유웨이는 광둥 성에서 있던 향시에 같이 응시한 선비로서 혁신적 경향의 유교 사상가였다. 1820년대에 위원이 그랬던 것처럼 캉유웨이도 공양학에 매료되어 있었다. 그는 공자를 급진적 정치개혁가로 재평가하는 한편 중국 역사를 왕조 주기가 끝없이 반복되는 순환적 과정이 아니라 이상향을 향해 나아가는 선형적 과정으로 재정의하면서 당시 지식인들의 사고 영역을 넓혀가고 있었다. 또한 중국이 살아남으려면 하루라도 빨리 입헌제를 시행해야 한다고 주장했다. 광저우로 돌아온 량치차오는 캉유웨이가 세운 만목초당萬木草堂에 들어갔고 얼마 지나지 않아 매우 우수한 학생으로 주목을 받았다.[7]

물론 만목초당 학생들도 회시를 준비하기는 했다. 그러나 이와 동시에 서구 유럽에 대한 공부도 열심히 했다. 티머시 리처드Timothy Richard 같은 선교사들이 번역작업을 해준 덕분에 중국어로 된 자료를 입수하기가 쉬웠기 때문이다. 량치차오는 얼마 후 베이징에서 티머시 리처드를 직접 만나게 된다.[8] 학생들은 또 풍계분의 제안으로 1860년대에 설립된 외국 교육기관에서 새로 번역서적을 내놓을 때마다 열심히 이를 섭렵했다. 훗날 량치차오는 자기비판을 하는 심정으로 이 시절을 이렇게 회고했다. "나는 중국 것도 아니고 서양의 것도 아닌, 그러면서 중국 것이기도 하고 서양의 것이기도 한 묘한 학파를 만들려 애썼던 것 같다." 량치차오도 말했듯이 안타깝게도 이러한 노력은 실패로 끝났다. 중국 고유의 전통적 사고가 단단히 뿌리박혀 있던데다 서양의 새로운 사고는 그 깊이가 너무 얕고 경험은 일천했다. 서양 문물이 나오는 '샘'은 너무 작

新民

아서 그 물을 한 바가지만 퍼내도 금방 바닥을 드러냈다.[9] 량치차오가 보기에 그 당시 학생들과 학자들은 우물 안 개구리와도 같았다. 작은 우물 바닥에 앉아 있어서 머리 바로 위로 보이는 조그만 하늘밖에는 볼 수 없던 개구리 말이다.

1895년에 량치차오는 회시에 응시하러 다시 베이징으로 떠났다. 그런데 이때 또다시 뜻하지 않은 일을 겪게 된다. 청국이 일본에 패하면서 굴욕적인 조약을 맺게 됐다. 고위 관리가 될 수 있는 유일한 길이 과거일지라도 이처럼 심각한 사태가 발생했을 때는 과거에 목숨을 건 유생들도 그냥 있을 수는 없었을 것이다. 량치차오는 나중에 이렇게 설명했다. "1895년에 전쟁에 패한 청나라는 타이완을 일본에 넘겨주었고 전쟁 배상금으로 2억 은량을 지급해야 했다. 이 충격적인 사건이 4000년 동안 꿈속에서 헤매던 청국을 깨웠다."[10] 량치차오는 쇠락한 청나라를 일컬어 '아시아의 병자'라 칭하면서 이 한심한 상태에서 벗어날 길은 오로지 급진적 개혁밖에 없다고 주장했다.[11]

이홍장이 일본과 시모노세키조약을 체결하자 량치차오는 광둥 성 향시에 급제한 사람, 즉 거인들을 중심으로 굴욕적인 조약에 항의하는 한편 즉각적 변법變法, 즉 '제도적 개혁'을 촉구하는 내용의 상소를 만드는 일에 참여했다. 분노한 거인들을 대표하여 캉유웨이가 상소를 작성했고 이를 황제에게 전하려고 했다. 훗날 량치차오는 이를 두고 '중국 대중 정치운동의 시초'라고 표현했다.[12] 그러나 캉유웨이와 량치차오의 의견은 묵살됐고 량치차오는 다시 과거에 낙방했다. 량치차오가 듣기로는 시험관이 량치차오의 답안지를 이번 상소 사건의 주동자인 캉유웨이의 것으로 착각해서 벌어진 일이라고 했다.[13] 아이러니하게도 캉유웨이

근본적 변화 없이는 생존할 수 없다

는 그 시험에 급제했다.

　량치차오의 첫 정치적 활동이 된 이 사건은 이후 3년 동안 이어질 개혁을 향한 더 극적인 노력의 시작에 불과했다. 량치차오는 베이징에서 캉유웨이와 함께 강학회強學會를 설립하고 위안스카이와 장지동을 포함한 개혁파 관료들의 참여를 이끌어냈다. 청나라 조정의 수구파 관리들은 강학회가 내세우는 의제들이 지나치게 급진적이라는 점을 간파하고 1년 만에 이를 해산했다. 그러나 량치차오는 이에 굴하지 않고 곧바로 지치학회知恥學會라는 또다른 정치단체를 설립했다.

　베이징에서 상하이로 간 량치차오는 이곳에서 정치 간행물을 통한 지역 정론이라는 신세계에 빠져 정통 유학자들로서는 상상도 할 수 없는 계몽방식인 이른바 '지식의 대중화'를 꾀하는 데 몰두했다. 또한 유신파 관료들이 상하이에서 발행되는 새 신문 『시무보時務報』의 주필을 맡아달라고 하자 이를 수락했다. 량치차오는 곧 이 새로운 유형의 언론 활동에 크게 매료된다(훗날 량치차오는 신문의 글이 독자에게 마법 같은 힘을 발휘한다고 표현한 바 있다).[14] 그리고 오래지 않아 이 역동적인 대중 언론 활동이야말로 부강한 국가를 만드는 핵심 열쇠라고 확신했다.[15] 비록 얼마 못 가서 관리들의 간섭에 불만을 품고 주필을 그만두기는 했으나 개혁 사상을 대중화하려는 여러 가지 노력은 이후에도 계속됐다. 최근 10여 년 동안 인터넷 언론이 엄청난 영향력을 발휘해왔듯 다양한 잡지와 신문에 실린 량치차오의 사설은 20세기 초 중국의 대중 여론에 지대한 영향을 끼쳤다.[16]

　량치차오의 다음 활동무대는 중국 내륙 깊숙한 곳에 있는 후난 성이었다. 한 유신파 관리가 시무학당時務學堂이라는 실험적 신학교에서 학생들을 가르쳐달라고 했는데 이 제안을 받아들인 량치차오는 '중국에서 가장 보수적인 성 가운데 하나'인 이곳 후난 성에 교육개혁 사상을 전파했다. 이제 후난 성은 '개혁의 중심지'가 됐다.[17] 독일이 산둥반도에 있는 자오저우만膠州灣을 점령하기 직전인 1897년 말에 이곳에 도착한 량치차오는 이때를 '나라가 분할될지도 모른다는 위기감이 극에 달했던 시기'라고 기억했다.[18] 량치차오는 서양 사상과 중국의 유교 사상을 접목한 교과과정을 만들어 학생들에게 가르쳤다. 그는 40여 명의 제자를 가르치면서 한때 위원과 풍계분이 제기했던 다음과 같은 기초적이고 핵심적인 의문에 대해 좀더 명확한 답변을 찾으려고 했다. 서구 유럽국들은 어째서 다른 국가들보다 훨씬 더 부강해졌는가?[19] 서구 유럽은 부강하고 중국은 허약한 이유는 무엇인가? 중국이 서구 열강을 따라잡으려면 어떻게 해야 하는가? 그런데 청일전쟁에서 패한 사실에서 알 수 있듯 근대 세계에서 패권을 쥘 수 있으려면 군사력 그 이상의 것이 필요하다는 점이 분명해졌다. 량치차오는 중국은 기본 사상에서부터 변화해야 한다고 결론 내렸다.[20] 다시 말해 전통문화의 핵심 정수를 변화시켜야 한다는 것이었다.

서양에 대해 연구하면 할수록 서구사회의 우월성은 체계적인 철학적 기초에서 비롯된 것이며 이러한 사상적 토대 위에서 산업혁명과 같은 물질적 진보가 이루어진 것이라는 믿음이 더욱 확고해졌다. 량치차오는 위원의 『황조경세문편』 개정판 서문에서 프랜시스 베이컨Francis Bacon의 『새로운 아틀란티스New Atlantis』를 그 증거로 인용하면서 서구 유럽이 그렇게 강해진 이유는 그들이 새로운 법, 새로운 원칙, 새로운 과학, 새로운 기술, 새로운 철학, 새로운 정치를 창조했기 때문이라고

※

137

했다.[21] 량치차오는 이렇게 말했다. "새로운 것을 적극적으로 받아들이면 크게 번성하여 강해질 것이다. 그러나 낡은 것, 오래된 것에 집착하면 날로 쇠해 결국은 망하고 말 것이다."[22]

량치차오 자신도 이러한 사상이 점점 고조되면서 학당 내 분위기도 나날이 급진적으로 흘러갔다고 말했다. 따라서 그러한 사상에 물든 학생들이 학당을 떠나 고향으로 돌아가자 후난 성 전역에 개혁 사상이 전파됐다. 후난 성은 조약항들과 달리 내륙에 있어서 보수적 성향이 강했기에 량치차오의 이 '새로운 교습법'에 대한 보수파들의 저항이 특히 거셌다.[23]

"어리석은 자는 영리한 자에게 굴종하게 돼 있다"

량치차오는 이제 중국의 몇 안 되는 '서학' 전문가 집단에서 급부상한 인재 가운데 한 명이 됐다. 실제로 량치차오는 1897년에 개혁운동의 선구자 격인 옌푸와 서신 교환으로 의견을 나눌 정도까지 됐다. 옌푸는 량치차오보다 20세 연상인 정치평론가이자 번역가로서 영국에서 공부한 경력까지 있는 인물이었다. 옌푸는 풍계분이 주도한 자강적 교육개혁의 직접적 수혜자였다. 1860년대 말에 푸저우 선정학당船政學堂에서 항해술과 영어를 공부한 다음 1879년에 영국 그리니치 해군대학Greenwich Naval College으로 유학을 떠나 공부를 계속했다. 그곳에서 옌푸는 산업혁명의 중심지에서는 사람들이 어떻게 살고 있는지를 직접 목격했다. 그러면서 빅토리아시대 영국이 세계의 패권을 쥘 수 있었던 지적 근원이 무엇인지를 더 열심히 탐구하게 됐다. 역사학자 벤저민 슈워츠Benjamin Schwartz가 설명한 것처럼 량치차오는 외국인들 속에서 생활하는 기회를 통해 서구 열강이 부강해진 비결은 숱한 서구 사상가들의 책 속에 들어 있다는 사실을 깨달았다.[24]

중국으로 돌아온 옌푸는 조국이 살 길은 서구 열강처럼 세계를 두고 벌이는 패권다툼에서 이기는 방법을 배우는 것밖에 없다는 확신이 들었다. 옌푸는 이홍장의 요청으로 톈진에 있는 북양수사학당北洋水師學堂(이홍장이 세운 해군사관학교-옮긴이)으로 갔다. 그런데 변화와 개혁이 지지부진한 조국의 모습을 보며 점점 더 낙담하게 됐다. 그는 이대로 나가다가는 한참 아래로 생각하는 일본한테도 큰코다칠 일이 생길 것이라고 한탄했다.[25] 청일전쟁이 진행되는 동안 옌푸는 일개 해군학교 교사에서 어느 날 갑자기 거침없이 쓴소리를 뱉어내는 대중 지식인으로 벼락같이 등장하게 된다. 이렇게 중국 논단에 불쑥 등장한 옌푸는 그 자신의 표현대로 '가슴속에 얽힌 것을 토해내듯' 수많은 글을 써냈다.[26]

1895년 중국이 전쟁에서 참담한 패배를 당한 것을 계기로 옌푸는 그때까지 머릿속에만 있던 생각을 밖으로 표출하기 시작했다. 즉 전쟁에서의 패배가 옌푸의 사고 창고의 빗장을 풀어주었다. 옌푸는 이렇게 주장했다. "서양과 중국 간에는 절대 좁혀지지 않을 근본적인 차이점이 있다. 중국인은 과거를 중시하고 현재를 무시하는 반면, 서양인들은 옛것(과거)을 극복하고자 새것(현재)에 초점을 맞춘다."[27] 옌푸와 량치차오 두 사람 다 새로워지는 방법, 즉 조국의 근대화 방법을 열심히 찾고 있었다. 옌푸는 중국이 다시 '부강'한 나라가 되려면 '지성知性, 덕성德性, 힘力'을 갖추도록 중국인들을 교화해야 한다고 말했다. 이러한 주장은 이

139

근본적 변화 없이는 생존할 수 없다

른바 '중체中體'를 고수하지 않겠다는 의미다. 즉 중국의 핵심 본체마저 변화의 대상으로 삼아야 한다는 것을 의미한다. 옌푸는 효과적이기만 하다면 그것이 서양의 것이든 중국 전통의 것이든, 또 옛것이든 새것이든 중요하지 않다고 생각했다. 옌푸는 단호한 어조로 이렇게 썼다. "국민을 무지로 인도하고 결국 국가를 빈곤으로 이끄는 것이라면 그것은 반드시 버려야 한다. 국민의 무지를 극복하게 하여 빈곤과 허약에서 구제해주는 것이라면 그것이 외국의 것이라도 반드시 받아들여야 한다."[28]

옌푸는 또 중국이 쇠하게 된 이유는 사회진화론의 관점에서 이해할 수 있다고 생각했다. 영국 유학중에 옌푸는 허버트 스펜서Herbert Spencer에게 심취했다. 스펜서는 동물과 식물 세계에 초점을 맞춘 찰스 다윈의 '적자생존' 이론을 인간사회의 진화를 설명하는 데 적용했다. 스펜서의 이러한 생각은 옌푸에게 중국의 상황을 이해하는 새로운 방식을 제공했다. 옌푸는 『천연론天演論』(토머스 헉슬리의 『진화와 윤리』를 번역한 책-옮긴이)에서 중국이 서로 경쟁 우위를 차지하려고 치열하게 경쟁하는 '적자생존'의 무대에 서 있다고 묘사했다.[29] "시작은 종족 간 투쟁이지만 인간이 점점 진화함에 따라 그러한 투쟁은 사회집단 간 투쟁으로 변화된다. 약자는 반드시 강자의 먹이가 되고 어리석은 자는 영리한 자에게 굴종하게 돼 있다."[30] 옌푸와 량치차오는 비슷한 생각을 하는 사람들이었고 옌푸가 번역한 자유주의 사상가 존 스튜어트 밀과 스펜서의 책은 젊은 개혁가 량치차오에게 지대한 영향을 끼쳤다.

新民

근본적 변화 없이는 생존을 담보할 수 없다

량치차오는 '옛 방식'에 의문을 품었으면서도 전통적 관직 등용문인 과거에 여전히 매달리고 있었다. 1898년에도 회시를 보러 다시 베이징으로 갔으나 이번에도 낙방하고 말았다. 그러나 이번에는 시험장 밖에서 량치차오의 인생을 변화시킬 일들이 벌어지고 있었다. 스승인 캉유웨이는 젊은 황제 광서제에게 자강을 이루려면 외국의 기술을 도입하는 것뿐 아니라 입헌제 시행과 같은 정치개혁이 필요하다고 설명할 기회를 얻었다. 캉유웨이는 이렇게 주장했다. "일본과 서구 열강이 부강해질 수 있었던 이유는 이들이 입헌제와 의회제를 채택했기 때문이다. 이러한 정치제도 덕분에 군주와 백성이 밀착되어 정치적 통일체를 구성한 것이다."[31] 캉유웨이는 젊은 황제 앞에서 대담하게도 3년이면 중국이 자립할 수 있을 것이고 곧이어 다른 부강한 국가를 능가할 수 있으리라 장담했다.[32] 이러한 조언에 귀가 솔깃해진 광서제는 교육, 행정, 국방 부문에서의 과감한 개혁을 시행하는 한편 이를 통해 자신도 일본의 메이지 천황과 같이 성공한 황제가 되려는 야망을 품었다.

그즈음 량치차오는 이미 서양 전문가로 인식돼 있었기 때문에(서구 사회에 대한 량치차오의 지식 정도가 그렇게 대단한 수준이 아니었음에도 '서양 전문가'로 통하였다는 부분은 당시 중국사회의 서구에 대한 지식수준이 얼마나 일천했는지가 드러나는 대목이다) 1898년 7월 초에 마침내 황제를 알현할 수 있는 영광을 얻었다. 그러나 중국의 핵심 정치구조에 대한 체계적인 개혁을 위해 '입헌제 추진 준비기구'를 설립하자는 캉유웨이의 과감한 제안에 대해 광서제는 이를 선뜻 시행하지 못하고 꾸물거리고 있었다. 광

※

141

서제는 엉뚱하게도 다른 차원에서 과감한 행동을 취했다. 즉 자신의 측근 세력인 유신파 관리들에게 조언하도록 일본의 메이지 헌법을 초안한 이토 히로부미를 중국으로 불러들였던 것이다. 이러한 움직임은 결국 광서제가 야심차게 시작했던 '백일유신'의 막을 내리게 하는 계기가 되고 말았다. 백일유신이 실패로 돌아가자 광서제는 궁 안에 유폐됐고 량치차오는 캉유웨이와 한패라는 이유로 가까스로 목숨만 부지한 채 망명길에 오르게 됐다.[33]

서태후가 황제를 폐위하고 다시 한번 섭정을 선포하는 한편 량치차오의 체포를 명했던 9월 21일에 량치차오는 베이징에 머물고 있었다. 일본 외교관들 덕분에 량치차오는 가까스로 관원들을 피할 수 있었다. 이토 히로부미가 천황에게서 량치차오와 캉유웨이를 보호하라는 특명을 받았다는 이야기가 있다.[34] 이 때문에 량치차오는 일단 톈안먼天安門 광장 옆에 있는 일본 공사관으로 몸을 피했다.[35] 그다음에 톈진으로 도망쳤고 여기서 일본 영사의 직접 호위를 받으며 다구 요새에서 대기중이던 전함 오시마호에 올라 안전하게 망명길에 나섰다.

도쿄에 당도하자 오쿠마 시게노부大隈重信 일본 총리까지 나서서 량치차오를 환영해주었고 경제적 지원도 마다하지 않았다.[36] 량치차오는 이곳 일본에서, 망명한 반체제 인사로서, 또 '범세계적 민족주의자', 즉 '세계주의자'로서의 새로운 삶을 시작했다. 그리고 그가 이곳 망명지에서 한 역할은 고국에 있을 때 했던 역할보다 청 왕조에 훨씬 더 위협적이었다. 망명생활을 하고 있었기 때문에 오히려 국외 거주 상인과 학생, 반체제 인사 등 근대 중국 역사를 꾸려갈 신진세력에게 더 자유롭게 자신의 목소리를 높일 수 있었다. 특히 청일전쟁 이후 일본은 중국에서 온 개혁적 성향의 저술가들과 혁명지도자들의 온상이 됐다. 1895년만 해도 일본에 있는 중국인이라고는 극소수의 유학생들뿐이었다. 그런데 10년이 지나자 그 수가 1만 명에 달했고 그후로도 일본으로 오는 사람들이 계속 늘었다.[37] 쑨원(량치차오가 오기 전에 이미 일본에 있었다), 천두슈, 루쉰, 장제스 등과 같은 영웅적 인물들이 이곳 일본에서 마음껏 지성의 날개를 펴기 시작했던 것이다.

정치적 망명자가 늘어나자 재일在日 중국인 간의 내부 경쟁이 치열해졌다. 량치차오는 잠시 캉유웨이가 이끄는 개혁적 입헌군주파와 쑨원이 중심이 된 혁명적 공화파에 가담했으나 얼마 지나지 않아 두 파 모두에 환멸을 느끼기 시작했다. 1900년대가 시작되고 첫 10년 내내 불안정한 논쟁 속에서 수많은 파벌, 정파, 걸음마 단계의 정당이 우후죽순처럼 생겨났다. 춘추전국시대에 공자가 자신의 말에 귀기울여주는 군주를 찾아 14년 동안 떠돌았던 것처럼 량치차오도 일본에서 14년을 보냈다. 그러는 동안 일본어를 유창하게 할 수 있게 됐고 일본 이름 요시다 신吉田晋으로 불리며 일본인 친구들과 후원자들에게 둘러싸여 메이지유신 모형을 열심히 받아들였다. 망명지 일본에서의 생활은 '어두운 방 안에 비친 한 줄기 빛과 같았고 갈증으로 힘들어할 때 마시는 따뜻한 술 한잔'과 같았다.[38] 중국을 떠나온 지 1년 남짓 됐을 때 량치차오는 '일본에서 살면서 나는 이곳이 제2의 고향처럼 느껴졌다'고 썼다.[39] 그리고 정치자금을 모으기 위해 하와이로 향했을 때 자신이 많이 변했다는 사실에 스스로 놀라움을 금치 못했다. 이에 관해 이렇게 썼다. "지금의 내 생각과 말은 다른 사람의 것이라 여겨질 정도로 전과는 사뭇 달라졌다."[40]

벼슬길이 막혀 중앙정부로 진출할 수 없었던 량치차오는 그 에너지

근본적 변화 없이는 생존할 수 없다

를 저술활동에 쏟아부었다. 즉 자신의 잡지 『청의보淸議報』를 통해 중국의 변화가 시급하다는 내용의 글을 썼다. 이 잡지는 요코하마에서 창간됐으며 '자유에 관하여'라는 내용의 칼럼을 정기적으로 실었다. 량치차오는 이 잡지를 통해 사람들에게 현재 중국이 세계에서 어떠한 위치를 차지하고 있는지를 보여줌으로써 중국인 스스로 '부끄러움'을 느끼며 각성하는 계기가 되기를 간절히 바랐다.[41] 1901년 겨울에 『청의보』 인쇄소에 불이 나서 잡지를 발행할 수 없게 됐지만 량치차오는 이에 굴하지 않고 이번에는 저 유명한 『신민총보』를 창간했다.

　량치차오는 고국에서 멀리 떨어진 망명지에서 중국의 실상을 더욱 정확히 바라볼 수 있게 됐고 더불어 중국이 왜 그렇게 약한 국가가 됐는지를 설명하는 새로운 해답을 찾을 수 있었다. 량치차오는 중국이 쇠락한 이유는 국민의 국가의식 부족과 자신들을 근대국가의 국민, 즉 '시민'으로 인식하지 못한 데서 찾아야 한다고 강력하게 주장했다.[42] 그는 그러한 형태의 새로운 시민공동체와 그러한 공동체가 형성하는 새로운 사회에 대한 비전을 제시하고 다른 서구 열강이나 산업 강국과 어깨를 나란히 하는 데 필요한 사상적 기초를 마련하는 것을 자신의 임무로 삼았다. 사회진화론(당시 일본에서 상당히 유행하던 이론)을 받아들인 량치차오는 중국이 근대국가로 거듭나지 않는 한 '정치적 멸종 상태'가 되고 말 것이라고 경고했다.[43] 즉 망국亡國의 운명에 직면하게 된다는 것이었다. 실제로 량치차오는 중국의 정체성 자체에 근본적 변화가 있어야 한다고 주장했다. 중국이라는 국가의 핵심 근간을 변화시키지 않는 한 국가와 국민의 생존을 담보할 수 없다는 것이다.

　망명 시절 초기에 량치차오는 기존 중국의 개혁 개념인 '부강'과 '자

新民

강'에 서구의 정치 개념인 '자유'와 '민주주의'를 접목했다. 그 결과 중국 개혁파의 사상과 서구의 자유주의가 혼합된 형태가 만들어졌다. 량치차오는 '강強', 즉 힘은 자유의 필요조건이라고 주장했다. "이 세상에는 오직 힘만이 존재할 뿐이다. 항상 강자가 약자를 지배한다는 사실이야말로 가장 원초적이고 보편적인 진리임에 틀림이 없다. 그러므로 자유를 누리고 싶다면 방법은 하나뿐이다. 즉 먼저 강해져야 한다."[44] 량치차오는 국가를 강하게 하는 가장 확실한 방법으로 '민주주의'를 꼽았다. "불과 100년 만에 민주주의 사상이 서구 제국에 널리 퍼졌다. 중국에도 이러한 일이 벌어진다면 몇십 년 안에 우리도 서구 제국처럼 강해질 것이다."[45]

량치차오의 민족주의적인, 그러면서도 개혁적인 사상은 중국에 있는 독자들을 크게 감명시켰다. 중국 내 대중 지식인들은 량치차오의 생각이 담긴 책과 글을 열심히 읽었다. 장지동과 위안스카이 같은 자강파 관리에서부터 천두슈와 마오쩌둥 같은 훗날 중국 공산주의의 창시자 그리고 국가의 안위에 관심이 있는 사람들을 포함하여 20만 명에 달하는 독자들이 요코하마에 거주하는 이 젊은 망명 인사의 새 칼럼이 나오기를 기다렸다가 이를 꼬박꼬박 챙겨 읽었다.[46] 당시 톈진에 거주하고 있던 옌푸는 량치차오에게 보낸 서한에 이렇게 썼다. "『신민총보』를 처음부터 끝까지 읽고 또 읽었다. 잡지를 읽는 내내 강한 바람과 거친 파도가 내 안을 휩쓸고 지나가는 느낌을 받았다. 이것은 가히 다가올 20세기의 번영하는 아시아 문명에 대한 선구적 비전임에 틀림이 없다."[47]

량치차오가 '파괴주의'(이토 히로부미를 통해 알게 된 개념) 사상에 심취한 것도 이 시기였다.[48] 요컨대 '신민'을 창조하려면 중국의 전통적 가

근본적 변화 없이는 생존할 수 없다

치체계를 완전히 파괴해야 한다는 것이었다. 과거의 사상체계를 무너뜨리지 않으면 새로운 것을 맞아들일 수 없다는 것이다. 그래서 이러한 사상에 '주의'라는 말을 붙여 '파괴주의'라는 신조어를 만들기까지 한 것이다. 량치차오는 진정한 혁명이란 '어떠한 것의 근간이 되는 것부터 뒤집어엎고 그 위에서 새로운 세계를 창조하는 것'을 의미한다고 주장했다.[49] 량치차오는 『신민총보』에서 '이미 존재하는 것을 파괴하지 않고는 건설은 불가능하다'고 했다.[50] 더 나아가 그러한 파괴를 도덕적 책무라고까지 했다. "'파괴하지 마라, 파괴하지 마라'라고 말하는 사람은 인간의 감정이 없는 사람이라고 나는 생각한다."[51]

얼마 후 량치차오는 파괴주의를 지지하던 태도에서 벗어났으나 창조적 파괴라는 이 급진적 사상 논쟁은 그 자체로 생명력을 지닌 채 이후에도 계속 영향력을 발휘하게 된다. 량치차오는 그 자신이 죽기 전에 그러한 사실을 깨달았다. 량치차오는 과거를 돌이켜 지나온 시절의 사상과 생각을 정리하면서 이렇게 평가했다. "비록 파괴의 건설적 효과가 두드러지지는 않으나 파괴가 지닌 힘은 절대로 미미하지 않다."[52] 실제로 량치차오가 죽고 나서 한참 후에 마오쩌둥이 문화혁명 당시 이 창조적 파괴 개념을 좀더 극단적으로 적용하여 '선파괴 후건설'을 주장하게 된다. 량치차오가 불러내기 시작한 허무주의라는 '램프의 지니'는 훗날 마오쩌둥에 의해 그 봉인이 완전히 풀렸고 결국에는 량치차오가 상상할 수 없었던 엄청난 혼란을 유발하고 말았다.

新民

차이나타운에서 마주한 고통스러운 진실

량치차오는 망명지였던 일본을 새로운 본거지로 하여 외국 여러 나라를 여행하기 시작했다. 그는 우선 6개월간 호놀룰루에 머물면서 1900년에 중국 본토에서 시작된 반란운동을 지원하고자 재외 중국인 상인을 대상으로 모금활동을 벌였다. 1901년 봄에는 홍콩, 싱가포르, 실론, 오스트레일리아, 필리핀 등 아시아 태평양 지역의 식민지를 돌아보는 여행을 시작했다. 이 가운데 가장 중요한 것은 1903년의 미국 여행이었다.

프랑스의 유명한 정치학자 알렉시 드 토크빌Alexis de Tocqueville이 그랬던 것처럼 량치차오는 당대 중국의 지성인들을 괴롭히던 근본적인 정치적 의문에 대한 해답을 찾고자 북미 지역을 횡단했다. 량치차오가 미국에 도착했을 때의 나이가 토크빌이 1831년에 미국 여행을 했을 때와 같은 나이였다. 토크빌은 이 여행에서 영감을 얻어 『미국의 민주주의De la démocratie en Amérique』를 발표하게 된다. 또 토크빌과 마찬가지로 량치차오도 미국인의 정치생활에 크게 매료됐다. 량치차오는 워싱턴에서 시어도어 루스벨트 대통령을 만났다(제국주의를 지향하는 내용의 루스벨트의 연설을 듣고 몹시 놀라기는 했지만). 잠깐이지만 모건J. P. Morgan과 나란히 앉아보기도 했고 보스턴 항구에도 가보았다. 보스턴은 광저우를 연상시키는 항구도시였다. 1839년에 흠차대신 임칙서가 영국 상인의 아편을 불태워버렸던 것처럼 보스턴에서는 1773년에 미국인들이 영국 동인도회사 선박에 있는 차茶를 바다에 던져버린 사건이 있었다. 이를 '보스턴 차사건'이라고 한다. 량치차오는 또 그때 세인트루이스 세계박람회장에 전시된 서태후의 초상화까지 구경했다.[53]

근본적 변화 없이는 생존할 수 없다

량치차오는 미 대륙을 횡단하는 내내 고국인 중국의 상황을 생각하고 있었다. 그러다가 샌프란시스코에 있는 차이나타운을 방문했을 때 줄곧 자신을 괴롭히던 본질적 의문에 대한 실마리가 풀리는 기분을 느꼈다. 미국사회 안에 있으면서 여전히 그곳과는 분리된 형태로 존재하는 차이나타운을 보면서 고통스러운 진실과 마주하지 않을 수 없었다. 량치차오가 관찰한 바로는 미국인들은 자유와 평등이라는 다분히 개인주의적인 신조에 따라 살아가는 반면, 그곳에 사는 중국인들은 이 먼 땅에 와서도 모국에서와 같은 계급적이고 굴종적인 관습을 그대로 답습하는 경향이 있었다. 미국 내 중국인 사회는 자유민주적인 미국사회에 동화되지 못한 듯 보였고 량치차오는 이러한 사실이 몹시 혼란스러웠다. 그러나 한편으로는 이러한 사실에서 중국 지성인들의 오랜 의문, 즉 '중국이 그렇게 약해진 이유가 무엇인가?'라는 질문에 대한 해답의 실마리를 얻었다.

량치차오는 중국이 쇠락한 이유는 과학과 군사 부문에서 나타난 기술적 측면에서의 후진성, 헌법의 부재, 시대착오적인 군주제 때문도 아니고, 더욱이 서태후의 실정 때문은 아니라고 결론 내렸다. 문제의 근원은 중국의 정체성과 맞닿은 핵심적 본질, 즉 중체에서 찾아야 한다는 것이었다. 요컨대 중국인에게는 '시민'의 권리라든가 책임에 대한 의식이 존재하지 않는다는 점이 문제였다. 량치차오의 생각으로는 국민으로서 국가를 걱정하고 염려하는 이른바 '국가의식'이 존재하지 않는다는 것이 크나큰 문제였다.[54] 중국인은 가문, 마을, 지역 그리고 전통문화에 대한 고착화가 심해 공리公利라는 개념이나 의식이 없고 더 포괄적인 근대국가 시민으로서 해야 할 행동을 하지 못하고 있다는 것이 량치차오의

新民

생각이었다. 이와 같은 맥락에서 중국인은 굴종적이고 예속적이며 어리석고, 이기적이고 허례 경향이 있고 소심하며 수동적인 특성을 나타낸다고 결론 내렸다.[55]

그렇다면 무엇을 어떻게 해야 하는가? 량치차오는 적어도 현재 시점에서는 중국인들이 민주주의를 소화하기가 어렵다고 보았다. 일본으로 돌아와 참담한 심정으로 발표한 여행기에는 이렇게 쓰여 있다. "우리 중국인은 오로지 전제주의만 수용할 수 있을 뿐이고 자유는 누릴 줄 모른다. 세계 각지를 다니면서 다양한 지역사회를 둘러보았으나 샌프란시스코 중국인 사회만큼 무질서하고 혼란스러운 곳은 또 없었다. 대체 그 이유가 무엇인가? 그 해답은 바로 '자유'에 있다. 그러한 사람들을 데리고 어찌 서구식의 민주적 선거제도를 시행할 수 있겠는가? 우리가 지금 당장 민주적 정치체제를 도입한다면 국가적 차원의 자살행위나 다름없을 것이다. 지금 중국이 자유, 입헌제, 공화제 등을 운운하는 것은 한겨울에 모시옷을 입고 한여름에 모피옷을 입겠다고 하는 것이나 마찬가지다. 그러한 것은 지금 중국인에게 어울리지도 않고, 또 그렇게 입는 '옷'은 아름다울 수도 없다."[56]

그런데 이 선도적 입헌주의 개혁가 앞에 별안간 장애물이 하나 나타났다. 풍계분은 1860년대에 링컨 시절의 미국에 관한 글을 썼다. 그런데 이제 선도적 자유주의 사상가 량치차오는 문득 미국의 정치제도가 이론상으로는 이상적이라 하더라도 그것이 과연 중국에도 적합한 제도일까 하는 의문이 들었다. 량치차오는 자조 섞인 어조로 이렇게 썼다. "자강의 방법을 찾던 '영웅적인 젊은 활동가들'이 서구 여러 나라에 관한 이야기를 듣고 우리도 이러저러한 방법을 써보자고 막무가내로 달려들면

149

근본적 변화 없이는 생존할 수 없다

어떻게 할 것인가." 1890년대의 '영웅적 활동'은 아마도 자신이 했던 활동을 두고 자조적으로 혹은 자기비하에서 표현한 것이리라.[57]

서구 민주주의라는 차원에서 볼 때 중국인의 특성을 비관적으로 평가할 수밖에 없었던 량치차오는 결국 '반민주주의'라는 새로운 이념체계에서 돌파구를 찾게 된다. "나는 미국적 민주주의를 뒤로하고 러시아에서 그 답을 찾기로 했다." 중국 국민이 자치적 민주제를 수용하려면 앞으로 수십 년은 걸린다고 하자. 그러면 그 기간은 과도기로 하고 그동안 이른바 계몽전제군주의 주도 아래 중국인을 훈련하여 민주 시민으로 거듭나게 해야 한다는 생각이었다. 량치차오는 서구의 몇몇 변형된 군주제 유형을 비롯하여 고대 중국의 법가 사상을 언급하며 다음과 같이 말했다. "나는 관중管仲, 상앙商鞅, 리쿠르고스Lycourgos(스파르타의 입헌개혁가—옮긴이), 크롬웰Cromwell(공화정의 토대를 이룬 영국 정치가—옮긴이) 같은 사람들이 지금 중국에 나타나서 앞으로 20년, 30년 아니 50년 동안이라도 강력한 철권정치로 국민을 휘어잡아 민주정에 적합한 '시민'으로 만들어주었으면 하고 바란다. 그런 연후에야 중국인에게 루소의 책을 읽어보라 할 수 있고 또 워싱턴이 한 일에 대해 들려줄 수 있을 것이다. 요컨대 그러한 과정이 없다면 중국인에게 아무리 루소와 워싱턴의 사상을 말해줘도 소용이 없다."[58] 량치차오는 독재정치 혹은 전제정치만이 중국을 민주주의에 적합한 상태로 변화시킬 수 있다고 결론지었다. 이 생각은 중국의 수많은 미래 정치지도자를 매료하게 된다.

아이러니하게도 량치차오가 계몽군주 개념을 피력하고 있을 때 서태후는 뒤늦게 중국의 정치구조 개혁을 표방한 이른바 '신정新政'을 실시했다. 1906년 초에 량치차오가 「개명전제론開明專制論」이라는 제목의 글을 발표하고 나서 얼마 지나지 않아 서태후는 새로운 의회의 소집을 약속했고 헌정시찰단을 외국에 파견하여 청나라에 적합한 정치개혁 모형을 찾아보게 했다. 그러나 공공이익을 위해 애쓰는 '계몽군주' 개념에 대한 열정도 이내 시들해졌고 량치차오의 정치적 비전은 날이 갈수록 불분명해지고 모순적으로 변해갔다. 량치차오 자신도 인정했듯 오늘 주장하는 것은 어제 주장했던 것과 모순되는 것이 많았다.[59]

서태후가 죽은 다음해인 1909년 무렵 량치차오는 자신의 글이 대중의 정치의식을 일깨우는 데 크게 고무됐고 이에 좀 과하다 싶을 정도의 야망이 생겼던 것 같다. 사실 1902년에 『신중국미래기』를 쓸 만큼 이런저런 꿈을 꾸는 것으로 충분했던 순진한 몽상가였으나 그렇게 꿈만 꾸는 데 많이 지쳐버린 것도 같았다. 그러면서 조심스럽게 다시 정치무대에 서기를 내심 기대했다. 량치차오는 형제간에 오간 서신에서 이렇게 쓰고 있다. "과거 중국의 정치적 문제를 연구하면 할수록 내가 다시 정계로 돌아가지 않는 한 중국의 미래에는 희망이 없다는 확신이 더 강하게 든다."[60]

실패한 정치인

1911년 10월에 갑작스럽게 청 왕조가 무너졌다. 그의 정치적 야망과 부푼 꿈이 무엇이었든 이러한 상황에 대해 누구보다 준비가 안 되어 있던 사람이 량치차오였던 것만은 분명하다. 우한武漢에서 일어난 사소한 봉기가 결국은 청 왕조를 무너뜨리는 무혈혁명의 기폭제가 됐다. 량

근본적 변화 없이는 생존할 수 없다

치차오의 표현대로 이것은 '피로 쓴 혁명사가 아니라 먹으로 쓴 혁명사'였다.[61] 사실 그즈음 량치차오는 중국의 정치적 분위기를 파악할 겸 만주족의 고도古都 선양瀋陽을 찾았으나 별다른 낌새를 느끼지 못하고 그냥 일본으로 돌아갔다. 1912년 1월에 중화민국 수립이 선포되고 청나라의 마지막 황제가 폐위됐는데도 여섯 아이의 아버지이자 두 아내(1904년 량치차오의 부모가 집에서 부리던 여종을 첩으로 보내줬다)의 남편인 39세의 망명객 량치차오는 그해 가을이 돼서야 1898년 이래 계속된 망명생활을 청산하고 귀국길에 올랐다.

톈진에 도착하고 나서 그는 육로를 통해 새로 수립된 중화민국의 수도 난징으로 갔다. 당시 거의 모든 정파가 량치차오를 자기편으로 끌어들이려 애를 썼다.[62] 그러나 량치차오는 스스로 중도 성향의 진보당進步黨을 만들었고 이는 쑨원의 국민당과는 대립관계에 있었다. 량치차오는 위안스카이를 지지했으며 위안스카이는 중화민국의 대총통 자리에 올랐다.

1913년에 중국에서 처음이자 마지막인 선거가 치러졌다. 그런데 얼마 후 국민당의 젊은 지도자 쑹자오런宋教仁이 상하이 기차역에서 암살당하는 사건이 벌어졌다. 그 배후로 의심되는 인물은 위안스카이였으나 사람들은 량치차오 역시 이 사건에 연루된 것으로 의심했다. 이는 훌륭한 사상과 인품을 지녔던 대중 지식인이 실제 정치판에서 벌어지는 권력투쟁 속에서 얼마나 만신창이가 될 수 있는지를 잘 보여주는 대목이다. 량치차오는 이 일이 있고 나서 얼마 후 자신의 딸에게 보낸 편지에 이렇게 썼다. "정치판에서 자신의 사상과 이념을 실현하겠다고 나서는 행동은 허공에 대고 주먹질을 하는 것과 다를 바 없다."[63] 량치차오는 쑹자오런 암살 사건의 배후로 의심받는 상황이었음에도 인재내각人才內閣

의 사법부 총장을 맡아달라는 위안스카이의 제안을 수락했다. 그러나 자신은 그저 국민당을 무너뜨리려는 위안스카이의 계획에 이용당하는 것일 뿐이라는 사실을 깨닫게 됐다.

량치차오는 위안스카이의 독재적 횡포에 환멸을 느끼고 관직에서 물러났다. 얼마 지나지 않아서 화폐개혁국 책임자 자리를 맡아달라는 제안을 또 받았다. 당시 량치차오는 경제적 민족주의의 태도를 취하고 있었다. 즉 부富가 힘의 원천이며 따라서 이것이 국력회복의 열쇠라고 믿고 있었다. 량치차오는 이렇게 썼다. "중국을 망국 지경에서 구하고 부강한 국가로 거듭나게 하려면 화폐 유통 질서를 확립하여 화폐의 안정된 흐름을 보장하는 것보다 더 중요한 일은 없다."[64] 그러나 화폐정책을 합리화하여 통화를 안정시키려는 량치차오의 노력은 결실을 보지 못했으며 이에 낙심하여 그는 그 자리에서 물러났다.[65]

재야인사가 된 량치차오는 21개조를 요구하고 나선 일본을 비난하며 1915년에 이에 반대하는 내용의 대중운동을 이끌면서 또다시 대중적 영향력을 확보하게 된다. 량치차오는 언론 사설을 통해 일본의 강압적 요구를 물리치도록 위안스카이 정부를 압박했다. 그러자 일본의 논객들은 망명 시절에 물심양면으로 도움을 준 일본에 대해 그렇게 맞서는 것은 배은망덕한 일이라며 량치차오를 비난했다.[66]

그후 량치차오는 스스로 황제가 되겠다는 위안스카이의 독재행위에 반기를 들었다. 위안스카이의 부정을 통렬히 비난하는 내용의 공개서한을 발표하고 나서 반란군을 조직하는 데에도 힘을 보탰다. 위안스카이는 결국 1916년 1월 1일에 자신이 황제임을 선포했다. 그러나 다행스럽게도 위안스카이가 돌연 사망하면서 몇 개월간의 이 우스꽝스러운

근본적 변화 없이는 생존할 수 없다

황제놀음은 영원한 종말을 고했다.[67]

재야에 있던 량치차오는 1917년에 또다른 공직 제의를 수락했다. 베이징의 마지막 군벌정부의 재정부 총장 자리였다. 그러나 이번에도 그는 별다른 역할을 하지 못했다. 이것이 마지막 공직 경험이었고 량치차오 스스로 표현했듯 이 또한 자신의 힘과 정력을 다 빼앗아간 '어리석기 그지없는 정치활동'의 하나였다.[68] 자신의 처지가 한심했던 량치차오는 햇병아리 공화국에서의 자신의 정치적 경력을 1분 이상 가는 장면이 하나도 없는 무성영화에 비유했다.

공화정체제에서 별다른 활약을 하지 못한 량치차오는 이 시기가 1898년 백일유신이 실패했을 때와 다를 바 없다고 생각했다. 량치차오는 여전히 이러한 노력과 시도들이 결국은 문제의 핵심에 도달하지 못하고 늘 핵심을 비켜 변죽을 울리기만 했다고 믿었다. "차가운 맥주병의 뚜껑을 딸 때와 같았다. 마개를 따자마자 갑자기 거품이 부글부글 솟아나와 맥주병을 타고 내려온다. 그럴 때는 맥주가 다 흘러나오는 것 같아 마음이 급해진다. 그러나 그 순간이 지나 거품이 가라앉고 나면 병 안에 맥주가 여전히 그대로 남아 있다."[69] 백일유신이 실패한 이후 일본으로 떠났던 1898년 그때처럼 량치차오는 또다시 중국을 떠났다. 이번에는 목적지가 일본이 아니라 유럽이었고 현상수배자 신분도 아니었다.

"미래가 어떠할지는 아무도 모른다"

량치차오는 1919년부터 1920년까지 약 1년 간 유럽 방문길에 올랐다. 첫 방문지였던 파리에 머물 당시 량치차오는 제1차 세계대전 종전 후의 일을 논의하기 위해 파리에서 열린 평화회의에 참관인 자격으로 참석했다. 파리평화회의의 결과물인 베르사유조약은 유럽뿐 아니라 중국과 그 이웃 국가들에도 많은 영향을 끼쳤다. 전쟁에서 승리한 연합국의 주도 아래 만들어져 패전국에 지나치게 가혹했던 이 조약은 훗날 파시즘의 등장과 제2차 세계대전 발발의 실마리를 제공했다. 그리고 량치차오는 중국의 근대사가 시작되는 시점에 다시 한번 중요한 구실을 하게 된다.

연합국의 승리를 염원하며 그 승리의 전리품을 조금이나마 챙겨보자는 희망을 품고 중국과 일본 모두 독일에 선전포고한 연합국 편에 섰다. 량치차오는 연합국이 승리할 것으로 믿고 중국의 참전을 적극적으로 지지했다. 기대한 대로 연합국이 승리한다면 전후 새로 재편될 국제사회에서 중국의 입지를 구축하는 데 도움이 될 터였다. 그런데 여기에는 한 가지 문제가 있었다. 일본이 중국의 이 순진한 기대에 찬물을 끼얹었던 것이다. 항상 발빠르게 행동했던 일본이 이번에도 중국보다 한 발 더 빨랐다.[70]

1917년에 뒤늦게 참전한 중국이 한 일이라고는 독일군과 싸우느라 수많은 인력을 동원한 영국과 프랑스에 30만 명의 노동자를 제공한 것이 전부였다. 한편 일본은 이보다 훨씬 앞서 1914년 여름에 참전했을 뿐 아니라 막강한 산업경제와 효율적인 해군력을 앞세워 신생 공화국인 중국과는 비교가 안 될 정도로 연합국측에 방대한 지원을 해주었다. 그 결과 1919년 승전국과 패전국이 파리평화회의 석상에 모였을 당시 량치차오는 전쟁이 끝나기도 전에 이미 외교전에서 일본에 밀렸다는 사실을 알고 경악했다. 연합국측은 일본측과 이미 비밀협상을 통해 전쟁중 일

근본적 변화 없이는 생존할 수 없다

본의 지원에 대한 대가로 독일이 점령했던 중국의 랴오둥遼東반도와 산둥반도에 있는 전략항에 대한 지배권을 약속했다. 량치차오를 비롯한 중국대표단을 더 경악시킨 사실은 이러한 '비밀'협상 내용이 중화민국 총통에게 전해졌는데도 일본 정부에 거액의 부채를 지고 있던 중국 정부가 이에 반론을 제기하지 않고 그대로 넘어갔다는 점이었다.[71]

파리에서 이 충격적인 사건을 겪은 량치차오는 중국 내 시민운동 지도자들에게 '강도와 다름없는' 이웃나라 일본의 제국주의적 국토 강탈 음모에 중국 정부가 연루돼 있다는 사실을 타전했다.[72] 량치차오의 폭로는 학생운동에 불을 지폈고 이러한 움직임은 5·4운동으로 정점을 찍었다.[73] 량치차오는 또다시 대중 여론과 중국 민족주의운동의 기폭제 구실을 했다. 흥미롭게도 량치차오는 파리평화회의의 실상을 알리는 것으로 5·4운동과 인연을 맺었으나 량치차오가 5·4운동에서 한 역할은 여기까지가 전부였다. 파리는 량치차오의 유럽 여행 일정 중 첫번째 방문지에 불과했다. 미국을 여행했을 때와 마찬가지로 시간이 갈수록, 그리고 외국 여행의 경험이 늘어갈수록 굳게 믿었던 이전의 생각에 의문이 생겼고 조국의 발전을 위한 비전에도 자꾸 변화가 생겼다.

파리를 떠난 량치차오는 몇몇 제자들과 함께 유럽 여행을 계속했다. 그 여행이 계속될수록 그는 처음에 기대했던 것과는 달리 유럽 문화의 위대함에 경탄하기보다 서구 유럽 강대국의 파괴적이고 파멸적인 속성에 충격을 받았다. 1920년대 유럽 사회에서 볼 수 있던 극심한 빈부격차에도 적잖이 놀랐다. 어느 날 갑자기 마르크스주의자라도 된 것처럼 량치차오는 유럽은 조만간 노동과 자본 간의 투쟁이라는 '사회혁명' 상황에 돌입하게 될 것이라 예상하기 시작했다.[74] 베르사유에서 목격한 각국의 위선적 외교 행태도 충격이었지만 파괴적인 전쟁의 참상은 서구 유럽의 어두운 면을 여실히 드러내는 구실을 했다. 젊은 개혁가들이 부강한 국가 건설의 모범으로 삼았던 그 서구 유럽이 별안간 암울한 모습으로 다가왔다. 중국인들에게 서구 사상과 문명을 배우라고 그토록 주장했던 사람이 이제는 참담한 심정으로 그 문명의 자기파괴적 속성을 바라보고 있었다. 오스발트 슈펭글러Oswald Spengler는 당대의 시대정신이 녹아 있는 신간『서구의 몰락Der Untergang des Abendlandes』에서 이것을 '파우스트의 거래'로 설명했다. 즉 서구 문명의 영광은 악마에게 영혼을 판 대가처럼 파괴적이라는 뜻이리라.

량치차오는 전쟁으로 엉망이 돼버린 유럽을 여행하면서 이렇게 말했다. "구체제는 붕괴했고 신체제는 아직도 자리를 못 잡았다. 폭풍이 치고 안개까지 자욱한 바다를 나침반도 없이 항해하는 배처럼 사회 전체에 회의론과 절망과 두려움이 만연해 있다. 미래가 어떠할지는 아무도 모른다."[75]

실망과 낙심이야말로 가장 무서운 적

중국에서는 5·4운동과 신문화운동을 주도한 지식인들이 '서구의 민주주의와 과학'을 찬양하고 있었다. 그러나 이역만리에 있는 량치차오는 그때까지 이상적이라 생각해온 개혁 모형을 의심의 눈초리로 보기 시작했다. 량치차오의 눈에 이제 유럽은 '과학'에 대한 숭배 때문에 막다른 골목에 갇힌 곳으로 보였다. 량치차오는 이렇게 썼다. "유럽인은

157

사막을 여행하다 길을 잃은 사람들과 같다. 저 멀리 커다란 검은 그림자가 보이는 것 같아서 그것이 안내판 구실을 해줄 것이라 믿으며 그것을 향해 열심히 나아갔다. 그런데 막상 그 검은 그림자 쪽으로 다가갔을 때 그것이 연기처럼 사라져버릴지 어떻게 알았겠는가? (…) 유럽인들은 전지전능해 보이는 과학에 기대하는 바가 컸다. 그러나 이제 이들도 과학의 진짜 모습을 들여다보기 시작했다."[76]

옌푸도 이제는 한때 자신이 이상화했던 서구 문명의 맹점을 이야기하기 시작했다. "이제 나이도 들었고 공화정체제의 중국을 7년, 그리고 전화에 휩싸인 유럽을 4년 동안 지켜보니, 지난 300년 동안 진보해온 서구 유럽에 남은 것은 이기심과 대량학살, 부정부패, 후안무치뿐이라는 느낌이 든다."[77]

배가 마르세유항을 떠나 상하이로 가는 동안, 뒤늦게 찾아온 '회의와 절망감' 때문에 량치차오는 몹시 착잡한 심경이었다. 가는 내내 서구 문명의 본거지에서 생각지도 않게 알아버린 것들에 대해 계속 생각했다.[78] 그러면서 방향 상실 상태에서 벗어나 그것을 재설정할 새로운 방법을 찾고 있었다. 자신감 상실과 낙심한 상태에 침잠하는 것을 경계하면서 당시 건축가를 목표로 열심히 공부하고 있던 아들 량쓰청에게 보낸 편지에 이렇게 썼다. "좋은 일을 찾지 못하더라도 실망하거나 의기소침해지지 마라. 실망이나 낙심이야말로 우리 삶의 가장 무서운 적이다. 절대로 그러한 감정에 져서는 안 된다."[79]

량치차오는 이제 나아갈 방향을 찾았다. 단순히 서구 문명을 배우고 모방하고 따라잡는 방법을 모색하는 데에 그치는 것이 아니라 서구 문명의 오류와 잘못된 부분을 피해 가는 방법을 찾는 것이 새로운 과제가

新民

됐다. 근대화 추세에 뒤늦게 합류한 후발주자로서 전쟁으로 만신창이가 된 서구 유럽의 부정적 사례를 확실히 목격한 덕분에 중국은 더 현명하게 산업화를 추진할 수 있게 됐다. "우리의 장점은 아이러니하게도 우리가 여전히 서구 열강에 뒤처져 있다는 점이다. 우리는 서구인들이 어떤 잘못된 길을 갔는지 다 목격했다. 그리고 서구인들이 각각의 증상을 치료하는 데 사용했던 처방전을 얼마든지 입수할 수 있다. 그 잘못된 길을 피하고 예방책을 취하면 우리는 출발점에서부터 합리적이고 건전한 방식으로 산업화를 이루어낼 수 있다."[80]

더 희망적인 것은 조화와 화합을 중시하는 유교 사상과 정신수양을 중시하는 불교 이념 등이 한데 어우러진 중국의 훌륭한 전통사상이 근대화를 추진하는 데 긍정적으로 작용할 것이라는 점이었다. 한때 전통과 인습을 파괴하자고 주장했던 자신만만한 젊은 지식인이 이제는 그와는 사뭇 다른 주장을 하는 원로 지식인이 돼 있었다. 자신감을 회복한 량치차오는 이렇게 호소했다. "사랑하는 젊은이들이여, 전진하라! 바다 건너 저 먼 곳의 서구인들은 지금 물질문명이 파괴된 것을 몹시 애통해하고 있다. 그리고 측은한 모습으로 도움을 구하면서 여러분이 와서 자신들을 구해주기를 기다리고 있다."[81] 과거 량치차오는 의식이 깨어 있는 중국의 젊은이들에게 자국의 전통을 버리고 서구 문명을 배워 나라를 구하는 방법을 논해달라 당부했었다. 그러나 이제는 중국의 전통적 가치를 재발견하고 이를 도입하여 광포한 서구 세계를 바로잡는 방법을 논하라고 고언하고 있었다. 이제 더는 어느 한쪽이 다른 한쪽을 일방적으로 배우는 일 따위는 없었다. 누구에게나 배울 점은 있는 법이었다.

량치차오는 그야말로 민족주의적 자강론자에서 이보다 훨씬 더 포

근본적 변화 없이는 생존할 수 없다

괄적인 세계주의적 자기인식론자로 변해가는 길고 긴 여정의 정점에 도달해 있었다. 중국인들이 '법치주의'를 온전히 배우는 데 20년, 30년이 걸린다는 생각에는 변함이 없었다. 그러나 이제 더는 중국이 부강한 국가가 되려면 서구 문명을 모방해야 한다고 주장하지 않았다.[82] 그 대신 사고와 언론의 자유를 논하며 이른바 '세계주의적 국가' 개념의 가치를 인정하기 시작했다. 량치차오가 말하는 '신민'은 이제 중국 또는 서구 유럽이라는 국가적 한계나 정치적 정체성 안에 갇혀 있지 않으며 나라를 구하고자, 즉 구국救國이라는 명분을 위해 중국의 정체성을 파괴할 필요도 없었다. 량치차오는 이제 중국 문화의 명예회복을 포함하여 중국 문화의 장점이 구현된 새로운 형태의 근대화를 꿈꾸었다. 사상적 여정을 계속하며 량치차오는 생애 마지막 10년간 이 새로운 꿈을 실현하는 데 매진했다.

사고의 변화를 겪은 량치차오는 중국에 돌아와서 활동한 1920년대 내내 정당과는 거리를 두었다. 게다가 중국의 역사, 문화, 언어, 가치 등에 몰두함으로써 한때 다른 사람들에게 버리라고 주장했던 전통 유교 사상으로 회귀했다. 마르크스주의자와 무정부주의자로 대표되는 좌파, 민족주의자와 전제주의자로 대표되는 우파로 이념의 양극화가 진행된 상황에서 량치차오는 유교의 자유주의를 표방하는 중도파의 태도를 취했다. 그리고 중국인들에게 중도와 화합을 강조하는 이른바 '중용의 도中庸之道'를 말하는 성현의 가르침에 귀기울이자고 주장했다. 량치차오는 중국에 계몽된 인본주의와 자유주의 사상을 널리 설파하고자 존 듀이John Dewey, 버트런드 러셀Bertrand Russell, 라빈드라나트 타고르Rabindranāth Tagore 등 자신과 생각이 비슷한 전 세계 저명한 사상가를 중국에 소개했다. 또한 베이징에 있는 출판사 상우인서관商務印書館, The Commercial Press을 통해 여러 서적을 번역 편집하여 출간했다. 량치차오는 새 잡지 『해방과 개조解放與改造』를 통해 케인스 경제학, 듀이의 민주주의론, 범세계적 유교의 인본주의 등을 혼합한 사상을 선보였다.[83] 량치차오는 텐진의 이탈리아인 거류지에 있는 빅토리아풍 2층집과 베이징에 있는 중국 전통가옥을 오가며 중국 유수의 근대식 대학인 텐진의 난카이 대학과 베이징의 칭화 대학(의화단사건 때 발생한 배상금 1000만 달러를 미국에 지급하는 대신 설립한 대학)에서 한학漢學(당시 '국학'이라 칭한 새로운 학문 분야였다)을 가르쳤다.

량치차오가 젊은 시절에 쏟아낸 저작물은 독자들을 신천지인 '신민'의 국가로 데려다주는 뗏목과 같았다. 그런데 이제 그는 한때 부정했던 중국 전통문화의 친숙함, 편안함, 풍부함 속으로의 회귀를 권유하고 있었다. 말년에는 중국 불교의 역사와 정신수양에 심취하기도 했다. 실제로 량치차오는 불교식으로 화장해달라는 유언을 남겼다(무덤 옆에 연꽃장식이 된 탑이 세워져 있는 이유를 이해할 수 있을 것 같다).[84] 또 가장으로서의 의무도 다했다. 1924년에 열세번째 아이가 태어났다. 그로부터 3주일 뒤에는 본처인 리후이셴이 세상을 떠났다.

1928년에 량치차오는 건강에 이상이 생겼고 신장암이라는 진단을 받았다. 그런데 운명의 장난이었던지 베이징협화의학원北京協和醫學院(미국 선교단이 설립했고 록펠러재단이 자금을 지원했)에서 수술을 받던 중에 의사가 병든 신장이 아니라 멀쩡한 신장을 떼어내는 어이없는 실수를 하는 바람에 1929년 1월 19일에 그만 세상을 떠나고 말았다.[85] 량치차오가 죽은 뒤 열네번째 아이이자 아홉번째 아들이 유복자로 태어났다.

❖

161

량치차오는 때때로 과거 자신의 지적 편력과 정치적 경력을 신랄하게 비판했다. 3인칭 시점에서 자신을 이렇게 평가했다. "그는 자신의 생각에 확신이 없어 어떤 사건이 일어날 때마다 그에 따라 이리저리 휘둘리며 종전의 견해를 손바닥 뒤집듯 바꿔버리기 일쑤였다."[86] 그러나 '편협하지 않은 접근법'을 취했기 때문에 새로운 것을 받아들이는 데 한계가 없어 지적 세계를 넓히는 데 도움이 됐다는 부분에 점수를 주었다.[87]

량치차오가 쓴 글의 열렬한 독자이자 5·4운동의 아버지인 천두슈는 이렇게 썼다. "오늘날 우리가 세계 각국에 대해 그나마 알 수 있었던 것은 전적으로 캉유웨이와 량치차오 덕분이다."[88] 량치차오의 독자 가운데 역사적으로 가장 중요한 그리고 가장 영향력 있는 지도자는 철권통치를 통해 옛 중국을 파괴하고 그 위에 새로운 중국을 세우려 했던 인물일 것이다. 그가 바로 마오쩌둥이다. 마오쩌둥은 1935년에 옌안延安의 동굴집에서 언론인 에드거 스노Edger Snow에게 자신은 캉유웨이와 량치차오를 숭배했으며 이 사람들의 책을 읽고 또 읽어 그 내용을 다 외워버렸다고 말했다.[89]

新民

5장

일반산사 一盤散沙

: 흩어진 모래는 파도에 쓸려갈 뿐이다

쑨원

WEALTH & POWER

"
국가가 자유롭게 행동할 수 있으려면
각 개인의 자유는 어느 정도 희생해야 한다.
"

쑨원

一盤散沙

노교당老校堂, Old School Hall은 버락 오바마 미국 대통령의 모교로 더 잘 알려진 하와이 푸나후 학교의 일명 원숭이꼬리나무 아래에 있다. 다양한 인종의 멋쟁이 학생들이 아름다운 교정 안을 거닐고 있고 어떤 이는 잘 다듬어진 잔디 위에서 골프 스윙 연습을 하고 있다. 중국 전통의상을 입고 만주족의 풍습인 변발을 한 채 상인인 형이 있는 하와이에 도착한 열세 살짜리 쑨원孫文의 눈에 그 낯선 광경들이 어떻게 비쳤을지 짐작하기는 어렵다.[1] 쑨원은 1882년에 당시 오아후 대학으로 알려진 그 학교에 입학 허가를 받았다. 이 학교는 하와이에 있는 백인 엘리트층을 교육하기 위해 미국 회중교회주의자 단체가 설립한 것이다. 이러한 경험 덕분에 쑨원은 미국에 대한 관심이 남달랐고 영어도 유창하게 할 수 있었다.

"나는 여기서 자랐고 공부도 여기서 했다. 근대 문명사회가 무엇인지, 또 그것이 어떤 모습인지 안 것도 이곳이다." 현 호놀룰루 공원 내 현수막에는 쑨원이 한 말을 인용한 문구가 적혀 있다. 미국 문물과 문화적 다양성에 친숙한 쑨원은 동양과 서양을 아우를 수 있는 귀한 능력을

165

선사받았다고 할 수 있다. 이것만큼은 그 누구도 넘볼 수 없는 경쟁력 있는 자산이었다. 실제로 중국 지도자들 가운데 쑨원만큼 외국 경험 기회를 많이 얻은 사람은 거의 없다.

그러나 쑨원의 인생에는 또다른 측면이 있었다. 이것은 그의 마지막 안식처인 묘지를 보면 분명히 알 수 있다. 호놀룰루에서 중국의 옛 도읍인 난징으로 간 뒤 여기서 또 쯔진산紫金山에 있는 쑨원의 묘역 중산릉中山陵까지 가는 길은 쑨원의 상반돼 보이는 두 가지 인생길을 따라가보는 여정이라 할 수 있다. 하와이에서의 쑨원의 행적은 비전통성과 자유분방함을 대표한다고 할 수 있다. 반면에 살아서든 죽어서든 무소불위의 권위와 위엄을 과시하고 싶어했던 옛 중국 황제들의 왕릉처럼 한껏 격식을 차린 쑨원의 묘지는, 격식과 전통을 중시하는 중국적 사고방식을 대표하는 것이라 할 수 있겠다.

명나라 황제들의 능을 연상시키는 쑨원의 묘를 보면 황제에 필적하는 영웅적 행적들을 기억하려는 지지자들의 염원이 담겨 있는 것 같았다. 입구에 세워진 거대한 기념문과 기념비를 보면서, 꼭대기를 향해 가파르게 솟아 있는 무려 490미터나 되는 계단을 오르면 그 위에 대리석으로 된 묘실이 나온다. 쑨원의 묘는 바로 옆에 있는 명나라의 초대 황제 주원장朱元璋의 능 명효릉明孝陵보다 훨씬 더 크다.[2] 한족의 처지에서 볼 때 몽골족과 만주족은 다 이민족異民族이다. 주원장이 몽골족의 원나라를 무너뜨린 것처럼 쑨원 역시 이민족인 만주족의 왕조 청나라를 무너뜨린 셈이었다. 쑨원은 그런 자신이 이민족의 노예 상태에 있던 한족을 해방한 구세주로 인식되는 것을 좋아했다. 거대한 묘역의 규모는 쑨원 자신의 높은 자존심을 드러낸다. 이와 함께 중국이 국력을 회복하여 대국의 면모를 다시 갖추게 하는 데 중심적 역할을 하고 싶어했던 쑨원의 강한 염원이 드러난 것이기도 하다. 쑨원과 수많은 중국인이 이 묘지를 통해 정말로 만들고 싶었던 것은, 당시 지역 신문의 표현대로 중국인들이 기대하는 '재건된 국가'를 상징할 수 있는 그 무엇이었다.[3] 그러나 안타깝게도 20세기가 시작되고 20년이 지나도록 국력 회복의 기미는 보이지 않았다. 결과적으로 쑨원의 이러한 노력이 큰 결실을 보지는 못했고 엄밀히 말해 '국가를 세우는' 데는 실패했으나 쑨원은 중국인들에게 여전히 '국부國父'로 추앙받고 있다.

국가를 세우는 데 실패한 국부

쑨원은 1866년에 광둥 성 남부에 있는 추이형翠亨이라는 작은 농촌 마을에서 태어났다. 량치차오의 고향 마을에서도 멀지 않은 곳이다. 쑨원의 집안은 무척 가난해서 자식들을 공부시켜 관직에 나아가게 할 능력이 없었다. 이 때문에 어린 쑨원은 하와이에 있는 형한테 갔다. 쑨원은 이곳에서 외국 문화와 언어를 습득했을 뿐 아니라 열렬한 기독교 신자가 되어 회중교회주의 기독교로 개종까지 했다. 자신은 구세주인 예수를 믿는 이른바 '구원 신앙' 추종자라고 말했다. "나는 기독교 교회 자체를 신봉하는 것이 아니라 혁명적 행보를 보인 예수를 신봉하는 것이다."[4] 그러나 쑨원 자신은 불신자不信者를 구원하는 것이 아니라 나라를 구원하고 싶어했다.

1883년에 쑨원은 고국으로 돌아왔으나 전통사상에 찌든 고향 마을에서의 생활을 못 견뎌하다가 다시 고향을 떠났다. 이번에는 영국 식민지로 한창 번성하고 있던 홍콩으로 갔다. 여기서 계속해서 서구식 교육을 받았고 세례도 받았다. 이때 사용한 이름 때문에 외국에서는 쑨원을 쑨얏센Sun Yat-sen이라고 부르게 됐다. 쑨원은 유교 경전도 공부하기 시작했다. 쑨원의 이중적 정체성을 또 한번 엿볼 수 있는 사례가 아닐까 한다. 이렇게 유교 공부를 한 쑨원은 1892년에 중국인 최초로 홍콩 의과대학을 졸업하고 포르투갈의 식민지 마카오 인근에서 외과의사로 활동했다.

그러나 오래지 않아 쑨원은 정치에 관심을 두게 됐고 그러면서 특히 서구 열강에 의해 국토가 분할되는데도 이에 아무런 대처도 하지 못하는 청 왕조 그리고 고위 권력층에 만연한 부정부패 상황에 환멸과 혐오감을 느꼈다. 의사로서의 일에 자연히 흥미가 떨어졌다. 막 태동하기 시작한 민족주의와 혁명정신에 고무된 쑨원은 1894년에 하와이로 돌아가 중국 최초의 애국단체인 흥중회興中會를 조직하여 광저우에서의 무장봉기를 선동했다. 쑨원은 반청활동을 벌였기에 중국은 물론이고 홍콩에서도 추방당하는 신세가 됐다.

"일본인처럼 하지 못하는 것을 부끄러워하라"

1895년에 일본으로 떠난 쑨원은 이후 16년 동안의 망명생활을 시작하게 된다.[5] 이곳에서 쑨원은 청나라 사람의 상징인 길게 땋은 머리를 싹둑 잘라 청나라와의 마지막 연결끈을 끊어버렸다. 그리고 콧수염을

一盤散沙

기르고 서양식 복장을 하고 다녔다. 외세의 침략과 개방 압력을 같이 받았던 일본이 중국과는 전혀 다른 방식으로 대처하면서 메이지유신을 이루어내는 것을 본 쑨원은 세계 여행길에 올라 도쿄에서 하노이로, 샌프란시스코에서 런던으로, 시드니에서 밴쿠버로 여행을 계속했다. 그러나 오랫동안 조국을 떠나 있다보니 문화적 단절의 위험에 놓이지 않을 수 없었다. 량치차오 같은 다른 망명 개혁가들은 외국생활을 하기 전에 고국에서 전통적인 유교 교육을 받을 기회가 있었지만 쑨원은 성장기 대부분을 외국에서 보냈기 때문이다.

1915년 쑨원의 국외파 생애에 또 한 가지 일이 보태졌다. 중국에서 가장 서구화된 가문 중 하나인 쑹 집안의 여인과 혼인을 한 것이다. 쑨원은 오랫동안 미국에서 살면서 독실한 기독교 신자까지 된 부유한 상인 찰리 쑹宋嘉樹의 사위가 됐다. 쑨원의 아내가 된 찰리 쑹의 딸 쑹칭링宋慶齡은 유명한 은행가이자 훗날 국민당 정부의 요직을 두루 거친 고위 관료 쑹쯔원宋子文(영문 이름은 T. V. Soog)의 누나다. 또 나중에 장제스의 아내가 되는 쑹메이링宋美齡의 언니이기도 하다.

쑨원이 외국이나 외국인 그리고 외국이 점령한 조약항이나 재외 중국인 거주지와 밀착돼 있다는 이유로 중국 내의 다른 개혁가들은 그를 멀리했다. 중국의 현실을 너무 모르는 사람으로 치부하거나 중국인이기는 한 것이냐며 중국인이라는 사실 자체를 부정하려 드는 사람도 있었다. 그러나 쑨원으로서는 오랫동안 외국생활을 했다는 것이 큰 장점이었다. 오랜 외국생활 덕분에 쑨원은 일본이나 다른 서구 열강과 비교하여 중국이 얼마나 뒤떨어졌는지 누구보다 더 정확히 인지했다. 조국이 다른 나라에 크게 뒤떨어졌다는 사실이 가슴 아팠고 그 때문에 동료 망

흩어진 모래는 파도에 쓸려갈 뿐이다

명객들이 채택한 구호 '일본인처럼 하지 못하는 것을 부끄러워하라'라는 말에 깊이 공감했다.[6]

중국의 현실에 참담함을 느낀 쑨원은 제국주의 열강이 중국의 영토만 넘보는 것이 아니라 중국의 문화적 정체성과 자존심, 한 민족으로서 중국인의 심리적 안녕마저 위협하고 있다는 결론을 내리기에 이른다. 전기 작가 마틴 윌버Martin Wilbur는 쑨원이 '중국인으로서의 자존심과 서구사회에 대한 찬미' 사이에서 극심한 심적 갈등을 겪었다고 했다. 이에 관해 윌버는 이렇게 쓰고 있다. "조국이 그토록 가난하고 다른 국가에 훨씬 뒤처져 있으며 서구 유럽을 기준으로 할 때 중국인들이 세상 물정에 너무도 무지하다는 사실, 한참 뒤떨어졌다고 생각한 일본마저 중국을 앞질러 갔다는 사실을 심리적으로 감내하기 어려워했다. 중국의 정치개혁과 경제발전에 목을 맸던 이유도 이러한 심리적 강박에서 비롯됐는지 모른다."[7]

초창기 사진 속의 쑨원은 포마드를 발라 단정히 쓸어넘긴 머리 모양에 피부가 가무잡잡한 중키의 남성이었다. 가장 특징적인 것은 유럽 스타일로 다듬은 가지런한 콧수염이었다. 게다가 옷차림에도 꽤 신경을 쓰는 상당한 멋쟁이였다. 쑨원은 일본 학생들이 입는 교복과 영국의 사냥복에서 영감을 얻어 '쑨원 슈트' 혹은 '중산복中山服(쑨원의 호 중산에서 유래함-옮긴이)'으로 알려진 옷을 직접 디자인하기까지 했다. 쑨원은 이 옷이 청나라 이후 근대화된 중국 시민의 상징이 되기를 바랐다. 쑨원 자신의 혼합적 정체성을 표현하듯 동서양이 교묘히 혼합된 이 복장은 당시에는 별다른 호응을 얻지 못했다. 그러다가 쑨원이 죽고 나서 한참 뒤에 '마오 슈트'라는 이름으로 부활하여 공산혁명기 동안 중국의 정치지

도자와 인민이 모두 함께 이 옷을 입게 됐다.[8]

대다수 사람이 쑨원은 특별히 카리스마를 뿜는 지도자라기보다 진지하고 친절한 지도자 쪽에 가까웠다고 말한다. 쑨원의 초창기 영어권 전기 작가 가운데 한 명은 이렇게 썼다. "젊은 시절의 쑨원은 솔직하고 자신만만했으며 누구를 의심할 줄도 모르는 사람이었다." 이 전기 작가는 또 쑨원을 지나친 자기분석 경향을 보이지 않고 가끔 그의 국가관에 대한 중요성을 과대평가하는 사람으로 묘사했다.[9]

쑨원의 단점이 무엇이었든 간에 그가 결단력 있고 설득력이 강한 사람이었던 것만은 분명했다. 중국과 외국에서 수년간 혁명활동을 벌이는 동안 쑨원은 강단 있고 끈기가 있으며 '혁명의 정당성을 알리려는' 의지가 강한 사람으로 알려지게 됐다. 사실 쑨원은 말이 상당히 많은 사람이라 '속사포'라는 별명까지 얻었을 정도였다. 그는 중국의 미래에 관한 이야기라면 누구와도 대화를 나눌 자세가 돼 있었다.[10] 여느 정치인들과 달리 엘리트 의식이 전혀 없었다는 점도 남달랐다. 길 가는 사람 누구와도 기꺼이 이야기를 나누려 했고 중국 정치 역사상 최초로 서민을 대표한 지도자로 각인되기를 바랐다. 다소의 과장이 없지는 않으나 언젠가 이렇게 말한 적도 있다. "나는 노동자고 또 노동자의 아들이다. 나는 몹시 가난하게 태어났다."[11]

중국 정치지도자들 가운데 이처럼 스스럼없이 서민과 소통하려 했던 사람은 드물었기 때문에 그 자체로 쑨원은 매우 새로운 유형의 지도자로 인식됐다. 쑨원은 이렇게 조언했다. "농부를 만나거든 어떻게 하면 가난에서 해방될 수 있는지에 관한 이야기를 해라. 그러면 그 농부는 당신이 하려고 했던 말을 열심히 들어줄 것이다. 노동자를 만났을 때, 상

❀

171

인을 만났을 때, 그리고 학자를 만났을 때도 마찬가지다."[12] 엘리트 의식과는 거리가 먼 이러한 태도는 충성스런 추종자를 만들어내는 데 도움이 됐다. 필리핀인 전기 작가는 이렇게 썼다. "쑨원은 격한 감정을 불러일으키지 않는다. 격렬한 반응을 유도한다기보다는 차분하고 신중하게 말하는 편이다."[13] 쑨원의 모교인 홍콩 의과대학 학장이자 친구이며 전기 작가이기도 한 제임스 캔틀리James Cantlie 박사는 이렇게 말했다. "쑨원은 수술대 위에서든 전장에서든 사람들의 호감을 사서 그 사람들로 하여금 기꺼이 자신을 돕게 하는 묘한 마력이 있다. 말로 설명할 수 없는 대단한 영향력과 흡인력으로 사람들을 자기편에 서게 설득하는 힘이 있다."[14]

20세기 초에 쑨원에게 다른 대다수 개혁가와 구별되는 점이 또 한 가지 생긴다. 쑨원이 청 왕조 타도를 줄기차게 주장했다는 점이다. 1894년에 쑨원은 위대한 자강파 개혁가 이홍장에게 편지를 보냈다. 그 편지에는 부와 강 그리고 국가 방위능력 간의 관계성을 분석하는 내용이 담겨 있었다. 쑨원은 이렇게 썼다. "서구 열강이 부강한 이유는 막강한 전함과 효율적인 무기 때문이 아니다. 이들은 국가와 기업이 혹은 정치와 경제가 함께 번성하도록 초점을 맞춘다. 국가 방위는 돈이 없으면 불가능하고 군사력 증강에 필요한 돈은 기업의 경제활동 없이는 모을 수 없다. 서구 열강이 성난 호랑이처럼 다른 국가를 덮치려 달려드는 이유나 그들이 중국을 들볶는 이유도 다 경제적인 것, 즉 돈 때문이다."[15]

쑨원은 이 편지의 답장을 받지 못했고 그것이 이후 반청노선을 견지하는 데 일조했는지도 모른다.[16] 쑨원은 청 왕조가 '국력을 회복시켜 중국을 다시 부강한 국가로' 만들 수 있으리라는 기대를 접은 지 오래였

一盤散沙

다.[17] 더 나아가 만주족은 다수인 한족을 대표할 수 없을 뿐 아니라 무능과 부패에 절어 있다고 보기 시작했다.

쑨원이 청조에 대한 반항의 목소리를 높이자 외국에 있을 때조차 체포의 위험이 커졌다. 실제로 1896년 쑨원이 대영박물관 열람실에서 공부하고 있을 때 청나라 관원이 쑨원을 붙잡아 주영駐英 중국 공사관에 억류한 적이 있었다. "나는 앞으로 나에게 어떤 일이 닥칠지 잘 알고 있었다. 우선 바이스로 내 발목을 으스러뜨리고 망치로 쳐서 부러뜨린 다음, 눈꺼풀을 잘라낼 것이다. 마지막에는 내 시신을 토막토막 절단하여 내가 누군지 알아볼 수 없게 할 것이다."[18]

결국 쑨원은 제임스 캔틀리가 언론을 통해 구명운동을 벌인 끝에 겨우 풀려났다. 이 사건을 계기로 혁명적 전사로서의 분위기와 국가적 영웅의 이미지, '런던에서의 납치'라는 극적인 사건이 주는 감성적 분위기까지 갖게 된 쑨원은 청 왕조 타도뿐 아니라 공화제 수립이라는 거사를 도모하기로 마음을 정했다. 그러나 캔틀리도 언급했다시피 당시 중국 내부에서는 변화의 낌새조차 보이지 않았기 때문에 쑨원은 '완벽한 어둠' 속을 뚫고 나와 부활의 꿈을 펼쳐야 하는 매우 어려운 상황에 처해 있었다.[19]

정치적 변혁을 꾀하는 일이 어려운 작업일지는 몰라도 쑨원도 이에 못지않게 집요한 사람이었다. 실제로 쑨원은 중국에 철도를 부설하려고 했던 자강파 개혁가들처럼 실용적이고 기술적인 관점에서 이러한 주장을 펼쳤다. "철도를 건설하는 상황으로 중국의 미래를 설명할 수 있다. 우리가 지금 철도를 건설하고 있다고 하자. 그러면 맨 처음에 만든 구형 기관차를 쓸 것인가, 아니면 이보다 성능이 향상된 최신형 기관차를 쓸

흩어진 모래는 파도에 쓸려갈 뿐이다

것인가?"[20] 요컨대 쑨원은 기존 정치판을 싹 갈아엎고 성공적으로 검증을 마친 최신형 정부 형태, 즉 공화정으로 새로 시작하고 싶어했다.

승리의 영광을 차지한 순간, 포기하다

1911년 10월에 청 왕조 붕괴의 도화선이 된 봉기가 일어났을 때 15년 동안 망명생활을 하고 있던 쑨원은 여전히 미국과 캐나다를 돌며 모금활동을 하고 있었다. 캐나다 브리티시컬럼비아 주 빅토리아에서 쑨원을 만난 작가 엘리스 베이커J. Ellis Baker는 이렇게 회상했다. "노동자들이 묵는 하숙집 수준의 허름한 호텔에서 쑨원을 만났다. 옷차림은 수수했고 짐은 별로 없었다. 그때 나는 그에게 이렇게 말했다. '현상금이 10만(영국 파운드)이나 붙었으니까 인적이 드문 낯선 곳에는 나다니지 마세요.' 그랬더니 쑨원은 슬프기도 하고 우습기도 하다는 듯 엷은 미소만 지어 보였다."[21]

쑨원은 콜로라도 주 덴버에 있을 때 어느 날 아침을 먹으려다 지역신문에서 '혁명군이 무창武昌 점령'이라고 쓰인 머리기사를 보았다.[22] 쑨원 자신도 수차례 그러한 무장봉기에 가담했으나 번번이 실패했던 터라 이 같은 기사를 보자 기운이 나고 희망이 솟구쳤다. 그러나 그 신문 기사는 너무 짧아서 자세한 내용을 알 길이 없었다. 그는 세인트루이스에 가서야 실제로 무슨 일이 벌어졌는지 좀더 자세히 알 수 있었다. 여러 성에서 잇따라 봉기가 일어났으며 그 결과 마침내 청 왕조가 무너지고 중국에 공화정이 수립됐다는 것이었다. 내막을 알고 보니 청 왕조는 부패로 말미암아 안으로부터 붕괴가 일어난 것이나 다름없었다. 반란세력에 무너진 것이라기보다는 지방에서 일어난 이러한 봉기가 청 왕조의 붕괴를 도왔다고 보는 것이 옳았다. 베이징 주재 미국 공사 윌리엄 칼훈William Calhoun이 국무장관 필랜더 녹스Philander Knox에게 다음과 같은 내용의 서한을 보냈다. "혁명은 비교적 쉽게 끝났다. 별다른 저항도 없었다. 이제 공화제를 성공적으로 시행하는 일이 남았다. 그러나 엄청난 시련과 부담을 각오해야 할 것이다."[23]

쑨원은 외교적 승인과 재정적 지원을 요청하고자 런던에 머물다가 귀국길에 올랐다. 그리고 고국으로 돌아가는 길에 놀라운 내용을 전하는 전보를 받았다. 쑨원을 중화민국의 초대 임시총통으로 추대한다는 내용이었다. 쑨원은 다시 홍콩에 발을 디뎠다. 16년 만에 처음으로, 이번에는 현상금이 붙지 않은 채였다. 그는 1912년 1월 1일 임시총통에 취임했다. 광저우 주재 미국 총영사는 쑨원을 두고 '솔직하고 애국적인 중국의 통치자'라고 칭하며 본국에 쑨원을 정중히 대할 것을 청원했다.[24]

그러나 안타깝게도 쑨원의 총통 재직 기간은 너무 짧았다. 미 국무부가 총영사의 요청에 반응할 새도 없이 쑨원은 총통 자리에서 물러났다. 중화민국의 초대 총통은 취임한 지 45일 만에 재야로 돌아왔다. 자신의 정치적 기반이 취약하다는 점을 재빨리 인지한 쑨원은 이름뿐인 무력한 통치자가 되는 것을 원치 않았다. 그래서 당시 중국의 군권을 장악하고 있던 지역 총사령관이자 붕괴 직전 청 왕조가 설립한 초대 의회의 수장이던 위안스카이에게 총통 자리를 내주기로 했다.

승리의 영광을 차지한 순간 갑자기 그 자리를 포기하겠다고 나선 쑨

흩어진 모래는 파도에 쓸려갈 뿐이다

원의 결정을 이해하지 못하는 지지자들도 있었다. 그러나 이것은 쑨원이 현실주의자라는 증거이기도 하다. 이는 쑨원이 자신의 장점과 약점을 정확히 파악하고 나서 내린 현실적인 결정이었다. 위안스카이는 북부 군권을 장악하고 있었는데 쑨원은 남부 쪽의 지지기반도 약했고 권력의 중심부에서도 멀어져 있었다. 이래저래 쑨원의 정치적 기반은 상당히 취약한 상태였다.[25] 게다가 근 15년 동안 쉼 없이 세계 각국을 돌아다니며 외교관 역할을 했고 수완 좋은 자금 모금원에다 공화제 개념을 전파한 유능한 선동가 역할을 해왔기 때문에 큰 정치조직을 운영해본 경험이 거의 없었다. 쑨원으로서는 나라가 망하지 않게 하는 한편 이제 막 탄생한 새 정부를 제대로 이끌어간다는 것이 거의 불가능한 책무였다. 그 부담을 내려놓음으로써 돌이킬 수 없는 실패를 할지 모를 위험을 피하기로 한 것이다. 그의 이러한 결단 덕분에 국민당을 조직할 기회가 생겼다. 국민당은 1912년 8월 25일에 공식 출범했고 쑨원이 죽을 때까지 그의 정치적 활동기반이 됐다.

악순환의 시작과 끝

총통 자리에서 물러나고 3일 후 쑨원은 난징의 쯔진 산에 있는 명효릉 참배에 나섰다. 명나라를 건국한 주원장이 이 묘소의 주인이었다. 쑨원은 능 앞에서 예를 갖추고 기쁜 마음으로 한족이 '만주족 치하에서 해방'됐다는 사실을 알렸다. 그리고 오래전 세상을 떠난 황제 앞에서 일장 연설을 했다. 민족주의에 호소한 이 연설은 침략자들을 비난하는 내용으로 가득찼으며 자국 땅이 오랑캐에게 점령당했을 때 사람들은 피눈물을 흘리며 애통해했다고 표현했다. 그러고는 확신에 차서 이렇게 말했다. "이제 우리의 슬픔은 기쁨으로 바뀌었다. 이제 당신의 백성이 오늘 이 자리에서 우리가 결국 승리했다는 사실을 전한다."[26]

그러나 청나라가 망했다는 사실 그 하나 말고 특별히 기뻐하며 축하할 일은 없었다. 중국은 위안스카이의 통치 아래 전보다 더 깊은 혼란 정국을 연출했고 쑨원은 또다시 반체제 인사가 되어 일본 망명길에 오르는 신세가 됐다. 쑨원은 아주 잠깐이지만 같은 아시아 국가로서 중국과 일본이 힘을 합해 서구 열강에 대항할 수 있지 않을까 하는 기대를 품었다. 이는 순진한 착각이었다. 1915년에 일본은 독일의 조차지租借地였던 산둥 성을 자신들이 점령하는 한편 만주를 비롯한 중국의 다른 지역까지 새로 점령하겠다는 계산 아래 '21개조'를 제시했다. 그리고 1919년에는 전쟁에 승리한 연합국이 파리평화회의에서 독일의 조차지들을 일본에 양도한다는 데 합의했다. 그러니 중국과 일본이 힘을 합해 서구 열강에 대항한다는 야무진 기대가 얼마나 허망하고 순진한 발상이었겠는가. 광저우 주재 영국 부영사는 뻔뻔스럽게도 이런 글을 썼다. "중국 정부는 사방의 적에 대항하기에는 아주 무능하고 무력하다. 그래도 국내를 평화롭게 유지하는 정도는 되는 것 같다. 그럼 됐다. 중국 정부가 '중국이라는 거대한 젖소'를 잘 잡아서 가만히 세워두는 동안 우리는 젖을 마음껏 짜내면 된다."[27] 이러한 글을 접했을 때 쑨원과 같은 중국의 민족주의자들은 1895년 이래 변한 것이 없는 조국의 현실을 받아들이기가 참으로 고통스럽고 참담했다.

이전에는 청 왕조 타도를 외쳤던 쑨원도 이제는 새로운 구호를 외칠

흩어진 모래는 파도에 쓸려갈 뿐이다

준비가 됐다. "이제부터는 서구 제국주의 세력이 중국에 간섭하는 것을 막아내야 한다."[28] 쑨원이 목격했듯 중국을 빈곤한 후진국 상황으로 몰아간 것은 제국주의였다. 나라가 가난하기 때문에 국력이 약해졌고, 또 힘이 약해서 점점 더 거세지는 외국의 착취행위를 막아낼 수 없었다. 결과적으로 중국은 점점 더 가난해지고 약해졌다. 이러한 악순환 고리의 시작과 끝은 바로 제국주의였다.

정치적으로는 혁명적, 문화적으로는 보수적

쑨원이 서구 유럽과 일본을 높이 평가하고 중국이 서구 방식의 공화제 정치제제로 변화되기를 바란 것은 사실이다. 그러나 그 밖의 서구의 문화나 가치까지 수용하려 했던 것은 아니다. 민족주의야말로 새로운 통일 중국을 만드는 데 필요한 가치인데, 젊은 시절의 쑨원은 중국의 전통적 가족제도와 파벌문화가 이러한 민족주의 정신에 배치된다고 생각했다. 그러나 말년에는 이러한 생각에 변화가 생겼다. 사회적 유대감 혹은 응집력이 절실하게 필요한 아주 결정적인 순간에 서구화가 이 사회적 결속력을 해칠 수도 있다고 생각했다. 다른 대다수 개혁가가 말년에 그러했듯 쑨원 또한 중국의 전통문화와 중국 민족을 보호해야 한다는 쪽이었다.

쑨원은 이민족인 만주족의 청나라가 망함과 동시에 중국이 새로운 균형 상태에 도달할 것이라 기대했었다. 그러나 시간이 지나고 현실적 상황이 점점 명백해지면서 중국 전통의 문화와 사회적 구조를 옹호하는

一盤散沙

쪽으로 돌아섰다. 동료 개혁가들은 여전히 그러한 것들이 근대화 과정을 저해한다고 주장했지만 말이다. 쑨원은 이렇게 말했다. "중국 시민과 국가의 구조적 관계는 가족에서 시작하여 문중으로 확대되고 궁극적으로는 국가로 귀결된다는 것이 내 생각이다."[29] 소수의 만주족이 다수 한족을 지배했다는 측면에서 청나라가 한족에게 민족적 수치를 안겨주었을지 모른다. 그러나 그러한 청 왕조에 저항하는 것과 전통 유교 사상을 거부하는 것과는 별개의 문제다. 다시 말해 청조 타도를 외친다고 해서 그것이 곧 전통 유교 질서와 사상이 국력 회복에 더는 도움이 안 된다는 것을 의미하지는 않았다.

쑨원의 보수주의는 1919년 5월 4일의 학생봉기로 최고조에 달한 신문화운동과 대척점에 서게 된다. 진보적 지식층은 일본 제국주의뿐 아니라 중국의 전통문화도 거부했기 때문이다. 쑨원은 조직과 기강이야말로 중국을 재통일하고 다시 부강한 국가로 만드는 데 필수적이라고 보았다. 그런데 신문화운동을 추구하는 쪽에서는 이를 도외시하는 것 같았고 쑨원은 그 부분이 한심스러웠다. 실제로 쑨원은 죽기 직전 칭화 대학 학생 몇 명을 만나고 나서 기강紀綱의 필요성을 인식하지 못한 점을 나무랐다. "그들은 혁명의 목적이 자유와 평등이라고 생각한다. 본인들도 자유를 원한다. 그러면서 그들 스스로 명을 따르지 않으며 그 집단에서 정한 한계를 수용하지 않는다."[30]

삼민주의

1925년에 59세의 나이로 세상을 떠난 쑨원은 저서, 자서전, 연설문, 편지, 전보 등 2600여 쪽이나 되는 방대한 분량의 자료를 남겼다. 그러나 쑨원이 남긴 것 가운데 가장 중요한 것은 '삼민주의三民主義'다. 쑨원은 1905년 도쿄에서 있었던 중국혁명동맹회中國革命同盟會(이후 국민당에 흡수되었다) 결성식 자리에서 이에 관한 내용의 연설을 한 이후부터 이러한 개념과 사상을 정리하는 작업을 시작했다. 쑨원은 이러한 개념으로 중국의 미래 정치발전 청사진을 구상하려 했다. 그런데 안타깝게도 1922년에 광저우에서 무장봉기가 일어났고 그때 쑨원이 살던 곳이 폭격을 당했다. 그 바람에 쑨원이 애지중지하던 서재가 홀랑 타버려 그간 작업해놓은 것과 각종 자료를 다 잃었다. "수년에 걸친 정신노동의 결과가 고스란히 담긴 노트와 원고, 참고용으로 모아놓았던 수백 권의 외국 서적이 다 불타버렸다. 정말 끔찍한 일이었다."[31]

후손에게 최종적으로 전달된 삼민주의에 관한 자료는 1924년 광저우에 있는 광둥 고등사범학교에서 수천 명의 학생과 교직원이 지켜보는 가운데 즉흥적으로 실시한 강연 내용을 근간으로 한 것이었다. 쑨원은 민족주의의 중요성을 강조했다. 또한 국민에게 권리를 부여하는 것의 중요성은 물론, 혁명과 개혁 과정이 진행되는 동안 국민의 안녕과 복지를 보장하는 일의 중요성을 강조했다. 쑨원은 정치적으로 서구 열강의 지배를 받으며 크게 낙심한 채로 근 1세기를 살아온 중국인들이 이상의 내용을 새로운 구호로 삼아 희망적인 새 시대를 열기를 바랐다.[32]

이 강연을 끝낸 직후 쑨원은 중병에 걸렸고 결국 세상을 떠나고 말

一盤散沙

았다. 최종 자료는 이때의 강연 내용을 조수들이 정리하여 편집해놓은 것이었다. 이 탓에 중구난방에다 불필요하게 중복되는 부분도 있으며 전체적으로 세련미나 간결함과는 거리가 멀었다. 그런데도 이 문건은 국민당이 추구하는 '혁명'의 이념적 토대가 됐고 이후 중국 본토와 타이완의 총통이 되는 장제스의 기본 통치철학이 된다.

"빈곤과 쇠약의 나락에서 구하려면 민족주의 부활부터"

쑨원은 이 원칙들을 새로운 민족주의의 힘으로 국가를 위기에서 구하는 이른바 '구국'의 기본 지침으로 삼았다. 이 개념은 이후 수많은 지도자가 각기 다른 형태로 기술하게 된다. 총 16개로 된 강연록 가운데 처음 6개는 진정한 민족주의 정신을 창출해야 할 필요성에 초점을 맞추었다. "민족주의는 국민으로 하여금 국가 발전과 영속적 생존을 지향하게 하는 고귀한 이념이다." 쑨원은 또 이렇게 말했다. "중국을 빈곤과 쇠약의 나락에서 구하고 싶다면 먼저 민족주의를 부활시키는 방법부터 찾아야 한다."[33]

이 개념을 논하면서 쑨원은 정치적 의미가 강한 '국가주의'가 아니라 인종적 의미를 내포한 '민족주의'라는 용어를 사용했다. 이는 그 시대를 살아가는 다른 대다수 중국인과 마찬가지로 쑨원에게 '중국'이라는 국가의 개념은 그 나라의 영토 주권을 지킨다는 것보다는 한 민족으로서, 한 문화의 주체로서의 '중국인'을 보호한다는 개념에 초점을 맞추고 있음을 보여준다. 실제로 쑨원은 반제국주의 투쟁을 '백인종'이 '황

흩어진 모래는 파도에 쓸려갈 뿐이다

인종'을 말살하려는 위협에 맞선 민족적 저항으로 이해하려 했다.[34]

쑨원의 첫번째 강연이 민족주의를 내세운 무력항쟁에 초점을 맞추었다는 것은 참담한 과거는 물론 현재에 대한 회한과 비통함이 그만큼 컸음을 의미한다. 쑨원은 중국 황제가 영국 대사에게 서구의 것은 필요 없다고 당당히 말할 수 있었던 영광의 시절을 돌이키면서 이렇게 말했다. "외세에 굴종하기 이전에 중국은 매우 문명화된 국민이 사는 강한 국가였다. 중국인들은 중국을 세계의 중심이라 생각했고 그래서 스스로 '중화中華'라 명명할 정도였다."[35] 그러나 쑨원은 이렇게 말을 이었다. "우리의 옛 국가정신은 잠들어 있다. 그 정신을 깨워야 한다. 그래야만 민족주의가 부활하기 시작할 것이다. 민족주의가 되살아나야만 앞으로 나아갈 수 있고, 또 그래야만 예전처럼 강한 국가가 되는 방법을 배울 수 있다."[36]

그는 다음과 같은 설명을 덧붙였는데 여기서 쑨원이 했던 저 유명한 비유, '일반산사一盤散沙'라는 말이 탄생하게 된다. "4억이나 되는 인구가 중국이라는 한 국가에 모여 있으나 우리는 사실 '쟁반 위에 흩어진 모래', 즉 일반산사와 같다. 지금 우리는 이 세상에서 가장 가난하고 또 가장 약하다. 외교무대에서 중국은 다른 국가의 안중에도 없는 보잘것없는 국가다. 서구 열강이 쟁반이요 칼이라면 중국은 그 쟁반 위에 놓인 생선이요 고기다. 우리는 지금 극히 위험한 지경에 처해 있다. 민족주의를 부활시켜 4억 중국인이 단합하여 강한 국가를 만들지 못하면 나라도 민족도 전멸되는 크나큰 비극을 면치 못할 것이다."[37]

쑨원은 의학 공부를 했던 경험을 살려 중국이 현재 '빈약貧弱'한 상태임을 이해하는 과정을 '병자를 진단하는 과정'에 빗대어 설명했다.[38]

一盤散沙

중국인들이 적극적으로 자신들의 병을 치료할 약을 찾지 않는다면 결국은 혼수상태에 빠져 꿈속을 헤매다 숨을 거둘 것이라고 경고했다.[39] 서구 열강이 다른 국가들은 통째로 식민지화했는데 그나마 중국에서는 해안가 일부 조약항에서 약간의 조차지를 얻었을 뿐이라며 현 상황을 합리화하는 사람들에게 쑨원은 이렇게 일갈했다. "차라리 전면 식민지화가 낫지 그러한 반식민지화는 더 심각한 문제를 가져온다." 실제로 제1차 세계대전 당시 중국에는 48개의 조약항이 있었고 이곳에 거주하는 외국인들은 자국법에 따라 생활하면서 중국 안에 작은 외국인 왕국을 형성해 갔다.[40] 쑨원은 한심하다는 듯이 이렇게 말했다. "사람들은 아직도 중국은 그저 '반半'식민지일 뿐이라고 생각하며 '반식민지'라는 그 말을 위안으로 삼는다. 그러나 우리가 완전한 식민지였을 때보다 경제적으로 더 심각하게 유린당하고 있다는 것이 우리가 처한 현실이다. 우리는 결국 한 국가의 노예가 아니라 모든 국가의 노예인 셈이다."[41]

쑨원은 '불평등조약'(쑨원이 대중화한 말)을 이러한 예속화의 주된 원인으로 보았다.[42] 이러한 예속화는 두 가지 형태로 실현된다. 하나는 하루하루를 불안에 떨게 하는 '정치적 압박'이고,[43] 또하나는 우리를 죽일 준비가 돼 있는 수천의 군인보다 더 끔찍하고 무시무시한 '경제적 지배'다.[44]

쑨원은 세상을 떠나기 1년 전에 이렇게 말했다. "이러한 불평등조약은 중국의 주권을 심각하게 침해했다. 쌍방 평등과 상호존중 정신을 바탕으로 새로운 조약을 체결할 여지를 만들려면 이러한 불평등조약을 파기해야 한다."[45]

흩어진 모래는 파도에 쓸려 갈 뿐이다

부강을 실현하기 위한 수단, 민권주의

두번째 원칙은 국민의 권리, 즉 민권民權에 초점을 맞춘 것으로 이 개념은 1924년 3월에 진행된 강연을 바탕으로 정리한 것이다. 쑨원은 적어도 이론적으로는 자신이 민주주의 옹호자라고 생각한다. 쑨원은 이렇게 말문을 열었다. "오늘 내 혁명 이념을 들으려고 이 자리에 참석한 사람은 모두가 당연히 민주주의 신봉자들이다."[46] 그리고 이렇게 말을 이었다. "중국이 강해지고 우리 혁명이 성공하기를 바란다면 민주주의를 지지해야 한다."[47] 그러나 쑨원에게 민주주의는 그 자체가 '목적'이 아니라 목적을 달성하기 위한 '수단'이었다. 즉 쑨원은 민주주의를 모든 자강파의 최종 목적인 '부강'을 실현하기 위한 수단으로 보았다. 실제로 국민의 권리에 관한 총 여섯 차례의 강연이 끝나고 나서 보니, 민주주의의 단점이라든지 우려되는 점을 너무 많이 지적한 탓에 중국에 적용하기에는 자유와 권리 개념이 지나치게 위험한 것이 아닌가 하는 생각이 들기 시작했다. "중국 혁명의 목적은 외국에서 일어난 혁명의 목적과는 다르다. 따라서 그 목적을 실현하는 방법도 당연히 달라야 한다."[48]

민주주의를 논하면서 단서와 예외를 그토록 많이 언급했다는 사실을 두고 중국인은 본질적으로 민주주의를 실행할 능력이 없다는 의미가 아니냐고 묻는 사람들이 있을 것 같았다. 이러한 오해를 피하고자 쑨원은 그 점에 대해 이렇게 합리화했다. "중국뿐 아니라 외국에서도 과도한 자유가 부정적 결과를 낳았던 경우가 수도 없이 많다. 서구 학자들 가운데 '때때로 자유에도 일정한 한계가 있어야 한다'는 점을 인정한 사람도 있었다."[49]

一盤散沙

사실 쑨원은 적어도 이론적으로는 시민의 권리에 관한 부분을 인정하고 지지하는 편이었지만 첫번째 원칙인 민족주의만큼 민권주의에 그렇게 열정을 쏟았던 것은 아니다. 적어도 이론적으로나마 민권사상을 지지했던 것은 그 자신이 근대적 사상을 지닌 사람으로 보이기 바랐던 부분이 컸다. 근대화된 세계에서 중국이 다른 국가와 경쟁하는 데는 그에 관한 국민의 열정과 의지가 필요했다. 그리고 민주주의 사회에서 허용되는 시민권 개념을 중국사회에 도입하는 것이 이러한 열정을 불러일으키는 데 도움이 된다고 생각했기 때문에 민권문제를 들고나왔던 것이다. 그러나 민주적 권리를 모든 인간의 생득적 권리로 보았던 서구 계몽주의 사상가들과는 달리 쑨원이 생각하는 권리 개념은 자연적 권리 혹은 천부적 권리는 아니었다.[50] 사실 쑨원은 자유와 민주주의에 관한 부분에서는 다소 중심이 흔들리는 듯한 측면이 있었고 그 과정에서 한때 이론상으로는 찬양해마지않던 이념들이 쉽게 내쳐졌다. 청 왕조가 무너지고 난 후의 권력 공백기에 무분별하게 자유와 권리를 추구하게 되면 사회적, 정치적 불안정과 혼란이 더욱 가중되고 외세의 간섭이 더 극심해질 수 있다는 우려 때문이었다.

　결국 쑨원은 서구인들이 자유와 권리의 가치를 높이 평가하는 이유는 수세기 동안 억압적 왕정 치하에서 벗어나 자유와 권리를 얻고자 무던히 애를 썼기 때문이라고 생각하게 됐다. 이와 달리 중국은 역사적으로 국가가 전통적인 유교적 사회질서에 대한 개입을 최소화했기 때문에 전 국가적 혹은 전 민족적 통합을 방해할 정도로 많은 자유를 누린 편이었다.[51] 지금 중국인에게 필요한 것은 더 많은 '자유'가 아니라 더 엄격한 '규율'이다.[52] 혁명가를 포함한 중국의 다른 개혁가들처럼 쑨원도 현실적 문제에 봉착하게 되자 국민의 권리가 아닌 규율의 편을 들어주었다. 중국이 봉착한 기본적 문제들은 단순히 서구 유럽을 모방하는 것으로는 해결되지 않는다. 그 해결책은 국가 '전체'의 자유와 독립을 보장하는 데서 찾아야 한다.[53] 그러지 않으면 중국인들은 결국 '쟁반 위의 모래'로 남고 말 것이다. 강한 국가라면 국민을 한데 묶는 능력이 있어야 한다. "모래에 시멘트를 부으면 딱딱하게 굳어 돌덩이처럼 된다. 일단 이렇게 굳어져 돌덩이가 되면 모래알로서 누리던 자유는 그것으로 끝이다."[54]

쑨원은 여기에 이렇게 덧붙였다. "개인에게 과한 자유를 부여해서는 안 되지만 국가 자체는 완벽한 자유를 누려야 한다. 중국이라는 국가가 자유롭게 행동할 수 있을 때 비로소 강한 국가로 인정받을 수 있다. 국가가 자유롭게 행동할 수 있게 하려면 각 개인의 자유는 어느 정도 희생해야 한다."[55] "중국의 자유와 해방을 원한다면 국민 한 사람 한 사람이 똘똘 뭉쳐 하나가 돼야 하며 혁명적 방식을 통해 국가를 단단한 통합체로 만들어내야 한다. 혁명 원칙들이 없으면 성공할 수 없다. 단합된 국가를 만드는 데 필요한 일종의 시멘트 구실을 하는 것이 우리 혁명 원칙들이다."[56]

쑨원이 서구화된 중국 지도자의 선구자 격이기는 하나 그 자신은 정통 민주주의자가 아니었다.[57] 쑨원은 중국을 부강한 국가, 국제사회의 존중을 받는 국가로 만들어주는 강력한 새 통치방식을 제시했고 이 방식은 이후 근 1세기 동안 중국 정치 이념의 기본 모형 구실을 하게 된다.

186

一盤散沙

서민생활의 고충을 이해, 민생주의

1924년 8월에 진행된 마지막 네 차례의 강연에서는 세번째 원칙인 민생民生을 주제로 삼았다. 쑨원은 '민생'은 '상투적인 말'로서 '지금의 우리에게는 그다지 큰 의미 없는 개념'이라며 말문을 열었다.[58] 쑨원은 중국인의 낙후성과 빈곤문제에 대한 해결책을 내놓는 것은 고사하고 민생문제 자체를 명확히 규정하지도 않았다.[59] 평균지권平均地權, 즉 토지소유 균등화와 금융자원 등에 관심을 표하기는 했으나 이번 강연에서는 사회주의와 마르크스주의 모두와 거리를 두는 데 신경을 많이 썼다. 스스로 말했다시피 마르크스 이후 70여 년간 서구 유럽 역사는 쑨원의 이론과 정면으로 배치됐다.[60]

쑨원은 골수 점진주의자로서 사회적 격변이나 계급투쟁을 옹호하는 편이 아니었다. 쑨원은 '이해의 충돌보다는 이해의 조율 혹은 조화를 통한' 사회적 진보를 주장했다.[61]

쑨원이 세번째 원칙을 내놓은 것은 서민생활의 고충을 이해하고 이에 공감해준다는 의미가 더 컸던 것 같다. 공화제로의 혁명적 변화를 목적으로 국민당은 정부의 환매정책과 과세정책을 통해 물질의 균등 소유를 추진하여 일반 서민, 특히 농민들이 좀더 평등해진, 진보된 사회의 혜택을 볼 수 있게 하겠다는 점을 알리려 했다.[62] 이는 이상적인 생각이기는 하나 당시로서는 실현 가능성이 거의 없는 그저 공염불에 불과한 것이었다.

운전할 줄 아는 사람들에게만 운전을 맡겨야 한다

쑨원은 이론적으로는 민주주의를 지지했다. 그러나 현실적으로는 민주정치의 전면 실행을 일단 미루고 3단계 혁명적 변화 과정을 통해 점진적으로 실시하는 것이 최선이라고 보았다.[63] 그 첫 단계가 기존 정치 구조의 변혁이다. '파괴 없이는 건설도 없다'고 주장했던 량치차오처럼 쑨원 역시 '파괴 기간'이 필요하다고 생각했다. 청 왕조 몰락 이후 새로 들어선 중국 정부는 계엄령이 유지되는 시기 동안 '과거의 부패를 근절'해야 한다는 것이었다. 두번째 단계는 훈정訓政 기간으로서 임시헌법을 공포하고 나서 강력한 '과도정부'를 통해 통치하는 것을 말한다(쑨원은 이 두 단계가 '인간의 두 다리처럼 혹은 새의 두 날개처럼' 상호 보완하는 구실을 한다고 보았다). 마지막 단계는 '입헌정치'를 전면적으로 시행하는 단계로서 이는 '국가 전체가 정치적으로 안정을 이루었을' 때에나 가능한 일이었다.[64]

쑨원은 중국인들이 아직 개인의 자유와 권리가 넘쳐나는 서구식 정치제도를 전면 수용할 준비가 돼 있지 않다고 생각했다. 1920년에 한 연설을 통해 그는 이렇게 말했다. "중국인들이 예속 상태에서 생활하는 것은 이미 수천 년이나 된 오랜 습관이다. 그러므로 아무리 공화정이 시작되고 9년이나 흘렀어도 사람들은 '주인'으로 살아가는 법을 아직 모른다. 이러한 상태의 우리에게 달리 선택의 여지는 없다. 강력한 방법을 동원해서라도 그 사람들을 자기 삶의 '주인'으로 만들어야 한다."[65]

쑨원을 두고 고매한 사상가라고 할 수는 없을지 모르나 적어도 그가 결단력 있는 행동가였음은 틀림이 없다. 중국은 외국에 한참 뒤처져 있

一盤散沙

고 국민이 모래알처럼 흩어져 단합이 안 돼 있으며 외세의 착취와 약탈에 허덕였다. 삼민주의는 이러한 참담한 현실에서 벗어나게 해줄 새로운 형태의 정부와 지도부를 구상하는 과정에서 나온 결과물이었다. 표면적으로는 완벽하게 서구화된 인물로 보이지만 그가 내놓은 처방책은 이와는 대조적이었다. 다시 말해 쑨원은 확고한 지배권을 가지고 국가를 통치할 수 있는 강력한 전문 정치지도자와 잘 조직된 정당을 강조했다. 강력한 힘을 지닌 정치지도자와 기강이 확실히 잡힌 정당이 전면에 나서는 정치구조에서는 선거라든지 이상을 좇는 학생들의 시위, 개인주의적 자유사상가, 대중 선동가 등이 한자리를 차지하고 들어설 여지가 별로 없다. "무엇보다 우리는 전문가를 믿어야 하고 그 사람들이 하는 일에 제한을 두지 말아야 한다."[66]

한 강연에서 쑨원은 청중에게 국가는 '멋진 자동차', 정치지도자는 그 자동차를 사용하는 데 꼭 필요한 '운전사 혹은 정비사'로 생각하라고 주문했다.[67] 쑨원의 논리대로라면 최고 통치자에서부터 각부 장관, 지방 관리까지 공직에 있는 모든 관리가 특별히 훈련된 '운전사'이며, 따라서 국민은 이들 전문가에게 국가 운영을 맡겨야 한다는 것이다. 쑨원은 여기서 더 나아가 이렇게 말했다. "이 사람들이 하는 일에 제한을 두지 말아야 한다. 이들에게 자유롭게 행동할 수 있는 권한을 주어야 한다. 그래야만 국가의 고속 성장을 기대할 수 있다."[68] 자동차와 운전사의 비유를 통해 그가 말하고자 하는 바는 이렇다. 국민이 국가의 주인이요 주권자임은 틀림이 없으나, 국가라는 자동차를 운전하는 '운전사'가 그 차를 어떻게 몰고 어디로 갈 것인지를 결정하는 것은 운전사의 몫이며 국민이 이들에게 그러한 부분에 관한 명령을 내릴 권한은 없다는 것이다. 결

흩어진 모래는 파도에 쓸려갈 뿐이다

국 대중의 귀를 솔깃하게 하는 주장을 하고는 있으나 쑨원은 엘리트주의자였다. 그는 강력한 권한을 행사하며 실질적으로 한 기업을 이끌어가는 경영진처럼, 효율적이고 유능한 이른바 기업가 스타일의 지도자를 원했던 것이다. 요컨대 운전하는 방법을 아는 사람들에게만 운전을 맡겨야 한다는 말이다.

정치적 동지와의 조우

러시아혁명이 성공하자 정당조직에 관한 레닌v. I. Lenin의 새로운 이론이 쑨원의 관심을 끌었다. 쑨원은 1920년대에 러시아 공산당이 정치기구와 군대(붉은 군대)를 조직할 때 그 토대로 삼았던 규율의 가치를 높이 평가하게 됐다.[69] 쑨원으로서는 일본에서 중국혁명동맹회(혹은 '동맹회')를 결성했던 초창기 이래로 국민당이라는 조직이 여전히 무질서하고 약한 상태를 벗어나지 못하고 있어 골머리가 아팠다. 쑨원이 찾아낸 해결책은 레닌의 '민주적인 중앙집중식' 조직 구성 원칙을 국민당에 도입하는 것이었다. 러시아 공산당은 강력한 지도력, 정당 규율, 정통 원칙, 중앙집중식 소통체계 등을 기반으로 건립됐으며 훗날 중국 공산당 CCP과 수십 년에 걸쳐 치열한 경쟁을 계속하는 동안에도 흔들림 없이 건재했다.[70] 쑨원이 관찰한 바로는 러시아혁명의 성공은 '군의 전폭적 지원을 포함하여 정당 전체가 그 투쟁에 참여했기에' 가능한 일이었다. "러시아의 방법, 조직 그리고 정당 구성원을 훈련하는 방식을 배워야 한다. 그래야만 우리도 혁명적 투쟁에서 승리를 기대할 수 있다."[71]

一盤散沙

정당조직 외에도 쑨원이 레닌의 새로운 사상에 관심을 보인 이유는
또 있었다.[72] 레닌은 1916년에 발행한『제국주의, 자본주의의 최고 단계
Imperialism, the Highest Stage of Capitalism』에서 아시아의 반식민주의와 반제
국주의 투쟁은 실질적으로 카를 마르크스Karl Marx가 기술했던 더 광범
위한 수준의 반자본주의 혁명의 핵심 부분이라고 주장했다.[73] 레닌은
'억압된' 아시아인을 유럽의 프롤레타리아계급(무산계급) 차원에서 이해
하는 영리함을 보였다. 이제 아시아인은 자신들이 세계 혁명이라는 거
부할 수 없는 새로운 움직임의 일부가 됐다고 느끼게 됐다. 서구 유럽에
한참 뒤처져 있던 중국인들이 이제 혁명의 주체가 되어 범세계적인 반제
국주의 투쟁의 선도자 역할을 할 수 있게 됐다고 생각했던 것이다. 레닌의
제국주의 이론은 원대한 꿈을 꾸게 해주었다. 이 꿈 속에서는 '아시아의
병자' 중국마저 세계를 변화시키는 영광스러운 과정에서 중추적 구실을
한다는 자부심으로 카타르시스를 느낄 수 있다.

　이는 중국의 민족주의자들에게 큰 위안이 되는 사상이었다. '반半식
민지' 국가의 국민인 자신들이 이제는 세계를 변화시키는 영웅적 투쟁
과정에 한몫했다고 느낄 수 있기 때문이다. 쑨원은 이 새로운 패러다임
에서 중국이 유럽의 제국주의에 사형선고를 하는 역할을 할 수 있지 않
을까 하는 기대까지 품었다.[74] 쑨원을 감격시킨 것은 이뿐만이 아니었
다. 서구 유럽 지도자들의 지지를 얻으려는 노력이 번번이 묵살되어 난
감해하던 차였는데 1919년에 러시아에 들어선 새 정부가 중국에 외교사
절을 보내 쑨원을 만나려 하기 시작했다. 이 가운데 한 사람이 러시아
외무차관 레프 카라한Lev Karakhan이었다. 카라한은 제정러시아 시절에
얻었던 청나라에 대한 모든 특혜와 이권을 포기한다고 선언했다. 이러한

권리 포기 선언이 쑨원의 관심을 끌었다. 쑨원은 이렇게 말했다. "우리를 도와주려는 행동을 취한 최초의 외국이 러시아의 소비에트 정부였다."[75]

러시아의 관심은 러시아의 중재로 국민당과 중국 공산당의 '국공합작'을 이루어내는 데 있었다. 중국 공산당은 코민테른(국제공산당)의 인력과 자금을 지원받아 1921년 상하이에서 창설됐다. 국민당과 공산당 지도부는 서로 치열하게 경쟁하는 관계였으나 두 정당 모두 가장 시급한 공동의 적은 국토 분할을 획책하는 서구 제국주의와 지방 군벌이라는 데 의견의 일치를 보였다. 그래서 쑨원은 이러한 결론을 내렸다. "반제국주의라는 공동 목표 아래 두 정당이 손잡지 못할 이유가 무엇인가."[76]

쑨원은 편의주의자였으나 반공산주의적 성향이 있었기 때문에 협상 과정에서 러시아나 중국 공산당에 그렇게 녹록한 상대가 아니었다. 쑨원은 외세의 침탈과 국가 분열을 획책하는 세력에 대항하기 위한 목적에서라면 그 누구와도 동맹을 맺을 의향이 있었으나 급진적 사회주의 정책이나 공산주의자에게 지배권을 허용하는 것은 꺼렸다. 이 때문에 만약 국공합작이 성사된다면 국민당과 자신이 주도하는 조직이어야 한다는 전제가 충족돼야 했다. 중국 공산당 창당 인사 가운데 한 명인 천두슈는 이렇게 말했다. "쑨원은 공산당원이 국민당에 입당할 때는 국민당에 복종하고 그 밖의 다른 정당은 염두에 두지 않는다는 조건을 충족시켜야 한다는 조건을 내걸었다."[77] '당시 중국에는 공산주의든 소비에트 사회주의든 간에 성공적으로 정착될 만한 조건이 형성돼 있지 않았기 때문에' 쑨원이 우습게 생각했던 이른바 '공산주의 체계와 규율'이 중국에 도입되지는 않았다.[78]

마침내 국민당과 공산당 간의 제1차 국공합작이 성사됐고 1923년

一盤散沙

1월 26일 상하이에서 쑨원과 러시아 외무장관 아돌프 이오페Adolf Ioffe가 공동성명서를 발표했다. 언뜻 이해가 가지 않는 상황 같겠지만 두 정당의 이 전략적 결합을 통해 마오쩌둥과 천두슈도 국민당의 열성 당원이 됐다.[79] 마오쩌둥은 이렇게 썼다. "혁명의 대의를 실현하기가 그렇게 쉽지는 않다. 유일한 방법은 같이 탄압받는 처지에서 같은 목적을 가지게 된 사람들이 전부 모여 통일전선을 형성하는 것이다. 그래야만 이 혁명이 성공할 수 있다."[80] 그리고 이 합작을 통해 러시아는 1923년 3월에 금화 200만 루블 지원을 포함하여 '중국의 독립과 단합'을 위한 쑨원의 개혁운동에 경제적, 군사적으로 막대한 지원을 해주었다.[81] 이 합작에 따라 쑨원은 광저우 인근 황푸黃埔에 군관학교 설립을 준비하는 차원에서 자신의 부하 장제스를 모스크바로 보내 군사훈련 방법을 배워 오게 했다. 이 황푸군관학교는 국민당원뿐 아니라 공산당원도 생도로 받아들였다.[82]

쑨원이 개인적으로나 이념적으로 공산주의에 끌렸던 것은 분명히 아니었다. 그러나 중국의 참담한 현실을 충분히 인식하고 있었기 때문에 레닌이 러시아에서 성취한 것에 관심을 둘 수 있었다. 실제로 쑨원은 레닌이 사망한 직후이자 자신이 죽기 직전에 한 연설에서 다음과 같이 레닌을 찬양했다. "레닌, 당신은 뛰어난 사람이다! 당신은 말하고 가르치는 것에 머물지 않고 그것을 실천에 옮겼다."[83]

중국의 구세주가 남긴 유산

쑨원은 오랜 외국생활로 서구화된 이미지 때문에 정치인이나 개혁가로서 조국에 뿌리내리는 데 어려움이 있었으나, 이러한 자신의 약한 패牌를 적어도 20세기 첫 25년 동안의 혼란과 격동의 무대에 자신을 올려놓을 수 있을 정도로까지는 바꿔놓았다. 광저우에서의 지역적 기반을 토대로 반청활동가로서 쌓은 명성과 공화국 수립을 위해 국외 중국인 사회에서 벌였던 모금활동 능력 등이 합쳐져 사람들에게 쑨원은 중국 국내는 물론이고 국외 활동 능력도 뛰어난 사람이라는 인상을 심어주었다. 서구 열강이 중국을 멸시하는 태도에 분노하는 마음에 더해 불굴의 의지, 기독교에 뿌리를 둔 정의감, 정치적 측면의 메시아 신앙을 바탕으로 쑨원은 자신을 중국을 구할 구세주로 굳게 믿게 된다(임종시 쑨원은 '하느님이 이 세상에 예수를 보냈듯이 나도 하느님이 이 세상에 보냈다'는 말을 했다고 한다).[84] 중국 역사에서 자신이 얼마나 중요한 인물인가에 대해 다소 과장된 신념을 지녔고 때로는 얼토당토않다는 생각이 들기도 하지만 그가 중국의 부흥을 위해 끊임없이 임했던 애국투사였던 것만은 분명하다. 또한 쑨원은 국가 부흥이라는 대의를 실현하는 데 민족주의가 중요하다는 사실을 인식한 최초의 중국인이었다. 그러나 무엇보다 쑨원의 가장 독보적인 특성은 동양과 서양을 넘나들며 거사를 도모할 수 있는 능력에 있었다.

결과적으로 보면 쑨원은 심오한 사상가도 위대한 정치가도 아니었고 고매한 저술가도 아니었다. 쑨원 생전의 가장 큰 업적은 국민당과 공산당의 연합인 국공합작이 아닐까 한다. 공산주의 시절의 중국 학자들

一盤散沙

은 쑨원을 개혁지향적이었으나 성공하지 못한 지도자로 평가한다. 쑨원의 삼민주의는 근대 중국의 수많은 실패한 정치적 실험 가운데 하나로 치부되는 경향이 있었다. 한 전기 작가는 이렇게 썼다. "쑨원의 재능 가운데 아주 일관성 있는 것이 있다면 그것은 바로 꾸준히 '실패'만 하는 능력일 것이다."[85]

그럴지도 모른다. 그러나 쑨원은 후대에 매우 귀중한 유산을 남겼다. 다른 사람들은 왕정이 아닌 중국을 감히 상상도 못할 때 쑨원은 과감하게도 청조淸朝 타도를 외쳤다. 다른 사람들은 여전히 구제도를 유지하느라 전전긍긍할 때 쑨원은 민족주의 개념을 받아들이고 이를 미래 중국 발전의 초석으로 삼으려 했다. 수많은 동료 정치지도자와 개혁가가 절망에 빠져 있을 때 쑨원은 중국이 다시 부강한 국가가 되기를 바라는 마음을 꾸준히 간직했으며 이러한 끈기와 열정이 다양한 정치담론을 형성하고 이에 적극적으로 참여하는 데 중요한 구실을 했다.

공화제 혁명의 일등공신이라는 이미지가 워낙 강했기 때문에 쑨원이 1925년에 생을 마감했을 때 중국 전역에서 쑨원을 추모하는 물결이 이어졌다. 그는 섣불리 민주주의를 시행했을 때의 혼란과 그에 따른 부작용을 줄이려면 강력한 전제정을 통한 정치적 유예기간이 필요하다고 확신했으며 이러한 생각은 이후 중국 정치지도자들에게 전가의 보도傳家寶刀 같은 원칙이 됐다. 1970년 말 '개혁개방'을 표방한 덩샤오핑의 시대가 시작됐을 때 중국 내에서 국공합작과 같은 새로운 '통일전선'을 구축하고 홍콩, 마카오, 타이완을 다시 본토에 편입시키려는 노력의 구심점이 됐던 것이 바로 쑨원의 사상이었다. 중국 공산당이 국경일이나 기타 기념일마다 톈안먼 광장에 쑨원의 대형 초상화를 내걸고 그를 혁명의 '선도자'로 추앙하는 것도 어찌 보면 당연한 일이다.[86] 현재의 '권위주의적 자본주의' 시대도 실은 국가가 더 강해지고 더 부강해질 때까지 정치적 훈련을 위한 민주주의 실현 유예기간인 이른바 훈정기訓政期를 두어야 한다는 쑨원의 사상에 뿌리를 둔 것이다.

삼민주의의 특성은 그 모호성과 비엄격성에 있다고 하겠다. 그런데 아이러니하게도 이러한 특성이 아니었다면 삼민주의의 역사적 공헌도 또한 낮았을지 모른다. 한편으로는 이러한 모호성 때문에 삼민주의를 일축해버리는 사람이 많았다. 또 한편으로는 이러한 불분명함 때문에 이 원칙이 말하고자 하는 바를 이해하고자 많은 정치지도자와 정파, 정당이 머리를 맞대게 하는 계기를 마련했고 그 결과 이를 중심으로 사람들이 하나로 결집하는 효과를 나타냈다.

마지막으로 쑨원의 삼민주의가 지닌 중요한 장점이 또하나 있다. 중국 역사상 가장 비민주적인 시기에도 이 원칙은 미래 중국의 민주주의를 위한 영원한 약속으로 남아 있었다. '훈정기'가 애초에 생각했던 수년이 아니라 수십 년, 아니 100년이 될지는 몰라도 쑨원이 최종 목적은 헌정憲政, 자치, 민주정, 공화정임을 분명히 밝혔다는 사실 때문에 중국인들은 여전히 이를 자신들이 궁극적으로 달성해야 할 목표로 삼고 있다.

6장

신청년^{新青年}
: 죽지 않는 것보다
다시 태어나는 것이 중요하다

천두슈

WEALTH & POWER

"

편협한 사고를 지닌 구청년은 땅속에 묻어버려라.
그러한 사고는 보수주의와 부패로 이끌 뿐이다.

"

천두슈

新青年

중일전쟁이 한창이던 1942년 5월 27일에 63세의 노학자 천두슈陳獨秀가 국민당 정부의 전시戰時 수도였던 충칭重慶으로부터 약 80킬로미터 떨어진 장진江津에서 조용히 숨을 거두었다. 학구적이면서도 다혈질적 면모가 있던 천두슈는 어원사전을 완성하고자 한자어 연구에 몰두했고 구어체 언어체계를 완성하기 위해 노력했다.[1] 그러나 외부 세계와 격리된 채 만성 심장병에 시달리며 궁핍한 생활을 했기 때문에 연구는 더디게 진행됐다.

천두슈가 사망했을 때 몇몇 옛 친구들과 친지들이 십시일반으로 장례비를 마련했는데 이중에는 국민당 당수 장제스도 끼어 있었다.[2] 그러나 천두슈는 이렇다 할 장례식도 없이 망명지였던 이곳 장진 서문 밖에 있는 딩산定山 산 기슭에 조용히 묻혔으며 묘비에는 그저 '천두슈의 묘'라는 말이 새겨져 있을 뿐이었다.[3]

젊은 시절 천두슈는 중국에서 이름을 날리던 문필가이자 잡지 발행인, 교사, 혁명가였다. 또한 천두슈가 이룩한 역사적으로 가장 유명하고

죽지 않는 것보다 다시 태어나는 것이 중요하다

중요한 업적은 1921년에 중국 공산당CCP 창당을 주도했던 일이다. 그러나 천두슈가 사망했을 때 CCP는 그의 죽음에 대해 거론조차 하지 않았다.[4] 근대 중국 역사에서 중요한 역할을 했고 대중 지식인으로서 대단한 명성을 얻었음에도 천두슈는 세상에 거의 알려지지 않았다.

현재 남아 있는 사진들은 대부분 젊었을 때의 것인데 그 속의 천두슈는 달덩이 같은 얼굴형에 앞머리 선이 뒤로 많이 치우쳐 이마가 훤하게 드러나 있고 당시 지식인들 사이에 유행하던 둥근 금속테 안경을 쓰고 있다. 가끔 서양식 양복에 넥타이 차림을 하기도 했으나 평소에는 중국 전통의상을 즐겨 입었기 때문에 차분하고 진지한 유생의 느낌이 강했다. 평소 옷차림 습관을 보면 천두슈도 전통주의를 고수하는 사람은 아니라는 것을 알 수 있다. 반체제 지식인으로 추앙받았음에도 천두슈 역시 량치차오처럼 '과거'의 영향력에서 완전히 벗어날 수는 없었고 결국 말년에는 과거의 전통주의로 회귀하게 된다. 그러나 오랜 정치적 투쟁 과정에서 가장 특기할 만한 점은 자신이 기반으로 삼았던 토대가 무너져버리는 일이 반복됐음에도 이에 굴하지 않고 묵묵히 자신의 신념을 견지하여 중국의 변화를 모색했다는 점이다. 천두슈 역시 숱한 선대 개혁가를 괴롭혔던 질문의 답을 찾고자 했다. 그 질문이란 이런 것이었다. 외세의 도전과 침략 앞에서 중국은 왜 삽시간에 무너졌는가? 쇠락한 상태에서 왜 벗어나지 못하는가? 앞으로 국제무대에서 당당히 목소리를 낼 수 있을 정도로 국력을 회복하려면 어떻게 해야 하는가?

新青年

이유 있는 반항

천두슈는 1879년에 안후이 성 안칭安慶에서 사대부 가문의 아들로 태어났다. 태어나고 몇 달 뒤 아버지가 세상을 떠나는 바람에[5] 천두슈는 전통을 중시하는 엄격한 보수주의자이자 아편 흡연자였던 할아버지 손에 자라게 됐고 할아버지는 여섯 살 때부터 천두슈에게 유교 경서를 가르쳤다.[6] 천두슈는 매우 영리한 학생이었다. 그러나 천두슈의 할아버지는 잔뜩 겁에 질린 집안 아이들이 '흰 수염 노인'이라는 별명을 붙일 만큼 엄하고 무뚝뚝한 사람이라 어린 손자의 실력에 만족하지 못했다.[7] 틈만 나면 창피를 주고 모욕하면서 손자에게 체벌을 가했다. 천두슈는 이 때문에 쉽게 격분하는 '다혈질적'인 사람이 됐고[8] 그러한 권위주의적 행태에 적개심과 반항심을 나타내게 됐으며 이러한 성향이 평생 유지됐다.[9]

1889년에 할아버지가 죽고 나서 천두슈는 다시 어머니와 형의 품으로 돌아왔다. 가족들은 그에게 유교 경서 공부를 계속하게 했으며 1896년에 그는 지방시 가운데 하나인 동시童試에 장원으로 급제했다. 1년 뒤 집안에서 중매결혼을 강요하자 중국의 전통적 결혼제도에 극심한 저항감이 들었다. 천두슈는 이때 이미 캉유웨이와 량치차오의 사상을 접하기 시작했고 이들 덕분에 인습 타파에 대한 의식이 점점 더 강해졌다. 천두슈는 이렇게 쓰곤 했다. "이제 우리도 외국에 대해 공부하기 시작했다. 이것은 다 캉유웨이와 량치차오 덕분이며 그들은 우리에게 지식이라는 선물을 안겨주었다."[10] 천두슈가 두 사람에게서 배운 것은 '서구 문물을 배운다고 우리가 오랑캐라는 악마의 노예가 되는 것은 아니라는' 사실이었다.[11]

1897년에 천두슈는 증기선과 나귀를 갈아타면서 향시鄕試를 보러 난
징으로 갔다. 시험을 치르려는 유생들이 공부하고, 자고, 음식을 만들
고, 용변까지 보는(시험장 건물 통로에서) 지저분하고 정신없는 이곳에서
9일간 머물렀으나 천두슈는 결국 이 시험에 낙방했다.[12] 이때의 경험이
아주 끔찍해서 천두슈는 이 진저리나는 과거에 더는 응시하지 않기로
마음을 정하게 됐다. 천두슈는 과거를 '오랫동안 진저리나는 일을 반복
하고 또 반복하는 서커스단의 원숭이'에 비유했다.[13] 천두슈는 특히 한
창 시험이 진행중일 때 한 유생의 이상행동을 보고 그나마 과거에 대해
품고 있던 일말의 정이 천리만리 달아나는 기분이었다. 한 유생이 찢어
진 신발을 신고 길게 땋은 머리채를 둘둘 말아 머리 위에 올린 채 벌거
벗은 몸으로 시험장 복도를 걸어가고 있었다. 이 유생의 손에는 시험의
모의답안이 들려 있었다. 천두슈는 이렇게 회고했다. "그 유생이 앞으로
갔다 뒤로 갔다 하는 동안 그 커다란 머리와 왜소한 몸이 덩달아 앞뒤로
흔들리고 있었다. 이 유생은 걸어가면서 느릿한 목소리로 자신이 좋아
하는 팔고문八股文(과거에서 답안을 적을 때 쓰는 문체-옮긴이)을 큰 소리로
읽었다. 그러고는 자신이 좋아하던 장소에 도착하자 넓적다리를 철썩
때리더니 엄지손가락을 치켜들고는 '됐어! 이번에는 합격하겠어'라고
외쳤다."[14]

중국의 전통을 숭배하는 것에 회의가 들기 시작했던 천두슈의 눈에
그 모습은 불합리한 엉터리 시험제도에 대한 기괴한 상징처럼 느껴졌
다. 훗날 량치차오가 발행하는 잡지에 기고한 미완성 자서전은 이렇게
시작됐다.[15] "나는 그 수험생에게서 눈을 뗄 수 없었다. 그 사람을 보면
서 나는 중국의 과거제도에 생각이 미쳤고 중국과 중국인들이 그동안

이 불합리한 제도를 통해 등용된 관리 때문에 얼마나 고통을 받았는지를 생각하기 시작했다. 그리고 과거를 통해 인재를 뽑는 이 제도 자체에 의문이 들기 시작했다."[16]

얼마 후 서태후가 과거제도를 폐지했다. 그러나 난징 시험장에서의 경험은 천두슈에게 급격한 사고의 변화를 일으키게 한 이른바 '티핑 포인트' 구실을 했다. "나는 과거에 매달리던 열정을 캉유웨이와 량치차오를 중심으로 한 유신파로 돌렸고 앞으로 내 인생의 방향을 이쪽으로 정하기로 마음먹었다."[17]

천두슈의 인생을 바꾸는 데 일조한 또 한 가지 요소는 1895년 중국이 일본에 굴욕적인 패배를 당한 사건이었다. 천두슈는 전쟁이 나기 전의 자신은 고치 안에 있는 애벌레처럼 국가의 안위를 위협하는 온갖 위험에 무지했고 하물며 중국이 하나의 '국가'라는 개념조차 없었다고 말했다. 천두슈는 이렇게 썼다. "나는 집에서 그저 공부만 했다. 내가 아는 것이라고는 먹고 자는 것뿐이었다. 그러니 국가가 무엇인지, 또 국가가 나와 어떤 상관이 있는지 내가 어떻게 알았겠는가?" 그러던 차에 '일본이라는 나라'가 있다는 이야기를 들었는데, '그 나라한테 중국이 굴욕적인 패배를 당했다'는 소식은 천두슈의 마음속에 민족주의 사상이 점점 더 깊게 자리잡는 계기가 됐다.[18]

서태후가 의화단사건을 지지한 대가로 서구 8개국 연합군측이 내놓은 불평등조약에 서명한 직후인 1902년에 천두슈는 일본으로 유학을 떠났다. 20세기 첫 10년간 중국의 지식인들과 선구적 정치지도자들이 메이지유신 모형을 배우고자 이웃나라 일본으로 모여들었고 자칭 '중화'라는 중국을 뺀 그 밖의 세상이 얼마나 빠르게 변화하고 있는지 실감하

죽지 않는 것보다 다시 태어나는 것이 중요하다

게 됐다. 천두슈는 즉시 재외 중국인 유학생을 중심으로 급진적 혁명단체를 조직하는 일에 착수했고 이것이 일본의 심기를 불편하게 했다. 천두슈는 청조 관리의 변발을 강제로 잘랐고 치기 어리게도 이것을 학생회관 안에 걸어두었다. 이 일로 천두슈는 추방을 당했다.[19]

이러한 활동과 사상 정립 시기는 청 왕조가 실정을 거듭하던 시기와 맞물려 있다. 쑨원과 마찬가지로 천두슈도 처음에는 중국이 약해진 것은 청 왕실의 무능함 때문이라고 보고 이쪽에 비난의 화살을 돌렸다. 잠깐이기는 하나 반청암살단에 들어가기까지 했다. 그러나 오래지 않아 중국의 문제는 청나라 왕실이나 조정의 무능함보다 더 심각한 데 원인이 있음을 알게 됐다. 그 문제의 근원은 바로 중국 국민이었다. 훗날 천두슈는 이렇게 불만을 토로했다. "중국인의 사고에서는 적극성이나 활력을 찾아볼 수 없다. 그러니 그러한 정신에서 저항의 힘이 나올 리 없다."[20]

세계는 두 종류의 국가로 구분된다

천두슈는 20세기 첫 10년 중 일본에서 보낸 기간을 빼고는 대부분 고향인 안후이 성에서 보냈다. 이곳에서 학생을 가르치고, 청년단체를 조직하고, 『안후이속화보安徽俗話報』를 창간하는 일을 했다. 이『속화보』는 '문체의 근대화', 즉 문어체가 아닌 구어체 사용을 장려했던 급진적 개혁가들 사이에 널리 퍼진 새로운 유형의 잡지 가운데 하나였다. 변화의 시대를 살았던 당시 지식인들과 마찬가지로 천두슈 역시 옌푸와 량치차오 덕분에 지식인 사회에 널리 알려진 사회진화론의 영향을 크게 받았다. 사회진화론을 바탕으로 천두슈는 다른 사람들이 그것을 인식하든 못하든 중국은 경쟁이 치열한 이 세상에서 다른 '약탈자'들과 생사를 건 투쟁을 하고 있다고 보았다. 신속히 그 환경에 적응하지 못하면 중국은 곧 이 세상에서 사라지고 말 터였다. 천두슈는 중국의 쇠락이 전통적인 유교적 가족구조에서 비롯됐다고 분석했다. "중국인은 가족에 대해서는 신경을 쓰는데 국가는 안중에도 없다." 자기방어가 가능한 국가를 건설하려면 애국심이 기본 토대가 돼야 하는데 가족에만 관심을 두는 이러한 전통적 가족구조가 애국심이 생기는 것을 원천봉쇄했다는 것이 천두슈의 생각이었다.[21]

그는 이러한 문제를 해결하기 위해 1903년 5월에 안후이애국사安徽愛國社를 결성하는 일에 동참했다. 천두슈는 이 애국사의 규약을 작성하는 데에도 참여했는데 이 규약에는 이렇게 적혀 있다. "외세의 침략 위협이 날로 심해지고 있으므로 우리는 국민을 하나로 뭉치게 하여 애국 사상을 고취하고 군인정신을 함양해야 한다. 그래야만 나라를 지키고 국가의 주권을 회복하기 위해 국민 스스로 무기를 들고 나서게 될 것이다."[22] 마침 애국사 결성 연설을 할 당시 청 왕조는 제정러시아의 요구가 담긴 조약을 체결해야 하는 상황에 몰려 있었다. 천두슈는 국민의 감성에 호소하는 이 연설에서 이렇게 말했다. "정부가 이번 조약을 수용한다면 다른 국가도 모두 달려들어 중국 땅을 한 귀퉁이씩 차지하려 할 것이다. 결국 중국 땅은 하나도 남지 않고 다 외국의 손에 들어가고 말 것이다."[23]

자강파 개혁가들과 달리 천두슈는 당시 중국에 필요한 것은 기술적

죽지 않는 것보다 다시 태어나는 것이 중요하다

혹은 물질적 측면의 해결책이 아니라 '정신적' 측면의 변화라고 주장했다. 천두슈는 중국사회에 이렇게 호소했다. "평소 때의 이기적 관점을 버리고 애국적 차원의 목표 달성을 위해 애쓰면서 모두 단결해서 하나가 돼야 한다."[24] 천두슈는 중국인 한 사람 한 사람이 새로운 정신으로 무장하여 '나라를 지키는 일이라면 죽음도 불사하겠다는 정도의 책임감을 느끼기를, 또 죽기 살기로 나라를 지키겠다고 각오하고 나서기를' 바랐다.[25] "대체로 외국인은 굴욕을 당하지 않으려고, 명예를 지키려고 싸운다. 그러나 중국인들은 그렇지 않다. 중국인들은 국가가 멸망하고 국민이 노예가 되는 위험을 기꺼이 감수하며 불명예스럽게 사는 쪽을 택한다."[26]

1904년에 쓴 「설국가說國家」라는 글에서 천두슈는 이 세계는 크게 두 종류의 국가로 분류된다고 했다. 천두슈는 이렇게 말했다. "모든 국민이 나라를 지키려 하는 국가는 강하고, 모든 국민이 나라를 지키는 것이 뭔지도 모르고 관심도 없는 국가는 약하다."[27] 천두슈는 중국은 이 둘 가운데 후자에 속한다고 생각했다. 그리고 유교적 전통문화가 '왕에게 굴복하고 가장에게 복종'하라고 가르쳤기 때문에 기존 질서와 구조를 재평가해볼 여지가 없었다고 보았다. 천두슈는 숙명론에 발목 잡힌 중국인들이 '신의 뜻과 명령을 받드는 방법은 아는데 인간의 장점을 발휘하는 방법은 잘 모른다'고 말했다.[28] 천두슈의 비난은 조국에 대한 불충과 조국의 전통문화에 대한 배척으로 비쳤기 때문에 이러한 주장 자체가 상당한 위험을 내포하고 있었다.

新青年

"나이가 들어도 젊음을 유지하라"

　1911년 신해혁명이 일어날 때까지 근 10년간 일본과 안후이를 오가며 지냈던 천두슈는 쑨원이 그랬던 것처럼 청 왕조가 무너지기만 하면 중국의 상황이 나아질 것이라는 기대를 여전히 품고 있었다. 그러나 막상 청 왕조가 무너지고 나니 군벌체제와 독재정치가 재빨리 그 자리를 대체해버렸다. 천두슈가 예상했던 최악의 시나리오가 이렇게 실현되는 듯싶었다. 크게 낙심한 천두슈는 1914년에 이런 글을 썼다. "쇠하는 국가는 노예처럼 행동하고 모든 것에 다 겁을 먹는다." 새로운 공화제 정부가 들어섰는데도 전제적 통치에 허덕이기는 마찬가지일지 모른다는 불안감을 안고 천두슈는 이렇게 말했다. "끔찍한 국가라도 없는 것보다는 낫다고 말하는 사람도 있을 것이다. 하지만 나는 국민을 억압하는 국가는 없느니만 못하다고 말하고 싶다."[29]

　천두슈가 태어나고 딱 2년 뒤에 태어난 신랄한 평론가 루쉰은 왕조 몰락 이후 너무도 실망스럽게 전개된 중국 공화제를 더 격렬하게 비판했다. "존 스튜어트 밀은 독재정치가 국민을 냉소적으로 만든다고 말했다. 그러나 밀이 깨닫지 못한 것이 있다. 그것은 바로 국민을 침묵하게 하는 공화정치도 있다는 사실이다."[30] 유럽과 미국의 문명을 도저히 따라갈 수 없을 것 같은 조국의 현실에 자괴감을 느낀 천두슈는 하늘이 주신 '천부적 열정'과 정치활동가로서의 적극성을 다 포기하고 싶은 충동까지 느꼈다.[31]

　1915년에 지식인들이 들고일어나고 학생운동이 고개를 들면서 학계와 문화계가 다시 요동치기 시작했다. 이러한 분위기 속에서 천두슈는 개인적으로는 자신의 인생 중 가장 활동적이고 건설적인 시기를 맞았으며 국가적으로도 중국 근대사 중 가장 활기찼던 시기로 진입하게 됐다. 이 기간에 천두슈는 스스로 돕고 스스로 행동하는, 즉 자조自助적 국가 형성에 도움이 되는 방법을 찾는 데 매진했다. 량치차오가 말한 '신민'의 연장선상에서 중국인의 정신적 '각성' 혹은 '자각'을 위한 방법을 계속해서 모색했다. 두 사람 모두 중국인의 정신에는 무형적이지만 핵심적인 무엇인가가 빠져 있다는 사실을 알고 있었다. 그럼에도 그 무엇인가를 일깨우는 방법은 고사하고 그것의 정체를 정확히 표현하는 방법조차 알지 못했다. 그러나 두 사람 모두 그 해답은 근대화를 좀먹는 유교 질서에서 찾아야 한다고 믿었다.

천두슈는 신교육을 받은 청년들에게서 희망을 찾았다. 이들이 계몽된 현자들의 가르침을 통해 민족주의적 자긍심을 찾을 수 있다면 조국의 안위와 존속을 위협하는 온갖 위험에 맞설 수 있으리라 생각했다. 동료 혁명가 리다자오李大釗는 이렇게 썼다. "우리가 세상에 보여주어야 하는 것은 중국이 아직 죽지 않았다는 사실이 아니라 젊은 중국이 다시 태어나는 중이라는, 즉 청년들과 함께 중국이 회춘하고 있다는 사실이다."[32] 그리고 이는 『신청년』이라는 잡지를 통해 여러 가지 방법으로 실현되고 있었다. 천두슈는 1915년 상하이에서 이 잡지를 발행하는 데 중추적 구실을 했고 1917년에 베이징으로 본거지를 옮겨서도 잡지 편집 일을 계속했다. 이 선구적인 잡지 발행을 통해 영리하고 활동적인 청년들이 속속 '새로운 중국'을 창조하는 일에 참여했다.

자강파 개혁가들은 전통적 유교 질서의 근간을 더욱 공고히 한 연후에 실용적 차원에서 서구 문물을 선별적으로 받아들이는 방법으로 '부국강병'을 이룰 수 있다고 결론 내렸다. 그러나 천두슈를 비롯한 신세대 청년들은 이러한 주장에 반기를 들었다. 중국의 문제는 바로 전통 유교 질서 자체에 있다고 생각했다. 천두슈는 「청년들에게 고함警告靑年」이라는 제목의 첫번째 사설에서 '우리는 지금 절망으로 질식할 것 같은데 신선한 공기가 없어서 편히 숨쉴 수가 없다'고 개탄하면서 '중국사회에 가득찬 구태와 부패 분위기'를 비판했다.[33] 그렇다, 서구 열강의 침탈이 문제인 것은 사실이다. 그러나 국민의 애국심을 고취하려면 전통문화부터 타파하는 것이 우선이다. 쑨원은 중국인의 애국심을 고취하는 과정에서 중국이 지닌 문제의 원인을 외부에서 찾으려 했다. 반면에 천두슈나 량치차오 같은 이는 문제의 근원을 중국 내부, 즉 중국사회의 근간인 전통문화에서 찾으라고 주장했다.

하지만 중국사회 내에 깊이 뿌리박혀 그 영향이 미치지 않는 곳이 없는데 이것을 대체 어떻게 없앨 수 있단 말인가? 천두슈는 『신청년』에서 그 방법을 찾으려 했다. 이 계몽적 잡지를 통해 '강한 신청년'을 길러내 이들이 중국 보수주의와 쇠락한 국력의 상징인 '병약한' '백면서생白面書生'을 대체할 수 있기를 바랐다.[34] 천두슈는 이렇게 말했다. "국력은 쇠하고 있고 국민의 사기는 저하되고 있으며 학자들은 고뇌에 차 있다. 우리 청년들이 국가 부흥의 책무를 맡아야 한다. 이 잡지를 발행하는 목적은 자기계발과 국가 통치의 방법을 논하는 장場을 제공하기 위함이다."[35]

문화, 정치, 외교, 철학 등 각 부문에서 활약할 신랄한 비판의식과 진보적 사상을 지닌 논객을 끌어들이고 인습 타파, 토론, 관점의 다양성 등을 강조함으로써 『신청년』을 중심으로 대중 지식인들과 정치지도자들을 결집할 수 있었다. 이는 후대 정치활동가들에게 막대한 영향을 끼쳤다. 또 사상가들의 전국적 연결망을 구축하는 데 큰 도움을 주었는데 이는 당대는 물론이거니와 이후 중국 근대사에 엄청난 영향력을 행사했다. 『신청년』의 핵심 기고가는 천두슈와 같이 한때 반청암살단에서 활약한 차이위안페이蔡元培였다. 차이위안페이는 그때 막 베이징 대학 총장 자리에 올랐다. 또다른 주요 기고가로는 컬럼비아 대학에서 진보적 정치사상가인 존 듀이에게서 수학한 철학자이자 역사가로서 나중에 외교관이 되는 후스胡適, 중국 공산당 창당 공동 발기인으로 초창기 공산당 당원이자 베이징 대학 교수인 리다자오 그리고 청년 시절의 마오쩌둥 등이 있었다.

천두슈가 영입한 가장 뛰어난 인물은 문필가이던 루쉰이었다. 당시 루쉰은 중국 근대 산문과 단편문학의 거장으로 떠오른 인물이었다. 루쉰은 1881년 저장 성 사오싱紹興에서 태어났으며 천두슈처럼 일본으로 건너갔다. 물론 분야는 천두슈와 달라 루쉰은 의학을 공부했다. 어느 날 루쉰은 수업시간에 러일전쟁(1904~1905) 때 일본군이 중국인 '첩자'를 처형하는 장면을 담은 슬라이드 쇼를 보게 됐다. 이것을 보고 큰 충격을 받은 루쉰은 의학 공부를 포기하고 중국인들의 피폐한 정신을 '치료'할 길을 모색하기로 했다. 그 슬라이드 속의 중국인들은 비인간적인 처참한 장면을 지켜보면서도 참으로 무덤덤하고 수동적이어서 자기 자신은 물론이고 조국을 구해낼 의지도 능력도 없어 보였다. 훗날 루쉰은 신의 계시라도 받듯 문득 진실을 깨달았던 그 순간에 '십자군'이 되어 '문화적 혁신운동의 선봉에 서야겠다는 생각을 했다'고 말했다.36

루쉰의 필력은 독보적이었다. 이상을 좇는 젊은이의 냉소적이면서도 열정적이고 감성적인 분위기의 글인가 싶으면 또 다음 글귀에서는 냉혹함과 황폐함, 절망감이 느껴지는 등 글재주가 능수능란했다. 그는 대중이 쉽게 접할 수 있는 새로운 문체로 작품을 써서 대중을 교화하고 오랫동안 중국인의 삶에 드리웠던 전통문화의 그늘을 벗겨내고 싶은 마음이 간절했다. 그럼에도 이것이 과연 가능할지에 대한 불안감 때문에 문화 부문에서의 '십자군'이 되겠다는 결심을 선뜻 실현하지 못하고 머뭇거렸다. 루쉰도 이 점을 인정했다. "아직도 내 등에 붙어 있는 과거의 망령을 생각하면 기분이 매우 언짢아진다. 그런데도 나는 그 망령을 떨쳐낼 수가 없다. 이 때문에 나는 자주 압박감에 시달린다. 이것이 나를 날로 쇠하게 한다."[37]

1918년에 『신청년』 편집진이 루쉰에게 합류를 권했을 때 처음에 그는 이 제안을 거절했다. 루쉰은 자신이 느끼는 두려움을 표현한 편지글에서 자신과 같은 글쟁이들이 붓을 들어 수세기 동안 잠들어 있던 사람들을 깨운다고 해도 그 사람들에게 실질적인 해결책을 제시해주지 못하면 그러한 노력이 다 무슨 소용이며 또 그것이 더 심각한 부작용을 가져오면 어찌할 것이냐고 물었다. 이 두려움은 한때 천두슈도 겪었던 감정이지만 천두슈의 경우 이 두려움이 표면상 극복된 것처럼 보였다(사실은 마음속 깊은 곳에 억압해둔 것에 불과했다). 루쉰은 『신청년』 편집진에게 이런 글을 써서 보냈다. "쇠로 만든, 절대로 무너질 일 없는 집이 있다고 하자. 이 집에는 창문도 문도 없는데 그 안에서 사람들이 평온하게 잠들어 있다. 결국 이 사람들은 공기가 사라져 모두 질식사하고 말 것이다. 그런데 아무것도 모르고 잘 자는 사람을 굳이 깨워, 이대로 있다가는 금방 죽게 될 것이라는 말을 해서 죽음의 공포를 느끼며 죽어가게 하는 것

죽지 않는 것보다 다시 태어나는 것이 중요하다

이 과연 옳은 일일까?"[38]

자신이 한 비유인데도 루쉰조차 이 처참한 상황을 견뎌내기 어려웠다. 그래서 마지막 순간에 겨우 마음을 고쳐먹었다. 절망의 나락으로 떨어지지 않기를 간절히 바라며 루쉰은 이렇게 덧붙였다. "단 몇 사람만이라도 깨울 수 있다면 여전히 희망은 있는 것이다. 어느 날 그 철로 된 집이 무너질지도 모른다는 희망 말이다."[39] 결국 루쉰은 『신청년』 계획에 합류하기로 했다.

1918년에 천두슈가 발간한 루쉰의 첫번째 작품은 「광인일기」였다. 이는 지식인 사회에서 큰 화제를 불러일으켰고 출간되자마자 단숨에 고전문학 작품의 반열에 올랐다. 이 작품은 주인공인 광인狂人이 식인食人 사회에서 살아간다고 생각하면서 자신의 생각을 적어놓은 일기를 소재로 하고 있다. 그러나 주인공인 '광인'은 인육을 먹는 잔혹한 행위를 받아들일 수 없었기 때문에 다른 사람들은 오히려 주인공을 미친 사람으로 몰아붙이게 된다. 루쉰이 창조한 '광인'은 이렇게 외쳤다. "4000년 동안 인육을 먹어온 사람들 속에서 지금까지 살았다는 사실을 이제야 알았다."[40] 인육을 먹는 중국이라는 이미지는 지워지기에는, 또 잊히기에는 매우 강렬한 것이었다. 마침내 광인은 그렇게 끔찍한 사회에서 적응하며 살아남을 수 있는 유일한 길은 그 자신도 인육을 먹는 사람이 되는 길뿐이라는 사실을 깨달았다.

루쉰이 전통문화의 덫에서 사람들을 구해내는 데서 무력감을 느낀 것처럼 '광인' 역시 인육을 먹는 야만적 행동을 하는 사람들에게 그것이 잘못임을 일깨워주지 못한다는 사실에 극도의 절망감을 느꼈다. 이 소설의 끝에서 광인은 마지막 희망을 담아 이렇게 외쳤다. "아직 인육을 먹어보지 못한 아이들이 있을까? 그렇다면 그 아이들을 구하라."[41] 중국이 처한 암담한 상황을 이보다 더 생생하고 처절하게 그려낸 것이 또 있을까.

천두슈는 루쉰이 쓴 작품에서 그 비범함을 간파했다. 그러나 루쉰이 느끼는 것과 같은 실존적 절망감에 빠져 또다시 비관의 나락으로 떨어지고 싶지는 않았다. 어쨌거나 이번에는 대중 지식인들이 중앙무대에 나서기 시작했을 뿐 아니라 이른바 신문화운동의 한 부분으로서 자신들이 새로운 중국을 탄생시키는 산파 구실을 할 수 있으리라 믿기 시작했다. 요컨대 무력감과 절망감이 아니라 할 수 있다는 희망과 기대감이 생겼다는 것이다.

『신청년』의 권두사설은 보통 천두슈가 썼고 수천 명의 젊은이가 이 잡지가 나오기를 눈 빠지게 기다릴 정도가 됐다.[42] 동시대를 살았던 그 누구보다도 천두슈는 청년들에게 '신문화' 창조를 통해 새로운 자신감을 심어주려고 했다. 즉 청년들이 '우리는 바다를 채울 수도 있고 산을 옮길 수도 있어'라고 말할 수 있도록 청년들에게 자신감을 불어넣어주려고 했다.[43]

『신청년』 창간호에서 천두슈는 중국인들이 '과거'와 '전통'에 어떻게 발목이 잡혀 있는지 신랄하게 분석하고 나라의 해방을 도모하기에 앞서 우선 그러한 구태와 인습에서 자기 자신들을 해방할 것을 촉구했다. 천두슈는 마치 장군이 부하들에게 명하듯 청년들에게 다음과 같이 주문했다.

1. 예속적인 사람이 아니라 독립적인 사람이 되라.

❋

213

2. 보수주의자가 아니라 진보주의자가 되라.

3. 후퇴하지 말고 전진하라.

4. 고립주의자가 아니라 세계주의자가 되라.

5. 형식주의가 아니라 실용주의를 취하라.

6. 몽상이 아니라 과학을 추구하라.[44]

천두슈는 계속 말을 이었다. "우리의 전통 윤리, 법, 학문, 의례, 관습 등 이 모든 것이 다 봉건제의 잔재다. 같은 시기를 살고 있는데도 서양인들이 이룩한 것과 비교하면 우리는 한 1000년쯤은 뒤져 있다. 기나긴 왕조의 역사만을 곱씹으며 발달과 진보를 위한 계획은 세우지 않는 우리 중국인은 조만간 20세기 세계무대에서 끌어내려져 노예와 금수만이 득시글대는 컴컴한 시궁창에 처박히게 될 것이다."[45] 천두슈는 100년 후에 등장할 징하이 사靜海寺의 난징조약 기념관처럼, 자신의 글 속에서 예속 상태에 있는 중국의 현실을 적나라하게 보여줌으로써 중국인들의 각성을 이끌어내고 그들이 수치심을 느껴 이를 행동의 동력으로 삼기를 바랐다.

중국이 살아남아 다시 강한 국가로 거듭나려면 역시 신문화 지지자인 푸쓰녠傅斯年이 '우리 등뒤에 매달린 4000년 된 쓰레기통'이라고까지 말한 그것을 내다버려야 한다.[46] 천두슈가 개탄했다시피 중국의 관료들은 '글을 쓰고 과거를 보는 것'밖에 할 줄 몰랐다. 이들은 과학, 혁신, 산업, 역동적 경제발전 등에 대해서는 까막눈이나 다름없을뿐더러 '국가 전체를 혼수상태'에 몰아넣었을 뿐이다.[47]

천두슈는 『신청년』이라는 매개체를 통해 '유교 사상에서는 도저히 개선의 여지를 찾을 수 없다'며 유교적 전통에 대해 맹공을 가했다. 천두슈는 1916년에 쓴 「공자와 근대사회」라는 제목의 글에서 "근대사회의 동맥動脈은 경제이고 경제적 생산의 기본 토대는 개인의 독립성이다. 중국의 유학자들과 유생들은 공자의 윤리규범에 바탕을 둔 교육을 한다. 그러나 공자는 봉건시대를 살았던 사람이다. 공자가 만든 윤리규범은 봉건시대의 규범일 뿐이다."[48]

오랫동안 중국의 지식인들은 권위에 복종을 강요하는 유교적 전통 속에서 성장했다. 천두슈는 이들이 '봉건적 행동규범'에 젖어 있다고 보았다. 한창 활동하던 시절, 그러니까 똑똑하고 자신만만하던 젊은 시절, 서구의 선진 열강에 설설 기는 약한 중국의 모습에 넌더리가 난 천두슈는 자신이 뿌리 뽑으려는 그 문화가 없어졌을 때 혹시 상실감을 느끼지 않을까 하는 두려움 따위는 조금도 없었다. 이러한 급진적 성향은 옌푸를 매료했으며 지식인들 사이에서 여전히 인기 있던 이론인 사회진화론으로 천두슈를 이끌게 된다. "자신을 변화시켜 주변 세계에 발맞추어 나아가지 못하면 자연선택의 법칙에 따라 '멸종'의 운명을 맞게 된다. 환경에 적응하는 것에 실패했기 때문이다. 그런데도 보수주의를 옹호할 수 있겠는가?"[49]

천두슈는 중국의 전통문화에서는 찾아볼 수 없는 서구 문명의 다양한 측면들을 찬양했다. 「청년들에게 고함」에서 천두슈는 이렇게 말했다. "중국인들은 다른 사람을 칭찬할 때 '나이도 어린데 참 어른스럽다'라고 말한다. 그런데 미국인이나 영국인은 사람들에게 '나이가 들어도 젊음을 유지해라'라고 말한다. 이러한 점에서 동서 문화의 차이가 극명하게 드러난다."[50]

죽지 않는 것보다 다시 태어나는 것이 중요하다

그리고 다시 화제를 바꾸어, 중국처럼 전통문화를 중시하는 사회에서도 청년들이 기존 질서를 바꾸는 데 중추적 구실을 할 수 있다고 주장했다. "청년 시절은 초봄과 같고 떠오르는 태양과 같으며 나무와 잔디의 새싹과 같고 새로 날을 간 칼과 같다. 청년기는 인생에서 가장 귀중한 시기다. 우리 사회에서 청년이 하는 역할은 인체 내에서 신선하고 활력 있는 세포가 하는 역할과 같다. 우리 몸 안에서는 신진대사 과정을 통해 오래된 세포는 신선하고 생생한 세포로 계속해서 대체된다. 인간사회 내에서 신진대사 기능이 제대로 작동하면 그 사회는 흥할 것이다. 낡고 오래된 것들이 사회를 가득 채우면 그 사회는 존속하지 못할 것이다."[51]

천두슈는 특히 1915년 『신청년』의 첫 사설에서 중국 문화가 '낡고 썩었다는陳腐朽敗' 견해를 재차 피력했다.[52] 천두슈는 일순위로 없어져야 할 것들을 너무 많이 보았다. 그래서 량치차오가 주장했고 이후 마오쩌둥이 구호로 삼았듯 천두슈도 '선파괴 후건설'을 주장했고 신문화운동에서도 이 구호를 내걸게 됐다.[53] 천두슈는 1918년에 「파괴우상론破壞偶像論」이라는 글에서 다음과 같은 격한 표현을 썼다. "파괴하라! 인습을 파괴하라! 위선적인 인습을 파괴하라!"

"내 믿음은 진실과 이성에 바탕을 두고 있다. 오랜 과거에 바탕을 둔 종교적, 정치적, 윤리적 믿음은 무익하고 실망스러우며 비합리적이다. 이것들은 모두 인습이고 이러한 인습은 파괴돼야 한다. 인습을 파괴하지 않으면 보편적 진리와 진지한 믿음이 하나로 통합되는 일은 영원히 없을 것이다."[54]

천두슈의 제자 왕판시王凡西는 중국의 근대화 과정에서 자신의 스승이 공헌한 부분은 그가 거둔 건설적 성과물보다는 그가 보여주었던 파괴적 에너지에서 찾아야 한다는 점을 간파했다. 즉 이 모든 것은 전통적인 모든 것을 불신하고 비판하고 파괴하려는 불굴의 의지와 노력이 이루어낸 업적이라는 것이다. "인습 타파를 주장하는 사람들이나 어떤 분야에서든 개척자들이라는 사람들이 다 그렇듯 스승인 천두슈는 작은 메스가 아니라 불도저를 도구로 사용하여 작업했다. 스승에게 가장 중요한 일은 과거라는 낡은 집을 허무는 것이었고 이것이 파괴적인 힘을 발휘했다."[55]

천두슈는 문화적, 정치적 개혁 의제를 제안하는 합리론자라기보다 신자들을 모아놓고 죄에 대한 징벌과 응징을 경고하는 목사처럼 느껴질 때도 있었다. 천두슈가 쏟아내는 비판의 목소리에는 불확실한 중국의 미래를 느낀 사람의 고뇌와 절박함 그리고 때로는 극심한 절망감이 묻어 있었다. 1916년에 발표한 글이 그 전형적인 예다. "사랑하는 청년들이여, 그대들 스스로 20세기 사람들이라고 생각한다면 옛 방식에서 벗어나야 한다. 관료주의와 부를 탐하는 부패하고 수구적인 구사고를 버리고 신사고로 무장하라. 이 편협하고 이기적인 정신을 비워버리고 신청년으로 거듭나라. 편협한 사고를 지닌 구청년은 땅속에 묻어버려라. 그러한 사고는 보수주의와 부패로 이끌 뿐이다. 제발 달라져라."[56]

1917년에 베이징 대학의 차이위안페이 총장이 천두슈에게 문과대학 학장직을 맡아달라고 요청했다. 당시 천두슈는 문필가와 잡지 편집인으로서의 영향력과 명성이 날로 높아지고 있던 때였고 베이징 대학 학장으로 2년간 베이징에 머무는 동안 1919년 5·4운동을 주도하면서 정치적, 사회적 활동의 정점을 찍었다.

그런데 아직 중앙무대에서 영향력을 발휘하고 있던 문화적 보수주

죽지 않는 것보다 다시 태어나는 것이 중요하다

의자들의 눈에 중국의 유교적 전통문화가 중국이 쇠락한 결정적 요인이라고 주장하는 천두슈가 곱게 보일 리 없었다. 1919년 3월에 중국의 유명한 번역가 린수林紓는 천두슈를 비판하는 내용으로 장문의 글을 써 차이위안페이 총장에게 보냈다. 그 글에서 그는 천두슈와 베이징 대학에 '유교 질서와 삼강오륜을 저버리도록 부추긴' 책임이 있다고 주장했다. 린수는 전통가치를 옹호하는 아홉 가지 변辯을 들며 차이위안페이에게 '공자는 시대를 막론하고 언제 어디서나 통할 수 있는 현자'라는 사실을 상기하라고 했다.[57] 그러고 나서 이렇게 물었다. "유교 경전이 모두 폐기되고 저속한 책들이 그 자리를 차지한다면 베이징과 톈진에 있는 인력거꾼이나 행상인도 다들 대학교수가 되지 못하란 법이 없지 않은가. 그런 사태가 오면 어찌하겠는가?"[58] 천두슈에 대한 보수파들의 이러한 도전과 비난은 날이 갈수록 더욱 거세졌다.

과학씨와 민주주의씨

중국의 전통문화를 대체할 만한 것을 찾던 천두슈는 과학과 민주주의로 눈을 돌렸다. 그리고 이 두 개념에 애정을 듬뿍 담아 '과학씨氏'와 '민주주의씨氏'라는 호칭을 붙여주었다. 1918년에 천두슈는 아주 단호한 어조로 이렇게 말했다. "지금 세상에는 두 가지 길이 있다. 하나는 민주주의, 과학, 무신론으로 가는 밝은 길이고 다른 하나는 독재, 미신, 유신론으로 가는 어두운 길이다."[59]

천두슈가 보기에 유교적 전통에 빠져 허우적대는 중국에는 이 두 가지 서구 사상이야말로 최적의 해독제였다. 천두슈는 『신청년』의 논조를 설명하는 글에서 이렇게 밝혔다. "비판자들은 이 잡지가 유교 사상을 파괴하려 한다고 주장한다. 이러한 혐의는 인정한다. 그렇다고 우리가 죄를 인정하는 것은 아니다. 우리는 무죄다. 우리가 설사 그 죄를 지었다 하더라도 그것은 우리가 민주주의씨와 과학씨라는 두 신사를 지지했기 때문에 벌어진 일이다. 민주주의씨를 옹호하려면 유교 사상, 의례, 전통 윤리, 구식 정치구조 등을 저버릴 수밖에 없다. 그리고 과학씨를 수용하려면 전통적 종교와 예술에 반대할 수밖에 없다."[60]

천두슈는 이 두 개념에 깊이 몰입한 나머지 자신의 영어 이름을 'D. S. 천'이라고 정하기까지 했다.[61] 이 두 가지에서 발산되는 열정과 에너지는 전염성이라도 있는 듯 널리 퍼져나갔다. 몇 년 후 유명한 소설가 바진巴金은 이렇게 회고했다. "나는 '과학과 민주주의'라는 구호 아래 수많은 젊은이가 모여 미래를 향해 결연히 행진하는 모습이 눈에 선했다. 나는 신문화운동에 관한 책은 모조리 사서 읽었다. 구세계를 청산하고 신세계를 창조하는 데 도움이 된다면 '높은 산을 오르고 불바다를 건너는' 일도 마다하지 않을 것이다. 우리는 모두가 5·4운동의 후예들이 아닌가."[62]

천두슈가 주장하는 민주주의는 본질적으로 진보적이었다. 전통문화의 억압에서 벗어나고, 법치와 인권보호 사상을 가미하고, 억눌려 있던 개개인의 열정과 능력을 발산하라는 것이었다.[63] 물론 천두슈 자신도 이러한 민주적 가치를 중국인들에게 심어주는 일이 그리 쉽지 않을 것임을 예견했다. "지금 우리 과제는 구사상에 맞서 신사상을 고취하는 것이다. 그러나 이것이 다가 아니다. 얕은 소견으로는 이 목표만 달성되면

죽지 않는 것보다 다시 태어나는 것이 중요하다

끝이라는 생각이 들겠지만 이는 실제로 입헌제를 '시행'하는 일이 얼마나 어려운지를 모르고 하는 소리다."[64]

천두슈는 그저 수동적으로 '성군聖君'을 기다리기만 하는 중국인의 성향이 가장 큰 문제라고 경고했다. "철인통치자 혹은 성군이 나와 덕으로 나라와 백성을 다스려주기를 바라며 굴종적 태도를 보였던 춘추전국 시대 사람들이나, 고관이나 영향력 있는 세력가가 나타나 입헌공화국을 세워줄 것을 기대하는 지금 사람들이나 하나도 다를 것이 없다. 진정한 민주주의는 정부가 가져다주는 것이 아니며 한 정당 혹은 한 집단으로 유지될 수도 없고 소수 고위 인사나 권세가가 실현해줄 수 있는 것도 아니다. 국민 대다수의 자발적 행동과 의식적 자각에 바탕을 두지 않은 입헌공화제는 가짜 입헌제요 가짜 공화제다. 그것은 그저 눈속임에 불과한 허구적 입헌군주제일 뿐이다."[65]

천두슈는 문제가 생길 때마다 강한 국가를 만드는 것이 먼저라며 민주주의의 시행을 자꾸 늦추려 하는 쑨원 같은 지도자들을 못마땅해했다. 그 대신 코넬 대학과 컬럼비아 대학 동문인 후스를 지지했다. 후스는 1915년에 다음과 같은 유명한 말을 남겼다. "민주주의를 하는 유일한 방법은 그냥 민주주의를 하는 것이다. 정치도 하나의 기술이다. 따라서 실행, 연습, 실천이 필요하다. 내가 영어를 한마디도 해보지 않았다면 영어를 절대 할 수 없었을 것이다. 서구인들이 민주주의를 실행하지 않았다면 지금의 민주주의를 하지 못했을 것이다."[66]

비록 천두슈는 서구 민주주의 사상에 강하고 변함없는 친밀감을 나타냈으나, 그는 또한 매우 애국적이고 민족주의적이었다. 따라서 다른 모든 이념과 마찬가지로 자유민주주의를 생득적 자연권 혹은 이상화된 원칙으로만 이해한 것이 아니라 국가발전을 촉진하는 도구로도 보았다. 민주주의가 서구 유럽에서처럼 혁신적 에너지를 발산하는 데 도움이 된다면 천두슈로서는 관심을 가질 만한 충분한 이유가 됐다. 이와 똑같은 목표를 좀더 효과적으로 달성할 길이 달리 있다면 그 길을 가지 않을 이유도 없었다. 1919년 말에 천두슈가 역사적으로 확실한 결과를 내보여준 마르크스레닌주의에 관심을 두게 된 것도 이런 이유에서다.

　개인의 권리와 존엄성, 자유의 신성함 등 민주주의의 주요 구성요소에 대한 양면성이 또 한번 천두슈를 혼란스럽게 했다. 5·4운동에 담긴 시대정신에서 한 축을 차지한 것은 개인주의적 생활방식, 더 나아가 인습에 얽매이지 않는 자유분방함이었다. 신문화를 지지했던 수많은 사람은 서구식 낭만적 연애('자유연애') 개념에 매료됐으며 예술적 파격이라든가 개인의 자기발견 혹은 자기계발을 열렬히 지지했다. 당시 인습 타파를 주장하고 나선 젊은 정치활동가 중에는 비장미와 낭만을 추구하는 이른바 바이런풍의 시인, 자아도취적 예술가, 성적 해방을 주장하는 여권 신장론자, 반체제 작가, 서구화된 자유사상가 등이 많았다. 전통주의에 젖은 사람들은 서양인들의 방식을 따라 하면서 그것을 지나치게 찬양하는 이들을 가양귀자假洋鬼子, 즉 '가짜 양놈'이라고 부르며 조롱했다.

　천두슈는 신문화운동의 주도자이면서도 그러한 방종과 자기중심적 행동은 부강한 국가를 만드는 데 전혀 도움이 안 된다고 생각했다. 일부 신문화 추종자들이 숭배해마지않는 개인주의지만 이것이 과도하게 이기적으로 흘러가는 것에 대한 우려 때문인지 천두슈는 어느 때보다 유교 틀 속의 개혁 사상에 더 끌리고 있었다. 즉 자기수양과 자기쇄신에서 나오는 에너지가 사회와 국가에 더 유익하게 작용한다고 보았다.

죽지 않는 것보다 다시 태어나는 것이 중요하다

그렇다고 해서 천두슈 자신이 신문화운동의 산물일 수도 있는 쾌락적 즐거움을 거부했다는 뜻은 아니다. 반체제적 정치활동뿐 아니라 포도주, 여자, 노래와 같이 현실도피적 자유와 방탕함을 멀리하기만 한 것은 아니었다. 본부인 외에도 수많은 첩과 애인을 거느렸고 자식도 일곱이나 둔 천두슈는 천하의 바람둥이이기도 했다.[67] 실제로 천두슈는 중국은 물론이고 일본에서도 사창가를 자주 들락거린 것으로 알려졌는데 베이징 대학에서도 이와 관련된 불미스런 사건이 발생하고 말았다. 1919년 3월에 베이징 대학 학보에 이 대학의 근엄한 문과대학 학장과 베이징 후통胡同(전통거리) 출신 매춘부의 일이 기사로 올라왔다. 이 기사에는 천두슈가 그 여성의 '하체'에 상처를 냈다는 등 그때 상황이 상세히 묘사돼 있었다. 난감하게도 그때 마침 차이위안페이 총장은 윤리위원회의 회장을 맡고 있었다. 당시 이 단체는 아편, 음주, 도박, 매춘 등을 강력히 제재하고 있었다. 보수주의자들은 타락한 윤리성을 문제삼아 천두슈를 학장직에서 내쫓으라고 총장을 압박했다.[68]

천두슈로서는 참으로 뼈아픈 순간이었다. 이로부터 몇 주일 후 역사적인 5·4운동이 일어났다는 사실에 비추어보면 더더욱 안타까울 수밖에 없었다. 1919년 봄에 중국인들은 제1차 세계대전중 서구 열강이 비밀리에 독일의 조차지였던 산둥 성을 일본에 넘기는 데 동의했다는 사실을 갑자기 알게 됐다. 이보다 더 충격적인 것은 중국 정부가 파리평화회의에서 있었던 이 굴욕적인 합의사항을 공식적으로 비준했다는 사실이었다. 이는 우드로 윌슨Woodrow Wilson 미국 대통령이 저 유명한 '평화를 위한 14개 조항'에서 선언했던 반反식민주의 약속을 어기는 행동이었다. 윌슨주의라고도 하는 이 윌슨식 민주주의는 이상적 이념을 찾던 중국의 지성인들로 하여금 이 세계대전이 민족자결과 평등을 위한 투쟁이었다고 믿게 했다. 이러한 부분에 한껏 기대를 품었던 천두슈는 윌슨 대통령을 '세계 제일의 선인善人'이라 치켜세우기까지 했다.[69] 그런데 윌슨의 민주주의 원칙이 한낱 위선에 불과했다는 것이 드러나자 중국 젊은이들은 격분했다. 천두슈의 동료였던 베이징 대학 교수 리다자오는 끊임없이 평화회의를 열면서 뒷구멍으로는 인명을 살상하고 타 국가를 파괴하는 구습을 계속 유지하는 서구 열강의 이중성을 조롱했다.[70] 청년 마오쩌둥도 「불쌍한 윌슨可憐的威爾遜」이라는 제목의 글로 맹공을 퍼부었다. 이 글에서 윌슨 대통령의 위선적 행동은 '뜨거운 솥 안에 있는 개미 한 마리'를 지켜보는 행위와 같다고 표현했다.[71]

파리평화회의에서 벌어진 상황을 알리는 량치차오의 전보를 접하자마자 중국 전역의 개혁파 인사들이 결집하여 그 조약을 파기하도록 평화회의 대표단에 압박을 가하기 시작했다. 중국의 애국지사들은 이러한 일본의 요구는 그간 중국이 당한 굴욕에 마지막 쐐기를 박는 것이며 이는 앞으로 서구 열강의 중국 영토 쟁탈전의 신호탄이 될 것으로 생각했다. 리다자오는 이렇게 말했다. "국가의 독립성을 잃는 것은 영토를 잃는 것보다 수천 배는 더 수치스러운 일이다."[72]

이 비보를 접하자 애초에 5월 7일로 예정됐던 베이징에서의 대중 집회 날짜가 서둘러 앞당겨졌다. 1915년 5월 7일은 중국 정부가 일본의 21개조 요구를 받아들인 치욕적인 날이었고 이후 중국은 이날을 '국치일'로 정해놓았다. 그래서 이 날짜에 맞춰 대중 시위를 벌이기로 한 참이었다.[73] 1919년 5월 4일에 베이징 내 30개 대학에서 수천 명의 학생이 톈안먼 앞에 있는 작은 광장으로 몰려나왔다. 1895년에 량치차오를 비롯한 조정 대신들이 청일전쟁에서 패한 다음 일본과 체결한 불평등조약에 항거하고자 결집했던 장소도 바로 이곳이었다.[74] 이제 두번째로 중국의 엘리트들이 정부의 무능과 나약한 대처에 항의하는 시위를 하기 위해 톈안먼 광장에 다시 모였다.

시위 현장에서 배포된 「베이징 학생 성명서北京學界全體宣言」는 이렇게 선언하고 있었다. "일단 한번 영토의 완전성이 훼손되고 나면 중국은 곧 사라지고 말 것이다. 이에 오늘 여기 모인 우리 학생들은 연합국에 대해 정의 수호를 요구하며 연합국의 공사관까지 시가행진할 것이다. 이것은 중국의 생사를 건 마지막 투쟁 기회다. 이에 우리는 오늘 다음 두 가지를 엄숙히 선언하는 바이다."

1. 중국의 영토는 점령될 수 있을지언정 그것을 내어줄 수는 없다.
2. 중국인이 학살당할 수는 있어도 우리는 절대로 항복하지 않을 것이다.[75]

공사관 지역으로 다가갈수록 시위대에는 긴장감이 감돌았다. 그날은 마침 일요일이어서 공사관에는 외교관들이 없었다. 크게 실망한 시위대는 '매국노의 집으로 가자'라고 외치며 당시 군벌정부의 각료였던 교통총장交通總長 차오루린曹汝霖의 집으로 몰려갔다.[76] 그곳에 당도했을 때 경찰이 이들을 막아섰다. 시위대는 투석전을 벌이기 시작했다. 이들은 마침내 경찰 저지선을 뚫고 집 안으로 들어가 불을 질렀다. 한 학생 시인이 그때의 상황을 다음과 같이 정리했다.

新青年

중국인의 마음과 정신에 새겨진 굴욕의 흔적을 깨끗이 지워내고자
오늘 우리는 죄인이 되어 이 자리에 섰다.
32명이 체포됐으나
우리 중 죽음을 두려워하는 사람은 아무도 없다.
우리는 매국노 차오루린을 완전히 때려눕히고
그 집을 불태워버렸다.
매국노를 찾는 일에 우리는 어떠한 노력도 아끼지 않았다.
죽음까지도 각오한 일이었다.
우리는 나라를 구하는 일이라면 무엇이든 할 것이다.[77]

단 며칠 만에 이 시위는 중국의 대도시 전역으로 확산됐다. 천두슈가 10여 년 동안 공들여왔던 노력이 마침내 결실을 보는 순간이었다. 베르사유조약으로 인한 충격에다 서구사회에 대한 미몽에서 깨어나면서 중국의 민족주의가 새 국면을 맞게 됐다. 천두슈와 량치차오를 비롯한 수많은 중국인에게 이제 서구의 정치사상은 매력적인 것이 아니었다. 어린 양처럼 순진한 유럽인들을 무의미한 학살자로 이끈 그 사상이 더는 이상적으로 보이지 않았던 것이다. 베르사유조약에 충격을 받은 천두슈는 민족주의라는 사상 자체의 가치에 의문을 품기 시작했다. 천두슈는 「우리가 정말 애국자가 돼야 할까?」라는 제목의 글에서 유럽인에 대해 이렇게 썼다. "그 사람들에게 애국심은 그저 다른 사람을 해치는 행위의 또다른 이름인 것 같다. 그래서 이 사람들은 애국적 살인마저도 조금 지나친 열정쯤으로 보는 것 같았다." 천두슈는 이렇게 덧붙였다. "모두가 광기와도 같은 열정과 맹종의 모습을 보이며 한 치의 의심도 없

225

이 무조건 '애국'을 부르짖는 이 와중에 나는 이에 관해 이성적인 토론을 해보고 싶다. 우리가 정말 애국적이어야 하는 것일까?"[78]

민족주의 정서가 최고조에 달했던 1915년에도 천두슈는 조국애 혹은 민족애에 과도하게 몰입하면 이러한 감정이 이성을 압도할 수 있다고 우려했다. 국가가 해야 할 가장 중요할 임무는 결국 국민의 감성을 자극하여 국가 자체를 숭배하게 하는 것이 아니라 '국민 개개인의 권리를 보호하고 개인의 행복을 증진하는' 일이다.[79] 민족주의적 열정에 잠재된 위험성에 더 신경을 쓰게 되면서 한 국가 혹은 그 국가의 지도자들이 국민 개개인의 애국심을 자신들이 지향하는 파괴적 목적을 달성하는 데 이용할지도 모른다는 걱정이 앞서기 시작했다. 1919년에 쓴 글은 이렇게 맺고 있었다. "국가를 사랑해야 하는가?" 천두슈의 대답은 이랬다. "우리가 사랑해야 하는 것은 국민을 억압하는 데 애국심을 이용하는 국가가 아니라 국민이 국가의 억압에 저항하는 데 그 애국심을 사용하는 그러한 국가다. 우리가 사랑해야 하는 것은 국민이 국가를 위해 희생해야 하는 그러한 국가가 아니라 국민의 행복을 추구하는 국가다."[80]

5·4운동이 끝나고 며칠 후 그간의 상황에 환멸을 느낀 차이위안페이는 베이징 대학 총장에서 물러났다. 그 자리를 떠나면서 그는 이렇게 말했다. "나는 너무 지쳤다."[81] 천두슈도 허망한 마음을 다스리기 어렵기는 마찬가지였다. "머리가 너무 혼란스럽다. 차라리 정부가 당장 나를 체포해서 처형했으면 좋겠다. 그러면 이 추악한 세상에서 더는 살지 않아도 되지 않겠는가."[82]

5·4운동 이후 정부의 탄압과 억압의 강도는 점점 심해졌고 결국 천두슈의 바람 하나는 이루어지게 됐다. 6월 11일에 마침내 천두슈가 당

新靑年

국에 체포되고 말았던 것이다. 신세계유예장新世界遊藝場 내 한 극장의 난간에서 '베이징 시민 선언北京市民宣告'이라는 제목의 전단을 뿌린 혐의였다.[83] 이는 5·4운동을 진압한 군벌정부를 향해 몇 가지 요구사항을 적은 전단이었다.

천두슈가 무슨 생각으로 이러한 일을 연출했는지는 정확히 알 수 없다. 그러나 중국 최고의 대학에서 학장까지 지낸 사람이 전위예술을 하는 학생처럼 극장 난간에서 전단을 뿌리는 모습은 아무리 생각해도 평범해 보이지는 않았다. 천두슈가 투옥되자 항의서가 빗발쳤다. 쑨원은 물론이고 전보로 천두슈 지지 의사를 표명했던 마오쩌둥도 이 대열에 합류했다. 당시 마오쩌둥은 베이징 대학 도서관 사서 보조 일을 그만두고 고향인 후난 성으로 떠난 직후였다.[84] 마오쩌둥은 이렇게 썼다. "우리는 천두슈를 사상계의 거물로 생각한다. 천두슈가 무슨 말을 하면, 합리적 사고를 하는 사람이라면 누구나 그 말에 수긍하게 된다."[85]

천두슈는 83일간의 감금생활 끝에 감옥에서 나왔다. 투옥생활은 천두슈에게 생각할 시간을 주었다. 천두슈는 투옥되기 사흘 전에 이런 글을 썼다. "세계 문명의 원천이 두 가지 있다. 하나는 연구실이고 나머지 하나는 감옥이다. 중국 청년들은 굳은 의지를 지녀야 한다. 한번 연구실에 있었으면 그다음에는 감옥으로 가고 감옥에서 나오면 다시 연구실로 가라. 이것이야말로 가장 고귀하고 가치 있는 삶이다. 이 두 가지 원천에서 비롯된 문명만이 생명력과 가치를 지닌 진정한 문명이다."[86]

정부가 베이징 대학을 봉쇄하자 학생들도 이와 비슷하게 대응했다. 첫번째로 자금성 바로 뒤에 있는 법과대학 건물에 '학생 감방 1호'라고 쓰인 푯말을 세웠다. 그다음에는 과학대학 건물에 '학생 감방 2호' 표지

죽지 않는 것보다 다시 태어나는 것이 중요하다

를 달았다.[87] 5·4운동이 비록 베이징에서는 아쉽게 끝났으나 이 물결은 중국 전역으로 퍼져나가 전국의 학생, 노동자, 심지어 상인과 기업인의 의식까지 깨웠다. 이들은 공장 파업이나 휴업의 형태로 이 운동에 동조했다. 이후 5·4운동은 중국 근대사에 한 획을 그은 대사건으로 자리매김했고 앞으로 중국에서 일어날 모든 정치운동의 정신적 근원이 됐다.

천두슈가 『신청년』을 통해 추구했던 사상과 이념이 중국 전역으로 퍼져나갔으나 정작 천두슈 자신은 한때 굳게 믿어 의심치 않았던, 그리고 국민 계몽활동에 활력을 불어넣어주었던 서구의 자유주의, 개인주의, 민주주의로부터 멀어지고 있었다. 천두슈는 1920년 4월에 다시 상하이로 갔고 변화를 위한 사상이라고 믿었던 것들에 대한 신념을 거의 잃어버리고 말았다. 여기서 더 나아가 사유재산제도라든가 부의 평등원칙마저 폐기해야 한다고 주장하기까지 했다. 실제로 천두슈는 이제 중국에 최초의 공산당 지부를 설치하는 일에 매달렸다.[88]

"국민이 이끌어가는 정부는 어불성설"

5·4운동의 후유증을 앓은 천두슈는 새로운 치유책이라 생각되는 마르크스레닌주의로 눈을 돌렸다. 부르주아로 불리는 소수 유산계급이 아니라 더 포괄적인 '대중'을 대표한다고 주장한 마르크스주의가 민주주의보다 중국에 더 적합한 이념이라 생각됐다. 그리고 마르크스혁명 이론 자체가 완벽하게 '과학적인' 사상임을 표방했기 때문에 구국의 새로운 방식을 마련하는 과정에서 '과학씨'를 폐기처분하지 않아도 될 것처

럼 보였다. 신문화운동 실패 이후 천두슈는 서구 유럽 사상에서 또다른 대안을 찾으려고 했다. 그런데 이번에는 중국과 비슷한 시련을 겪었던 러시아가 그 대상이 됐다.

새로운 구세주가 나타난다면 모를까 중국인이 스스로를 구해낼 수 있으리라는 기대가 점점 사라지고 있던 시점이라는 사실이 러시아로 눈을 돌리는 데 결정적 구실을 했다. 중국이 다시 일어서려면 국민이 일어서야 한다는, 즉 국민이 그 중심에 서야 한다는 결론을 내렸다. 천두슈는 당시의 중국인을 애국심이나 공공선에 대한 의식이라고는 전혀 없고 편협한 개인주의로 가득하며 모래알처럼 흩어져 단합할 줄 모르는 어리석은 사람들이라고 표현했다. 이처럼 '능력도, 목적도, 지식도 없는 무책임한 사람들'에게 구국의 임무를 맡기는 것은 국가적 자살행위와 같다고 확신하게 됐다.[89]

중국과 중국인에 대해 내린 이 새로운 진단은 결코 낙관적이지 않았다. "현재 시점에서 '국민이 이끌어가는 정부'라는 것은 어불성설이며 이루어질 수 없는 꿈같은 일에 불과하다."[90] 이러한 자각이 천두슈로 하여금 레닌주의로 눈을 돌리게 하는 데 적어도 일정 부분은 작용했다. 즉 천두슈는 레닌주의에 근거하여 새로운 중국을 창조하려면 소수 엘리트의 지도력에 의존할 수밖에 없다는 결론에 이르렀다. 아이러니하게도 길고 긴 사상 편력 이후에 도달한 종착역은 전에는 자신과 공통분모가 거의 없었던 '쑨원'이었다.

왕조가 몰락한 이후 전개된 극심한 혼란 정국 속에서, 레닌이 볼셰비키혁명에서 말하는 이른바 '직업혁명가'의 효율성이 드러나자 하늘에서 중국에 내려준 구국의 '도구'가 바로 이것이라는 생각이 들었다. 직

죽지 않는 것보다 다시 태어나는 것이 중요하다

업혁명가라 함은 지도자로서 '대중'을 선도하고 그 힘을 조직화하는 역할을 하도록 특별히 훈련받은 사람들을 말한다. 천두슈가 레닌주의로 방향을 튼 데에는, 안정된 사회를 만들려면 일반 백성을 이끌어줄 계몽된 사대부계층 혹은 엘리트가 필요하다는 전통 유교 사상과 레닌의 혁명지도자에 대한 새로운 비전 간에 공통분모가 존재한다는 점이 잠재의식적으로 작용한 부분도 있을 것이다. 공자는 백성을 '바람에 이리저리 휘는 벼이삭' 같다고 표현했다. 천두슈는 유교 사상과 공산주의 사상을 접목하여 '지식인들이 정치적 혁명을 주도해야 한다'고 주장했다.[91]

제국주의에 대한 레닌의 새로운 이론 역시 중국인들에게, 아니 중국인을 포함한 다른 식민지 국민 모두에게 새로운 기대감과 희망을 안겨주었다. 즉 레닌의 이론은 자국의 쇠락을 약탈적 제국주의 탓으로 돌리게 해줄 뿐 아니라 이 '약하고' '억압된' 국가가 다가올 세계혁명 전선에서 중추적 구실을 할 수 있다는 기대감을 심어주는 일종의 '통일장 이론'을 제공해주었다.[92] 이 새로운 사상이 쑨원에게 먹혔듯이 이제는 천두슈의 마음마저 매료했다. 그 이유는 두 사람 모두 자국이 비참한 지경에 처하게 된 것은 서구 열강의 책임이 크다고 보았기 때문이다.[93]

이미 언급했다시피 1919년 7월에 새로 수립된 소비에트연방의 외무차관 레프 카라한이 쑨원과 천두슈 같은 중국인들을 어리둥절하게 만든 의외의 선언을 했다. 즉 러시아는 제정러시아 시절에 획득한 중국에 대한 모든 이권과 특혜를 포기한다고 선언한 것이다. 이 관대하기 짝이 없는 제안은 레닌이 주장한 반제국주의 이론을 극적인 방법으로 실현하는 것이었을 뿐 아니라 새로 등장한 볼셰비키 정부와 약탈적 속성을 감춘 서구 유럽의 위선적 자유주의의 차이점을 극명하게 드러내는 것이기도 했다. 1921년에 천두슈는 사상적 동지인 리다자오, 청년 마오쩌둥과 함께 중국에 공산당 세포조직을 설립하는 일에 매진했다.[94]

이들이 공산주의로 전향한 것은 중국 지식인 사회에 상전벽해桑田碧海와도 같은 충격을 안겼고 이는 앞으로의 큰 변화를 예고하는 것이었다. 이후 수십 년 동안 중국에서 자유민주주의 사상은 무대 뒤로 사라지는 신세가 됐다. 아주 그 씨가 말랐다고 하기는 어려우나 적어도 침묵 속에 잠겼던 것은 사실이다. 어쨌거나 중국에 공산당 사상이 뿌리내리면서 자유민주주의는 구국의 원동력 역할을 하지 못하게 됐다. 이제 중국은 잘 훈련된 엘리트 전문 정치가가 이끄는 강력한 일당 독재국가체제로 전환하게 됐다. 천두슈는 1921년 7월에 상하이에서 소집된 중국 공산당 제1기 전국대표대회에서 '서구 민주주의로는 혁명을 이루어낼 수 없다'고 말했다. "중국이 국력을 회복하려면 러시아식 공산당 독재가 필요하다."[95] 볼셰비즘은 국가 부흥을 위한 좀더 직접적인 새로운 길을 제시하는 것처럼 보였고 천두슈는 여기에 완전히 매료됐다. 천두슈는 1921년에 이렇게 결론 내렸다. "나라를 구하려면 서구 자본주의의 잔재를 거두어내고 지식의 대중화와 산업 발달에 치중해야 한다. 러시아의 방식을 따르는 것이 유일한 길이다."[96]

상처를 치유하고자 굴로 돌아온 사자

자칭 마르크스주의자였던 천두슈가 중국의 공산당 혁명을 바라보는 스탈린의 경직된 사고에 환멸을 느끼고 '수정주의자'로 다시 방향 전

죽지 않는 것보다 다시 태어나는 것이 중요하다

환을 하는 데는 그리 오랜 시간이 걸리지 않았다. 이 때문에 천두슈는 중국 공산당 간부로서 큰 곤경에 처하게 된다. 중국 공산당 창당에서 중추적 구실을 하며 정치활동의 제2막을 열었던 천두슈는 다시 한번 정계의 변방으로 물러났다. 5·4운동 후 투옥됐다 부활한 이전과 달리 이번에는 아무도 구원의 손길을 내밀지 않았다. 1920년대 중반에 러시아의 새로운 실세로 등장한 이오시프 스탈린Iosif Stalin과 그와 연계한 중국 공산당 지도부는 천두슈를 공산당 총서기 자리에서 쫓아낼 기회를 호시탐탐 노리고 있었다. 그리고 스탈린의 지령이 있었음에도 중국 내에서 프롤레타리아혁명이 실패한 것을 빌미삼아 1927년에 마침내 '우익적 기회주의자'라 비난하며 천두슈를 추방했다.[97] 1929년에는 중국 공산당에서 완전히 축출되는 수모를 당했다.

이후 10년간의 상황은 더욱 참담했다. 1930년에 세번째 부인을 맞이한 천두슈는 장제스가 이끄는 국민당이 두 아들을 처형하자 애통한 마음을 안고 오랫동안 숨어 살아야 했다. 1932년에는 트로츠키주의자로 낙인찍혀 당국이 날조한 대로 반역죄 혐의를 덮어쓰고 13년 징역형을 선고받았다(1937년에 건강 악화를 이유로 조기 석방됐다). 결국 천두슈는 쓰촨 성의 깊은 산골로 들어가 초야에 묻히는 신세가 됐다. 한때 역사 무대의 중심에 섰던 천두슈는 이제 국민당과 공산당 모두에 변절자로 낙인찍히며 무대에서 잊히고 말았다. 천두슈의 열렬한 추종자였던 왕판시는 정계에서 물러난 천두슈를 '상처를 치유하고자 자신의 굴로 돌아온 사자'로 묘사했다.[98]

초야에 묻혀 지내는 동안[99] 천두슈는 민주주의야말로 가장 문명화된 정치 형태라는 견해로 회귀했다. 특히 스탈린의 폭정이 날로 극심해졌고 결정적으로 히틀러와 손잡는 스탈린을 보면서 그가 말하는 '사회민주주의' 또한 허상에 불과했다는 사실을 깨닫자 공산주의에 대한 신념도 사그라지고 말았다. 1940년에 천두슈는 제자 왕판시에게 다음과 같은 사실을 들며 민주주의를 찬양했다. "사법부 이외에 어느 기관도 국민을 체포할 권리가 없고, 대표가 없이는 과세도 없고, 정부도 의회가 동의하지 않으면 세금을 부과할 수 없으며, 야당도 단체를 조직할 권리와 언론의 자유가 있고, 근로자는 파업할 권리가 있으며, 농민은 땅을 경작할 권리가 있고, 사상과 종교의 자유가 있는 체제가 바로 민주주의 정치체제다."[100] 천두슈는 일당독재체제의 변덕스러움을 진저리나도록 겪었기 때문에 정부가 견제와 균형의 묘를 잃을 위험성이 있다는 점을 간파했다. 그러나 물론 그때는 재야인사의 말 따위 귀담아들어줄 사람이 없었기 때문에 천두슈의 생각이 무엇이든 그것은 중요하지 않았다.

대다수 초창기 개혁가들과 마찬가지로 천두슈의 지성 게놈 속의 유교라는 열성 형질이 어쩔 수 없이 다시 한번 발현되기 시작했다. 어렸을 때 배운 유교 교육의 잔재가 아직도 가시지 않고 그의 정신 속에 굳건히 뿌리박고 있어서 그 오랜 세월 반체제 지성인으로 살아왔건만 유교 사상을 완전히 걷어낼 수는 없었다. 혁명가로 활동할 때조차 유교적 전통문화라는 렌즈를 통해 세상을 보려는 습성을 완전히 떨쳐내지는 못했다. 현실적으로 혁명적 차원의 인습 타파라는 과제를 달성하는 것이 매우 버겁고 개인적인 삶이 무척 외롭고 고달프다는 것을 느끼자 스승이던 량치차오와 문학 동지 루쉰처럼 천두슈 역시 자신이 타도하고자 그토록 애를 썼던 바로 그 전통문화의 안락한 품속을 다시 찾게 됐다. 열을 가하면 구부러졌다가 식으면 다시 원래 형태로 돌아가는 형상기억합

죽지 않는 것보다 다시 태어나는 것이 중요하다

금처럼, 이와 같은 혼란스러운 과도기를 살았던 세대는 어린 시절에 받았던 전통적 교육의 잔재를 완전히 떨쳐낼 수 없었다. 천두슈 역시 마치 자석에 이끌리듯 그렇게 오랫동안 벗어나고자 몸부림쳐온 고전 한시漢詩, 고전 문헌학, 효심 등의 세상으로 회귀했다는 의미다. 옛 중국 격언에 이런 것이 있다. "절에서 중을 끌고 나올 수는 있어도 중에게서 절을 빼내올 수는 없다."

그래서 천두슈를 비롯한 신문화운동가들은 등에 진 '쓰레기통'을 내다버리자고 그렇게 주장했으면서도 내적으로는 그 과거에서 완전히 벗어나기가 불가능했다. 개혁운동과 혁명활동을 벌이는 와중에도 이들의 발목을 잡은 것은 바로 유교적 전통이었다. 개혁이나 혁명 혹은 반체제 활동을 통해 억압의 사슬에서 벗어나는 것보다 내적 투쟁을 통해 전통의 그늘에서 벗어나는 것이 훨씬 어려울 정도로 그 전통의 힘은 참으로 강했다. 결국 천두슈에게 이 전통은 참으로 친숙하고 참으로 안락한 품이어서 이를 완전히 떨쳐낼 수 없었다. 과거 전통의 품안에 안기자 이제 더는 자신의 삶을 위험에 빠뜨리지 않아도 됐고 20세기 들어 신물나게 겪었던 실망스러운 상황을 더는 겪지 않아도 됐다.

말년의 천두슈는 한결 유한 사람이 돼 있었고 그 삶은 후회와 회한으로 가득찼으며 젊었을 때는 상상조차 할 수 없었던 숙명론까지 수용하게 됐다. 천두슈는 중국이 자기개혁을 실현하고 국력을 회복하리라는 믿음을 거의 버린 것 같았다. 천두슈는 죽기 직전인 1942년에 그 시절 (이홍장의 시대)이 동경의 대상이라도 되는 듯 그리움에 젖어 이렇게 썼다. "이제 더는 이홍장의 시대가 아니다. 중국이 단숨에 부강한 국가가 될 수 있다는 달콤한 꿈에서 이제는 깨어나야 한다."[101]

7장

통일統一
: 응집된 힘,
하나된 마음을 이길 것은 없다

장제스

WEALTH & POWER

"
아편전쟁 때부터 1911년 신해혁명에 이르기까지
중국인 모두의 일치된 염원은
국가의 치욕을 씻고 국가를 강하게 만드는 것이었다.
"

장제스

대외적으로 장제스蔣介石는 대쪽 같고 엄격한 분위기를 풍기는 중화민국의 총통이자 국민당의 당수였다. 그러나 이와 달리 사적으로는 그렇게 위압적인 사람은 아니었다. 그 세대의 많은 지도자들이 그랬듯이 장제스도 표준 중국어를 완벽하게 구사하지 못했고 말투에 고향인 저장浙江성의 사투리가 섞여 있었다. 군기가 잡힌 모습, 근엄하게 생긴 용모, 삭발형 머리 등과는 전혀 어울리지 않게 목소리도 경극 톤의 고음이었다.

실패자의 결말을 보여주는 산증인

타이완에서 오랜 망명생활을 하던 1960년대 초에 장제스는 당시 타이완에 머물던 외국인 학자들과 학생들을 초청해 다과회를 즐겼다. 반세기 전 이곳을 점령했던 일본인이 건설한, 어두운 붉은 벽돌로 된 총통관저에서 국민당 구국청년단이 이 같은 사교 모임을 주관했다. 구국청년단은 '반공대륙反攻大陸'이라는 신성한 임무를 수행하는 국민당의 공식 청년단체로서 당시 구제동포救濟同胞(중국 동포를 구한다는 의미)라는 구호 아래 마오쩌둥이 통치하고 있던 본토를 무력 탈환하는 것을 목표로 했다. 관저 내 거대한 응접실에서 총통이 나타나기를 기다리노라면 1900년대 초에 외교관 부인들이 자금성에서 열린 다과회에 참석하여 서태후가 나타나기를 기다리던 장면이 자연스럽게 떠올랐다.

마침내 총통이 모습을 드러내는 모습을 지켜보는 것은 매우 흥분되는 일이었다. 어쨌거나 이 세상에서 인구가 가장 많은 대국의 지도자였고 한때 윈스턴 처칠, 프랭클린 루스벨트, 이오시프 스탈린 등과 함께 '세계 4대 거물'로 지목되어 1943년 11월 카이로에서 있었던 정상회담(스탈린은 참석을 거부했다)에 초청된 바 있던 인물이었다.[1] 그로부터 20년이 지난 지금 장제스는 남쪽 섬에 꾸려진 망명정부의 통치자였다. 1949년에 장제스는 중국 본토와 국민을 남겨두고 정적政敵인 마오쩌둥에게 쫓겨 이곳 타이완으로 망명하는 수모를 당했다. 장제스는 타이완을 한때 자신이 통치했던 중국 본토와 닮은꼴이라 여기며 통치했다.

다소 어색한 다과회가 진행되는 동안 장제스가 양면성을 가진 사람이라는 사실이 점점 분명해졌다. 장제스는 군의 규율과 유교식 자기통제 훈련을 통해 어떠한 굴욕적인 상황에서도 감정을 다스려 침착함을 유지하는 법을 배운 사람이었다. 장제스는 결코 편치 못한 지금의 상황을 감추려는 듯 고압적인 태도를 유지하려 애썼다. 강한 인상을 남기려는 의도가 다분한 그 모습이 외부 사람, 특히 외국인의 눈에는 안쓰럽게 보이기도 했다. 멀리서 보면 힘과 위엄이 느껴지기도 했다. 그러나 가까이에서 보면 그의 의도된 듯한 근엄함 속에는 불안함과 위태로움이 숨

統一

겨져 있었다. 쑨원이 디자인했다는 그 중산복 차림으로 얇은 입술을 향해 찻잔을 들어올리는 그 모습을 보면 과거의 위상에 비해 초라할 수밖에 없는 현재를 당당함과 초연함으로 애써 무마하려 한다는 느낌이 들 것이다. 사실 예전 중국의 위상을 생각할 때 최고 통치자라는 사람이 보잘것없는 외국의 학자 나부랭이들(개중에는 자전거를 타고 이곳에 온 사람도 있었다) 앞에 모습을 드러내 자리를 함께한다는 것 자체가 씁쓸한 현실을 느끼게 하기에 충분했다.

사람들은 치욕을 딛고 대국의 옛 영광을 되찾자고 부르짖던 그 대단했던 영웅의 초라한 모습에 참담함을 느끼며 그곳을 떠났다. 중국의 숱한 지도자들과 마찬가지로 장제스도 중국의 국력 회복을 위해 일생을 바쳤다. 장제스는 그러한 목적으로 중국 국민에게 '나라를 위기에서 구해내고 세계 각국과 어깨를 나란히 할 수 있을 정도로 중국을 부강한 국가'로 만들자고 호소했다.[2] 그러나 지금 장제스는 마치 귀양살이하듯 본토에서 멀리 떨어진 이 섬에 머물러 있었다. 부강한 국가를 만들려던 시도가 실패했을 때의 결과가 어떠한지를 보여주는 산증인이 된 셈이다.

1960년대 초에 타이완에 산다는 것은 역사의 중심에서 밀려나 오지에 갇힌 것처럼 답답함을 느껴야 한다는 것과 같은 의미였다. 학생들, 특히 미국인 학생들은 160킬로미터 너비의 타이완 해협을 건너 본토로 들어가는 것이 엄격히 금지됐다. 본토를 가장 가깝게 느낄 수 있는 방법은 버스를 타고 해안으로 가서 어촌 마을에서 야영하는 것이었다. 그리고 그곳에서 소형 트랜지스터라디오를 통해 베이징의 소식을 듣는 것이었다. 해변에 누워 별이 빛나는 밤하늘을 보면서 지글거리는 전파 소리와 함께 베이징 사투리가 섞인 이국적 선전방송을 듣는 것은 정말로 흥

※

239

분되는 일이었다. 타이완 해협 건너편에서 역사적인 드라마가 펼쳐지고 있다는 사실은, 이 원대한 혁명투쟁에서 승기를 잡지 못하고 변방으로 물러나 앉은 장제스와 그의 망명정부를 더욱 서글프게 했다.

황금의 10년

마오쩌둥보다 6세 연상인 장제스는 1887년에 저장 성의 해안도시 평화奉化 인근에 있는 시커우溪口라는 마을에서 소금 상인의 아들로 태어났다. 이곳은 유교 전통이 지배적인 곳으로 유명한 지역이다. 어릴 때 유교 경전으로 공부한 장제스는 그 영향으로 자기계발과 자기절제, 예의, 어른을 공경하고 군주에게 복종하는 위계질서 의식 등 유교적 전통 사상이 몸에 배어 있었다.[3] 그러나 1905년 그 전통에 따라 집안에서 정해주는 여성과 혼인을 한 이후 그에 대한 반항의 의미로 길게 땋은 머리를 자르고 일본으로 유학을 떠났다.[4] 일본에서 공부하던 쑨원, 천두슈, 루쉰, 량치차오 같은 젊은이들이 문화와 정치 부문에서 새로운 사상을 탐구하기 위해 유학을 택했다면 장제스는 군사전략, 용병술, 기술 부문을 공부하는 데 관심이 많았다. 위 젊은이들은 새로운 사상을 통해 중국의 문화와 의식을 변화시키고 싶어했다. 그런데 장제스는 국가 방위를 위한 전술을 터득하고자 일본 군관학교에서 공부했다.

장제스는 고향으로 돌아와 바오딩保定군관학교에 입학했다가 채 1년이 안 돼 다시 일본 유학을 떠났다. 이번에는 도쿄에 있는 진무학교振武學校에 들어갔다. 이곳은 특별히 중국인 망명자들을 위한 군사훈련 학교였다.[5] 장제스는 이곳에서 평생 업이 될 군인으로서의 자세와 군 규율을 배우고 익히기 시작했다. 이 과정에서 고향 저장 성의 동료인 천치메이陳其美를 통해 쑨원의 중국혁명동맹회와 그의 정치적 명성에 대해 알게 됐다. 그리고 1911년에 청 왕조가 붕괴하자 천치메이陳其美(중국의 혁명가이자 정치인-옮긴이)로부터 상하이로 와서 신설된 반청의용군에서 함께 활동하자는 내용의 전보를 받았다. 훗날 장제스는 이 일을 이렇게 회상했다. "이것이 내 혁명활동의 시작이었다."[6] 20세기 첫 10년은 혼란과 격동의 시기였고 처음으로 쑨원을 직접 만나 함께 활동을 시작했던 것도 이때였다. 이 시기에 천치메이와 함께 위안스카이 정부의 지방 관리들을 겨냥하여 죽음도 불사하겠다는 각오로 애국암살단까지 만들었다.[7]

그런데 어이없게도 1916년 5월에 위안스카이의 첩자에게 천치메이가 도리어 암살당하는 사태가 벌어졌다. 장제스는 이 사건으로 큰 충격에 빠져 한동안 자포자기 상태로 방탕한 생활을 했다.[8] 그러는 동안에도 쑨원과는 계속 연락을 주고받았다. 광둥 성의 쑨원 군대에서 꾸준히 진급을 해온 장제스는 1922년에 긴급 소환돼 쑨원 구출 작전에 투입됐다. 이때 쑨원은 경쟁세력이던 광저우 군벌에 의해 주장珠江 강에 떠 있던 포함砲艦에 억류돼 있었다.[9]

1923년 8월에 쑨원은 장제스를 모스크바로 보내 군사학과 정당조직에 관한 지식을 배워 오게 했다. 1924년 6월에 러시아의 자금 지원을 받아 광저우에서 황푸군관학교를 열면 장제스를 교장에 앉힐 요량이었다. 이때 저우언라이周恩來는 정치위원으로 함께했다. 당시 장제스는 이러한 공적 부분 말고 다른 중요한 부분에서도 쑨원과 묘하게 인연이 얽혀 있었다. 쑨원은 쑹칭링이라는 여성과 결혼했다. 쑹칭링은 독실한 기독교 신자이자 미국에서 교육받은 기업인으로서 중국으로 돌아와 건면乾麵사업으로 큰 부를 축적한 대부호 찰리 쑹의 세 딸 가운데 한 명이었다.[10] 장제스는 1921년 쑹원의 상하이 집에서 열린 크리스마스 파티에서 웰즐리 대학 출신의 쑹메이링을 만났고 보자마자 한눈에 반하게 된다. 쑹메이링은 쑹칭링의 동생이었다.[11] 그러나 장제스는 여러 번 결혼한 경력이 있었고 당시에는 전 부인과 이혼도 안 된 상태였기 때문에 엄격한 기독교 집안이던 쑹 가문에서 이 결혼을 찬성할 리 없었다. 이 때문에 오랜 구애가 시작됐는데 말수 적고 무뚝뚝한 장제스는 담배를 즐기는 이 명랑 쾌활한 여성에 관한 이야기를 자신의 일기에 적어놓았다. "요즘 나는 밤낮으로 메이링 생각만 한다."[12]

그러다 장제스의 군인 계급이 높아지고 그가 성경 공부도 열심히 하겠다고 약속하자 쑹 집안에서 마침내 결혼을 승낙했다. 두 사람은 1927년 12월 1일에 상하이에서 결혼식을 올렸다. 이 결혼식은 기독교식과 중국식이 반반씩 섞인 모양새였고 식이 끝난 뒤에는 다화반점大華飯店(머제스틱 호텔)의 대연회장에서 피로연이 성대하게 치러졌다. 장제스의 결혼은 군사적으로 중국을 재통일하려는 노력이 성공을 거둘 즈음에 이루어졌고 장제스는 이 결혼으로 중국의 신흥 자본주의 계층은 물론 서방 세계와 굳건한 연결고리를 갖게 됐다.

1925년에 쑹원이 죽자 야심가였던 장제스는 자신의 삶이 국가의 운명과 떼려야 뗄 수 없는 관계라고 인식하게 됐다. 당시 장제스는 국민당 수뇌부의 자리를 고스란히 물려받았을 뿐 아니라 잘 훈련된 새 군대로 병권까지 장악했다. 따라서 38세라는 비교적 젊은 나이임에도 중국의 재통일을 위해 북양군벌北洋軍閥 타도를 목표로 한 이른바 북벌北伐에 나

설 수 있었다. 지방 군벌에게서 우한을 탈환한 장제스는 그 기념으로
'불평등조약 폐지廢除不平等條約'라는 문구를 새긴 기념 철탑을 세웠다.[13]
국가 통일 주도자로서의 활동은 1928년 1월 4일에 신 국민당 정부의 정
치위원회政治委員會 주석主席을 맡으면서 그 정점을 찍게 된다. 이때 국민
당 정부는 수도를 난징으로 옮겼다.[14]

　1925년 장제스가 국민당 내에서 실권을 잡았을 때 중국은 해마다
내리막의 정점을 찍고 있었다. 누구도 이 하락세를 멈출 수 없을 것 같
았다. 그러나 1926년에 장제스는 러시아식 훈련을 받은 새로운 군대를
이끌고 북벌에 나섰고 전투에서의 잇단 승리에다 행운까지 작용한 덕분
에 봉건적인 군소 군벌들을 소탕하여 국가 재통일의 위업을 달성했다.
이는 그 누구도 기대하지 못했던 엄청난 승리이자 성과였다.

　궁극적으로는 장제스가 정치적 패권다툼에서 패한 상황이 되었기
에 당시 장제스의 부상浮上과 성공이 얼마나 놀랍고 대단한 사건이었는
지 기억에서 가물가물해진 면이 있기는 하다. 어쨌거나 장제스가 북벌
에 성공하고 새로운 정부를 수립할 때까지 중국의 미래를 낙관한 사람
은 거의 없었다. 루쉰 같은 회의론자들은 중국이 이 쇠락의 나락에서 빠
져나올 희망이 전혀 보이지 않는다고 한탄했다. 미국의 언론인이자 학
자인 너새니얼 페퍼Nathaniel Peffer는 1930년에 출간한 『중국: 문명의 몰
락China: The Collapse of a Civilization』이라는 책에서 당시 중국에 대해 이렇
게 정리했다. "요즘 중국의 상황은 한마디로 목불인견이다. 외교력은 엉
망이고 지도자들은 하나같이 무능하며 게다가 중국인의 뿌리깊은 숙명
론까지 가세해 상황이 더 악화하고 있다. 100여 년 동안 유능한 지도력
은 물론 국민의 응집된 힘, 건설적 능력의 기미가 전무한 지경이다."[15]

역사학자 로이드 이스트먼Lloyd Eastman이 지적한 대로 장제스에게 주어진 시급한 과제는 100여 년 동안 중국사회에 만연했던 모래알 같은 분열상을 치유하여 온 국민의 힘을 하나로 모으는 일이었다.[16]

그런데 장제스의 성공적 행보와는 별개로 비록 수적으로는 적었으나 장제스를 계속 신경쓰이게 하는 조직이 있었다. 중국의 재통합과 강국으로의 부활이라는 비전을 위협하는 그 세력은 수년 전 쑨원이 이른바 국공합작을 할 때 국민당에 받아들인 공산당 당원들이었다. "나는 이들을 진심으로 대했으나 이들은 거짓과 속임수로 일관했다." 장제스는 1926년에 자신의 일기를 통해 러시아측에 공산당을 내치는 자신의 상황을 이렇게 변호했다.[17]

장제스는 결국 1927년 4월에 자신의 스승 쑨원이 손을 잡았던 공산당 지도자들을 대량학살하는 이른바 '백색테러(좌파에 대한 테러를 의미함-옮긴이)'를 감행하여 중국인들을 충격에 빠뜨렸다. 지하 범죄조직인 청방青帮을 동원하여 상하이 역사상 가장 잔인한 피의 숙청을 저질렀던 것이다. 이 사건은 자신과 국민당(당시 레닌주의를 기반으로 조직을 재구성했다)은 공산당의 협력 없이도 국가 통합과 부흥을 이룩할 수 있다는 장제스의 믿음에서 비롯됐다.

1930년이 되자 공산주의자들과 지방 군벌들은 지하로 숨어들거나 변방으로 자취를 감추었다. 그러자 장제스는 쑨원의 묘역 공사가 진행 중이던 난징에 새 수도 조성 및 발전 계획을 세웠다. 장제스는 새 수도 난징이 '중국 전체 에너지의 원천'이자 '전 세계 수도의 본보기'로서 경탄과 경외감을 불러일으키는 웅대한 수도의 위용을 갖추기를 바랐다.[18] 역사적 기념물, 유적, 웅장하고 화려한 공원, 위풍당당한 새 건물, 대로,

統一

기타 파리나 워싱턴을 연상시키는 구조물 등을 갖춘 난징에 대해 설계자들은 '중국 문화의 위대성을 찬미하는' 의미가 담긴 도시 계획이었다고 말했다.[19] 그러한 웅장미를 추구하는 모습을 보면 비록 현실은 그렇지 않더라도, 아니 현실과 다를수록 더더욱, 수많은 중국인이 갈망하는 부유하고 강한 국가를 '상징'하는 그 무엇을 창조하는 것이 얼마나 중요한 일인지를 실감할 수 있다.

그다음으로 장제스는 자신의 처남이자 기업인인 하버드 대학 출신의 쑹쯔원을 중심으로 재정개혁을 시도하고 항구, 고속도로, 철도, 공항, 게다가 새로운 사법체계 등에 투자하기로 했다. 세계경제가 후퇴기에 들어갔고, 일본이 만주를 점령했으며, 마오쩌둥이 중국 변방과 농촌지역에서 장제스 정부에 반대하는 농민봉기를 준비하고 있던 그때 장제스는 이러한 야심찬 계획을 시행하겠다고 나선 것이다. 국공합작이 깨지자 장제스는 마오쩌둥이 이끄는 게릴라군에 정면으로 맞서 '공산군 토벌' 작전을 시작했다. 장제스는 1933년에 한 연설에서 풍계분이 언급한 '내우외환'을 연상시키는 말을 했다. "오늘 우리는 밖에서뿐 아니라 안에서 꿈틀대는 위험에 직면해 있다. 안에서는 극악무도한 공산당 무리가 매일 사람을 죽이고 불을 지르는 만행을 저지르고 있으며, 저 바다 건너에서는 일본 제국주의자들이 우리 땅을 빼앗으려 호시탐탐 노리고 있다. 이 제국주의자들은 중국이 멸망하는 그날까지 절대로 만족하지 않을 것이다."[20]

장제스는 이 두 유형의 적 가운데 어느 쪽이 더 위험한지에 대한 자신의 견해를 분명히 밝혔다. "일본인의 침략 야욕은 밖으로부터 온 것이니 이는 병으로 치자면 피부병과 같다. 그런데 우리 안에서 활동하는 반도叛徒 일당은 우리 몸에 생긴 심장병과 마찬가지다. 그러니 우리는 피부병을 치료하기 전에 먼저 심장병부터 치료해야 한다. 피부병을 치료하지 않는다고 죽지는 않으나 심장병은 그냥 두면 환자가 죽기 때문이다."[21] 이러한 결론에 도달한 장제스의 잠재의식에 1860년대 영국과 프랑스 연합군이 여름 별궁을 약탈했을 때 공친왕이 함풍제에게 했던 말이 남아 있었는지도 모르겠다. "태평천국군은 우리 심장을 위협하고 있다. 영국군은 단지 우리 팔다리를 노리는 것에 불과하다. 그러니 우리는 이 역도逆徒부터 처단해야 한다."[22] 그런데도 1936년에 가장 독립성이 강한 중국 신문 가운데 하나인 『다궁바오大公報』는 장제스 정부가 이끄는 중국을 긍정적으로 평가했다. "지난 몇 개월 동안 중국인들은 중국이 최악의 상황에서 벗어났다고 확신하는 것 같았다."[23]

국내 분위기와 정세에 극적인 변화가 있던 그 12월에 만주 군벌의 지도자 장쉐량張學良이 시안西安에서 장제스를 인질로 잡고, 국공합작을 부활시켜 공산당과 손을 잡고 일본에 맞서 싸우는 데 힘을 집중해달라고 요구했다. 이 '시안사건'은 장제스 개인으로서는 불명예스러운 일이었다. 그러나 장쉐량의 요구를 받아들이고 풀려나 난징으로 돌아왔을 때 수십만 인파가 거리로 나와 열렬히 환영하며 장제스를 영웅처럼 대접했다.[24]

군벌 지도자들도 국가를 일으켜세우려는 장제스의 노력에 깊은 인상을 받았고 이제 드디어 중국이 자립할 수 있는 능력을 갖추게 됐다고 생각하는 사람들도 많았다. 문제가 아직 산적해 있는데도 성급한 사람들은 1920년대 말부터 1930년대 초중반까지를 '황금의 10년'이라고 설레발치기도 했다.[25] 좌파 성향의 미국 언론인 에드거 스노Edgar Snow는 중국의 상황을 그리 낙관적으로 보지 않았다. 스노는 다소 냉소적인 어조로 이렇게 썼다. "지금은 소수 외국인과 매판 상인들에게는 분명 황금기일지 모른다. 그러나 또 한편으로는 기아, 홍수, 전염병, 기타 충분히 막을 수 있는 재앙으로 해마다 수백만 명이 죽어나가고 또 수백만 명의 농부가 토지를 잃는 시기이기도 하다. 장제스 정부는 매번 이러한 상황을 해결할 대책을 내놓는다고 하면서 또 그 대책의 시행을 항상 뒤로 미루기만 한다."[26]

일본과 무너진 '황금의 10년'

잠시나마 국가 부흥의 꿈과 희망에 부풀었던 기간은 일본 제국주의의 중국 본토 침탈 야욕 때문에 끝이 나고 말았다. 량치차오나 쑨원 같은 선배 지도자들과 마찬가지로 장제스도 처음에는 중국과 일본이 손을 잡고 범아시아 협력 계획을 실현할 수 있지 않을까 하는 순진한 기대를 품었다. 그러나 1928년 산둥 성 지난濟南에서 장제스의 그 순진한 몽상은 여지없이 깨져버리고 말았다. 일본은 베르사유조약에 따라 독일의 조차지였던 이곳을 얻었고 점령 상태를 여전히 유지하고 있었다. 실제로 일본 정부는 조용히 이 지역에 군대를 주둔시키기 시작했다. 5월 3일에 장제스가 지난을 탈환하려 했을 때 일본군은 이 도시에 포격을 가하며 극렬히 저항했다. 양측의 무력충돌과 잔학행위로 수많은 군인과 민간인이 죽고 나서야 이 전투는 겨우 끝이 났다.[27]

일본 제국군의 잔학행위에 격분한데다 설상가상 그 전투에서 패배한 것에 크게 마음이 상한 장제스는 일본인을 '난쟁이 해적'이라는 의미의 '왜구'라 칭하며 경멸했다.[28] 그러나 장제스는 전력을 다해 대항하지 않았기 때문에 만주에 대한 지배권을 서서히 상실했고 결국 1932년 일본은 이곳에 만주국이라는 괴뢰정부를 수립했다. 장제스는 1931년 9월 18일 자 일기에 자포자기한 심정으로 이렇게 썼다. "다 끝났다. 이제 우리가 할 일은 마지막까지 온 힘을 다해 우리 임무를 다하는 것뿐이다."[29]

장제스는 북부 지역에서 일본군과 맞서 싸우는 대신 나중에 중앙에서 공산당과 싸우는 데 사용하고자 힘을 비축해놓기로 했었다. 이에 따라 실제로 일본 제국군은 별다른 어려움 없이 진격할 수 있었다. 그래도 장제스는 그 모욕을 견뎌야 한다는 데 굴욕감을 느꼈고 그러한 마음의 고통과 고뇌가 일기 속에 여러 차례 표현돼 있었다. 1934년 4월 18일 자 일기에는 이렇게 썼다. "이 치욕을 싹 쓸어낼 수 있을 정도로 부강한 국가를 만들려면 대체 어떻게 해야 한단 말인가?"[30]

중국의 영토를 더 많이 취하겠다는 야욕에 눈먼 일본은 이제 방어능력을 상실한 채 무기력한 상태로 있는 중국의 심장부를 겨냥하기 시작했다. 일본 대사 하야시 곤스케林權助 남작은 냉혹한 어조로 이렇게 말했다. "역사적 사건들을 돌이켜보면 제국 열강은 중국을 곤경에 빠뜨렸고 그렇게 해서 자신들이 원하는 것을 취했다는 사실을 되풀이해서 알려준다. 제국 열강이 중국을 다루는 방법은 자신들이 원하는 것을 주장하고 그것을 얻을 때까지 계속해서 요구하는 것이었다."[31]

국가적 굴욕 상황이 거듭되자 중국인들 사이에 일본과의 싸움을 미루는 장제스의 전략에 반대하는 기류가 생겨나기 시작했다. 장제스는

1937년 베이징 외곽에 있는 루거우차오蘆溝橋(일명 '마르코폴로 다리')에서 일본군의 공격을 받은 사건과 시안사건을 겪은 연후에야 더는 일본과의 일전을 미룰 수 없다는 사실을 깨달았다. 장제스는 일기에 이렇게 썼다. "일본이 도발했고 우리는 단호히 이에 대항해야 한다. 이제 때가 왔다."[32]

전쟁이 급속히 확대되면서 1937년 11월에 상하이에서 격렬한 전투가 벌어졌고 12월이 되면서 이 전쟁은 결국 난징대학살이라는 비극적 사건을 향해 치닫게 된다. 장제스 부부는 자신들이 그토록 자부심을 느끼는 이 새 수도에 남아 끝까지 저항해야 한다고 생각했다. 수주일 동안 중국군은 월등한 군사력으로 무장한 강적 일본군을 맞아 수도 방어를 위해 정말 열심히 싸웠다. 그러나 일본군이 총통 관저를 겨냥해 포격을 감행하자 결국은 수도 수호를 포기하게 된다.

마침내 난징을 점령한 일본군은 제2차 세계대전 사상 가장 잔혹한 일들을 벌였다. 일본군이 자행한 잔학행위로 수십만 명의 중국인들이 부상당하고, 강간당하고, 고문당하고, 학살당했다. "일본군은 여기저기에서 잔혹한 만행을 저질렀다." 난징에 거주하던 독일인 사업가 욘 라베 John Rabe의 증언이었다. 라베는 자신의 힘이 닿는 데까지 수많은 중국인을 이 잔인무도한 학살에서 구해내려 애썼고 이 때문에 오늘날 사람들은 라베를 '중국의 신들러Schindler'라고 부른다.[33]

새 수도 난징을 지키지 못한 데서 오는 치욕도 치욕이려니와 이 무참한 패배로 말미암아, 중국이 아무리 전보다 나아졌다고는 해도 여전히 약탈적 외세에 맞서 싸워 자국을 방어할 능력은 없다는 사실이 확인됐다는 점이 더욱 뼈아팠다. 1860년과 1900년에 서태후가 몽진했던 것처럼 장제스도 수도 난징을 비우고 대륙 서남쪽에 있는 충칭으로 일단 몸을 피했다. 그러고는 이렇게 주장했다. "이번 전쟁은 난징이나 다른 도시에서 해결될 일이 아니다. 우리 국민이 보여준 불굴의 의지로 이 거대한 대륙의 변방도시에서 그 끝을 볼 것이다."[34] 그러나 국민당과 공산당 연합군이 끈질기게 저항했음에도 일본군은 1945년 패전할 때까지 근 7년 반 동안 중국 영토를 유린하며 중국인들을 닥치는 대로 도륙하고 불 지르고 약탈하는 만행을 저질렀다.

그동안 중국 땅의 상당 부분이 일본에 점령당했다는 것으로 끝이 아니었다. 전시戰時 인플레이션은 해마다 상승하며 악화 일로를 걸었고 도시와 농촌을 불문한 전 지역의 경제사정은 말이 아니었다. 설상가상으로 국민당 내부에도 부정부패가 만연했다. 1940년대 초가 되자 장제스가 과연 진정한 국가의 구세주인가에 대한 의문이 깊어졌다. 장제스에 대한 청렴결백의 이미지가 퇴색함에 따라 여기저기서 비아냥대는 글이 올라왔다. 그중 언론인 에드거 스노는 양쯔 강 상류에 있는 국민당 정부의 임시수도 충칭을 '아우게이아스의 외양간(30년간 치우지 않은 외양간으로서 아주 더럽고 부패한 곳을 빗대어 이르는 말—옮긴이)'에 비유했고 국민당 정부를 '장제스가 얼굴마담 노릇을 하고 소수 당원이 이끌어가는 독재 정부'로 칭할 정도로 장제스와 국민당 정부를 혹평했다.[35]

1943년에는 미국의 또다른 저명한 언론인이자 한층 더 신랄한 비판자였던 시어도어 화이트Theodore H. White가 전시에 장제스와 인터뷰를 한 후 이렇게 말했다. "장제스는 우리에게 하등 쓸모가 없는 인물일 뿐아니라 중국 국민에게도 무용지물인 인물이다."[36] 1940년대 말 일본은 마침내 패전국이 됐고 장제스는 내전에서 마오쩌둥에게 패하고 타이완으로 쫓겨가는 신세가 됐다.

❖

統一

장제스의 음과 양

중국의 '최고 통치자'로서 장제스의 삶은 롤러코스터처럼 파란만장했다. 그런데 장제스가 여느 지도자와 달랐던 점은 무엇인가? 장제스의 기본 사상은 무엇이고 의사결정을 할 때 기준으로 삼았던 것은 정확히 무엇인가? 또한 이러한 것들이 국가 부흥이라는 더 큰 그림과 어떻게 어우러졌는가?

자신이 살았던 격동의 시대를 반영하듯 장제스는 과거와 현재, 동양과 서양, 유교와 기독교, 권위주의적 본능과 민주주의적 외양 등 상반되는 요소들을 복합적으로 지니고 있었다. 공자의 군자君子 개념을 선호한다는 측면에서 보면 장제스는 전통주의자였다. 군자는 자기계발을 통해 고양된 의식과 지도력을 갖춘 사람을 의미한다. 장제스는 중국 고전을 좋아했고 중국의 전통가치를 다시 사회의 근간으로 삼으려는 노력을 기울여왔다. 당시唐詩, 즉 당나라 시인들이 지은 한시를 좋아했고 그 자신이 꽤 솜씨 있는 수준급 서예가였으며 유교식 자기성찰의 의미로 매일 일기도 썼다.[37] 외국어도 할 줄 몰랐고 일본에 유학한 것, 잠시 러시아를 방문했던 것 말고는 외부 사정에도 그다지 밝지 못했다. 장제스는 군사적 훈련과 규율, 통제, 질서를 찬양했고 중국의 운명을 자신의 운명과 동일시할 정도로 애국심이 강한 민족주의자였다. 깊은 산골에 들어가 자기반성과 성찰의 시간을 갖곤 하던 유학자들처럼 휘몰아치는 정계생활에 심신이 지치고 피곤할 때면 저장 성에 있는 고향 마을에 들어가 칩거하는 습관도 있었다.

한편으로는 쑹메이링과 결혼한 이후로 성경도 읽고 매일 기도도 했다. 미국에서 공부했고 영어를 잘하며 독실한 기독교 신자였던 아내 쑹메이링의 영향을 받았던 것이다. 심지어 일기에 예수의 고행에 관한 이야기를 여기저기 적어놓기도 했다. 그러나 이처럼 동과 서의 양립을 추구했던 장제스의 노력은 결국 그 자신의 힘으로는 절대 해결할 수 없는 모순만을 재확인했을 뿐이다. 이러한 수많은 모순에 담긴 불편한 진실은, 쑨원도 그랬듯이 서구 유럽과 일본을 중국의 원수와 같은 존재로 인식하면서도 자신을 그들과 완전히 분리하지 못했고 그들이 중국인들에게 얼마나 큰 모욕을 안겼는지 잘 알면서도 그 분함을 충분히 표출하지 못했다는 것이다. 서구화된 여성과 결혼했기 때문에 상징적으로는 장제스가 서구 유럽과 결혼한 것처럼 비쳤다. 전쟁중 영국, 미국과 동맹을 맺었다는 사실도 혼란스런 상황을 연출하기는 마찬가지였다. 영국과 미국은 중국에 불평등조약을 강요한 국가였는데 이제 이들 국가와 한배를 탔다는 모순된 사실에 장제스는 심적 갈등과 혼란을 느끼지 않을 수 없었다.

이러한 모순적 상황은 평상시 복장 습관에서도 찾아볼 수 있다. 장제스는 견장, 메달, 반짝이는 가죽구두, 칼 등을 갖추어 프로이센군 장교를 연상시키는 군복 차림을 하거나 서구식 망토와 검은 중절모를 쓰고 다녔다. 또 어떤 때는 중국 전통의상에 천으로 된 신발을 신거나 중산복(쑨원 슈트)을 입기도 했다. 장제스는 동양 복식과 서양 복식을 모두 좋아했던 것 같다. 이렇게 중국 전통복식으로 유교 스타일을 고수하는 것처럼 보이면서도 한편으로는 날렵해 보이는 지팡이를 들고 다닐 때도 있었다. 시안사건 때 탈출하느라 등을 다쳤다는 것이 표면적인 이유였으나 속으로는 멋들어진 단장을 지참하고 다니는 멋쟁이 영국 신사처럼 보이고 싶었는지도 모른다.

　이렇게 다소 과장된 옷차림을 하고 다녔어도 장제스 자신이 뼛속 깊이 보수주의자이며 중국의 전통문화 안에서 가장 편안함을 느낀다는 사실까지 변화시키지는 못했다. 장제스는 또한 배외주의자이기도 했다. 국가적 굴욕에 대한 분노, 그것이 바로 장제스가 지닌 애국심의 원천이라는 면에서 그랬다. 장제스는 불평등조약이 중국인의 자존심을 완전히 무너뜨렸고 명예를 크게 실추시켰다고 생각했다.[38] 일본이 중국 영토를 야금야금 점령하자 이러한 치욕과 수치감은 극에 달했다.

　시어도어 화이트는 이렇게 썼다. "장제스 하면 가장 먼저 떠오르는 것이 바로 '중국인의 깐깐한 자존심'이었다. 치욕의 100년을 장제스를 비롯한 모든 중국인이 공유해왔고 이 굴욕감이 장제스의 성격 면면에 고스란히 반영돼 있었다."[39]

　꾹꾹 눌러 참으며 감정을 잘 통제하는 듯하다가 어느 순간 통제 불능 상태가 되곤 하는 것도 조국의 문제를 해결하지 못하는 자신의 무능함에 대한 분노가 반영되어서일지도 모른다. 화이트는 장제스가 평소에는 극도의 자제심을 발휘하다가도 어느 순간 불같이 화를 냈다고 한다. 이렇게 분노가 폭발할 때면 소리를 지르고, 찻잔이나 접시 같은 물건을 깨버리고, 종이를 찢고 자제력을 완전히 잃은 듯한 행동을 보였다고 한다.[40] 화이트의 말에 따르면 장제스가 자제력을 잃고 분노하면 가볍게 뭔가를 치거나 깨는 데서부터 심하면 누군가를 죽일 듯한 과격한 행동까지 했다고 한다.[41]

　국가적 자존심에 상처를 입고 그 수치심이 수십 년 동안 마음속에 응어리처럼 굳어진 것이 결국 자국의 방어능력 부재를 인식하는 계기가 됐고 외국 혹은 외국인의 모욕적 언사나 행동에 자존심을 더 강하게 내세우는 반응을 하게 된 것인지도 모른다. 장제스가 지닌 이러한 수치심 혹은 굴욕감은 5·4운동의 기본 사상인 민족주의를 고취하고 한편으로는 구태의연한 전통적 사고방식에 대해 맹렬한 공격을 가하게 하는 등 긍정적 역할을 한 '열등감'과 같은 맥락에서 이해할 수 있다. 그러나 장제스의 민족주의는 과거에 대한 반대가 아니라 다시 전통으로 회귀하는 쪽을 택하게 했다. 전통으로의 회귀가 중국의 '기본 정신'을 일깨울 수 있지 않을까 하는 기대감 때문이었다. 쑨원이 '국가정신'의 부활을 꿈꾸었던 것처럼 이 '기본 정신'은 장제스가 오랫동안 가슴에 품었던 염원이었다.

장제스의 연설문과 기타 저작물에는 쑨원의 삼민주의를 따르는 것은 물론이고 국가 부흥을 이루는 가장 확실한 방법으로서 유교의 핵심 가치를 다시 소중히 여기라고 당부하는 내용으로 가득차 있다. 장제스는 천두슈 같은 인물의 사상에는 공감하지 못했다. 천두슈의 추종자들은 '유교'를 비난하며 베이징을 비롯한 여러 도시의 거리로 몰려나와 '유교 타도'를 외치고 다녔다. 장제스도 이들의 시위가 '중국인의 투쟁 정신과 애국심'을 보여주는 것임은 인정했다.[42] 그러나 장제스가 보기에 중국의 문화유산을 깨부수겠다는 이들의 욕구는 그저 허무주의적이거나 무정부주의적인 발상으로밖에 여겨지지 않았다.

장제스는 이렇게 물었다. "신문화운동이 전통윤리를 뒤집어엎고, 국가의 역사를 부정하고, 외국을 맹목적으로 숭배하며, 외국 문명과 문물을 무분별하게 받아들이는 것을 의미하는가? 만약 그렇다면 우리가 추구하는 신문화라는 것은 지극히 단순하고 저급하며 매우 위험한 것이다."[43]

장제스는 정치적으로는 혁명주의자였으나 문화적으로는 전통주의자였다. 1933년에 장제스는 이렇게 말했다. "혁명당의 일원으로서 우리는 전통의 가치와 미덕 그리고 그 정신을 보존해야 한다. 그렇게 해야만한때 최고였던 중국의 문화 수준을 회복할 수 있고 세계 중심국가로서의 위상도 회복할 수 있을 것이다."[44]

무자비하고 강력한 힘을 지닌 것을 이기려면…

장제스가 품은 불만의 원천은 '무자비하고 강력한 힘을 지닌' 불평등조약이었다.[45] 장제스는 중국이 여전히 이 불평등조약의 '노예'로 남아 있다고 생각했다.[46] 물론 불평등조약이 중국의 주권을 침해했다는 것은 불문가지다. 그러나 이러한 사실보다 장제스를 더 분노케 한 것은 이 때문에 중국인들이 '굴종 상태'를 나약하고 무기력하게 그냥 받아들이고 있다는 사실이었다.[47]

장제스의 말과 글을 보면 뿌리깊은 배외사상을 곳곳에서 확인할 수 있다. 1925년 초 황푸군관학교 생도 몇몇을 포함하여 50명 이상의 시위대가 영국군에게 목숨을 잃었을 때 장제스는 격분하여 일기에 이렇게 기록했다. "저 몰상식하고 우매한 영국인은 우리 중국인의 목숨을 파리목숨처럼 여긴다. 영국인을 절멸하지 않고서 어찌 해방을 논할 수 있겠는가."[48]

중국이 처한 고난과 시련이 불평등조약 때문이라는 생각이 점점 더 깊어지자 장제스는 이 조약을 철폐하는 것만이 살길이라고 보았다. 장제스는 이렇게 썼다. "중국의 국가적 위상이 지금 이 지경으로 떨어진 것도, 지난 100년 동안 중국인들의 사기가 바닥을 기는 것도 다 불평등조약에서 비롯된 바가 크며 이 조약의 실행으로 중국은 국가적 굴욕의 역사를 완성한 것이나 진배없다."[49]

실제로 일단 중화민국의 총통으로서 새 도읍 난징에 둥지를 튼 장제스는 1930년 이전에 외국인에게 인정된 모든 치외법권을 재고할 의지가 있음을 천명했다. 그러나 안타깝게도 중국은 너무 약했고 서구 유럽은 타협의 여지를 조금도 보이지 않았으며 일본은 삶은 호박에 이도 안 들어갈 만큼 막무가내였던지라 그는 자신의 맹세를 지켜낼 수 없었다.[50] 그러다 1943년에 영국과 미국이 영토 할양과 전쟁배상금 요구 등 이 조약에 정한 모든 조항을 철폐하는 데 동의하고 나서야 비로소 이 불평등조약의 굴레에서 벗어날 기미가 보이기 시작했다.[51]

불평등조약에서 비롯된 굴욕은 국가의 체면과 위상을 심각하게 훼손하는 것이었다. 이러한 상황에 대한 분노와 안타까운 심정이 장제스의 글 곳곳에 담겨 있었다. "지금은 그저 이 치욕을 견디면서 훗날의 복수를 준비하는 수밖에 없다." 북벌을 통해 중국 재통합에 성공한 지 얼마 안 된 시점이었음에도 장제스는 외국에 점령당했던 조국의 비참한 경험을 절대로 잊지 않았다. "잃어버린 영토는 반드시 되찾아야 하고 굴욕을 당했으면 반드시 되갚아줘야 한다는 조상의 믿음을 토대로 중국인들에게 이에 걸맞은 훈련을 시키고 준비를 하게 하는 데 족히 10년은 걸릴지도 모른다."[52]

장제스는 복수를 위해 때를 기다리며 참고 또 참으라 역설하면서 중국 고대 왕국인 월나라의 왕 구천句踐의 일화를 그 본보기로 들었다. 이에 관해서는 역사가 폴 코언Paul Cohen이 깊이 다룬 바 있다. 아주 오래된 이야기지만 중국인들 가운데 월나라의 왕 구천의 이 복수극이 어떻게 전개됐는지 모르는 사람은 거의 없다. 구천은 적국인 오나라에 패해 나라를 잃고 포로가 됐으나 이에 굴하지 않고 참고 견디면서 언젠가 다시 일어나 적을 무찌르고 그 치욕을 벗게 될 날을 기다리며 복수를 준비했다. 그래서 자신이 당했던 굴욕과 복수의 의지를 잊지 않고자 잠자리 위에 쓸개를 매달아놓고 매일 그 쓰디쓴 것을 핥으며 자신과 자신의 왕국인 월나라를 치욕스럽게 한 오나라에 대해 복수를 다짐했다. 구천의 이 일화는 '장작더미 위에서 잠을 자고 쓸개를 핥는다'는 의미의 와신상담臥薪嘗膽이라는 고사성어의 소재가 됐다.[53]

장제스는 구천의 인내력과 자제심, 그 결단력을 크게 찬양했다. 실제로 1928년에 일본이 지난으로 진격하자 장제스는 저항의 의지가 꺾일 정도의 무력감을 느꼈으나 와신상담을 본보기 삼아 부하들에게 작전명령을 내렸다. 일본과의 전투에서 패한 장제스는 그 패배가 매우 굴욕적이었던지라 자신과 구천을 동일시하며 1928년 이후로 자신의 일기에 '치욕을 씻는다'는 의미의 '설치雪恥'라는 단어를 쓰며 그날의 일을 잊지 않으려 했다.[54] 그는 자신에게 한 약속을 잊지 않고자 이렇게 썼다. "오늘부터 나는 아침 6시에 일어날 것이다. 그리고 이 굴욕을 매일 되새길 것이다. 이 굴욕을 완전히 씻어낼 때까지 그렇게 할 것이다."[55]

1931년 9월에 일본이 만주사변을 일으킨 이후, 즉 일본군이 중국 남부 지역으로 진격하기 위한 전초전으로 펑톈奉天(지금의 선양瀋陽)을 공격한 사건 이후 장제스는 일기에 이렇게 썼다. "구천은 적의 포로가 되었을 때 장작더미 위에서 잠을 자며 쓸개를 핥았을 뿐 아니라 자신의 소변을 마시고 대변까지 먹으며 복수의 의지를 다졌다. 지금의 나와 비교하면 구천의 인내심과 의지는 나의 의지보다 수백 배는 더 강했다."[56] 타이완으로 '유배'당한 1949년 이후의 상황을 생각하면 장제스가 자신을 '근대판 구천'으로 인식한 것도 백번 이해가 간다.[57]

중국의 운명

장제스의 역작이자 그의 정치적 정서를 가장 분명하게 엿볼 수 있는 것이 바로 『중국의 운명中國之命運』이라는 책이다. 반제국주의 기치 아래 무력항쟁을 호소하는 내용을 담은 이 책은 편집자 타오시성陶希聖의 도움을 받아 작성됐고 전시 중국의 가장 암울한 시기였던 1943년에 출간됐다. 당시 중국이 영국, 미국과 동맹관계를 맺고 있었음에도 이 책은 '서구 열강의 경제적 압박'[58]과 '위협적이고 무자비한 제국주의의 술책과 방법'[59]을 비난하는 내용으로 가득했다. 쑨원이 민주주의와 피해의식으로 가득 채워놓아 넘치기 직전에 이른 단지! 장제스는 『중국의 운명』을 통해 그 단지의 뚜껑을 열어버린 셈이었다.

장제스는 한 성명서에서 다음과 같이 주장했다. "외국의 침략자들이 우리 방어선을 무너뜨리고 국가 존립에 필수적인 우리 영토를 점령할 때마다, 우리가 느끼는 굴욕감과 필생의 의지를 동력 삼아 빼앗긴 영토를 탈환할 때까지 그들과 맞서 싸우는 것 외에 다른 선택의 여지는 없었다.[60] 그리고 빼앗긴 영토를 모두 되찾을 때까지 이 굴욕감을 씻고 파

統一

괴의 잿더미에서 우리를 구원하려는 노력을 조금도 게을리할 수 없다."[61]
장제스는 청조 말 자강론자들의 사상을 살펴보고 나서 이렇게 정리했
다. "아편전쟁 때부터 1911년 신해혁명에 이르기까지 중국인 모두의 일
치된 염원은 국가의 치욕을 씻고 국가를 강하게 만드는 것이었다."[62] 실
제로 1927년에 장제스는 일본의 21개 요구안이 받아들여진 1915년의
그날을 국치일로 정했다. 장제스는 물망국치勿忘國恥라는 구호 아래 '이
날의 치욕을 절대 잊지 말 것'을 당부했다.[63]

　자존심이 강한데다 중국의 나약함을 익히 아는 장제스 같은 사람이
전쟁 기간에 영국과 미국에 얹혀 신세를 지는 모양새가 된 그 상황에 마
음 편할 리 없었다. 영토도 만신창이인데다 열강에 고개를 숙여야 하는
상황이 가뜩이나 마뜩잖은 판에 중국 전구戰區의 사령관인 자신을 보필
해줄 참모장으로 미국인 장교를 써야 할 상황이 되니 자존심이 있는 대
로 상할 수밖에 없었다. 어쨌거나 장제스 군대의 참모장이 된 미군 중장
조지프 스틸웰Joseph Stilwell(엄격한 훈련으로 '식초 같은 조'라는 별명이 붙었
다)은 일본군과의 전투가 진행될수록 장제스를 못마땅하게 여기게 됐
다. 국민당 군대가 일본군과 싸우는 데 매우 소극적이었기 때문이다(사
실 전쟁에서 연합군이 승리할 것으로 믿었던 장제스는 일본이 항복하는 것을 기정
사실로 보고 그 이후 벌어질 공산당과의 내전을 위해 힘을 비축하고 있었다).[64]
스틸웰은 경멸하는 투로 장제스를 '땅콩'(하찮다는 의미)이라 표현했고
아첨꾼들에게 둘러싸인 '완고하고 편협하고 자만심만 가득찬 독재자'[65]
라고 공개적으로 비난했다.[66]

　스틸웰이 이렇게 장제스를 격분시켰다면 장제스는 자신의 저서 『중
국의 운명』을 통해 이를 되갚아주었다. 그런데 이것이 외교적으로 문제

를 일으켰다. 외국인 중에 장제스가 중국어로 쓴 책을 제대로 읽을 수 있는 사람이 거의 없었기 때문에 이 점을 이용하여 외국인을 배척하는 듯한 어투로 이들을 공격하는 경향이 있었던 것이다. 스틸웰 부대에 파견된 미국인 존 서비스John S. Service는 이 책을 중국 장제스판『나의 투쟁』(히틀러의 자서전-옮긴이)이라 칭했다. 잇단 패배로 말미암은 중국의 비참한 현실을 모두 외국의 탓으로 돌리고 외국을 공격의 주목표로 삼은 것을 보면서 이는 '편협하고 고루하기 짝이 없는 반응이고 민족주의가 잘못 발현된 것'이라고 비난했다.[67]

장제스의 측근들은 제2차 세계대전이 한창일 때 그 책을 영어로 번역하는 것이 나을 것으로 생각했다. 그런데 실제로는 영어판이 출간되자 곧 이를 회수했고 이전의 중국어판까지 시중에서 전량 회수 조치했다.[68] 지금 이 책을 읽으면 중국에 대한 서구 열강의 부당한 처사에 장제스가 얼마나 분노를 느끼고 있는지, 또 앞선 수많은 지도자와 마찬가지로 중국이 국력을 회복하여 다시 세계를 호령하는 위치에 설 수 있게 되기를 얼마나 염원하고 있는지를 확인할 수 있을 것이다. 그리고 장제스는 이러한 목표를 달성하기 위한 핵심 열쇠가 민족주의 정신을 고취하는 것이라고 보았다. 장제스는 인간이 지닌 정서 가운데 가장 가치 있는 것이 바로 민족주의 정신이라고 생각했다. 일단 한 국가가 건설되고 나서 그 국가가 굳건한 토대 위에서 발전해나갈 수 있으려면 인간의 이러한 본능적 정서에 의지해야만 한다는 것이다.[69]

統一

"독립에 앞서 자립을 이룩하라"

　　장제스는 자신의 말이나 글에서 '입헌민주제' '자유' '진보' 등의 단어를 많이 썼다. 그러나 쑨원이 그랬던 것처럼 이러한 단어의 진정한 의미를 곱씹으며 신중하게 썼다는 느낌은 들지 않는다. 실제로 장제스에게 이러한 것들은 그저 오래전부터 막연하게 품었던 이상적인 개념에 불과할 뿐 그는 국가의 부흥과 생존을 위한 실질적인 도구로서 가장 중요한 것은 '통제'라고 생각했다. 민주주의는 분명히 훌륭한 개념이다. 그러나 이 민주주의는 국가 재통합과 부강이라는 기본 목표가 달성된 연후에 추구해야 할 덕목이었다. 장제스는 기강이 선 잘 조직된 정당과 중앙집권적인 강한 정부를 만드는 데 필요한 것이라면 무엇이든 추진할 의향이 있는 실용주의자였다. 장제스는 이러한 맥락에서 이 같은 것들이 '국가적 독립'에 선행한다고 보았다.

　　장제스는 『중국의 운명』에서 이렇게 말했다. "독립에 앞서 자립을 이룩해야 한다. 그리고 자유를 찾기 전에 우선 강해져야 한다."[70] 장제스 자신도 중국의 진보주의자들이 민주주의를 이상화했다는 사실을 잘 알고 있었으나 일부 신문화운동가들이 그랬던 것처럼 '민주주의를 위한 민주주의'에 목을 매지는 않았다. 그보다는 '전면적 서구화' 사상의 위험성을 되풀이해서 경고했다.

　　그런데 '정치적 훈련' 단계, 즉 훈정기訓政期가 필요하다는 주장을 견지하면서도 자신을 두고 '독재자'로 칭하는 의견에는 신경을 곤두세우며 방어적 자세를 취했다. '강한 국가'를 최우선 순위에 두다보니 결국에는 민족주의, 민주주의, 유교 사상, 레닌주의, 기독교 사상, 심지어 위

응집된 힘, 하나된 마음을 이길 것은 없다

장된 파시즘까지 두루 혼합된 정신없는 사상의 집합체가 탄생했고 그 안에서 온갖 이념과 사상이 뒤죽박죽돼버렸다.

공자와 레닌, 무솔리니의 만남

근대화가 지지부진한 동안 장제스는 다른 무엇보다 질서와 안정을 유지하는 데 주안점을 두었기 때문에 국력 회복의 길은 유교 사상으로 회귀하는 것이 최선이라고 생각했다. 가부장적 가족체계 내에서 각자에게 정해진 위치를 인정하고 연장자의 권위를 존중하며 부여된 역할과 의무를 충실히 이행하는 것이 바로 유교적 질서다. 유교의 창시자 공자는 그 유명한 『논어論語』에서 이렇게 말했다. "부모와 어른을 공경할 줄 아는 사람은 윗사람에게 반항하지 않는다. 윗사람에게 반항하지 않는 사람은 반란을 꾀하지 않을 것이다."[71] 유교 사상을 기반으로 한 모범적 가정의 효성스런 자식들처럼 훌륭한 국민은 그 국가의 아버지 격인 최고 통치자를 존경하고 충성을 다하며 그에게 복종한다. 따라서 국민이 각자의 이기심을 버리고 가부장적 국가 권위에 복종하는 국가야말로 가장 바람직한 국가라고 생각했다. 물론 여기서 정치적 '가장' 구실을 하는 사람은 바로 장제스 자신이었다. 따라서 그는 가족인 국민의 존경을 받고 더 나아가 국민이 자신에게 복종하는 것을 당연히 여겼다. 지도자에 대한 이 같은 지극히 전통적인 견해는 아주 오래전부터 계속된 왕조 시절 군왕들의 생각과 크게 다르지 않았다.

신新 유교사회로 거듭나게 하겠다는 의지와 열정을 바탕으로 장제스와 쑹메이링은 '신생활운동'이라는 일종의 정신개조운동을 시작했다. 쑹메이링은 이 운동의 기본 이념은 '빈곤과 무지, 미신에서 비롯된 비참한 상황, 공산주의와 자연재해, 게다가 외국의 침략행위로 말미암은 모든 시련에서 국민을 구해내는 것'이라고 설명했다.[72] 지치知恥(수치심을 느낄 줄 아는 마음)와 같은 유교적 덕목을 바탕으로 하여 그 위에 위생관념, 헌신, 근검절약, 금욕, 애국, 반공 등 쑹메이링의 종교인 기독교의 윤리 덕목을 가미했다. 유교와 기독교가 혼합된 잡탕찌개 같은 모습을 보고 『타임』지는 이렇게 비아냥댔다. "이 미친 짓에는 나름의 '방식 method'이 아니라 '감리교 교리methodism'가 있다."[73] (원래는 'method'를 써서 '그러한 미친 짓에도 다 이유는 있다'라고 표현하는데 이 단어 대신 비슷한 단어 'methodism'을 써서 종교적 색채가 강함을 빗댄 것으로 보임-옮긴이) 그런데 이 유교체계로의 복귀 역시 이전에도 적잖은 중국 지식인들이 채택했다가 지나치게 퇴행적이고 단순하다고 판단하여 폐기 처분했던 방식이었다. 당장 생존투쟁을 벌이느라 정신없는 사람들에게 이는 그저 공염불에 불과한 것이었다.[74]

선배 지도자들이 한두 번씩 주물럭댔던 유교체계가 장제스가 그렸던 중앙집중적 지도체계 확립에 별로 도움이 되지 않는다면 이제 이보다 더 강력한 도구로서 남은 것은 하나뿐이었다. 자신의 스승인 쑨원과 마찬가지로 장제스는 레닌이 사용한 처방전에 깊은 관심을 보였다. 레닌은 엄격한 규율로 기강이 확실히 잡힌 정당조직을 창조했으며 이 막강 조직은 단일한 중앙 이념을 토대로 고도의 훈련을 받은 소수의 '직업혁명가' 집단이 이끄는 것으로 돼 있었다.[75]

쑨원은 1923년 8월에 '가장 신임하는 부하'라 칭한 장제스를 모스크

263

바로 파견하여 붉은 군대의 정치훈련 기법과 레닌주의에 의거한 정당 구성 원칙을 배워 오게 했다. 1927년에 장제스가 공산주의자들에 대한 '백색테러'를 감행했을 당시 국민당은 이미 이러한 레닌식 조직 이념과 실행방식에 깊이 빠져들어 있었다.[76] 1932년에 있었던 비공개 연설에서 장제스가 다음과 같은 말을 했다는 소문까지 있었다. "우리 혁명이 성공하기를 바란다면 일당독재를 해야 한다."[77]

중국 역사에서 20세기가 시작되고 20년, 30년 동안은 장제스를 포함한 수많은 혁명가가 '효과가 있다고 판단되는' 정치 및 문화 체계를 이것저것 도입하여 시행해보던 시기였다. 이러한 맥락에서 장제스는 1920년대에 '민주적인 중앙집중주의'라는 정당 구성 원칙을 주로 한 이른바 레닌주의를 이 시험 목록에 포함했다. 그리고 1930년대 초는 독일과 이탈리아의 파시즘을 시험해본 시기였다. 처음에 자신을 레닌주의로 이끌었던 통제, 복종, 기강과 규율을 바탕으로 한 정당조직뿐 아니라 이른바 '빅 리더(독재자)' 개념에도 그는 관심이 많았는데 이 때문에 이제는 파시즘으로 관심이 옮겨갔다. 물론 장제스는 히틀러나 스탈린, 무솔리니와 같이 집단광기를 촉발하지도 않았고 또 그러한 의지도 없었다. 그러나 전체주의 이념체계에서 향수를 자극하는 유교적 전통주의에 걸맞은 부분들을 찾았고 이러한 것들에 마음이 끌렸다. 독일과 이탈리아의 파시스트들은 자신들이 창조한 새로운 정치 이념에 대한 호소력을 높이고자 그러한 이념에 가부장적 전통문화 요소를 가미했다. 이 때문에 장제스는 국가의 문화, 질서, 계급구조, 정통주의 등을 강조하려는 자신의 의지와 파시즘 간에 공통분모가 있다고 보았다. 한때 장제스는 '중국의 나치화' 필요성까지 언급한 적이 있다고 한다.[78] 그리고 국민당

내에 준군사조직인 남의사藍衣社 같은 전형적 파시스트 단체를 두었다. 푸른 셔츠단Blue Shirts이라는 의미의 이 조직은 히틀러의 나치 돌격대 브라운 셔츠단Brown Shirts과 무솔리니의 검은 셔츠단Black Shirts을 모델로 한 것이라고 한다.[79] 그렇다고는 해도 장제스의 파시즘 성향은 히틀러나 무솔리니에 비하면 한참 약한 수준이었다. 이들과 장제스의 가장 중요한 차이점은, 장제스가 말하는 권위주의는 대중을 기반으로 한 정치조직의 그것보다는 전통 유교 질서를 토대로 한 권위주의에 더 가까웠다는 것이다.[80] 이러한 부분을 입증하는 사례로 장제스는 숙적 마오쩌둥과는 달리 대중 정치조직을 조성하는 능력은 별로 없었다.

장제스는 민주적 전통과는 비교적 거리가 먼 사상이나 개념을 들여오는 데도 별로 거리낌이 없었다. 장제스는 체계적이고 기강이 잘 잡힌 일본이나 독일 군대를 칭송했고 1934년에는 자문역을 맡을 인사로 히틀러가 중국에 보낸 독일군 장교 한스 폰 젝트Hans von Seekt와 알렉산더 폰 팔켄하우젠Alexander von Falkenhausen을 환영하기까지 했다. 장제스는 저 유명한 쑨원의 비유 '쟁반 위에 흩어진 모래'를 연상하며 파시스트 조직이 모래알처럼 흩어진 중국을 하나로 붙여주는 접착제 구실을 하기만 한다면 그것으로 충분하다고 생각했던 것 같다. 이러한 사고 영역에서 '흩어짐'은 결코 환영받을 수 없는 요소다. 장제스는 이렇게 말했다. "모래알처럼 흩어지는 것은 견딜 수 없다."[81]

에드거 스노는 장제스에 대해 이렇게 말했다. "장제스는 절대 권력을 원했던 사람이다. 그러나 '대폭군'이 되려 했던 것은 아니고 그저 '작은 독재자' 정도를 꿈꾸었던 것 같다. 장제스가 실패한 것은 그가 독재자였기 때문이 아니라 쳐내야 할 사람을 거의 쳐내지 않았기 때문이다.

응집된 힘, 하나된 마음을 이길 것은 없다

장제스는 가장 큰 적은 자신의 조직 내부에 있다는 사실을 알지 못했다. 장제스는 단호한 것이 아니라 완고하고, 현명한 것이 아니라 진부하고, 기강이 잡힌 것이 아니라 억눌려 있고, 창의적인 것이 아니라 과거의 유물을 이것저것 주워 짜맞추는 데 능하고, 무자비한 것이 아니라 그저 무분별한 사람이다."[82]

몰락 혹은 태동의 씨앗

제2차 세계대전이 끝나자 장제스 정부의 합당성 혹은 정당성이 심하게 훼손되면서 '황금의 10년'이라 불리던 1930년대도 먼 과거의 기억이 되는 듯했다. 1945년에 일본과의 전쟁이 끝나자 제2차 국공합작이 깨지면서 마오쩌둥이 이끄는 인민해방군PLA과의 내전이 시작됐다. 1948년이 되자 당시 중국에 거주하고 있던 컬럼비아 대학 교수 바넷A. Doak Barnett 같은 비판자들은 '중앙정부에 대한 전반적 신뢰가 무너진 것 같다'라고 결론 내렸다.[83]

1949년에 장제스는 결국 '중국을 잃은 사람'이라는 명패를 달고 타이완으로 쫓겨갔다. 그러자 좌우를 불문한 양측의 주요 역사가들은 과거 숱하게 있었던 국가 부흥 노력이 실패로 돌아간 것처럼 중화민국 시절 역시 이러한 실패 경험에 하나를 더 보태준 셈이라고 진단하기 시작했다. 그리고 같은 해 10월에 마오쩌둥이 중화인민공화국PRC을 수립하자 장제스의 중화민국이 혼돈의 나락을 걷다 대단원의 막을 내리고 나서 중국의 역사가 '거대한 새 조직'과 함께 다시 시작됐다는 말이 나왔

統一

고, 심지어 중화인민공화국의 수립을 두고 새로운 왕조의 성립이라고 칭한 역사학자도 있었다. 이렇게 되자 한때 중국 본토를 통치했던 장제스는 실패한 통치자 혹은 부적절한 통치자였다는 오명을 뒤집어쓰게 됐다. 실망감과 비극적 참담함이 감도는 분위기 속에서 계속됐을 타이완에서의 생활을 생각하면 애써 위엄을 가장하려 했던 장제스의 그 마음을 이해 못할 것도 없다. 공화정 자체에 대한 평가와 마찬가지로 끈덕지게 지탱했던 국민당 정부는 이제 변방으로 물러난 채 역사의 폐기물이 되어 녹스는 것처럼 보였다.

타이완 시절 초창기에 국민당 관리들은 자국을 '자유중국'으로 부르기를 좋아했다. 섬이다보니 그 자체가 자연요새가 되어 공산주의로부터 자유로운 상태에서 번영을 구가할 수 있을 것 같았으나 타이완 정부는 여전히 군인 독재자의 주도 아래 레닌주의를 기반으로 한 일당이 통치하고 있었다. 이는 쑨원의 '훈정'체계에서 필요로 했던 방식이었다. 그러나 1975년에 장제스가 죽고 나서 후계자로 지명된 그의 아들 장징궈蔣經國가 아무도 예상하지 못한 새로운 시대를 예고하여 모든 사람을 놀라게 했다. 장징궈는 쑨원이 자신의 삼민주의에서 시도했으나 쑨원과 장제스 생전에는 실현하지 못했던 입헌제라는 장기적 목표를 달성하는 데 더욱 초점을 맞췄다. 이러한 맥락에서 1980년대에는 계엄령을 해제했고 야당활동을 허용했으며 1913년 이후 최초로 자유선거를 인정했다. 기능적 차원에서 민주주의가 실현되는 기미가 보이자 중국인이 태생적으로 민주적 통치체계를 유지하지 못하는 것은 아니라는 것이 어느 정도 입증됐다. 그리고 민주적으로 더 성숙하면 언젠가는 본토에 있는 중국인들까지도 좀더 개방된 정치체계 안에서 살 수 있는 날이 오리라는 기대를 품을 수 있게 됐다.

또 누가 알겠는가? 나중에 우리가 다시 장제스가 주최했던 그 우울한 다과회를 회상하며 한 국가 혹은 한 위인의 쓸쓸한 종말로서가 아니라 민주주의라는 싹이 움트기 직전의 시기로서 그 시절을 기억하게 될지. 강한 정부 뒤에 꼭꼭 가려져 있어서 보이지는 않으나 타이완 사람뿐 아니라 본토의 중국인들을 위한 민주주의 사상이 그 안에서 꿈틀대고 있었다고 생각할 날이 올 수도 있지 않겠는가.

統一

8장

혁명革命

: 밀려오는 파도를
두려워하지 마라

\

마오쩌둥(1)

WEALTH & POWER

"
생각할 수 없던 것들을 과감히 생각해보라.
말할 수 없었던 것을 입 밖으로 꺼내는 것을 두려워하지 마라.
"

마오쩌둥

革命

작은 연못 옆에 한쪽으로 기울어진 커다란 지붕의 갈색 회반죽집이 하나 서 있다. 마오쩌둥毛澤東이 태어난 집이다. 그리고 그 작은 연못은 항상 자신을 들들 볶는 아버지를 괴롭히기 위해 마오쩌둥이 뛰어들겠다고 으름장을 놓던 장소다.[1] 이곳은 1961년 당시에는 그냥 평범한 유적지로 조성됐다. 그러나 1966년에 문화혁명이 일어나고 전국 각지에서 수천만 명의 홍위병紅衛兵이 배출되면서 중국의 '위대한 조타수' 마오쩌둥의 출생지는 전국적으로 퍼져 있는 혁명성지들 가운데 제1성지가 됐다. 그후 열렬한 공산당 지지자들이 한때 외딴 농촌 마을이었다가 이제 중국의 '베들레헴'이 된 이 후난 성 사오산韶山으로 모여들었다. 마오쩌둥이 아직 살아 있는데도 사람들은 성지를 방문하는 순례객처럼 이곳을 방문했다. 이곳에는 마오쩌둥의 '성스러운' 어머니가 가족을 위해 음식을 마련했던 부엌이 있었고 마오쩌둥이 공부했던 방이 있었다. 심지어 예수가 태어난 말구유에 비유되는 중국의 구세주 마오쩌둥의 구유, 즉 나무침대도 있었다. 물론 이 침대에는 아기 강보가 아니라 모기장이 쳐져 있었

271

밀려오는 파도를 두려워하지 마라

지만 말이다. 방문자들이 이곳을 둘러보는 동안, 숨도 쉬지 않고 예수의 어록을 쏟아내는 광신도처럼 안내인들이 마오쩌둥의 언행록을 줄줄이 외는 소리가 쉴새없이 들려왔다.

혁명의 성지

1976년에 마오쩌둥이 죽고 덩샤오핑이 레닌식 자본주의 개혁을 주도하자 방문객들의 태도에도 변화가 생겼다. 처음에는 마오쩌둥을 예수와 다름없는 존재로 신격화하더니 이제 그 정도까지는 아니었다. 이러한 변화 과정에서 마오쩌둥의 고향 마을과 생가 모두 신성한 순례지에서 역사공원으로 바뀌었다. 번쩍이는 네온 속에 마오쩌둥의 성을 간판으로 내건 식당이 있고 기념품 상점에서는 도자기와 금으로 된 마오쩌둥의 흉상, '인민에게 봉사하라'라는 글귀가 쓰인 티셔츠, '동방불패' 라이터, 정치 구호가 새겨진 젓가락 등을 팔았다. 사오산은 마오쩌둥을 상품화한 상업지역이 됐고 방문객들도 마오쩌둥을 숭배하겠다는 마음이 아니라 그저 가벼운 호기심으로 이곳을 찾았다. 마오쩌둥을 숭배하고 존경심을 표하려는 풍조가 시들해지고 그 대신 가볍게 즐기려는 생각으로 이곳을 찾는 사람들이 늘어났다. 무심하게 거닐면서 잡담을 나누고, 과자를 먹고, 휴대전화나 디지털카메라 앞에서 익살스런 자세로 사진을 찍는 사람들로 넘쳐나는 이곳은 이제 성지라기보다는 상업지의 분위기가 더 많이 느껴지는 곳이 됐다.

개혁정책과 함께 개방화가 계속되는 요즘 추세를 보면 현재의 중국

'인민'에게 마오쩌둥이나 사오산이 의미하는 바가 예전과 같을 수는 없을 것 같다. 그러나 이러한 상황에서도 마오쩌둥은 여전히 존경받는 인물이고 그러한 영향력은, 적어도 부분적으로는 두려움을 모르던 대범함과 강인함을 뿜어내던 그의 능력에서 비롯된 것 같다. 어쨌거나 마오쩌둥은 주저함 없이 자신의 권력을 행사했던 사람이다. 중국이 지금과 같은 부와 위세를 누리게 된 것은 마오쩌둥이 죽고 난 이후의 일이라 해도 세계 어느 나라도 중국을 더는 무시하거나 함부로 대할 수 없게 만든 것은 마오쩌둥 통치 시절에 이룩한 성과인 것만은 분명하다. 오랜 세월 외세에 들볶이고 모욕당하는 데 익숙해 있던 중국인들이 마오쩌둥의 자신감, 대범함(그것이 이기적인 허세로 변질됐을 때조차도)에 깊은 인상을 받았고 결국에는 그러한 통치자의 모습에서 마음의 위안을 크게 얻었다. 새로운 '황제'에게 들볶이는 것이 오만한 서구 열강에 이리저리 흔들리는 것보다는 나았다. 마오쩌둥은 그렇게 들볶이는 것이 어떤 것인지를 유년 시절의 경험으로 익히 알고 있었다.

억압과 반항이 가져온 것

마오쩌둥은 1893년에 후난 성에서 태어났다. 청나라가 매카트니 외교사절단을 맞은 지 100년 후이고 저 끔찍한 청일전쟁이 발발하기 1년 전이며 청 왕조가 마지막 통치 단계에 들어간 시기와 같다. 마오쩌둥의 유년 시절을 형성하는 데 큰 영향을 끼친 것은 크게 두 가지다. 하나는 어린 시절의 경험이다. 그는 요구가 많고 완고했던 가부장적인 아버지

밑에서 신체적 다툼을 비롯하여 항상 싸우는 환경에서 자랐다. 또하나는 책이다. 량치차오, 옌푸, 천두슈와 같은 지식인들이 20세기 초에 발표한 책과 글은 마오쩌둥의 정치철학과 혁명적 민족주의 사상을 고취하는 데 결정적인 영향을 끼쳤다.

마오쩌둥 자신의 말로는 어린 시절부터 주기적으로 매질을 해대는 아버지의 학대와 포학행위 때문에 늘 긴장하며 방어적으로 살았다고 한다. 마오쩌둥의 아버지는 '엄한 감독자'에다 '성을 잘 내는 사람'으로서[2] 항상 적의, 위협, 폭력이 난무하는 집안 분위기를 만들었고, 어린아이로서 이러한 환경에서 살아남으려면 항상 싸울 의지와 자세를 갖추고 있어야 했다. 완고하고 강압적인 아버지 밑에서 자란 마오쩌둥 내면에 반권위주의가 뿌리깊이 박혀 있다 해도 조금도 이상할 것이 없다. 빈농의 아들에다 문맹이던 마오쩌둥의 아버지는 작은 마을에서 곡물상을 했다. 나중에 공산당이 그를 '중산 농민'으로 지정해준 덕분에 유산계급에 대한 지탄과 탄압을 피해 갈 수 있었다.

어린 아들이 글을 읽고 쓸 줄 아는 것을 보고 학자가 될 재목이라 생각한 마오쩌둥의 아버지는 아들에게 억지로 유교 경전을 공부시켰다. 이 때문에 마오쩌둥은 무조건 외우기만 하는 것은 진저리를 치며 혐오했다. 마오쩌둥은 '고대 중국의 모험소설' 종류를 좋아했다. 특히 반란을 일으킨 영웅이나 반군의 무용담을 즐겨 읽었다. 마오쩌둥의 고향인 후난 성은 역사적으로 이러한 이야기가 유난히 많은 고장이었다. 마오쩌둥은 『수호전水滸傳』과 『삼국지三國志』 같은 대중소설을 탐닉했고 특히 반항기 가득한 원숭이 왕 손오공의 익살스런 모험을 그린 『서유기西遊記』를 아주 좋아했다. 『서유기』의 주인공 손오공은 천궁마저 대혼란에 빠뜨

革命

릴 만큼 강력한 초자연적 힘을 지니고 있으며 '바람과 번개'를 타고 나타나는 인물이었다.[3] 중국인들은 전통적으로 원숭이를 익살맞은 도사나 책략가의 화신으로 여겼고 마오쩌둥은 손오공의 반란정신을 높이 평가했다. 1961년에는 다음과 같은 찬미가까지 썼을 정도였다.

이 황금 원숭이가 격분하여 커다란 여의봉을 흔들자
옥색 하늘의 먼지가 싹 걷혔으니
이렇게 또 안개가 자욱이 피어오르는 오늘
손오공이 나타나 기적을 행해주기를 바란다.[4]

마오쩌둥은 죽기 전 그의 셋째 부인 장칭에게 보낸 편지에 자신을 힘의 상징인 호랑이에 비유했으나 여기에 덧붙여 자신이 '원숭이' 같기도 하다고 썼다. "기본적으로는 호랑이 기질이 있으나 더불어 원숭이와 같은 특성도 지니고 있다."[5]

천진난만한 소년 마오쩌둥은 어른들이 강요하는 고전 말고 자신이 좋아하는 책을 닥치는 대로 찾아 마음껏 읽을 수 있는 묘안을 찾아낸 스스로를 뿌듯하게 여겼다.[6] 1936년 6월, 공산혁명의 운명이 어찌될지 모르는 상황에서 옌안의 동굴집에 숨어 있을 당시 그는 에드거 스노에게 그때 이야기를 들려주었다.[7] 스노가 인터뷰 자료를 취합 정리하여 1938년에 출간한 『중국의 붉은 별*Red Star over China*』은 마오쩌둥의 일생을 가장 포괄적으로 조명한 책으로 인정받고 있다.

마오쩌둥은 그 시절을 떠올리며 신이 나서 스노에게 그때 일을 들려주었다. "우리 선생님은 사악한 책이라고까지 하면서 그런 불온서적을 극도로 혐오했기 때문에 눈에 불을 켜고 감시했지만 나한테도 꼼수가 있었다. 나는 학교에서도 그런 책을 읽었는데 선생님이 지나갈 때는 고전 책(교과서)의 표지를 그 소설에 씌워서 읽곤 했다."[8] 그런 식의 반항이 선생님과 아버지의 화를 돋웠다. 이 때문에 아버지와는 늘 언쟁을 했다. 마오쩌둥이 열세 살쯤 됐을 때 아버지가 집에 손님들을 초대한 적이 있었다. 마오쩌둥은 그날의 일에 대해 이렇게 말했다. "손님들이 다 모였을 때 우리 둘이 또 언쟁을 벌였다. 그때 아버지는 사람들 앞에서 나를 게으르고 쓸모없는 녀석이라고 꾸짖었다. 그 말에 나는 몹시 화가 났다. 아버지에게 욕설을 퍼붓고 그 길로 집을 나와버렸다. 내가 아버지를 미워하는 데는 다 이런 이유가 있다."[9]

훗날 마오쩌둥은 자신의 이러한 반항행위를 자랑스럽게 이야기했으나 사실 보수적 색채가 강한 후난 성의 문화 속에서 아버지를 향한 이런 불효막심한 행동은 그 지역 사람들의 손가락질을 받기에 딱 맞는 것이었다. 공자는 '반항하지 마라'라고 가르쳤다.[10] 공자는 제자들에게 이렇게 훈계했다. "부모와 의견이 다를 때 간곡하게 진언할 수는 있다. 그래도 부모의 의견이나 태도가 달라지지 않는다면 더는 자신의 의견을 주장하지 말고 반항하지도 말고 다시 부모를 공경하는 태도로 돌아가야 한다."[11]

후에 마오쩌둥은 가족 간의 언쟁과 다툼을 공산당의 이념적 용어로 희화하며 넘겨버렸다. 예를 들면 '우리 가족의 변증법적 투쟁은 항상 발전하고 있었다'라거나 마오쩌둥 자신과 두 형제, 어머니 등이 합세하여 폭군 아버지를 상대로 '통일전선'을 형성했다는 식으로 말하곤 했다. 하지만 말은 그렇게 해도 그처럼 험악하고 투쟁적인 가족관계는 가족 구

革命

성원에게 정신적 상처를 남기는 고통스러운 경험인 것만은 분명했다.

여기에 더해 마오쩌둥의 반항심을 불러일으킨 존재가 또 한 명 있었는데 그 사람은 바로 고전을 가르치는 선생이었다. 군기반장을 연상시키는 이 선생은 거칠고 난폭하고 잔인했다. 천두슈의 할아버지가 그랬던 것처럼 이 선생도 툭하면 학생들을 때렸다.[12] 실제로 마오쩌둥은 열 살 때 이렇게 구타를 당하고 무척 화가 난 나머지 학교를 뛰쳐나간 적이 있었다. 집으로 돌아가면 아버지한테 또 꾸중을 들을까봐 집에도 못 들어가고 며칠을 거리에서 방황했다.[13] 그러다 결국 집으로 돌아갔는데 크게 혼나지는 않았다. 예상과는 달리 아버지도 선생도 마오쩌둥을 부드럽게 대해주었다. 아마 그렇게 뛰쳐나갈 정도로 대담하게 반항하는 모습에 기가 질렸는지도 모르겠다. 그래서인지 아버지는 '조금 다정하게' 대해주었고 선생도 '욱하는 성질을 많이 자제하게' 됐다. 이 일로 마오쩌둥은 반항의 위력이 얼마나 대단한지를 배웠다. "내 반항적 행동이 가져온 결과를 보고 느끼는 바가 많았다. 그것은 아주 성공적인 '시위'였던 셈이다.[14] (…) 공개적으로 반항하여 내 권리를 지켰을 때 아버지는 누그러지셨고 내가 계속 온순하고 순종적일 때는 나를 더 때리고 욕설만 퍼부었다는 사실을 깨달았다."[15]

그러던 중 마오쩌둥은 이보다 훨씬 심각한 억압 상태가 존재한다는 사실을 알게 됐다. 서구 열강에 굴종하는 조국의 모습이 바로 그것이었다. "이 시기에 내 정치의식이 고양되기 시작했고 중국의 국토 분할에 관한 글을 읽고 나서는 더욱 그러했다." 마오쩌둥은 '아, 이제 중국이 노예국가로 전락하게 되는가'로 시작되는 소책자를 읽었다고 한다. 첫 줄을 읽고 나서는 '조국의 미래가 암울하다'는 생각에 기운이 쭉 빠졌다고

밀려오는 파도를 두려워하지 마라

한다. 그러나 그와 동시에 '나라를 구하는 데 도움을 주는 것이 백성 된 자의 의무라는 사실을 깨닫기' 시작했다.[16] 마오쩌둥이 '구국'을 결심한 순간이었다. 이는 근대 중국을 건설한 사람들이 어떠한 형태로든 경험한 순간이기도 하다.

마오쩌둥이 계급의 역동성과 제국주의 열강의 억압과 압박에 관심을 두게 된 것도 아버지와의 관계에서 비롯된 측면이 있다. 실제로 가족, 특히 아버지와의 불화와 다툼은 마오쩌둥에게 진화론적 관점의 영향을 끼쳤던 것 같다. 이러한 투쟁이 자신을 더욱 강하게 만들어 생존에 적합한 유기체로 진화하게 했다. 이는 억압과 반항이라는 시련의 과정이 실제로 존재할 때에만 가능한 것이다. 마오쩌둥은 자신의 가족관계 속에서 적자생존의 법칙을 체득하며 살았기 때문에 본능적으로 경쟁, 인내, 승리에 적합한 방향으로 잘 발달했고 덕분에 훗날 마르크스의 계급투쟁 개념을 무리 없이 수용할 수 있었다. 그리고 투쟁의 가치를 인식하는 과정에서 자연스럽게 보수적인 유교 사상의 범주 밖으로 나갈 수 있었다. 전통적인 정치사상가들은 투쟁을 '혼란'으로 정의하고 이를 경원시했으나 마오쩌둥은 투쟁을 바람직하지 못한 무질서와 혼란스러운 격변의 전조가 아니라 역동성과 변화의 시발점으로 인식했다.

청조가 몰락하기 직전, 그러니까 17세 때 마오쩌둥은 고향 마을에서 멀지 않은 샹샹湘鄕중학교에 입학했다.[17] 이곳에서 그는 전통적 교과 과정인 유교 경전을 학습하는 외에 피상적으로나마 서구에 대한 '새로운 지식'을 습득했다. 주요 학습 원천은 캉유웨이와 량치차오 같은 진보적 지식인들이 쓴 글이나 책이었다. 마오쩌둥은 이렇게 말했다. "나는 이들이 쓴 책을 읽고 또 읽어서 다 외워버렸다. 나는 캉유웨이와 량치차오를 숭배했다."[18] 중국은 이 지구상에서 최고의 문명국가인데도 정체된 낡은 질서 때문에 발전이 지체되고 더 나아가 미개한 국가라는 오명까지 뒤집어쓰게 됐다는 점을 간파한 사람이 바로 량치차오였다.[19] 마오쩌둥은 그처럼 거침없는 인습타파주의를 칭송했다. 이러한 의식을 가진 개혁가들을 숭배한 나머지 청나라가 무너지자 순진한 마음에 눈치 없게도, 쑨원을 총통으로 하고 캉유웨이를 총리, 량치차오를 외교 총장으로 한 새로운 정부의 구성을 요구하는 내용의 벽보를 학교에 붙이고 다녔다. 쑨원은 나머지 두 사람과 추구하는 바가 달랐다는 사실을 고려하지 않았던 것이다.[20]

1912년에는 후난 성의 성도 창사長沙로 가서 6개월 동안 군복무를 한 뒤 창사 공공도서관에서 한동안 독학에 열을 올렸다. 그리고 성립省立 후난 제일사범학교에 들어갔다.[21] 이곳에서 지리, 역사, 철학 등을 공부하며 서구의 문물과 새로운 사상을 습득했고 1918년 겨울에 학교를 졸업했다.[22] 자신의 생각을 글로 표현하기 시작한 때도 이 시기였다.

의지력, 체력, 영웅적 기질

마오쩌둥의 초창기 글 가운데 하나가 19세 때인 1912년에 법가 사상의 창시자인 상앙에 대해 쓴 비평이었다. 유가와는 달리 법가는 강한 지도자, 전제군주의 통치, 중앙집권주의, 엄격한 법과 처벌체계 등을 강조했으며 이 모두가 '백성을 부유하게 하고 국가를 강하게 하는', 즉 부국강병을 위한 비책이라고 생각했다. 이러한 기본 목표를 달성하는 데 소용되는 것이라면 무엇이든 정당한 것이었다. 마오쩌둥보다 100년 앞선 대중 지식인 위원이 법가에 관심을 두게 된 것도 바로 이러한 실용적 접근법 때문이었다. 위원은 법가 사상을 중국의 쇠락을 치유할 만병통치약으로 생각했다.

아직 10대였던 마오쩌둥은 상앙의 엄벌주의를 찬양했다. "상앙이 말하는 법이야말로 선법善法이었다. 4000년이 넘는 유구한 중국 역사를 통틀어, 그리고 국가의 번영과 국민의 행복을 추구했던 위대한 정치지도자들 가운데 으뜸이 상앙 아닌가?"[23]

법가는 국가가 정부 관리를 포함한 국민을 다스리는 한 방식으로서 '법'을 강조했다. 엄격한 처벌을 통해 질서를 유지하고 공동의 부와 행복을 증진하는 것을 목표로 삼았다. 다시 말해 법가에서 말하는 '법치'는 국가권력으로부터 국민의 자유를 지켜내는 것과는 거리가 먼 개념이었다. 청조 말 왕조 붕괴에 대한 막연한 불안감과 공화제 정부 초기의 혼란 상황을 겪은 마오쩌둥은 쑨원이나 장제스와 마찬가지로 도저히 통제할 수 없을 것 같은 '중국의 어리석은 국민'에 대한 실망감을 표시하면서 '강한 정부(혹은 질서)'를 강조하는 이념에 이끌리게 됐다.[24] 1000년 전 왕조가 시작될 때 상앙이 주장한 통치방식이 그 왕조에 질서와 힘을 가져다주었다면 청 왕조가 저물어가는 이때 다시 그 방식을 사용하지 못할 이유가 어디 있겠는가? 마오쩌둥은 중국을 파멸의 지경으로 몰고 간 '무지와 우매함'을 극복하는 유일한 길은 강하고, 용기 있고, 의지력 강한 지도자를 세우는 것이라 여겼다. 이러한 목표를 달성하는 데 필요하다면 더 나아가 잔인하고 포악한 지도자라도 감수할 수 있다고 생각했다.[25]

청년 시절 한때 자신이 몰두했던 법가 사상이 시간이 가면서 더욱 굳건한 신념이 됐다. 마오쩌둥은 제일사범학교에 다닐 때 천두슈가 발행하는『신청년』도 탐독했고 나중에는 이곳에 글까지 기고하게 됐다.[26] 첫 기고문은 1917년에 신체 단련에 관해 쓴 글이었다. 이 글에서 마오쩌둥은 강한 국가를 건설하려면 우선 국민의 신체부터 건강하게 단련해야 한다고 주장했다. 그리고 체력훈련을 통해 개인의 신체와 국가 모두를 강하게 키워야 한다고 했다.[27] 이전 세대는 근대식 학교와 군수공장을 세우고 외국의 기술을 도입하는 이른바 '자강'정책을 주장했다. 이제 마오쩌둥은 체력 강화로 시작되는 총 12단계 계획을 통해 국가 부흥을 꾀해야 한다고 주장했다. 마오쩌둥은 이렇게 한탄했다. "조국의 약함을 통탄하면서도 강한 군인정신을 갖추려고 하지 않았다. 우리 국민의 체력은 날이 갈수록 약해지고 있다. 이것이야말로 정말로 심각한 상황이 아닐 수 없다."[28]

개인의 체력과 국가의 힘 간의 상관성에 몰입했던 마오쩌둥은 '가늘고 흰 손' '연약한 피부' '작고 허약한 체구'이면서 '지식만을 강조'하는 사람들을 우습게 생각했다.[29, 30, 31] 마오쩌둥은 신체가 건강해야만 지식도 더 빨리 더 광범위하게 습득할 수 있다고 주장했다.[32]

행동하는 젊은이였던 마오쩌둥은 등산, 얼음이 언 강에서의 수영, 서리가 내린 쌀쌀한 밤의 야영 등을 시작했다.[33] 이는 마치 앞으로 육체적 시련을 겪을 것임을 예감하고 미리 준비하는 것만 같았다. 키는 이미 다 자랐기에 잘 다듬어진 자신의 몸을 과시하고자 상반신을 노출하기 시작했다. 이것을 본 선생(나중에 이 선생의 딸과 혼인하여 그는 마오쩌둥의 장인이 된다)이 '이렇게 똑똑한데다 몸이 좋은 사람은 정말 보기 쉽지 않다'라는 글까지 남길 정도였다.[34]

밀려오는 파도를 두려워하지 마라

'힘없고 약한' 조국의 문제를 해결하고자 고심했던 마오쩌둥은 개인과 국가 모두가 강해지려면 신체적인 노력도 물론 중요하지만 정신적 '의지'도 이에 못지않게 중요하다는 결론을 내렸다.[35] 진정한 힘은 오로지 끊임없는 훈련을 통해서만 얻어질 수 있다고 주장했다.[36] 그리고 끈기 있는 훈련은 우직하고 굳건한 의지가 아니면 기대할 수 없다.[37] 유약한 정신 상태로는 절대로 해낼 수 없는 일이다. 체력훈련이 중요한 이유는 이것이 감정을 조절하는 데뿐 아니라 의지를 강화하는 데도 도움을 주기 때문이다. 그는 영웅적 기질, 용기, 굳건함, 대담함, 인내 등 자신이 중요하다고 생각하는 자질이 다 의지에서 나온다는 생각을 하게 됐다. 마오쩌둥은 '모든 것이 다 의지의 문제'라고 말했다.[38]

　마오쩌둥은 친구에게 보낸 편지에 이렇게 썼다. "세상을 움직이고 싶으면 먼저 세상의 마음과 정신을 움직여야 한다. 그렇게 하려면 강한 체력과 의지력뿐 아니라 '궁극적 원칙'이나 '우주의 진리' 같은 기본 사상도 갖추고 있어야 한다." 아직 완전히 정립되지 않은 모호한 개념들을 보면, 청년 마오쩌둥 자신이 어떻게 하면 변화의 주축이 될 수 있는지 그 방법을 열심히 모색하는 과정에 있다는 사실을 알 수 있다. 마오쩌둥은 순수한 열정이 담긴 어조로 이렇게 물었다. "그 중심을 움직인다면 이루지 못할 것이 어디 있겠는가? 그 중심에 있는 것들을 다 다룰 수 있다면 부강하고 행복한 국가를 건설하지 못할 이유가 어디 있겠는가?"[39]

　궁극적으로 마오쩌둥은 신체적 용맹성과 강한 지도력은 굳건한 의지력과 영웅처럼 용기 있게 행동하는 능력에 달렸다고 믿게 됐다. 이러한 사상의 배경에는 영웅소설이 있다. 소설 속에 등장했던 위대한 영웅들의 무용담이 어린 마오쩌둥의 마음을 사로잡았고 그때의 기억이 위력

282

革命

을 발휘한 측면이 없지 않다. 심지어 그는 자신이 마르크스주의자가 되고 나서도 유별날 정도로 개인의 능력을 중시했고 심지어 정통 마르크스주의 사상인 '경제결정론'마저 받아들이기를 주저하기에 이른다. 카를 마르크스의 '과학적 사고'가 의미하는 바는 결국 계급투쟁의 역동성 자체에 그러한 투쟁의 과학적 근거가 내재하며, 거스를 수 없는 역사적 과정을 통해 필연적으로 프롤레타리아혁명이 승리할 수밖에 없다는 것이다. 그러나 이미 드러난 대로 청년 마오쩌둥은 무척 조급해서, 이 필연적 과정이 자발적으로 진행되어 결국 궁극의 목적이 실현되는 것을 가만히 앉아 기다릴 수가 없었다.

죽음을 두려워하지 않는 한 사람이 백 사람보다 낫다

1918년에 성립 후난 제일사범학교를 졸업한 마오쩌둥은 수도인 베이징으로 가서 베이징 대학 도서관에 일자리를 얻었다.[40] 이때는 군벌정부가 통치하던 시기였다. 말단직인 사서보司書補로 일하는 처지이기는 했으나 도서관이라는 환경 덕분에 중국의 정치지도자와 대중 지식인 사회의 중심에 다가갈 수 있었고, 특히 당시 도서관 사서로 있던 리다자오와 교류할 기회가 생겼다. 리다자오는 중국의 지성인 가운데 마르크스주의에 관심을 보인 소수 선구자 가운데 한 명이었다. 마오쩌둥과 마찬가지로 리다자오 역시 '자의식 강한 사람들의 집단활동'을 정치적 행동의 필수적 부분이자 '경제적 추세를 변화시키는' 데 유용한 도구로 간주했다.[41] 계급투쟁만으로는 혁명을 달성하는 데 힘이 부치다 판단됐을 때는 마오쩌둥도 리다자오도 열 일 제치고 그 과업을 완수하는 대열에 뛰어들어 힘을 보탤 준비가 돼 있었다.

리다자오도 천두슈가 발행하는 잡지 『신청년』의 기고가였다. 그런 인물과 교류하게 됐다는 것은 이제 마오쩌둥도 당대 최고 지성인 집단의 일원이 됐다는 것을 의미했다. 그러나 강한 고향 사투리와 촌스러운 분위기 때문에 그 무대에서 중요한 역할을 맡으리라 기대하기는 어려웠다. 마오쩌둥은 이렇게 회고했다. "내 지위가 아주 낮아서 사람들이 나를 피했다. 내가 맡은 임무라고 해봐야 신문을 읽으러 오는 사람들의 이름을 적어놓는 것이 고작이었다. 그렇다고 그 사람들이 나라는 사람의 존재를 아는 것도 아니었다. 그렇게 신문을 읽으러 오는 사람 가운데는 신문화운동의 주역인 유명한 지도자들도 있었다. 나는 이런 사람들에게 관심이 있었다. 그래서 이 사람들과 정치나 문화에 관한 이야기를 나누어보려고 했으나 무척 바쁜 사람들이라 내게는 그럴 기회가 생기지 않았다. 이들은 남부 지역 사투리가 심한 촌뜨기 사서보의 말을 들어줄 만큼 한가한 사람들이 아니었다."[42] 그렇게 유명하고 콧대 높은 지식인들에게 무시당하고 베이징 지성인 사회의 변방에서 기웃거리기만 했던 마오쩌둥의 마음속에 울분과 분노가 쌓인 것은 당연한 일일지 모른다. 그래서 수십 년이 지나 이러한 지식인들을 두고 '냄새나는 아홉번째 계층臭老九'이라고 표현하며 그때의 분노를 표출했던 것이다. 마오쩌둥은 지식인 계층을 지식은 풍부한데 실전 경험은 부족한, 그러면서도 오만하기 짝이 없는 사람들이라고 표현했다.

마오쩌둥은 1919년 5·4운동이 발발하기 직전에 도서관 사서보 일을 그만두었으나 이 운동에 참여한 사람들의 시위행렬에 큰 감명을 받

革命

왔다. 이들 시위대는 때로는 이념이 사람들의 행동을 불러일으키고 역사를 움직일 수도 있다는 사실을 보여주었다. 그러나 고향인 후난 성으로 돌아오자 곧바로 이와는 다른 사회세력의 존재에 대해 곰곰이 생각하게 됐다. 그것은 바로 시골에 있는 빈곤한 농민들이었다. 도시 지식인들은 이들을 무지하고 우매한 사람들이라 보고 프롤레타리아혁명이나 개인주의적 자유개혁에 전혀 도움이 안 되는 계층으로 분류했다. 그러나 마오쩌둥은 1919년에 발표한 「중화 민중 대연합의 현주소中華 民衆的大 聯合'的形勢」[43]라는 제목의 글에서 '평범한 농민들이 스스로 조직을 결성하는 것도 생각해볼 만하며 이러한 농민조직이 중국 혁명에서 중요한 구실을 담당할 가능성이 있다'는 의견을 제시했다.[44] 아마도 당시 지식인 가운데 이러한 의견을 제시한 사람은 마오쩌둥이 처음일 것이다. 마오쩌둥은 이렇게 토로했다. "둥팅 호洞庭湖(후난 성 북부에 있는 호수-옮긴이)에서부터 민장 강岷江(쓰촨 성 중부에 있는 양쯔 강 지류-옮긴이)까지 그 어느 때보다 높은 물결이 일고 있다. 그 물결에 천지가 진동하고 사악한 것들이 모두 씻겨내려간다."[45] "우리 모두 최대의 노력을 기울여야 한다. 우리 모두 최고로 강해져야 한다. 우리의 황금시대, 찬란하고 명예로운 시대가 우리 앞에 와 있다."[46]

지금 들으면 순진하기 그지없는 표현이지만 젊은이의 열정이 가득한 이 구호가 전국 각지 어디든 퍼져나가지 않은 곳이 없었다. 베이징 소재 감옥에 갇혀 있던 천두슈는 이 글을 읽고 이는 '투철한 투쟁정신'으로 무장한 새로운 청년 활동가의 모범을 보여주는 것이라 표현했다.[47] 천두슈는 마오쩌둥의 글을 읽고 '매우 기뻐서 눈물이 다 나올 뻔했다'고 고백했다.[48]

밀려오는 파도를 두려워하지 마라

1917년부터 1919년까지 마오쩌둥은 프리드리히 파울젠Friedrich Paulsen의 『윤리학 체계System der Ethik』의 번역서 여백에 자신의 생각을 적어놓았다. 이것은 '영웅'이 의지력을 발휘해 역사에서 무엇을 성취해야 하는지, 또 당시 마오쩌둥 자신이 '원동력'이라 칭한 것이 무엇인지에 대한 사고의 정립 과정을 알 수 있는 귀중한 자료가 됐다. 마오쩌둥은 이렇게 썼다. "영웅이 하는 위대한 행동들은 그 누구도 한 적이 없는 일들이고 강건한 의지력과 숭고함 그리고 더러움을 정화하는 힘의 표현이다. 영웅의 힘은 강풍과 같은 위력을 지닌다. 깊은 골짜기에서 나오는, 사랑하는 사람에 대해 솟구치는 참을 수 없는 성적 욕구와 같은, 도저히 막을 수 없고 멈출 수도 없는 강력한 힘 말이다."[49]

다른 사람이 쓴 책의 여백에 자신의 생각을 열심히 적어놓는 일을 마다하지 않으며 자신의 생각을 설파하는 일에 몰두했다. "죽음을 두려워하지 않는 '한' 사람이 '백' 사람보다 낫다는 말이 있다. 그 사람은 아무것도 두려워하지 않으며 그 강한 의지력 덕분에 한눈팔지 않고 똑바로 앞으로 갈 수 있기 때문이다. 죽음을 두려워하지 않는 사람은 막을 수도 없앨 수도 없으므로 이 세상에서 가장 강하고 가장 힘 있는 사람이다."[50] 마오쩌둥은 앞으로 자신이 해야 할 소임을 스스로 그려가고 있었다. 마오쩌둥은 타고난 활동가였고 확고한 의지로 중국의 현실에 굴하지 않겠다는 꿈을 이미 꾸고 있었다.

그는 후난 성에서 발행하는 지역잡지의 편집 일을 하면서 젊은 혈기와 열정이 넘쳐나는 선언문을 발표했다. 그 선언문은 다음과 같은 말로 시작됐다. "오늘날 우리는 이전 태도를 변화시켜야 한다. 과거에는 한 점 의심하지 않았던 사안들에 대해 의문을 제기해보고, 별로 사용하지

革命

않았던 방법들에 대해서도 다시 생각해보고, 입 밖으로 꺼내기조차 두려워했던 것들에 대해서도 이제는 입을 열어야 한다. 의문의 여지가 없던 것들에 의문을 제기하라. 생각할 수 없던 것들을 과감히 생각해보라. 말할 수 없었던 것을 입 밖으로 꺼내는 것을 두려워하지 마라. 그 무엇도 이러한 흐름을 막을 수 없다. 그 누구도 이 도도한 힘을 거역할 수 없을 것이다."[51]

정당 창당

마오쩌둥은 후난 성에 공산당 세포조직을 구성하는 데 몰두하고 있던 1921년 7월 23일 상하이로 소환됐다. 중국 공산당 제1기 전국대표대회에 참석하기 위해서였다.[52] 사실 마오쩌둥이 공산주의로 전향한 것은 마르크스주의에 대한 신념 때문이라기보다는 이전의 숱한 개혁가들과 혁명가들의 노선에 실망하고 좌절한 탓이 더 컸다. 그들 대다수가 서구 문물에서 해답을 찾으려 했으나 어느 것도 결실을 보지 못했다. 1949년에 발표한 책자에서 마오쩌둥은 자신이 공산주의로 전향한 이유를 이렇게 설명했다. "1840년 아편전쟁에서 패한 이후로 중국은 서구 유럽에서 국력 회복의 해답을 찾으려 했으나 결과는 끔찍했다. '근대화만이 중국을 구할 수 있다.' '서구 유럽을 배우는 것만이 중국이 근대화하는 길이다.' 그러나 서구 제국주의자들의 침략으로 중국의 개혁론자들이 꾸던 이 순진한 꿈은 산산조각이 나버렸다. 정말 이상한 일이 아닌가. '선생(서구)'은 왜 너 나 할 것 없이 '제자(중국)'를 공격하는가? 중국인은 서구에서 많은 것을 배웠다. 그러나 그렇게 배운 것을 효율적으로 써먹지 못했고 그들의 이상을 현실화하지 못했다. 1911년의 혁명과 같이 전국적으로 일어난 개혁운동을 포함하여 계속된 모든 투쟁이 다 실패로 돌아갔다."[53]

그런데 그 시점에 세계무대에 새로운 세력이 등장했다. 이에 대해 마오쩌둥은 이렇게 썼다. "러시아가 10월혁명을 통해 세계 최초의 사회주의국가를 탄생시켰다. 그때까지 서구인들이 전혀 감지하지 못했던 러시아 무산계급의 잠재된 혁명 에너지가 레닌과 스탈린의 지도하에 화산처럼 분출됐다. 그러자 중국인을 비롯한 전 세계 사람들이 러시아를 다른 눈으로 보기 시작했다. 중국인들이 사상 면에서, 또 생활 면에서 큰 변화를 줄 새로운 시대로 진입하게 된 것이 바로 이때였다. 보편적으로 적용 가능한 이념인 마르크스레닌주의를 발견했던 것이다. 이로써 중국의 표정이 변하기 시작했다."[54] 의지 있고 강하고 영웅적인 지도자를 꿈꾸던 마오쩌둥의 비전은 이제 레닌이 주장한 '직업혁명가' 개념으로 정리됐다.[55]

천두슈도 리다자오도 상하이에서 열린 공산당 창당 모임에 참석할 수 없었다. 경찰의 습격으로 거의 전부가 체포되고 말았기 때문이다.[56] 그러나 마오쩌둥은 창사長沙에서 출발하여 증기선을 타고 일주일 걸려 그곳에 도착했기 때문에 그 모임에 참석할 수 있었고 우연한 이 사건이 공산당 내 마오쩌둥의 입지를 공고히 해주는 계기가 됐다.[57]

얼마 후 마오쩌둥은 소비에트 코민테른의 도시 기반 혁명노선이 자신이 생각했던 것과는 사뭇 다르다는 점을 깨달았다. 코민테른은 당시 새로 설립된 중국 공산당 수뇌부에 상당한 영향력을 발휘하고 있었다.

革命

혁명은 만찬회가 아니다

갓 창당한 공산당을 북부는 리다자오, 남부는 천두슈가 이끌었는데 두 사람 다 연안 지역의 도시 노동자를 결집하는 데 주력하라는 스탈린의 방침을 그대로 따르고 있었다. 반면에 마오쩌둥은 고향인 후난 성으로 돌아가 중국에서 가장 소외받는 계층이라고 본 농촌 노동자를 중심으로 조직을 구성하는 데 주력했다. 놀랍게도 결국은 이 사람들이야말로 가장 활동적인 당원이었던 것으로 드러났다. 1927년 후난 성에서도 가장 낙후한 지역을 대상으로 한 달 동안 진행한 현장조사 결과 농민들이 지식인들이나 도시 근로자들보다 폭동을 일으킬 잠재력과 동기가 더 크다는 사실을 알게 됐다. 실제로 언론에 보도되지는 않았으나 마오쩌둥의 말로는 빈농들이 이미 시골의 '봉건세력' 타도를 위해 봉기에 나섰다고 한다. 즉 가난한 소작농인 자신들에게 지주들이 터무니없이 높은 금리로 토지를 빌려주었다고 보고 이 토지를 점유하는 방식으로 반란을 일으켰던 것이다.[58] 이러한 상황에 고무된 마오쩌둥은 자신의 정치생활 2막을 열며 중국의 진정한 공산당 혁명에 본격적으로 나서게 됐다.

마오쩌둥이 생각하기에 농민 수가 압도적인 농경사회에 마르크스주의를 정착시킬 수 있는 가장 간단한 방법은 가장 약하고 가장 가난한 농촌 사람들을 가장 잘살게 해주는 것이었다. 마오쩌둥은 1940년에 이렇게 썼다. "학생들이라면 다 알다시피 중국 인구의 80퍼센트가 농민이다. 중국 혁명의 관건은 농민의 힘이다."[59] "요컨대 중국 혁명은 본질적으로 농민의 혁명이다."[60] 마오쩌둥은 마르크스가 말하는 공장 노동자를 소작농으로 대체하여 이 세력을 중국 공산혁명의 기수로 만들었다.

밀려오는 파도를 두려워하지 마라

마오쩌둥은 1927년 2월에 중국 공산당에 제출한 「후난 성 농민운동 연구 보고서」라는 40쪽 분량의 보고서에서 이 같은 새로운 의견을 제시했다. 이것은 그간 짧지 않은 정치활동 기간에 마오쩌둥이 발표한 조사 보고서 가운데 가장 신랄하고 열정적인 의견이 담긴 글이었다. 마오쩌둥은 자신이 목격한 상황을 영웅의 무용담을 시작하듯 이렇게 썼다. "나는 여기서 지금까지 몰랐던 많은 것을 보고 들었다.[61] 혁명에 관한 뚜렷한 주관을 가진 사람이라면, 그리고 시골에 가서 주변을 둘러본 사람이라면 전에 없던 기쁨을 느낄 수 있을 것이다." 자신이 목격한 자발적 농민운동을 '엄청난 대사건'이라 칭한 마오쩌둥은 다음과 같은 말을 남겼다. "단시간 내에 수억 명의 농민이 들불처럼 일어날 것이고 그 기세가 하늘을 찌를 듯 빠르고 거침없어 아무리 강한 세력이라도 이 기세를 꺾을 수 없을 것이다. 자신들을 구속했던 온갖 방해물을 다 걷어내고 이들은 해방을 향해 거침없이 전진할 것이다. 그리고 종국에는 이들이 제국주의자, 군벌, 부패 관리, 지방의 탐관오리, 사악한 지배계층을 싹 다 날려버리고 쓸어버릴 것이다. 이들 농민이 모든 혁명조직과 모든 혁명동지를 시험할 것이고 이들의 결정에 따라 그들이 수용될 것인지 버려질 것인지가 판가름날 것이다."[62]

도시의 혁명동지들은 거의 이해하지 못하겠으나 마오쩌둥 자신이 농민 집안 출신이었기에 지방에서 일어난 봉기를 이런 식으로 해석할 수 있었을 것이다. 마오쩌둥은 농촌생활의 본질과 그곳 사람들의 불만이 무엇인지 간파했고, 1927년에 조사 여행을 하면서 이제 막 꿈틀거리기 시작했으나 상당히 격하고 반항적인 농민의 힘을 목격했다. 이러한 힘과 에너지에 깊은 감명을 받았고 아주 오랫동안 중국사회에 깊이 뿌리박힌 전통적인 문화, 사회, 정치 등에 대한 반항심에 마오쩌둥 자신도 공감하는 마음이 컸다.

1927년 「역사에 유례가 없는 전대미문의 혁명」이라는 제목의 보고서에서는 거의 구세주와 같은 어조로 이렇게 주장했다.[63] "앞에 서서 그들을 이끌 것인가? 아니면 뒤에서 손가락질하며 헐뜯을 것인가? 그것도 아니면 그들의 적이 되어 맞서 싸울 것인가? 누구든 이 세 가지 가운데 하나를 선택할 자유는 있다. 그러나 때가 때이니만큼 어느 쪽이든 빨리 선택해야 한다."[64]

후난 성에서의 경험으로 앞으로의 중국 혁명 과정에서 농민봉기의 중요성을 체감했기 때문에 이 경험 자체가 마오쩌둥이 혁명지도자로 부상하는 티핑 포인트가 됐다. 이에 관해 마오쩌둥은 이렇게 썼다. "쑨원이 간절히 원했던 것, 그래서 40여 년간 국가 혁명에 매달렸으나 끝내 실패하고 만 것을 농민들은 단 몇 개월 만에 완수했다."[65] 그리고 이 보고서에서 다음과 같은 유명한 말을 남겼다. "혁명은 사람들을 초대하여 벌이는 만찬회가 아니다. 글을 쓰거나 그림을 그리거나 자수를 놓는 것과는 차원이 다른 일이다. 혁명은 그렇게 화기애애하거나 여유롭지 않다. 그렇게 '평온하고, 고결하고, 우아하고, 차분하고, 온건하게' 진행되지 않는다. 혁명은 한 계급이 다른 계급을 타도하고자 들고일어난 폭력적 행동이다. 잘못된 것을 바로잡으려면 고상함이라는 한계 범주를 뛰어넘어야만 한다. 그렇게 하지 않으면 오류를 바로잡을 수가 없다."[66]

전혀 생각지도 못했던 세력이 들고일어나 농민을 노예 상태로 만들고 여성을 굴종하게 하고 어린 사람을 효라는 족쇄로 채워놓았던 구체계의 굴레에 마침내 공격을 가했다. 수백만의 성난 농민들이 '거센 바람처럼 혹은 폭풍우처럼' 일어나 '수천 년 동안 봉건지주들이 누렸던 혜택을 산산조각내버렸다'.[67] 후난 성에서 성난 농민들이 들불처럼 일어나는 것을 본 마오쩌둥은 중국 혁명의 미래에 관해 다음과 같은 결론을 내렸다. "농촌 지역에서 이 같은 강력한 봉기가 일어나야 한다. 그것만으로도 수천, 아니 수만의 농민이 결집할 수 있고 그것이 엄청난 세력이 될 수 있다. 그런데 이러한 봉기가 혁명으로 이어지고 그 혁명이 성공할 수 있으려면 한시적으로나마 모든 농촌 지역에서 폭정이 필요할지도 모른다. 그렇지 않고서는 반혁명적 활동을 막기 어렵고 기득권층을 타도하는 것도 불가능하다."[68] 유학자들은 혼돈과 무질서를 부패와 붕괴의 조짐이라며 백안시했다. 그러나 마오쩌둥은 그러한 혼돈과 무질서를 진보를 위한 창의적이고 활력 있는 원동력으로 보고 이를 '역사의 견인차'라 칭하기까지 했다.[69]

1917년 「체육의 연구體育之研究」라는 제목의 글에서 마오쩌둥은 젊은 이의 포부와 기상을 이렇게 피력했다. "말을 타고 전장으로 달려가 항상 승리하고 싶다. 분노의 함성으로 하늘을 물들이고 포효하는 기세로 산을 뒤흔들고 싶다. 그리고 그 산을 송두리째 무너뜨릴 힘이 있었으면 좋겠다."[70] 반란, 폭력, 무질서 등 자신이 창의적인 힘이라 생각하는 것들에 점점 더 이끌리면서 마오쩌둥의 글은 격동, 소요, 대변동, 대혼란, 폭동 등을 긍정적인 신호로 보는 내용으로 가득차게 됐다. 농민운동이 후난 지역을 뒤집어엎었듯 중국을 뒤집어엎어줄 만한 것을 찾아 헤매던 마오쩌둥에게 날것 그대로인 이 자연의 에너지가 해답처럼 다가왔던 것이다.[71] 마오쩌둥은 일평생 혼돈과 소동을 추앙하는 태도로 회귀하곤 했다. 특히 말년에 행한 문화혁명 때 그 정점을 찍었다고도 할 수 있다. 마오쩌둥은 1966년 『런민일보人民日報』에 이렇게 썼다. "밀려오는 파도를 두려워할 필요가 없다. 인간사회는 밀려오고 또 밀려나가는 파도 속에서 진화해왔다."[72]

파괴 없이는 건설도 없다

중국의 전통적 문화와 사회를 폭력적 방식으로 일시에 무너뜨려야 한다는 생각이 점점 강해지자 '전통사회'를 개혁하고 나선, 아니 더 나아가 '폐지'까지 불사하겠다고 나선 량치차오나 천두슈, 기타 초창기 인습타파주의자들의 주장과 활동이 그저 어린아이 장난으로밖에 여겨지지 않았다. 폭력도 불사한 과격한 혁명사상이 자리잡으면서 개혁을 넘어서 옛것을 '폐지'하자는 주장마저 마오쩌둥의 입맛에는 맞지 않았다. 사실 마오쩌둥은 조지프 슘페터Joseph Schumpeter가 강한 경제를 위해 자본주의에 기대했던 바로 그것이 중국에서도 실현되기를 바랐다. "계속해서 불어오는 바람이 끊임없이 오래된 것을 파괴하고 새것을 창조함으로써 내부의 경제구조 역시 계속해서 혁신됐다."[73] 슘페터는 이때 '창조적 파괴'라는 개념을 사용했다.

마오쩌둥이 맨 처음 반유교 사상에 흥미를 보였던 것은 '백일유신' 실패 이후 '파괴주의'에 심취했던 량치차오의 영향 때문으로 보인다.[74] 량치차오는 영국과 프랑스는 혁명과 내전을 통해 옛 봉건 질서를 파괴했기 때문에 근대화를 이룩할 수 있었다는 결론을 내리고[75] 이렇게 경고했다. "파괴하라! 그러면 파멸할 것이다. 파괴하지 마라! 그래도 파멸할

밀려오는 파도를 두려워하지 마라

것이다." 중국이 영국이나 프랑스처럼 하지 않는다면 절대 부흥하지 못할 것이라고 그는 결론 내렸다. 량치차오는 결국 '파괴주의'를 포기했으나 마오쩌둥은 이 사상을 끝까지 밀고 갔다.

그는 다소 순화된 「신민주주의론新民主主義論」이라는 제목의 1940년도 글에서 다음과 같은 유명한 말을 남겼다. "파괴가 없이는 건설도 없다. 막힘이 없이는 흐름도 없다. 휴식이 없으면 움직임도 없다."[76] 이것은 당나라의 철학자이자 시인, 정치가였던 한유韓愈가 맨 처음 했던 말인데 마오쩌둥이 이를 공산주의의 혁명 구호로 채택했다.

모순은 모든 사물의 발전 과정에 존재한다

후난 성 농민운동에 관한 마오쩌둥의 보고서는 장제스가 백색테러를 시작하기 전에 발표됐다. 백색테러로 도시에서 활동중인 공산주의자들이 숙청됐고 도시의 공산당 세포조직은 모조리 지하로 들어가게 됐다. 그런데도 공산당 수뇌부는 활동 거점을 농촌 지역 위주로 재배치하자는 마오쩌둥의 주장을 받아들이지 않았다. 그러나 도시에서 활동하던 게릴라 부대원들이 계속해서 장제스의 국민당 군대에 쫓기는 신세가 되자 후미진 변방 지역에서 세포조직을 꾸릴 수밖에 없는 상황이 됐다. 추수봉기秋收蜂起(1927년 9월에 후난 성과 장시江西 성 일대에서 일어난 무장봉기-옮긴이)가 실패한 이후 마오쩌둥은 후난 성 외곽 지역에서 공산당 조직화 작업을 계속했다. 마오쩌둥은 장시 성 징강 산井岡山에 '해방구'를 만들고 이곳을 기점으로 활동하다 장제스의 '반군 소탕' 작전에 밀려 그 유명한 대장정大長征(1934년부터 근 1년여에 걸쳐 마오쩌둥의 공산당이 장제스의 국민당 군대의 포위망을 뚫고 행군한 일—옮긴이) 길에 오르게 된다. 험하디 험한 지역으로 이루어진 장장 9600킬로미터에 달하는 패주敗走의 여정 동안 8만 명에 달했던 홍군紅軍은 8000명으로 줄어버렸다.[77] 그러나 마오쩌둥에게 이 장정은 승리를 가져다준 사건이었다. 1935년 1월에 중국 서남부 쭌이遵義에서 열린 공산당 수뇌부 회의에서 마오쩌둥은 중국 공산당 내에서 자신의 입지를 공고히 했고 이를 발판으로 이후 자신이 죽기 전 40년 동안 중국 공산당의 최고 지도자 자리를 지켰다.[78]

1920년대와 1930년대에 마오쩌둥이 했던 경험은 '끝없이 혁명과업을 추진하게 하는 원동력은 우주에 있는 모든 것(특히 사회와 사회 내에서 끊임없이 갈등하고 투쟁하는 사회계급들)이 끊임없는 모순 상태 속에 존재한다'는 믿음을 더욱 강하게 해줄 뿐이었다. 철학자 헤겔의 신봉자 카를 마르크스가 지적한 바와 같이 이러한 모순이 모든 것을 변증법적 긴장 상태로 몰아넣는다. 이러한 상태에서 정반대되는 것끼리 무한히 충돌하다 재결합하여 새로운 합성물을 생성해내고, 여기에 또 반대되는 것이 나타나 충돌하는 순환 과정이 반복된다. 이렇게 정반합正反合 과정이 순환하며 역사가 만들어진다는 것이다.

마오쩌둥은 1937년의 고전적 담론 「모순론矛盾論」에서 모순은 보편적이고 절대적인 것이라고 주장했다. "모순은 모든 사물의 발전 과정에 존재하며 처음부터 끝까지 전 과정에 관여한다."[79] 역사적 진보 과정은 모순된 두 가지 가운데 한쪽이 다른 한쪽에 승리를 거두는 과정이며, 새로운 것이 오래된 것을 파괴하는 상황이 끝없이 이어지는 과정이라 할 수 있다. 마오쩌둥은 이처럼 투쟁과 소멸이 끝없이 반복되는 과정을 통

295

해 재생이 이루어진다고 믿었다. "정반대 요소끼리의 투쟁으로 형성된 구합舊合이 또다른 정반대 요소와의 투쟁으로 형성된 신합新合에 자리를 내준다. 이러한 방식으로 새로운 과정이 이전 것을 대체한다. 옛 과정이 끝나고 새로운 과정이 시작된다. 그리고 새로운 과정에는 새로운 모순이 포함되고 여기서 또 모순 발달의 새 역사가 시작된다."[80]

중국의 전통 유교 사상가들 대다수가 화위귀和爲貴, 즉 '이 세상에 조화보다 귀한 것은 없다'라는 공자의 말을 금과옥조로 받아들였으나 마오쩌둥은 이러한 생각에 동조하지 않았다. 역사적 발전이든 개인적 발전이든 더 높은 발달 단계에 도달했을 때 상호 모순되는 양방 간의 투쟁을 통해 이루어지는 것이 바로 '조화'라고 생각했다. 마오쩌둥은 「모순론」에서 이렇게 썼다. "우리는 새것으로 옛것을 대체한다는 말을 자주 한다. 새것이 옛것을 대체하는 것은 일반적이고 영속적이며 거역 불가한 우주의 법칙이다."[81]

마오쩌둥은 19세기와 20세기 초 동안에 정체된 중국의 역사적 발전 상태를 비정상적이고 불건전한 것으로 간주했다. 마오쩌둥은 투쟁 혹은 충돌을 회피하려는 성향의 중국인들이 건전하고 역동적인(때로는 혼란스럽기도 한), 그리고 자연적이고 정상적인 역사 발전 과정 대신에 고요한 정체 상태를 선택했다고 평가한다. 전통주의자들은 '조화'를 중시함으로써 자신들의 국가에 에너지와 생기, 활력, 혁신정신이 들어오는 것을 막아버렸다. 이러한 에너지와 활력 때문에 개혁론자들이 그토록 서구 유럽과 일본을 찬미했던 것이다. 기본적으로 역사를 사랑하는 마음이 있었고 또 자신의 글 곳곳에 유교 경전의 글귀를 가져다 썼지만 마오쩌둥은 '창조적 파괴'라는 구호 아래 지치지도 않고 계속해서 기존 질서를

교란하는 일에 발을 담갔다. 마오쩌둥은 자신의 마지막 천하대란天下大亂
인 문화혁명 때 그랬듯이 훗날 유언처럼 중국 각 지역 공산당 조직 서기
들에게 이렇게 말했다. "말썽을 일으키는 것이 바로 혁명이다."[82]

에이스 네 장을 쥔 기독교인의 차분한 확신

1000여 년 동안 몽골 대초원에서 날아온 먼지가 중국 서북부를 거
쳐 산시陝西 성의 메마르고 황량한 불모의 땅 '황투黃土'고원에 켜켜이 쌓
였다. 1935년 대장정 끝에 지칠 대로 지친 마오쩌둥과 홍군의 잔류병이
은신처로 삼은 장소가 바로 이곳이었다. 마오쩌둥이 아직 살아 있던
1970년대 중반에 이 황량한 시골 마을을 방문했을 때만 해도 옌안은 마
오쩌둥이 이곳에 기거했을 때의 모습을 거의 그대로 간직하고 있었다.
그래서인지 그렇게 가난한 벽촌이 정치투쟁에서 진 패잔병의 훌륭한 은
신처이자 중국 혁명의 요람이 됐다는 사실이 쉽게 상상이 가지 않았다.
그러나 이러한 원격성과 비접근성이 국민당 군대와 일본군에게서 마오
쩌둥과 홍군을 보호해주는 역할을 충분히 할 수 있었다. 이렇게 중앙무
대에서 떨어져 있으면서도 마오쩌둥은 자신의 결단력 덕분에 자신의 혁
명활동을 부각하여 군사적으로 생존력을 유지하는 동시에 정치적 승리
를 도모하는 발판을 만들 수 있었다.

1936년에 에드거 스노가 당시 43세였던 마오쩌둥을 만난 곳이 바로
옌안에서 걸어서 며칠 걸리는 바오안保安이라는 외진 마을이었다. 스노
는 이곳에서 마오쩌둥을 만나 인터뷰를 하고 그 내용을 중심으로 『중국

의 붉은 별』을 썼다. 당시 31세였던 스노는 미주리 주 출신의 자유기고
가로서 중국에 거주한 지 7년째 되는 인물이었다. 출간되자마자 베스트
셀러가 된 이 책은 마오쩌둥 신화를 만든 가장 중요한 초석 가운데 하나
가 됐다.

스노는 야윈 마오쩌둥의 모습을 보면서 링컨을 닮은 부분이 있다고
생각했다. 마오쩌둥은 중국인의 평균 키보다 약간 컸고 좀 구부정한 체
형이었으며 숱이 많은 흑발을 길게 늘어뜨리고 있었고 날카로운 눈매와
높은 콧대가 인상적이었다고 한다. 스노는 마오쩌둥이 '철학자 같은 얼
굴'을 하고 있었다고 썼다.[83] 처음에는 다소 과한 듯한 마오쩌둥의 주장
에 살짝 실소를 머금기도 했다.[84] 하지만 얼마 지나지 않아 마오쩌둥에
게 호감이 생겼다. 스노는 이렇게 썼다. "처음에는 좀 괴상하다는 느낌
을 받았다. 그러나 자기 신념이랄까 자신감이 아주 강하다는 데 관심이
가기 시작했다." 스노는 자신이 관찰한 내용을 이렇게 기술하고 있다.
"마오쩌둥은 마크 트웨인이 말했던 '에이스 네 장을 쥔 기독교인의 차분
한 확신' 같은 것을 지니고 있었다. 또한 중국의 지형이라든가 그곳에
사는 사람들에 관해 다른 정치지도자들보다 잘 알고 있었다."[85] 스노
는 특히 마오쩌둥에게서 '어떤 운명의 힘' 같은 것을 느꼈다고 했다.
그것은 금방 나타났다 사라지는 일시적인 것이 아닌 확실하고 영속적
인 활력 혹은 생명력 같은 것이었다. 적어도 수백만 중국인, 특히 빈농
과 소작농에게 당장 필요한 것이 무엇인지를 찾아내 이 부분을 부각하
는 능력에 관한 한 타의 추종을 불허하는 비범함을 지닌 사람으로 느
껴졌다고 한다.[86]

1935년부터 1945년에 해당하는 마오쩌둥의 옌안 시절은 중일전쟁

이 한창이던 시기였다. 당시 일본군이 중국의 중심부로 치고 올라오면서 국민당 정부는 양쯔 강 상류에 있는 임시수도 충칭으로 물러나 있었다. 이때 중국 공산당은 검소한 생활, 이상주의, 규율 등을 강조했고 이는 타락, 퇴폐, 냉소주의, 부패로 가득한 국민당의 분위기와 극명한 대조를 이루었다. 마오쩌둥의 공산군과 미군 간의 상호 연락관계 개선을 위해 꾸려진 이른바 딕시미션Dixie Mission이라는 '군사시찰단'의 일원으로 1944년 옌안에 온 데이비드 배럿David Barrett 대령은 공산당과 국민당 지도자들이 보인 대조적인 모습에 흥미를 느꼈다.[87] 배럿은 이렇게 썼다. "마오쩌둥이 공식석상에 모습을 드러낼 때는 주로 걸어서 오거나 낡은 트럭을 타고 왔다. 내가 아는 한 그것은 아마 공산당이 보유한 유일한 교통수단이었을 것이다. 검은색 호위 차량이 그 뒤에 길게 늘어서는 일도 없었다. 충칭에서 대총통 장제스가 길을 건널 때 흔히 볼 수 있는 교통차단선도 장제스를 항상 호위하는 비밀요원 같은 사람들도 보이지 않았다."[88]

당시 군사시찰단에는 중국어를 할 줄 아는 또다른 외교사절 존 서비스가 있었다. 그는 공산당 지도자들에 대해 '강한 확신을 지녔고' '성실, 충성, 단호함'을 갖춘 사람들이라 평가했다.[89] 또 이들을 인내력 있고, 강하고, 현실적이고, 박식하며, 민주적이고, 솔직하고, 정직한 사람들이라고 말했다.[90] 서비스는 이렇게 말했다. "이 사람들은 활력, 성숙, 실리로 똘똘 뭉쳐진 사람들로서 이기심 없는 마음으로 고매한 이상을 추구한다."[91] 서비스는 마오쩌둥이 미국과 더 긴밀한 관계를 구축하기 바랐다고 보고했다. 마오쩌둥이 자신에게 '우리 중국에는 러시아보다 미국의 우정과 지원이 더 중요하다'라고 말했다고 한다.[92] 배럿이나 서비스

같이 이곳을 방문한 미국인들의 보고를 통해 옌안은 기강과 절제와 평등을 기초로 한 곳이라는 평판을 얻기 시작했다.

1937년에 제2차 국공합작을 통해 국민당과 공산당 모두 항일전에 전력투구하기로 합의했기 때문에 마오쩌둥을 포함한 중국 공산당 지도자들은 계급투쟁을 잠시 접어두기로 의견을 모았다. 이러한 맥락에서 이제까지 계급투쟁의 대상이던 부르주아계급마저 '애국자'로 끌어안는 아량을 보였다.[93] 그러나 표면적으로 긴장이 완화된 듯한 모습을 보여주었다고 해서 전면적 사회개혁을 부르짖던 마오쩌둥의 노선에 변화가 생긴 것은 절대로 아니었다. 당시 옌안의 우호적 분위기에 감명받은 외부 인사들은 분명히 느끼지 못했을 수도 있겠지만 말이다. 마찬가지로 모든 사람을 아군과 적군으로 구별하는 성향도, 또 본질적으로 지식인들은 믿을 수 없는 사람들이라는 오래된 편견도 전혀 바뀌지 않았다. 자신이 생각하는 혁명은 사회 전 부문에 걸친 변화를 요하므로 이러한 전면적 변화 대상에 지식인 계층도 예외 없이 포함됐다. 지식인들이 신뢰할 만한 혁명 역군이 될 수 있으려면 먼저 자신들의 사고방식을 바꾸는 고통스러운 과정을 겪어야 한다고 보았다.

"배 맛을 바꾸고 싶다면 먹어봐야 한다"

1930년대 말과 1940년대 초에 사상의 자유와 공개 토론이 통용되는 '해방구'를 찾아 험난한 여정을 마다하지 않고 옌안으로 온 수많은 지식인들과 예술가들은 막상 그곳에 도착해서는 다시 한번 자신들의 기대가 꺾이는 경험을 해야 했다. 사실 장제스가 이끄는 국민당 정부 치하에서는 전혀 가능하지 않았던 이상주의 혹은 유심론을 이곳 옌안에서는 적어도 꺼내볼 수는 있었다. 그러나 현실적인 부분에서는 이야기가 좀 달랐다. 옌안은 상황이 훨씬 더 복잡해서 사상의 자유 운운하는 것이 그렇게 간단치가 않았다. 일본군은 만주 지역에서 본토로 진격해 내려오고, 국민당의 공격도 막아내야 하고, 스탈린의 코민테른 지지자와의 불화가 가중되는 등등의 상황에서 마오쩌둥측 공산당 지도자들은 커지는 위기감 속에서 좀더 통일된 이념, 원칙, 목적 등을 정립할 필요성을 느꼈다.[94] 더구나 새로운 '대중노선大衆路線'을 구축할 때 러시아혁명뿐 아니라 중국 전통사상까지 그 바탕으로 삼기로 정했던 것이다.

마오쩌둥은 1937년에 다음과 같은 유명한 말을 남겼다. "배 맛이 알고 싶고 또 그 맛을 변화시키고 싶다면 직접 먹어봐야 한다." 마오쩌둥은 자신의 추종자들이 러시아 배가 아니라 중국 배를 맛보기 바랐다. 그는 추종자들에게 이렇게 훈계했다. "중국 공산주의자들도 중국 국민의 일부이고 피와 살로 맺어진 공동체인 이상 중국의 특성과 괴리된 마르크스주의는 그저 공허한 추상적 관념에 불과하다." 이론을 현실에 적용함으로써 그 이론의 현지화를 추구하는 것이, 중국만의 공산주의 원칙을 볼셰비키의 구속에서 풀어주는 가장 현명한 방법이었다. 마오쩌둥은 중국 최고의 공산주의 이론가로서 1941년에 이러한 글을 썼다. "마르크스레닌주의의 화살은 중국 혁명이라는 과녁에 사용돼야 한다."[95] 이후 중국 공산주의는 철저히 중국화했을 뿐 아니라 '마오쩌둥주의'로 변질됐다. 따라서 마오쩌둥이 선택하는 것이라면 공산주의 이론에 대한 어떠한 변형과 왜곡도 수용해야 했다.[96]

301

마오쩌둥이 자신의 지도력을 더욱 공고히 하게 된 중요한 계기는 바로 1942년에 전개된 관료주위, 당파주의, 주관주의 등 잘못된 세 가지 풍조를 바로잡자는 의미의 이른바 정풍운동整風運動이었다.[97] 당이 새로이 정통 이념으로 정해놓은 것에 따라 '비정통' 이념 혹은 '잘못된' 이념을 찾아내 이를 수정해야 한다고 주장했고 옌안의 공산당 당원들과 사상의 자유를 찾아 이곳으로 온 지식인들은 이 새로운 상황에 적응해야만 했다.[98] 마오쩌둥은 추종자들 각 개인의 이미지 쇄신을 통해 아래로부터의 기강 확립 작업에 들어갔다. 젊은 활동가들의 신체적 건강에 초점을 맞추었던 초창기 때처럼 이제는 이들의 사상적 건강에 초점을 맞추었다.

따라서 옌안 시절은 마오쩌둥이 초월적인 '사상의 지도자'로 부상하기 시작한 시기였다. 이 시기는 또 마오쩌둥의 저작물이 '마오쩌둥 사상'의 집결체로 인정되기 시작한 시기이기도 했다. 마오쩌둥 사상이란 그 자신이 '마르크스레닌주의의 보편적 진리를 토대로 중국 현실과 혁명에 적합한 실천적 원칙을 통합한 것'이라 주장한 것을 말한다.[99] 옌안 시절은 시간적 여유가 있었고 더불어 자신의 뜻대로 움직여줄 연구자들과 이론가들이 있었기 때문에 이 시기에 마오쩌둥은 저술활동에 몰두하여 지식인들을 겨냥한 정풍운동의 이념적 기초를 세우고 앞으로 중국 공산당이 따라야 할 공산주의의 정통 원칙을 집대성한 교본을 만들어냈다.

이제 마오쩌둥은 중국이 부강한 독립국이 되려면 유교적 전통신념을 대체할 새로운 신념이 필요하다고 믿었고 그 새로운 신념이 바로 '마오쩌둥 사상'이었다. 이러한 맥락에서 1942년 봄부터, 그때 한창 건설중이던 양자링楊家嶺(옌안 시절 마오쩌둥과 공산당의 본거지-옮긴이) 내 대강당

革命

에서 행한 일련의 연설을 통해 '정풍'과 '올바른 사상'에 대한 자신의 생각을 피력하기 시작했다.[100] 높다란 하얀 담, 제단 모양의 단상(마르크스, 레닌, 엥겔스, 스탈린의 사진으로 장식됐다), 교회 신도석 같은 일렬형 좌석, 투박한 석재와 벽돌로 된 이 강당은 기독교 선교사들이 산시 성에 세운 교회의 예배당과 닮아 있었다. 1942년에 문을 연 이 강당은 공산당의 중앙회의실이자 사령본부가 됐고 심지어 마오쩌둥이 머리를 식힐 때 참석하던 사교댄스장 구실까지 하게 됐다.

1942년 2월 1일에 '학문, 정당, 문학과 예술 분야에서의 잘못된 풍조 바로잡기'라는 제목으로 시작된 첫번째 연설에서 마오쩌둥은 실전 경험이 부족하고 혁명의 현실과 괴리돼 있는 당원들을 겨냥했다. 마오쩌둥은 실전 경험을 중시했으며 현실과 괴리된 이념은 문제가 있다고 보았다.[101] 마오쩌둥은 이렇게 말했다. "책 속의 지식에만 몰두해 있는 사람이 실전에서 활동한다면 그 책의 범주를 과연 벗어날 수 있겠는가? 또 그러한 사람이 교조敎條의 오류를 피해 갈 수 있겠는가?"[102] 마르크스레닌주의가 중국에서 먹힐 수 있으려면 객관적 현실에 바탕을 두어야 하며 또한 그 객관적 현실이라는 시험대를 통과해야 한다고 그는 주장했다.[103] 이러한 말은 머리만 믿고 몸을 쓰지 못하는, 혹은 쓰지 않으려 하는 도시의 지식인들은 좋아하지도 않고 또 믿을 수도 없다는 마오쩌둥의 마음을 간접적으로 표현한 것이라 할 수 있다.

마오쩌둥은 지식인들에 대해 은근한 경멸을 내포하며 이렇게 말했다. "우리가 마르크스레닌주의를 학습하는 이유는 단순히 그것이 근사해 보이기 때문이라거나 그 안에 어떤 비책이 숨어 있기 때문이 아니라는 점을 알아야 한다. 현실에 두 발을 디뎌라. 마르크스레닌주의를 무슨

303

만병통치약쯤으로 아는 사람들이 많다. 이것만 먹으면 아무 노력 하지 않아도 모든 병이 다 낫는다는 식으로 생각하는 사람들이 있다. 이것은 어린아이나 할 법한 맹목적 사고이며 우리는 이러한 사고를 가진 사람들을 교화하는 운동을 시작해야 한다. 이런 사람들에게 '당신의 교조는 아무짝에도 쓸모가 없다'는 식으로, 그 잘못된 생각을 공개적으로 지적해주어야 한다. 필요하다면 다음과 같이 다소 과한 표현을 쓰는 결례를 해도 무방하다. '당신의 교조는 똥보다도 못하다.' 개똥은 밭에 주는 거름으로라도 쓸 수 있고 사람의 똥은 개의 먹이라도 될 수 있다. 그러나 교조는 대체 어디에 쓴단 말인가? 교조는 거름으로도 개 먹이로도 쓸 수가 없다."[104]

그다음으로는 당의 기강 혹은 당의 규율 문제를 언급하며 당원들에게 '분열을 조장하는 풍조를 근절'해야 한다고 역설했다. 이 당에 사회민주주의가 필요한 것도 사실이나 중앙집권주의가 훨씬 더 필요하다고 보았다. 마오쩌둥은 '다수가 소수에 복종하고, 부하가 상관에게 복종하고, 특수한 것이 보편적인 것에 굴하고, 정당이 중국 공산당에 복종하는 민주적 중앙집권주의 체계를 망각한' 사람들을 질책했다.[105] 5·4운동을 주도한 천두슈 같은 지식인들은 개인주의, 자유로운 질의, 공개 토론, 외부 사상에 대한 수용성 등을 주장했으나 마오쩌둥은 획일성과 통일, 정통주의에 초점을 맞추었다. 이는 '사상 개혁'을 통해 혁신적인 새로운 이념인 '마오쩌둥 사상'으로 전환하는 것으로 그 목적을 달성할 수 있다.

소련에서는 비정통적 사상을 지닌 자는 곧바로 스탈린 강제노동수용소로 보내지는 것이 일반적이다. 그러나 중국은 다르다. '비정통 사상'을 지닌 것으로 지목되면 일단 당에서 이 사람에게 '자아비판' 과정

革命

을 통해 사상 '개조'를 할 기회를 준다. 이러한 자가치유 방식은 사실 레닌주의자들이 먼저 시작했고 마오쩌둥이 이를 좀더 가다듬은 셈이다. 이 방식은 정치적 사상이 불온한 것으로 의심되는 당원이 있다 해도 이 사람이 훌륭한 혁명시민이라면 기꺼이 그러한 정신적 '이상異狀'을 치유할 의지가 있을 것으로 보고 자기구제의 기회를 주는 것이 마땅하다는 전제를 기초로 한다.

물론 당이 자기개혁의 기회를 주었는데도 바람직한 결과, 즉 사상개조가 일어나지 않았을 때는 당에서 공개 비판, 수치심 자극, 탄압, 투옥 등의 형태로 추후 압력을 가하게 된다. 개인과 사회를 개혁하려는 마오쩌둥의 야심찬 계획이 다른 것과 차별화되는 부분이라면 불온한 사상을 지닌 것으로 의심되는 사람이 있어도 일단은 그 사람에게 스스로 그것을 교정해볼 기회를 준다는 점이었다.

마오쩌둥이 취한 이 같은 새로운 관점은 정통 레닌주의에 대한 다양한 변형노선이 창조되는 데 일조했다. 공산주의 사회에서 당의 기강은 외부적 위협과 징벌로 유지되는 것이 일반적이었다. 그러나 마오쩌둥은 사상 정화 책임을 각 개인에게 지웠다. 그러한 책임 부여 체계가 수치와 죄의식 그리고 사회규범을 따르고자 하는 본능적 욕구 등을 포함하여 매우 강력한 자기통제 기제들을 작동시키는 구실을 했다. 그러한 기대가 각 개인으로 하여금 자기 자신의 비정통적 사상을 근절하게 하는 강한 압박감으로 작용한다. 더구나 스스로 치유할 기회를 제공함으로써 자연스럽게 자신의 이념을 재정립하는 과정에 들어가게 된다.

마오쩌둥은 이와 같은 정치적 자정自淨운동을 시행하면서 두 가지 원칙을 반드시 준수해야 한다고 강조했다. 이 두 가지 원칙은 당나라 때

305

의 격언 '과거의 실수에서 배워 새로운 실수를 저지르지 마라', 그리고 '질병을 치료하여 환자를 구하라'와 관련이 있다. 여기에서 알 수 있듯 마오쩌둥은 그것이 '봉건적' 속성을 지닌 것이든 아니든 크게 개의치 않고 자신의 혁명 논리를 펴는 데 옛 격언이나 금언을 자주 인용하는 편이었다. 마오쩌둥은 이렇게 설명했다. "개인의 감정이나 체면 따위를 생각하지 말고 지나간 실수나 잘못은 드러내야 한다. 잘못된 부분을 밝히고 비판하는 것은 의사가 질병을 치료하는 것과 같다." 비정통적 사상을 지닌 이념상의 '환자'가 있을 때 그러한 부분을 드러내 확인시키는 것은 그 환자를 죽이려는 것이 아니라 치료하여 살리려는 데 목적이 있다.[106]

일주일 뒤 두번째로 시행된 '정풍' 연설의 제목은 '형식주의 근절'이었다. 전보다 좀더 구체적이고 공격적인 제목으로 시작된 이 연설에서도 건강에 비유하여 자신의 의견을 피력했다. "사상에 '병'이 든 사람을 치유하는 가장 강력한 방법은 환자에게 '당신 병에 걸렸어!'라고 알려 정신적으로 큰 자극을 주는 것이다. 이 말을 들은 환자는 식은땀을 흘릴 정도로 충격을 받을 것이다. 그러고 나서 아주 조심스럽게 치료를 하면 좋은 효과를 볼 수 있다."[107]

마오쩌둥은 다정한 말로 구슬렸다가 동시에 으름장을 놓는 등 좌중을 쥐락펴락하면서 '사상이 병든 것을 보고 그냥 나 몰라라 넘어가는 것은 잘못'이라고 말했다. 자신이 유능한 정신과 의사라도 되는 것처럼 당 지도자들에게 '질병을 치료하여 사람을 구하는 것'이 지도자들의 의무임을 상기시켰다.[108] 그리고 바짝 긴장한 채 잠자코 앉아 자신의 말을 경청하는 젊은 혁명가들에게 '이 연설 내용을 두고두고 곱씹고' 가까운 친구들이나 주변 동지들과 토의하여 자신의 사상적 질병을 말끔히 치료하

革命

는 것이 최선이라는 말로 끝을 맺었다.[109]

물론 마오쩌둥이 말하는 이른바 '충격'과 '식은땀' 요법은 극복 불가능한 큰 상처를 남길 수도 있다. 특히나 '자기비판 과정'에서 자신의 이념에 문제가 있다는 사실을 자각하지 못하거나, 혹은 그러한 자각을 거부하는 때에는 더욱 그렇다. 마오쩌둥은 '지식인들은 자주성을 포기하고 자신의 모든 것을 온전히 당에 헌납해야 한다'고 주장했다. 이러한 마오쩌둥의 주장에 반대한 비운의 인물이 바로 작가 왕스웨이王實味였다. 왕스웨이는 유명한 페미니스트 작가이자 신문 편집자인 딩링丁玲의 권유로 『제팡일보解放日報』에 게재한 산문 「들백합화野百合花」에서 마오쩌둥의 '정풍'운동에 반기를 들었다.[110] 작가로서의 자주성을 포기하지 못하고 '이렇게' 행동한 왕스웨이는 결국 강제노동수용소로 끌려가는 신세가 됐다. 감히 '옌안 시대의 암울한 측면'을 드러내는 글을 썼을 뿐 아니라, 당이 젊은 비판자들을 공격하는 대신에 이들의 말을 새겨듣고 '자신을 들여다볼 거울'로 삼아야 한다고 주장했던 왕스웨이는 결국 이러한 행동으로 말미암아 트로츠키주의자라는 낙인이 찍혀버리고 말았다.[111]

왕스웨이는 자신의 고집을 꺾지 않고 계속 버티면서 마오쩌둥 '요법'에 반대를 표했기 때문에 공개 재판을 당했고 1947년에 끝내 처형됐다. 그냥 처형도 아니고 참수형이었다. 이는 불온사상에 대해 당국이 꺼내든 섬뜩하고 무시무시한 응징 카드였던 셈이다.[112] 왕스웨이 같은 '환자'의 관점에서 보자면 마오쩌둥이 고안한 새로운 요법의 치명적인 문제는 이 사상적 질병이라는 것이 환자보다는 진단의의 견해가 반영된 진단이었고 집도의로 나선 마오쩌둥은 수술에 참여한 다른 의사들이 각자의 소견을 내는 것을 허용하지 않았다는 점이다. 1942년에 정풍운동이 시작되면서 작가들과 지식인들의 자주성과 독립성을 중시한다는 5·4운동 정신은 아주 효과적으로 봉쇄되고 말았다. 이후 지식인들은 자기 자신이 아니라 국가와 정당 그리고 '인민에게 봉사하는', 즉 대민봉사자의 역할을 하게 됐다.

예술가에게 주어진 새로운 임무, 대민봉사

마오쩌둥은 공산당원의 사상을 개조하고 '정당 기강'을 더 확고히 하려는 노력을 계속하면서 1942년 5월 2일 저 유명한 옌안문예좌담회延安文藝座談會의 첫 단추를 꿰었다.[113] 산시陝西 성에 봄이 완연했으므로 수차례에 걸쳐 계속된 이 연설회의 마지막 연설은 마오쩌둥과 수많은 공산당 지도부 요원이 살던, 절벽에 면한 동굴집 근처 대강당 앞에 펼쳐진 널따란 야외 마당에서 진행됐다. 마오쩌둥은 야행성이었기 때문에 이 마지막 연설은 한밤중이 될 때까지 아직 시작되지 않고 있었다.[114] 이 연설회에 참석했던 한 사람이 그날의 상황을 이렇게 회고했다. "휘영청 밝은 달빛에 밤이 대낮같이 밝았다. 쏟아지는 별빛과 달빛 아래 언덕 능선이 어스름하게 그려졌다. 멀지 않은 곳에서 양쯔 강이 흐르는 소리가 즐거웠고 강 표면은 은빛으로 빛나고 있었다."[115]

자신이 말할 내용을 대충 적은 메모지만 가지고 거의 즉흥적으로 진행한 이 좌담회에서 마오쩌둥은 지식인, 예술가, 작가, 언론인이 중국의 미래 혁명사회를 위해 담당해야 할 소임이 무엇인지를 설명했다.[116] 앞으로 모든 문화와 언론은 새로운 국가와 당의 재산으로 간주할 것이며 지식인들은 '신중국'을 창조하려는 당의 여정에서 핵심적 역할을 담당해야 한다고 선언하는 것으로 말문을 열었다. 마오쩌둥은 좌중을 향해 모든 예술이 어느 정도 계급 편향성을 띠는 것은 불가피하다는 사실을 상기시켰다. "요즘 세계는 모든 문화와 문예가 특정 계급의 전유물이며 특정한 정치노선과 맞물려 가고 있다. 사실상 예술을 위한 예술, 계급을 초월한 이른바 초계급적 예술, 정치와 분리된 독립적 예술 같은 것은 존재하지 않는다. 프롤레타리아문예는 전체 프롤레타리아혁명 운동의 일부이며 레닌의 말처럼 이것은 혁명이라는 큰 기계의 톱니바퀴와 같은 존재다."[117]

마오쩌둥은 여전히 문학과 예술을 개인적 차원의 자기표현 도구라고 생각하는 참석자들에게 그러한 태도는 프티부르주아적 개인주의 발상에 불과하다고 일침을 가했다. "수많은 당원 동지가 지식인들을 연구하고 이들의 심리를 분석하는 데 몰두하고 있다. 그런데 이들의 주된 관심은 자신들의 이익을 위해 지식인들의 재능을 이용하는 데 있을 뿐이다. 사실 정작 관심을 두어야 할 것은 프티부르주아적 환경과 배경에서 이들을 끌어내 노동자, 농민, 군인 등 일반 대중과 더 밀접한 관계를 맺게 하는 것이다."[118] 예술가에게 주어진 새로운 임무는 자기 자신이나 프티부르주아계급이 아니라 대중에게 봉사하는 방법을 찾아내는 일이다. 이 방법에 대한 마오쩌둥의 해답은 분명했다. "문예 종사자들은 점차 노동자, 농민, 군인 쪽으로 그리고 프롤레타리아계급 쪽으로 눈을 돌려야 한다."[119] 다시 말해 마오쩌둥은 문학과 예술이 혁명이라는 큰 기계에서 중추적 부분을 담당하는 부속품이 되기를 기대했다. 이를 통해 문예가들이 '대중을 하나로 뭉치게 하고 이들을 교화하여 적을 무너뜨리는 강력한 무기'로 작용하기를 바랐다.[120] 레닌이 아주 실감나게 표현했듯이 적을 깨부수는 혁명기계에서 중요한 '나사' 구실을 하도록 예술가, 지식인, 정치인을 변화시키는 유일한 방법은 이들을 대상으로 '비정통적 사고 풍조를 바로잡는 강력한 정풍운동'을 시행하는 것이었다.[121]

지나고 보면 1942년의 이 연설들은 이후 30여 년 동안 계속된 끈질기고 잔혹한 '정풍'운동의 신호탄에 불과했다. 역사적으로 유례가 없는 전면적 사상 개조라는 야심찬 계획은 사실 거대한 광기의 형태로 진행됐다. 마오쩌둥은 중국처럼 변화가 쉽지 않은 환경에서는 야심이 있고 고집이 있으며 투쟁에 경도돼 있고 더불어 영웅적 기질을 타고난 개인만이 실질적으로 중요한 변화를 이끌어낼 수 있다고 확신했다. 이러한 생각을 하는 마오쩌둥 같은 지도자가 보기에 대대적인 정풍운동마저 그 나름의 냉정한 논리를 담고 있었다. 젊은 시절부터 그려온 혁명의 비전 속에 늘 생각했던 '새로운 인간' '새로운 문화' '새로운 중국'을 부활시킬 방법이 도무지 없는 것 같았다. 모든 중국인에게 깊이 뿌리박힌 과거의 흔적을 모두 박멸하겠다는 의지는 강했으나 마땅한 방법이 없었던 것이다. 청조의 멸망, 제국주의 열강의 침략, 5·4운동 세대의 인습타파주의 등의 역사적 사건들은 자기 회의, 신념 상실, 분노를 남겼다. 마오쩌둥이 추구했던 것은 이러한 부정적인 기운으로 가득한 중국을 새롭게 재탄생시키는 일이었다.

감시와 통제로 일관된 이른바 조지 오웰식式 중국사회 재구성 계획의 첫 단계로서 그가 중국인의 정신 개조에 관한 새로운 방법론을 구상하기 시작한 곳이 바로 옌안의 변두리 언덕배기에 마련된 동굴집이었다. 이 좌담회에 참석했던 『제팡일보』 기자는 이렇게 회고했다. "프롤레타리아 작가와 예술가 그리고 이들이 봉사하는 대상인 대중 간의 관계 정립 문제에 마르크스레닌주의 해법을 등장시킨 것은 이번이 처음이었다. 이것은 영원히 우리를 이끌어줄 매우 타당한 방법론이었다."122 실제로 혁명사회에서 문예인이 담당해야 할 역할로서 마오쩌둥이 구상한 내용은 이후 수십 년 동안 중국사회를 크게 흔들었던 정치적 대사건 혹은 정치적 운동에서 늘 언급하는 문예인 역할론의 원형으로 자리잡게 된다. 그리고 예술가와 언론인이 당과 국가를 위한 나팔수가 돼야 한다는 개념은 지금까지도 공식적으로 수정되지 않은 채 남아 있다.

9장

불파불립 不破不立
: 파괴 없이는 건설도 없다

\

마오쩌둥(2)

WEALTH & POWER

"

백지상태의 사람은 한 점 얼룩도 없기에
그곳에 가장 새롭고 가장 아름다운 것들을 써넣을 수 있다.

"

마오쩌둥

不破不立

마오쩌둥은 1949년 9월 21일 베이징에서 열린 전국인민정치협상회의 CPPCC에 나서서 이렇게 말했다. "우리는 우리가 이룩한 일이 인류 역사에 기록될 것이라 확신한다. 세계 인구의 4분의 1에 해당하는 우리 중국 인민들이 이제 다시 일어선 것이다. 중국은 항상 위대하고 용기 있고 근면한 국가였다. 우리가 다른 국가에 뒤처졌던 것은 근대 시기뿐이었다. 그것도 전적으로 제국주의 세력의 압박과 착취, 수구적인 정부 탓이었다. 우리는 이제 더는 그러한 굴욕과 수치를 당하지 않을 것이다."[1]

"연극은 서곡과 함께 시작된다. 그러나 그 서곡은 절정이 아니다"

10월 1일에 마오쩌둥은 다시 사람들 앞에 나섰다. 이번에는 환호하는 수만 명의 추종자 앞에서 후난 성의 사투리가 섞인 고음의 혀 짧은 소리로 중화인민공화국의 수립을 공식 선언했다. 긴 경극의 마지막 악

315

장을 연상시키는 이러한 웅장하고 장엄한 광경이 어울릴 법한 장소로 톈안먼 광장만한 곳이 어디 있겠는가.

위용을 자랑하는 톈안먼 앞에 펼쳐진 T자형 공간을 왕조 시절에는 황도 皇道라고 했는데 이 길은 좁다란 회랑을 지나 장기판 모양의 길로 이어져 있다. 황제가 암행을 나갈 때마다 황제의 수행원들이 이 길을 통해 자금성을 빠져나갔다. 황제 일가가 사는 '안'과 백성이 사는 '밖'을 가르는 경계가 바로 이 공간이었다.[2] 또한 이곳은 관청이 들어서 있던 곳이고 왕명을 전달하던 곳이었으며 중죄를 지은 죄수들을 처형하던 곳이었고 과거 급제자를 알리는 벽보가 붙어 있던 곳이기도 하다.[3]

이처럼 국가권력의 상징이던 톈안먼은 5·4운동을 계기로 그 상징성에 변화가 생겼다. 여기서 대정부 시위를 벌인 학생들과 5·4운동을 주도한 지식인들은 이곳을 대중 시위의 중심지로 바꿔놓았고 그후 인민주의적인, 혹은 민족주의적인 반정부 분위기가 형성될 때마다 시위대가 결집하는 장소가 됐다. 1926년 3월 18일에도 학생들이 이곳에 모였다. 상하이에서 영국 군인에게 13명이 희생당하는 일이 생기자 이에 항의하는 집회를 열기 위해서였다. 그런데 당시 베이징의 군벌정부가 이들을 향해 발포하라는 명령을 내렸고 이때부터 톈안먼은 시위와 항거라는 이미지 외에 '유혈'이라는 이미지가 하나 더 붙게 됐다. 루쉰은 다음과 같은 글로 이 비극적 순간을 가슴에 품었다. "이것은 끝이 아니라 시작이다. 잉크로 쓴 거짓은 피로 쓴 진실을 절대로 속일 수 없다. 피로써 낸 빚은 피로써 갚아야 한다. 빚을 늦게 갚을수록 이자는 더 늘어난다."[4]

중화인민공화국의 출현으로 톈안먼에는 또하나의 상징적 이미지가 덧씌워지게 된다. 이번에는 마오쩌둥이 건설한 새로운 중국을 나타내는

❖

316

물리적 표상이자 영원불멸의 존재로 남고픈 마오쩌둥 자신의 강박적 집착을 드러내는 상징이 된 것이다. 이러한 재상징화 과정을 통해 마오쩌둥은 톈안먼을 혁명국가인 새로운 '중화'의 핵심적 상징물로 변화시켰다. 국가권력과 그 권력에 대한 인민의 저항이라는, 톈안먼 광장이 지닌 음양적陰陽的 측면은 마오쩌둥이 지닌 이중적 특성이 구체화한 것으로도 볼 수 있다. 마오쩌둥은 자발적 행동, 대변동, 대중 시위, 농민적 소탈함 등을 좋아했다. 그러면서도 통제, 규율, 정통성, 권위, 고위 관료에 걸맞은 품격도 중시했다.

마오쩌둥이 1949년 10월 톈안먼에 모습을 드러낸 것은 분열, 무능한 정부, 제국주의 열강의 착취, 만성적 낙후성, 참을 수 없는 굴욕 등에 맞섰던 중국인들이 장장 100년간의 투쟁에서 승리했다는 것을 의미했다. 하지만 이것이 끝은 아니었다. 끝없는 모순, 장기적 투쟁, '영구혁명'으로 대표되는 마오쩌둥의 이념세계에 결승선이란 존재하지 않았으며 단지 투쟁과 투쟁 사이에 잠시 휴지기가 존재할 뿐이었다. 장제스의 국민당 정부와 내전을 치를 때 마오쩌둥은 이렇게 경고했다. "연극은 서곡과 함께 시작된다. 그러나 그 서곡은 절정이 아니다."[5] 1949년 당시보다 앞으로 더 대단한 연극이 준비돼 있었고 마오쩌둥은 이 극을 상연할 훨씬 더 큰 무대가 필요했다. 이 때문에 옌안에서 베이징으로 오며 착수한 첫번째 계획 가운데 하나는 톈안먼 앞의 공간을 광대한 대중 광장으로 변화시키는 일이었다. 마오쩌둥에게 권력을 안겨준 성공적 혁명에 어울리는 장소가 필요했다. 마오쩌둥이 말하는 혁명 대의를 생각하면 그리 놀라운 일도 아니듯, 쑨원이나 장제스처럼 마오쩌둥도 톈안먼 중앙 입구 위에 거대한 초상화부터 걸어놓았다.[6] 톈안먼에 자신의 초상화를 거는 일은 새로운 중국과 자기 자신을 동일시하고 더 나아가 중국 공산당 혁명을 자기 자신과 동일시하기 위해 이루어질 앞으로의 광범위한 이미지 쇄신 작업의 시작에 불과했다. 결국 이곳 톈안먼 광장은 세계에서 가장 유명한 상징물 가운데 하나가 된다.

그 자신이 반봉건적 사상을 담은 연설을 많이 했으면서도 마오쩌둥은 자신이 시작한 새로운 통치를 정당화하기 위해 왕조 시절을 연상시키는 것들을 기꺼이 차용했고 과거의 것들을 다시 사용하는 데 주저하지 않았다. 그 시작으로서 공산당 본부를 자금성 옆에 있는 호수 별궁 중난하이中南海로 옮겼다. 명대와 청대 황제들이 연회를 열고 뱃놀이를 즐기고자 만든 이곳 중난하이에서 불운한 황제 광서제는 서태후의 명으로 전각에 갇혀 있기도 했다. 높은 주홍색 벽으로 '백성'과 격리돼 있던 황제 통치 시절처럼 마오쩌둥과 공산당 수뇌부 역시 국가 통치라는 명목으로 인민과 격리된 곳에 둥지를 틀었다. 어쨌거나 마오쩌둥은 중국의 새 국가 문장紋章 안에 톈안먼을 그려넣기까지 했다.

1950년대 초에 마오쩌둥과 소련의 건축 자문가들은 톈안먼 앞 황도와 천보랑千步廊을 '1000만 명을 수용할 수 있는' 거대한 광장으로 확장한다는 원대한 계획을 수립했다.[7] 마오쩌둥은 모스크바의 붉은 광장보다 더 커야 한다고 생각했다. 이 때문에 중국의 건축가들은 소련 건축가들이 내놓은 것보다 훨씬 더 큰 규모를 염두에 두고 있었다.[8] 모스크바의 붉은 광장은 넓이가 8만 9000제곱미터에 불과한데 새로 설계한 톈안먼 광장은 20만 2000제곱미터였다. 결국 톈안먼 광장의 최종 규모는 44만 제곱미터에 이르게 된다.[9] 어쨌거나 크기 혹은 규모가 중요했던 것이다. 특히 '거대 공산주의 국가' 둘이 경쟁하는 관계가 된 상황에서는 더

不破不立

욱 그러했다.

이 원대한 계획에 도취한 마오쩌둥은 중국 건축가들에게 옛 성벽과 회랑을 넘어 미래로까지 치고 나가듯 대양처럼 넓은 광장을 만들어보라고 주문했다.[10] 마오쩌둥은 이제 갓 중국의 최고 통치차가 된 만큼 앞으로의 통치 기간에 사람들이 모여 자신을 숭배할 수 있도록 대규모 군중집회가 가능한 장소를 원했다. 그랬기에 미국 유학파 건축가인 량치차오의 아들 량쓰청 같은 이른바 보존주의자들이 제출한 설계도는 그 자리에서 거부했다. 량쓰청은 마오쩌둥에게 옛 시가지를 보존할 것을 간청했다.[11] 그리고 서부 외곽 지역에 중국판 라데팡스 혹은 브라질리아 같은 미래형 신도시를 건설하자고 주청했다. 라데팡스와 브라질리아 역시 모두 1950년대 말에 건설된 신도시였다.[12] 마오쩌둥은 량쓰청의 제안에 대해 이렇게 말했다. "내가 이 안으로 들어오고자 투쟁하는 데 20년이 걸렸는데 이제 내게 이곳을 떠나라고 하다니!"[13] 중화인민공화국의 주석 마오쩌둥은 미래로 향하는 길을 내면서 기어이 옛 베이징의 심장부를 관통하는 쪽을 택했던 것이다.

이후 중국의 현대사는 파괴와 건설이 교대로 이어지며 전개됐을 뿐 보호라든지 보존 개념이 끼어들 여지가 거의 없었다.[14] 국가주석 마오쩌둥은 1958년에 열린 중앙위원회 모임에서 명나라 때 축조된 베이징의 거대한 옛 도시 성벽(맨 꼭대기의 너비가 맨해튼 5번가 거리 너비에 필적한다)과 다른 여러 고대 건축물과 구조물을 파괴하는 문제가 거론되자 아주 태평하게 이렇게 말했다. "베이징에 있는 옛 건물은 모두 헐고 새로 짓는 것이 가장 좋을 것 같다." 그는 계속해서 이렇게 말했다. "내가 대규모 계획에 강박적으로 매달려 있다고 비판하는 사람들이 있다. 그 사람

파괴 없이는 건설도 없다

들은 내가 감정의 기복이 심하고 옛것을 존중할 줄 모른다고 말한다. 음, 그 사람들 말이 맞다. 나는 거대한 것, 웅장한 것을 좋아한다. 유적이라면 여러분도 뭐 어느 정도 즐겨도 된다. 하지만 지나치게 빠지는 것은 곤란하다. 사람들이 유적을 사랑하는 것은 바람직하다고 할 수 있다. 그러나 내가 만약 유적을 깊이 사랑하는 사람이었다면 아마 오늘 이 모임은 저우커우뎬周口店에서 하고 있을 것이다." 저우커우뎬은 베이징원인原人이 발굴된 선사시대 유적지다.[15]

1950년대 말에 신 톈안먼 광장이 완공됐다. 이때 안뜰에 있는 옛 가옥 1만 6000여 채와 수많은 왕실 건축물, 옛 도시 성벽의 주요 부분 등이 철거됐다.[16] 새 광장의 그 거대한 규모에도 성이 차지 않았는지 마오쩌둥은 여기에 더해 톈안먼 양편에 두 개의 건축물을 더 세우라고 명했다. 서쪽에 인민대회당이, 동쪽에는 중국혁명박물관과 중국역사박물관(나중에 '중국국립박물관'으로 통합됐다)이 들어섰다. 두 건축물 다 마오쩌둥이 기획한 중화인민공화국 수립 10주년 기념 행진 행사에 맞춰 단 1년 만에 서둘러 완공됐다.

1976년 마오쩌둥이 죽은 뒤 당은 이 공공 광장 한복판에 거대한 기념관을 건설하여 이 안에 마오쩌둥의 시신을 안치했다. 이로써 톈안먼 광장은 마오쩌둥 개인의 묘지이자 그의 일생과 혁명과업을 기억하게 하는 마오쩌둥 사상의 성지와 같은 구실을 하게 됐다. '마오주석기념당'으로 불리는 이 기념관에는 미라가 된 마오쩌둥의 시신이 여전히 전시되고 있다. 관람객들에게는 이곳이 밀랍인형관과 왕릉의 중간쯤 되는 묘한 장소로 느껴질 것 같다.

그의 유산 대다수가 폐기된 지 수십 년이 지난 지금까지도 톈안먼

❖
320

광장에서 그것이 마오쩌둥의 것이라고 느끼지 않는 것은 불가능하다. 이 거대한 광장 오른편에 있는 플라타너스 그늘을 지나 확 트인 공간으로 나오면 마치 거인의 손아귀에서 풀려나 잔잔한 수면으로 올라온 기분이 든다. 그 물이라는 것이 겉으로는 잔잔해 보여도 여전히 강한 위력이 잠재된 곳이기는 하지만 말이다. 해안선을 뒤로하고 헤엄쳐 가고는 있으나 맞은편 육지에 당도하기까지 거리가 너무 멀다는 생각에 풀이 죽어버리는 기분이 들 것이다. 그렇게 크고 넓은 공터에 있으면 자기 자신이 티끌처럼 작아지는 느낌이 들게 마련이다.

텐안먼 광장은 규모 면에서 자금성과 두 채의 여름 별궁을 넘어섰다. 중국의 역사학자 허우런즈侯仁之와 건축가 우량융吳良鏞은 텐안먼 광장이 완공된 이후 그 웅장하던 자금성은 2인자 자리로 물러나 '뒷방' 신세를 지는 건축물처럼 여겨지게 됐다고 말한다.[17]

가난 그리고 공백 상태

마오쩌둥이 '인민공화국' 수립을 선포하고 새 광장 건설 계획을 추진하기 시작하면서 새로운 국가와 사회 건설이라는 과업이 시급한 과제로 떠올랐다. 마오쩌둥은 구舊사회체제를 일소하는 것이 새로운 중국을 건설하는 데 반드시 필요한 단계라고 굳게 믿었기 때문에 1950년대에는 그 초인적 과제를 수행하는 데 온 관심을 집중했다. 마오쩌둥은 평소에 일반 대중을 묘사할 때 '백지상태'라는 표현을 썼다. 그 사람들이 정말로 '백지'와 같은 상태였다면 실제로 마오쩌둥이 그리는 완전히 새로운 사회에 대한 비전을 그 사람들의 머릿속에 집어넣는 일이 훨씬 수월했을 것이다.

마오쩌둥은 1958년 공산당 기관지 『홍치紅旗』 초판에 이렇게 썼다. "다른 특성은 그렇다 치고 6억 중국인들은 두 가지 두드러진 특성을 지니고 있다. 첫째 '가난'하다는 것과 둘째 문화적 '공백'(혹은 백지) 상태를 지니고 있다는 것이다. 두 가지 다 좋지 않은 것으로 보이겠지만 사실은 둘 다 괜찮은 특성이다. 일단 가난한 사람은 변화를 원하고, 무언가를 하려 하고, 혁명을 원한다. 그리고 백지상태의 사람은 한 점 얼룩도 없기에 그곳에 가장 새롭고 가장 아름다운 것들을 써넣을 수 있다. 또 가장 새롭고 가장 아름다운 그림을 그 위에 그릴 수 있다."[18]

'일궁이백一窮二白', 즉 첫째 빈궁하고, 둘째 문화적, 정신적으로 비어 있는 상태라는 말은 쑨원의 '쟁반 위에 흩어진 모래알'이라는 비유를 연상시킨다. 그런데 마오쩌둥처럼 아무리 인습타파주의자라 해도 중국의 최고 지도자가 수천 년 역사와 전통문화에 깊이 침잠해 있는 자국 국민을 두고 '공백' 상태라 표현하는 것은 선뜻 이해가 가지 않는다. 젊은 시절 마오쩌둥의 우상이던 량치차오, 천두슈, 루쉰 등이 뼈저리게 깨달았듯 중국인들은 '공백' 상태하고는 거리가 멀어도 한참 멀었다. 실제로 중국의 유구한 역사와 문화가 사람들의 뇌리와 생활 속에 깊이 뿌리내리고 있어서 진정한 공백 상태를 만들려면 힌두교의 '파괴의 신' 시바의 힘을 빌리지 않고는 불가능할 지경이었다. 이 대업을 이루고자 마오쩌둥은 옌안 시절에 했던 정풍운동에서 실마리를 찾기로 했다. 옛것을 파괴하는 방법으로 각 개인에게 '사상 개조'라는 과업을 할당했던 경험을 살려 '봉건 사조'를 말끔히 몰아내려 했던 것이다. 이른바 세뇌洗腦라고

不破不立

하는 이 방법은 전체주의 사상을 지양하는 서구사회에서는 이미 바람직하지 못한 방식으로 인식되고 있었다. 어쨌거나 마오쩌둥의 '세뇌' 개념은 잔혹하기는 해도 20세기 정신 개조 방식 중 상당히 획기적인 방식의 하나로 기억된다.[19]

영구혁명론

이제 더는 반란분자가 아닌, 한 국가의 최고 통치자가 된 마오쩌둥은 경쟁자였던 쑨원처럼 중국의 운명과 자신의 운명을 동일시하게 됐다. 따라서 자신의 혁명 논리를 늘 새롭게 만들 필요가 있었다. 그처럼 문화적 비중이 큰 사회에서 이는 결코 만만한 과제가 아니었다. 그러나 후펑胡風 같은 작가는 1950년에 새 주석 마오쩌둥의 후안무치에 관해 이렇게 썼다. 나중에 후펑은 25년 동안 옥살이를 하게 된다.[20]

> 마오쩌둥이 우상처럼 서서
> 온 세상에 대고 말하고
> 이내 이들에게 명령을 내린다.[21]

마오쩌둥 자신도 지켜보았듯이 국공내전에서 극적인 승리를 거둔 것 또한 끝없이 계속되는 마르크스주의 변증법 과정의 일부였다. 이 과정 속에서 서로 대립하는 두 가지 요소가 끝없는 투쟁을 통해 발전하면서 역사를 이루어가는 것이다. 이러한 점을 제대로 이해했기에 내전에서 승리를 거두고 1949년 마침내 베이징에 입성하기 전날, 평범한 사람들 같으면 만족감과 충족감에 안도하며 즐거운 휴식을 취했을지 몰라도 마오쩌둥은(그리고 다른 당원들은) '영구혁명'을 위한 다음번 투쟁을 준비하며 마음을 다잡았다.

마오쩌둥은 1949년 3월에 새 정부 구성을 위해 소집된 제7기 전국대표대회 중앙위원회 제2차 전체회의(2중전회)에 참석한 위원들에게 이렇게 경고했다. "승리 이후 당 내부에 오만함, 스스로 영웅시하는 심리, 무력증, 앞으로 나아갈 의지 상실, 쾌락에 빠지려는 마음, 힘든 생활에 대한 염증 등의 분위기가 팽배할 수 있다. 부르주아계급 특유의 아첨이 의지가 약한 사람들을 무너뜨릴 수 있다. 무기로는 절대로 적에게 정복당하지 않으며 이러한 적들을 맞아 끝까지 영웅적 자세를 잃지 않을 동지들은 있을 수 있다. 그러나 사탕발림에 넘어가지 않을 동지들이 과연 얼마나 되겠는가."[22]

마오쩌둥은 늘 적을 제압할 수 있을 정도로 열렬한 당성을 유지하게 하는 가장 중요한 방법은 '영구혁명' 개념을 규범화하는 것이라고 보았다. 이러한 맥락에서 곧 일련의 대중 정치운동을 벌여나갔다. 이러한 운동은 사람들로 하여금 중단 없는 혁명활동 상태를 유지시켜 기성체제를 지지하는 세력을 형성하지 못하게 하는 데 그 목적이 있었다. 마오쩌둥은 1957년 모순론에 관한 연설에서 이렇게 경고했다. "사회주의 건설 노력이 성과를 거두었다고 해서 우리 사회에 더는 모순이 존재하지 않게 되었다고 이해해서는 곤란하다. 모순이 존재하지 않는다는 생각은 객관적 현실과 괴리된 매우 순진한 발상일 뿐이다."[23]

마오쩌둥은 '우리 혁명은 계속해서 이어진다'고 했으며[24] 1950년대

不破不立

내내 다음과 같은 대중운동을 잇달아 추진하면서 중국사회를 계속해서 '갈아엎는' 데 몰두했다. 진행 과정에서 적어도 100만 명의 지주가 처형된 토지 몰수 및 개혁운동(1950), 여성의 지위, 가족제도, 노동력 등에 근본적 변화를 가져온 혼인법(1950), 한국전쟁에 30만 대군 파병 결정(1950), 부패 간부와 비개혁적 부르주아 요소 색출을 위한 삼반오반三反五反운동(1951~1952), 수많은 농민을 협동농장으로 이끈 농업협동화운동(1952~1953), 지식인들의 사상과 표현의 자유를 어느 정도 인정했던 백화운동 그리고 뒤이어 지식인 탄압으로 이어진 반우파운동(1956~1957) 등이 그것이다.

이러한 혁명의 물결은 대약진운동(1958~1961)에서 그 정점을 찍었다. 이 운동으로 농업의 국유화가 완성되면서 농촌사회가 완전히 재구성됐으며 결과적으로 3000만 명 이상의 농촌 인구가 기아로 목숨을 잃었다. 이러한 대재앙이 있고 나서 한동안은 새로운 운동을 시작하기 어려웠다. 그러나 마오쩌둥은 결국 1963년 전 중국인의 프롤레타리아화를 목적으로 한 '사회주의 교육 운동'을 시작했다. 그러나 이 운동은 훗날 '잃어버린 10년'으로 알려지게 된 '문화혁명'(1966~1976)을 위한 하나의 구실에 불과했다. 문화혁명은 마오쩌둥이 혁명의 영속성을 유지하기 위해 시행한 가장 거대한 마지막 실험이었다. 마오쩌둥은 일평생 점진적 혹은 단계적 진보에는 관심을 보이지 않았다. 항상 더 강한 것을 찾는 중독자처럼 마오쩌둥은 늘 이전 것보다 더 강렬하고 더 무자비한 형태의 운동을 추구했다.

파괴 없이는 건설도 없다

'항상 깨어 있는 정치의식'이야말로 국가발전의 핵심 열쇠

　대약진운동은 마오쩌둥이 자신의 급진적 이론들을 실행에 옮겼던 사례 중 가장 파괴적인 결과를 낳은 것 가운데 하나였다. 1958년 중반에 자신이 추진하고 이룩한 혁명과업의 '약발'이 다 돼가고 있다고 느낀 마오쩌둥은 5억 농촌 인구의 '항상 깨어 있는 정치의식'이야말로 국가발전의 핵심 열쇠라는 소신에 따라, 선뜻 나서지 못하고 망설이는 공산당 수뇌부를 몰아쳐 새로운 운동을 추진하기에 이르렀다. 대지주에게서 몰수하여 소작농에게 재분배했던 사유지를 다시 몰수하고 74만 개의 협동농장을 2만 6000개의 거대 인민공사人民公社로 통합 재구성했다.[25] 이렇게 고도로 집단화된 농촌사회에서 생산성을 더 높이고자 토지뿐 아니라 주택, 가축, 농기구, 음식 심지어 욕실까지 공유화했다. 또 농민들에게 소형 용광로를 갖추게 하여 철을 생산하게 했다. 이는 실질적으로 농촌사회의 모든 측면을 재구성하는 전대미문의 대담한 도전이었다.

　상황의 급박함도 물론 있었고 1927년 후난 성에서 농민들이 보여줬던 그 강력한 에너지를 잊지 못한 측면도 있었으며 단 한 번의 약진으로 중국을 후진 농경사회에서 농공업 강국으로 변화시킬 수 있다고 믿었기에 마오쩌둥은 다시 한번 대중의 힘을 이용하려고 했다.[26] 이 새로운 혁명의 동력은 도시 근로자가 아니라 농민이었다. 15년 안에 철강, 강철, 기타 주요 산업 부문에서 영국을 앞지르게 해줄 사람들도 바로 농민이었다.[27] 이러한 지나친 기대와 야망은 늘 좌절되기만 했던 오랜 꿈이 반영된 것이라 할 수 있다. 중국의 선대 개혁가들이 그토록 염원했던 서구 유럽을 따라잡겠다는 그 꿈 말이다. 한때 마오쩌둥은 월등한 무력으로

不破不立

압박해오는 장제스의 국민당 군대에 쫓겨 홍군을 이끌고 대장정이라는 믿기지 않는 대역사를 이룩한 경험이 있었다. 이때처럼 이번에는 중국 인민에게 서구 유럽의 수많은 발달 이론 중에서도 중국 현지화된 근대화 이론이 더 나은 결과를 맺을 수 있다는 사실을 보여주려 했다.[28] 과거 반군 시절의 활약상을 재현하겠다는 꿈에 잔뜩 부푼 마오쩌둥은 열에 들떠 이렇게 주장했다. "우리는 지금 농민 생산대生産隊의 활동성과 창의성이 과거 어느 때보다 높다는 사실을 목격하고 있다."[29] 과거의 성공에 고무된 마오쩌둥은 자신을 '중국의 모세'로 생각하게 됐고, 이러한 배경에서 단독으로 중국의 농민들을 '사회주의 농민 해방국'이라는 약속의 땅으로 이끄는 일에 착수했다.

중국학 권위자 프란츠 셔먼Franz Schurmann은 이 운동을 '짧은 중국 공산주의 역사에서 이념을 실전에 적용했던 가장 중요한 사례'로 보았다.[30] 경제정책 기획자이자 중앙위원회 정치국 위원이던 천윈陳雲을 포함한 경험 많은 전문가들은 '서서히 경험이 쌓이고 점진적으로 앞으로 나아가는 것'이 가능하도록 좀더 '신중하고 실용적인' 접근법을 취할 것을 주장했다.[31] 그러나 대격변을 통한 사회주의 해방이라는 자신의 비전에 고무돼 '대중'이 대약진에 성공할 수 있다고 믿었던 마오쩌둥은 그러한 장애물들을 정면 돌파하려고 했다.

주변에 있는 거의 모든 공산당 간부들을 신뢰하지 않았던 마오쩌둥은 '대중'이 자신의 혁명 비전에 열광한다는 사실을, 그리고 그들이 자신을 계속해서 숭배한다는 사실을 끊임없이 재확인하고 싶어했다. 마오쩌둥의 주치의 리즈쑤이李志綏가 대약진운동이 시작된 1958년 9월 19일에 기록한 내용을 보면 마오쩌둥과 '대군중大群衆' 간의 복잡 미묘한 관

327

계를 엿볼 수 있다. 이날 수많은 사람이 마오쩌둥이 지나가는 모습을 지켜보려고 안후이 성 허페이合肥 거리에 길게 줄지어 서 있었다. 리즈쑤이는 이날의 광경을 이렇게 적고 있다. "마오쩌둥은 무개차를 타고 무심히 손을 흔들며, 사람들의 애정을 담뿍 받으며 천천히 이곳을 지났다. 허페이에 모인 이들도 톈안먼 광장의 군중 못지않게 아주 자발적으로 환영하고 있는 것 같았다. 사실 이 군중 역시 안후이 성 공안부에서 매우 신경써서 선발한 사람들이었다. 그러나 신경써서 세심하게 선발한 사람들인 만큼 찬사를 보내는 열정이나 성의에 부족함이 없었다. 주석을 본 이들은 열띤 환호를 나타냈다."32

마오쩌둥은 본성적으로 일상화 혹은 고착화를 못 견뎌했다. 이 때문에 정치운동의 필연적 경향인 일상화와 관료화에 거세게 반항했다. 일반적 정치운동이 아니라 혁명이라 해도 마찬가지였다. 위험을 무릅쓰는 이른바 모험가 스타일이었던 마오쩌둥은 모든 것이 평범한 수준으로 차분히 진행되는 것을 참을 수 없어했다. 1950년대 들어 관료화 체제가 더욱 굳어졌다고 판단한 마오쩌둥은 심한 정신적 갈등을 겪기 시작했다. 결국 마오쩌둥은 전문 지식, 기술, 자본 투자 같은 것들보다는 역동적 지도력, 훈계와 권고, 대중 동원 등의 방식을 통해 농업생산량을 극적으로 늘릴 수 있다는 생각에 빠져들게 됐다. 마오쩌둥의 꿈은 사회주의 열기를 다시 고조시켜 그 열정과 기백으로 중국을 산업화하는 것이었다. 고조된 사회주의 열기가 농민들을 자극하여 이들이 조국의 산업 발달에 꼭 필요한 자원을 자발적으로 제공할 수 있기를 바랐다. 마오쩌둥은 이 과정을 '모든 일에서 정치를 선봉에 세우다'라는 의미의 '정치영선政治領先'이라 칭했으며 잘 훈련된 기술 관료들과 관리들이 운영하는 대규모

不破不立

산업체가 아니라 농민 스스로 운영하는 새로운 형태의 집단농업화가 중국 근대화에 필요한 동력 구실을 해줄 것으로 기대했다. 그리고 마치 기술 지식 자체에 일정 부분 책임이 있다는 듯이 '맹목적인 기술 숭배'를 비난하기까지 했다.[33]

마오쩌둥은 예전 개혁파의 '자강' 모형을 거부했다. 요컨대 '핵심 본체體'의 변혁 없이 '실용用'적 측면에서의 기술적 변화를 추구하는 그러한 방법론을 원한 것이 아니었다. 마오쩌둥은 바닥부터 뒤집어엎고 완전히 새로운 중국을 만들고 싶어했다. 마오쩌둥이 주장해서 새로 만든 구호가 '더 크고 더 빠르고 더 좋고 더 많은 경제적 성과'였다.[34] 더 나아가 '인민' 스스로 '공동 식당, 유치원, 탁아소, 이발소, 공중목욕탕, 양로원'을 자발적으로 구성한 이유는, 이러한 것들이 더 행복한 공동체 생활을 가져다준다는 사실을 인민들 스스로 자각했기 때문이라고까지 생각했다.[35] 근대사 속의 다른 사상가들과 지도자들은 실현은 고사하고 감히 상상조차 못했던 놀랍고도 충격적인 그림을 마오쩌둥은 그리고 있었던 것이다.

마오쩌둥 스스로 진실을 알면서도 애써 그 사실을 외면했던 것이 아니었다. 대다수 지도자가 보이는 흔한 맹점 가운데 하나가 대중을 설득하려 내걸었던 구호나 사상에 자기 자신이 설득당한다는 사실이었다. 그러니까 그처럼 무모한 계획을 실행했던 마오쩌둥은 자기기만을 한 것이 아니라 진실로 그것의 실현 가능성을 믿었던 것으로 보인다. 계획했던 것과 딴판으로 생산 실적이 저조하자 불안해진 당 간부들은 생산량을 허위로 기재하여 제출했고 이에 대해 마오쩌둥은 대약진운동이 '옳은' 정책이었음을 입증하는 자료라 생각하며 안도했을 것이다. 각 지역

인민공사에서 수확한 곡물은 중앙 곡물창고로 보냈는데 지방 관리들이 목표량을 달성하여 중앙정부를 만족시키려 서로 경쟁했고 그 통에 현지에서는 굶주림에 허덕이는 농민들이 늘어만 갔다.[36] 표면적으로 대약진운동이 성공한 것처럼 보이자 마오쩌둥은 절대적인 지도력을 통해 중국 인민들 내부에 잠재된 무한 에너지를 이끌어내는 초자연적 힘이 자신에게 있다고 확신하게 됐다. 기근이 점점 심해지는데도 마오쩌둥은 자신의 인민공사운동이 드디어 세계 최초로 '공산주의라는 싹을' 틔우는 구실을 했다고 믿었다.[37] 이를 통해 중국이 생각보다 빨리 사회주의 건설 경쟁에 나설 수 있게 됐다고 생각했던 것이다.[38]

마오쩌둥은 사회주의 건설 경쟁에서 소련을 이기는 것에 목표를 두었다. 마오쩌둥은 당시 소련이 수정주의자들의 득세로 갈 길을 잃었다고 조롱했고 여전히 자국이 사회주의 종주국이라 여기는 소련은 이러한 마오쩌둥의 오만한 도발이 몹시 껄끄러웠다. 마오쩌둥은 1953년 스탈린이 죽은 후 권좌를 이어받은 소련 공산당 서기장 니키타 흐루쇼프Nikita Khrushchyov를 노골적으로 조롱했다. 마오쩌둥 중국 공산당 주석이 보기에 흐루쇼프의 '평화적 공존'이나 사실상의 자본주의인 '굴라시goulash 공산주의(서민의 생활 향상을 중시한 헝가리식 공산주의체제-옮긴이)' 개념은 러시아인의 식탁에 식량을 조금 더 올려주었을지는 몰라도 혁명적 대담성과 과감성, 웅대한 실험정신은 사라진 껍데기에 불과했다. 그러한 온건적 목표들은 마오쩌둥의 핵심적 혁명 이념과는 완전히 대조적이었다. 1958년 8월에 베이징 수영장에서 마오쩌둥과 흐루쇼프가 같이 수영을 하며 이야기를 나누었다. 이때 수영을 잘 못하는 흐루쇼프가 날개형 부낭浮囊을 달고 허우적대는 모습을 보면서 마오쩌둥이 이렇게 말했다고

不破不立

한다. "미국을 도발해서 전쟁을 일으키기만 하면 필요한 병력은 얼마든지 대주겠다."[39]

마오쩌둥의 이러한 오만에 희생당한 사람은 흐루쇼프만이 아니었다. 중국 혁명의 주도자이며 한국전쟁 때 중국군 사령관으로 참전했던 중국의 존경받는 원수元帥 펑더화이彭德懷는 대약진운동으로 말미암은 대규모 기아사태의 실상을 알리고 마오쩌둥 정책의 재고를 진언하자 그 즉시 공직에서 해임되고 말았다. 1959년 7월에 열린 루산廬山회의에서 마오쩌둥은 알맹이 없이 뒤죽박죽된 긴 연설을 통해 펑더화이와 다른 온건파 인사들을 비난했다. 이들 또한 마오쩌둥 못지않게 중국이 부강한 국가가 되기를 바랐던 사람들이다. 다만, 그 과정에서 인민들이 고통을 겪는 것을 원치 않았을 뿐이다. 마오쩌둥은 자신을 비판하는 사람들을 비난했다. 당내에서 자신에 대한 반대 분위기가 너무 거세게 인다 싶으면 다음과 같은 말로 간부들을 위협했다. "시골로 가서 농민들을 이끌고 반정부 활동을 할 것이다. 인민해방군이 나를 따르지 않는다면 나는 또다른 인민해방군을 조직할 것이다."[40] 잘못된 정책이 일으킨 재앙에 대해 자신의 책임이 크다는 점은 시인하지 않은 채 특유의 언변으로 자기변호에만 급급했다. 마지못해 문제를 인지한다는 투로 이렇게 말하는 것이 고작이었다. "혼란 상태가 심각한 것은 맞고 내가 그 책임을 질 것이다. 그러나 동지 여러분도 잘 생각해보라. 각자 책임질 부분이 있을 것이다. 똥을 싸고 싶으면 싸라. 방귀를 뀌고 싶으면 뀌어라. 그러면 기분은 좀 나아질 것이다."[41]

마오쩌둥이 진행했던 모든 대중운동 가운데 가장 광범위하고 가장 비극적인 결과를 나타낸 것이 바로 대약진운동이었다. 수억 농민사회를 송두리째 뒤집어 완전히 새롭게 재구성하려 했던 마오쩌둥의 원대한 실험은 대규모 흉작과 기근으로 '3600만여 명이 목숨을 잃는' 결과를 낳았다. 작가 양지성楊繼繩이 중국 정부의 자료를 기초로 쓴 책에도 이러한 부분이 기록돼 있다.[42]

네덜란드의 역사학자 프랑크 디쾨터르Frank Dikötter는 자신의 저서 『마오쩌둥 시절의 대기근Mao's Great Famine』에서 이렇게 썼다. "수년간의 대기근 이후 농촌 지역에는 섬뜩하리만치 부자연스러운 정적과 침묵이 감돌았다. 몰수되지 않고 남아 있던 몇 마리 안 되는 돼지들은 굶주림과 질병으로 다 죽어나갔다. 닭과 오리도 다 죽은 지 오래였다. 나무에 있던 새들도 종적을 감춰버렸다. 잎이 무성하던 나무가 가지만 앙상하게 텅 빈 하늘을 향해 뻗어 있으니 새들이 있을 리 만무했다. 당연한 말이지만 사람들도 굶어죽었다."[43] 대기근의 여파는 1962년이 돼서야 겨우 진정됐다. 마오쩌둥은 이 실패한 운동으로 자신이 꿈꾸던 '신중국'을 완벽하게 '빈궁한' 국가로 만들 뻔했다.

대약진운동의 실패로 중국의 대다수 지도자가 마오쩌둥의 극단적 사회주의 변혁 비전에 등을 돌렸고 결국 마오쩌둥은 1960년 말에 당 '일선'에서 물러났다. 이후 실용주의 노선을 걷는 관리들이 개인 성과별 차등보상제, 사유 농지, 농촌시장 등의 정책을 재도입했다. 이 정책들 모두 훗날 마오쩌둥 사후 권력을 승계한 덩샤오핑이 경제 재도약을 위해 다시 채택하게 된다.

不破不立

폭풍 전야의 고요

　　권력의 중심에서 물러나 실패의 쓴맛을 되새기던 마오쩌둥은 이제 내부가 아니라 소련과 중국의 관계에 관심을 돌렸다. 소련이 흐루쇼프 치하에서 '수정주의자' 천하가 되는 것을 목격한 마오쩌둥은 중국마저 이와 유사하게 '자본주의 부활'의 참사를 겪는 것을 원치 않았다. 마오쩌둥은 다시 세를 결집하기 시작했고 1963년에 사회주의 교육 운동을 시작했다. 사회주의 가치를 역설하는 것이 이 운동의 목적이었다. 마오쩌둥은 중국사회에 여전히 남아 있는 부르주아 요소가 자신의 혁명과업을 방해하는 걸림돌이라고 굳게 믿었다. 따라서 이러한 세력이 자신의 혁명노선에 대한 '계급적 보복'을 감행하지 못하도록 아예 그 싹을 잘라버리려는 것이었다.[44] 정책이 참담한 실패를 거두었는데도 마오쩌둥을 직접적으로 공격하는 사람은 아무도 없었다. 당 지도부 요원들 모두 펑더화이 원수가 마오쩌둥에 맞섰다가 어떻게 됐는지를 기억하고 있었다. 펑더화이 같은 거물도 숙청되는 마당에 마오쩌둥에게 도전했다가 살아남을 사람이 누가 있겠는가.[45]

　　1965년에 마오쩌둥은 조금도 사그라지지 않은 야망을 「징강 산井岡山에 다시 올라」라는 제목의 자작시로 표현했고 이 시는 당 기관지를 통해 널리 읽혔다.

　　아주 오래전부터 저 구름에 도달하고 싶었다.
　　이 세상에 어려울 것이 뭐가 있겠는가
　　오르려고만 한다면 말이다.[46]

❉

333

파괴 없이는 건설도 없다

이러한 메시지는 사실상 자칭 호랑이와 원숭이 기질을 동시에 지닌, 그러면서 조금도 잊히기를 원치 않는 마오쩌둥 자신이 지금 잠들어 있다고 생각하면 오산이라는 점을 정적政敵들에게 알리는 것이었다. 그리고 이러한 경고에 걸맞게 마오쩌둥은 곧 자신에게 반대하는 '반동'세력을 겨냥해 생애 마지막이 될 대규모 운동을 전개할 기회를 얻게 된다. 그 반동세력은 불온사상을 지닌 지식인들, 이념이 다른 적들, '봉건적 사고'를 지닌 전통문화 추종자들, '다른 노선'을 걸었던 공산당 간부들, 자본주의 노선을 걷는 자들(일명 '주자파'), 외세 첩자들, 소련식 수정주의자들이었다.

마오쩌둥은 이러한 반대세력이 늘 신경쓰였다. 스탈린이 흐루쇼프의 공격을 받았듯이 자신도 언젠가는 이들에게 공격을 받지 않을까 두려웠기 때문이다. 공산당과 공산당 혁명의 본질 그리고 자신이 후대에 남겨줄 역사적인 유산이 도마에 오를 것이기에 신경이 쓰이지 않을 수 없었다. 1965년 1월에 마오쩌둥은 훈령을 통해 이렇게 설명했다. "여기서 말하고자 하는 요점은 당내에서 자본주의 노선을 걷는 간부에 대해 어떠한 조치가 있어야 한다는 것이다. 공개적으로 물러나는 사람도 있을 것이고 쥐도 새도 모르게 없어지는 사람도 있을 것이다."[47] 이것은 당내 실용파 인사들, 특히 총서기 덩샤오핑, 총리 저우언라이, 주석 류사오치劉少奇 등 3인방을 겨냥한 경고였다. '마오쩌둥 자신이 추구하는 혁신의 강도가 과해지지 않도록' 이들이 그 '속도를 조절'하려 한다고 생각했던 것이다.[48]

그런데 얼마 후 마오쩌둥의 후난 성 고향 친구이자 혁명동지였던 린뱌오林彪가 완전히 무르익은 '문화혁명'에 불씨를 댕겼다. 린뱌오 덕분에 마오쩌둥의 어록집인 '홍보서紅寶書(붉은 보물책-옮긴이)'가 인민해방군 교육용으로 이미 간행돼 있었다. 군인 교육용으로 상당히 유용한 도구였던 이 책자는 이후 일반인들에게도 필독서가 됐다. 프롤레타리아 문화혁명이 일어나기 전에 이미 5억 부가량이 인쇄된 이 책자는 겉표지가 빨간 비닐로 돼 있어서 '작은 빨간 책'이라고도 한다. 어쨌든 이 책을 통해 마오쩌둥은 종교와는 무관한 공산주의 '지도자'에서 해방신학에서 말하는 반인반신의 '영웅'으로 신격화됐다.

"혼란이 극심하고 오래갈수록 더 좋은 것"

1966년 초에 문화혁명이 거세게 일어났을 당시 마오쩌둥의 나이는 이미 73세였다. 마오쩌둥도 인간인지라 세월 앞에 장사가 아님에도 이러한 현실을 거부라도 하듯 문화혁명을 비판하고 나선 진보적 지식인과 좀더 실용적이고 '점진적인' 혁명노선을 주장한 당 지도부에 맹공을 퍼붓기 시작했다. 1966년 봄에 마오쩌둥 혁명운동의 선봉자라는 의미로 팔에 붉은 완장을 찬 자발적 청년 군단인 홍위병이 전국 각지에서 시위를 일으켰고 이를 계기로 당내 온건파가 모조리 숙청됐다. 마오쩌둥은 곳곳에 존재하는 자본주의자와 수정주의자를 몰아내는 데 편집증적으로 집착하면서 이 적들을 색출하도록 홍위병을 선동했다. 마오쩌둥은 이렇게 목청을 돋웠다. "당, 정부, 군대와 다양한 문화 부문에 스멀스멀 기어들어온 부르주아 대표들이 반혁명적 수정주의자 집단을 형성할 것이다. 일단 분위기가 무르익었다 싶을 때 이들은 정치권력을 장악하고

335

프롤레타리아 독재체제를 부르주아 독재체제로 바꿔놓을 것이다."[49]

전국 대학에 혁명 대자보가 나붙는 것을 시작으로 천지 사방이 이러한 벽보로 뒤덮였으며 광신적 홍위병의 규모가 점점 늘어나면서 그들은 마오쩌둥의 혁명과업에 걸림돌이 된다 싶은 사람과 '프롤레타리아계급의 적'으로 의심되는 사람을 닥치는 대로 공격했다. 그러한 의심을 받는 자가 자신의 부모나 선생이라 해도 예외는 아니었다. 홍위병 조직의 온상인 베이징 칭화 대학에 나붙은 한 대자보에는 이러한 구호가 쓰여 있었다. "마오쩌둥 사상에 반대하는 사람은 그 사람이 누구든, 무슨 구호를 내걸든, 지위가 어떻든 간에 모두 흠씬 두들겨 패라."[50]

당내 점진적 혁신파가 만든 '공작조'가 홍위병이 주도한 집단히스테리와 사상적 폭력 분위기를 자제시키려 노력했으나 이들 또한 공격을 받았다. 질서가 모두 무너지고 혼돈 상태가 되자 홍위병은 베이징 대학 교직원뿐 아니라 총장 루핑陸平까지 공격의 대상으로 삼았다. 홍위병을 목격했던 사람이 당시 상황을 이렇게 설명했다. "아침에 대학에서 몰려나온 학생들이 운집하여 '인민전쟁'에 돌입했다. 교직원들이 '패라!'라고 외치는 시위대에 둘러싸여 쥐떼처럼 한곳에 모여 있었다. 마치 폭풍우가 몰아치듯 '초토화 작전'이 치러졌다. 항복하는 사람은 풀려나고 저항하는 사람은 죽임을 당했다." 이 '적색테러'가 점점 그 기세를 더해감에 따라 시위자들 사이에서 성급하게도 천년왕국설(1000년 통치를 위해 예수가 재림한다는 설-옮긴이) 운운하는 분위기까지 형성됐다. 이 목격자는 계속해서 말을 이었다. "교직원들은 공포에 떨고 놀라서 자지러졌다. 그리고 시위에 가담한 교사들과 학생들은 전에는 한 번도 느껴보지 못했던 기쁨에 차 있었다."[51] 1966년 7월 7일에 마오쩌둥은 당 지도부와

不破不立

만나 문화혁명은 우리가 계급의식을 떨쳐낼 수 있을지 없을지를 가늠하는 시험대였다고 말했다.[52]

마오쩌둥은 이 과정의 다음 단계는 전 인민으로 그 범위를 넓혀 사상을 검열하고 여기서 '불온사상'이 색출되면 가차없이 그 사상을 뿌리 뽑는 일이라며 이때 필요하다면 폭력도 불사하겠다고 말했다. 또 '이러한 파괴행위가 없으면 사회주의를 건설할 수 없다'고 설파했다. '파괴 없이 건설 없다'는 량치차오의 말을 연상시키는 것이지만 여기에는 량치차오가 상상했던 것 이상의 적의가 담겨 있었다. "우리는 '혁명'이 우리 앞에 덤벼드는 것에 준비가 돼 있어야 한다. 혁명의 불길을 온몸으로 맞아들여야 한다. 혁명의 불씨에 불을 댕겨 그 불이 활활 타오르게 해야 한다. 그렇게 할 수 있겠는가? 그 불길이 모두를 태울 것이다."[53] 흥분한 추종자들에게 '두려움'의 자리를 '용기'로 채우라고 역설한 마오쩌둥은 다음과 같은 무시무시한 경고로 말을 맺었다. "학생운동을 진압하는 사람은 누구든 끔찍한 종말을 맞을 것이다!"[54]

마오쩌둥은 천하대질서天下大秩序 복구의 서곡으로서 원숭이 왕 손오공이 좋아했던 천하대란天下大亂을 조장하려는 의도가 있었던 것 같다. 결의에 찬 마오쩌둥의 열변은 급기야 '극심한 혼란에 싸인 세상, 그보다 완벽한 상황은 없다'라는 구호를 만드는 데 일조했다. 마오쩌둥을 찬미하는 한 학생단체는 『런민중국人民中國』에 다음과 같은 글을 올렸을 정도다. "혁명가들은 다 손오공이다. 불굴의 마오쩌둥 사상으로 무장했기 때문에 이들이 든 여의봉은 강력한 힘을 발휘하고 그 초자연적 힘은 널리 뻗어나가며 그 마법은 전능하다. 우리는 이 마법을 구세계를 뒤집어엎어 산산이 조각내고 분쇄하는 데 사용해야 한다. 그리하여 극한의 무질서를 창조하여 대혼란 상태를 만들어야 한다. 혼란의 정도가 심하면 심할수록 좋다. 우리는 아주 큰 반란을 일으켜야 한다. 끝을 보는 대반란 말이다! 대대적인 프롤레타리아 봉기로 프롤레타리아의 새로운 세상을 만드는 데 전력을 다해야 한다."[55] 자신의 카리스마적 지도력이 이끌어낸 대격변의 힘을 통해서만 새로운 국가 건설이라는 대목적이 완수될 수 있다는 마오쩌둥의 믿음이 그대로 반영된 듯 보였다.

젊은이를 흥분케 한 마오쩌둥의 열변이 전국 각지로 퍼져나가는데도 마오쩌둥 자신은 전혀 모습을 드러내지 않았고 혼란과 무질서가 극심해지는데도 꿈쩍도 하지 않았다. 자신이 조장한 이 '적색테러'에는 무심한 듯 그는 수뇌부 간부들과의 모임에서 이렇게 말했다고 한다. "베이징은 지나치게 질서 잡혀 있다. 요컨대 무질서가 필요하다."[56] 그런데 1966년 여름 드디어 베이징이 대혼란 상태에 빠지자 '천하대혼란'을 좋아하는 마오쩌둥은 매우 흡족하지 않을 수 없었다. 훗날 덩샤오핑의 딸 덩룽鄧榕은 이렇게 썼다. "마오쩌둥의 기본 원칙은 '선파괴 후건설'이었다. 마오쩌둥은 오로지 천하대란만이 궁극적 안정을 만들어낼 수 있다고 믿었다."[57] 아닌 게 아니라 이제 중국은 그러한 대혼란의 정점에 접근해가는 것처럼 보였다.

두 명의 문화혁명 전문가 로더릭 맥파커Roderick MacFarquhar와 미하엘 쉰할스Michael Schoenhals는 마오쩌둥이 '문화혁명의 시동을 걸 기폭제를 원했으며'[58] 그러한 목적을 위해서는 '인명을 희생시키는 것쯤' 안중에도 없었다고 설명한다. 실제로 마오쩌둥 스스로 진정한 혁명가는 때로는 사람을 죽이는 일도 불사해야 한다고 주장했다. 막역한 친구들에게 이렇게 말하기도 했다. "히틀러가 훨씬 더 잔인했다. 그런데 잔인할 수록 더 좋다. 그렇게 생각하지 않는가? 사람을 많이 죽이면 죽일수록 진정 훌륭한 혁명가가 되는 것이다."[59]

1966년 전반기 동안은 중국을 지배하는 사람이 도대체 누구인지 알 수 없었고, 문화혁명이 대체 무엇인지, 그 목적이 무엇인지는 더더욱 오리무중이었다. 중국의 젊은이들을 선동하고 있으면서도 마오쩌둥 자신은 여전히 뒤로 물러나 모습을 드러내지 않았고 그 대신 자신의 충복 저우언라이 총리를 앞에 내세웠다. 그러나 자신의 마음을 허심탄회하게 털어놓을 기회가 생겼을 때 저우언라이는 도대체 무엇이 어떻게 돌아가는지 알 수 없어 무척 혼란스럽다고 고백했다. 저우언라이는 조심스럽게 이렇게 털어놓았다. "아주 새로운 것이다. 아주 새로운 운동이라 우리도 그것에 익숙하지가 않다. 특히 우리처럼 나이 먹은 사람에게는 더욱 생소한 것이다."[60]

마오쩌둥은 자신의 의도도 분명히 밝히지 않고 행방마저 드러내지 않은 채 말 그대로 '눈에 보이지 않는 힘'을 당 지도부에 행사하고 있었다. 수많은 인사가 마오쩌둥의 의중에 맞게 행동하려고는 했으나 무엇을 어떻게 하는 것이 최선인지 정확히 아는 사람은 별로 없었다.[61] 국가주석 류사오치는 한 모임에서 저우언라이 총리에게 이렇게 말했다. "프롤레타리아 문화혁명을 구체적으로 어떻게 수행하라는 것인지 분명히 이야기해주지 않았고 당신도 잘 모르는 것 같다. 그래서 우리한테 알아서 하라고 말하는데, 솔직히 말해 나도 잘 모르겠다. 우리는 그저 당신만 믿고 갈 생각이다."[62] 마오쩌둥의 비위를 어떻게든 맞추려 했던 사람들도 대체 마오쩌둥이 무엇을 원하는지 갈피를 잡지 못했다. 마오쩌둥은 2000여 년 전의 법가 사상가 한비자의 충고를 따르려 했던 것 같다.

한비자는 군주들에게 이렇게 충고했다. "조용히 있는 듯 없는 듯 지내라. 그리고 보이지 않는 곳에서 다른 사람의 약점을 관찰하라. 봐라! 보기는 보되 보는 것을 들키지 마라. 들어라! 듣기는 듣되 듣는 것을 들키지 마라. 알아내라! 그러나 네가 아는 것을 다른 사람이 모르게 하라."[63]

1966년 7월 16일에 마침내 마오쩌둥이 아주 극적인 형태로 중국 중부의 도시 우한에 그 모습을 드러냈다. 마오쩌둥은 5000여 명의 지지자와 함께 양쯔 강을 헤엄쳐 건넜다. 10년 전 자신이 쓴 「수영」이라는 시 속에 마치 이날의 일을 예견이라도 한 듯한 구절이 들어 있었다.

> 나는 지금 양쯔 강을 헤엄치고 있다
> 저 멀리 탁 트인 하늘을 바라보며
> 바람이 부는 대로 파도가 치는 대로,
> 시골구석을 어슬렁거리는 것보다야 백번 낫다
> 오늘 나는 정말 마음이 놓인다……
> 대단한 계획들이 진행되고 있다
> 남북을 잇는 다리가 놓일 것이다
> 깊은 골이 대로로 바뀔 것이다.
> 서쪽 상류에 돌벽이 세워질 것이다
> 우한의 구름과 비가 모여 잔잔한 호수를 이루고
> 그 호수가 좁다란 골짜기를 메운다
> 그곳에 아직 산신령이 있다면
> 이 놀라운 변화에 깜짝 놀랄 것이다.[64]

不破不立

약 16킬로미터를 헤엄쳐 건넌 1966년 여름의 일은 자신의 시에서 말한 부분을 실현한 것일 뿐 아니라 정치 초년병 시절의 활기찬 모습을 재현한 것이기도 하다. 자강의 기본 덕목으로서 건강한 신체와 체력에 관심을 두기 시작했고 자신의 체력을 시험하고자 후난 성의 산을 수도 없이 오르내리던 그때를 상기시킨 것이다. 이날 바로 옆에서 같이 헤엄치던 한 여성에게 그는 이렇게 말했다고도 한다. "양쯔 강은 깊고 유속이 빠르다. 이곳을 헤엄치는 것이 신체를 단련하고 의지력을 강화하는 데 도움이 될 것이다."[65] 그 모두가 전에 들은 적이 있던 말들이었다.

양쯔강을 헤엄쳐 건너고 나서 5일 후에 마오쩌둥이 베이징에 나타나 갑자기 당 지도부 회의를 소집했다. 그리고 자신의 정적들을 향해 맹공을 퍼붓기 시작했다. 이것은 류사오치 주석에게는 죽음의 전조였다. 류사오치에게는 '중국의 흐루쇼프'이자 '배반자, 반역자, 혁명 방해자'라는 낙인이 찍혔다.[66] 얼마 후 류사오치는 자택에 감금됐고 병으로 고생하다 사망하고 말았다. 덩샤오핑은 공개적으로 '자본주의 노선파의 2인자'로 지목됐고 당에서 추방돼 장시 성에 있는 군부대에서 트랙터 수리공으로 5년을 보냈다.[67] 당 지도자들이 마오쩌둥이 원하는 방향으로 나아가지 않으면 마오쩌둥 사상에 경도된 대중은 그 사람들을 갈아치웠다. '마오쩌둥의 교시를 이해했든 이해하지 못했든 간에 무조건 마오쩌둥의 지시를 수행하라'[68]라고 말했던 린뱌오는 그러한 아첨의 대가로 마오쩌둥의 '후계자'로 선택됐다.

일단 시급한 목표는 당내 정적을 제압하는 것이었으나 마오쩌둥의 궁극적인 목표는 점점 심해지는 당의 관료화를 저지하고 잔존하는 전통 문화의 굴레를 완전히 벗겨내는 것이었다. 마오쩌둥은 아직 도달하지

파괴 없이는 건설도 없다

못했던 고지에 이르게 해줄, 전에는 한 번도 해본 적이 없는 방법을 통한 급진적 변화를 원했던 것이다.[69]

문화혁명 초기 단계에서 홍위병은 당의 공식적인 지지와 지원 없이 자발적으로 조직됐다. 그러나 1966년 8월 1일에 마오쩌둥은 칭화 대학 학생들에게 공개서한을 보내면서 이 조직의 활동에 개입하기로 한다. 이것으로 학생들에게 선생이나 당 관리 심지어 부모까지 부르주아 성향이 의심되는 사람은 누구든 비난하고 공격할 수 있는 자유재량권을 준 셈이었다. 마오쩌둥은 이렇게 썼다. "여러분은 반동주의자들에게 반기를 드는 것이 옳다고 주장한다. 나는 전적으로 여러분의 주장을 지지한다."[70] '반발이 생기는 데는 다 그만한 이유가 있다'는 의미의 '조반유리造反有理'가 반란군의 구호가 되면서 젊은이들을 전율케 했다.

8월 5일에는 즉석에서 종잇장에 '사령부를 공격하라'라고 씀으로써 중국 공산당 자체에 대한 공격을 승인했다.[71] 마오쩌둥의 '명령'은 홍위병에게 '반혁명분자'로 지목된 당 간부들을 공격하기 위한 시가행진을 언제 어디서든 허락한다는 의미도 담고 있었다.[72]

마오쩌둥의 이러한 '유격' 명령과 함께 혁명활동이 급물살을 탔다. 8월 8일에는 마오쩌둥의 문화혁명파가 장악한 공산당 중앙위원회 전체 회의에서 '문화혁명 16조'가 통과됐다. 이것은 이후 투쟁 단계에서의 행동지침을 천명한 선언서 구실을 했다.[73] 이 '16조'는 '문화혁명은 인간, 더 나아가 인간의 영혼에까지 영향을 미치는 단계에 이르렀다'라는 말로 시작됐다.[74] 그리고 부르주아계급이 이미 타도됐다고 해도 '뿌리깊은 잔존세력이 당내에 발판을 마련하여 자본주의 노선을 걷기 시작했으며'[75] 옛 사상, 문화, 관습 그리고 대중을 타락시키는 계급적 속성을 이용하여 사람들의 마음을 사로잡고 다시 역사의 전면에 나서려 노력하고 있다고 경고했다. 또한 사람들에게 '자본주의 노선을 걷는 사람들을 타도할 것'을 촉구했다.[76] 물론 모든 행동은 마오쩌둥 사상에 바탕을 두어야 한다는 사실도 명시돼 있었다. 이 선언서는 모든 것이 곧 정상으로 돌아올 것이라 기대한 순진한 당원들에게는 끝내 나쁜 소식으로 남을 비운의 '지령'으로 끝을 맺었다. 결국 이것은 대대적인 숙청의 신호탄이었다.

1966년 8월 18일 아침에 통지가 있은 지 24시간도 안 돼 100만 명이 넘는 홍위병이 동도 트기 전에 톈안먼 광장에 모여 마오쩌둥이 주도한 새로운 정치노선에 충성을 맹세했다. 숨어 있던 문화혁명의 '주도자'가 드디어 모습을 드러내게 된다. 마치 이날을 위해 톈안먼 앞을 거대한 광장으로 꾸몄던 것처럼 말이다. 새벽 5시에 톈안먼 상부에 있는 연단에 마오쩌둥이 모습을 드러내자 몇 시간 전부터 어둠 속에서 이제나저제나 기다렸던 수많은 젊은이가 마치 부적이라도 되는 듯 마오쩌둥의 어록집 홍보서를 치켜들며 일제히 '마오쩌둥 주석 만세'를 외쳐댔다.[77]

이날 마오쩌둥은 연설 따위는 하지 않았고 그러한 상투적인 일은 린뱌오와 저우언라이에게 맡겼다. 그 깜짝 등장만으로도 자신이 원하는 메시지는 충분히 전하고도 남았다. 프롤레타리아 문화혁명은 전부 마오쩌둥의 '작품'이라는 사실을 대중에게 확실히 알렸던 것이다. 마오쩌둥과 장칭이 마침내 연단에서 내려오자 학생들은 감격에 겨워 만세를 부르고 눈물까지 흘리며 거의 광란적인 상황을 연출했다. 이는 마치 제우스와 헤라가 올림포스 신전에서 인간 세상으로 내려왔을 때의 광경을 방불케 했다.

이후 마오쩌둥은 선발된 학생 대표 몇몇을 만났고 이 자리에서 '홍

❈

343

위병'이라는 글씨가 새겨진 비단 완장을 찼다.[78] 이 완장은 원래 1930년 대에 장시 성과 옌안에서 봉기한 농민 민병대의 표지였다. 그래서인지 이 완장은 그로 하여금 과거 자신의 반란군 시절을 떠올리게 했다.[79] 학생들과의 이 만남을 통해 마오쩌둥은 학생들이 자신을 지지하는 것을 무척 기뻐하고 있음을 보여주었고, 50여 년 전 자신이 어렸을 때 어른들에게 반항했던 것처럼 학생들이 가족 내의 어른, 선생, 기타 권위자에 대해 반항적 혁명활동을 수행하는 것을 재가했음을 확실히 했다.[80]

자신을 거의 신처럼 떠받들며 맹종하는 젊은 사람들을 보면서 마오쩌둥이 과연 무슨 생각을 했는지 정확히 알 수는 없다. 그러나 이들을 보며 그는 아마 에드거 스노가 쾌활하고 패기 있고 열정적이고 충성 넘치는 '작은 붉은 악마들'이라 묘사했던 옌안 시절 젊은이들에 대한 기억이 떠올랐을 것 같다.[81] 8월 18일의 홍위병 접견은 이후 벌어질 대대적인 혁명 물결의 시작에 불과했다. 이날 이후 톈안먼에서 여덟 차례에 걸쳐 홍위병 접견이 있었고 마오쩌둥의 신군대가 합류한다는 약속에 각성에서 1100만 명이 넘는 인파가 베이징으로 몰려들었다.[82] 그해 가을이 되자 홍위병은 박물관을 약탈하고, 관청을 파괴하고, 주자파로 지목된 교육자들의 집을 약탈하는 등의 행위를 자행했다. 이로써 마오쩌둥이 내심 기대하던 '천하대란'의 상태에 거의 접근했다 싶을 정도로 중국 사회는 극심한 혼란에 빠졌다.

마오쩌둥은 신설한 중앙문화혁명단에 이렇게 말했다. "우리는 끝까지 프롤레타리아 문화혁명을 수행해나갈 것이다. 이 혁명이 완수되면 우리 모두 하나가 되는 것이다."[83] 마오쩌둥은 이 극심한 혼돈 속에서는 감히 누구도 자신을 따라올 수 없을 것이고 그와 같은 벼랑 끝 전술을

不破不立

통해 누구도 넘볼 수 없는 권력을 잡을 수 있게 됐다는 사실에 매우 흡족해하는 것 같았다. 특히 중국의 젊은이들이 두려워할 줄 모르는 용감하고 강한 지도자를 열망한다는 사실에 더욱 고무된 것 같았다. 마오쩌둥은 1967년 여름에 이렇게 충고했다. "사람들이 혼란을 일으키는 것을 두려워하지 마라. 혼란이 극심하고 오래갈수록 더 좋은 것이다. 상태가 아무리 나빠도 두려워할 필요가 없다. 종기가 생기면 언젠가는 터지게 마련이다."[84]

당파 간에 무력충돌이 일어나면서 혼란 상태는 더욱 극심해졌다. 수많은 관청이 폐쇄되고 수백만에 이르는 홍위병이 전국 각지를 돌아다니는 통에 교통도 마비돼버렸다. 마오쩌둥 쪽의 린뱌오와 장칭은 '모든 것을 타도하라'라든가 '내전을 수행하라'라는 구호를 내세워 시위를 부추겼다.[85] 홍위병 각 분파 간에 무장충돌이 격해지면서 혼란이 극에 달한 1967년 봄이 돼서야 마오쩌둥은, 저우언라이가 인민해방군을 동원해 질서 유지 명령을 내리는 것을 승인했다. 홍위병 각 분파 간의 권력싸움은 대부분 마무리됐으나 마오쩌둥이 사망한 1976년 9월 9일까지 근 10년 동안 문화혁명 자체는 계속 이어졌다.

문화혁명이 애초에 정적을 제압하려는 마오쩌둥의 원대한 비전에 따라 시작된 것만은 분명한 사실이었다. 젊었을 때 상앙을 포함한 법가 사상가에 관심을 보였던 것에서 알 수 있듯 마오쩌둥은 항상 현실 정치 게임에서 정적보다 한발 앞서나가는 방법에 매료돼 있었다. 그러나 공산당이 내파되고, 국가의 경제발전이 지체되고, 교육체계가 와해되고, 상산하향上山下鄉(청년들을 농촌으로 내려보내 재교육하는 운동. '하방'이라고도 함-옮긴이)으로 말미암은 이산가족 양산, 일상적인 잔혹행위 등 생애 마지막 도전이던 이 대규모 운동의 대가는 지나치게 컸다.[86] 일반적 시각에서 보면 이 혼돈의 혁명기는 '잃어버린 10년' 그 이상도 이하도 아니었다. 그러나 마오쩌둥의 생각은 달랐다. 마오쩌둥에게 문화혁명은 자신이 다시 권력을 잡는 방법이었다. 또 이 10년간은 영구혁명이라는 비전을 실현하고 일찍이 1940년에 '새로운 중국 문화'라 칭했던 바로 그것을 창조할 기초를 닦은 시기였다. 논평「새로운 민주주의에 대하여」에서 마오쩌둥은 중국의 혁명은 항상 문화와 연관돼 있었다고 설명했다. "아주 오랫동안 우리 공산주의자들은 정치 및 경제 혁명뿐 아니라 문화혁명을 위해서도 투쟁해왔다. 우리 목표는 조국을 위해 새로운 사회, 새로운 국가를 건설하는 것이다. 다시 말해 우리는 정치적으로 억압당하고 경제적으로 착취당하는 중국을 정치적으로 자유롭고 경제적으로 부유한 중국으로 변화시키는 것뿐 아니라 전통문화의 굴레 속에서 계속 퇴보하며 무시당하던 중국을 새로운 문화를 통해 진취적이고 개화된 중국으로 변화시키는 것도 간절히 원하고 있다."[87] 마오쩌둥은 자신이 량치차오나 천두슈가 꿈꾸었던 것들을 마침내 실현했다고 생각할지 모르나 중국의 전통문화에 최후의 일격을 가해버린 무모한 혁명 비전에 이들 개혁 선구자는 아연실색했을 것이다.

마오쩌둥이 나이가 들어 건강이 나빠지면서 한껏 고조됐던 문화혁명도 그 기력을 다했다. 마오쩌둥은 정기적으로 들러 시중을 드는 조수와 젊은 애인을 제외하고 셋째 부인이나 생사고락을 함께했던 대다수 혁명동지들과 거리를 유지한 채 고립된 생활을 하다 임종을 맞았다. 말년의 마오쩌둥은 외롭고 뚱뚱한 늙은 독재자이자 병 때문에 말도 어눌하고 침도 조금씩 흘리는 노인의 모습 그대로였다.

不破不立

키신저가 바라본 '늙은 마오쩌둥'

중국인들이 '늙은 마오쩌둥'이라 부르게 된 마오쩌둥에게는 아직 한 가지 카드가 더 남아 있었다. 미국과의 관계 정상화가 그것이었다.

흥미로운 점은 마오쩌둥이 전에도 한 번 미국과 화해를 모색한 적이 있었다는 사실이다. 그러니까 1945년 1월 9일에 마오쩌둥은 옌안에 온 미국의 '군사시찰단'에 한 가지 부탁을 했다. 충칭 주재 미국 대사관을 통해 미국 대통령측에 자신과 저우언라이가 혼자든 둘이든 간에 언제든 예비회담에 응할 의향이 있으니 루스벨트 대통령에게 중국 대표로서 자신들을 백악관으로 초청해줄 수 있는지 알아봐달라고 한 것이다.[88] 안타깝게도 당시 충칭 주재 미국 대사관의 패트릭 헐리Patrick Hurley 대사는 철저한 반공주의자로서 국민당 장제스 정부를 지지하고 있었기 때문에 이 메시지를 미국 대통령이나 국무부 혹은 국방부 그 어디에도 전달하지 않았다.[89] 그런데 그로부터 26년이 지나 마오쩌둥은 다시 미국과의 관계 개선을 도모하려 했다. 이번에는 장기 고수의 솜씨를 발휘하여 또 다른 두 명의 반공주의자, 즉 미국 대통령 리처드 닉슨과 국가안보 보좌관 헨리 키신저Henry Kissinger를 통해 중국과 미국 양국의 외교적 승인이라는 결과를 얻어내려 했다. 이렇게 하면 그토록 오랫동안 염원했던 부강한 중국이라는 꿈을 다시 꿀 수 있게 될 것이다.

중난하이에서 다섯 차례에 걸쳐 마오쩌둥을 만난 키신저는 국가주석 마오쩌둥을 '자기 자신이 항상 조롱했던 중국 황제들과 다를 바 없이 그 자신도 인민과 거리를 둔 채 고상하고 우아하게' 살고 있다고 묘사했다. 마오쩌둥 역시 자신이 조롱했던 그 황제들처럼 거의 종교적인 경외심으로 자신을 숭배하는 아첨꾼들에게 둘러싸여 있었다.[90] 키신저가 마오쩌둥을 마지막으로 본 것이 1975년 10월이었는데 그는 이때 건강이 악화된 상태로 나타난 마오쩌둥의 모습에 큰 충격을 받았노라고 말했다. 키신저는 이렇게 회고했다. "마오쩌둥은 예전처럼 서재 중앙에 놓인 안락의자 앞에 서 있었다. 그런데 2년 전 마지막으로 본 이후 무척 수척해져 간호사 두 명의 부축을 받으며 겨우 서 있는 상태였다. 턱과 입 주위로 침까지 흘러내리고 있었다. 게다가 수차례 뇌졸중을 일으켜 말투도 어눌했다."[91] 그러나 마오쩌둥은 지금까지 키신저 자신이 만났던 '그 어떤 지도자보다 더 강한 의지력과 결단력이 느껴지는' 인물이었다고 말했다.[92] 건강이 급격히 나빠졌는데도 마오쩌둥은 여전히 국제 지정학적 게임에서 중국의 몫을 챙기려 애쓰고 있었다.

1972년에 마오쩌둥을 만났을 때 닉슨 대통령은 기분을 좀 좋게 해주려는 생각에 '중국의 모습을 확 바꿔놓은 점이 대단하다'는 칭찬의 말로 이야기를 시작했다. 마오쩌둥은 그러한 평가에 손사래를 치며 부정했다. 그는 이렇게 말했다. "나는 그런 변화를 일으키지 못했다. 내가 바꿔놓은 것이라고는 베이징 인근의 몇몇 장소뿐이다."[93] 그리고 '중국인들은 아주 고집이 세고 여간해서 잘 바뀌지 않는다'는 말도 덧붙였다.[94] 키신저가 지켜본 바로는 평생 중국사회를 근본부터 변화시키려 무진 애를 썼던 마오쩌둥이 좀처럼 변하지 않는 중국 전통문화의 완고함에 상당한 비애감을 느끼는 것 같았다고 한다.[95]

또 한 가지 아이러니한 사실은 전통문화와 사회의 경직된 구조를 변화시키고자 평생을 투쟁한 결과, 공산당 내에 그가 그토록 바꾸려 했던 '경직된' 구조가 새로 만들어졌을 뿐이라는 것이었다. 키신저가 지적한

不破不立

바와 같이 자신이 오랜 투쟁 끝에 거둔 승리가 고작 '관료계급' 문화라는 역시 경직된 문화체계를 만들어내는 데 그치게 될까 두려워한 마오쩌둥은 더욱 거세게 중국 인민을 그러한 굴레에서 구제하는 운동에 몰두하기 시작했다.[96]

게릴라 활동의 유산

혁명 목표에 도달하기 위해 인습파괴자 역할을 자처했음에도 중국의 문화와 전통은 엄청난 저항력을 보이며 꿈쩍도 하지 않았다. 5·4운동에 참여했던 다른 활동가들처럼 마오쩌둥도 중국의 선구적 지식인들이 국가발전의 주된 걸림돌은 바로 전통문화라고 지적한 부분에 크게 공감했다. 물론 이들 대다수가 전통적 고전 교육을 함께 받았기 때문에 유교적 전통질서에 반기를 들고 떨쳐 일어났으면서도 자신들이 그토록 타도하고자 했던 전통문화가 이들에게 여전히 짙은 그림자를 드리우고 있었다. 이들은 '봉건적' 과거 청산 노력과 함께 자신들에게 남아 있는 전통문화의 잔재를 말끔히 없애려는 노력까지 병행해야 했다. 그러나 마오쩌둥은 달랐다. 마오쩌둥은 중국 전역에 걸쳐 포괄적 방식으로 전통과 봉건적 유산 청산 운동을 벌였다. 이전의 수많은 개혁가와 혁명가가 유교적 전통문화를 중국이 발전하지 못하고 뒤처진 주요 원인으로 보고 이 굴레를 벗어나고자 노력했으나 마오쩌둥과 같은 극단적 방식을 고려해본 사람들은 아무도 없었다. 그러한 방식은 상상조차 하지 않았다. 그런 측면에서 옛 방식에 대한 전면적이고 무자비한 공격은 마오쩌둥의 가장 복잡하면서도 가장 중요한 유산이 될 것이다.

이 밖에도 마오쩌둥이 중국에 남긴, 특히 덩샤오핑에게 남긴 또다른 중요한 유산이 있다. 공론가 기질에다 단호한 성격 외에 마오쩌둥을 훌륭한 게릴라 투사로 만들어주었던 특성은 항상 튀어나오는 위험 요소와 끊임없이 변화하는 환경에 놀라우리만치 잘 적응하는 능력이었다. 이러한 적응력은 마오쩌둥에게 전술적 융통성이라는 새로운 능력을 선사했다. 마오쩌둥은 이념적 기강의 엄격성을 중시하는 가운데서도 목적 달성에 필요한 것이라면 무엇이든 기꺼이 시도하려 했다. 언뜻 보면 마오쩌둥과는 어울릴 것 같지 않은 이러한 편의주의적 특성이 덩샤오핑에게 실용주의라는 도구를 활용해볼 기회를 주었다. 덩샤오핑은 마오쩌둥의 '편의주의' 덕분에 중국사회에 실용주의를 뿌리내리게 할 수 있었고 1980년대에는 그토록 원하던 부국강병의 목적지에 조금 더 다가갈 수 있었다.[97]

마오쩌둥은 중국사회에 깊이 뿌리박힌 과거의 전통을 근절하려 했을 뿐 아니라 실용주의라는 새롭고 역동적인 사조를 뿌리내리게 한 지도자였다. 이 실용주의는 혁신적인 방식으로 새로운 중국을 재창조할 수 있게 해주었다. 제삼자의 눈에 그러한 '혁신성'은 위선적 편의주의 그 이상도 이하도 아닌 것으로 보였고 또 사실이 그렇기도 했다. 그러나 궁극적으로 원하는 곳에 도달하는 데 필요한 것이라면 무엇이든 하겠다는 마오쩌둥의 의지는 덩샤오핑에게 새로운 기회를 제공했고, 그러한 기회를 통해 덩샤오핑은 5·4운동 이후 그 어느 때보다 확실하게, 지난 4000년 동안 중국을 구속했던 전통의 굴레를 벗겨내는 과업에 한층 더 다가갔다. 어쨌거나 마오쩌둥은 중국 인민을 '가난하고 정신적으로 비

不破不立

어 있는' 사람들이라고 묘사하고 싶어했다. 물론 이 묘사가 정확한 것은 아니었다. 그러나 마오쩌둥이 굳이 그렇게 표현한 이유는 그것이 '중국 인민을 과거의 굴레에서 구원하고 민첩성과 혁신을 통해 이들로 하여금 변화하는 환경과 예측할 수 없는 불확실성에 적응하는 능력을 갖추게 하겠다는' 자신의 오랜 비전을 구체화하는 데 도움이 됐기 때문일 것이다.

10장

흑묘백묘 黑猫白猫

: 혁명보다는 생산,
이념보다는 실리

덩샤오핑(1)

WEALTH & POWER

"
검은 고양이든 하얀 고양이든
쥐만 잡으면 좋은 고양이다.
"

덩샤오핑

黒猫白猫

1979년 비 내리는 2월의 어느 날 밤, 리무진 한 대가 '텍사스 사이먼턴, 로데오 경기장: 동서 합류 지점'이라 쓰인 표지판 앞에서 어두운 시골길로 접어들었다.[1] 건초더미에 기대 이쑤시개로 이를 쑤시며 옥외 스피커를 통해 흘러나오는 윌리 넬슨의 노래 〈위스키 리버Whiskey River〉를 한가로이 듣고 있던 포트벤드 카운티의 보안관들이 주차장에 들어서는 리무진을 보고 무전기를 통해 정보를 전달하며 바삐 움직이기 시작했다. 문이 열리자 9일 일정으로 미국을 방문중인 당시 중국의 통치자 덩샤오핑鄧小平이 차에서 내렸다.

'죽음의 무도' 뒤에 찾아온 '서부 로데오'

덩샤오핑이 로데오 경기장 안으로 들어서자 안에서 카우보이 부츠를 신고 볼로bolo 타이를 한 채 방진 대형으로 늘어서서 대기하고 있던

혁명보다는 생산, 이념보다는 실리

텍사스 사람들이 커다란 돼지갈비구이와 콩, 감자샐러드 등이 가득 담긴 종이접시를 덩샤오핑에게 가져다주었다. 덩샤오핑은 지방도시 유세장에 나간 정치인처럼 이 사람들의 손을 덥석 잡아주었다. 덩치 큰 이 텍사스 사람들 틈으로 중산복을 입은 중국인들이 간간이 눈에 띄었다. 이들은 중국 공산당이 정권을 잡은 지 30여 년 만에 처음으로 미국과 중국 양국의 공식적 외교관계 수립을 위해 미국에 도착한 중국 대표단의 일원이었다.

중국 대표단이 경기장의 맨 앞좌석에 자리를 잡고 앉자 말을 탄 젊은 여성들이 미국 국기와 중국 국기, 텍사스 주기州旗를 들고 경기장 안으로 달려들어왔다. 그 가운데 한 명이 덩샤오핑이 앉은 자리 앞에서 멈춰 서더니 안장 너머로 몸을 기울여 덩샤오핑에게 카우보이모자를 선물했다. 덩샤오핑이 그 카우보이모자를 쳐들고 흔들어대자 관중이 우레와 같은 함성과 환호를 보냈다. 사실 카우보이모자를 써 보이는 것만으로도 중국이 서구에 대해 우호적인 시선을 보내기 시작했다는 사실이 충분히 전달됐을 텐데도 덩샤오핑은 여기서 더 나아가 이번에는 구형 역마차를 타고 다시 한번 관중 앞에 모습을 드러내는 쇼맨십을 발휘했다. 마치 미인들이 행진하듯 역마차를 타고 경기장을 돌면서 창밖으로 손을 내밀어 흔들자 이번에도 관중이 열띤 환호를 보냈다.

덩샤오핑은 단순하면서도 과장된 이러한 행동을 통해 미국인에게는 미중관계가 새로운 국면으로 접어들었다는 사실을 알렸을 뿐 아니라 자국민에게는 최근의 개혁개방정책과 그러한 정책으로 경제개혁이 안정 단계에 접어들었다는 사실을 보여주었다. 텔레비전 생중계를 통해 지켜본 중국인들에게 자국의 최고 통치자가 미국인의 모자를 쓴 모습은 중국이 정말로 변하고 있다는 사실과 정치적인 마오쩌둥의 '죽음의 무도'가 끝나고 경제적인 덩샤오핑의 '서부 로데오'가 시작됐음을 보여주는 것이었다.[2]

이 역사적 방문에서 알 수 있듯 덩샤오핑이 내건 정치적 의제는 매우 달랐으나 목표는 같았다. 즉 덩샤오핑 역시 부유하고 강한 중국을 만들고 싶어했다. 이로부터 1년 뒤 중국을 방문한 루마니아 사람들에게 덩샤오핑은 이렇게 말했다. "사회주의의 궁극적 목표는 국가를 부강하게 하는 것이다."[3] 이어 자신의 정책이 첫 결실을 거두었던 1985년에는 '중국을 빈곤과 후진의 나락에서 건져내는 것'이 바로 자신이 추진한 새로운 개혁정책의 목표라고 설명했다.[4] 그러나 덩샤오핑이 사용한 방법은 마오쩌둥의 방법과는 사뭇 달랐다. 덩샤오핑은 중국의 정체성을 바꾸는 데는 별 관심이 없었고 19세기 개혁론자들이 말하던 중국의 '체體'에 해당하는 문화라든가 정치체제에 관해 왈가왈부하려 하지 않았다. 그보다는 '용用'에 해당하는 경제적 '수단'에 온 관심을 기울였다. 덩샤오핑은 국가를 강하게 하고 국민을 부유하게 하는 데 필요한 것은 무엇이든 할 의향이 있었다.

덩샤오핑은 선진국에서 더 나은 문물을 들여오는 데 대해 어떠한 두려움도 없었기 때문에 서양을 배워 자강을 이룩하자는 풍계분의 사상이 그가 추진하는 개혁의 기본 요체가 됐다. 이러한 덩샤오핑이 서구에서 가져오려 하지 않은 것이 하나 있는데 그것은 바로 '자유주의' 정치 모형이었다. 이 점에 관해서는 마오쩌둥만큼이나 단호했던 덩샤오핑은 이에 반대하거나 비판하는 사람들을 가차없이 처단해버렸다. 일례로 덩샤오핑이 미국에서 돌아온 직후 자신의 주장을 거침없이 말하곤 하던 민

357

주주의 신봉자 웨이징성魏京生이 투옥됐다. '사회주의 전복'을 시도했다는 것이 그 이유였다. 덩샤오핑은 마오쩌둥식 대중정치 혹은 개인주의적 자유민주주의에 영향을 받지 않고 경제가 발전해나가는 이른바 탈정치시대의 도래를 꿈꾸었다.

중국인들이 마오쩌둥의 영구혁명이라든가 대중운동에 진저리를 친다는 사실을 익히 알고 있던 덩샤오핑은 분열적 마르크스 정치학과는 거리를 두려고 했다. 그러나 일단 권력을 손에 쥐자 새로운 유형의 광기, 즉 '경제를 위한 광기'를 조장하는 데 주저하지 않았다. 1980년대 중반 덩샤오핑은 자신이 추구하는 반혁명노선을 '개혁개방改革開放'이라 명명했다. 덩샤오핑의 이 묘한 개혁노선은 블라디미르 레닌이 말하는 기강이 잘 잡힌 체계적 국가 개념과 밀턴 프리드먼의 자유시장경제체제를 적절히 혼합한 것이었다. 덩샤오핑은 이 새로운 '노선'을 '우선 사람들을 부자로 만들자' '시장은 좋은 것이다' '가난은 사회주의가 아니다' 등과 같은 간략한 구호로 설명했다. 급진적 인류평등주의, 계획경제, 이념 논쟁 등 디스토피아(반이상향)에 더 가까운 암담한 중국의 현실과는 동떨어진 마오쩌둥의 유토피아적 비전 대신 덩샤오핑은 '경제발전'을 현재 중국인의 삶과 공산당의 존재 이유로 삼았다.

덩샤오핑은 반마오쩌둥주의자이자 반혁명론자로서 문화혁명 이념을 뒤집고 개혁과 개방 원칙을 주창했다. 어쨌거나 덩샤오핑은 중국인들에게 21세기 중국의 나아갈 길을 열어줌과 동시에 청 왕조 시절의 굴욕적 상처를 먼 기억 속으로 흘려보내게 해준 인물이었다. 중국 근대사 속에 널려 있는 모든 실패한 근대화의 산물에서 아픈 교훈을 얻은 덩샤오핑이었기에 이 인물의 생애를 살펴보는 것만으로도 덩샤오핑의 신중국 비전이 어떻게 전개됐는지 충분히 이해할 수 있다.

개인을 버리고 구국을 꿈꾸다

덩샤오핑은 1904년에 중국 서남부 지역에서 태어났다. 1904년은 서태후가 뒤늦게나마 신정新政을 시행한 시기이고 량치차오가 일본에서 『신민총보』를 발간했던 때이기도 하다. 덩샤오핑의 집안은 쓰촨 성 광안廣安의 지방 유지였기 때문에 그는 위원이나 풍계분과 비슷한 가정환경에서 성장할 수 있었다.[5] 덩샤오핑은 장남으로 태어났으며 아버지가 '현자가 되라'는 의미로 시셴希賢이라는 이름을 지어주었다고 한다. 덩샤오핑의 아버지는 아들이 과거를 통해 관리로 출세하기를 바랐을 것이다. 그러나 덩샤오핑이 태어나고 나서 1년 뒤 서태후가 과거제도를 폐지하는 바람에 이 꿈은 무산되고 만다. 그래도 집안에서는 덩샤오핑에게 계속해서 유교 경전을 가르쳤다.

1918년에 덩샤오핑의 아버지는 충칭으로 이사했고 량치차오의 진보당에 입당했다. 그는 변화하는 세상에서 남보다 앞서나가려면 아들에게 유교 고전만 가르쳐서는 안 된다는 것을 깨닫고 다른 공부를 시키기로 했다. 이런 영향으로 덩샤오핑은 전후 유럽으로 중국 학생들을 보내는 매우 혁신적인 정책인 근공검학勤工儉學(일하면서 공부하는 것-옮긴이) 과정에 등록했고, 1920년 9월 11일 상하이에서 프랑스 해운회사 메사제리마리팀의 여객선 앙드레 르봉호를 타고 마르세유로 떠났다. 량치차오가 파리평화회의에 참석하고 전후 유럽의 참상을 돌아보고 나서 고국으

359

로 돌아온 지 몇 달 뒤의 일이었다.[6] 이 유학을 계기로 덩샤오핑은 그동안 피해왔던 길로 들어서게 됐고 이후 마오쩌둥과 덩샤오핑은 고국 중국에 대해 각기 다른 시각을 갖게 된다. 마오쩌둥의 첫번째 자기인식 행동은 아버지에 대한 반항으로 나타났고 초창기 글들은 유교적 위계질서와 경직된 효 사상에 대한 반감으로 가득차 있었다. 이와는 대조적으로 덩샤오핑은 자신의 아버지나 '봉건적 질서' 혹은 유교적 가부장제도에 대한 반감이 별로 없었다. 부모가 정해준 여성과 혼인하는 것은 거부했으나 아버지(1938년에 의문사)에 대한 반감은 별로 없었고 가부장적 권위에 대한 투쟁의식도 없었다. 마오쩌둥과는 매우 대조적으로 덩샤오핑은 1926년에 쓴 자전적 수필에서 자신의 어린 시절은 '매우 자유롭고 만족스러웠다'고 묘사했다.[7] 가족 간의 갈등이나 투쟁과는 거리가 먼 젊은 시절을 보낸 덩샤오핑은 두 번의 짧은 결혼생활 이후 세번째 맞은 부인에게 충실했고 자식들에게 자상하고 든든한 아버지였으며 손자들에게도 사랑 넘치는 할아버지였다.

가족에 대한 두 사람의 이 같은 차이점은 중국의 전통문화에 대한 시각에도 그대로 반영됐다. 자기애가 강했던 마오쩌둥은 중국 고전 애호가이면서 한편으로는 중국인들에게서 전통적 사상과 봉건적 가치의 굴레를 벗겨내려 하는 등 자기모순적 태도를 보였으나 덩샤오핑은 이같은 모순을 보이지 않았다. 덩샤오핑이 쓴 글이나 그의 연설 내용을 보면 전통문화나 유교 사상에 대해서는 별로 언급하지 않고 있다. 덩샤오핑의 눈에는 중국의 전통문화를 뒤집으려 한다든지 국민 의식 개조에 몰두하는 것은 경제적 측면의 발전과 중국의 국제적 위상 회복 같은 실질적 과제와는 동떨어진 공염불로 보였다. 마오쩌둥과는 달리 덩샤오핑

❈

360

은 특별히 자기성찰적이지도 않았고 중국의 역사를 이끄는 큰 인물이 되겠다는 자기도취적 욕구 같은 것도 없어 보였다. 아버지에 관한 책을 쓴 덩샤오핑의 딸 덩룽은 다음과 같이 말했다. "아버지는 자기 자신에 관해 언급한 적이 없다."[8] 아마도 어릴 때부터 조국의 운명과 자신을 동일시하는 과정 속에 자기계발의 의지와 욕구가 자연스럽게 녹아 있었는지도 모르겠다. 실제로 덩샤오핑은 프랑스로 떠나기 전날 자신의 아버지에게 나라를 구하는 방법을 배우러 외국으로 나가는 것이라고 말했다. 덩샤오핑은 이렇게 설명했다. "중국이 약하니 더 강해지기를 바랐던 것이다. 또 중국이 가난하니 더 부유해지기를 바랐던 것이다. 우리는 서구 문물을 배워 중국을 구하는 방법을 찾고자 서구 유럽으로 갔다."[9]

덩샤오핑은 '광란의 1920년대'라 불리는 시기에 때맞춰 프랑스에 도착했다. 그러나 덩샤오핑은 소르본 대학 강의실이나 몽마르트르 언덕의 카페 혹은 예술가들의 아틀리에를 들락거리며 서구 문명을 만끽하는 대신 몽타르지에 있는 신발 공장과 파리 외곽에 있는 르노 자동차 공장에서 일하며 전후 프랑스 노동자들이 살던 지역에서 5년을 보냈다. 유학 생활 동안 커피와 크루아상에 맛을 들여 평생 즐긴 기호품이 되기는 했으나 프랑스의 사상이나 문화에 매력을 느끼거나 이에 빠져들지는 않았다. 즉 프루스트의 소설에도 관심이 없었고 그저 레프트 뱅크(센 강 왼쪽 기슭으로 예술가들과 학생들이 많이 모이는 지역—옮긴이)에 있는 가양귀자假洋鬼子, 즉 '가짜 양놈'처럼 되는 데도 별 관심이 없었다.[10] 이렇듯 덩샤오핑은 팔자 좋은 유학생 생활을 하는 대신 유학 시간 대부분을 같은 처지의 중국인 근학생勤學生 모임에 들락거리면서 보냈다. 정치적으로 급진적 성향을 보였던 덩샤오핑은 인생의 의미를 찾는 따위의 개인적인 관심보

361

다는 국제적 위상이 땅에 떨어진 조국이 어떻게 하면 옛 명성을 되찾을 수 있을지를 고민하는 데 많은 시간을 할애했다. 이 기간에 경험한 운명적 사건이라면 저우언라이를 만난 일이었다. 저우언라이는 덩샤오핑의 '큰형님'이 돼주었고 그가 중국공산당청년동맹中國共産黨青年同盟에 들어가게 된 것도 저우언라이를 통해서였다.[11] 덩샤오핑의 아버지는 아들이 유교 사상가가 되기를 바랐으나 그 아들은 열혈 공산주의 혁명가가 돼가고 있었다.

1925년 말이 되자 프랑스 정부는 중국인 사회주의 도당에 진저리를 쳤고 청년동맹에 탄압이 가해지자 덩샤오핑과 동료들은 당국의 체포를 피해 국제 공산주의의 메카 모스크바로 떠났다. 1926년 1월에 모스크바에 도착한 덩샤오핑은 쑨원의 이름을 딴 중산대학에 입학했다. 이 대학은 쑨원의 국공합작 지지활동의 하나로 설립됐으며 당시에는 장제스의 지배권 아래 있었다. 실제로 모스크바 유학 시절의 동문 가운데는 당시 16세였던 장제스의 아들 장징궈도 있었다. 장징궈는 나중에 타이완 민주화를 주도하게 된다.[12]

모스크바에서 덩샤오핑은 첫째 부인 장시위안張錫瑗을 만나 1928년에 결혼했으나 그녀는 2년 후 난산 끝에 사망하고 만다. 덩샤오핑의 또 다른 '열애' 상대는 블라디미르 레닌 사상이었다. 1924년에 사망한 레닌은 사후에도 덩샤오핑을 비롯한 중국의 공산주의 활동가들에게 지대한 영향을 끼쳤다. 실제로 레닌주의는 덩샤오핑이 모스크바에서 공부할 때 중점적으로 파고들었던 분야다. 레닌은 기강이 선 강한 정당이 필요하며 이러한 당은 훈련받은 혁명가들이 '민주적 중앙집중주의' 원칙에 따라 운영해야 한다는 이론을 펼쳤고, 이 젊은 혁명가 덩샤오핑은 이러한

黑猫白猫

레닌의 조직 이론을 열렬히 신봉했다. 모스크바 중산대학 졸업 연설문을 보면 덩샤오핑이 레닌 사상을 얼마나 깊이 체화했는지 알 수 있다. 덩샤오핑은 이렇게 맹세했다. "이후로 나는 절대적으로 당의 훈련을 이수하고, 당의 명령에 복종하고, 프롤레타리아의 이익을 위해 항상 투쟁할 준비가 돼 있다."[13]

훗날 덩샤오핑은 공산당 고위 간부들의 공격을 받고 홍위병에게 박해를 당했으며 마오쩌둥 주석에게 배신을 당하는 등 여러 가지 곡절을 겪으면서도 공산당과 레닌주의의 기본 원칙에 대한 충성이 흔들린 적은 없었다.[14] 덩샤오핑은 훌륭한 이론가나 비평가 혹은 웅변가는 분명히 아니었다. 그러나 정치조직 구성에 관한 한 당에서 반드시 필요로 하는 기술을 보유하고 있었다. 즉 덩샤오핑은 인재를 적재적소에 배치하고, 조직이라는 '기계'가 계속 돌아가게 하며, 중요한 순간에 정책을 적절히 수정하고, 당에 대한 충성을 독려하는 데 탁월한 능력이 있었다. 정치학자 루시안 파이Lucian Pye는 이렇게 말했다. "마오쩌둥을 비롯한 중국의 다른 지도자들은 공산주의의 최대 장점은 그 이념과 세계관이라고 생각했다. 그런데 덩샤오핑은 당 조직의 정체성 보존과 권력 독점이 가장 중요하다고 보았다."[15] 이러한 믿음과 사상의 씨앗은 프랑스에서 공산주의 운동가로, 또 이후 모스크바에서 유학생으로 활동하던 시기에 뿌려졌다.

파란만장한 6년간의 유럽 생활을 마치고 고국으로 돌아온 덩샤오핑은 우한에 있는 임시 공산당 중앙본부에서 일하게 됐다. 이때 잠시 중국의 레닌이라 불렸던 공산당 총서기 천두슈 밑에서 일했다. 천두슈가 이오시프 스탈린의 선동으로 중국 공산당 지도부로부터 숙청당하기 전의 일이었다. 후난 성 출신의 정력적인 활동가 마오쩌둥도 만났다. 1927년

혁명보다는 생산, 이념보다는 실리

에 '큰형님'으로 모시던 저우언라이를 따라 상하이 외국인 거류지에 새로 마련한 공산당 지하본부로 갔다. 이곳은 장제스의 '백색테러'를 피해 공산당이 마련한 옹색한 은신처였다. 태평천국의 난을 피해 1861년 외국인 거류지로 가 은신했던 풍계분처럼 덩샤오핑도 1년 넘게 상하이에 머물렀다. 그러다 당의 명령으로 반란 선동 임무를 맡고 남부 변방에 있는 광시廣西 성으로 파견됐다.[16]

마오쩌둥의 충실한 불테리어

베트남과 국경을 맞댄 광시 성에서 덩샤오핑은 혁명가로서의 인생 2막을 열게 된다. 그리고 이번에는 무장투쟁의 역사를 쓰게 된다. 이후 20여 년 동안 그는 홍군의 정치위원을 지냈다. 군에서는 마오쩌둥만큼 뛰어나지는 않았으나 이 기간에 인민해방군 내에서 중요한 인맥을 쌓았고 당 지도부의 신임도 얻었다. 이는 훗날 덩샤오핑이 중국의 최고 통치자가 됐을 때 요긴하게 쓰일 도구가 돼주었다. 이때 적립해놓은 '자원' 덕분에 '당은 군을 지배할 수 있으나 군이 당을 지배하게 해서는 안 된다'는 마오쩌둥의 지령을 시행할 수 있었다.[17] 가장 중요한 점은 당의 떠오르는 신성 마오쩌둥 뒤에 줄을 섰고 1934년 말 대장정을 함께했으며 그 덕에 마오쩌둥의 권력 핵심부에 들어갈 수 있었다는 것이다.

1939년 9월 옌안 동굴 은신처에서 마오쩌둥이 지켜보는 가운데 덩샤오핑은 셋째 부인과 검소하지만 엄숙한 결혼식을 올렸다. 덩샤오핑과 그 부인 쥐린卓琳에게 신혼생활은 꿈도 꾸지 못할 일이었다. 달콤한 신혼

대신 덩샤오핑은 적의 침투로부터 옌안을 보호하고자 최전선에서 항일전을 지휘했다. 일본군의 잔인무도한 전술에 악전고투했으면서도 항일최전선에서 활동하던 그때가 자신의 생애 중 가장 행복한 시기였다고 덩샤오핑은 회고했다. 그것은 아마 그 기간에 세 아이를 얻었기 때문인지도 모른다.[18]

1945년 8월에 일본이 갑자기 항복했고 공산당과 국민당의 내전이 본격화하자 중국 본토를 차지하려 장제스와 치열한 권력투쟁을 벌이는 와중에 덩샤오핑은 공산당 진영의 핵심 정치위원으로 부상했다. 1948년에 전설적인 화이하이 전투淮海戰役에서 승리한 덩샤오핑은 승전의 기쁨에 취한 홍군을 이끌고 난징에 입성했다. 이 전투는 국민당과의 무력투쟁에서 공산당이 승기를 잡는 계기가 됐고 결국 장제스는 타이완으로 쫓겨가게 된다. 외국군이 베이징을 점령하고 나서 너도나도 서태후의 옥좌에 앉았던 것처럼 다들 '총통의 의자'에 한 번씩 앉아보았다. 이제이 의자는 장제스가 난징을 중화민국의 수도로 정하고 '황금의 10년'(1927~1937)이라 자부했던 시기의 덧없는 상징물이 됐다.[19]

중국 내전이 막바지를 향해 달려가자 마오쩌둥은 중국을 6개 관구로 분할하여 이 가운데 서남 관구管區를 덩샤오핑에게 맡겼다. 서남 관구는 덩샤오핑의 고향인 쓰촨 성과 티베트를 포함하는 광활한 지역이었다. 덩샤오핑은 이곳에서 장제스 정부의 전시수도이던 충칭을 관리했고 10대 시절에 공부하던 이 광활한 대도시의 수장이 됐다. 그다음에 덩샤오핑이 처리해야 할 중요한 임무는 티베트 '해방'에 관한 협상을 주재하는 일이었다. 이는 청 왕조 시절의 영토를 되찾겠다는 마오쩌둥의 결심 끝에 나온 사안이라 여간 까다로운 임무가 아니었다. 그런데 '이념보다

혁명보다는 생산, 이념보다는 실리

영토가 먼저'라 생각한 덩샤오핑은 티베트로 가는 홍군 장교들에게 '한 눈은 뜨고 한 눈은 질끈 감으라'고 지시했다. 덩샤오핑은 이렇게 말했다. "사회주의 혁명과업으로 볼 때 당연히 티베트 사람들을 가난에서 벗어나게 해주어야 한다. 하지만 서둘러서는 안 된다. 때를 기다려야 한다. 지금 우리의 주된 임무는 양 민족 간의 앙금과 증오를 없애고 조화로운 관계를 형성하는 일이다." 덩샤오핑은 최대한 실용주의적인 관점에서 판단했던 것이다.[20] 덩샤오핑은 1952년까지 서남 지구를 관장하는 수장으로 있었다. 그러다가 마오쩌둥이 지방 관구를 폐지하고 이 6개 관구를 중앙에 귀속시켰고 덩샤오핑은 베이징으로 돌아가 새로운 통일정부를 관리하는 데 힘을 보탰다.

중국의 옛말에도 있듯이 무력으로 한 왕국을 손에 넣을 수는 있으나 그 방법으로 왕국을 다스릴 수는 없다. 마오쩌둥은 게릴라군 지도자인 자신에게 자부심을 느끼면서 천하대란을 조장했던 손오공 신화에 계속 매달려 있었다. 반면 덩샤오핑은 게릴라식 반란보다는 조직을 관리하고 경영하는 일에 더 관심이 많았다. 따라서 그는 전시의 군사작전 체제에서 평시의 정치적 통치 및 지배 체제로 전환을 시도했으며 이를 통해 중화인민공화국 초기 당내 주요 인물로 급부상했다. 1956년에는 중국 공산당 중앙위원회 정치국 상무위원회 위원이 됐다. 이로써 덩샤오핑은 당내 서열 6위의 인사가 된 것이다. 이 모든 것이 덩샤오핑이 마오쩌둥과 친밀한 관계를 유지했기에 가능한 일이었다. 마오쩌둥이 중국 국내뿐 아니라 공산주의 세계 전체를 아울러 중단 없는 혁명을 실천하겠다는 원대한 계획을 세웠을 때 덩샤오핑은 마오쩌둥을 열렬히 추종했다. 마오쩌둥이 1957년 모스크바를 방문했을 때도 동행했을 정도로 두 사람

黑猫白猫

사이는 각별했다. 마오쩌둥은 흐루쇼프에게 이렇게 말했다. "저기 있는 저 작은 젊은이를 보라. 아주 똑똑하고 항상 먼 미래를 생각하는 미래지향적인 사람이다." 흐루쇼프는 자신의 회고록에서 당시 마오쩌둥이 덩샤오핑을 두고 '중국 그리고 중국 공산당의 미래 지도자'라며 칭찬을 아끼지 않았다고 썼다.[21] 사실 마오쩌둥의 이러한 칭찬은 흐루쇼프에 대한 경고의 의미를 담고 있었다. 국제 공산주의의 진정한 기수가 누구인지에 대한 논쟁에서 덩샤오핑이 마오쩌둥의 충실한 '불테리어(충직하고 끈기 있으며 투지 넘치는 개의 한 품종-옮긴이)' 구실을 할 기질을 충분히 보여주었기 때문이다.

덩샤오핑은 중국으로 돌아와서도 1957년에 반우파운동을 진두지휘함으로써 마오쩌둥에게 없어서는 안 될 충복이라는 점을 다시 한번 입증했다. 반우파운동은 마오쩌둥이 이전의 백화운동 당시 체제를 신랄하게 비판했던 지식인들을 몰아내고자 시도한 일이었다. 훗날 덩샤오핑은 이 운동이 극단으로 치우친 면이 있었다는 점을 인정하며 유감스러워했다. '많은 사람이 부당하게, 몹시 가혹하게 처벌받았다'는 점을 시인했다. 그러나 충성스러운 당원이자 충실한 레닌주의자였던 덩샤오핑은 이 탄압적 운동의 정당성을 옹호하는 일마저 포기하려 하지는 않았다. 그는 반우파운동을 이렇게 합리화했다. "매우 잔인한 공격을 가했던 사람들이 있었다. 그러한 사람들에 대해 반격을 가하지 않을 수 없었다."[22]

그러나 덩샤오핑의 마오쩌둥주의(인간 마오쩌둥에 대한 것이 아니라)에 대한 충성심에도 한계는 있었다. 대약진운동으로 재앙적 기근사태가 빚어지자 덩샤오핑도 결국 이 한계점에 도달하고 말았다. 대규모 기근과 경제적 역기능의 증거를 목격한 덩샤오핑은 그 충성의 대상을 류사오치

혁명보다는 생산, 이념보다는 실리

와 저우언라이 같은 온건파 인사들로 바꾸었다.[23] 덩샤오핑의 가장 큰 특질 가운데 하나가 '상식'을 벗어나지 않는다는 점이었다. 사실이 이념에 우선하고 현명함이 원칙을 좌우한다. 덩샤오핑은 마오쩌둥의 체면이 손상되지 않도록 최대한 신경써서, 되도록 완곡한 표현을 사용하여 저우언라이가 정책 '조정' 기간이라 명명한 작업의 핵심 인사가 됐다. 온건파가 취한 조치 가운데 가장 중요한 것은 대약진운동에 따른 기아를 생존에 관한 문제라고 보고 인민공사 소속 농민들에게 잉여농산물 일부를 각 지역 시장에 내다팔 수 있게 허가해준 것이다. 이러한 조치는 마오쩌둥의 급진적 농업혁명론에 반하는 것이었다.

덩샤오핑이 공산당청년동맹 모임에 참석하여 지금도 회자되는 저 유명한 말을 남긴 것이 바로 마오쩌둥의 급진주의에 제동이 걸렸던 1960년대 초, 그러니까 이러한 전환기에 해당하던 때였다. "가장 효율적인 생산체계에 관한 한 나는 비교적 손쉽고 빠르게 농업생산성을 향상시킬 수 있는 체계라면 그것이 무엇이든 지지할 것이고 대중이 기꺼이 시행하고자 하는 것은 무엇이든 채택해야 할 것이다. 그것이 아직 합법적인 것이 아니라면 합법화해야 한다. 검은 고양이든 하얀 고양이든 쥐만 잡으면 좋은 고양이다."[24] 이 말에는 혁명보다는 생산, 이념보다는 실리에 중점을 두는 덩샤오핑의 정치관과 경제관이 담겨 있었다. 시간이 지나면서 이는 경제발전에 관한 '흑묘백묘黑猫白猫' 접근법으로 알려지게 됐다. 그러나 얼마 후 덩샤오핑의 이러한 현실주의는 결국 혹독한 대가를 치르게 된다.

黑猫白猫

그토록 꿈꾸던 그날

중국 고대 철학자 맹자는 극심한 시련을 통해 검증받은 사람만이 진정한 위업을 달성할 수 있다고 주장했다. 맹자는 이렇게 가르쳤다. "하늘이 누군가에게 큰일을 맡기려 할 때는 먼저 시련으로 그 정신을 단련하고 엄청난 고역으로 그 신체를 담금질한다. 끔찍한 배고픔과 극단적 빈곤에 노출시킨다. 또한 자꾸 일을 그르치게 하고 좌절하게 한다. 이러한 방법을 통해 정신을 자극하고 기질을 단련하며 부족한 부분을 채워준다."[25] 덩샤오핑의 시련이라면 문화혁명 당시 당에서 축출당하는 고초를 겪었던 수년 동안의 과정이 여기에 해당한다. 자신이 당한 수모와 굴욕이 뼈에 사무쳤으나 이 모든 것이 긴 혁명 여정에서 마지막 승리를 위한 담금질의 시간이었다. 훗날 덩샤오핑은 이렇게 고백했다. "가장 힘들었던 시기는 물론 문화혁명기였다."[26]

마오쩌둥이 1966년 여름 자신의 '마지막 혁명'을 시작했을 때 당시 당내 서열 4위이자 마오쩌둥의 후계자로 확실시됐던 덩샤오핑은 마오쩌둥의 극단적 정책에 동조하기를 꺼렸다는 이유로 별안간 '주자파走資派 제2인자'로 낙인찍혀 당 지도부에서 축출됐다. 덩샤오핑은 베이징에 있는 자신의 집에 쳐들어온 급진 성향의 대학생들에게 조롱당하는 모욕을 참아내야 했다. 덩샤오핑의 자식들은 한때 무소불위의 권력자였던 아버지가 어린 학생들에게 수모를 당하는 모습을 지켜봐야 했다. 덩샤오핑의 딸은 1967년 여름에 집으로 쳐들어왔던 홍위병의 이야기를 이렇게 썼다.

중난하이(지도층 인사들의 거주지)를 휩쓴 폭도들이 우리집으로 몰려왔다. 이들은 아버지와 어머니를 마당으로 끌어낸 다음 두 사람 주위에 빙 둘러섰다. 그리고 억지로 고개를 숙이게 하고 죄를 자백하라고 아우성을 쳤다. '때려눕혀라'라는 고함이 하늘을 찔렀다. 두 사람을 비난하고 질책하는 소리와 함께 큰 소리로 이것저것 질문을 해댔다. 그러나 아버지의 귀에는 아무것도 들리지 않았다. 허리가 꺾인 채 엉거주춤하게 선 아버지는 무슨 소리인지 들리지 않아서 어떤 질문에도 대답할 수가 없었다. 애써 설명을 하려 했으나 폭도들이 거칠게 방해하는 바람에 아무 말도 할 수가 없었다. 그들은 아버지가 대답하기 싫어서 일부러 아무것도 모르는 체한다고 태도가 불량하다며 아우성을 쳤다.[27]

홍위병이 완전히 장악한 당 중앙위원회는 1968년에 덩샤오핑의 당과 정부 내 모든 직위와 관직을 박탈했다. 1969년 말에는 '주자파'로 낙인찍어 중앙에서 멀찌감치 떨어진 장시 성으로 쫓아냈고 덩샤오핑은 오지에 있는 트랙터 수리 공장으로 가게 됐다. 이때만 해도 덩샤오핑의 정치생명은 끝난 것처럼 보였다. 더구나 유교 전통이 깊게 뿌리박혀 있던 과거의 중국만큼이나 마오쩌둥 사상이 지배하던 당시의 중국도 오롯한 개인주의가 통하는 환경은 아니었다. 즉 개인의 성공이 가족 전체의 영광이듯 개인의 죄 또한 가족 전체의 죄이자 불행이 됐다. 따라서 덩샤오핑의 추락은 온 가족이 감당해야 하는 불행이었다.

문화혁명이 남긴 비극 가운데는 덩샤오핑의 아들 덩푸팡鄧樸方이 당한 일도 포함돼 있다. 덩푸팡은 홍위병에 시달리다 베이징 대학 건물 4층

黑猫白猫

에서 떨어지는 사고를 당했다. 아버지가 실각하는 바람에 변변한 치료도 받지 못한 덩푸팡은 결국 하반신 마비 장애인이 되고 말았다. 벽촌에 있는 트랙터 수리 공장에서 베이징 중앙당에 보낸, 아들을 선처해주기 바란다는 내용의 편지를 보면 성실한 아버지로서의 자신과 충성스러운 당원으로서의 자신 사이에서 갈등하는 그의 모습이 눈에 보이는 듯하다. 덩샤오핑은 진심을 담아 다음과 같은 간청의 글을 써 보냈다. "아들의 하반신이 완전히 마비된 것으로 알고 있으며 다른 사람의 도움이 여전히 필요한 것으로 보인다. 그런데 아들이 이 벽촌으로 오면 어떻게 치료를 받을 것이며 어떻게 빠른 회복을 바랄 수 있겠는가? 우리 셋(덩샤오핑, 부인, 노모) 다 노인이다. 간절히 바라건대 아들이 그곳 병원에서 계속 치료를 받았으면 한다. 지금 우리 상황으로는 무엇을 어떻게 해야 할지 잘 모르겠다. 우리는 그저 당과 여러분에게 도움을 청하는 것밖에 할 수 있는 일이 없다."[28]

더 치욕적인 사실은 덩샤오핑 자신이 문화혁명 기간에 자아비판 글을 써야만 했다는 점이다. 1966년에 덩샤오핑은 이러한 글을 썼다. "내 실수는 대중의 편에 서지 않고 대중운동에 반대했다는 것이다. 문화혁명 기간에 나는 프롤레타리아 편에 서지 않았고 마오쩌둥 동지의 정책에 정면으로 반기를 들었다."[29] 1968년 당에 제출한 또하나의 자아비판 글에서 덩샤오핑은 다음과 같은 사실을 인정했다. "내 부르주아적 세계관을 수정하지 않았기 때문에 나는 당내 주자파 일원이 됐다."[30] 애처롭게 느껴질 만큼 덩샤오핑은 자기 자신을 개혁하여 프롤레타리아계급의 방어자로 거듭나겠다고 약속했으며 '가능하다면 당이 내게 조그만 임무라도 맡겨주었으면 좋겠다'고 하면서 자신에게 새로 시작할 기회를 달라고 간청했다.[31] 한때 권력의 중심부에 있던 사람이 이렇게 비굴하게 간청하는 것 자체가 큰 굴욕이었다. 그러나 덩샤오핑은 과거 위원이 그랬던 것처럼 이 굴욕과 수치를 다시 일어날 자극제로 삼으려 했다. 문화혁명의 기세가 여전하고 덩샤오핑은 계속해서 야인으로 남아 있었으나 그럼에도 언젠가는 옛 위엄과 권력을 되찾을 수 있으리라는 희망과 의지를 버리지 않았다.

1971년 11월에 덩샤오핑은 마오쩌둥을 숭배하는 '광신교도'의 수장이자 마오쩌둥 어록집인 홍보서의 발행자 린뱌오가 국외 도피를 시도하다 비행기 추락 사고로 사망했다는 소식을 들었다. 덩샤오핑 딸의 말에 따르면 린뱌오의 죽음이 자신의 아버지 인생에서 중요한 전환점이 됐다고 한다. 덩샤오핑의 딸은 이렇게 설명했다. "린뱌오가 죽기 전에는 그저 정치적으로 최후의 방어선을 유지하는 것이 아버지의 목표였다." 린뱌오가 죽고 나자 덩샤오핑은 다시 한번 국가를 경영하겠다는 희망과 야심을 품게 됐다. "그는 정계에 복귀하여 다시 인민과 국가를 위해 일할 기회를 잡으려고 했다. 야인생활 5년 동안 어떻게 하면 중국이 성공한 사회주의국가로 우뚝 설 수 있는지를 생각하고 또 생각했다. 그리고 언젠가 정계에 복귀할 그때가 오면 파란만장했던 긴 혁명 여정에서 배운 모든 것을 혼돈의 나락에서 조국을 구해내는 데 다 쓸 것이라 다짐했다."[32]

오래지 않아 그토록 꿈꾸던 그날이 찾아왔다. 혼돈의 정국 속에서 마오쩌둥은 강한 권력욕을 보인 자신의 부인을 포함한 좌파세력을 견제하기 위한 균형추가 필요하다는 사실을 깨달았다. 1973년 초가 되자 국가 기능 유지에 도움이 될 수 있는 유능한 지도자가 필요하다고 느낀 마오쩌둥은 그해 2월 급작스럽게 덩샤오핑을 베이징으로 불러올렸다. 2개월 만에 마오쩌둥의 옛 동지 덩샤오핑은 외교 부문에서 다시 중요한 역할을 하기 시작했다. 훗날 덩샤오핑은 이렇게 설명했다. "마오쩌둥은 내가 다시 유용하게 쓰일 수 있다고 생각했고, 그래서 나를 그 무덤 속에서 다시 불러냈다."[33]

혼란 정리: 정돈

덩샤오핑은 그간의 공백을 만회할 필요가 있었다. 일단 6년간의 야인생활을 청산한 덩샤오핑은 과감하게 앞으로 나아가 문화혁명기에 대체 무슨 일이 벌어졌는지 살펴볼 수 있게 됐다. 공산당의 옛 근거지이자 1930년대에 자신이 서기로 있던 중국 남부 장시 성을 순시하던 도중 지방 관리들에게서 상황 보고를 받았다. 보고를 다 듣고 나서 덩샤오핑은 이렇게 말했다. "지금은 예전보다 훨씬 나은 것이다. 그동안 우리는 많은 일을 했고 또 많은 것을 성취했다." 그러면서도 문화혁명 때문에 고초를 겪었고 중국이 상대적으로 뒤떨어져 있다는 사실을 인정하는 데 주저하지 않았다. "우리는 서구 유럽 국가보다 40년은 뒤져 있다. 그러니 앞으로 더 열심히 일해야 한다."[34]

40년은 뒤져 있다는 말은 맞았다. 마오쩌둥의 '영구혁명' 원칙은 중국인들의 생활수준을 떨어뜨리고, 기술적으로 뒤처지게 하고, 국제사회에서 중국을 고립시키는 등의 결과를 낳았다. 실제로 1970년대 중반에 베이징을 방문한 사람들은 그곳이 이승인지 저승인지 모를 묘한 경험을

혁명보다는 생산, 이념보다는 실리

하게 된다. 지금 베이징 서우두공항은 현대식 활주로망과 노먼 포스터 Norman Foster(영국의 건축가-옮긴이)가 설계한 화려하고 웅장한 터미널을 자랑하지만 그때는 미국 중서부 소도시의 공항에 온 것 같은 느낌이 들게 했다. 비행기가 착륙하고 기장이 엔진을 끄면 승객이 텅 빈 아스팔트 위로 내려선다. 깊은 정적이 감도는 듯한 도시가 스산하고 으스스하게 느껴진다. 인구가 그렇게 많다는데도 그토록 거대한 도시라는 느낌이 들지 않는다. 자가용 승용차도 없고 상점도 없고 마오쩌둥이 한 말을 새겨넣은 거대한 선전 벽보 외에 상업 광고판도 하나 없다. 게다가 사람들은 제복을 입은 듯 하나같이 칙칙한 색깔(카키색, 푸른색, 회색, 검은색 네 가지 색상밖에 없다)의 중산복을 입고 있었다. 이곳을 방문한 사람은 마치 무덤처럼 어둡고 고요한 '몽유병' 도시에 온 듯한 착각이 들었을 것이다.

정치적 '무덤'에서 다시 살아나온 덩샤오핑은 이 모든 것을 변화시키기 시작했다. 문화혁명이 아직 막을 내리지 않은 시점에도 덩샤오핑은 실용주의에 근거하여 국내 경제를 활성화하고 중국의 국가적 위상을 높일 수 있는 새로운 정책들을 조용히 추진했다. 실제로 덩샤오핑은 1974년 봄에 유엔 총회 연설을 위해 처음으로 미국 방문길에 올랐다. 1971년에 타이완이 유엔에서 축출되고 중국의 유엔 가입이 승인된 바 있었다. 덩샤오핑은 경제발전에 관한 이야기를 하면서 마오쩌둥의 '제3세계' 이론을 찬양하는 와중에 중국의 '개방'이 시급하다는 점을 은근히 끼워넣는 노련함을 보였다. 제3세계 이론은 국제사회의 새로운 '모순'이 바로 제1세계와 제2세계에 해당하는 선진국이 개발도상국인 제3세계와 경쟁하는 구도라고 주장했다. 덩샤오핑은 유엔 총회 연설에서 '자립은 자기폐쇄 혹은 자기고립과는 다른 것이며, 무조건 외국의 지원을 거부하는 것이 자립은 아니다'라고 주장했다. 참석자들은 그간 보아왔던 중국의 다른 지도자들과 사뭇 다른 덩샤오핑의 주장에 매료됐다.[35] 훗날 덩샤오핑은 자신이 유엔에서 얻으려 했던 것이 무엇인지를 설명했다. "제3세계를 논하는 마오쩌둥의 전략적 사상이 우리에게 외국의 자본과 선진 기술 그리고 기업경영 경험을 이용할 길을 열어주었다."[36]

덩샤오핑은 뉴욕에서 미국의 국가안보 보좌관 헨리 키신저와 만찬을 나누었다. 덩샤오핑과 마오쩌둥의 차이점을 이내 간파한 키신저는 당시를 이렇게 회고했다. "덩샤오핑은 무슨 거창한 철학을 말하지는 않았다. 마오쩌둥과 달리 중국인의 운명을 단숨에 바꿀 수 있는 전면적 혁신 따위를 운운하지도 않았다. 그저 평범하고 일상적인 부분에 치중하는 느낌이었고 실용성을 추구하는 측면이 강했다. 덩샤오핑은 군 기강의 중요성을 언급했고 금속공업부의 개혁에 관심이 많았다. 또한 일일 운송 열차 수의 증가, 철도 운행중 기관사의 음주행위 금지, 점심 휴식 시간 조정 등에 관해 언급했다."[37] 그러나 키신저가 덩샤오핑의 말에서 '평범'을 느꼈다고 한 것은 '마오쩌둥의 유토피아 정치'에서 19세기 말 '자강'으로 대표되던 '실용주의 정치노선'으로 역사적 흐름이 전환됐다는 실질적인 신호였다.

국내에서 덩샤오핑의 미국 방문이 성공적이었다는 반응이 나오자 조심스럽기는 해도 덩샤오핑은 자신의 개혁정책을 추진할 용기를 얻었다. 그리고 사실상의 외교 수장이 된 현재 그 지위를 '서구 문물을 공부하여 중국을 구하자'는 젊은 시절의 결심을 실천하는 데 활용했다. 이번에는 굳이 파리나 모스크바를 넘겨다볼 필요가 없었다. 경제 '기적'을 이루었다는 일본이 바로 이웃에 있었으니 말이다. 일본은 19세기 후반에 그랬던 것처럼 경제발전으로 다시 한번 중국을 크게 앞서나가고 있었다. 그러한 일본을 빨리 따라잡자고 결심한 덩샤오핑은 베이징을 방문한 일본인을 통해 그 나라 정치지도자들이 어떻게 과학, 기술, 산업 분야에서 근대화를 이루었는지에 대한 정보를 얻었다.[38]

마오쩌둥과 저우언라이가 늙고 쇠약해지자 경제 부문에 대한 덩샤오핑의 영향력이 점점 더 커졌다. 덩샤오핑은 자신의 경제발전 청사진에 따라 1964년에 제기됐다가 묻혀버린 저우언라이의 '4대 현대화' 정책을 다시 꺼내들었다. 이 정책은 농업, 공업, 과학기술, 국방 등 4개 부문에 걸친 현대화 15개년 계획이라고 할 수 있다. 저우언라이의 이 '4대 현대화' 의제를 국내 정책의 최우선 순위에 올려놓은 덩샤오핑은 자신의 연설에서 '발전'이라는 단어를 자주 언급하기 시작했고 이후 이 단어가 당의 기본 명령이 돼버렸다.[39]

외부 관찰자들의 눈에는 이때가 얼마나 중요한 시기인지 잘 보이지 않았겠으나 사실 이 모든 것은 신중하게 계획됐으며 매우 과감한 상징적 움직임이었다. 1975년이 되자 덩샤오핑의 영향력이 더 강해져 중화인민공화국이 거의 덩샤오핑의 손에서 움직이고 있었다. 그해 1월 그는 당, 군, 정부 등 3대 권력 중심부에서 고위직에 올랐고 이후 연설에서 정돈整頓이라는 단어를 자주 언급하기 시작했다. '조직과 규율을 바로잡는다'는 의미인 이 말은 사실 문화혁명의 광기를 걷어내겠다는 의지를 완곡하게 표현한 것이라 할 수 있다. 군의 전문화, 철도 운송 체계의 정비, 산업 활성화, 국제관계 회복 등 덩샤오핑이 우선순위에 올린 정책들 대다수가 '일상적 사안'의 범주에 들어 있는 것이었으나 가만히 들여다보면 이러한 정책들의 조합에는 중대한 의미가 내포돼 있었다.[40] 덩샤오핑은 마오쩌둥의 엄격한 인류평등주의를 내려놓고 인민의 '하고자 하는 의욕'을 증진하기 위해 임금을 올려주는 형태로 물질적 유인책을 사용하려 했다. 설사 이것이 '불평등'을 조장하는 한이 있더라도 말이다. 덩샤오핑은 당 지도부 요원들에게 이렇게 말했다. "사람마다 공헌하는 바가 각기 다르다. 그에 따라 보상도 달리해야 하지 않겠는가?"[41] 이러한 말은 마오쩌둥의 인류평등주의가 득세하던 시절에는 감히 꺼낼 수 없었던 '이단적' 발언이었다.

이러한 덩샤오핑도 스스로 납득할 수 없는 저항에 대해서는 레닌주의자의 단호함과 냉혹함을 드러냈다. 1975년 여름 베트남 국경선과 멀지 않은 윈난雲南 성의 이슬람교도 마을 주민들이 자신들의 종교에 관용을 베풀어달라는 요구가 관철될 때까지 곡물세를 내지 않겠다고 선언했다. 덩샤오핑은 '정돈', 즉 '치안과 기강 확립'을 명목으로 이 지역에 인민해방군 파견을 승인했다. 이에 따라 치러진 21일간의 '진압'작전으로 1600여 명으로 추산되는 남성과 여성, 아이 들이 목숨을 잃었다.[42]

덩샤오핑은 이내 '정돈'의 가장 큰 위협 요소는 반란을 일으킨 벽촌 마을이 아니라 당 지도부 자체라는 사실을 알게 됐다. 일례로 덩샤오핑은 폐쇄적 계획경제체제의 개방화를 추진하는 차원에서 수입과 수출의 확대를 주장했다.[43] 덩샤오핑의 이러한 노력은 마오쩌둥주의자들에게서 끊임없이 공격을 받았고 그는 변절한 자본주의자라는 비난을 받았다. 한 당 간부회의에서는 마오쩌둥의 부인 장칭이 덩샤오핑을 '매판자본가 사고방식'에 젖은 '서구의 노예'라고 공격했다. 조약항에서 서구 '제국주의적 자본주의자'의 중개인 노릇을 했던 19세기 중국 상인에 비유하며 덩샤오핑에게 비난을 퍼부은 장칭은 더 좋은 배를 만들 생각은 않고

혁명보다는 생산, 이념보다는 실리

외국에서 배를 사오려고만 하는 것은 큰 잘못이라고 했다. 장칭은 분개하여 '중국에도 1만 톤급 배가 이미 있다'라고 말하며 애국심이 없다고 덩샤오핑을 비난했다. 이에 화가 난 덩샤오핑은 정치생명이 위태로워지든 말든 자신은 1920년에 이미 4만 톤급 배를 타고 프랑스에 갔던 적이 있다고 말하며 장칭의 무지를 조롱했다. 1만 톤급 배는 자랑할 것이 못 된다는 의미였다.[44]

1975년 말이 되자 경제에 활기를 불어넣으려던 덩샤오핑의 노력이 결실을 보이기 시작했다.[45] 그러나 덩샤오핑이 이렇게 당 지도부에서 실권을 쥐고 활동하는 시간은 그리 오래가지 않았다. 마오쩌둥은 자신이 주자파라 칭한 사람들의 활동을 완전히 봉쇄한 것은 아니었으나 그렇다고 문화혁명이 아직 끝난 것도 아니었다. 또 덩샤오핑이 실용적 정책을 계속 추진하자 마오쩌둥은 점점 덩샤오핑의 충성심을 의심하게 됐다. 1976년 봄에 뜻하지 않게 발생한 자발적 대중 시위가 새로 복귀하여 아직 굳건하지 못했던 덩샤오핑의 당내 위상을 흔드는 구실을 했다.

4월 5일 집회

수년 동안 독립적으로 사고하거나 행동할 생각은 감히 하지도 못했던 사람들이 1970년대 중반에 들어서자 조심스럽게나마 서서히 뭔가를 깨닫기 시작했다. 심지어 마오쩌둥이나 마오쩌둥의 정치적 극단주의가 만든 그 파괴적 환경에 그토록 오래 침묵하던 자신들을 의아하게 생각하기 시작했다. 1976년 1월 8일 저우언라이 총리가 사망하자 이 같은 분

黑猫白猫

위기가 표면화됐다. 당에서는 갑작스럽게 달라진 듯한 사람들의 반응에 당황하는 빛이 역력했다. 중국인들도 저우언라이 총리가 마오쩌둥의 측근이라는 사실을 잘 알고 있었다. 그러면서도 저우언라이가 표시 나지 않게 조용히 죄 없는 사람들이 정치적 공격을 받지 않도록 이들을 보호해주고 홍위병의 무자비한 약탈 속에서도 중국의 문화재를 구하려 하는 등 마오쩌둥의 극단성을 완화하려 애쓴 인물이라고 생각하는 사람들이 많았다. 그러나 이러한 중국인들조차 저우언라이 사망 후에 일어난 일에 대해서는 준비가 돼 있지 않았다. 그만큼 갑작스럽게 그간 안으로 삭여왔던 에너지가 한꺼번에 분출된 것이다. 문화혁명의 참상에 넌더리를 내던 중국인들은 저우언라이의 장례식 날 자발적으로 모여들기 시작했다. 떠나는 저우언라이 총리에게 조의를 표하고자 100만 명이 넘는 베이징 사람들이 긴 조문행렬을 이루었다. 당시 톈안먼 광장 고궁박물관에서 일하던 미술사학자 우흥巫鴻은 이렇게 회고했다. "문화혁명이 계속된 10년 동안 극심한 고통을 겪었던 우리에게 저우언라이는 마지막 희망이었고 이성에 호소하는 것이 가능했던 유일한 지도자였다. 그런데 이제 저우언라이가 죽었다. 저우언라이를 잃은 것도 한탄스럽고 우리 자신도 안쓰럽기 그지없었다."[46] 며칠 뒤 저우언라이의 죽음을 슬퍼하는 수만 명의 사람들이 팔에 검은 완장을 차고 장례 화환을 지참한 채 자발적으로 톈안먼 광장으로 모여들었다. 그들은 인민영웅기념비人民英雄紀念碑 앞에 서서 추모시를 읽고 추도 연설을 했다.[47]

영결식(일반인은 참석할 수 없음)을 위해 저우언라이의 유해가 인민대회장으로 옮겨졌을 때 추도 연설을 한 사람은 프랑스 유학 시절부터 저우언라이를 '큰형님'으로 모셨던 덩샤오핑이었다. 덩샤오핑은 망자에 대해 이렇게 칭송했다. "고인은 개방적이고 공명정대했으며 전체의 이익에 초점을 맞추었고 당의 기강을 유지하는 데 심혈을 기울였으며 자기 자신에게 매우 엄격했다. 우리는 온건하고, 신중하고, 겸손하고, 친절한 그 성품을, 그리고 매사에 솔선수범하고 검소하게 산 그 삶의 방식을 배워야 한다."[48] 마오쩌둥은 이 영결식에 참석하지 않았다. 자세한 내막이야 알 수 없으나 마오쩌둥이 불참한 것은 그가 저우언라이의 죽음을 그렇게 애통해하지 않았기 때문이라는 추측을 불러일으키기에 충분했다.

공식 영결 행사가 끝나자마자 톈안먼 광장에 있는 스피커를 통해 예상치 못한 방송이 흘러나왔다. 저우언라이 총리의 죽음을 애도하는 공식 행사는 이것으로 끝이라는 내용이었다. 밖에서 기다리던 수많은 조문객은 당의 이러한 독단적 명령에 분노했다. 이들은 존경하는 사람의 죽음을 애통해하며 마음껏 슬퍼할 기회조차 박탈당했다고 느꼈다. 심지어 정적들이 저우언라이의 고귀한 이름을 더럽혔다는 기분까지 들게 했다. 그리고 덩샤오핑이 이 추도 연설을 끝으로 공식석상에서 모습을 감추자 급진 마오쩌둥파에 밀려 그가 실각했다는 소문이 베이징 시내에 파다하게 퍼졌다.[49] 그러다 3월 25일 상하이의 좌파 신문 두 곳에서 저우언라이를 '주자파'라고 헐뜯는 기사를 싣자 저우언라이와 덩샤오핑을 지지하는 사람들의 자발적인 시위가 전국 곳곳에서 일어났다.[50]

당으로서는 불행하게도 사람들이 저우언라이에게 경의를 표하고 덩샤오핑을 지지하게 할 또다른 분위기가 조성됐다. 중국에서는 매년 봄 청명절清明節에 조상의 무덤을 찾아 성묘하는 풍습이 있는데 1976년에는 청명절이 마침 4월 4일 일요일이었다. 문화혁명기에는 '봉건적' 풍

❀

380

습이라는 이유로 조상의 묘를 돌보는 행위를 금지했으나 사람들은 이번 청명절이야말로 자신들의 목소리를 낼 기회라고 생각했다. 청명절을 맞아 사람들은 추모 화환을 들고 추모시를 준비한 채 다시 한번 톈안먼 광장 중앙에 있는 인민영웅기념비 앞으로 모여들기 시작했다.[51] 추모시 하나를 소개하자면 이렇다.

> 인민은 그들의 총리를 사랑했다.
> 인민의 총리 역시 인민을 사랑했다.
> 그들의 마음은 항상 연결돼 있었다.[52]

중국 정부가 톈안먼 광장에서 추모 행사를 금지한다는 점을 분명히 밝혔음에도 4월 초에 수만 명의 베이징 시민이 정부 조치에 반항이라도 하듯 저우언라이를 기리고자 다시 톈안먼 광장에 모였다. 이때의 추모시 가운데는 '영원히 사라져야 할 것은 진시황 시절의 봉건사회'라며 마오쩌둥의 권위주의를 비판하는 내용도 있었다.[53] 또다른 추모객은 마오쩌둥의 부인 장칭을 현대판 서태후라고 비난했다.[54]

그런데 4월 5일 이른 아침, 수백 대의 트럭이 별안간 톈안먼 광장에 도착하여 쌓여 있던 화환을 모조리 수거했다. 그리고 그곳에 남아 있던 젊은이들을 체포하자 또다른 수천 명의 지지자가 다시 광장에 몰려나와 시위를 벌였다. 확성기를 단 트럭에서 '소수 반란세력'에 부화뇌동하지 말라는 내용이 흘러나왔다. 이러한 말은 사람들을 더 화나게 했고 그때까지 가만히 있던 사람들마저 시위에 동참하게 했다. 성난 사람들은 트럭을 전복하고 몇몇 경찰차량에 불을 질렀다. 그러고는 〈혁명가〉를 부르

혁명보다는 생산, 이념보다는 실리

며 경찰서로 몰려가 그곳에도 불을 질렀다.[55]

　새벽 6시 30분에 확성기를 통해 '시위대'는 즉각 광장에서 떠나라는 베이징 시장 우더吳德의 목소리가 광장에 울려퍼졌다.[56] 분위기가 심상치 않았다. 이로부터 몇 시간 후 민병대, 인민해방군, 공안요원 들이 나타나 닥치는 대로 시위 군중을 때리며 체포하기 시작했다. 4월 5일의 이 사건으로 톈안먼 인민영웅기념비 주변 구역은 또다시 탄압과 피로 얼룩진 순교지가 돼버렸다. 이날 사상자가 얼마나 되는지, 또 체포된 사람이 몇이나 되는지는 공식적으로 밝혀지지 않았으나 이후 한 홍콩 신문이 공안부 차장 양구이陽貴의 말을 인용하여 100명 이상이 죽고 3000~4000명이 넘게 체포됐다고 보도했다.[57]

　톈안먼 광장 사태가 진압되자마자 중국 정부는 이른바 4·5사태를 '반혁명' 사건으로 규정했고 당 중앙위원회는 덩샤오핑 문제가 용납할 수 없는 모순 가운데 하나로 변질됐다는 내용의 성명을 발표했다. 당 중앙위원회 정치국은 또 만장일치로 덩샤오핑의 모든 공직을 박탈하고 당원 신분만 남겨둔 채 그가 '앞으로 어떻게 처신하는지' 두고 보기로 했다.[58]

인정해야 발전할 수 있다

　이번에는 급진 좌파의 이 같은 승리가 그리 오래가지는 못했다. 1976년 9월 9일 마오쩌둥이 사망했고 후난 성 출신의 화궈펑華國鋒이 후계자가 됐다(소문에 따르면 마오쩌둥이 임종시 화궈펑에게 '당신이 하면 마음이 놓인다'고 말했다고 한다).[59] 군의 지지를 등에 업은 화궈펑은 곧바로 마오쩌둥의 부인 장칭과 이른바 '4인방'으로 불리던 좌파 인사들에게 공세를 취했고 마오쩌둥이 죽고 나서 3주일 후에 이들을 체포했다. 이렇게 반대파를 몰아낸 화궈펑은 국가원수로서의 지위를 더 오래 지키고 싶어했으나 그는 키가 155센티미터밖에 안 되는 '작은' 정적 덩샤오핑에게 적수가 되지 못했다. 이렇게 작은 덩샤오핑을 두고 마오쩌둥은 '솜뭉치에 싸인 바늘'이라 표현한 적이 있었다.[60] 덩샤오핑은 중국의 최고 통치자가 될 기회를 평생 기다려왔고 이제 마침내 그 기회가 찾아왔다. 1977년에 공산주의 논객 한쑤인韓素音이 덩샤오핑을 인터뷰한 적이 있었는데 이때 그에 대해 이렇게 묘사했다. "행동이 민첩하고 활기가 넘치며 말을 잘했다. 또 쉴새없이 담배를 피웠다. 아주 직선적이고 솔직하고 조금도 꾸미는 구석이 없어서 이 사람을 좋아하지 않을 수가 없었다."[61] 마오쩌둥 사후 처음으로 한 공식 인터뷰에서 덩샤오핑은 자강파가 주장했던 내용을 그대로 언급했다. "우리가 다른 국가에 뒤처져 있다는 사실을 인정해야 발전할 수 있다."[62]

마오쩌둥이 죽고 나서 2년 동안 덩샤오핑은 조심스럽게 당내 원로인사, 인민해방군 장성, 소장파 기술관료 등을 중심으로 자신의 지지세력을 모으는 한편 '4대 현대화'라는 기치 아래 계속해서 세를 결집해나갔다. 온갖 역경을 무릅쓰고 덩샤오핑과 그 지지세력은 마오쩌둥이 떠난 자리를 두고 벌어진 권력투쟁에서 최후 승자가 되고자 무진 애를 썼다. 그리고 1978년 12월에 덩샤오핑이 새로이 행정권과 당권을 장악한 사실이 당 회의석상에서도 드러나기 시작했다. 반혁명적 자본주의 노선이라 지탄받았던 덩샤오핑의 '개혁개방' 사상이 중화인민공화국 전역으

혁명보다는 생산, 이념보다는 실리

로 퍼져나갔다.[63]

1978년 12월 13일에 덩샤오핑은 아주 중요한 연설을 했다. 이는 아마도 덩샤오핑 생애에서 가장 중요한 연설로 꼽힐 것이다. 제11기 전국 대표대회 중앙위원회 제3차 전체회의(3중전회)에 앞서 열린 중앙공작회의中央工作會議 마지막 날에 했던 연설이 그것이다. 이 역사적인 전환점에서 덩샤오핑은 중국 인민들에게 '사상 해방'을 부르짖었다. '부국강병'을 염두에 둔 덩샤오핑은 '후진국에서 벗어나 아주 강한 현대 사회주의 국가로 거듭나자'고 주장했다.[64] 훗날 덩샤오핑은 이렇게 설명했다. "생산력을 증대하고 빈곤을 퇴치하며 부강한 국가를 건설하고 인민의 생활 수준을 향상시키는 것을 우리의 주된 과제로 삼아야 한다."[65]

그렇다면 그 방법은 무엇인가? 이에 대한 덩샤오핑의 해법은 명료했다. 혁명정치 대신 발달경제에 초점을 맞추어야 한다는 것이었다. 덩샤오핑은 강한 어조로 대중운동과 계급투쟁 대신 '경제적 수단으로 경제를 운영하는 법을 배워야 한다'고 주장했다.[66] 그런데 이러한 정책을 밀고 나가려면 새로운 기술과 새로운 지도자가 필요하다. 덩샤오핑은 이렇게 말했다. "대범하게 생각하고, 새로운 방법을 탐구하고, 새로운 아이디어를 내는 수많은 개척자가 필요하다. 그렇지 않으면 우리는 빈곤과 낙후된 상태에서 벗어날 수 없으며 선진국을 따라잡을 수도 없다."[67]

덩샤오핑은 중국 인민의 생활방식에 체계적인 변화가 있어야 한다고 말했다. 이러한 변화는 위로부터 이루어져야 한다고도 했다. 덩샤오핑은 이렇게 선언했다. "중앙위원회를 비롯하여 중앙과 지방의 수많은 당 간부들과 고위 관리들부터 현대적 경제발전 방식을 배우는 데 앞장서야 한다."[68] 덩샤오핑이 관리들의 사상 해방에 사용한 가장 직접적인 기법은 이들을 외국으로 내보내는 것이었다. "많이 볼수록 우리가 얼마나 뒤처져 있는지 더 잘 알 수 있다."[69] 실제로 1979년 1월에 있었던 국교 정상화 회담중 지미 카터 미국 대통령이 덩샤오핑에게 여행 규제 철폐에 관해 물었을 때 덩샤오핑은 상체를 앞으로 내밀고 여유롭게 두 팔을 벌리면서 이렇게 대답하여 카터 대통령을 놀라게 했다. "좋다, 그러면 어느 정도를 원하는지? 한 1000만쯤?"[70]

그리고 1870년대에 자강파가 주창했다가 실패한 국외 유학정책도 긍정적으로 재고할 준비가 돼 있었다. 외국에 대한 중국인의 극단적 혐오와 반감은 오만과 불안이 뒤섞인 복합적 감정과 경험에서 비롯된 것이었다. 이는 결코 중국과 중국인에게 도움이 되지 않았다. 덩샤오핑은 '젊은이들이여, 서구 유럽으로 가라'라는 구호를 내걸었다. 덩샤오핑은 유럽으로 가는 경제사절단에 이렇게 말했다. "폭넓게 경험하고, 꼼꼼히 조사하고, 열심히 연구하라. 경제활동이 어떻게 이루어지는지 살펴보라. 우리는 자본주의국가의 성공적인 경험을 배워 그것을 중국에 적용해야 한다."[71] 이 외국 방문단에 속했던 사람들은 귀국 후 귀중한 인적 자원이 됐다. 이 가운데 한 사람이 시진핑習近平이라는 젊은이였다. 1980년에 군사사절단의 일원으로 미국 국방부를 방문했고 1985년에는 농업사절단으로 아이오와 주를 방문했던 시진핑은 현재 중국 국가주석이자 중국 공산당 총서기다.[72]

덩샤오핑은 1978년 역사적인 3중전회에서 정책 방향의 전환을 분명히 밝혔다. "지금부터 우리는 '계급투쟁'을 포기하고 '경제발전'을 당의 핵심 노선으로 삼는다."[73] 이 한 구절로 덩샤오핑은 20년간 지속해온 마오쩌둥주의에 의거한 정책을 폐기한 것이다. 덩샤오핑은 1980년 이탈

혁명보다는 생산, 이념보다는 실리

리아 언론인 오리아나 팔라치Oriana Fallaci와 가진 인터뷰에서 재앙적 문화혁명의 대의는 '수천 년간 지속한 봉건제도'의 잔재에 불과했다고 말했다. 개인숭배, 가부장적 체계와 방식, 요직에 있는 당 간부들의 종신 토지보유권 등에서 확인할 수 있듯 문화혁명은 결국 당 자체를 부패시키는 결과만을 낳았다는 것이다.[74] 덩샤오핑 이전에 그 많은 사람이 벗어나려 애썼던 '봉건제'의 잔재가 결국은 혁명의 핵심부까지 오염시켰던 것이다.

그러나 '봉건적 가치'라는 함정에서 빠져나오려 할 때 덩샤오핑이 사용한 방식은 좀 달랐다. 덩샤오핑은 바람직하지 못한 전통문화를 뿌리째 뽑아내겠다는 무리수를 쓰지도 않았고 국가 정체성을 뒤집어엎을 생각도 없었다. 덩샤오핑은 소규모 실무진에 중국 공산당의 역사를 재검토하게 했다. 즉 과거 마오쩌둥 시대의 잘못을 시인하고 중국을 구하는 것이 당의 소명이라는 점을 재확인하게 한 것이다. 덩샤오핑은 이 역사 재정립 과정에 깊숙이 개입했으며 직접 수많은 부분을 수정하도록 지시했다. 이러한 작업 끝에 탄생한 것이 '중화인민공화국 건립 이래 중국 공산당 역사상의 주요 문제에 대한 결의문'이었다. 이 결의문은 당 자체의 자아비판 내용이 주를 이루고 있으며 여기에는 과거의 몇 가지 '사소한' 실수에 대한 책임을 통감함으로써 당 역사 전체의 정당성을 훼손하지 않으려는 의지가 담겨 있다. 그리고 이 결의에는 덩샤오핑 자신이 이미 내린 바 있던 비공식적 평결이 반영돼 있었다. 덩샤오핑은 마오쩌둥이 70퍼센트는 옳았고 30퍼센트는 틀렸다고 평가했다(덩샤오핑은 자신에게도 이와 똑같은 평가를 내렸고, 아이러니하게 흐루쇼프도 스틸린에 대해 이와 동일한 평점을 매겼다).[75] 이것은 이전 지도자 혹은 노선을 완전히 부정

黑猫白猫

하는 위험을 지지 않으면서, 또 전체적으로 볼 때 당의 기본적인 노선에 잘못이 있었던 것은 아니라는 점을 드러내면서 과거를 효과적으로 비판하는 아주 노련한 노림수라 할 수 있었다.

이 결의에 내포된 가장 중요한 메시지는 덩샤오핑은 앞으로 중국이 과거의 포로가 되도록 내버려두지 않을 것이라는 점이었다. 제한적 개혁을 통해 전통문화만은 보존하려 했던 자강파, 전통문화를 신문화로 대체하려 했던 5·4운동파, 전면적 혁명을 통해 전통을 파괴하려 했던 마오쩌둥파 등 어떤 노선과도 거리를 두겠다는 의지의 표명이었다. 덩샤오핑은 근대 중국의 지도자 가운데 처음으로 20세기는 중국의 지식인 사회가 문화에 강박적으로 집착하는 것이 더는 실익이 없는 시대라고 판단했다. 옛 사원은 파괴됐으니 이제는 새 사원을 지을 때였다. 혁명적 파괴가 있었으면 건설이 그 뒤를 이어야 한다. 덩샤오핑은 '봉건사상 근절'을 주제로 한 한 토의에서 동료를 질책했다. "일단 '먼저 파괴를' 하면 그 뒤에 자동으로 건설이 이루어진다고 생각하는 어처구니없는 사람들이 있다."[76]

덩샤오핑은 마오쩌둥과 달리 지식인들에 대한 강박적 혐오증 따위는 없었다. 그래서 실권을 잡고 나서 한 첫번째 조치가 이전의 정치운동으로 말미암아 '계급의 적'으로 낙인찍혀 탄압받았던 약 300만 명에 이르는 당원들과 지식인들에 대한 '정치적 평결'을 뒤집은 일이었다.[77] '국가의 적'이라는 굴레를 벗겨준 조치는 수많은 사람의 환영을 받았다. 이는 덩샤오핑이 '개방'정책을 얼마나 중시하는지를 보여준 상징적 조치였으며, 더불어 이를 통해 정계와 지식인 사회에서 많은 우군을 얻게 되었다. 이와 동시에 고학력 기술 전문가의 대규모 복권을 통해 당시 공급

387

이 절실했던 전문 지식과 기술 보유자들을 충분히 확보할 수 있었다. 결론적으로 말해 덩샤오핑은 천두슈가 말하던 '과학씨'를 맞아들일 준비가 돼 있었다('민주주의씨'는 아니고). 또한 '공산주의자'와 '전문가' 가운데 굳이 고르라면 전문가를 택할 준비도 돼 있었다. 1977년에 덩샤오핑은 약간은 과장된 어투로 이렇게 물었다. "1000만 명에 이르는 지식인들을 어떻게 단칼에 잘라버릴 수 있겠는가?"[78] 새로 내건 '실천은 진리의 유일한 척도다' '사실에서 진리를 찾아라' 등과 같은 비정통적 구호들을 보면 덩샤오핑이 사상적 '신념'에서 경험적 '현실'로 노선을 변경했다는 사실이 분명히 드러난다.

1979년 미국 방문길에 동행하여 휴스턴(이곳에 있는 나사 존슨우주센터도 방문했다) 로데오 경기장에도 함께 갔던 수행원 가운데 한 사람이 신임 부총리이자 과학기술위원인 팡이方毅였다. 중국 방문단에 디즈니랜드 관람은 좀 어울리지 않기는 하지만 어쨌든 이곳을 방문하기 직전 한 인터뷰에서 팡이는 이렇게 말했다. "미국의 것 가운데 우리에게 적합하지 않은 것은 되도록 피하면서 좋은 것은 다 취하고 싶다." 서구 기술을 대량 도입하는 것의 부작용이 걱정되지 않느냐고 묻자 팡이는 이렇게 대답했다. "그것은 중국이 아주 약한 국가였을 때에 해당하는 말이다. 지금은 그렇지 않다."[79]

민주화의 벽

1977년에 덩샤오핑은 19세기 자강파의 주장과 같은 맥락에서 이렇

黑猫白猫

게 주장했다. "우리는 우리가 뒤처져 있다는 사실을 자각해야 한다. 그래야만 우리에게 희망이 있기 때문이다."[80] 이는 자존심 따위 때문에 우리가 약하다는 사실을 인정하지 못하는 일은 없어야 하며(마오쩌둥은 늘 이 부분에서 문제가 있었다) 선진국과의 힘의 불균형 해소를 위해 서구 문물을 적극적으로 도입할 의지가 있어야 한다는 것을 의미한다. 그러나 덩샤오핑이 서구 문물 가운데 도입을 꺼렸던 한 가지는 정치체제였다. 다른 것은 몰라도 서구의 '정치체제'는 중국과 당을 약화시키는 도구라 생각했다.

덩샤오핑이 당 지도부에 대한 지배력을 공고히 하고 있을 바로 그때 베이징 시가지에서 자발적 군중 시위의 조짐이 일었다. 5·4운동과 4·5사태가 있었던 바로 그 자리에서 사람들이 과학씨뿐 아니라 민주주의씨의 부활을 요구하고 나섰다. 이때 가장 눈에 띈 인물이 노동자 출신의 지식인이자 인권운동가 웨이징성이었다. 좀처럼 두려워할 줄 모르는 웨이징성은 대담하게도 마오쩌둥주의의 망령뿐 아니라 덩샤오핑의 레닌주의도 함께 비판했다. 이 반체제운동은 1978년 늦가을에 공용 버스정류장과 먼지 낀 운동장을 에워싼 우중충한 회색 벽돌 담벼락 부근에서 시작됐다. 톈안먼 광장 인근, 사람들이 많이 다니는 거리에서 가깝다는 이유로 그 벽에 시, 비평, 인용문, 정치적 충언 등을 직접 써넣은 벽보가 붙기 시작했다. 처음에는 몇 개 되지 않던 것이 점점 많아지면서 예전 문화혁명 때 벽보가 다닥다닥 붙었던 그 광경을 연상시켰다. 그러나 벽보의 내용은 그때와 달랐다. '계급투쟁을 잊지 마라'라든가 '사령부를 공격하라' 같은 구호 대신 이번의 벽보는 중국의 지도자들에게 4·5사태를 재평가하라고 요구하는 한편 중국 인민들에게는 민주적 사고를 촉진하고 문화혁명이 진행된 '잃어버린 10년' 동안 억압된 정신을 해방하라고 권고했다.[81] 벽보 내용의 정치적 성격 때문에 이 벽은 '민주화의 벽'이라 불리게 됐다.

1978년 겨울부터 이듬해 봄이 되기 전까지 이 벽보를 읽는 사람들의 수가 기하급수적으로 늘었고 사람들이 '우리는 민주주의를 요구한다' 혹은 '우리는 자유를 원한다'라는 구호를 외치며 창안 가長安街를 지나 톈안먼 광장까지 행진할 때도 있었다.[82] 11월 15일 마침내 당이 4·5사태를 재평가하여 이를 반혁명운동이 아닌 '대중혁명 행위'로 다시 규정하겠다고 선언하자 온 도시는 즐거운 놀라움에 휩싸였다.[83] 그리고 1976년 4·5사태 때 체포됐던 사람이 전원 풀려나자 이 놀라움은 안도로 바뀌었다. 특히 이 벽 주위에 모였던 사람들의 심정은 더욱 그러했다. 4·5사태 때 시위에 참여했던 구이양貴陽 출신의 시인 황싱黃星은 기꺼운 마음으로 '빛과 온기가 지배하는 이 새로운 세상'을 찬양하는 내용의 글을 썼다.

> 횃불이 천 명의 손에 들리고
> 만 명의 목을 틔워놓았다.
> 대로를 깨워라, 광장을 깨워라,
> 이 세대 모든 사람을 일깨워라.[84]

덩샤오핑은 새로운 민주화운동의 총아가 돼가고 있었다. '천상천하를 정돈하고, 문호를 개방하고, 질서와 기강 그리고 위대한 민주주의의 확립에 애쓰는 덩샤오핑 부총리는 관대하고 겸손하며 전 세계인이 그를 존경한다'는 내용의 벽보도 나붙었다. 이러한 훌륭한 지도자 밑에서라

黑猫白猫

면 '부강한 국가가 될 것이고 경제도 발전할 것이다'라고 의견을 밝히고 있었다.[85]

화궈펑과의 권력투쟁도 막바지 단계에 이르면서 거의 실권을 장악하게 된 덩샤오핑은 사실 처음에는 이러한 민주화 분위기에 관대한 태도를 보였다. 1978년 11월 26일 한 일본인 방문객에게 아주 태평하게 이런 말을 하기까지 했다. "말할 자유를 요구하는 사람들을 저지할 생각이 없다."[86] 며칠 뒤에는 '지도자들은 때로 대중이 하라는 대로 해야 할 필요가 있다'라는 말도 했다. 게다가 마치 '민주화의 벽' 활동을 더 부추기기라도 하듯 벽보를 붙이는 행위는 문화혁명 때 헌법으로 보장된 권리라는 점을 언급했다.[87] 비록 간접적이기는 했으나 덩샤오핑의 언행은 이러한 대중운동에 활기를 불어넣는 구실을 했다. 덩샤오핑이 미국의 칼럼니스트 로버트 노백Robert Novak에게 '민주화의 벽 운동'은 '좋은 것 好事'이라고 말했다는 소식이 전해지자 더 많은 사람이 이 운동에 참여하게 됐다.[88]

그러나 대중의 관심을 확실히 끌었던 것은 12월 13일 당대회黨大會에서 했던 '사상 해방'에 관한 연설이었다. 이 연설에서 덩샤오핑은 '이념 문제에 관한 한 강압이 있어서는 안 되며' '대중이 비판의 목소리를 내는 것을 억압하여 침묵하게 하는 나쁜 관행은 반드시 중지해야 한다'고 선언했다.[89] 이러한 말을 전해들은 소규모(그러나 점점 늘어나는) 개혁 성향의 민주파는 낙관적 미래를 꿈꾸게 하는 이 같은 지도자의 말에 전율을 느꼈다. 베이징 곳곳의 다른 벽에도 벽보들이 나붙기 시작하고 이러한 민주화의 벽 현상이 다른 도시로까지 번져가자 어두웠던 중국의 정치적 겨울이 드디어 봄을 맞이하는 듯싶었다.[90]

391

제5의 현대화, 민주주의

　12월 초 어느 추운 겨울날 아침 민주화의 벽에 그다지 눈에 띄지 않는 작은 벽보가 하나 나붙었다. 벽보의 제목은 '제5의 현대화―민주주의'였다. 이 벽보는 '진성'이라는 사람이 쓴 것으로 돼 있었다. 진성은 당시 베이징 동물원에서 전기 기사로 일하던 웨이징성의 필명이었다. 웨이징성은 벽보를 본 사람이 자신에게 연락을 취할 수 있도록 주소까지 적어놓는 대담함을 보였다.[91]

　웨이징성은 밤을 새워 덩샤오핑 시절 최고의 명문이자 가장 도발적인 글로 꼽히는 이 유명한 벽보를 만들었다.[92] 사실 '제5의 현대화'라는 말에는 중국 인민에게 4대 현대화를 실현하라고 한 덩샤오핑의 지시를 정면으로 반박하는 의미가 담겨 있었다. 웨이징성 또한 개방정책은 지지했다. 그러나 스스로 '제5의 현대화'라 칭한 '민주주의' 부문의 현대화 없이 농업, 공업, 과학과 기술, 국방 등 4개 부문에서의 현대화만을 추진하는 것으로는 진정한 의미의 현대사회와 안정된 사회를 이룰 수 없다고 믿었기 때문에 이 점에 관한 한 덩샤오핑과는 생각이 달랐던 것이다.

　덩샤오핑과 마찬가지로 웨이징성 역시 소탈하고 수수한 옷차림을 했고 근엄한 편이었으며 니코틴으로 물든 손가락 사이에는 늘 담배가 끼워져 있을 정도로 굉장한 애연가이기도 했다. 니코틴이 누렇게 착색된 치아와 짧게 자른 덥수룩한 머리를 보면 웨이징성도 덩샤오핑만큼이나 외모나 겉치장에 별로 신경을 쓰지 않는 사람이라는 것을 알 수 있다. 두 사람 다 단호한 성격의 소유자라는 공통점도 있었다. 그러나 사상적으로 두 사람은 달라도 사뭇 달랐다. 웨이징성은 이렇게 썼다. "현

黑猫白猫

대화를 이루려면 우선 민주주의를 시행하고 중국의 사회체제를 근대화해야 한다. 민주주의 없이는 사회는 정체될 것이고 경제는 극복할 수 없는 장애물로 말미암아 성장이 지체될 것이다. 그러므로 지난 역사를 돌이켜보건대 민주적 사회체제는 모든 발달의 선결 요건이요 우리가 바라는 현대화의 전제 조건이다. 이러한 전제 조건이 충족되지 않고는 더이상의 발전이 불가능할 뿐 아니라 이미 이룬 발전 상태를 유지하는 것도 기대하기 어렵다. 민주주의가 독재정치를 물리치면 사회발전이 가능한 최적의 조건이 만들어지는 것이다."[93]

웨이징성은 중국의 '유일한 선택지'가 바로 민주주의라고 생각했다. 중국이 경제의 현대화를 바란다면 먼저 '인민의 현대화'부터 실현해야 한다고 보았기 때문이다.[94] 이러한 관점은 민주주의를 부국강병을 이루는 수단으로 보았던 공리주의 개혁파들과 맥을 같이한다. 그러나 웨이징성은 여기서 더 나아가 민주주의 그 자체를 하나의 목적으로 간주했다는 점에서 공리주의자들과는 차이가 있다. 그리고 그는 평범한 대다수 사람에게 필요한 것은 더 나은 경제와 사회적 안정이라고 주장하는 사람들을 비웃었다. 정치적 자립 혹은 자치가 이루어지지 않은 상태에서 경제와 사회의 안정을 기대한다는 자체가 어불성설이라고 생각했다. "외람되지만 이러한 생각을 하는 사람들에게 나는 이렇게 말하고 싶다. 우리는 우리 자신이 우리 운명의 주인이기를 바란다. 우리는 신도 황제도 필요 없고 어떠한 유형의 구세주도 믿지 않는다. 우리는 그저 우리가 우주의 주인이기를 바란다. 그저 '현대화 실현'이라는 독재자의 야망을 충족시켜주는 한낱 도구에 불과한 존재가 되기를 원치 않는다. 민주주의, 자유, 만인의 행복이야말로 우리가 현대화를 추진하는 목적이다.

혁명보다는 생산, 이념보다는 실리

제5의 현대화 없이 4대 현대화를 논하는 것은 또하나의 거짓말일 뿐이다."[95]

웨이징성은 이 같은 운동을 '전투'의 관점에서 이해하려고 했다. "시단西單 민주화의 벽은 사람들이 반동세력에 맞서 싸운 첫번째 전장戰場이 됐다. 이곳에서 유혈참사가 벌어질 수도 있고 사람들이 또 훨씬 불길한 음모의 희생양이 될 수도 있다. 그러나 반동세력의 사악한 기운에 또다시 민주주의의 깃발이 가려지는 일은 없을 것이다."[96] 이렇게 웨이징성은 감히 덩샤오핑에게 도전했던 것이다.

독재자로 변해가는 지도자

1979년 2월 미국 방문을 성공적으로 마치고 귀국한 이후 덩샤오핑의 국내 권력기반은 확고히 다져졌다. 그럼에도 덩샤오핑은 인민해방군에 베트남 침공을 명령했다. 소련 편에 서서 중국이 지지하는 캄보디아의 크메르루주 정권을 전복하려 한 베트남에 본때를 보여주겠다는 것이었다. 이 짧은 전투는 중국이 생각한 대로 진행되지 않았다. 전쟁 상황에서 긴장이 고조되고 국내에서는 또 민주화의 벽 현상이 갈수록 거세지자 덩샤오핑의 인내심도 한계에 도달했다. 결국 얼마 후 덩샤오핑은 사람들을 보내 벽보를 전부 떼어냈다.[97] 그러나 웨이징성은 이에 굴하지 않고 3월 25일에 '우리가 원하는 것이 민주주의인가 아니면 새로운 독재정치인가?'라는 제목으로 매우 공격적인 내용의 벽보를 붙였다. 이 벽보에서 웨이징성은 덩샤오핑을 '독재자로 변해가는 지도자'라고 비난했다.[98] 웨이징성은 벽보를 붙이고 나서 4일 후에 체포됐다. 그러자 웨이징성이 발행한 정치잡지 『탐색』의 공동 편집인들은 '중국 정부가 말하는 민주적 자유란 것이 얼마나 위선적인 허울인가'라며 정부의 조치를 비난했다.[99]

중국 관영 『베이징일보北京日報』는 사설을 통해 이렇게 공격했다. "우리에게 필요한 민주주의는 사회민주주의 혹은 절대다수인 대중이 누리는 민주주의다. 우리는 소수가 다수인 대중을 억압하게 하는 부르주아 민주주의를 원하는 것이 아니다."[100]

3월 30일에 덩샤오핑은 당 고위 간부들에게 '사상 해방'의 한계를 주제로 한 연설을 했다. 이 연설에서는 '4대 기본 원칙'을 강조했고 이것은 앞으로 펼쳐질 덩샤오핑 정치의 기초가 된다. 즉 사회주의, 인민민주주의 독재, 공산당 독재, 마르크스-레닌-마오쩌둥주의 등 4개항을 견지하자는 것이었다. 덩샤오핑은 지금의 민주주의 운동은 '지나쳤고' '안정, 통합, 4대 현대화'의 목적에 더는 들어맞지 않는다고 말했다.[101] 그리고 이렇게 물었다. "이 기본 원칙에 배치되는 형태로 진행되는 언론의 자유를 참아야 하는가?" 이 질문에 덩샤오핑은 아주 단호하게 '아니다'라고 자답했다. 우리는 '개인주의적 부르주아 민주주의가 아니라 민주적 중앙집권주의를 시행한다'라고 선언하여 사람들에게 중국 공산당의 기본 원칙을 상기시켰다.[102]

6개월 후인 1979년 10월 16일 웨이징성은 삭발한 머리에 죄수복을 입은 채 재판정에 모습을 드러냈다. 재판정에 외국인은 없었고 당에서 선별한 소수만이 참석이 허용됐다. 법정에 선 웨이징성은 자신의 죄를 인정하지 않았을 뿐 아니라 적극적으로 자신을 변호했다. 웨이징성에게 가해진 가장 심각한 혐의는 반역죄였다. 웨이징성이 로이터통신측과 1979년 1월 중국의 베트남 침공 문제를 거론한 것은 조국을 배반한 행위라는 것이었다.[103]

민주화의 벽 현상이 번져나가면서 참여자들이 수십 년 만에 처음으로 베이징 주재 외국 언론사 인터뷰에 응하기 시작한 것은 사실이었다. AFP통신의 마리 홀츠만Marie Holzman은 이렇게 회고했다. "웨이징성은 외국어를 전혀 할 줄 몰랐으나 외국인과 접촉하는 것이 유용하다는 사실을 금방 알아챘다." 마리 홀츠만은 이렇게 이야기했다고 한다. "민주화의 벽에다 대자보를 붙이면 파급력이 그렇게 크지 않을 것이다. 사람들이 그것을 읽겠지만 그것으로 그만이다. 그러나 그 내용을 외국 언론에 말한다면 이야기는 달라진다. 그것은 전 세계에 전달됐다가 다시 중국으로 들어오게 된다."[104] 재판정에서 웨이징성은 자신이 외국 기자와 베트남 침공에 관한 이야기를 나눈 점은 시인했으나 자신은 국가기밀에 접근할 수 있는 신분이 아니라서 외국에 제공할 만한 정보를 가지고 있지 않았다고 주장했다.[105]

이러한 변론 과정에서 웨이징성은 자유로운 표현의 진가를 유감없이 보여주었다. "헌법은 사람들에게 지도자를 비판할 권리를 부여한다. 지도자도 일개 사람일 뿐 신이 아니기 때문이다. 지도자는 국민의 비판과 감시가 있어야만 최대한 실수를 줄일 수 있고 또 국민은 그렇게 해야만 지도자나 통치자가 자신들을 짓밟는 불행한 상황을 만들지 않을 수 있다."[106] 웨이징성은 재판정에서 자신의 잡지 『탐색』의 발행 목적은 '중국을 더 부유하고 강하게 만드는 것'이며 '오로지 억압되지 않은 자유롭고 실리적인 탐색만이 이러한 목적을 달성할 수 있게 한다'고 주장함으로써 근대 중국의 개혁사상가들이 수도 없이 부르짖었던 공리주의적 실용주의 사상에 또다시 불을 지폈다.[107]

웨이징성이 자신을 어떻게 변호하든, 또 진실이 무엇이든 그것은 중요하지 않았다. 당은 모든 인간이 기본적 자유를 누릴 생래적 권리를 지녔다는 웨이징성의 사상이 기본적으로 당의 원칙과 배치된다고 보았다. 그리고 웨이징성이 모든 것이 애국심과 공리주의의 발로였다는 점을 열심히 주장했음에도 이를 묵살했다. 결국 웨이징성은 '외국인에게 군사 기밀을 제공하고 프롤레타리아 독재와 사회주의체제 타도를 선동'했다는 혐의로 유죄판결을 받고 15년 징역형에 처해졌다.[108]

덩샤오핑이 웨이징성을 재판정에 세운 데에는 그만한 이유가 있었다. '새끼를 죽여 분란을 일으키는 원숭이들을 위협'하겠다는 것이었다. 이를 통해 웨이징성 같은 비판자의 방해 없이 중국의 번영을 위한 새로운 정책을 과감히 추진하겠다는 생각이었다. 실제로 1980년 1월에 덩샤오핑은 웨이징성과 그 일당처럼 사회주의체제와 중국 공산당 지도부를 공개적으로 반대하는 이른바 반체제 인사들과 민주주의자들을 포함한 특정 '불안 요소들'이 자신이 주창한 4대 현대화를 추진하는 데 걸림돌이 되고 있다고 불만을 토로했다. 덩샤오핑은 이러한 유형의 실수들은 항상 '당 자체적으로 고쳐나갔다'고 주장했다.[109] 다시 말해 덩샤오핑이 말하는 개혁 개념에는 견제와 균형이 필요치 않고 웨이징성과 같은 외부인의 비판도 필요 없으며 서구식 민주주의는 더더구나 필요 없다는 것이었다. 덩샤오핑은 마오쩌둥 시대를 넘어 새로운 중국을 건설하겠다는 자신의 꿈을 웨이징성을 위시한 자유민주적 반체제 인사들이 방해하도록 내버려둘 생각이 없었다.

부유해지는 것은 명예로운 것

최고 통치자로서의 위치를 굳건히 함에 따라 덩샤오핑은 과학과 교육을 새로운 정책 포트폴리오의 핵심으로 삼았다. 1978년 전국과학자회의에서 한 연설에서 '먼저 우리가 뒤처져 있다는 점을 인식해야만 변화할 수 있다'라고 주장했다. "우리보다 앞서나간 사람한테서 배워야만 그 사람들을 따라잡고 더 나아가 그들을 능가할 수 있다. '독립'이란 세계로 향하는 문을 닫아걸어야 함을 의미하는 것이 아니다. 또 '자립'이란 외국의 것은 무조건 반대해야 함을 의미하는 것도 아니다."[110]

그러나 과학과 교육 분야의 전문 지식 가운데 가장 필요한 것은 경제에 대한 지식이었다. 아이러니하게도 경이적 수준의 경제발전을 이룩한 당사자로 역사에 기록된 인물이지만 덩샤오핑을 경제전문가라고 할 수는 없다. 덩샤오핑은 이렇게 고백했다. "사실 나는 경제에는 문외한이다. 경제개방정책을 표방하고는 있으나 그것을 어떻게 실현해야 하는지에 관한 세부적인 사항은 잘 모른다."[111] 그럼에도 덩샤오핑은 새로운 경제정책의 핵심적 원칙을 정하고 반대파의 공격으로부터 이러한 원칙을 지켜나가려 했다. 일례로 덩샤오핑은 개인과 각 농가에 대해 잉여수익을 창출하고 이를 취하는 것을 허용함으로써 생산성과 효율성을 높이려 했다. 또 사기업 운영의 여지를 주려 했고 경제적 의사결정권의 지방 분산도 염두에 두고 있었다.[112] 사실 이러한 개념은 마오쩌둥주의 경제학자들의 반발을 사는 것이었으나 덩샤오핑은 자신의 생각에 대한 강한 신념을 바탕으로 이를 견지했다. 이러한 관점에서 보면 덩샤오핑은 중국 경제개혁의 설계자라기보다는 막강한 정치적 영향력을 바탕으로 그

黑猫白猫

러한 설계자를 등용한 개혁의 총책임자라는 말이 더 맞는다. 이렇게 등용한 '설계자'로 1980년대의 자오쯔양趙紫陽과 1990년대의 주룽지朱鎔基 같은 유능한 인재가 있다. 두 사람 다 나중에 국무원 총리가 됐고 자오쯔양은 당 총서기도 겸했다. 덩샤오핑은 자신의 비전을 실현시킬 능력과 기술이 이들에게 있다는 사실을 간파하는 능력이 있었다.

덩샤오핑은 자신의 이른바 '사회주의 시장경제'가 중국의 구세주가 될 수 있다고 확신했다. 1979년에 덩샤오핑은 미국인 방문객에게 이러한 이야기를 했다. "물론 우리가 자본주의를 원하는 것은 아니다. 그러나 '빈곤한' 사회주의 또한 원하지 않는다. 우리가 원하는 것은 생산력을 증대하고 조국을 부강하게 하는 선진 사회주의다."[113] 이러한 목표를 달성하는 방향으로 중국 인민들을 이끌고자 덩샤오핑은 '사회주의는 시장경제를 배제하지 않는다'와 같은 구호처럼 사상 해방을 더욱 촉진할 수 있는 선전문구를 적극적으로 만들어 활용했다.[114] 당내 보수세력의 반발이 만만치 않았으나 대다수 인민은 자신의 뜻을 따라줄 것으로 믿었고 실제로도 그러했다. 마오쩌둥 시절의 중국에 익숙해 있던 외국인 방문객들은 1980년대 초에 중국의 도시들을 둘러보면서 현기증이 날 정도로 새로운 모습에 놀라움을 금치 못했다. 곳곳에 개인 노점상이 즐비했고 여성들은 미용실을 다니며 립스틱을 바르고 화장을 하기 시작했다. 패션 감각이 살아 있는 옷차림도 눈에 많이 띄었다. 자가용 승용차도 다시 등장했고 나이트클럽과 디스코텍, 심지어 매춘업소까지 재등장했다. 신문에는 보고문학報告文學(사실 그대로를 기록하는 문학-옮긴이) 형식의 르포 기사도 게재됐고 번쩍번쩍 광택이 나는 화려한 잡지는 총천연색 광고물로 장식돼 있었다. 몇 년 전만 해도 '봉건적' 관습의 잔재로 인식돼 오랫동안 금지됐던 삼륜차 운전자도 개인영업을 하고 있었고 암시장의 환전상도 눈에 띄었다. 부르주아 성향이 조금이라도 보이면 '주자파'로 몰아 탄압하던 세월이 수십 년이었다. 그런데 이제는 당이 나서서 '부자가 되는 것은 명예로운 일이다'라는 구호를 널리 퍼뜨리고 있었다.

'시간은 돈, 효율성은 생명'

덩샤오핑은 자신이 만들어놓은 변화의 흐름을 일일이 관리하고 단속하려 하지 않았다. 그 대신 지방 관리들에게 대안이 될 만한 새로운 경제모형을 실험해볼 재량권을 주었다. 이러한 형태의 개혁을 '경제민주주의'라 명명하기까지 했고 지방정부에 경제통제권을 더 많이 부여하려 했다.[115] 실제로 덩샤오핑은 과감히 새로운 경제모형을 실험해보라고 지방 관리들을 독려했다. 덩샤오핑은 이렇게 말했다. "현재 경제통제권이 지나치게 중앙에 집중돼 있다. 따라서 하위 관리에게 그 권한을 일부 위임할 필요가 있다. 물론 이러한 권한 위임은 체계적으로 이루어져야 한다."[116] 지방 차원에서 이루어지는 이러한 실험이 기술적으로 불법적일 때도 있었다. 그런데도 덩샤오핑은 성省 관리들의 새로운 시도를 승인했고 실패하든 성공하든 지방정부에 재량권을 주었다.

이러한 실험 가운데 첫번째 성공 사례가 농업의 탈집단화 계획이었다. 1977년에 신임 당서기가 안후이 성을 시찰했는데 가는 곳마다 극심한 빈곤에 허덕이고 있었다. 그는 반혁명적 제안을 기초로 6개 항으로 이루어진 개혁안을 제기했다. 이 개혁안의 골자는 인민공사와 집단 생

黑猫白猫

산대生産隊에 부여됐던 통제권을 거두고 개별 농민 가구가 사유 토지를 경작하여 잉여농산물을 시장에 내다팔 수 있게 하자는 것이었다. '포산도호包産到戶(농가에 농지를 분배하고 도급경영권을 부여한 제도-옮긴이)'라 명명한 이 '농가 단위 도급생산제'는 국가 정책에 정면으로 배치하는데도 덩샤오핑은 이 안후이 성 모형을 지지했다.[117] 그러자 농업생산성이 크게 향상됐고 몇 년 지나지 않아 중국 내에서 집단농장은 거의 자취를 감추게 됐다.

지방에서 실험했던 또 한 가지는 향진기업鄉鎭企業이었다. 이 새로운 유형의 기업조직은 지방의 민관 합작 기업이라는 형태를 띠고 있으나 본질적으로는 민간기업이었다. 억눌렸던 기업 경영 에너지가 분출되면서 양쯔 강 계곡 인근에서 시작된 향진기업은 1980년대에 중국 전역으로 들불처럼 번져나갔고 그 결과 예기치 못했던 풀뿌리 자본주의 물결이 요동쳤다. 놀랍게도 이 새로운 기업에서 승자의 기쁨을 맛본 사람들 대다수가 최빈곤계급 출신이었다. 즉 처음 공산당이 권력을 장악하는 데 결정적 도움을 주었던 7억이 넘는 농민들이 바로 그들이었다. 이러한 실험기업은 지방을 중심으로 새로운 형태의 자본주의 환경을 조성했고 이를 통해 수천만 명이 빈곤의 나락에서 벗어날 수 있었다. 이러한 시도가 큰 성공을 거두자 일부 경제학자는 이 현상을 두고 '패자 없는 개혁'이라고까지 했다.[118]

1980년대 중반이 되자 집단농업 중심의 사회주의는 시들해졌고 농촌의 생활수준과 가계수입이 극적으로 증가했다.[119] '빈곤은 사회주의가 아니다'라는 덩샤오핑의 구호가 멋들어지게 현실화된 셈이었다.[120] 덩샤오핑은 처음부터 전체가 아닌 일부 지역, 일부 기업, 일부 사람들의 생활이 먼저 나아지는 것을 허용할 필요가 있다고 주장함으로써 마오쩌 둥의 경직된 인류평등주의 사고에서 벗어날 것을 강조했다.[121] 1983년 에는 이렇게 말하기까지 했다. "일부 지역과 도시 사람들이 다른 곳에 있는 사람들보다 먼저 더 부유해지는 것을 받아들여야 한다. 열심히 일 한 사람이 부자가 되는 것은 정당한 일이며, 또 그러한 경우에만 이와 같은 논리가 통용된다."[122] 어쨌거나 이러한 급속한 경제성장의 가장 두 드러진, 그리고 가장 예기치 못했던 결과는 빈부격차의 감소였다.

이 두 가지에 이은 세번째 성장 동력이자 덩샤오핑의 비전에 가장 가까웠던 것이 저 유명한 特別經濟區域Special Economic Zones, SEZs(경제특 구)이었다. 경제특구는 1980년에 식민도시 홍콩과 마카오 인근에 있는 선전深圳, 주하이珠海, 산터우汕頭 그리고 아시아의 '호랑이' 타이완의 맞 은편에 있는 샤먼廈門 등에 지정한 특별경제지역이었다. 이 경제특구에 는 제조업과 공업 지역으로서 외자유치를 위해 세제 혜택과 자본주의적 특별 법규가 적용됐다. 덩샤오핑은 경제특구를 '중국에 기술, 경영, 지 식을 전수하는 매개체'[123]로 정의했다. 그러나 이보다는 그동안 경멸해 마지않았던 조약항 경제체제에 대한 역분석 실험의 산물이 경제특구의 본질이라고 설명하는 것이 더 정확할 듯하다. 덩샤오핑은 중국의 주권 이 침해될 위험 없이 연안 무역지대로 외국인을 대량 유입시켜 부국강 병의 목적을 달성하려 했던 것 같다.

이러한 새로운 형태의 무역지구 지정을 처음 제안한 사람은 광둥 성 성장 시중쉰習仲勳이었다. 시중쉰은 훗날 국가주석이자 당 총서기가 되는 시진핑의 아버지다. 1930년대에 항일전에서 공을 세운 전쟁영웅이며 마 오쩌둥의 게릴라 활동 본거지 옌안을 보호하기 위한 '근거지' 마련에 도움을 준 것으로 유명하다. 이 근거지를 본래 '특구特區'라 불렀다고 한다. 항일투쟁의 기억을 되살리려는 의도에서 덩샤오핑은 광둥 성에서 시작된 이 새로운 실험의 명칭에 '특구'라는 문구를 집어넣었다.[124] 이러한 명칭 선택에는 '인민을 부유하게 하는 것'과 '국가를 강하게 하는 것', 즉 부국과 강병을 서로 연계하려는 의지도 담겨 있었다.

덩샤오핑은 쓰촨 성 당서기 자오쯔양을 이 과감한 계획의 관리자로 임명했다. 자오쯔양은 쓰촨 성 관리로 있는 동안 농촌의 시장화, 기업경영권과 당권을 분리하는 등의 개혁정책을 실현하여 개혁파 지도자로서 입지를 다진 바 있었다. 그리고 이러한 활동으로 덩샤오핑의 눈에 들었던 것이기도 하다. 자오쯔양은 1980년에 국무원 총리가 됐고 이후 10여 년간 중국 경제의 거물로 활약했다. 훗날 그는 비밀리에 쓴 회고록에서 덩샤오핑이 개방정책에 깊숙이 개입했다고 증언했다. 자오쯔양은 이렇게 말했다. "덩샤오핑은 대규모 외국인 투자에 기대를 많이 걸었다. 중국과 같은 개발도상국은 외국의 투자 없이는 경제발전을 이룩하기 어렵다고 믿었다. 물론 덩샤오핑은 굵직한 사안만을 취급했고 세부적인 진행사항에 대해서는 크게 왈가왈부하지 않았다. 그러면서도 우대 대출, 비우대 대출, 합작투자 등과 같은 정책들은 모두 지지했다."[125]

당시 이러한 정책들 자체가 충격적일 정도로 과감하고 마오쩌둥식 발전 개념에 완전히 배치되는 내용이라 그러한 개혁안을 내놓은 사람들이 과연 살아남을 수 있을까 걱정하는 사람들이 많았다. 그런데 덩샤오핑은 결국 제1차 세계대전 때 레닌이『제국주의, 자본주의의 최고 단계』를 쓴 이후 공산주의 강령에서 최후의 적으로 규정한 '제국주의적 독점 자본주의'에 관한 걱정으로부터 사람들을 벗어나게 해주었다. 덩샤오핑은 이 실험의 중요성을 잘 알고 있었다. 그래서 그는 이러한 실험을 마오쩌둥이 공산주의 혁명에서 승리를 거두는 데 결정적 구실을 했던 작전, 즉 중앙이 아닌 농촌 지역에서 시작하여 도시로 몰아오는 전략에 빗대기까지 했다.[126] 그리고 이러한 개혁 추진에 만만치 않은 저항이 있으리라는 예상은 이미 하고 있었다.

아니나 다를까 당내 지도부에서 거센 저항이 일었고 이 경제특구는 1980년대 내내 논란거리로 남아 있었다. 저항세력 가운데 가장 대표적인 인물이 당내 경제전문가 천원이었다. 천원은 마오쩌둥 시절에는 조심스럽게 시장경제체제를 일부 지지했으나 덩샤오핑 시대에 들어서는 계획경제체제를 옹호하고 나섰다. 당시 연공서열로 보나 권위로 보나 중국 공산당 내에서 덩샤오핑에 필적할 사람으로는 천원이 유일했고 경제 문제에 관한 한 그의 영향력이 상당했다.

천원은 덩샤오핑의 경제특구에 호의적이지 않았다. 경제특구는 중국의 수치스러운 과거인 조약항의 체계를 모방하는 것과 다를 게 없다고 보았기 때문이다. 조차지의 경제방식을 기웃거린다는 것은 결국 '반봉건적, 반식민적' 과거로 회귀하겠다는 것으로 비쳤다. 실제로 천원이 1983년에 엄타운동嚴打運動을 시작했을 때, 표면적으로는 부패에 대항하는 것이었으나 실질적으로 그의 속셈은 덩샤오핑의 개혁정책을 '경제범죄'로 규정하면서 이를 단속하자는 것이었다. 이러한 반발과 저항이 덩샤오핑의 개혁활동에 걸림돌이 된 것이 사실이었다. 훗날 자오쯔양은 이렇게 말했다. "개혁과 개방 정책을 수행하기가 쉽지 않았다. 외국인과의 관계와 관련한 사안이 있을 때마다 사람들은 불안해했고 개혁파에 대한 비난이 숱하게 쏟아졌다. 대체로 사람들은 외국에 착취당하는 것,

주권이 침해당하는 것, 조국이 굴욕을 당하는 것을 걱정했다."[127]

덩샤오핑은 사람들이 외국 문물 '도입'을 걱정할 때 단골처럼 대는 이유가 바로 이런 것들이었다고 말했다. 덩샤오핑은 불안해하는 동료를 안심시켰다. "걱정하지 마라. 개방하면 바람직하지 않은 것들이 중국으로 들어올 수 있다는 걱정은 늘 있었다."[128] 또 다음과 같이 좀더 생생한 비유를 들기도 했다. "신선한 공기를 들이려 창문을 열면 파리도 몇 마리 같이 들어온다."[129]

1984년에 덩샤오핑은 보수세력의 저항에 맞서면서 국무원 총리 자오쯔양이 제안한 새로운 '연안 발전 전략'을 지지했다. 이 전략의 골자는 14개 항구를 추가 개항하자는 것이었다. 덩샤오핑은 광둥 성을 방문했을 때 선전특구의 눈부신 발전상에 상당히 놀랐다. 한때 한적한 어촌이었던 이곳이 이제 건설 열기로 가득한 분주한 도시가 돼 있었다. 그리고 선전 도심에 마오쩌둥주의와 배치되는 문구가 적힌 표지판이 우뚝 솟아 있었다. '시간이 돈이다. 효율성이 생명이다.'[130]

샤오핑, 니하오!

그러한 획기적 실험에 대한 덩샤오핑의 신념은 서구 문물을 도입하여 중국을 부강하게 하려 했으나 실패만 거듭했던 '기나긴 역사'에서 얻은 교훈에 바탕을 둔 것이었다. 덩샤오핑 자신이 1920년에 처음 프랑스로 갔을 때의 경험도 이러한 '역사'에 포함돼 있었다. 덩샤오핑은 1982년 당대표대회黨代表大會 개막 연설에서 다음과 같이 자신의 새 정책을 옹호했다. "혁명을 하든 건설을 하든 우리는 외국에서 배워야 하고 그들의 경험에서 교훈을 얻어야 한다. 그러나 외국의 경험을 기계적으로 적용하고 외국의 모형을 모방하기만 하면 아무것도 얻지 못할 것이다. 이와 관련하여 우리는 그동안 배운 것이 많다. 마르크스주의의 보편적 진리와 중국의 구체적 현실을 융합하여 우리만의 길을 개척하고 중국의 특성이 반영된 사회주의를 건설해야 한다. '기나긴 도전과 실패의 역사'를 돌이켜보고 내린 결론이 바로 이것이다."[131]

흥미로운 점은 덩샤오핑이 도출한 결론이 1세기 전 풍계분이 제안했던 '중국의 핵심 본체와 서구의 방법을 융합하라'는 것과 크게 다르지 않다는 것이다. 그런데 탈유교, 탈마오쩌둥주의, 탈공산주의를 지향한 덩샤오핑 시대에는 그 핵심 본체 자체가 무엇인지 모호해져버렸다. 당시의 중국은 전통에 대한 반발과 혁명에 대한 반발, 즉 반전통과 반혁명이 융합되는 방식에서 빚어진 모순들로 뒤범벅된 상태였다. 그 와중에 변함없는 것은 부유하고 강하고 존경받는 국가를 만들겠다는 '열망'과, 강한 지도자와 강한 당, 좀더 개방된 중국 등 이 세 가지를 통해 이러한 목표를 달성할 수 있다는 '신념'뿐이었다. 1984년에 덩샤오핑은 당 간부들에게 이렇게 말했다. "문을 닫아건 국가는 발전할 수 없다. 고립의 역사는 중국을 빈곤과 낙후, 무지로 이끌었을 뿐이다."[132]

1984년 10월 1일 중화인민공화국 수립 35주년을 기념하는 국경절 당시는 덩샤오핑과 덩샤오핑이 추진하는 개혁정책에 대한 인기가 점점 높아지고 있던 때였다. 텔레비전을 통해 톈안먼 광장에서 진행된 기념 행진을 지켜보는 10억 명의 인민과 함께 덩샤오핑은 자신감에 찬 어조로 다음과 같이 말했다. "이제 중국 인민은 전보다 더 강하고 더 부유하

黑猫白猫

다."[133] 덩샤오핑이 홍치紅旗를 단 리무진에서 군 사열을 위해 일어섰을 때 베이징 대학 학생들이 '샤오핑, 안녕하세요'라는 뜻의 '샤오핑, 니하오'라는 손글씨 팻말을 높이 치켜들며 지나갔다. 통치자와 인민 간에 이처럼 자발적이고 친밀하게 교감을 나누는 것은 왕조 시절과 마오쩌둥 시절의 톈안먼에서는 감히 상상할 수도 없던 일이었다. 신화통신 기자가 포착한 사진 속에 담긴 이 진심 어린 문구는 관에서 만든 형식적이고 입에 발린 찬사가 아닌 진심에서 우러나온 감사의 마음이었으며, 거기에는 마오쩌둥 시절의 정치적 억압과 시련에서 마침내 벗어난 데 대한 안도가 담겨 있었다. 그러나 이러한 밀월관계도 그리 오래가지는 못했다. 중국 인민은 마오쩌둥과 다르다는 단순한 이유로 덩샤오핑에게 고마워하기는 했으나 중국인 전부가 그러했던 것은 아니다.

혁명보다는 생산, 이념보다는 실리

\ 11장 \

동란動亂
: 후퇴하는 자는
반드시 패한다

\

덩샤오핑(2)

"
중국은 경제발전을 이룩해야 하며
그러지 않으면 죽음뿐이다.
"

덩샤오핑

動亂

1984년은 덩샤오핑의 인기와 실권자로서의 정당성이 최고조에 달한 해였고 이때를 전환점으로 덩샤오핑의 앞날은 새로운 국면을 맞게 된다. 초기 개혁개방정책의 성공을 바탕으로 정책의 초점이 농촌개혁에서 도시개혁으로, 마을에서 도심으로, 농장에서 공장으로, 내륙 오지에서 수출 중심의 연안 지역으로 서서히 변화됐다. 그러나 이후 단계는 처음처럼 그렇게 순조롭지 않았다. 생필품 가격이 급등하기 시작하면서 도시 생활자들이 경제적 불안정 상태에 놓이게 됐다. 설상가상으로 당의 고위 간부들이 국가지정가격과 시장가격 간의 차이를 이용하여 사욕을 채우기 시작했다. 이 새로운 경제체제에서는 무슨 일이든 성사시키려면 '빨간 봉투紅包'는 당연하다는 풍조가 점점 팽배했다. 빨간 봉투는 중국인들이 '뇌물'을 점잖게 부르는 말이었다. 창업하거나 투자를 하는 것에서부터 언론에 호의적인 기사를 내게 하거나 대출을 받는 행위 등에 이르기까지 온갖 과정에 부패가 만연돼 있었다. 도시의 산업을 발달시키려는 덩샤오핑과 당내 개혁파들은 이에 따른 악성 인플레이션과 조직의

후퇴하는 자는 반드시 패한다

부정부패 문제로 골머리를 앓고 있었다. 대학 졸업생들이 취업난에 부딪히자 박봉에 시달리던 교수들과 불안해하는 부모들은 당에 대해 점점 불만의 목소리를 높였다. 그리고 투명성, 책임성, 민주성의 결여 등과 같이 현 중국 정치체제상에 드러난 기본적 문제를 지적하는 사람들이 점점 더 많아졌다.

과학씨에게는 민주주의가 필요하다

여러 가지 면에서 중국 역사의 과도기로 평가되는 1980년대에 가장 영향력 있는 정치비판자로 부상한 사람은 중국의 저명한 천체물리학자 팡리즈方勵之였다. 1936년생인 팡리즈는 1957년의 반우파운동 때 당에서 축출됐다가 덩샤오핑이 정계에 복귀하면서 1978년에 복권됐다. 최연소 정교수였고 중국 유수의 과학기관인 중국과학기술대학의 부총장이었던 팡리즈는 격동의 1980년대에 학문의 자유뿐 아니라 언론의 자유, 인권, 민주주의를 위해 싸운 투사로 부상했다. 서구 언론은 팡리즈를 '중국의 사하로프'로 표현했다. 사하로프는 러시아 반체제 지식인으로서 1975년에 노벨 평화상을 받은 소련의 물리학자이자 '수소폭탄의 아버지'로 불리는 인물이다.¹

중국 학생들은 1985년 11월 4일에 베이징 대학에서 있었던 강연을 통해 팡리즈의 대안적 개혁안을 접했다. 자유롭고 때로는 유머러스하게 진행된 이 강연에서 팡리즈는 학생들에게 사회적 문제와 정치활동에 관심을 두라고 호소했고 서구 지식인들의 현실 참여 방식을 배우라고 역

動亂

설했다. 팡리즈는 중국이 후진 상태를 면치 못하는 이유를 설명하면서 학생들에게 '사회적 속박의 사슬을 과감히 끊어낼 의지가 없으면' 그 상황을 벗어날 수 없다고 말했다. 그리고 100여 년 전에 풍계분이 제기했던 질문을 연상시키듯 팡리즈는 이렇게 물었다. "외국인이 우리 중국인보다 더 똑똑한 게 아니라면 대체 우리는 왜 그들만큼 성과를 내지 못하는가?" 팡리즈는 자강파의 관점이 아니라 5·4운동파의 관점에서 이렇게 대답했다. "우리가 우리의 잠재력을 발휘하지 못하는 원인은 바로 우리 사회체제 안에 있다." 그러면서 학생들에게 다양한 사고방식에 개방적이어야 하고 확실히 뛰어나다 싶은 문화적 요소가 있으면 이를 적극적으로 채택하라고 말했다. 모든 대학에서 사고의 다양성이 허용되는 환경이 조성돼야 한다고도 했다. "모든 사고가 편협하고 단순하면 창의성은 사라지고 만다. 그런데 현 정치지도자들 가운데 자신의 편협한 원칙에 따라 다른 사람에게 지시를 내리는 사람들이 여전히 존재한다. 이러한 부분들을 공개적으로 지적하는 일을 두려워해서는 안 된다. 그렇게 하는 것이 우리 같은 지식인의 의무이기도 하다."

베이징 대학 학생들은 지금까지 이 정도 위치에 있는 존경받는 교육계 고위 인사가 공개적으로 이런 말을 하는 것을 들어본 적이 없었다. 이후 팡리즈는 각 대학을 순회하며 인권과 민주주의에 대한 자신의 생각을 대학사회에 전파했다. 베이징, 허페이, 항저우, 닝보寧波 등 팡리즈가 나타나기만 하면 학생들이 그의 말을 들으려고 몰려들었다. 개중에는 나중에 친구들이나 다른 대학 학생들에게 전해주려고 팡리즈가 하는 말을 다 받아 적는 학생들도 있었다.

1986년 11월 상하이 통지同濟 대학에서 강연했을 때도 정치적 자유

413

는 목적을 위한 하나의 수단이 아니라 보편적이고 생래적이며 기본적인 인간의 권리라고 주장하여 청중에게서 수차례 박수갈채를 받았다. 팡리 즈는 상하이 학생들에게 이렇게 말했다. "생각할 권리, 교육받을 권리, 결혼할 권리 등과 같은 인간의 권리는 우리 인간이 태어날 때부터 가진 기본적 권리다. 그런데 우리 중국인은 이러한 권리를 위험한 것으로 생 각한다. 이러한 기본권은 보편적이고 확고한 권리임에도 우리 중국인은 자유, 평등, 동포애 등을 자본주의라는 테두리 안에 같이 묶어놓고 이를 총괄하여 비난한다. 지금껏 주장하듯 우리가 정말 민주적인 국가라면 그 어느 곳에서보다 강하게 이러한 인권이 지켜져야 한다. 그러나 현재 우리에게 인권은 추상적 개념 그 이상도 이하도 아니다. 이것이 우리 현 실이다. 중국에서 민주화는 우월한 자가 열등한 자에게 휘두르는 그 무 언가가 돼가고 있다."

당에서는 팡리즈에게 정치적 발언의 수위를 좀 낮추라고 거듭 요구 했으나 팡리즈는 들은 체 만 체 자신의 주장을 계속했다. 신성불가침과 도 같은 덩샤오핑의 '4대 기본 원칙'에 대해 어떻게 생각하느냐는 질문 을 받자 팡리즈는 그것이 당 지도부의 신조일지는 몰라도 자신은 '과학, 민주주의, 창의성, 독립' 등으로 이루어진 다른 의미의 '4대 기본 원칙' 을 더 선호한다고 답했다.

민주주의는 시기상조

'제5의 현대화'를 말한 웨이징성의 견해와 유사하게 팡리즈가 보기에 덩샤오핑은 중국에는 민주주의가 필요하지 않다고 확신하는 것 같았다. 덩샤오핑은 수차례에 걸쳐 민주통치의 가능성을 언급하기는 했으나 다른 선대 지도자들과 마찬가지로 이내 중국인들은 아직 민주주의를 할 준비가 안 됐다는 말을 덧붙였다. 덩샤오핑은 1987년 중국을 방문한 미국 관리에게 미국이 1인 1표 원칙을 실현하기까지 200년이 걸리지 않았느냐고 물었다.[2] 언젠가 이렇게 말한 적도 있다. "우리는 인구가 10억 명이나 되고 교육 수준도 그리 높지 않기 때문에 직접선거를 치를 만큼 국민의식이 성숙하지 않았다."[3] 아마도 중국은 한 50년쯤 뒤에나 그러한 준비가 돼 있을 것이다. 그러나 덩샤오핑의 후계자 자오쯔양의 설명대로 덩샤오핑이 말하는 '정치개혁'은 사실은 '정치적 현대화와 민주화'가 아니라 '행정개혁'을 의미하는 것이었는지도 모른다.[4] 잘 알려져 있다시피 중국의 관료체계는 능률화됐고 경제적 의사결정도 분권화됐다. 그러나 행정관료에 대한 당의 인사권만큼은 여전히 신성불가침 영역으로 남아 있었다.[5]

대기업의 최고경영자CEO처럼 덩샤오핑은 정부의 효율성을 향상하는 데 주안점을 둔 성과지향적 지도자였다. 마오쩌둥이 간파한 대로 덩샤오핑은 '매우 단호한' 성격의 소유자였다.[6] 덩샤오핑은 민주주의가 비효율성과 비결단성을 조장할 뿐이라고 생각했다. 다당제 선거라든가 제도적 견제와 균형 등은 중요한 순간에 의사결정 과정을 복잡하게 할 뿐이라고 보았다. 서구 유럽을 따라잡아야 하는 중국으로서는 그러한 것에 낭비할 시간이 없었다. 실제로 덩샤오핑은 신속한 행동을 가능케 한다는 이유로 공개적으로 독재를 옹호하기도 했다. 그러면서 3권(행정, 입법, 사법)이 분리돼 있어 중요한 사안을 시의적절하게 다루지 못할 때가 있다며 미국의 이러한 정치체제를 조롱했다.[7] 경제가 발달한 국가라면 정치적 결정이 다소 지체되더라도 이것을 충분히 감당할 수 있겠으나 중국은 그렇지가 못하다는 것이었다. 덩샤오핑은 중국을 방문한 유고슬라비아 공산 동지에게 이렇게 말했다. "우리는 서구의 방식을 채택할 수가 없다. 사회주의체제의 가장 큰 장점은 중앙에서 결정을 내리면 아무런 방해나 간섭 없이 그것을 즉각 시행할 수 있다는 것이다. 경제구조 개혁을 결정하면 온 나라가 이 결정에 따라 움직인다. 특별경제구역을 세우자고 결정하면 곧바로 세워진다. 단일정부체제인 이상 결정이 내려지면 곧바로 수행하면 되고 불필요한 토론과 자문 과정을 거칠 필요가 없다. 이러한 점에서 우리 체제가 매우 효율적이다."[8] 다시 말해 덩샤오핑의 꿈은 점점 자본주의화하는 중국에서 레닌의 '민주적 중앙집권주의' 개념을 완벽하게 구현하는 것이었다.

덩샤오핑은 중국 공산당 일당 통치의 가장 큰 미덕이 '안정성'이라고 생각했다. 덩샤오핑은 중국을 방문한 미국인 교수에게 이렇게 말했다. "미국은 자국의 정치체제를 자랑한다. 그러나 미국의 정치인들은 때마다 말이 달라진다. 즉 대통령 선거 때, 대통령에 당선됐을 때, 중간선거 때 그리고 다음 선거가 다가올 때 하는 말이 다 다르다. 그것에 비하면 우리는 매우 안정적이다."[9] 그러나 안타깝게도 이후 덩샤오핑의 권력과 정책의 안정성이 위협받는 위기에 봉착하면서 덩샤오핑이 믿었던 이러한 안정성도 심각하게 흔들리게 된다. 1919년 5·4운동이 발발했을 때처럼 이번 소요 또한 그 진원지는 대학이었다. 1986년 겨울 대학에서 학생시위가 일어나기 시작했다.

1986년 12월 5일 팡리즈가 부총장으로 있는 안후이 성 허페이 소재

動亂

중국과학기술대학에서 시작된 시위는 곧 24개 주요 도시로 확산됐고 학생들은 정치개혁의 속도를 높이라고 요구하며 시위에 나섰다. 수만 명이 '민주화, 현대화' 그리고 '인민에 의한 인민을 위한 인민의 정부'라고 쓰인 플래카드와 깃발을 들고 거리로 몰려나왔다.[10] 시위행렬이 급격히 늘어난 것에 충격을 받은데다 급진적 지식인들의 대정부 공격에 격분한 덩샤오핑은 당 간부들이 참석한 밀실회의에서 이렇게 말했다. "독재를 쓰지 않으면 개혁이고 뭐고 성공하기 어렵다는 사실이 입증됐다."[11]

덩샤오핑이 초창기 중국의 근대화운동이 거듭 실패한 것에서 배운 가장 큰 교훈은 중국은 무질서를 용인할 여력이 없다는 점이었다. 덩샤오핑은 민주주의를 새로운 유형의 '내우內憂'에 이르게 하는 길로 간주했다. 덩샤오핑이 문화혁명에서 얻은 교훈은 '과도한 민주주의'는 혼란, 폭력, 선동정치를 유발한다는 것이었다. "문화혁명 시절에 우리는 이른바 대중민주주의라는 것을 경험했다." 이때 덩샤오핑의 머릿속에 떠오른 것은 자신이 겪은 고된 시련이었을 것이다. "이 시절에 사람들은 행동에 나서라고 일깨우는 것이 민주주의고 이것으로 문제를 해결할 수 있으리라 생각했다. 그러나 대중이 행동에 나선 결과 조국은 '내전' 상황에 휩싸였을 뿐이다. 우리는 역사에서 교훈을 얻었다."[12] 또한 장구한 중국의 역사는 우리에게 소요의 불씨를 신속하게 끄지 않으면 머지않아 중앙의 권력 핵심부가 다 타버린다는 사실을 가르쳤다.

웨이징성의 대자보의 경우처럼 덩샤오핑에게 민주의식의 정점을 찍은 팡리즈의 연설은 과도한 언론의 자유가 정부 타도의 외침으로 쉽게 변질될 수 있다는 점을 재확인해주는 또하나의 사례였다. 과학씨와 민주주의씨를 변화의 동력으로 삼자고 한 천두슈의 주장이 팡리즈를 통

❋

417

후퇴하는 자는 반드시 패한다

해 재현되자 덩샤오핑은 팡리즈를 자신의 지도력과 국가 비전을 위태롭게 하는 매우 위협적인 인물로 인식하게 됐다. 덩샤오핑은 이렇게 물었다. "우리가 당은 나 몰라라 한 채 민주주의를 실현한다면 그 민주주의가 어떤 모습일지 뻔하지 않은가? 필경 4대 현대화는 물 건너가는 상황이 될 것이다."[13] 덩샤오핑은 팡리즈를 반드시 제거해야 할 암적 존재로 보았다. 그는 1986년 12월 30일 중앙위원회 회의에서 이렇게 말했다. "팡리즈의 연설문을 읽어보았다. 그런데 팡리즈는 도저히 우리 당원이라고 할 수가 없다. 이런 사람을 당에 계속 놓아두어야 하는가? 그러한 활동을 하지 말라고 설득만 할 것이 아니라 아예 당적을 박탈해야 한다."[14]

그리고 나서 2주일이 채 안 돼 덩샤오핑의 지시에 따라 팡리즈는 중국과학기술대학 부총장 자리에서 해임됐다. 그다음 날 덩샤오핑은 다시 팡리즈 사례를 거론했다. 이번에는 그 이름은 입에 올리지 않았다. "몇몇 사람들이 대중 선동을 목적으로 지극히 불온한 발언을 하고 다녔다. 이들은 공산당 지도부와 사회주의체제에 반대하고 중국의 전면적 서구화와 서구 자본주의체제의 채택을 요구한다. 이러한 선동가는 유명인사들이고 그러기에 우리는 이들에 대해 적절한 조치를 해야 한다."[15] 약 일주일 후 팡리즈는 갑작스레 당에서 축출됐다. 덩샤오핑은 이렇게 말했다고 한다. "우리는 웨이징성을 교도소로 보냈다. 그렇지 않은가? 이 때문에 중국의 평판이 나빠졌는가? 우리는 웨이징성을 석방하지 않았다. 그래도 중국의 이미지는 손상되지 않았다. 사실 중국의 이미지는 나날이 좋아지고 있다."[16]

같은 달에 이보다 훨씬 더 충격적인 조치가 단행됐다. 급진적 비판자

動亂

들과 학생시위대를 좀더 강경하게 몰아붙이지 않았다는 이유로 자신의 후계자인 당 총서기 후야오방胡耀邦을 숙청했던 것이다. 5일간에 걸친 당 회의에서 후야오방에 대한 집단성토가 진행됐다. 강요된 자아비판에 만신창이가 된 후야오방은 이제 예전의 후야오방이 아니었다.[17] 덩샤오핑은 후야오방을 내치는 대신 개혁 성향의 자오쯔양을 그 자리에 앉혔고 세력의 균형을 맞추고자 총리 자리는 강경파인 리펑李鵬에게 맡겼다.

당에서 앞으로 어떻게 나올지 분간이 안 되는 애매한 상황에서도 팡리즈와 그를 추종하는 학생들을 비롯한 반체제 인사들은 계속해서 민주화를 요구하는 목소리를 높였다. 1987년 가을에 당의 견해가 무엇인지 모호하다는 사실을 조금이나마 확인할 수 있는 일이 있었다. 팡리즈가 NBC 뉴스의 명앵커 톰 브로커Tom Brokaw를 만났다. 브로커는 자오쯔양과의 인터뷰를 막 마친 상태였다. 브로커는 팡리즈에게 인터뷰(중국 TV에는 방영이 예정돼 있지 않았다) 녹화 테이프를 보여주겠다고 했다. 이 때문에 팡리즈는 영상실에 앉아 국가 수장이 직접 중국 반체제 인사의 대표자 격인 자신을 겨냥해 하는 말을 듣는 묘한 상황에 놓이게 됐다. 영상 속의 자오쯔양은 옆 탁자에 놓인 칭다오青島 맥주잔을 들이켜며 온화한 말투로 브로커에게 조곤조곤 이야기를 하고 있었다. "최근에 당원 몇몇이 공산당에서 축출됐고 일부는 남았다. 미국인들 중에는 이것을 보고 지식인에 대한 탄압이라고 생각하는 사람이 있을 것이다. 그러나 나는 그러한 생각에 동의할 수 없다. 당신도 아마 팡리즈라는 사람을 알 것이다." 팡리즈는 자오쯔양의 입에서 자신의 이름이 튀어나오자 입가에 엷은 미소를 띤 채 허리를 곧추세우고 앉았다. "지난 몇 년간 팡리즈는 중국 정부와 당의 정책을 비판하는 내용의 글을 많이 썼고 연설도 많이 했다. 국가 최고 지도자의 지도력을 들먹이는 일까지 있었다. 그 사람의 신념과 사상이 그렇다면 더는 당에 남아 있을 수가 없다. 나는 당에서 누군가를 축출하든 아니면 그냥 남기든 그것을 결정할 자유가 당에 있다고 생각한다. 그러나 특정 지식인들이 당을 떠난다 하더라도 그들은 여전히 존경받을 것이고 자신들의 전문 분야에서 맡은 바 임무를 다할 수 있을 것이다. 이것을 어떻게 '탄압'이라고 할 수 있겠는가?"[18]

그것이 탄압이 아니라는 자오쯔양의 생각은 옳았다. 왜 옳았다고 하는지 당시에는 그 자신도 알지 못했을 테지만 말이다. 진정한 탄압은 아직 시작되지 않았기 때문이다. 얼마 지나지 않아 자오쯔양 역시 팡리즈와 같은 신세가 되고 만다.

"복종하는 삶으로 되돌아가는 것은 상상할 수 없었다"

1989년 봄, 망루에서 본 톈안먼의 풍경은 40년 전의 모습과 전혀 달랐다. 그때 마오쩌둥은 이 망루에서 중화인민공화국 수립을 선포했고 인민들의 열렬히 환호에 답하여 손을 흔들었다. 그런데 이제는 그때와 전혀 다른 광경이 펼쳐지고 있었다. 당시에는 제복 차림의 군인들이 강요된 듯한 억지웃음을 지으며 질서정연하게 행진했으나 이제 톈안먼 광장은 마오쩌둥이 만들고 덩샤오핑이 공들여 재건한 공산당 지도부에 격렬하게 항거하는 수만 명의 '자유사상가'로 넘쳐났다. 물론 이들에게서 군인의 질서정연함을 기대할 수는 없었다. 창안 가 양편으로 구호가 적힌 깃발과 확성기를 든 시위대가 몰려들었다. 다들 자발적으로 모인 사

動亂

람들이었다. 격랑을 일으키며 흐르던 두 강줄기가 모여 큰물을 이루듯 베이징 동쪽과 서쪽 양편에서 분기한 시위대가 톈안먼 광장으로 모여들었고 이곳에서 사람들은 끊임없이 소용돌이치며 변화무쌍한 광경을 만들어냈다. 오래된 골목길 '후퉁'이 굽이굽이 펼쳐져 있는데도 그 넓은 광장이 엄청난 인파로 가득하여 황홀경에라도 빠진 듯한 군중의 함성과 포효가 저 먼 폭포수의 굉음처럼 들려왔다.

덩샤오핑의 눈에는 이 '군중'이 아무 계획 없이 무작정 쏟아져나와 중국의 심장부인 톈안먼 광장에 진을 치고 불만을 토로하는 사람들로밖에 보이지 않았다. 5·4운동 정신에 따라 자신들의 민주적 권리를 행사하는 애국청년들이 아니라 무질서와 불안정이라는 망령을 상기시키는 최악의 악몽이라는 생각뿐이었다. 마오쩌둥은 '혼란混亂'을, '창조적 파괴'를 가져오는 본질적으로 긍정적인 힘이라고 생각했으나 덩샤오핑은 이러한 혼란상을 '동란動亂'이라 표현하면서 문화혁명의 부활을 연상시키는 부정적이고 사악한 힘이 자신이 애써 창조한 새로운 중국을 다시 혼돈의 나락으로 떨어뜨릴 수 있다고 보았다. 결국 덩샤오핑은 인민해방군에 질서 회복을 명했고 필요하다면 발포도 불사하라 할 수밖에 없었다. 돌이켜보면 정말로 놀라운 점은 덩샤오핑과 당 지도부가 왜 그렇게 시위를 강하게 탄압했느냐가 아니라 이 민주화 시위가 어떻게 그토록 엄청난 힘을 발휘했느냐 하는 것이었다.

1976년에 저우언라이가 죽고 나서 시위가 일어났듯 이번에도 진보적 성향의 당 총서기 후야오방의 죽음을 계기로 시위가 벌어졌다. 사람들은 후야오방이 죽자 생전에 충분히 존경을 표하지 못했던 지도자에 대해 마지막 애도의 마음을 전하고자 자발적으로 광장으로 몰려들었다.

❧

421

1989년 4월 15일에 처음으로 추모객들이 톈안먼 광장에 모였다. 추모화환을 들고 나온 사람들은 이것을 톈안먼 광장 중앙에 있는 인민영웅기념비 앞에 하나둘 쌓아놓았다. 그러나 군중의 수가 점점 불어나고 경찰도 이들을 저지하지 않자 고인을 애도하던 슬픈 분위기가 점점 들뜬잔치 분위기로 변해갔다. 처음에는 숙청된 후야오방에 대한 당의 '평결재검토'와 복권을 요구하는 구호 일색이던 것이 시간이 갈수록 이런저런 요구사항이 많아지기 시작했다.

확성기에서 '5·4운동 이후 70년이 지났는데 우리에게는 아직도 자유가 없고 민주화도 이루지 못했다'라는 말이 흘러나오자 광장에 있던 사람들이 박수갈채를 보내며 환호했다.[19] 생물학을 전공한다는 한 학생은 1919년 5·4운동 때를 생각한 듯 이렇게 말했다. "후야오방의 죽음은 학생운동을 촉발하는 잠재력을 지녔다."

초창기에 이 시위행렬에 참여했던 어떤 이는 훗날 당시를 이렇게 회고했다. "승리가 거의 눈앞에 다가온 것 같았고 우리는 그 승리감에 깊이 도취해 있었다. 우리는 평생 당국의 눈치를 보면서 숨죽이고 살았고 부모님들은 늘 불복종은 무질서와 혼란을 일으킨다고 가르쳤다. 그러던 우리가 그곳이 우리 소유지라도 되는 듯 톈안먼 광장 한복판에서, 또 평소에는 감히 가까이 가보지도 못할 중난하이 앞에서 정부를 비판하는 시위를 벌이고 있었다. 그리고 그것을 아주 멋지게 해낼 수 있었다! 별안간 모든 것이 확 달라져서 이제 두 번 다시 '복종'하는 삶으로 되돌아가는 일은 상상할 수 없을 것만 같았다."[20]

자발적으로 대표단을 꾸린 학생들이 당 간부들의 거주지 중난하이로 들어가는 문 앞에서 연좌농성을 하자고 제의했다. 그런데 4월 19일

動亂

밤에 경찰이 시위대를 해산하면서 연좌농성을 하던 일부 학생을 폭행하는 사건이 발생했다. 이 일을 계기로 시위의 강도가 더욱 거세졌다.[21] 국장國葬으로 치러진 후야오방의 삼일장이 끝나자 당이 군중을 해산하려 했음에도 10만 명이 넘는 사람들이 광장으로 몰려들었다. 당 고위 간부들이 장례식 참석차 광장에 도착했을 때 학생들이 대화를 요구했으나 그들은 이를 무시했다. 그러자 학생들은 여봐란듯이 인민대회당으로 몰려가 전통적인 청원 장소 앞에서 두루마리로 된 청원서를 펼쳐들었다. 1895년 량치차오와 캉유웨이가 맨 처음 유생들을 동원하여 청 왕조가 청일전쟁을 끝내며 체결한 굴욕적인 시모노세키조약에 반대했던 장소이자 1919년 5·4운동이 발발했던 바로 그 장소에서 학생들은 옛 왕조시대의 전통적 청원 관습을 재현함으로써 여전히 봉건적 방식에 젖어 '인민과의 대화를 거부하는' 당 지도부를 조롱했다.

덩샤오핑은 대화에 나설 마음이 없었다. 그는 4월 26일에 리펑을 위시한 당내 보수파의 부추김에 넘어가 관영 『런민일보』에 강경노선을 취한 사설을 내보내는 데 동의했다. 이 사설에서는 학생들의 행동을 전 인민이 고대했던 중국의 부활이라는 위대한 비전을 위태롭게 하는 '계획적인 모반이며 혼란 유발 행위'로 규정했다.[22] 덩샤오핑은 시위에 나선 학생들의 애국심을 의심했다. 이러한 관점에서 덩샤오핑은 중국 근대사에 등장했던 반란과 봉기의 근본 속성이 무엇이었는지를 망각한 것처럼 보였다. 시모노세키조약 반대에도 그렇고 젊은이들의 반정부 시위의 중심에도 조국에 대한 깊은 애국심이 자리하고 있었다. 따라서 덩샤오핑이 후야오방의 죽음을 애도하려 모인 군중에게 애국심 결여를 운운한 순간 그는 중국 저항정치의 제3궤도라 할 중국인의 '민족주의'를 건드린

후퇴하는 자는 반드시 패한다

것이었고 이로써 덩샤오핑은 그 대가를 톡톡히 치르게 된다.

전 세계로 생중계된 혁명

덩샤오핑이 성난 민심에 불을 지피는 사설을 내보낸 다음날 수만 명의 학생이 베이징 시가지로 몰려나와 베이징의 대학가인 하이뎬海淀 서북 외곽 지역에서부터 톈안먼 광장까지 행진을 벌였다. 학생들이 지나는 길마다 마치 마라톤 선수들을 응원하듯 지역주민들과 상인들이 나와 물과 간식을 건네고 박수를 보내며 응원을 했다. 잔치를 즐기는 것처럼 떠들썩한 행진 장면이 연출되고 있었다. 화창한 봄날의 즐거운 나들이와도 같은 왁자지껄하고 흥분된 분위기 속에서 학생들은 5·4운동을 이끌었던 '선배'들처럼 자신들도 조국을 위해 뭔가 해야 한다는 거부할 수 없는 역사적 사명의식으로 충만했다. 놀랍게도 광장으로 들어가는 길을 막으려 경찰이 쳐놓은 저지선을 큰 충돌 없이 통과하는 데 성공하자 자신들이 올바른 일을 한다는 자부심과 이제 두려울 것이 없다는 불패 의지가 더욱 강하게 솟아났다.

5월 한 달 내내 학생들과 이들에게 동조하는 사람들이 광장을 점령한 채 그곳을 무대 삼아 항의의 몸짓을 끝없이 계속했다. 그렇게 며칠이 지나고 또 몇 주일이 지나면서 사람들 사이에서 탄압에 대한 두려움은 점점 옅어졌고 흥겨운 분위기가 고조되었으며 심지어 잔칫집 같은 광경이 펼쳐졌다. 그러자 대체 그 광장에서 무슨 일이 벌어지는지 구경하려고 나오는 사람들도 수만 명에 이르렀다. 학생시위에 합류하거나 민주

❖

424

動亂

화를 요구하려는 의지가 없는 사람들도 광장으로 몰려드는 기현상이 펼쳐진 것이다. 급증하는 시위 동조 세력은 베이징에 있는 거의 모든 기관 單位으로부터 톈안먼 광장으로 몰려와 그곳에서 밤낮을 보내게 됐다. 그러면서 톈안먼 광장 자체가 살아 숨쉬는 반영구적 공동체로 변해갔다. 줄지어 늘어선 알록달록한 천막들을 지나 군중을 헤치고 다니다보면 마치 저잣거리를 활보하는 기분이 들었다. 시장과 다른 것이 있다면 이곳 광장에서는 상인들이 물건이 파는 것이 아니라 학생들이 사상을 '팔고', 현수막을 흔들고, 주장을 하고 토론을 했다는 점이었다. 학생들은 자생적으로 형성돼 '도시 속 또하나의 도시'가 돼버린 이 사회조직을 관리하는 데도 힘을 쏟았다. 톈안먼 망루에서 광장을 가득 메운 엄청난 인파를 보면 당이 예전 권위를 완전히 회복하는 것은 고사하고 이 거대한 파도를 잠재울 수나 있을지 의심스러울 지경이었다.

한편 권력 핵심부에서 갈등 기류가 포착되며 당내 결속에 균열이 생겼다. 덩샤오핑이 『런민일보』에 문제의 사설 게재를 승인했을 당시 북한에 있던 자오쯔양은 이 시위를 진압하는 데 강경책보다는 유화책이 더 효과적일 수 있다고 믿었다. 이러한 인식에 따라 중국으로 돌아왔을 때 시위 학생들에게 좀더 타협적인 자세를 취했다. 이러한 자세가 당내 갈등을 키워 자신과 같은 온건파와 리펑 총리 같은 강경파 간의 '노선투쟁'을 불러일으켰다.

5월 12일에 학생 대표들은 자신들의 요구에 당국이 성의 있는 반응을 보일 때까지 단식농성에 들어가겠다고 선언했다. 처음에는 후야오방 전 총서기에 대한 당의 평결 재고再考 요구가 전부였으나 이제는 인민의 대중 정치운동 허용, 좀더 효율적인 공직자 부패 근절 대책, 정부와 학생 간의 공식적 대화, 언론 자유 증진 등을 요구사항으로 내걸었다.

시위 학생들의 단식농성을 계기로 자유를 부르짖던 축전의 무대가 생과 사를 가르는 무대로 변했다. 당시 톈안먼 광장은 각 기능에 맞게 여러 구역으로 나뉘어 있었는데, 천막 덮개로 그늘을 만들어놓은 곳은 단식투쟁을 하는 학생들에게 내주었다. 그 밖에 의료구역도 있었는데 흰 가운을 걸친 의사와 간호사 20여 명이 이곳에 대기하고 있었다. 또 홍보자료를 인쇄하는 선전구역, 시위를 지지하는 시민이 보낸 기부금을 관리하고 지출하는 금융구역, 기부받은 음식물을 분배하는 물자공급구역 등이 마련돼 있었다. 물자공급구역은 사람들이 기부한 물품으로 넘쳐났고 홍콩에 사는 사람들이 전세기까지 동원해 기부 물품을 베이징으로 공수하는 일도 있었다. 학생들은 단식투쟁에 참여한 학생들에게 불상사가 생겼을 때 이들을 신속하게 병원으로 후송할 수 있도록 광장에 '구명로救命路'를 하나 터놓았다. 그리고 온 국민이 텔레비전(거의 검열을 받지 않았다)을 통해 광장에서 벌어지는 일들을 매일 지켜보았고 이 때문에 이 역사적인 '드라마'에 대한 관심과 인기가 더욱 높아졌다.

오래전부터 계획돼 있던 소련 공산당 서기장 미하일 고르바초프의 방중 때문에 톈안먼 사태는 곧 국제적 사건으로 커져버렸다. 고르바초프의 방중이 '그리스 비극'에서처럼 이 극적인 사건의 '전환점'이 돼버린 것이다. 고르바초프는 5월 14일 중국에 도착했다. 덩샤오핑은 고르바초프의 방문이 중국과 러시아 간 외교관계 정상화를 위한 역사적 이정표가 되리라 기대하고 있었다. 어쨌거나 이는 1958년에 흐루쇼프가 중국을 방문한 이래 처음으로 베이징에서 이루어진 러시아와 중국 지도자 간 정상회담이었다. 덩샤오핑은 고르바초프와의 이 정상회담이 1972

년에 닉슨이 베이징을 방문하여 마오쩌둥과 가졌던 회담에 필적하는 것으로 비치기를 내심 기대하고 있었다. 그리고 이것이 국제관계 증진을 위한 전략적 돌파구였던 것은 사실이었다.

고르바초프는 중국의 정치지도자들이 '의례적인 말'로 본의를 숨기는 일이 많음에도 덩샤오핑의 색다른 사고방식에 깊은 인상을 받았다.[23] 그러나 결과적으로 고르바초프의 방문은 덩샤오핑에게 큰 재앙이었다. 세계 각지에서 이 역사적인 정상회담을 보도하려 몰려든 수많은 취재진은 정작 중국과 소련의 화해가 아니라 톈안먼 광장 한복판을 점령한 똑똑하고 우수한 수천 명의 젊은이에게 공산당이 당한 굴욕에 보도의 초점을 맞추었던 것이다. 덩샤오핑과 공산당의 심기를 더욱 불편하게 한 것은 5월 중순쯤 일반 시민 수만 명까지 이 대열에 합류했고 이러한 모습이 CNN을 통해 전 세계에 생중계됐다는 점이었다. 사실 중국은 CNN에 고르바초프 방중을 보도하라고 특별히 위성방송 주파수를 배분해주었던 것이다.[24]

톈안먼 광장은 20세기 들어 가장 오래 진행되고 또 가장 매혹적이었던 대규모 정치적 저항으로 기록될 '대서사극'을 촬영하는 거대한 스튜디오로 변했다. 이 '혁명'은 그렇게 전 세계로 생중계되고 있었다. 덩샤오핑으로서는 이보다 더 낯뜨거운 일이 없었을 것이다.

당 지도부는 결국 학생 대표자들과 직접 대화에 나서기로 했다. 높은 천장이 인상적인 인민대회당 회의실에서 리펑 총리가 두 학생과 마주앉았다. 한 명은 역사를 전공하는 베이징 대학 신입생 왕단王丹이었고, 또 한 사람은 위구르족 출신의 베이징 사범대학 학생 우얼카이시吾爾開希였다. 우얼카이시는 산소탱크를 달고 환자복 차림으로 면담 장소에

후퇴하는 자는 반드시 패한다

나타남으로써 이 역사적인 장면의 극적 분위기를 더욱 고조시켰다. 리평 총리는 거만한 자세로 앉아 좀처럼 말문을 열려 하지 않았다. 이때 우얼카이시가 입을 열었다. 권투경기에서 자신보다 체급이 높은 상대와 싸울 때 자기 체력 이상의 기량을 가진 것처럼 보이려는 선수처럼 우얼카이시는 단식으로 쇠약해진 상태를 십분 활용하여 극적 효과를 높이는 동시에 누가 이 면담에 자신들을 초대했느냐는 따위의 신소리로 분위기를 띄웠다. 속으로는 몹시 당황하고 있을 리평 총리가 결연한 의지와 정의감에 불타는 학생들과의 대화에서 주도권을 잡지 못하게 하려는 의도에서였다. 대화가 끝나고 리평 총리가 정중하게 손을 내밀어 악수를 청했을 때 두 학생 모두 그 손을 마주잡지 않았다.[25] 당으로서 이번 학생들과의 대화가 더 곤욕스러웠던 이유는 사전에 학생들에게 대화의 전 과정을 텔레비전으로 생중계하겠다고 약속했기 때문이었다.

이날 덩샤오핑에게 제출된 대화 보고서가 이 학생운동의 운명을 결정했다. 덩샤오핑과 자오쯔양을 제외한 나머지 측근들은 대화 내용에 격분했고 결국 계엄령을 선포하기로 합의했다. 덩샤오핑은 자오쯔양에게 이렇게 말한 적이 있었다. "민주주의는 목적을 위한 하나의 수단일 뿐이다."[26] 그러나 자오쯔양은 민중의 힘이 뿜어내는 행복감에 취해 이제 스스로 학생들 편에 서기로 했다. 어쩌면 자오쯔양은 이 시위가 당내 보수파를 무너뜨릴 잠재력을 지닌 수단이라고 보았는지도 모르겠다. 5월 19일 자오쯔양은 톈안먼 광장을 불시에 방문했다. 그리고 이것을 마지막으로 자오쯔양은 공식석상에서 자취를 감췄다. 광장에서 학생들에게 둘러싸인 자오쯔양은 눈물을 흘리면서 휴대용 확성기를 손에 든 채 울먹이며 이렇게 말했다. "우리가 너무 늦게 왔다." 한 사진기자가 단식

動亂

투쟁중인 학생들에게 둘러싸여 있는 자오쯔양의 모습을 찍었다. 이때 옆에 같이 찍힌 사람이 자오쯔양의 수행원이던 원자바오溫家寶였다. 이후 국무원 총리가 되는 원자바오는 사진 속에서 무표정하게 광장을 응시하고 있었다.

'너무 늦었다'는 말은 사실이었다. 적어도 자오쯔양에게는 그랬다. 자오쯔양은 1세기 전 '백일유신'에 실패한 광서제와 량치차오에게서 얻은 교훈을 유념하지 않았다. 자오쯔양은 새로운 개혁 물결에 힘을 실어주고 싶어했다. 그러나 그렇게 하는 데 필요한 당내 기반을 구축해놓지 못했다. 그 결과 자오쯔양은 당내에서 고립되고 말았다. 광서제가 캉유웨이와 량치차오 같은 젊은 인재에게 의지했던 것처럼 자오쯔양도 젊은 두뇌집단에 의존하여 새로운 개혁접근법을 개발하려고 했다. 자오쯔양이 의지했던 전문 자문기관 중국경제구조개혁연구소는 이른바 '신독재주의' 이론을 밀고 있었다. 중국에 정말 필요한 것은 경제발전을 통해 민주주의체제로 나아가게 할 강력한 중앙지도력이라는 것이 이 이론의 골자였다. 그러나 광서제와 량치차오처럼 먼저 정치적 기반을 확고히 다져놓지 않은 상태에서 이와 같은 전면적 변화를 추진하는 것은 당내에 홀로 고립되는 운명을 자초하는 일이었다.

당내 자오쯔양의 정적들은 덩샤오핑이 아니라 자오쯔양 자신이 '새로운 유형의 독재자'가 되려 한다고 덩샤오핑에게 속닥댔다. 당내 기반이 없는 상태의 자오쯔양을 상대로 정적들이 덩샤오핑으로 하여금 이러한 비방이 진실인 양 믿게 하는 것은 어렵지 않았다. 이러한 속닥임에 대해 흥미롭게도 덩샤오핑은 과거 서태후가 보였던 것과 비슷한 반응을 보였다. 덩샤오핑은 즉각 자오쯔양의 공직을 박탈하고 재판이나 기타 형벌 없이 베이징에 있는 자택에 그를 연금 조치했다. 자오쯔양은 공교롭게도 '부강한 골목'이라는 의미의 푸창후퉁富強胡同 6번지에 소재한 작은 집에 사실상 감금된 상태로 16년을 보내다 2005년에 사망했다.

대학살

당내 지도부에서 진보파를 싹 정리한 덩샤오핑은 이제 민주주의 운동 자체를 겨냥해 칼을 빼들었다. 중국 정부는 5월 20일 계엄령을 선포하고 광장에 군을 투입했다. 그러나 인민해방군이 베이징으로 진입하려 하자 그 즉시 이들을 저지하고자 수만 명의 일반 시민이 거리로 몰려나왔다. 이 정도만 해도 치욕적인 역사인데 더 끔찍한 사실은 정작 톈안먼 사태의 가장 고통스러운 비극은 아직 실현되지 않은 채 저만치서 대기하고 있었다는 점이었다.

진군한 인민해방군 탱크 부대를 향해 중국 시민은 꽃과 음식을 건넸고 일부 부대는 시위 군중을 적극적으로 몰아붙이지 않았다. 격렬한 대치 상황을 만들지 않고 이들에게 순순히 길을 내주다 결국에는 퇴각했다. 일부 군 장교는 시위대 편에 서서 상황 보고를 했다. 당의 시위 진압 명령을 수행하기 꺼리는 듯한 모양새였다.[27] 그러나 1930년대와 1940년대에 홍군에서 '정치위원'을 지낸 이력을 바탕으로 그후 군 인맥을 넓혀왔던 터라 군권을 확실하게 장악한 덩샤오핑은 결국 군의 지지를 얻어내는 데 성공했다. 이에 따라 덩샤오핑은 6월 2일에 필요하다면 무력을 사용해서라도 광장 시위를 진압하라는 새로운 명령을 내렸다. 이번에는

動亂

군이 당의 명령에 복종했다.

6월 3일에 2차 투입된 군이 베이징 인근을 폐쇄하기 시작했다. 베이징 외곽의 여러 지점에서 시작하여 중심부로 옥죄들어가는 방식으로 작전이 진행됐다. 시민이 군 진입을 막고자 시 외곽에 쳐놓은 수많은 바리케이드를 뚫는 과정에서 이미 수많은 사상자를 발생시키며 진압군은 6월 4일 이른 아침 드디어 톈안먼 광장에 도착했다. 남은 일은 인민대회당 인근 은신처에 마지막까지 남아 있던 학생들을 몰아내는 것이었다.

공식적으로 밝혀지지는 않았으나 이 끔찍한 밤에 수백, 아니 수천 명의 사상자가 발생했다. 외부인의 눈에 덩샤오핑은 바닥을 보여준 최악의 지도자였다. 그런데도 덩샤오핑이 '베이징 대학살'로도 알려진 '6·4사건六四事件'을 두고 심하게 괴로워했다는 징후는 어디에도 없다. 이 사건이 있고 나서 5일 후 처음으로 공식석상에 모습을 드러낸 덩샤오핑은 중국 인민에 대한 사과 한마디 없이 인민해방군 지휘관들을 향한 연설을 통해 베이징의 질서를 회복하는 과정에서 목숨을 잃은 군인들을 '순교자'라며 치켜세웠다. 덩샤오핑은 베이징에서 일어난 민주화 봉기를 '국가와 당의 전복을 기도한' 무리가 일으킨 '소동'으로 평가했다.[28] 그러나 당과 인민해방군, 인민의 노력 덕분에 중국이 그 혼란에서 헤쳐나올 수 있었다는 것이다.

서구 학계에서는 5·4운동처럼 1989년의 민주화 시위는 완전한 다당제 자유민주주의까지는 아니더라도 개방화로 가는 길목에서 거쳐야 할 불가피한 과정이었다고 본다. 그러나 쑨원과 장제스, 마오쩌둥이 그렇게 생각했듯 덩샤오핑도 당파를 떠난 이러한 초당적 군중 시위는 목적지 없는 이정표일 뿐이며 더 가난하고 더 약한 국가로 이끄는 중간 역驛

후퇴하는 자는 반드시 패한다

일 뿐이라고 생각했다.

'쓰레기 지식인'이라 비난받은 반체제 인사

팡리즈는 정작 시위가 벌어지는 동안에 톈안먼 광장에 나타나지 않았다. 팡리즈는 계엄령이 선포되기 직전에 이렇게 말했다. "나는 내가 한 말과 행동이 학생들의 생각에 큰 영향을 끼쳤다고 확신하며 우리는 학생들의 행동을 당연히 지지한다. 그러나 나는 정부에 내가 이 시위를 주도한다고 주장할 구실을 만들어주고 싶지 않다."[29]

6월 4일에 군의 유혈진압이 있고 나서 생명의 위협을 느낀 팡리즈와 그의 부인은 미국 대사관으로 몸을 피했다. 이것은 중국 근대사에서 자주 보던 장면이었다. 1861년에 풍계분이 태평천국의 난을 피해 상하이로 몸을 숨겼던 것처럼, 1898년에 량치차오가 서태후의 체포영장을 피해 베이징 주재 일본 대사관으로 피신했던 것처럼, 1920년대에 덩샤오핑이 한때 상하이 외국인 거류지로 숨어들었던 것처럼 팡리즈 부부도 치외법권의 보호막 안으로 들어갔다. 이렇게 팡리즈는 약 25년 후인 2012년에 시각장애인 인권운동가 천광청陳光誠이 베이징 주재 미국 대사관으로 피신할 길을 열어준 것이기도 했다.

팡리즈는 미국 대사관에 머무는 기간이 오래지 않기를 바랐다. 그러나 예상치 않게 백악관이 팡리즈가 '피난처를 찾았다'고 발표한 이후 중국 공안국은 팡리즈를 막 진압이 완료된 반혁명적 반란, 즉 톈안먼 사태의 배후 세력으로 지목했다. 공안국은 '반혁명적 선전 및 선동 범죄' 혐

動亂

의로 팡리즈 부부에게 체포영장을 발부했다. 톈안먼 사태에 참여했던 다른 정치활동가들과 학생 대표들은 이미 투옥되거나 어떻게든 중국을 떠나 국외로 도피하려 하고 있었다. 이때 팡리즈와 그의 아내 리수셴李淑 嫺은 외교적 '무인지대'로 들어갔다. 그런데 중국 정부는 팡리즈 부부가 미국 대사관저에서 정확히 어디에 숨어 있는지 몰랐기 때문에 무장군인 들이 험악한 얼굴로 대사관 주변을 빽빽이 에워쌌다. 중국은 아직 계엄 령 아래 있었고 미국과 중국 간에 험악한 기류가 흐르고 있었기 때문에 미국 대사관측 인사 가운데는 중국 공안이 두 사람이 숨은 곳을 알아내 서 예전 의화단이 그랬던 것처럼 대사관을 무차별 공격하지는 않을지 걱정하는 사람도 있었다. 실제로 두 사람의 소재는 극비라서 미국 대사 본인과 고위 외교관 몇몇을 제외한 다른 외교관원들은 팡리즈 부부가 정확히 어디에 숨어 있는지 몰랐다. 팡리즈 부부가 대사관 모처에 숨어 지낸 지 몇 개월이 지나자 중국 정부는 범죄자와 반역자를 은닉했다며 미국 정부를 비난했다.

대사관 영내 뒤편에 의료시설로 쓰였던 방 몇 개가 두 사람의 임시 거처였고 당시 곳곳의 창문은 다 닫혀 있는 상태였다. 부부가 머물던 거 처를 '블랙홀'이라 불렀던 팡리즈는 이렇게 농담을 하기도 했다. "이 세 상에 별을 볼 수 없는 천체물리학자는 아마 나밖에 없을 것이다." 그러 나 팡리즈는 오래 갇혀 지내는 동안 미국 외교행랑(외교문서 송달용 가방- 옮긴이)을 통해 전달된 자료를 읽고 과학 논문을 쓰면서 정신이 피폐해 지지 않도록 애를 썼다. 1년 동안 팡리즈 부부가 미국 대사관에 숨어 있 자 중국 정부는 팡리즈와 다른 반체제 인사들을 겨냥하여 '쓰레기 지식 인'이라는 말까지 서슴지 않으며 이들에 대한 비난 수위를 높였다. 중국 당국은 처음에는 이들의 신병을 넘겨달라고 요구했고 이들을 '중국법'에 따라 처리해야 한다고 주장했다. 팡리즈가 유죄를 인정하기만 하면 (물론 팡리즈는 이를 거부했지만) 이들의 국외 망명을 용인하는 것도 고려해보겠다고 했다. 그러나 6월 4일 톈안먼 사태 1주년이 큰 사건 없이 지나가자 중국 당국도 달리 생각하기 시작했다. 이 골치 아픈 문제를 어떻게든 해결하는 것이 자국에 더 이익이 되리라고 본 것이다. 즉 이 문제를 잘 처리하는 것이 국제사회, 특히 미국과의 관계 정상화를 다시 논의하는 데 도움이 된다고 판단한 것이다. 이로써 중국 당국의 태도가 누그러지기 시작했다.

1990년 5월에 팡리즈는 미미한 심계항진心悸亢進을 호소했고 이것이 결국은 당국의 체면을 세워주면서 당국이 교착상태에 빠진 팡리즈 문제를 해결하는 길을 열어주었다. 미국 대사관측 의사는 건강상 심각한 문제는 없다고 했고 팡리즈 자신도 '커피를 무척 많이 마셔서' 흉통이 생긴 것이라고 일축했으나 대외적으로는 팡리즈가 '병'에 걸렸다는 뉴스가 흘러나갔다. 1990년 6월 20일 팡리즈 부부는 마침내 조지 부시 미국 대통령이 보낸 미 공군기 편으로 베이징을 떠나는 것이 허용됐다. 건강 악화를 이유로 인도적 차원에서 취해진 조치라는 명목을 달고 말이다.

망명지에 도착한 팡리즈는 이렇게 말했다. "상황이 허용된다면 나는 즉시 중국으로 돌아갈 것이다. 가서 내가 할 수 있는 일이라면 무엇이든 하고 싶다. 내 활동 기반이 그곳에 있고 그곳에서만 내가 내 능력을 발휘할 수 있기 때문이다." 타의로 고국을 떠나게 된 데 대해 어떻게 생각하느냐는 질문을 받았을 때 팡리즈는 이렇게 대답했다. "어쨌든 중국 정부가 나를 보내줘야만 하는 상황에 몰렸다는 측면에서 보면 이것이 하나의 승리인 것은 분명하다. 당국으로 하여금 그렇게 하도록 한 무언의 압력이 존재했다는 의미이기 때문이다. 그러나 내 조국, 내 동료 그리고 많은 친구와 지인을 떠나야 했다는 점에서, 또 내가 반체제 인사 망명의 전례를 남겼다는 점에서는 하나의 '실패'로 간주할 수 있다."[30] 이후로 반체제 인사들을 외국으로 보내버리는 것이 당국의 통상적 전략이 됐다. 반체제 인사들에게는 투옥과 망명 가운데 하나를 선택할 기회를 주었다. 후자를 선택하면 정부와 정책을 비판하는 언론 때문에 얼마간 피곤하기는 하겠으나 이 기간만 참으면 모든 것이 잊히고 만다. 중국 정부는 반체제 인사를 국내에 두고 내내 골머리를 앓는 것보다는 국외로 쫓아보내는 편이 낫다고 판단한 것인지도 모른다.

"경제발전이 아니면 죽음뿐"

6·4 톈안먼 사태 이후 당과 덩샤오핑의 정당성이 실추됐고 덩샤오핑의 과감한 개혁 과정에 급제동이 걸렸다. 서구의 각국 정부가 잇달아 중국에 대한 제재를 선포한 것도 지속적 '개방'이라는 덩샤오핑의 비전을 위태롭게 했다. 예전 '내우외환'의 망령이 다시금 재현되자 덩샤오핑은 본능적으로 자신의 이념적 뿌리였던 레닌주의로 회귀했다. 덩샤오핑은 중국의 불안정을 가속하는 '서구 제국주의'와 선진국에 의한 '국제 독점자본의 지배'를 비난하는 한편, 인권 침해를 이유로 서구 제국이 중국에 제재를 가하는 것은 중국과 다른 개발도상국을 모욕하는 일이라고 목소리를 높였다.[31] 덩샤오핑은 선진국이 인권, 자유, 민주주의 운운하

후퇴하는 자는 반드시 패한다

는 것은 부강한 국가들의 이익을 위한 계산된 행동일 뿐이라며 불만을 토로했다.[32] 덩샤오핑은 또다시 서구 열강으로 말미암은 굴욕적 역사라는 카드를 꺼내들었다. 덩샤오핑은 이렇게 물었다. "근대 중국 침략의 시발점이라 할 아편전쟁 이후로 서구 열강이 얼마나 많은 중국인의 인권을 침해했던가?"[33]

문제에 대한 해결책으로 덩샤오핑은 '애국 교육 운동'을 채택했다. 앞으로 학생들이 반정부 성향을 보일 위험성을 원천봉쇄하는 차원에서 '전면적 서구화'를 이단시하도록 교육하겠다는 것이었다. 중국의 반인권적 행위에 대해 서구 제국이 제재를 가하겠다고 나선 상황을 100여 년간 서구 열강에 굴욕을 당했던 과거 역사와 연계하자는 계산이었다. 즉 '국가적 자존심'에 초점을 맞춰 유치원생부터 대학생까지 모든 학생을 대상으로 애국 사상을 고취하는 교육을 하겠다는 것이었다.[34]

사상적, 정치적 의제에 관해서는 한층 보수적이고 민족주의적인 태도를 견지한 덩샤오핑이지만 경제 부문에서만큼은 과거로 역행하는 것을 원치 않았다. 그러나 천윈과 리펑을 중심으로 한 당내 보수파 인사들은 6·4 톈안먼 사태를 사회주의 경제원칙을 다시 주창하는 계기로 삼으려 했다. 대약진운동의 여파로 권력의 중심에서 물러났던 마오쩌둥처럼 덩샤오핑도 더는 당내 주요 정책을 좌지우지할 수 없는 처지가 됐다. 덩샤오핑은 예전 마오쩌둥이 그랬던 것처럼 조용히 때를 기다리며 반격할 기회를 모색하기로 했다.

중국 공산당이 톈안먼 사태로 존폐의 기로에 설 만큼 엄청난 위기를 겪은 이후 주변 세계의 지정학적 지도상에도 큰 변화가 있었다. 이 또한 덩샤오핑을 움츠러들게 하는 요소였다. 폴란드에서는 1989년 6월 4일에

動亂

반공산당 자유연대가 총선에서 승리했다. 그해 11월에는 베를린장벽이 무너졌고 곧이어 공산정권들이 무너지면서 동유럽 국가들이 하나둘 소비에트 연방에서 탈퇴하고 있었다. 가장 충격적인 사건은 루마니아의 독재자 니콜라에 차우셰스쿠Nicolae Ceausescu가 비참한 최후를 맞은 일이었다. 30년간의 독재는 1989년 크리스마스에 차우셰스쿠가 총살을 당하면서 막을 내렸다. 마지막으로 이로부터 2년 후 크리스마스에 공산주의 종주국인 소비에트사회주의공화국 '연방'이 역사 속으로 사라지고 구소련은 10여 개의 독립국으로 분리됐다. 중국에서도 이와 비슷한 '원심력'이 작용한다면 티베트, 신장, 내몽골, 홍콩, 타이완 등도 이처럼 분리 독립해나갈 수 있음을 확인시키는 대사건이었다. 게다가 동아시아 전역에서 민주화운동이 잇달아 일어나며 체제를 불문하고 공산주의국가와 자본주의국가에서 독재정권이 줄줄이 무너지고 있었고 아시아의 4대 호랑이로 일컬어지는 국가들은 두 자릿수 경제성장률을 기록하고 있었다. 덩샤오핑은 '중국은 계속 전진해야 하며 그러지 않으면 도태될 것'이라고 경고했다.[35]

6·4 톈안먼 사태 이후 보수 반동세력이 활개를 치는 와중에 사회주의 진영이 몰락하는 모습을 지켜본 덩샤오핑은 더 과감한 행보를 보이게 된다. 90세가 가까워진 덩샤오핑은 나라를 구하는 데 힘을 쏟을 것이고 그러기 위해 필요하다면 좀더 과감한 행동도 해야 한다는 결론을 내린 것 같았다. 사회주의 진영의 해체가 진행되고 있는 와중에 중국 공산당이 끝까지 살아남아서 사회주의체제의 정당성을 다시 일깨우려면 하루라도 빨리 더 포괄적인 대책을 마련해야 한다고 주장했다. 그러나 안타깝게도 당은 이제 덩샤오핑의 뜻대로 움직이지 않았다. 실제로 1990

년에 덩샤오핑이 중앙위원회 위원들에게 사회주의가 살아남으려면 계획경제와 시장경제 둘 다 중시해야 한다고 경고하면서 '위험을 감수하는 것을 두려워하지 마라'라고 간청했으나 이들은 이러한 요청을 일축했다.[36]

1991년 초에 덩샤오핑은 자신의 생각을 전파할 마지막 수단이라고 생각하며 상하이 방문길에 올랐다. 측근인 상하이 시장 주룽지의 뜻에 따라 『제팡일보』에 게재한 칼럼에서 덩샤오핑이 말하고자 하는 바가 분명히 밝혀졌다. "개혁과 개방만이 국가를 강하게 하고 국민을 부유하게 한다."[37] 그러나 전국 신문에서는 이 부분을 다루지 않았다. 중앙 당내에 이에 반하는 대항세력이 있다는 의미였다. 덩샤오핑은 1991년 가을 베이징에서 있었던 당 지도부 회의에서 다음과 같이 경고한 것으로 알려졌다. "우리에게 다른 대안은 없다. 경제발전을 이룩하지 못하면 결국 대내적으로는 인민의 지지를 잃을 것이고 대외적으로는 외세의 억압과 착취에 시달리게 될 것이다. 이러한 상황이 계속되면 종국에 공산당은 몰락하고 말 것이다."[38]

몸은 쇠약해졌으나 정신은 여전히 강건했던 덩샤오핑은 1992년 1월 드디어 행동에 나섰다. 광둥 성의 경제특구 선전과 주하이를 둘러보고 다시 상하이로 돌아오는 한 달간의 일정이었다. 남순南巡이라 칭한 이 남부 지역 시찰은 중국의 국력이 최고조에 달했던 18세기에 청나라 황제들의 지방 시찰을 연상시켰다. 본인 스스로 인식했다시피 덩샤오핑의 임무는 혼자 힘으로라도 고속 경제성장의 불씨를 다시 댕기는 것이었다. 실제로 덩샤오핑은 당과 인민들에게 '중국은 경제발전을 이룩해야 하며 그러지 않으면 죽음뿐'이라고 경고했다. 광둥 성에서 덩샤오핑

動亂

은 손가락으로 허공을 찌르는 시늉까지 해가면서 사람들에게 이렇게 경고했다. "중국이 사회주의, 개혁, 개방 그리고 경제발전을 통한 인민의 생활수준 향상 등을 계속해서 추진하지 않으면 그 밖의 다른 어떤 방법을 취하더라도 그 결과는 참담할 것이다."[39]

후퇴하는 자는 반드시 패한다

남순 내내 덩샤오핑이 누누이 강조했던 말은 대담함 혹은 과감함이었다. 선전 시찰 때는 이렇게 말했다. "사회주의가 자본주의에 승리하려면 선진 자본주의 국가를 포함하여 온 인류가 이룩한 모든 문명을 과감하게 흡수해야 한다."[40] 마오쩌둥이 1950년대 중반 협동농업체계를 시작할 때 했던 말을 인용하여 보수파 인사들을 이렇게 질책했다. "우리는 전보다 더 과감하게 개혁개방정책을 추진해야 하며 무엇이든 실험해봐야 한다. 전족을 한 여인처럼 행동해서는 절대 안 된다."[41]

덩샤오핑은 이제 세계를 향해 난 문을 전보다 훨씬 더 빠르게, 더 활짝 열 시점이라고 생각했다. 덩샤오핑은 '발전은 절대적 원칙'이라고 주장했다.[42] 보트를 타고 아편전쟁이 발발했던 주장珠江 강변의 청국 세관 옆을 지나면서 그는 이렇게 말했다. "후퇴하는 자는 반드시 패한다. 우리는 수천 년 동안 가난에 허덕였으나 이제 다시는 그런 가난을 겪지 않을 것이다."[43] 그리고 앞서간 지도자들처럼 덩샤오핑도 '제국주의의 위협'을 항상 경계했다. 덩샤오핑은 영국의 대처 총리와 홍콩 반환 문제를 협의하는 동안 자신은 절대 제2의 이홍장이 되지 않을 것이라 다짐했다.[44] 제국주의 열강의 위협에서 벗어날 길은 중국이 강하고 부유한 국가가 되는 것뿐이었다. 아이러니하게도 그러려면 그 '열강'의 자본이 필요했다. 그래서 남부 지역 시찰 당시 덩샤오핑은 단호한 어조로 이렇게 주장했다. "중국은 문을 닫아걸고 국경만 수비해서는 안 된다. 바깥세상으로 향한 문을 활짝 열어야 한다."[45] 1980년대에는 중국의 뒷문을 열려고 노력했다. 이제 1990년대에는 앞문도 마저 열려고 했다. 덩샤오핑은 외교 부문에서는 아직 실권을 쥐고 있었기 때문에 타이완과의 관계를 증진하고, 한국과의 관계를 정상화하고, 외국 자본을 중국으로 유치하는 데 필요한 조건을 조성하는 작업을 이미 진행하고 있었다. 1991년에는 1979년에 무자비하게 침략한 바 있던 베트남과의 관계도 정상화했다. 1962년에 전쟁을 벌였고 1980년대 내내 국경분쟁을 벌였던 인도에 강화를 제의했다. 1990년대 초에 덩샤오핑은 자신의 원대한 전략을 도광양회韜光養晦로 설명했다.[46] 즉 중국은 주목을 피한 채 재능을 숨기고 때를 기다려야 한다고 주장했다. 중국이 더 강해지고 더 부유해지는 것을 다른 국가가 알고 경계하는 일을 피해야 한다는 것이었다.

덩샤오핑의 남순 효과가 즉각적으로 나타난 것은 아니었다. 신흥도시 선전의 경제특구신문을 제외하고 중앙 언론에서는 덩샤오핑의 발언을 보도하지 않았다. 덩샤오핑은 이에 굴하지 않고 계속해서 자신의 주장을 폈고 마침내 중국 공산당 지부가 선전 시찰 때 했던 연설 내용을 공표했다. 이를 통해 덩샤오핑의 발언이 전국에 알려지게 됐다.[47] 곧이어 전국의 성과 시 지도자들, 특히 남부 연안 지역의 지도자들이 덩샤오핑의 주장을 지지하고 나섰고 덩샤오핑의 개방과 시장화 주장에 맞선 천윈의 정책에서 이탈하기 시작했다. 마침내 덩샤오핑이 주장하는 '새로운 노선'이 『런민일보』 사설에 등장했고 1992년 10월에 열린 제14기 전국대표대회에서 덩샤오핑의 정책노선이 정식으로 채택됐다.[48] 덩샤오핑은 강한 어조로 이렇게 약속했다. "우리의 개혁개방정책은 앞으로 100년 동안 변하지 않을 것이다."[49]

죽은 조상

19세기 이래 중국의 정치지도자들과 지식인들이 오랫동안 개척했던 두 개의 길이 덩샤오핑 체제에서 한 지점에서 만나게 됐다. 민주주의 '원정대'는 톈안먼 사태와 함께 비극적 종말을 맞았고 번영 '원정대'는 중국 역사상 가장 폭발적이고 가장 지속력 있는 경제발전의 길을 열어주었다. 이러한 경제발전 덕분에 공산당은 특히 국내에서 다 사그라졌던 당 존재의 정당성을 다시금 회복하기 시작했다. 1997년에 사망한 덩샤오핑은 과거의 개혁사상가들과 혁명지도자들이 그토록 염원하던 '부강'한 중국이라는 꿈을 거의 실현해놓고 떠났다.

마오쩌둥은 수십 년에 걸친 혁명투쟁 기간에 공산주의의 유토피아적 미래를 위해 과거로부터 해방되고자 했고 폭력적 방식이기는 하나 5·4운동 세대를 그토록 괴롭혔던 과거의 폭정에서 중국사회를 해방하는 데 성공했다. 역설적이게도 마오쩌둥의 폭력적 혁명은 덩샤오핑으로 하여금 선임 지도자인 마오쩌둥이 꿈꾸었던 프롤레타리아의 천국이 아니라, 비록 평등사회는 아니더라도 중국인들이 자긍심을 가질 수 있는 강하고 부유한 국가를 건설할 수 있는 기반을 마련해주었다.

1960년대에 마오쩌둥은 이렇게 불만을 토로했었다. "덩샤오핑은 뭔가를 의논하고자 나를 만나러 오는 일이 없었다. 덩샤오핑은 나를 존경하기는 했으나 마치 죽은 조상 대하듯 나와 거리를 두었다."[50] 실제로 덩샤오핑은 19세기가 시작된 이후 중국의 수많은 개혁가 가운데 처음으로 중국 문화와 정체성에 관한 문제를 '죽은 조상' 취급했다. 덩샤오핑은 전통에서 헤어나오려 했던 마오쩌둥을 비롯한 선임 지도자들의 노력 덕분에 전통이라는 굴레에서 벗어날 수 있었다. 물론 덩샤오핑은 이들이 시시포스처럼 헛된 노력을 한 것으로 생각했지만 말이다. 어쨌거나 마오쩌둥의 혁명은 덩샤오핑으로 하여금 실용적 차원에서 현재를 바라볼 수 있게 하는 데 도움을 주었다. 덩샤오핑은 과거에 머물며 유교 전통과 끝없는 투쟁을 벌이는 데 집착하거나 유토피아적 공산주의 사회라는 비현실적인 꿈을 꾸는 대신 중국을 더욱 부유한 국가로 만드는 데 초점을 맞추었다.

덩샤오핑은 중국 전통이나 문화적 정체성 같은 문제는 도외시했다. 그러나 중국의 새로운 정치체제의 핵심, 즉 공산당 원칙은 철저히 견지했다. 인류평등주의와 사회복지 같은 사회주의의 꿈은 밀어두었으나 레닌주의의 핵심 원칙인 일당독재 개념은 고수했다. 덩샤오핑은 신인류평등주의와 국가자본주의를 혼합한 '신약新藥'으로 마오쩌둥주의라는 치명적 '특효약'의 굴레를 쓴 중국을 구해냈다.

덩샤오핑은 1997년 2월 19일에 사망했다. 마오쩌둥 자신의 시신이 안치된 마오쩌둥 기념당을 제외하고 톈안먼 광장에 당 지도자의 묘를 만들지 않는다는 마오쩌둥의 말에 따라 5월 2일에 덩샤오핑의 유해는 바다에 뿌려졌다.[51] 시신을 기념당에 안치한 마오쩌둥과 대조적으로 덩

動亂

샤오핑은 화장을 택했다. 이는 삼가고 절제하는 평소 덩샤오핑의 태도와 당 규율이 반영된 결과였다. 명나라 황제들, 서태후, 쑨원, 마오쩌둥 등은 거대한 묘가 있어 참배할 수 있으나 덩샤오핑은 묘가 없어서 그를 기리고 싶어도 참배하러 갈 곳이 없다. 덩샤오핑의 업적은 다름아니라 중국을 다시 부강한 국가로 만든 것이었다.

후퇴하는 자는 반드시 패한다

12장

입세入世

: 강해지고 부유해진 후에야
행동할 수 있다

\

주룽지

WEALTH & POWER

"
개혁 없이 어떻게 계속 발전할 수 있겠는가?
"

주룽지

1998년 6월 빌 클린턴 미국 대통령이 중국 공식 방문차 베이징에 도착했다. 6·4 톈안먼 사태의 악몽이 어느 정도 사라지고 있었고 덩샤오핑의 남순이 이미 성공적 결과를 나타내기 시작했으며 덩샤오핑의 후계자인 장쩌민江澤民 주석과 주룽지朱鎔基 총리가 실권을 장악하고 있을 때였다. 톈안먼 사태를 완전히 정리하기 전인 1989년 5월에 덩샤오핑은 당시 상하이의 당서기이던 장쩌민을 베이징으로 불러, 해임된 자오쯔양대신 중국 공산당 총서기에 임명했다. 1991년에는 상하이 시장 주룽지를 불러들여 총리로 임명하고 경제 부문을 담당하게 했다. 두 사람 다권력의 핵심부에 있지 않았던 인물인 만큼 이들에게 큰 기대를 하는 사람들은 별로 없었다. 그런데 예상을 뒤엎고 두 사람 모두 덩샤오핑을 충실하게 보필했고 다들 놀랄 만큼 빠른 속도로 중국을 경제발전 가도에올려놓았다. 그리고 전임자들인 카터, 레이건, 부시 등과 마찬가지로 1998년 클린턴 미국 대통령의 중국 방문이 성사되었을 만큼 장쩌민과주룽지가 이끄는 중국의 발전상은 매우 인상적이었다. 클린턴 대통령의

강해지고 부유해진 후에야 행동할 수 있다

방중은 이제 '과거는 과거일 뿐'임을 시사하는 사건이었다.

'세계의 공장'으로의 변화

　　그리 멀지 않은 과거에 중국에서 어떠한 비극적 사건이 벌어졌는지를 익히 아는 사람들에게 톈안먼 광장 서편 인민대회당을 향하는 돌계단 옆에 서서 양국 정상 빌 클린턴과 장쩌민이 나타나기를 기다리는 것은 상당히 묘한 기분이 들게 하는 일이었다. 이곳 톈안먼 광장에는 아직도 억울한 원혼이 떠돌고 있을 텐데 마치 아무 일도 없었다는 듯한 분위기였기 때문이다. 이곳은 1989년 후야오방의 장례식 때 학생들이 정치 지도자들에 대한 불만을 담아 탄원서를 제출했던 바로 그곳이 아니던가. 또 인민해방군이 민간인에 대한 발포라는 20세기 중국 역사상 가장 수치스러운 일을 저지른 이후 마지막으로 광장에 남아 있던 시위자들을 끌어내기 위해 군이 투입됐던 곳이기도 하다. 당시만 해도 톈안먼 광장에서의 그 끔찍한 기억을 어떻게 지울 수 있을지 상상하기조차 어려웠다. 중국 공산당이 어떻게 다시 권력을 장악할 수 있을지, 또 그 사건으로 충격에 빠진 국제사회와의 관계를 어떻게 다시 정상화할 수 있을지 감히 판단하기 어려운 상황이었다. 그러나 그로부터 9년이 흐르고 나서 다시 맞은 6월의 어느 화창한 날, 얼굴에 미소를 머금은 두 정상이 바로 그곳에 도착하여 반갑게 인사하고 있었다. 국빈을 맞는 화려하고 장대한 의전행사 속에 두 사람은 인민대회당에서 열리는 합동 기자회견에 참석하고자 계단을 올랐다.

入世

관리들과 세계 각국 취재진이 인민대회당 내 웅장한 회의실에 자리하고 있을 때 놀랄 만한 내용이 발표됐다. 평소 외교석상에서 이탈리아 민요 〈오 나의 태양〉과 미국 민요 〈언덕 위의 집〉 같은 노래를 부르거나 게티즈버그 연설 구절을 인용하는 등 다소 과장된 쇼맨십을 보여주곤 했던 장쩌민은 이번 기자회견에서도 역시 의외의 결정을 했다. 양 정상이 취재진의 즉석 질문에 응답하는 장면을 라디오와 텔레비전을 통해 중국 전역에 생중계하기로 했던 것이다. 이렇게 되면 정치적으로 민감한 사안이 튀어나올 때 사전 검열을 통해 이를 차단할 마지막 보루마저 없어지는 셈이었다. 이러한 태도는 중국이 좀더 개방적인 자세로 외국을 대하고 다른 국가처럼 정상들이 자유롭게 의견 교환을 하는 방식에 최대한 맞춰주겠다는 장쩌민과 주룽지의 의지가 반영된 결과였다.

실제로 쾌활하고 활달한 클린턴의 성격이 한몫하면서 기자회견장에서는 화기애애한 분위기에서 자유롭게 대화가 이어졌다. 연단에 올라선 장쩌민은 옆에 앉은 미국 '친구'와 어서 빨리 자유롭게 대화를 나누고 싶어하는 것 같았다. 더는 기다리지 못하겠다는 듯 두 정상은 서둘러 공식 성명을 발표했다. 공식 발표가 끝나자 장쩌민은 이렇게 말했다. "이제부터 여러분의 질문을 받도록 하겠다." 맨 처음에 나온 아시아 금융위기에 대한 질문 이후 민감한 사안인 인권 문제로 화제가 옮겨갔을 때도 장쩌민은 크게 당황하지 않았다. 주저하지 않고 중국의 상황을 열심히 변호한 장쩌민은 클린턴 대통령에게 그 점에 관해 할말이 있는지 알고 싶다고 말했다.

클린턴은 기다렸다는 듯 바로 인권 문제에 관한 이야기를 시작했다. "단지 남용의 위험 때문에 개인의 자유를 경원시하고 그래서 자유를 과

강해지고 부유해진 후에야 행동할 수 있다

도하게 제한한다면 훨씬 큰 대가를 치르게 된다고 확신한다. 지금의 경제는 다양한 생각과 정보의 소통 및 자유로운 토론에 기반을 두고 있다. 그리고 지금 우리는 세상의 모든 아이가 마음대로 꿈을 꿀 수 있고 또 그 꿈을 실현할 수 있다고 믿는 그러한 세상에서 살고 있기 때문에 자유의 제한이 문제가 된다고 생각한다."

장쩌민이 웃음 지으며 이야기에 끼어들었다. "미안하지만 5분만 더 이야기하겠다. 달라이라마에 관해 몇 마디 하고 싶다." 이 말에 기자회견 석상에 일순 긴장감이 흘렀다. 중국의 지도자들은 티베트나 망명중인 티베트의 지도자에 관한 이야기는 달가워하지 않았고 더구나 생중계를 하는 텔레비전 카메라 앞에서는 더욱 꺼려했다. 티베트에 관한 일상적인 이야기를 하고 난 장쩌민은 클린턴에게 묻고 싶은 것이 있다고 했다. "지난해 미국에 갔을 때 보니 과학기술 교육의 수준이 높고 사람들 역시 현대문명을 즐기고 있는데도 라마교를 믿는 사람들이 여전히 많았다. 그 이유가 무엇인지 알고 싶다."

그 순간 그처럼 민감하고 다소 공격적일 수 있는 화제는 그쯤에서 접어두는 것이 낫겠다 싶었던 장쩌민은 서둘러 이렇게 덧붙였다. "클린턴 대통령은 미국의 이익을 수호하는 분이고 나는 중국의 이익을 수호하는 사람이다. 그런데도 지금까지 우리는 우호적인 분위기에서 자유롭게 의견 교환을 했다고 본다. 이것이 바로 민주주의가 아닌가 생각한다. 그러니 괜찮다면 이쯤에서 이야기를 마쳤으면 한다."

이 이야기가 아주 흥미로웠던 클린턴은 그렇게 끝내고 싶지가 않았다. "물론 이야기를 끝내도 괜찮다. 그러나 그 화제를 꺼낸 것은 장쩌민 주석이니 나도 달라이라마에 관해 한 가지 정도는 말할 수 있게 해주기 바란다." 좌중에 웃음기가 돌았다. 이어 유쾌하기는 하나 약간 거북한 분위기가 감돌았다. "우리에게 그 질문은 본질적으로 종교적인 것이 아니라 정치적인 것에 가깝다. 우리는 누구나 자신의 종교적 신념을 표현하고 신봉할 권리가 있다고 생각한다. 이러한 관점에서 달라이라마가 선의로 자신의 신념을 표현한다면 중국이 이 사람과 기꺼이 대화에 나서는 것이 정당하다고 생각한다." 말을 계속하고 싶었던 클린턴은 말하는 내내 장쩌민에게 우호적인 눈길을 보내면서 이렇게 덧붙였다. "여러분 모두가 달가워하지 않을 것 같은 이야기를 하나 해야겠다. 나는 달라이라마를 만난 적이 있다. 솔직한 사람이라는 인상을 받았고 그래서 만약 달라이라마와 장쩌민 주석이 대화를 나눈다면 서로 굉장히 마음에 들어하지 않을까 생각한다."[1]

양국 정상 간에 다시 화기애애한 분위기가 조성되기까지는 약간 시간이 걸렸다. 어쨌거나 개방지향적인 이러한 노력은 장쩌민 주석과 주룽지 총리가 중국을 어떤 방향으로 이끌어가려 하는지를 확실하게 보여주는 사례였다. 국제정치라는 관점에서 이 기자회견을 통해 장쩌민이 보여주고자 했던 것은 더 '개방되고' 더 '민주화된' 중국이었다. 이 와중에 주룽지는 경제 부문에서 조용히 눈부신 성과를 내고 있었다. 주룽지는 중국을 '세계의 공장'으로 변신시키고 있었고 이를 통해 덩샤오핑이 품었던 개혁과 개방의 비전을 덩샤오핑 사후에도 계속 이어 실현하고 있었다.

강해지고 부유해진 후에야 행동할 수 있다

텅 빈 공간에 그려진 거대한 발전 설계도

마오쩌둥과 덩샤오핑 이후 '제3세대' 지도자 가운데 최고위층이었고 이 때문에 클린턴 대통령과의 정상회담에서도 전면에 노출된 사람은 장쩌민이었다. 그러나 1990년대 중국의 눈부신 경제성장을 이끌어낸 숨은 공로자는 2인자 주룽지 총리였다. 주룽지 역시 1980년대 말에 상하이에서 성공의 역사를 쓰기 시작했다.

상하이로 가서 자신이 품고 있던 중국의 미래 비전을 실현해줄 누군가가 필요했던 덩샤오핑은 1988년 봄에 주룽지를 낙점했다. 당시 주룽지는 베이징 국가계획위원회에서 수십 년간 수석 경제기획자로 일하고 있었다. 비교적 잘 알려지지 않은 중앙정부의 경제각료가 이 유명한 도시의 시장이 됐다. 상하이는 '덩샤오핑식 자본주의' 실험의 최신작이라 할 수 있다. 당시에는 '덩샤오핑식 자본주의' 대신 '중국식 사회주의'라는 완곡한 표현을 사용했다. 상하이는 중국이 근대를 거쳐 현대로 오는 동안 카멜레온처럼 변신했던 모습이 그대로 반영된 도시다. 상하이의 변천사는 중국의 근대화 과정 그 자체라 해도 과언이 아니다. 상하이는 과거 '조약항'이라는 치욕의 역사를 품은 도시에서 장제스 시절에는 세계주의를 향한 전진기지로, 그러다 일본 괴뢰정부 치하에서는 다시 굴욕의 상징이 됐다가 최근에는 마오쩌둥식 급진주의의 온상이자 문화혁명의 도약대로 변신을 거듭했다. 그리고 주룽지의 도움으로 덩샤오핑의 비전이 실현되면서 이제는 거대 신흥도시이자 '동양의 진주'라 일컬어지는 신흥 금융도시로 화려하게 비상했다.

주룽지는 이곳 상하이에서 제일가는 지역경제 개발자로 자리매김

入世

하게 된다. 주룽지는 다소 몽상적이나 과감한 태도를 지닌 모험자본가적 관점에서 상하이를 새로운 기회의 땅으로 인식했다. 황푸黃浦 강은 상하이 중심부를 관통하여 흐르는 강이다. 강 서안에는 화려하기 이를 데 없는 와이탄外灘 지구가 펼쳐져 있다. 와이탄은 식민지 시절 상하이가 번성했을 때 세워진 무역회사와 아르누보 양식의 은행, 호텔 등이 즐비한 곳으로 유명하다. 이곳을 중심으로 북쪽으로는 1920년대에 루쉰이 살았던 곳을 지나 우쑹 강吳淞江까지 뻗어 있고 서쪽으로는 옛 영국인과 프랑스인의 거류지로 이어진다. 이 외국인 거류지는 풍계분이 『교빈려항의校邠廬抗議』를 쓴 곳이고 1921년에 천두슈가 마오쩌둥과 함께 중국 공산당을 창당하는 데 도움을 주었던 곳이다. 그러나 '황푸 강 동쪽' 혹은 간단히 '푸둥浦東'이라 일컬어지는 지역은 여전히 아무것도 없는 허허벌판이었다. 다른 사람들이 보기에는 텅 비어 있는 진흙 벌판이었으나 주룽지는 이곳에서 크게 번성할 미래의 신시가지를 보았다. 화가가 아무것도 그려지지 않은 하얀 캔버스를 바라볼 때처럼 주룽지는 이 텅 빈 공간을 보면서 거대한 발전 설계도를 작성하고 있었다.

주룽지에게 필요했던 것은 그 원대한 비전을 실현해줄 외국 자본이었다. 주룽지는 외자를 유치하기 위해 외국 자본가들을 안달나게 할 거대한 개발 청사진을 수립했다. 그러한 투자자 가운데 한 사람이 국제 투자회사 뉴퍼스펙티브스펀드New Perspectives Fund 소속이자 대단히 박식한 것으로 알려진 네덜란드의 휴 폰 크라이엔호프Hugh von Kryenhoff 백작이었다. 투자 환경을 조사하러 1990년대 초 상하이를 방문한 크라이엔호프는 방대한 푸둥 개발 계획서를 보게 됐다. 수십 개의 고층 상업빌딩과 주식시장, 은행, 호텔, 공원, 공연장 등의 건설 계획을 담은 이 어마어마한 개발 청사진을 본 크라이엔호프는 그 인상을 한마디로 '굉장하다'라고 표현했다. 백작의 말처럼 이 계획은 무서울 정도로 엄청났다. 휘황찬란한 와이탄 건너편에 죽은 듯이 자리한, 전혀 쓸모없어 보이는 진흙 벌판이 이 대규모 계획에 따라 신천지로 변신할 수 있으리라 누가 쉽게 상상할 수 있었겠는가.

이 개발 계획을 실현하기 위해 주룽지는 상하이외국인투자위원회를 구성하고 외국인 투자 승인 절차를 간소화, 능률화하고자 이 단체에 전에 없던 권한을 부여했다. 이에 따라 승인을 받고자 한없이 기다리거나 수많은 관리에게 뇌물을 쥐여줄 필요도 없어졌다. 그러자 서구 경제계는 주룽지 신임 상하이 시장을 '원춥 주One-Chop Zhu(허가증 하나로 모든 것이 끝난다는 의미-옮긴이)'라고 불렀다.[2] 후난 성 출신으로 베이징에서 관료 경력을 쌓은 주룽지는 더 빠른 성장과 외국 자본에 대한 개방성 증대를 추진하는 한편 관료사회의 부정부패를 척결하는 방식으로 대담하면서도 효율적으로 상하이를 변신시키기 시작했다. 주룽지는 덩샤오핑의 사상을 철저히 숭배했다. 즉 중국에 필요한 것은 정치가 아니라 경제이고 계급투쟁이 아니라 발전이며 반제국주의자의 웅변이 아니라 서구 자본이었다.

주룽지가 있던 상하이의 그 봄은, 덩샤오핑 치하에서 6월 4일 베이징에서 벌어진 대학살과는 사뭇 다르게 전개됐다. 상하이에서는 6월 8일 대중 시위가 절정에 달했으나 이후 큰 불상사 없이 상황이 정리됐다. 주룽지가 과감하게 텔레비전 생방송을 통해 상황을 진정시켰기 때문이다. 이러한 폭발적 사태를 능숙하게 처리함으로써 주룽지는 중앙권력의 중심부로 올라갈 수 있었다.

❖

454

그처럼 평화적으로 시위가 진압되리라고는 아무도 예상치 못했다. 역사적으로 볼 때 상하이는 시위와 폭력적 진압의 근원지였으니 그러한 결과가 더욱 의외였던 것이다. 1989년에 상하이에서는 베이징을 제외한 지역 시위 중 가장 큰 규모의 대중 시위가 있었고 학생운동으로는 두번째로 격렬한 시위가 벌어졌다. 6·4 톈안먼 사태가 터지기 전 몇 주 동안 주룽지 시장은 일촉즉발의 위기 상황을 책임지고 관리해야 했다. 특히 장쩌민 당서기가 자오쯔양의 뒤를 이어 당 총서기직을 맡으러 베이징으로 소환돼 올라갔기 때문에 온전히 주룽지가 그 책임을 다해야 했던 것이다. 주룽지의 해법은 타협적으로 다가가려 했던 자오쯔양의 해법과 비슷했다. 자오쯔양과 마찬가지로 주룽지도 시위 학생들과 얼마든지 대화할 준비가 돼 있었다. 상하이 우전대학上海郵電大學 학생 대표자들이 주룽지 시장에게 항의서한을 보내자 주룽지는 그 즉시 학생들의 이야기를 듣겠다고 약속하는 편지를 썼다. 학생들은 자랑스럽게 그 편지를 게시판에 붙였고 즉각 시위를 풀었다. 주룽지는 다른 시위자들에게도 자중을 권하는 내용의 메시지를 보냈다. 베이징에서 내려보낸 지령에서 덩샤오핑은 '정치 동란'이라는 도발적인 표현을 써가며 시위자들을 반역행위자 혹은 범죄행위자로 몰았다. 이러한 표현 때문에 베이징의 학생들은 더욱 격분했다. 주룽지는 현명하게도 이렇게 말썽의 소지가 있는 자극적인 단어를 '혼란'과 같은 순화된 표현으로 고쳐 발표했다.[3]

베이징에서 유혈사태가 있은 직후 상하이 거리는 분노한 시위자들로 들끓었다. 이때 주룽지는 시위 학생들을 자극하지 않으면서 이 위기 상황을 해결할 방법을 계속 찾았다. 일례로 6월 6일 밤에 주룽지는 상하이 시민에게 보내는 공개서한을 발표했다. 이번에도 당의 지령 중 시위

강해지고 부유해진 후에야 행동할 수 있다

자들에 대해 '사회주의를 타도하고 공산당을 전복하려는 도당'이라고 한 표현을 빼고 발표했다. 이러한 과격한 표현이 성난 시민을 더 자극할 수 있기 때문이었다. 이러한 문구는 빼고 그 대신 '나쁜 의도를 지닌 소수'가 '과격한 행동'을 하도록 일부 학생을 부추기고 있으며 이는 '상하이를 암담한 상황으로 몰아넣는' 결과를 낳을 뿐이라고 썼다. 이처럼 급박한 상황이 전개되는데도 주룽지는 지속적 시위는 상하이 지역경제를 위태롭게 한다고 경고하면서 계속 경제성장에 초점을 맞추었다.[4]

상하이는 여전히 일촉즉발의 위기 상황에 놓여 있었다. 그러나 수백만 명의 상하이 시민이 6월 8일 오후 11시에 텔레비전을 켰을 때 상하이 시장이 나와 이례적인 내용의 연설을 하고 있었다. 주룽지는 상하이 시민을 향한 연설에서 시위자들을 무조건 비난하지 않았다. 그 대신 격앙된 마음을 조금 가라앉혀달라고, 질서를 지켜달라고 당부하면서 어떠한 일이 벌어지든 그것에 대한 개개인의 책임을 강조했다. 주룽지는 거의 간청하듯 시민에게 호소했다. "무척 걱정스러워 심장이 타들어가는 것만 같다. 최근 며칠 동안 상하이 시장으로서 몹시 죄스럽고 유감스러운 마음뿐이었다. 시민의 안전을 도모할 수 없다는 사실 때문이었다."[5] 무력으로 진압하라는 중앙당의 압력이 날로 거세지고 있다고 고백한 주룽지는 그럼에도 자신은 절대로 병력을 투입하지 않겠다고 맹세했다. 그리고 자신도 시위 학생과 시민의 편이라는 뉘앙스를 풍기며 이렇게 덧붙였다. "베이징에서 일어난 일은 역사다. 그 누구도 그 역사를 숨길 수 없다. 진실은 결국 드러나게 마련이다."[6] 그다음 날로 상하이 시위는 진정됐다. 곧이어 모든 경제활동도 재개됐다.

주룽지는 정치적 위기를 경제적 기회로 전환하는 노련함을 발휘하

入世

며 이 위기 상황을 훌륭하게 극복한 셈이었다. 톈안먼 사태 이후 중국에 대한 국제사회의 평판이 나빠질 대로 나빠진 상황이었음에도 주룽지는 그해 연말까지 4억 달러가 넘는 규모의 외국인직접투자FDI를 유치했고 주택과 교통시설 확충을 위한 자금으로 세계은행에서 30억 달러의 차관을 들여왔다.[7] 『뉴욕타임스』의 니컬러스 크리스토프Nicholas Kristof 기자는 상하이에서 인기가 높고 중앙무대에서 점점 두드러져가는 주룽지를 일컬어 궁극의 '실용주의자'라고 표현했다.[8] 주룽지는 개혁의 오아시스를 이 도시에 선사했다. 비극으로 막을 내린 1989년의 민주화 봉기가 일어나기 전 덩샤오핑이 그토록 꿈꾸었던 바로 그 '오아시스'를 주룽지는 상하이에 만들어냈다.

그런데 이미 언급했듯 베이징의 상황은 이와는 딴판이었다. 덩샤오핑의 경제개혁 노력은 언론이 가로막고 나섰고 부활한 당 지도부 내 보수파가 이를 제지했다. 덩샤오핑은 이렇게 불평했다. "지금은 아무도 내 말을 들어주지 않는다. 이런 상황이 계속된다면 나는 상하이로 가 그곳에서 내 의견을 피력할 수밖에 없다."[9] 이때 덩샤오핑은 마오쩌둥과 같은 길을 밟았다. 마오쩌둥 역시 중앙당과 언론이 자신의 앞을 가로막자 1965년 상하이의 급진파를 부추겨 문화혁명을 촉발한 바 있었다. 이제는 덩샤오핑이 이와 같은 전략을 선택했다. 한 가지 다른 점은 이때 덩샤오핑은 마오쩌둥 사상에 근거하면 분명히 '반혁명적'이라 할 의제를 들고나왔다는 것이다.

1991년 2월 덩샤오핑이 상하이를 방문했을 때 주룽지는 덩샤오핑을 정중하게 맞았고 베이징의 중앙 신문에서 외면했던 것을 상하이 신문에 내주었다. 즉 시장개혁과 진일보한 개방을 통해 경제발전의 시동

강해지고 부유해진 후에야 행동할 수 있다

을 걸어야 한다는 덩샤오핑의 주장을 신문에 실어 사람들에게 알렸다.[10] 1992년 덩샤오핑이 본격적으로 남순을 시작하기 전에 상하이를 시험대로 삼는 것을 도왔던 주룽지는 그 덕에 앞으로 전개될 눈부신 경제성장의 쓰나미에서 상하이와 자기 자신이 그 폭풍의 핵이 되는 영광을 누릴 수 있었다. 실제로 1993년에 상하이의 FDI 규모는 30억 달러 수준으로 치솟았고 이후 그 규모가 계속 증가하여 2010년에는 150억 달러에 육박했다. 그러나 주룽지는 자신이 씨를 뿌려 일궈낸 투자와 성장의 열매를 상하이에서 편히 맛볼 기회는 갖지 못했다. 1991년 덩샤오핑이 상하이를 방문하고 나서 한 달 뒤 주룽지는 부총리에 임명돼 국가경제를 담당해야 하는 중책을 맡았고 이후 중국 근현대사에서 가장 큰 규모로 이루어질 경제개혁을 주도하게 된다.

덩샤오핑의 후계자

후야오방과 자오쯔양 등 이전의 후계자 지명에서 완벽한 실패를 맛본 덩샤오핑은 이번에는 특별히 신경을 써서 후계자를 정했다. 그리고 결과적으로 보면 이번 후계자 선정은 아주 성공적이었다. 주룽지의 남다른 배경과 정치 역정이 경제적 번영이라는 덩샤오핑의 비전을 실현하는 데 최적이었다. 덩샤오핑과 마찬가지로 마오쩌둥 시절에 갖은 고초를 겪었음에도 주룽지는 강한 애국심을 지니고 있었고 조국과 당에 대한 애착이 강했다. 또 부국강병의 꿈을 실현하려는 의지가 대단했다. 주룽지는 2000년에 이렇게 천명한 바 있다. "지금 우리 목표는 사회민주

入世

주의와 사회주의 법체계 아래서 부강한 국가를 만드는 일이다. 우리는 이 목표를 달성할 수 있다."[11]

주룽지는 1928년에 마오쩌둥주의자들의 본거지인 후난 성 창사에서 태어났으며 어릴 때 양친을 모두 잃었다. 중학교 때 미래의 아내가 될 사람을 만났고 대학 때는 부모의 빈자리를 채워줄 무언가를 만나게 된다. 부모의 권위와 보살핌을 대신해줄 그것은 바로 '공산주의 운동'이었다. 주룽지가 다닌 칭화 대학은 중국 최고의 공과대학이었다. 주룽지는 국공내전이 한창이던 1947년에 대학에 들어갔다. 전공은 전기공학이었으나 정말 관심이 있었던 분야는 중문학과 외국문학이었다. 실제로 주룽지의 역할 모델은 위대한 작가 혹은 수필가, 비평가였던 칭화 대학의 원이둬聞一多, 주쯔칭朱自淸, 우한吳晗 등이었다. 이들 모두 반체제 사상을 가진 사람들로 유명했다.[12] 주룽지는 마오쩌둥이 톈안먼 망루에 올라 인민공화국 수립을 선포한 1949년 10월 공산당 칭화 지부에 입당했고 학생회 회장으로 선출됐다. 졸업 후에는 워낙 뛰어난 재능 덕분에 소비에트식 계획경제의 핵심 본거지인 국가계획위원회에서 일하게 됐다.

대약진운동이 최고조에 달했던 1957년에 당시 29세이던 주룽지는 생산목표량이 비현실적이라 생각하여 이에 대해 비판의 목소리를 냈다. 이 발언 때문에 주룽지는 '우파' 인사로 낙인찍혔고 1958년 4월 결국 공산당에서 축출됐다.[13] 이후 몇 년간 어떤 처벌을 받았는지 주룽지 자신이 구체적으로 거론한 적은 없다. 그러다 1962년에 국가계획위원회로 복귀하여 여기서 경제 관련 업무를 계속 하게 됐다. 그런데 1970년 그는 다시 숙청되고 말았다. 이번에는 문화혁명에 대한 열의가 부족하다는 것이 그 이유였다. 농촌에 있는 5·7간부학교五七幹校에서 5년간 하방下放

❋

강해지고 부유해진 후에야 행동할 수 있다

생활을 한 주룽지는 1975년에 다시 원대로 돌아왔다. 그후 1979년 덩샤오핑의 '정치적 평결 재검토' 정책 덕분에 주룽지도 완전 복권되어 당적을 회복했다. 이처럼 파란만장한 정치 역정을 겪은 주룽지는 이후 정치권력자로서 탄탄대로를 걷게 된다.

덩샤오핑은 1992년에 선전 경제특구에서 '개혁과 개방에는 과감하고 용기 있는 실험이 필요하다. 전족을 한 여인처럼 걸어서는 안 된다'라는 취지의 발언을 해서 관리들을 놀라게 했다. 덩샤오핑에게 이러한 자리를 마련해준 사람이 바로 주룽지였다.[14] 주룽지는 덩샤오핑의 남순이 끝나고 1개월 후에 있었던 전국인민대표대회에 참가한 상하이 대표들에게 이렇게 말했다. "외자를 유치하고 개방 속도를 높이는 것을 두고 '자본주의'라고 해야 할지 '사회주의'라고 해야 할지 고민할 필요가 없다. 덩샤오핑 동지가 이 문제를 해결할 실마리를 제공했다. 외국의 자본, 기술, 선진 경영기법 등을 들여오는 것은 외국에서 들여온 꽃을 사회주의 토양에다 심는 것과 같으므로 그 결과물은 당연히 자본주의가 아니라 사회주의다."[15] 100여 년 전 청조 말의 개혁가 옌푸가 이와 비슷한 비유를 한 적이 있었다. 옌푸는 유럽이 어떻게 부강한 국가가 될 수 있었는지를 연구하면서 중국이 실패를 거듭한 상황을 귤나무에 비유하여 설명했었다. 즉 중국은 귤나무를 가져다 화이허 강변에 심었는데 그 나무에는 껍질만 두꺼운 못 먹을 귤만 열렸다고 표현했다.[16] 주룽지는 이번에는 덩샤오핑의 노력이 결실을 보리라 확신했다.

주룽지는 홍콩의 거부 리카싱李嘉誠에게서 자본을 투자받고 일본 기업의 신공항 건설 제의를 수락하는 등 상하이 개발 과정에 외국인을 참여시키라는 덩샤오핑의 권고를 충실히 따랐다. 주룽지는 이렇게 설명했

❖

460

入世

다. "과감한 경제 실험을 해야 하는 우리에게 덩샤오핑 동지의 주장이 큰 도움이 됐다. 자본주의국가의 좋은 것을 받아들여 이것을 사회주의 체제에 이식하는 것이 그 해법이었다."[17]

주룽지는 1989년 이후 덩샤오핑이 이끌어내려 했던 당과 인민 간의 암묵적인 사회적 계약이 무엇인지 본능적으로 간파했다. 즉 인민이 부유해지도록 당이 돕는다면 인민은 당이 권력을 유지하도록 도와줄 것이다. 중국에서 개혁과 개방 수준이 가장 높은 광둥 성을 방문했을 때 주룽지는 덩샤오핑의 이 같은 생각을 바탕으로 그 지역의 당 간부들에게 자신의 의견을 피력했다. "우리가 경제발달의 속도를 높이고 인민의 생활수준을 계속해서 향상시킬 수 있다면 당은 인민의 신뢰와 존경을 받을 것이고, 인민은 우리를 지지할 것이다."[18] 계급투쟁과 사상적 순수성을 통해 중국 공산당 존립의 정당성을 찾던 시절이 이제는 좀더 새롭고 실용적인 그 무엇을 찾는 시대로 바뀌었다. 그러한 정당성은 번영에 대한 '약속'에서 찾아야 한다.

위대한 중앙집중주의자

덩샤오핑은 새로 지명한 부총리 주룽지를 마음에 들어했다. 주룽지를 '경제가 어떻게 굴러가는지 정말로 잘 아는 몇 안 되는 간부들 가운데 한 명'이라고 평할 정도였다.[19] 또한 주룽지는 항상 덩샤오핑을 존경한다고 말했다. 그래서인지 1997년 덩샤오핑의 장례식에서 눈물을 많이 흘렸다.[20] 그러나 주룽지가 정계 거물로 성장한 것은 덩샤오핑의 주요

강해지고 부유해진 후에야 행동할 수 있다

정적이던 당내 원로 천원의 지지를 얻을 수 있었기에 가능한 일이었다. 천원은 덩샤오핑과 대적할 수 있던 당내 맞수로서 경제 문제에서 두 사람은 영원히 평행선을 걸었다.

천원은 덩샤오핑보다 1년쯤 늦은 1905년에 태어났고 1990년대에는 둘 다 80대였다. 두 사람의 경제철학과 정치적 관점이 정반대여서 중국의 개혁 과정이 그만큼 복잡했으나 한편으로는 이렇게 상반된 태도가 혼합적인 힘으로 작용한 측면도 있었다. 덩샤오핑이 과감한 실험가 쪽이었다면 천원은 신중한 기획자 쪽이었다. 덩샤오핑은 고속성장을 원했는데 천원은 굉장히 빠른 성장, 특히 덩샤오핑이 말하는 '경제민주주의'에 대해 반감을 갖고 있었다. 이른바 '경제민주주의'라든가 고속성장은 초인플레이션과 사회경제적 혼란에 이르는 지름길이라고 보았기 때문이다. 덩샤오핑은 각 성, 도시, 경제특구에서의 자유로운 경제활동을 보장해주는 방식으로 지역 개발론자들의 활동 의지를 독려하려는 쪽이었고, 천원은 중앙정부가 전체 과정을 조율하고 통제하는 체계이기를 바랐다. 천원은 시장개혁은 계획경제라는 전통적 공산주의 경제원칙 안에서 진행돼야 한다고 주장했다. 천원이 즐겨 쓰던 표현으로 말하자면 자본주의라는 '새'는 사회주의라는 '새장' 속에서 살아야 한다고 했다.[21]

천원은 처음에는 주룽지를 마음에 들어하지 않았다. 1991년 가을에는 주룽지를 '중국의 옐친'이라 칭하기까지 했다. 소련에서 민주적 선거로 선출된 최초의 대통령으로서 러시아 경제의 시장화와 소비에트 연방 붕괴라는 두 가지 사건의 당사자인 옐친에 그를 빗댄 것이다.[22] 그러나 시간이 가면서 천원은 주룽지가 덩샤오핑의 측근임에도 과도한 고속성장에 대해 우려하는 자신의 견해를 충분히 이해하고 이에 공감하고 있다는 사실을 알았다. 주룽지는 자신의 공직생활 대부분을 기술관료로 보내면서 베이징에서 소비에트식 계획경제를 기획하는 일에 몰두했다. 1950년대 말에 그가 마오쩌둥의 대약진운동을 '비이성적'이라 비판했던 것처럼 1992년 현재 경제성장 목표율을 12퍼센트로 정한 것은 '정신 나간' 짓이라 비판했다.[23] 이 때문에 말년의 덩샤오핑이 주룽지에게 여전히 경제발전 속도를 높이라고 주문했으나 1993년 주룽지는 경제성장 속도를 늦추며 숨고르기 단계에 들어갔고 천원은 이를 지지하고 승인했다. 1994년에는 통화긴축 정책을 시행하여 중국이 초인플레이션 위기에서 벗어나자 그는 중국 경제의 '연착륙'을 도모한 경제의 '현자'로 불리며 환영받았다.[24] 주룽지는 한마디로 천원과 덩샤오핑의 장점만을 잘 융합했으며 이러한 조합능력은 놀라운 성과를 가져왔다.

중국 경제라는 '자동차'의 운전석에 새로 앉은 '기사'는 가속기와 제동기의 사용법을 아주 잘 아는 것 같았다.[25] 주룽지는 급속한 지역경제 발전을 추구하는 덩샤오핑의 '과감성'과 중앙정부의 적절한 통제를 추구하는 천원의 '신중함'을 절묘하게 결합하여 과거 수많은 개혁가가 고심하던 문제의 해법을 찾아냈다. 그래서 세수입에서부터 은행 대출, 자본시장, 외국 무역 부문에 이르기까지 중국의 경제체계를 중앙집중화하는 방향으로 개혁을 추진했다. 주룽지는 덩샤오핑의 특징적 경제기법, 즉 각 지역에서 새로운 시장 기반 경제성장을 통해 창출한 수입에 대해 해당 지방정부에 통제권을 일임하는 기법에 일정한 제한을 가했다.[26] 당시 미국 국무부 동아시아태평양 담당 차관보였던 수전 셔크Susan Shirk는 이를 '성省별 자치경제'라고 칭했다. 경제를 압박하지 않으면서 중앙집중화를 이루어내려 했다는 점에서 주룽지의 천재성이 확실히 드러난다.

❋

463

텐안먼 사태 이후 매우 중요한 시기에 주룽지는 국가경제무역위원회라는 경제기획기구에 전체 경제를 총괄하는 막강한 권한을 부여했다.[27] 그리고 1997년 말 아시아에 금융위기가 닥쳤을 때 주룽지는 이를 기회로 삼아 자신이 신설한 다수 기구를 통해 경제에 대한 권한을 중앙에 더 집중하고자 했다. 『파이낸셜타임스』의 리처드 맥그리거Richard McGregor의 표현대로 주룽지는 중국 경제의 '위대한 중앙집중주의자'였다.[28]

지도자로서 주룽지의 특징은 경제전문가에 대한 의존도가 높다는 점이었다. 이들 경제전문가는 중국적 시각에서 보았을 때 기술지향적이고 물질적이고 대담한 성향을 보이는 사람들이었다. 총리가 되고 나서 한 첫번째 연설에서 주룽지는 이렇게 말했다. "정부에 있는 사람이 모두 '예스맨'처럼 행동한다면 이것은 인민에게 해를 끼치는 행동이다."[29] 러우지웨이樓繼偉, 저우샤오촨周小川, 궈수칭郭樹淸, 리젠거李劍閣 등 경제학 박사 출신인 주룽지의 측근들이 속속 등장하여 경제 부문의 새로운 스타로 부상하고 있었다. 이들 모두 국가재정 부문에서 막대한 영향력을 발휘하게 된다.[30] 주룽지와 그의 조력자들은 강력하게 개혁을 추진했고 이 과정에서 덩샤오핑의 핵심 원칙을 충실히 따르고 있었다. 그 원칙이란 경제 부문에서는 구조적 변화가 꾸준히 이루어져야 하나 일당독재라는 핵심적 정치원칙은 고수해야 한다는 것이었다. 세계적인 중국 경제 전문가 배리 노턴Barry Naughton은 이렇게 말했다. "주룽지의 정책들은 한결같이 더 강하고 더 많은 권한이 부여된 정부 기구와 더 확고한 정책 입안을 지향하고 있었다."[31]

入世

"개혁 없이 어떻게 계속 발전할 수 있겠는가"

주룽지는 고속성장과 지속적 개혁을 함께 실현하는 것이 덩샤오핑 비전의 본질이라고 생각했다. 주룽지는 이렇게 말했다. "개혁 없이 어떻게 계속 발전할 수 있겠는가?"[32] 주룽지의 개혁 진영은 두 가지 방향으로 작업을 진행하고 있었다. 하나는 세금, 은행, 자본시장 등 회계 및 재정 체계를 합리화하고 중앙집중화하는 것이었다. 또하나는 전체 '국가'라는 부문을 강화하고 능률화를 촉진하는 것이었다. 이 두 가지가 주룽지의 핵심 과업이었고 이러한 과업을 달성하려는 노력이 성공하면서 중국은 부강한 국가 건설이라는 원대한 목표에 한층 다가가는 이른바 역사적인 전환점을 맞게 된다.

주룽지가 시도한 첫번째 과업은 지방 세수입에 대한 중앙통제권을 재확보하는 일이었다. 전체적으로는 경제가 성장하고 있는데도 1990년대 초 주룽지가 실권을 쥐었을 당시 국가재정은 여전히 궁핍한 상태였다. 1993년에 지방정부의 세수입은 35퍼센트나 증가했다. 반면 중앙정부의 수입은 6.3퍼센트 감소했다.[33] 자칭 현대의 '자강파'라는 후안강胡鞍鋼과 왕사오광王紹光은 예일 대학에서 객원 연구원으로 있으며 「중국 국가 능력 보고」라는 연구 논문을 발간했다. 두 사람은 덩샤오핑의 '경제민주주의' 체계에서는 전체 경제 과정을 통제할 중추신경계가 존재하지 않는 가운데 서로 연결고리가 없는 상태에서 성 혹은 지방 차원의 프로젝트만 난무할 위험성이 있다고 경고했다.[34] 주룽지는 두 학자의 진단에 동의했고 '재정 및 조세 체계를 개혁하지 않는 한 국가의 존립 자체가 위협받는 날이 올지도 모른다'고 경고했다.[35] 이 때문에 주룽지는 미 연방 조세제도를 모델로 하여 새로 고안한 '세입 교부' 방침을 권고하고자 직접 각 성을 순시했다. 이는 중국에 도움이 된다면 외국의 것이라도 과감히 수용한다는 주룽지의 실용적 자세가 확인되는 부분이기도 하다.[36] 이 새로운 정책에 따라 각 성의 수입은 먼저 베이징으로 올라간 다음 다시 각 성으로 교부되는 방식을 취하게 됐다. 그 결과 당해 전체 수입 중 중앙정부의 몫이 20퍼센트 이상 증가했다. 이로써 중앙정부의 재정 균형이 이루어졌고 이후 재정 수입이 극적으로 증가하게 됐다.[37]

이와 함께 주룽지는 극도로 분권화된 중국의 금융체계를 중앙집권화하는 쪽으로 방향을 잡았다. 주룽지는 영리하게도 자신이 직접 중국의 중앙은행인 중국런민은행의 총장이 되는 방식을 취했다. 이로써 그는 통화정책과 금융 규제 전반에 대한 통제권을 지니게 됐다. 주룽지의 과감성이 돋보이는 또 한 가지 행보는 당내 원로 보수파 기술관료의 친인척 두 사람을 관료로 발탁한 것이었다. 한 사람은 천윈의 아들 천위안陳元이었고 또 한 명은 수석 부총리 야오이린姚依林의 사위 왕치산王岐山이었다.[38] 그리고 주룽지는 중국 전역의 런민은행 지점장들을 베이징으로 소환하여 3개월간 각 지점의 불법대출 사례를 전부 보고하게 했다.[39]

경제학자 니컬러스 라디Nicholas Lardy는 이렇게 썼다. "부총리라는 자리와 강력하고 설득력 있는 업무 스타일 덕분에 주룽지는 각 성과 주요 지방 소재 런민은행 지점장을 임명하고 해임할 수 있는 이른바 '지점장 임면권'을 갖게 됐다. 이 때문에 성과 당 관리들의 원성을 사게 됐다. 자신들과 이해관계가 있는 기업이나 인프라 사업에 필요한 자금을 조달할 때 은행 대출을 이용할 수 있도록 융통성을 발휘해주던 이전 은행원들이 물갈이됐기 때문이다."[40] 또 주룽지는 미국의 제도(미 연방 은행체

入世

계)를 모델로 한 두번째 개혁으로 중국런민은행의 32개 지점을 폐쇄하고 9개 권역 지점으로 대체했다.[41] 이 공격적인 시도가 먹혀들었다. 중국 재정 전문가 빅터 시Victor Shih는 이렇게 결론 내렸다. "주룽지의 중앙집권화 노력 덕분에 지방 관료들은 더는 손쉽게 신용 거래를 이용할 수 없었다. 따라서 자금 조달을 위한 지방 관료들의 중앙정부 의존성이 극적으로 높아졌다."[42]

그다음으로 주룽지는 정부가 운영하는 8만여 국유기업State Owned Enterprise, SOEs으로 눈을 돌렸다. 이는 1950년대 스탈린주의의 산물이자 '노후화된' 부문이었다.[43] 이제는 민간기업이 중국 국내총생산GDP의 절반가량을 차지하고 있는데도 금융, 에너지, 운송, 중공업 등 중국에서 가장 크고 가장 중요한 경제 부문은 여전히 국유기업 소유였고 이 가운데 대다수가 비효율적이고 수익도 저조할 뿐 아니라 은행 대출 의존도 또한 지나치게 높았다.

중앙정부의 세수입 증대에서 크게 힘을 받은 주룽지는 또 한번의 과감한 시도를 하게 된다. 수익을 내지 못하는 국유기업에 대한 방만한 대출로 수십억 달러의 무수익여신無收益與信을 창출한 거대 국영은행 네 곳을 정리하기로 했던 것이다. 신설한 '자산관리회사'에서 이러한 악성 대출을 근절함으로써 국공채를 통해 은행의 자본 구성을 변경할 수 있었다. 이 또한 1980년대 미국 저축대부조합 청산 때 사용했던 '부르주아 자본주의' 기법을 모델로 한 것이었다.

외국의 제도와 방식을 과감하게 도입하려 했던 주룽지의 자세 덕분에 월 가의 거대 금융기업인 모건스탠리Morgan Stanley와의 합작회사인 중국 최초의 현대식 투자은행이 탄생했다. 모건스탠리와 중국 최대 국영

강해지고 부유해진 후에야 행동할 수 있다

은행인 중국건설은행이 합병하여 중국국제금융유한공사中國國際金融有限公司, CICC가 탄생했다. 그리고 CICC를 통한 중국 기업의 주식 공개IPO로 거대 국유기업이 국제 증권거래소에 잇달아 상장됐다. 이러한 상장 행렬에는 차이나텔레콤China Telecom, 페트로차이나PetroChina, 중국공상은행中國工商銀行, ICBC 등이 포함됐으며 2010년에는 중국농업은행中國農業銀行, ABC이 상장됐다. 이는 시가총액이 220억 달러가 넘는 사상 최대 규모의 주식 공개였다.[44] 주룽지는 이러한 과정에 전부 개입했으며 2000년에 29억 달러 규모의 페트로차이나 주식 공개가 진행되는 내내 직통전화를 계속 열어놓고 있을 정도였다. CICC는 주룽지의 측근 왕치산이 경영하다 1998년 주룽지의 아들 주원라이朱雲來('레빈 주')가 경영을 맡게 됐다.

창조적 파괴를 외쳤던 조지프 슘페터는 주룽지를 지지했을 것 같다. 주룽지는 CICC와 같은 새로운 금융조직을 탄생시키는 한편 다른 수많은 사람에게 실패의 쓴잔을 돌렸다. 일례로 1999년에 주룽지가 거대 국영기업인 광둥국제투자신탁공사GITIC의 파산을 선언하자 세계 금융계는 큰 충격에 휩싸였다. 당시 GITIC는 40억 달러가 넘는 부채를 안고 있었다.[45] 외국인 투자자들은 손실액을 중국 정부가 보전해줘야 한다고 주장했다. 그러나 주룽지는 그처럼 위험한 투자를 한 것은 투자자들 자신의 잘못이라고 주장하며 이러한 요구를 매몰차게 외면했다. 주룽지는 가망 없는 기업에 금융 지원을 해줌으로써 도덕적 해이를 불러일으키느니 세계 언론의 입방아에 오르내리는 불편을 감수하는 편이 더 낫다고 판단했다.

그러나 이보다 더 큰 도전 과제가 주룽지를 기다리고 있었다. 몸집만 크고 실속이 전혀 없는 거대 공기업 부문을 개혁하는 일이었다. 8만 여 개나 되는 국유기업이 알짜배기 토착자본과 은행 대출금을 거의 독식하고 있었다. 주룽지의 경제 자문역이자 저명한 개혁파 경제학자 우징롄吳敬璉은 가장 큰 문제는 국가 통제 경제체제에서 이득을 본 뿌리깊은 기득권 세력을 어떻게 처리하느냐 하는 점이라고 말했다. 우징롄은 이렇게 설명했다. "국내총생산에서 차지하는 부분은 절반도 안 되는데 그런 정부와 국유기업이 중국의 주요 경제자원을 여전히 독식하고 있었다."[46] 다시 말해 중국은 잘못된 자원 배분 때문에 골머리를 앓고 있었다.

　1998년에 총리 자리에 오른 주룽지는 이러한 기득권층과 전쟁을 치를 준비가 돼 있었다. 중국 최대 국유기업 하나는 구제했으나 수천 개의 중소규모 기업은 파산하도록 내버려두었는데, 민간 부문이 성장하면 파산한 중소 공기업의 실직자들을 흡수할 수 있을 것이라 확신하였고 한편으로는 종신고용, 의료혜택, 연금 등 각종 혜택이 거의 영구적으로 보장되는 이른바 '철밥통鐵飯碗' 직장에서 수천만 명이 일자리를 잃을 것이었다. 주룽지는 또 '철임금' 원칙에도 메스를 가했다. 즉 성과와 시장경쟁력을 근거로 관리자의 임금을 책정하게 했다. 그리고 아마도 가장 논란을 불러일으켰던 것은 한번 어떤 자리에 오르면 아무리 무능한 관리자라도 계속 그 자리를 지키게 하는 이른바 '철의자' 개념을 깨려고 했던 점일 것이다. 전에는 당에 대한 충성도, 장기근속, 정실주의 혹은 연줄로 충분했을지 모르나 이제는 생산성과 수익성(경제성)을 고려하여 관리자의 승진을 결정하게 됐다. 익히 짐작할 수 있듯 주룽지의 국유기업 개혁은 위아래 양편에서 엄청난 비난을 받았다. 즉 기업을 운영하는 기득권자들과 그 기업에서 일하는 근로자들 모두 반대하는 개혁이었다.

❀

그러나 주룽지는 이에 눈 하나 깜짝하지 않았고 결국 이러한 뚝심은 달콤한 결실로 보상받았다. 뒷전에 밀려나 있던 수많은 근로자가 새 일자리를 찾았고 능력 있는 관리자들이 휘청거리던 수많은 기업을 살려 냈다.

국내 반응과는 달리 서방 세계에서는 이러한 개혁을 중국 경제개방의 증거라며 쌍수를 들어 환영했다. 어쨌거나 이는 냉전 종식 이후 자본주의와 민주주의가 승기를 잡은 것처럼 보이던 시절에 전개된 상황이었다. 그러나 주룽지와 그 측근 개혁가들이 실질적으로 염두에 두었던 것은 전면적인 민영화와 시장화가 아니었다. 실제로 조지 부시 전 미국 대통령이 1998년 런던에서 주룽지를 만나 우호적인 분위기 속에서 대화를 나누던 도중 거리낌 없이 이렇게 물었다. "요즘 중국의 민영화 계획은 어떻게 진행되고 있는가?" 주룽지는 이러한 질문에 허를 찔린 듯 당황했던 기억이 난다고 했다. "나는 부시 대통령에게 이렇게 대답했다. '중국은 민영화를 하지 않는다. 우리는 지분 소유 체계를 수립하려는 것이고 이는 수많은 공공 소유 형태 가운데 하나일 뿐이다.'"[47] 다시 말해 이러한 개혁의 궁극적인 목적은 공공 부문의 해체 혹은 폐지가 아니라 공기업의 능률화를 통해 덩샤오핑이 말하는 새로운 유형의 시장사회주의 요소를 더 강화하려는 것이었다.

이 점에 관한 한 주룽지는 아주 단호했다. 주룽지는 '충격요법'의 압박 아래 있던 동독의 국유기업이 내파內破하는 장면을 목격한 터였다. 독일 기자와 만난 자리에서 그는 이렇게 설명했다. "우리는 그 길을 따라가지 않을 것이고 민영화 정책을 채택하지도 않을 것이다. 우리는 그저 국유기업이 개인에게 주식을 파는 것은 허용하겠으나 그 주식 대부

入世

분은 국가의 지배 아래 둘 것이다."[48] 실제로 1990년대에 공공 부문에 대한 투자가 증대됐고 결국 주룽지는 민간은행의 합법화와 금리자유화까지는 진행하지 않은 채 개혁을 마무리했다.[49] 덩샤오핑이 중국의 특색을 지닌 이른바 '중국식 사회주의'를 추구하겠다고 했을 때 서방 세계는 사실 덩샤오핑이 자신들에게 '가짜 약'을 팔고 있다는 듯 비웃었을지 모르겠다. 그러나 이제 주룽지의 손에서 그 구호가 현실화되고 있었다. 레닌이 가르쳤던 바로 그대로 공산당이 지배권을 쥔 상태에서 중국은 점점 부강한 국가가 돼가고 있었다.

"강해지고 부유해진 이후에야 행동할 수 있다"

덩샤오핑 경제노선의 후계자로서 주룽지는 중국인들의 오랜 염원인 국력 회복을 위해서는 개혁과 개방이라는 두 가지 노선을 함께 취해야 한다는 점을 간파하고 있었다. 주룽지는 되풀이해서 이렇게 주장했다. "개방은 중국의 기본 정책이고 개방을 일찍 하면 할수록 발전이 더욱 빨라진다는 점도 입증된 지 오래다."[50] 그러나 외국 자본이 중국으로 유입되고 있을 때조차도 개방정책을 계속 추진하는 것은 매우 어려운 일이었다. 주룽지는 미국의 거대 보험회사 AIG가 중국에 지사를 설립하는 것을 허용하는가 하면 세계무역기구WTO에 가입하라는 미국의 요청을 받아들이려 하는 등 정통 공산주의 원칙에 어긋나는 이단적 행보를 보였고 이 때문에 비판론자들은 중국을 '팔아먹는' 매국노라고 주룽지를 몰아붙였다.[51] '내 좋은 친구' 키신저라든가 '내 오랜 친구' 앨런 그린

스핀이라는 살가운 표현, 진보적 경제학자 폴 크루그먼Paul Krugman에 대한 찬사 등이 외국인들에게는 편안하고 익숙하게 들렸겠으나 상대적으로 서구인들보다 더 폐쇄적인 중국의 정치인들은 이러한 언행을 매우 불쾌하게 받아들였다.[52] 그러다 1999년 봄에 이러한 근원적 긴장 상태가 폭발하는 사건이 발생했고, 이해는 주룽지와 중국에 잊으려야 잊을 수 없는 큰 상처를 안겼다.[53]

1999년 5월 8일 동이 틀 무렵에 미 공군의 B-2 스텔스 폭격기가 베오그라드 도심을 겨냥하여 다섯 발의 미사일을 투하했다. 그런데 미국 중앙정보국CIA의 주장으로는 세르비아군을 겨냥한 것이라는 이 미사일은 엉뚱하게도 베오그라드 주재 중국 대사관에 떨어졌다. 이 폭격으로 3명이 사망하고 20명이 부상했다.[54] 사건 발생 후 몇 시간 지나지 않아서 주룽지는 중국 공산당 수뇌부가 소집한 비상대책회의에 참석했다. 그런데 지도가 무척 오래된 것이라 오폭이 발생한 것이라는 CIA의 주장을 액면 그대로 받아들이는 사람은 아무도 없었다(중국 대사관은 폭격이 있기 3년 전에 그 자리로 이전했고 그 위치가 기밀사항은 아니었다). 주룽지와 그 측근들은 베오그라드 폭격은 유고슬라비아 무력 개입 결의안에 대해 중국이 거부권을 행사한 데 대한 보복이라고 생각했다. 베오그라드 폭격은 중국이 어떻게 나오는지 한번 떠보는 동시에 중국 국내의 불안정을 조장하려는 목적에서 진행된 계획적 행동일 것으로 추측되었다. 이에 대해 중국인들은 격분했고 약탈과 굴욕으로 점철된 과거의 망령이 다시 살아나는 듯했다. 장쩌민 국가주석은 즉각 '포함외교砲艦外交' 시절로 회귀했다며 미국을 격하게 비난했다.[55]

그러나 중국 전체가 이처럼 격앙된 분위기에 휩싸였는데도 주룽지

入世

는 과감하게 자신의 의견을 피력했다. 미국에 맞서는 쪽을 택하면 보복하고픈 욕구는 충족되겠으나 그것은 중국이 집중해야 할 정말 중요한 과제를 수행하는 데 아무런 도움이 안 된다고 주장했던 것이다. 1989년 톈안먼 사태 이후 덩샤오핑이 그랬던 것처럼 주룽지도 당원들에게 이렇게 말했다. "먼저 안정을 유지해야 하고 계속해서 경제발전을 이룩해야 한다. 우리 계획이 망쳐져서는 안 된다. 이것은 뭔가 목적을 지닌 미국의 계산된 행동이다. 미국의 목적은 우리가 어떻게 반응하는지 보려는 것이다. 우리가 혼란에 빠져 우왕좌왕하면 미국의 계획대로 되는 것이다. 따라서 우리에게 가장 중요한 것은 지금 하던 대로 경제발전에 계속 초점을 맞추면서 동시에 우리 목소리를 더 강하게 내는 일이다."[56]

외교부장 첸치천錢其琛 또한 중국이 아직은 미국과 맞대응할 정도로 '부강'한 국가가 된 것은 아니라는 의견에 동의했다. 그는 이렇게 경고했다. "미국과 정면충돌을 해서는 안 된다. 국가의 힘이 강해지고 인민이 부유해진 연후에만 우리가 하는 말이 힘을 받을 수 있고 또 그렇게 된 연후에라야 마음껏 행동에 나설 수 있다."[57] 첸치천과 주룽지는 도광양회韜光養晦, 즉 중국이 준비가 다 될 때까지는 '주목을 피해야 한다'는 덩샤오핑의 냉전 후 외교원칙을 염두에 두고 있었다.

다분히 의도적인 미국의 공격에 충격은 받았으나 중미관계의 악화 우려 때문에 신중론을 펼칠 수밖에 없었던 주룽지와 장쩌민은 결국 이 사건에 대해 공식 논평을 하지 않기로 했다. 중국인들의 분노가 점점 심해지자 당 지도부에서 가장 나이가 어린 후진타오胡錦濤 부주석을 전면에 내세웠다. 그러나 이러한 미봉책이 사람들을 더욱 격앙시켰고 중미관계 유지를 위해 국가의 명예와 위상을 손상시켰다는 비난이 거세졌

강해지고 부유해진 후에야 행동할 수 있다

다. 1989년 톈안먼 사태 이후 별다른 일 없이 잠잠하던 베이징의 대학생들이 돌연 행동에 나섰다. '몸속에 머리를 처박은 거북이'라느니 서태후와 같다느니 하면서 장쩌민을 조롱하는 내용의 대자보를 붙이기 시작한 것이다. 민족주의 정서가 극에 달했던 5·4운동이 재연된 듯 미국에 보복해야 한다는 들끓는 민심과 함께 성난 시위자들이 베이징 주재 미국대사관과 외교관 거주지 주변에 집결하여 구호를 외치며 투석전을 벌였다. 제임스 새서James Sasser 미 대사는 〈국민과의 만남Face the Nation〉이라는 CBS 시사프로그램과의 전화 인터뷰를 통해 마치 인질극이 벌어지는 것 같다고 상황을 묘사했다.[58]

베오그라드 폭격으로 사망한 사람들과의 연대를 호소하는 내용의 항의서한이 중국의 여러 신문사로 몰려들었다. 특히 이번 사건으로 두 명의 기자가 사망한 베이징의 『광밍일보光明日報』로 서한이 쇄도했다. 이 가운데 하나에는 이렇게 쓰여 있었다. "우리 힘이 강해져야만 두 번 다시 이러한 모욕을 당하지 않을 것이다."[59]

이것은 흡사 '작은 아편전쟁'이었고 주룽지는 매우 곤란한 상황에 부닥치게 됐다. 주룽지는 결국 논란이 됐던 미국 방문을 마치고 귀국했다. 미국에서 주룽지는 중국의 WTO 가입 조건과 관련하여 미국과 합의를 하려 했으나 결과는 실패였다. 한 공산당 간부는 클린턴 행정부의 WTO 가입 요구안은 저 유명한 일본의 21개조 요구와 다를 바 없다고 빈정댔다. 비굴하게 일본에 굴복한 위안스카이나 미국의 비위를 맞추려 안달하는 주룽지나 다를 게 무엇이냐는 의미였다.[60] 성난 컴퓨터공학도가 주룽지 총리에게 직접 보낸 또다른 공개서한에서 주룽지 총리가 어떠한 곤경에 빠졌는지를 설명했다. "주룽지 총리 귀하, 우리 정부의 나약한 자세 때문에 정부와 인민 간의 사이가 더욱 벌어졌다. 총리는 분명히 유능한 사람이다. 그러나 '인민'의 신뢰를 얻지 못하면 경제발전 정책을 어떻게 계속 추진해나갈 수 있겠는가?"[61]

주룽지가 비록 세계주의를 표방하고 있다고는 하나 그 또한 열렬한 민족주의자의 한 사람이기에 이러한 질타가 뼈아플 수밖에 없었다. 주룽지는 1949년 중화인민공화국 수립 이전 출생자로서 그 세계관은 외세로 말미암은 근 100년의 굴욕의 역사 속에서 담금질된 결과물이었다. 주룽지는 이렇게 말한 적이 있다. 그리고 쑨원이나 천두슈, 장제스, 마오쩌둥 등도 이와 비슷한 취지의 말을 했었다. "근대 중국의 역사는 곧 제국주의 열강의 위협과 침략의 역사다. 우리는 늘 외세의 등쌀에 시달려왔다."[62] 이것만으로도 대충 묻어두었던 굴욕의 옛 기억을 떠올리게 하기에 충분했다. '철의 총리'라 불리는 주룽지는 당대표대회黨代表大會 기자회견에서 이렇게 선언했다. "중국인이라면 누구나 1840년의 아편전쟁을 기억한다. 근대 중국의 역사는 외국의 침략자로 말미암은 치욕과 굴종의 역사였다. 우리가 정말로 가난하고 약했던 때를 생각해보라. 그때도 우리는 '일어나라!'를 외쳤다. 노예가 되기를 거부하는 자, 움츠러들지 말고 영웅처럼 맞서 싸우라. 중일전쟁이 일어났을 때 나는 고작 아홉 살이었다. 그런데도 구국에 관한 노래만 들으면 눈물이 났던 기억이 지금도 생생하다. 그런 노래를 들으면 감정이 복받쳐올랐고 조국을 위해서라면 목숨을 바칠 각오까지 돼 있었다."[63]

다시 말해 미국 대사관을 향해 돌을 던지고 총리를 비난하는 격분한 학생들과 마찬가지로 주룽지 역시 뼛속 깊이 민족주의자였다. 그 학생들과는 생각의 차이가 있을 뿐이었다. 즉 주룽지는 중국이 아직은 외세에 다시 수모를 당하지 않을 만큼의 경제 강국이 되지 못했고 누구도 무시하지 못할 세계적 경제 강국은 지속적 개혁과 개방, 중단 없는 경제발전 등을 통해서만 가능하다고 믿었다. 어쨌거나 아직은 그러한 목표에 도달하지 못했기 때문에 주룽지는 베오그라드 폭격 사건을, WTO 가입 협상을 중국 쪽에 더 유리하게 이끌어갈 수 있게 하는 유용한 도구로 활용하려 했다.

수전 셔크는 베이징에서 있었던 이 '피 말리는' 협상에 클린턴 행정부측 일원으로 참여했다. 그는 당시 상황을 이렇게 회고했다. "중국측은 이전에 합의한 수많은 조항을 다 파기하면서 베오그라드에서 당한 수모에 대한 대가로 터무니없는 요구를 해왔다. 우리 협상단은 몇 번이나 짐을 꾸려 떠날 준비를 했다. 그러자 중국 무역부 관리들이 우리가 그곳을 떠나지 못하게 문을 닫아걸었던 적도 있었다." 셔크의 기억에 따르면 교착상태에 빠진 협상에 활기를 불어넣은 사람은 주룽지였다고 한다. 주룽지는 장쩌민과 기타 정치국 상무위원회 위원들의 지지를 이끌어 이 협상에서 주요 문제의 타결과 최종 합의를 이루어냈다.[64] 13년간의 지루한 공방 끝에 2001년 12월 마침내 중국은 WTO에 가입했다. 중국은 이제 국제무역과 투자 급증이라는 호재를 등에 업고 고속성장 가도로 들어서게 된 것이다.

신 발전 모형의 아킬레스건

거리 시위에 나선 애국 청년들, 당 지도부의 초보수주의자들, 정부

入世

내 기득권 세력, 지방정부의 부패 관료 등 누구에게도 굽히지 않은 인물이라는 인식 덕분에 주룽지는 공명정대하고 강인하다는 평판을 얻게 됐다. 주룽지는 자신에 관해 기술한 신문 기사 내용 가운데 '내가 가진 기술이라고 해봐야 탁자를 쾅 치고 의자를 탕탕 건드리며 사람들을 빤히 쳐다보는 것밖에는 없다. 그렇게 쳐다보는 것조차 못한다면 내 뇌가 죽어버리지 않겠는가?'라는 부분은 그냥 가볍게 웃어넘겼다. 그러나 다음 대목에서만큼은 매우 진지했다. "나는 일반 시민을 위협하지 않았다. 내가 위협한 대상은 부패한 관리들뿐이다."[65]

　　주룽지의 임기가 끝날 때가 가까워지자 일부 비판세력이 목소리를 내기 시작했다. 주룽지 총리가 그 부패 관리들을 '확실하게' 위협하지 않았고 그 결과 일반 대중이 아닌 극소수 사람만이 개혁의 과실을 맛보았다고 주장했다. 2000년 봄에 상대적으로 낙후된 내륙 지역인 후베이湖北 성의 한 관리가 총리에게 공개서한을 보냈고 이것이 중국인들 사이에 큰 반향을 일으켰다.[66] 이 서한은 여전히 존재하는 중국 농촌 지역의 참상을 자세히 전하면서 그 직접적인 원인을 주룽지의 개혁정책에 돌렸다. 르포 작가 천구이디陳桂棣와 우춘타오吳春桃 부부는 자신들의 고향인 안후이 성 농촌 지역의 참상을 알리는 보고서에 이 관리의 불만 사항도 포함했다. 발간 이후 곧 금서가 된 베스트셀러 『중국농민조사中國農民調查』에서 이 부부는 농민의 빈곤한 삶은 주룽지의 세입 교부 정책에서 비롯된 것이라고 주장했다. 이들은 이렇게 썼다. "세수입은 중앙정부로 가고 지출은 지방정부가 떠안는 상황이 전개되고 있다. 교육, 가족계획, 퇴역군인연금 등과 같은 기초 공익사업에 대한 지출은 전부 지방정부로 이관됐다." 이들의 주장에 따르면 예전처럼 농민에게 지워진 부담이 통

제할 수 없을 정도로 커지기 시작했다.[67]

　도시 지역에서와 마찬가지로 농촌 지역의 계층 간 격차가 심해졌고 이것이 신발전 모형의 아킬레스건이 될 여지가 농후해졌음은 두말할 것도 없었다. 차세대 지도자에게 권력을 이양해야 할 시점이 점점 다가오자 주룽지는 주변에서 목격하게 된 불평등과 부정부패, 빈곤 등의 문제를 걱정하기 시작했다. 마침내 중국의 WTO 가입이 확정됐을 때도 주룽지는 마음껏 기뻐하는 기색이 없었다. 주룽지는 심드렁하게 이렇게 말했다. "모든 사람이 행복해 보인다. 행복하지 않은 사람은 나밖에 없는 것 같다." 주룽지는 점점 거세지는 국제적 시장 통합화가 농민의 수입을 점점 더 감소시키고 덩샤오핑의 개혁이 성공적으로 시작됐던 바로 그 농촌 지역의 발전을 족히 수십 년은 지체시킬지도 모른다고 생각했으며 이 점이 매우 걱정스러웠던 것이다.[68]

　장쩌민 주석이 이처럼 걱정스러운 부분은 무시한 채 고속성장 페달을 더 세게 밟기 시작하면서 주룽지의 고민은 더욱 깊어졌다. 장쩌민은 2002년 전국대표대회에서 샤오캉 사회小康社會(중산층 수준의 여유 있는 사회를 의미함-옮긴이) 건설을 천명했다. 급속히 발전하는 연안도시들에 대한 투자와 대출은 급증하는데 6억이나 되는 농촌 인구의 생활은 계속 낙후되고 있었다.[69] 장쩌민은 연안도시의 고속성장을 촉진하는 데만 주안점을 두었다. 이렇게 되면 당이 신흥 부유층에 속한 우파세력을 끌어안아야 하는데도 그는 이에 아랑곳하지 않았다. 실제로 장쩌민의 새로운 이론인 '3개 대표론'은 혁명계급의 일원으로서 우파인 자산가를 당이 끌어안겠다는 점을 공식적으로 천명한 것이었다. 별안간 당이 기업가와 자본가의 이익을 대변하게 된 것이다. 소외계층과 무산계급의 지지를

入世

기반으로 권력을 잡았고 이후 수십 년간 '주자파'로 칭한 부르주아계급의 재출현을 방지하려 애썼던 당이 갑자기 부르주아계급의 대변자가 되겠다고 나선 것은 매우 믿기 어려운 변화였다.

그런데 주룽지는 나머지 99퍼센트(절대다수인 서민계층을 의미함-옮긴이)와 자신을 동일시하는 경향이 점점 강해지는 것 같았다. 주룽지는 이렇게 말했다고 한다. "나는 한 달에 800위안 정도밖에 못 번다. 나는 열심히 세금을 내는데 왜 신흥 부자들은 세금을 내지 않게 된 것인가? 엄청난 부자, 즉 슈퍼부자들은 왜 최소한의 세금만 내는가?"[70] 주룽지는 중국의 사회주의 시장경제 모형이 더 나은 평등사회를 보장한다는 사실을 항상 믿고 싶어했다. 주룽지는 1993년에 이렇게 주장했다. "시장경제체제는 자원을 효율적으로 배분하는 데 매우 적합하다. 그러나 공공소유체제는 사회정의를 수호하고 공동 번영을 실현하는 데 적합하다."[71] 1990년대에 뒤늦게나마 부의 불평등이 어떻게 조성됐는지를 인식하기 시작하면서 국가 소유가 '공동 번영'을 보장한다는 주룽지 자신의 믿음이 상당히 흔들리는 듯 보였다.

강한 국가, 부유한 인민

주룽지가 임기 마지막 과제로 삼은 것은 우리가 처음에 거론했던 바로 그것, 즉 부강했던 옛 중국으로 돌아가는 일이었다. 예전 기준에서 보자면 주룽지는 사기업에 많은 것을 허용했다. 이 때문에 외국인 투자자들은 가격자유화가 이루어지는 완전한 시장경제체제로 들어가는 것

479

으로 착각하기도 했다. 그러나 주룽지가 생각한 최종 목적은 그것이 아니었다. 주룽지는 100여 년 전 자강파가 취했던 노선, 즉 중국의 본질은 지키는 선에서 부국강병을 위해 서구의 방법과 기술을 선택적으로 들여오는 개혁방식을 취했다. 아주 오래전에 시작된 이것이 이제 새로운 결말을 맞고 있었다. 100여 년 전 초창기 자강파 개혁가들은 유교적 기본 원칙을 수정하려고 했다. 그러나 지금은 국가 경제에 대한 궁극적 통제권과 정치권력을 독점하는 기본적 체제를 더는 바꾸려 하지 않았다.

주룽지는 자신의 개혁방식을 이렇게 정리했다. "나는 항상 중국에서 사회주의가 성공할 수 있다고 믿었다. 지금 우리 목표는 사회민주주의와 사회주의 법체계하에서 부유하고 강한 국가를 건설하는 일이다. 우리는 이 목표를 달성할 수 있다."[72] 또 주룽지는 중국이 신흥 부강국이 되면 중국 인민뿐 아니라 다른 국가 사람들에게도 좋은 일이 될 것이라고 했다. "우리가 하고 싶어하는 일은 민주주의와 법치체계 아래에서 인민의 안녕과 복지를 증진하고 부강한 중국을 건설하는 것이다. 우리는 다른 국가처럼 무력외교나 패권다툼에 절대로 목을 매지 않을 것이다. 다른 국가와 국민을 괴롭히고 억압해서 좋을 것이 과연 무엇인가? 우리는 우리 힘만으로도 충분히 부강해질 수 있고 다른 국가를 괴롭히는 일은 절대로 없을 것이다."[73]

주룽지 집권 시절에 거둔 가장 두드러진 성과는 폭발적 성장세를 보이는 지역경제를 중앙정부가 통제하는 체계를 갖춰놓았다는 점이다. 그는 덩샤오핑이 자신에게 남긴 경제 '원자로'의 노심爐心이라 할 부분, 즉 정치체제는 손대려 하지 않았다. 아마도 주룽지는 자신의 전임자이자 관저에서 아주 가까운 푸창후통 6번지 자택에 연금됐던 자오쯔양에게서

入世

배운 바가 있었을 것이다. 그래서 레닌주의 정치체제, 즉 체體에 도전하는 일은 일찌감치 기존 정치체제를 부정하기로 마음을 정한 웨이징성이나 팡리즈, 류샤오보劉曉波 등과 같은 반체제 인사들이나 망명객들한테 맡긴 채 주룽지 자신은 부강해지는 방법과 기술, 즉 용用에만 몰두했다.

　외국의 언론인들이 정치 부문의 개혁 속도가 지나치게 굼뜬 것 아니냐고 물고늘어지는데도 주룽지는 이러한 압박을 요리조리 잘 피해나갔다. 일례로 1999년 뉴욕을 방문했을 때 늘 하던 대로 중국은 아직 민주주의를 할 준비가 안 돼 있다는 답변을 되풀이했다. 주룽지는 이렇게 설명하려고 했다. "여러분은 중국이 미국과 다르다는 점을 이해해줘야 한다. 중국은 2000년 넘게 봉건체제를 유지했다. 그러한 체제에서 벗어나 중화인민공화국을 수립한 지 50년밖에 되지 않았다. 중국인의 생활수준은 아직 미국인의 생활수준에 훨씬 못 미친다. 교육수준도 우리가 훨씬 낮다. 중국과 같은 국가에서 민주주의를 채택하는 것은 불가능하다." 그러나 주룽지는 법치의 중요성은 강조하고 싶어했다. "우리는 민주주의를 두려워하지 않는다. 법치주의를 시행하지 않으려는 것도 아니다. 또 인권을 침해할 생각도 없다. 그러나 중국의 현 상황에서는 완전한 법치주의 국가를 지향하되 점진적으로 그 목표에 도달하는 편이 더 낫다고 생각할 뿐이다."[74]

　그러나 자유민주주의가 중국에 적합한 체제인지에 관해서는 단호한 태도를 보였다. 즉 중국인은 민주주의를 시행할 준비가 안 돼 있기도 하거니와 민주주의가 중국에 적합했던 적도 없었고 앞으로도 그럴 것이라고 주장했다. 2001년에 주룽지는 방어적인 태도로 이렇게 말했다. "중국의 정치체제를 개혁하려 할 때 서구의 모형을 그대로 모방할 생각

❖

481

은 전혀 없다. 두 정당이 교대로 집권하는 방식을 취하지 않을 것이고 양원제를 채택할 생각도 없다."75 주룽지는 매우 단호했다. "중국은 서구 모형에 따라 정치개혁을 시행하지는 않는다." 그리고 비판자들을 의식한 듯 이렇게 덧붙였다. "우리는 중국식 정치개혁에 절대 실망하지 않는다. 오히려 이 부분에 대해서는 확신으로 가득차 있다."76

임기중 닥친 일당독재 권력에 대한 최대 규모의 항거가 발생했을 때 이에 대처하는 방식을 보면 주룽지의 기본 태도가 어떤 것인지 분명히 드러난다. 1999년 4월 25일에 1만 명이 넘는 파룬궁法輪功 수련자들이 창안 가長安街에 있는 중난하이 주 출입구 주변을 에워싸고 기습적 침묵 시위를 벌였다. 이들의 주장으로는 자신들은 파룬궁에 대한 정부의 탄압에 항의하는 것이라고 했다. 그러나 중앙당 지도부는 과거의 꺼림칙한 역사를 바탕으로 이들을 평가하고 있었다. 백련교도白蓮敎徒의 난, 태평천국의 난, 의화단사건 등 비밀결사 단체가 황제를 끌어내리려는 반란에 연루된 일이 많았기에 파룬궁도 이러한 연장선에서 보는 사람들이 많았다. 그런데도 주룽지는 1989년 톈안먼 사태 때 상하이 학생들과 대화를 했던 것처럼 이번에도 시위자들과 대화를 하려고 했다. 주룽지가 전하는 메시지는 타협적이었으나 명확한 약속은 피하는 듯 뭔가 모호한 구석이 있었다. 주룽지는 파룬궁 대표 5명을 만나 이렇게 말했다. "나는 여러분을 이해한다. 여러분도 나를 이해해주기 바란다." 그리고 이런 말도 덧붙였다. "안정을 유지하는 것이 국가와 인민 모두를 위한 길이다. 사회가 안정되지 않으면 아무것도 이룰 수 없다. 그러니 사회적 안정을 위해 노력해달라. 그것이 모두를 위해 좋은 일이기 때문이다."77 다시 말해 시위를 중지하고 각자 일상으로 돌아가는 것이 모두에게 이익이라

入世

는 의미였다.

정부 문서에는 이렇게 돼 있었다. "주룽지는 이러한 비밀종파가 인기를 끄는 것은 경제적 체제 전환이 그만큼 어렵다는 방증일 수 있으므로 좀더 이해심을 가지고 이들을 바라보아야 한다고 말했다."[78] 그러나 장쩌민의 생각은 달랐다. 장쩌민은 파룬궁의 활동을 금지하고 심지어 폭력적으로 진압하는 쪽을 택했다. 주룽지 또한 파룬궁 회원들의 저항권을 보호하는 행동까지 하려 했던 것 같지는 않다. 2001년 파룬궁 탄압에 대한 질문을 받았을 때 주룽지는 간결하게 다음과 같이 말했다. "파룬궁은 중국 정부가 법으로 금지했던 반인류적, 반사회적, 반과학적인 단체다. 파룬궁은 신봉자들의 정신을 지배하려 하고 이들의 삶을 피폐하게 하며 가족관계를 파괴한다. 책임 있는 정부라면 파룬궁 같은 단체의 활동을 나 몰라라 할 수 없다."[79]

주룽지는 현대 세계에서 중국이 발전하려면 혁신적 경제개혁안을 품어야 하고 또 법치의 성격을 띤 원칙들마저 수용할 필요가 있다는 점을 잘 알고 있었다. 그렇다고는 해도 당과 괴리된 지지 기반을 지닌 사회집단까지 수용할 수는 없었다. 주룽지는 당과 정부의 핵심 원칙에 의문을 제기하는 사람들을 보호할 생각이 없었다. 이러한 관점에서 보면 주룽지는 덩샤오핑의 충성스런 후계자였다. 그러나 정작 개혁과 개방을 표방한 덩샤오핑의 미래 비전이 1989년 톈안먼 사태 이후 제2의 삶을 얻게 된 것은 주룽지의 열정적인 '경제' 운용 덕분이었다. 주룽지 덕분에 중국인들은 그토록 염원하던 국력 회복의 목표를 훨씬 빨리 달성할 수 있으리라는 기대와 함께 21세기를 맞을 수 있게 됐다.

강해지고 부유해진 후에야 행동할 수 있다

13장

몰유적인沒有敵人
: 원한으로
사상을 오염시키지 마라

\

류샤오보

WEALTH & POWER

"
우리는 죽음을 바라는 것이 아니라
진정한 삶을 원하는 것이다.

"

류샤오보

2010년 당시 아직 교도소에 복역중이던 작가이자 인권운동가 류샤오보 劉曉波가 노벨 평화상을 받았다. 이로써 류샤오보는 민주주의와 인권이라는 화두를 한낱 수단이 아니라 그 자체로 목적이라고 생각하는 중국 지식인의 계보를 잇는 상징적 인물이 됐다. 실제로 류샤오보는 천두슈, 루쉰, 후스 등 5·4운동 세대에서 웨이징성, 팡리즈, 아이웨이웨이 艾未未 등 좀더 최근의 민주주의 지지자에 이르는 오랜 중국 사상가 계보에서 가장 최근 시대에 속하는 인물이다. 당이 주도한 부흥지로 復興之路, 즉 '부흥의 길'에 의문을 품은 한 지식인의 등장과 함께, 부강한 국가 건설과 국력 회복이라는 지상명제를 향한 오랜 여정이 끝나는 것인지도 모른다.

그 이유가 무엇일까? 사실 지금까지는 류샤오보 같은 사상가들의 생각이 중국 역사의 핵심 동력은 아니었다. 그러나 이러한 부류의 사상가들이 앞으로 중국의 미래에 어떤 영향을 끼칠지는 아무도 모른다. 적어도 이 사람들은 필요할 때 언제든지 꺼내 쓸 수 있는 은행 예치금과 같은 존재라 할 수 있다. 게다가 이러한 사람들은 그 존재 자체만으로도

원한으로 사상을 오염시키지 마라

미래의 언젠가 사용하고자 비축해놓은 '자금'처럼, 그 사상과 생각이 더 유용하고 효과적으로 쓰일 가능성을 높여준다.

지식인의 임무는, 시대를 앞서가는 생각을 발표하는 것

1989년 봄 당시 34세였던 류샤오보는 베이징 사범대학 문학부 교수로 재직중이었다. 평소 정치에 관심에 많았던 류샤오보는 톈안먼 사태가 발발했을 때 시위에 참여하면서 톈안먼 광장에서 거의 살다시피 했다. 미학과 인간의 자유를 주제로 박사학위 논문을 썼던 류샤오보는 신랄한 작가이자 독립적 활동가, 인습타파주의자로서 지식인의 가장 중요한 임무는 '시대를 앞서가는 생각을 발표하는 것'이며 '기존의 사상을 넘어서는 수준의 비전을 추구하는 것'이라고 생각했다. 류샤오보는 자신이 추구하는 가치를 위해 먼 길을 묵묵히 걸어갈 수 있는 '대범'하고도 '고독한' 선구자가 바로 진정한 지식인이라고 믿었다. 아주 높고 먼 곳까지 나아간 후에라야 비로소 그의 가치가 드러난다고 했다.[1] 짧게 자른 머리에 애연가에다 비행기 조종사용 안경을 좋아하는 독립 사상가 류샤오보는 일당 통치체제의 기본 전제를 부정했다. 류샤오보는 일당 통치가 대다수 중국인의 스스로 사고하는 능력을 퇴화시켰다고 생각했다. 훗날 류샤오보는 이렇게 말했다. "당 지도자들은 약간의 당근으로 우리를 매수하고, 채찍으로 위협하고, 춤과 노래로 우리를 위로하는 척하고, 거짓말로 우리 정신을 망가뜨린다."[2] 당에 아주 쉽게 동조한 지식인들에 대해서는 경멸감을 느끼는 것 외에는 별로 관심도 없었다. 류샤

沒有敵人

오보는 이렇게 썼다. "중국의 지식인이라는 사람들은 대다수가 일당독재자의 공모자이며 협력자다."[3]

바츨라프 하벨Václav Havel, 모한다스 간디Mohandas Gandhi, 마틴 루서 킹 주니어Martin Luther King Jr. 등과 같은 비폭력 지도자를 존경하는 류샤오보는 자신이 위선행위, 집단사고, 정치적 영합 등에 굴하지 않았다는 점에 긍지를 느꼈다.[4] 류샤오보는 1989년 톈안먼 광장의 시위가 시작되기 전에 이런 글을 썼다. "중국인들은 유명인사를 따르는 것을 좋아한다. 그러면 '스스로 생각하고 판단하기'와 같은 골치 아픈 과제에서 벗어날 수 있기 때문이다. 사람들이 집단행동을 하는 이유도 바로 여기에 있다. 가끔은 누군가가 군중 앞에 나서서 홀로 소리를 칠 때도 있다. 그러면 모두가 깜짝 놀란다. 내가 말하고자 하는 것은 스스로 생각하고 스스로 판단하는 사람이 너무 적다는 것이다."[5]

류샤오보는 1955년 중국 북부 지역의 창춘長春에서 태어났다. 1960년대 문화혁명 때는 농촌 인민공사에서 '하방'생활을 했다. 1977년에 대학 문이 다시 열리자 지린 대학 중문학과에 입학했고 1988년에 박사학위를 받았다. 그후 베이징 사범대학 강사가 됐다.[6] 류샤오보는 이 기간에 루쉰처럼 잡문雜文을 쓰기 시작했다. 이때의 글쓰기 주제는 매우 다양했다. 일례로 1988년에 그는 서방 세계에 대한 중국의 태도를 비판하는 내용의 글을 썼다.

아편전쟁 때부터 중국의 개혁은 전부 서양에 대한 찬미와 두려움이 공존하는 분위기 속에서 진행됐다. 그러나 중국인은 자신들이 엄청나게 뒤처져 있고 전통문화도 매우 노쇠했다는 사실을 절대로 인정

489

하지 않을 것이다. 이러한 부분은 인정하지 않으면서 국가적 자긍심과 관련하여 스스로 위안 삼을 만한 뭔가를 계속해서 찾아내려 한다. 중국인은 물질적 부분에 대해서는 서구의 우월성을 인정하면서도 정신적 부분의 열등함을 들어 서구인들을 얕잡아 보려 한다. 또 서구의 과학적 우월성은 인정한다. 그러면서 서구인의 도덕적 퇴폐성을 꼬집어 말한다. 이제 중국인은 서구인도 중국 못지않게 위대한 문명을 창조한 사람들이라는 사실 앞에서, 한때 엄청난 자부심을 느끼게 해주었던 고대 전통문화에 기대 자긍심의 한 자락이나마 끝까지 붙들고 있으려 한다.[7]

류샤오보는 스스로 생각하기에 아니다 싶은 사람한테는 가차없이 비판의 목소리를 높이는 것으로 유명하여 중국 지식인층에서 '겁 없는 신예'라는 평판을 얻었다. '흑마黑馬'라는 별명을 얻은 것도 이 같은 맥락에서였다.[8] 누군가를 혹은 무언가를 비판하는 이 같은 거침없는 성향 때문에 류샤오보 주변에서는 늘 당의 감시자나 검열관과의 대결 국면이 연출되곤 했다. 또 인습타파주의적 성향을 바탕으로 중국 문학계와 학계를 겨냥하여 줏대 없는 사람들이 많다고 비난하는 통에 이들과도 잦은 충돌을 일으켰다. 류샤오보는 늘 누군가를 공격했기 때문에 주변에 사람이 남아 있지 못했고 많은 사람에게서 신뢰를 얻지 못했다.

오스트레일리아 출신의 동료 학자이자 중국학 전문가 제레미 바르메Geremie Barmé는 이렇게 썼다. "베이징에서 학술회의나 공개 강연이 열릴 때, 심지어 점잖은 만찬 모임 때도 류샤오보는 일반적 통념에 대해 연방 독설을 날리는 통에 주변에 남아나는 사람이 별로 없었다." 또 바

沒有敵人

메는 이렇게 말한다. "이러한 소문이 곧 베이징에 퍼졌고 류샤오보는 항상 말썽을 일으키는 무례한 사람으로 낙인찍혔다."[9]

실제로 1989년 톈안먼 사태 발생 초기에 류샤오보는 동료 반체제 인사인 팡리즈에 대해서도 비난을 퍼부었다. 학생운동의 독립성과 순수성을 해칠 염려가 있다는 이유로 톈안먼 광장에 나오기를 거부한 팡리즈의 논리가 우습다는 것이었다.[10] 류샤오보는 다음과 같이 주장하며 싸움꾼 같은 자신의 기질을 정당화했다. "나 같은 극단주의자도 있어야 하지 않겠는가. 그러나 다른 사람들도 다 나처럼 행동하기를 바라는 것은 절대 아니다."[11] 늘 대결 상황을 만드는 류샤오보는 옥중의 반체제 인사 웨이징성보다 더한 인물로 보일 때가 있다. 두 사람 모두 마오쩌둥주의에 반하는 민주적 사상을 지녔음에도 둘 다 마오쩌둥과 크게 다르지 않은 방식으로 항상 충돌과 분란의 중심에 서 있었다.

류샤오보는 걸핏하면 싸우자고 덤비는 사람이었음에도 평소 말을 더듬는 습관 때문인지 잔뜩 화가 나 매사에 시비를 거는 말썽꾼이라는 인상은 주지 않았다. 그보다는 사회성이라든지 타인에 대한 배려심이 부족한 사람 정도로 비쳤을 뿐이다. 류샤오보의 아내 류샤劉霞도 남편을 '서툴고 눈치 없는 시인'이라고 묘사한 적이 있다.[12]

1989년 톈안먼 시위가 한창 기세를 올리던 그때 류샤오보의 행보가 눈에 띄었다. 여느 지식인들과 달리 류샤오보는 거의 매일 광장으로 나가 시위 학생들과 친밀한 관계를 유지했다. 다른 동료 학자들은 대부분 어쩌다 한번 얼굴을 비치는 정도였고, 이마저도 다른 유명한 교수들이나 지식인들과 무리를 지어 오는 것이 고작이었다. 그럴 때마다 콧대를 세우며 거드름을 피우는 기색이 역력했다. 류샤오보가 평소에 눈꼴셔하

원한으로 사상을 오염시키지 마라

던 자기중심적인 구세대 학자들의 모습과 행동에서 한 치도 다른 것이 없었다. 아직 인지도가 낮은 소장少壯 학자들을 '제 밑에 두고 제멋대로 이용하다 결국에는 폐기 처분할' 의도로 처음부터 '어르고 달래며' 한껏 보듬어주는 척하는 학계 원로들의 위선적 행동에 류샤오보는 배알이 꼴렸다.[13]

　　무릇 지식인은 스스로 생각한 바대로 행동해야 한다는 평소의 신념에 따라 류샤오보는 다른 동료들보다 훨씬 더 자주 이 광장 시위에 참여했고 베이징 사범대학의 젊은 학생들과 행동을 같이할 정도였던 류샤오보의 말과 행동에서는 일체의 가식이나 과시, 위선을 찾아볼 수 없었다.[14] 마맛자국이 있는 얼굴, 손에서 떠날 줄 모르는 담배, 며칠 동안 갈아입지 못해 꾀죄죄한 옷으로 상징되는 류샤오보는 어느새 톈안먼 광장에서 아주 친숙한 인물이 돼 있었다. 건방지다 싶을 정도로 거침없는 학생 대표 우얼카이시의 든든한 조언자가 돼줄 정도였다. 앞서 언급했듯 위구르 출신의 우얼카이시는 류샤오보가 교수로 있는 베이징 사범대학 학생이었다. 두 사람의 친밀한 관계는 유교식 전통에서 비롯된 장유유서長幼有序, 특히 지식인 사회에 깊이 뿌리내린 연공서열식 상하관계의 벽을 허물고 싶어한 류샤오보의 의지와 기대가 반영된 결과라고 할 수 있겠다.

　　아이러니하게도 류샤오보가 처음부터 이 시위를 지지했던 것은 아니다. 1989년 4월 중순 시위가 시작됐을 때 류샤오보는 컬럼비아 대학에서 객원 연구원 과정을 이수하고자 뉴욕에 막 도착한 참이었다. 이때 류샤보오는 새로 일어난 이 학생운동이 무언가를 할 수 있기나 할지 상당히 회의적이었다. 오히려 후야오방의 죽음에 대한 사람들의 반응을

沒有敵人

'병적 흥분'이라 폄훼했다. 그러면서 왜 진짜 반체제 인사들은 나 몰라라 하면서 후야오방처럼 당내에서 '상대적으로' 진보적 성향을 보였던 당 지도자들만 영웅 대접을 해주려 하는지 의아해했다. 당이라는 조직 체계 내에 머물면서 정치적 요구에 맞춰 요리조리 자신의 모난 부분을 다듬으며 순응만 해왔던 후야오방 같은 인물이 영웅은 고사하고 과연 진정한 독립적 지식인이기는 한 것인가? 류샤오보는 1989년에 쓴 「비극적 영웅의 비극」이라는 제목의 글에서 이렇게 물었다. "중국인은 왜 똑같은 비극을 끊임없이 재연하는가? 중국인은 왜 웨이징성 같은 진짜 비극적 영웅은 까맣게 잊은 채 저우언라이, 펑더화이, 후야오방 같은 영웅 같지도 않은 영웅을 비극적 영웅으로 생각하며 이들의 비극을 애도하고 슬퍼하는가? 대체 이들이 뭘 했다고? 웨이징성이 교도소에 있는 동안 그 가족의 안부를 물으며 걱정한 지식인이 과연 몇이나 될까?"[15] 이는 마치 훗날 자신도 웨이징성과 비슷한 운명을 맞으리라는 것을 예감한 것이 아닌가 싶을 정도로 절절한 표현이었다.

처음에는 이렇듯 이 시위에 회의적이었으나 이번에는 뭔가 다르다는 사실을 그는 재빨리 감지했다. 그래서 앞뒤 가리지 않고 자신이 그토록 바라던 연구원 자리를 포기하고 베이징행 비행기에 몸을 실었다. 톈안먼 광장에 도착한 류샤오보는 량치차오나 천두슈가 그토록 부르짖었던 바로 그 '시민의식'을 그곳 광장에서 확인하고는 가슴이 벅차오름을 느꼈다. 그리고 이내 자신이 상상했던 것보다 훨씬 깊숙이 이 시위에 개입하게 됐다. 베이징의 봄이 끝나기 전에 류샤오보는 파괴하는 일뿐 아니라 건설하는 일에도 깊이 관여하게 된 것이다.

5월에 덩샤오핑이 계엄령을 선포하고 나서 며칠 뒤 발표한 「우리의

❋

제안我們的建議」이라는 제목의 성명서를 보면 류샤오보가 위와 같은 심경의 변화를 일으켰음을 감지할 수 있다. 성명서는 이렇게 돼 있었다. "정부의 어리석은 조치가 오히려 학생운동을 격화시켜 시민운동으로 번지게 하는 결정적인 구실을 한다. 우리는 국민의 소리를 듣지 못하는 정부의 무능과 국민의 시위, 파업, 조직 결성의 자유를 부인하는 정부의 이념적 오만에 변화가 있기를 바란다. 국민은 정부를 감시할 권리가 있다. 국민은 자신의 요구사항을 말할 권리가 있으며 또한 이러한 권리를 행사하고픈 욕구가 있다. 따라서 정부는 국민의 이러한 욕구를 수용해야 한다. 정부는 헌법에 보장된 국민의 이러한 권리를 행사할 수 있게 해야 한다. 우리는 정부에 민주적으로 국가를 통치하는 방법을 가르쳐야 한다."[16]

단식농성을 하는 예술가

6월 초가 되자 시위의 동력도 떨어지고 효율적인 지도력이나 구심점의 부재가 두드러졌다. 그러자 류샤오보와 록음악 가수인 허우더젠侯德建, 전 베이징 사범대학 학보 편집장 가오신高新, 베이징 대학 사회학 교수 저우둬周舵 등 일명 '톈안먼 4군자'로 불리는 이들은 초창기의 열기와 힘을 다시 모으고자 톈안먼 광장 한복판에 있는 인민영웅기념비 발치에 천막을 치고 '다른 방법은 없다'라고 쓰인 깃발 아래 단식농성에 돌입하기로 했다.[17] 이들은 또 연극조의 성명서도 발표했다. "우리는 이제부터 단식농성에 들어간다! 우리는 항의한다! 우리는 호소한다! 우리는 주장

沒有敵人

한다!" 이들은 다른 지식인들과 학생들에게 '입으로만 나불거리고 행동하지 않는 나약한 근성'을 버리라고 촉구했다. 그리고 '계엄령에 항거하여 새로운 정치문화 창조'를 위해 함께 목소리를 높이자고 했다. 자신들이 단식농성을 하는 이유에 대해서는 이렇게 설명했다. "우리는 평화적인 방법을 사용하여 시민사회에서 민주적인 힘이 얼마나 강한지를 보여주고 오로지 무력과 거짓만으로 유지되는 비민주적 질서를 타파하고자 한다."18

이 네 명의 '투사'들은 직접 덩샤오핑을 겨냥하여 이렇게 말했다. "중국은 지금껏 전 황제를 대신하여 새로운 황제가 또 탄생하는 악순환 고리 속에서 지탱된 사회다. 마음에 들지 않는 지도자를 내치고 마음에 딱 드는 다른 지도자를 다시 그 자리에 세우는 것으로는 중국 정치의 본질적 문제를 해결할 수 없다. 우리가 원하는 것은 완벽한 구세주가 아니라 완벽한 민주정치체제다."19

이들은 또 '체계가 잡히지 않은 내부 조직' 그리고 '과도한 특권의식과 부적절한 평등 개념' 등을 거론하며 학생 대표자들의 운동방식을 비판했다. 그러면서 실수를 인식하고 그것을 고쳐나가는 것이 관건이라고 조언했다. "학생운동의 대표자들은 이론상으로는 민주적일지도 모른다. 그러나 구체적인 문제를 다룰 때 보면 '이성적이기보다는 지나치게 감정적'이었다.

류샤오보를 비롯한 톈안먼 4군자는 '4대 기본 구호'를 공표했다.

1. 우리에게 적은 없다. 원한과 증오, 폭력으로 우리의 사상과 민주화 과정을 오염시키지 마라!

원한으로 사상을 오염시키지 마라

2. 우리 모두 자신을 돌아볼 필요가 있다. 중국이 이렇게 뒤처진 것
   은 우리 모두의 책임이다!
3. 우리는 최초이자 최고의 시민이다.
4. 우리는 죽음을 바라는 것이 아니라 진정한 삶을 원하는 것이다![20]

마오쩌둥은 '양립 불가한 모순' 개념과 끝없는 과정으로서의 폭력적 투쟁을 주장했다. 첫번째 구호에서 적이 없다고 한 것은 이러한 마오쩌둥 사상을 거부하는 것을 의미했다. 원한이 없다고 한 것에서는 기독교 사상을 엿볼 수 있으며 자기반성을 촉구한 것은 유교 철학에 기반을 둔 것이라 할 수 있다. 그리고 세번째 구호에서 '시민권'을 언급한 것은 량치차오의 오랜 꿈을 실현하겠다는 의지의 표명이었다. 량치차오는 황제나 독재자 혹은 레닌주의를 신봉하는 공산당 없이도 능히 국가를 통치할 수 있다는 탁월한 정치의식을 지닌 '신민'과 그러한 신민으로 구성된 국가를 꿈꾸었다. 그리고 마지막 구호는 '조국'을 위한 애국심의 징표로서 피, 죽음, 자기희생 등에 몰입해 있는 학생 대표자들에게 그러한 '감상적 통속극'에 심취하지 말 것을 당부하는 의미가 있었다.[21] 중앙미술학원中央美術學院 학생들이 자유의 여신상처럼 생긴 '민주주의 여신상'을 석고로 만들어서 톈안먼 광장 마오쩌둥 초상화 앞에 세워 놓았다. 학생 대표 차이링柴玲이 '민주주의 여신상' 앞에 서서 이렇게 호소했다. "이제 우리 피가 필요한 단계가 다가왔다. 톈안먼 광장이 피로 물들어야만 전 인민의 의식을 깨울 수 있을 것이다."[22] 몹시 격양된 이 선동적인 발언에 학생들은 맹세의 말을 쏟아냈다. "나는 톈안먼과 공화국을 지키는 데 내 삶을 바칠 것이다. 내 목이 베여 그 피가 홍수를 이룰지도 모른다. 그

沒有敵人

러나 인민의 광장인 이곳 톈안먼은 절대 잃지 않을 것이다. 우리는 마지막 한 사람이 남을 때까지 목숨을 다해 싸울 것이다."[23]

6월 4일 새벽 4시였다. 인민해방군이 진압작전에 투입되면서 이미 많은 학생과 시민이 피를 흘린 상태였다. 류샤오보와 허우더젠은 광장을 에워싼 군인들과 협상을 벌여 광장에 남은 시위자들을 평화적으로 철수시키려 했다. 이에 두 사람은 인민영웅기념비 앞으로 가서 학생들에게 자발적으로 광장을 떠나 목숨을 구할 것을 간청했다. 허우더젠은 이렇게 애원했다. "원한다면 나를 비난하라. 그러나 일단 이곳을 떠나라!" 죽기를 각오했던 몇몇 학생들은 류샤오보와 허우더젠을 이 전투에서 '항복한 자'라며 조롱했다. 그러나 오랜 시위에 지치고 겁을 먹은 학생들은 발성 투표를 통해 '항복'을 하자는 것으로 의견 통일을 본 듯했다.[24]

허우더젠은 이렇게 주장했다. "우리는 큰 승리를 거두었다! 우리는 지금까지 우리 목적을 향해 달렸다! 우리는 죽음을 두려워하지 않는다. 그러나 지금은 이곳을 떠나 다른 곳에서 다시 모여 싸우는 것이 최선이다."[25] 실제로 그날 밤 광장으로 들어오는 거리는 희생자들의 시체로 즐비했으나 정작 이 광장은 사상자 없이 진압이 완료됐다. 운명의 장난인지 뭔지 모르겠으나 아이러니하게도 중국 정부가 톈안먼 광장에서 죽은 사람은 한 명도 없다고 당당히 발표할 수 있었던 것은 바로 류샤오보와 허우더젠 덕분이었다. 이들이 학생들을 설득해 자진 철수한 덕분에 정부의 이러한 위선적 행동이 가능했던 것이다.

살아남은 자의 고통

6월 4일 이후 무시무시한 후폭풍이 베이징을 덮쳤을 때 여느 사람들과 달리 류샤오보는 몸을 숨기거나 조국을 떠나려고 하지 않았다. 6월 6일 밤에도 아무렇지 않게 자전거를 타고 친구와 함께 집으로 가고 있었다. 이때 어둠 속에서 정체불명의 밴이 다가오더니 두 사람 옆에서 멈춰섰다. 그 차에서 장정 몇이 내리더니 두 사람을 차에 밀어넣고 유유히 사라졌다. 중국 정부는 6월 24일이 돼서야 류샤오보의 체포 사실을 공식 발표했다. '반혁명적 반란' 단체의 일원이라는 것이 체포 이유였다.[26]

류샤오보는 1991년 1월 26일에 석방됐다. 거의 20개월을 교도소에서 보낸 셈이지만 다른 사람들에 비하면 그래도 빨리 나온 것이었다.[27] '톈안먼 사태' 하면 딱 떠오르는 상징적 단어가 바로 '유혈사태'인데 그나마 류샤오보 덕분에 광장 안에서 그러한 비극이 일어나는 것은 막을 수 있었다. 이러한 점이 정상참작된 것이 분명했다. 그러나 중국 정부는 이후에도 작은 꼬투리라도 있으면 류샤오보를 다시 잡아넣으려 했다.

그 시대를 살았던 사람들 누구나 그렇겠지만 류샤오보에게 톈안먼의 비극은 자신의 인생에서 두고두고 잊히지 않을 중대 사건이었다. 그의 시집 『6·4 애가念念六四』에서 확인할 수 있듯 그때의 기억이 지금까지도 류샤오보를 괴롭히고 있었다. 2002년에 류샤오보가 재미 중국민주교육기금회中國民主敎育基金會가 수여하는 '올해의 민주 인사상'에 선정됐을 때 중국 정부는 류샤오보의 로스앤젤레스행을 허가하지 않았다. 류샤오보는 시상식에는 불참했으나 수상 연설문을 발표했고 여기에서는 죄책감에 시달리는 살아남은 자의 고통이 고스란히 느껴졌다.

沒有敵人

2003년 5월 31일, 그 악몽 같은 날의 14주년을 겨우 4일 남겨두고 나는 이 상을 받는다. 그때 희생된 수많은 사람을 생각하면 내가 과연 이 상을 받아도 될지 모르겠고 그저 송구스러운 마음뿐이다. 거짓 위에 세운 현 체제에서 여전히 진실을 말하는 수많은 사람을 대신해서 이 상을 받는 것이라고 생각하며, 그때 숨겨간 진정한 영웅들을 영원히 기억하라는 의미인 것으로 안다. 지금 이 순간 그때 희생된 사람들이 하늘에서 나를 지켜보고 있다는 느낌이 든다. 아직도 살아서 삶의 특권을 누리는 이 못난 사람을 그들이 내려다보고 있다. 나는 아직 이렇게 살아 있고 살아남은 자의 막중한 책임과 죄책감에 매일 시달리고 있다.[28]

1989년 톈안먼 사태에 관한 류샤오보의 글이 그토록 반향을 일으킨 이유는 그 안에 담긴 인도주의적 정서와 관점 때문이다. 이러한 관점은 20세기 중국의 가장 위대한 작가 루쉰의 작품에서 영향을 받은 점이 있다. 당시 루쉰이 그랬던 것처럼 류샤오보는 중국의 심리사회적 정체성에서 보이는 미묘한 간극에 깊이 몰두했다. 류샤오보는 2006년에 이렇게 썼다. "가장 우려되는 점은 이런 것이다. 표면적으로는 '민족주의' 운운하지만 이를 자세히 들여다보면 그 바탕에는 시민 가치와는 괴리된 국가 윤리가 깔려 있다. 그 국가 윤리라는 것은 원시 밀림에서나 적용될 법한 극히 원초적인 '주인과 노예'의 윤리라고 할 수 있다. 강자 앞에서 사람들은 노예처럼 행동한다. 그리고 약자 앞에서는 주인처럼 행동한다."[29] 여기서 류샤오보는 루쉰이 1925년에 발표한 「등하만필燈下漫筆」의 저 유명한 글귀를 인용했다. "중국의 역사를 가장 간단히 그리고 가장

원한으로 사상을 오염시키지 마라

적절하게 표현하자면 이렇다. 중국 역사는 '사람들이 차라리 안정된 노예 상태를 원하는 시기'와 '안정된 노예 상태를 누리는 시기'가 순환하는 역사라 할 수 있다. 이 두 상태가 교대로 이어지는 것을 두고 옛 학자들은 '혼돈과 질서의 순환'이라 표현했다."[30] 즉 차라리 안정되게 살 수 있는 노예 상태가 낫다고 생각하며 노예가 되고 싶어했으나 그마저도 될 수 없던 시기와 안정되게 노예 상태로 살 수 있던 시기로 점철된 것이 중국 역사라는 것이다.

류샤오보는 1989년에 했던 자신의 경험 속에 주인-노예의 순환적 관계와 과도한 애국심이 모두 드러나 있다고 생각했다. 톈안먼 광장에서 시위 학생 47명이 죽어나간 6월 4일의 그 비극적 상황을 반추하면서 류샤오보는 루쉰이 1926년에 쓴 또다른 글을 인용하여 말했다. 루쉰은 씁쓸하게 결론 내렸다. "중국에서 몇 사람의 목숨쯤은 아무것도 아니다." 중국에서는 몇 사람이 죽어나가는 것으로는 아무것도 바뀌지 않는다는 의미일 게다. 1989년 이후에 쓴 수필에서 류샤오보는 이렇게 덧붙였다. "이른바 중국의 엘리트라는 사람들은 루쉰 시절 이래로 조금도 진보하지 않았다. 지금 우리에게서는 수치심도 죄책감도 찾아보기 어렵다. 우리는 우리가 겪었던 끔찍한 일로부터 아무것도 배우지 못한 것 같다. 인간의 존엄성을 지키며 사는 방법도, 또 실제로 고통을 겪었던 사람들을 걱정하고 보듬어주는 방식도 배우지 못했다."[31]

류샤오보는 지난 일에 대해 책임감을 통감하고 있으나 그렇다고 이 때문에 당에 대한, 더 나아가 자신의 동료 지식인에 대한 비판의 칼날이 무뎌진 것은 아니었다. 류샤오보는 옥중에서도 저술활동을 계속했으며 초창기 글 가운데 몇 편은 홍콩에서 출판되기도 했다. 이러한 출판물을

沒有敵人

통해 류샤오보는 비굴하게도 정부에 아첨하는 동료 지식인들을 신랄하게 비판했다. 류샤오보는 이렇게 물었다. "중국의 지식인들은 종국에는 왜 항상 '군주의 도구' 혹은 '권력의 시녀'가 되는가? 지식인들은 부패한 혹은 무능한 지도자에게는 항거하면서 그러한 지도자에게 정당성을 부여했던 전제정치체제 그 자체에 반기를 들지 않는다. 대체 그 이유는 무엇인가?" 류샤오보는 지식인들이 관직이라는 당근에 매수됐기 때문이라고 생각했다. 사리사욕을 채우고 기득권을 누리는 대신 '복종'을 했고 그렇게 해서 얻은 특권을 누리는 데 익숙해졌기 때문이라는 것이다. 지식인들도 독재정치의 위험성을 잘 알고 있으면서도 자신들의 신념과 소신에 반해 그것을 '칭송'하거나 아니면 그냥 '침묵'하는 쪽을 택했다는 것이다. 류샤오보는 가장 비난받아야 할 것이 바로 이러한 침묵이라고 보았다. 불평과 불만이 들끓고 있을 때조차 이렇게 침묵하는 지식인들은 그러한 '사악한 힘을 약화시키기 위한' 어떠한 행동도 하지 않기 때문이다.[32] 몇 년 후 동료 반체제 인사 랴오이우廖亦武에게 보낸 편지에서 그는 이렇게 설명했다. "톈안먼 사태 이후 오랫동안 침묵과 망각만이 중국을 뒤덮었던 주된 이유 가운데 하나는 용감하게 앞으로 나서서 '반대'를 외칠 만큼 도덕적으로 훌륭한 지도자가 없었기 때문이다."[33]

바로 그 소임을 자신이 맡기라도 하겠다는 듯 류샤오보는 교도소에서 석방되자 글쓰기 작업에 다시 몰두했다. 그의 책을 영어로 옮긴 번역가 페리 링크Perry Link의 표현대로 류샤오보는 글쓰기에 들어가면서 '어떻게 풀어나갈 것인가? 무엇을 주제로 삼을 것인가? 어떤 우회적 방법을 사용할 것인가?' 등은 신경쓰지 않았다.[34]

❖

501

인권의 보편성

류샤오보의 기본적 정치철학은 민주주의와 인권은 국가발전이라는 실리實利에 우선하는 가치가 있다고 한 팡리즈의 철학과 맥을 같이한다. 프랑스인에게 혹은 미국인에게 자유주의적 가치가 우리 인간의 보편적 가치였듯 두 사람에게도 이는 보편적인 인본주의 유산의 일부였다. 팡리즈의 인권사상은 과학을 공부하면서 싹텄다고 할 수 있다. 알다시피 과학계는 근거와 논리를 보편적 원칙으로 삼는 학문 분야다. 이러한 관점에서 보면 팡리즈야말로 5·4운동 당시의 활동가 천두슈가 부르짖던 존경받는 두 신사, 즉 과학씨와 민주주의씨의 진정한 '화신'이라 할 수 있겠다.

그러나 팡리즈와 달리 인권에 대한 류샤오보의 신념은 과학적 합리주의가 아니라 인본주의 정신에서 비롯됐고, 따라서 그는 서구 문화를 그저 중국의 부활을 위한 도구로만 보려는 생각에 동의할 수 없었다. 류샤오보는 중국인들에게 '모든 것을 비판의 대상으로 보는 서구의 사상적 전통'을 받아들이라고 촉구했다.[35] 류샤오보 또한 중국의 국제적 위상에 관심이 많았다. 그러나 국제적 위상을 높이는 방법론에서는 '부강'을 최우선 순위에 놓은 사람들과는 사뭇 다른 관점을 취했다. 류샤오보는 1989년 뉴욕으로 떠나기 직전에 이렇게 썼다. "다른 국가와 비교하여 현재의 중국은 지나치게 시대에 뒤지고, 지나치게 타락했으며, 지나치게 고착되어 있고, 지나치게 노쇠한 상태다. 그래서 우리에게는 도전이 필요하다. 비록 그 도전 상황이라는 것이 다른 국가가 우리를 '위협'하는 상황일지라도 우리에게는 그것이 필요하다. 고립, 격리, 편협한 사

沒有敵人

고라는 늪에서 벗어나려면 끊임없이 요동치는 광대한 바다가 우리에게
는 필요하다."[36]

1990년대는 주룽지 총리와 장쩌민 주석이 경제개혁과 개방정책을
열심히 추진해나가던 시기였다. 이 와중에 류샤오보처럼 정부를 거침없
이 비판하고 불의와는 일절 타협하지 않는 고집스러운 지식인이 갈 곳
이라고는 교도소밖에 없었다. 결국 류샤오보는 교도소를 들락날락하며
1990년대를 보냈다. 1919년에 천두슈는 학교와 교도소 사이를 왔다갔
다했던 젊은 날의 경험이 유용했다고 말했다("이 두 장소에서 비롯된 것만
이 생명력과 가치를 지닌 진정한 문명이다.").[37] 류샤오보의 행보가 그 좋은
예가 아닐까 한다.

1995년 5월에 잠시 자유의 몸이 됐을 때 류샤오보는 「피로 쓴 역사
에서 교훈을 얻고 민주주의와 법치주의를 신봉하라: 톈안먼 사태 6주년
에 부쳐」라는 제목의 호소문을 발표했다. 그러나 이 때문에 또 투옥되는
신세가 됐다. 교도소에서 7개월 넘게 복역하다가 석방됐는데 이번에는
훨씬 민감한 사안인 타이완 문제를 건드렸다. 1996년 10월에 류샤오보
는 다시 체포됐다. 이번에는 공식적 혐의나 재판도 없이 '노동을 통한
재교육'이라는 비사법적 절차가 적용됐다.[38]

3년 후 석방된 류샤오보는 이제 국외 중국어 출판사와 자유계약직
으로 일하는 것 외에 직업도 없고 변변한 생계수단도 없는 상태였다. 그
러나 오랜 투옥생활 이후 류샤오보도 예전과는 좀 달라졌다. 자신의 고
집을 꺾으려 하지 않는 것은 여전했으나 오만함도 예전보다 덜했고 쓸
데없이 동료 지식인들을 인신공격하는 일도 많이 줄었다. 상실, 결핍,
고난이 점철된 생활 때문인지 관대함도 생겼고, 그렇게 어려운 상황 속

❦

503

에 있다보면 누구라도 인간다운 모습을 지키며 산다는 것이 참으로 어렵다는 사실도 이해하게 된 것 같았다. 오랜 투옥생활을 하면서 인간의 의식이라든가 정신에 관한 문제를 논하는 것이 어떤 의미인지도 알게 됐다. 그리고 「성 아우구스티누스에게 바치는 시致聖奧 古斯丁」에서 '시간의 신비함과 잔인함의 발견'에 대해 썼다.[39] 실제로 류샤오보는 영적 자각을 경험했던 것 같다. 이러한 경험은 자신이 쓰는 글에 반영됐으며 특히 아내 류샤에게 쓴 연시에 그러한 경험이 많이 녹아 있었다. 그 연시는 순교, 죄, 회개, 고해, 속죄, 용서, 사랑을 통한 구원 등을 암시하는 내용으로 가득했다. 기독교 교리를 연상시키는 이와 같은 화두는 망명길에 오르기 전인 2003년에 기독교로 개종한 류샤오보의 절친한 친구이자 소설가 위제余杰의 영향이 컸던 것으로 보인다.

투사로서의 인생을 살아오면서 그는 초창기에 가졌던 자기중심적 경향과 편협성에서도 많이 벗어난 것 같았다. 그러면서 '원한과 증오는 사람의 지성과 의식을 좀먹을 뿐이며 대중의 정신을 피폐하게 할 수 있다(마오쩌둥 시절을 돌이켜보면 알 수 있다)'라고 결론 내렸다. "증오는 나와 너 모두에게 치명적인 투쟁으로 비화할 수 있다. 증오는 인내와 관용의 마음을 없애고 사람들 사이에 오가는 인간적 정서를 말살할 수 있으며 자유와 민주주의로 가는 길을 막을 수 있다. 그래서 나는 자비로운 마음으로 적을 대하고 사랑으로 미움을 날려버릴 수 있는 나 자신이기를 바란다."[40] 2009년 법정에 선 류샤오보는 자기 변론을 통해 1989년 6월은 자기 인생의 전환점이었고 그후 생각에 변화가 생겼다고 고백하면서 이렇게 정리했다. "내게는 적도 없고 증오도 없다."[41]

沒有敵人

중국의 경제기적

류샤오보는 1999년에 교도소에서 나왔다. 이때는 중국이 눈부신 경제성장을 이룩하고 있던 시기였다. 2000년대는 전 세계가 경탄해마지않는 눈빛으로 중국의 경제'기적'에 주목하게 됐다. 임기 말이 다가온 후진타오 주석은 중국의 기적을 '부강'을 향한 중국 인민의 영광스러운 업적이라 칭송하기도 했다.[42] 미국발 서브프라임 모기지 사태로 전 세계가 금융위기에 빠지고 수출 전선에도 큰 타격을 입었던 2008년에도 중국은 대대적인 경기부양책으로 자국 경제를 안정시켰다. 2009년에는 독일을 제치고 세계 최대 수출국이 됐다. 그다음 해에는 전체 경제 규모로 일본을 앞질렀고 미국 다음의 경제대국이 됐다.

이쯤 되면 국제적 '독점자본주의'의 폐해를 경고했던 레닌의 주장에서 공격의 대상이 전도될 법도 한 상황이 벌어진 것으로 보였다. 수십년 동안 적대적이고 반동적인 국제 자본주의 세력과 투쟁했던 중국 공산당이 이제는 월 가의 총아가 됐을 뿐 아니라 세계의 은행으로 거듭나게 됐다. 후진타오와 원자바오의 주도 아래 중국의 외환보유액이 3조 달러를 넘어섰다(미국 국채 비중이 크다). 그러자 중국 정부는 미 재무부 채권 위주에서 벗어나 보유 외환을 다변화하는 작업에 들어갔다. 이에 따라 중국투자유한책임공사中國投資有限責任公司라는 국부펀드Sovereign Wealth Fund, SWF까지 출범하게 됐다. 중국투자유한책임공사의 초기 자산 규모는 2000억 달러였다. 100년 넘게 채무국의 멍에를 지고 있던 중국이 2000년대에는 외환보유액이 넘쳐날 뿐 아니라 온 세계가 부러워할 만한 국제 채권국이자 투자국으로 돌변했다.

한 발짝 떨어져 외부인의 눈으로 보면 후진타오가 말하는 '영광스러운 번영의 길'은 마천루로 형성된 도시의 스카이라인, 웅장한 공항, 초현대식 고속열차, 고속도로, 지하도, 교량과 신개념의 세련된 박물관, 오페라 극장, 정부 청사, 기업 본사 건물 등으로 기업인과 관광객, 개발 전문가를 놀라게 하여 이들을 중국 경제에 끌어들이는 엄청난 수완을 바탕으로 한 것 같았다.

이 와중에 '중국의 기적'이 한낱 신기루에 불과한 것이 아닐까 걱정하는 사람은 극소수였다. 이 극소수 집단에서 가장 두드러진 사람이 바로 류샤오보였다. 류샤오보는 2008년에 쓴 「중국 경제기적의 이면」이라는 글에서 '경제가 발전함에 따라 힘 있는 관료들은 여기서 엄청난 이익을 챙길 기회를 포착하게 된다. 어이없게도 관료들의 파렴치하고 비양심적인 이익추구가 지속적 경제발전의 핵심 동력이 됐다'고 지적했다.[43] 이처럼 정실 자본주의로 이룩한 경제적 번영은 벼락부자에 집착하는 비정상적 사회 분위기를 조장했고 이러한 풍조는 극소수에 부가 집중되는 부작용을 낳았다고 비판했다. "연간 경제성장률이 9퍼센트 이상인 것을 보고 '경제기적'이라 부른다면 중국이 '기적'을 이룬 것은 맞다." 그러나 류샤오보의 생각은 달랐다. 뒤이은 '민영화'가 합법적이지도 윤리적이지도 않은 방식으로 이루어졌기 때문에 이러한 경제기적은 중국을 '강도 귀족들만의 천국'으로 만들었을 뿐이었다.[44]

류샤오보는 당 지도부가 경제적 성장을 지식층을 '분열시키고 고립시키는' 수단으로 이용했다고 생각했다.[45] 류샤오보는 이렇게 말했다. "먼저 당은 폭력적 탄압으로 지식인들을 위협하고 그다음에는 물질적 보상으로 이들을 회유했다. 그렇게 몇 년이 지나자 그렇게 뻣뻣했던 지식인들은 적어도 겉으로는 고분고분한 냉소주의자들이 돼 있었다. 그래도 속으로는 여전히 현 체제와 정권의 이념에 반대하고 정부의 행동에 경멸감을 표하는 사람들이 많다. 그러나 정부는 물질적 혜택이라는 당근과 정치적 박해라는 채찍으로 지식인들로 하여금 현 체제에 협력하도록 했다. 이제 지식인들은 핵심 권력층이 자신들의 행동을 합리화하는 것에도 더는 거부감을 느끼지 않으며 심지어 스스로 이 새로운 자본주의-공산주의 정권을 그럴듯하게 포장하는 소임까지 맡으려 한다."[46]

중국 내에서도 그렇고 외부 세계에서도 수억 인구의 생활수준을 극적으로 올려놓고 단시간 안에 국내 인프라를 구축한 방식에 놀라움과 함께 열렬한 찬사를 보내고 있으나 류샤오보의 생각은 달랐다. 물질적으로는 분명히 엄청난 성장을 한 것이 맞는데 이와 동시에 국가 전체에 비겁한 이기심이 충만하여 윤리적으로 타락하는 모습을 보이고 있다고 지적했다. 류샤오보는 다음과 같은 신랄한 비판의 글을 남겼다. "경제기적의 이면에는 조직적 부패의 기적, 불공정사회의 기적, 도덕적 타락의 기적, 낭비된 미래의 기적이 자리하고 있다. 이러한 것이 국가 경제와 인권 그리고 전체 사회에 미치는 악영향은 말로 다할 수 없을 정도다. 이러한 점들이 과연 치유될 수 있을까? 그것이 가능하다면 그것이야말로 진짜 기적이다."[47]

겉으로 드러내놓고 말은 못하더라도 중국의 주류 경제학자들은 적어도 부분적으로는 류샤오보의 이 같은 의견에 동의했다. 원자바오 총리조차도 '불안정한, 불균형적인, 부조화된, 지속 불가능한 성장'의 가능성을 지적하며 우려를 표했다.[48] 주룽지가 총리직에서 물러나면서도 계속 걱정했던 것이 빈부격차인데 이후로 그 격차가 더욱 벌어졌다. 대

류판大陸板이 아주 조금씩 움직여 결국 지진과 같은 대지 파열을 일으키 듯 경제적 불평등을 표시하는 표준지수인 지니계수가 2001년에 이미 0.4를 넘어섰다. 정부는 2001년을 끝으로 공식 수치를 발표하지 않았다. 2010년에는 이 계수가 0.6에 이를 것으로 추정됐는데 이 정도 수준이면 중국은 세계에서 경제적 불평등이 가장 심한 국가군에 속하게 된다.[49] 2010년 당시 여전히 1일 소득이 2달러도 안 되는 절대빈곤 속에 생활하 는 인구가 5억 명에 이르는데도 억만장자 수는 러시아보다 많았다.[50]

경제적 불평등 수준이 높아질수록 사회적 불안정 수준도 높아졌다. 수천 건이던 '대중 시위' 건수가 2006년까지 한 해에 수만 건으로 증가 했다. 이번에도 정부는 2006년 이후로 이에 관한 공식 통계자료를 발표 하지 않았다.[51] 그러나 사회 불안정과 관련하여 믿을 만한 연구자들에 따르면 후진타오 주석의 임기가 끝나갈 무렵이면 대중 시위가 10만 건 을 훌쩍 넘을 것이라고 했다. 또 혹자는 그 수가 급속히 증가하여 조만 간 20만 건에 이를 것이라고 말했다.[52]

사회 불안정 수준이 계속 높아지자 당 지도부는 케케묵은 '공식' 하 나를 꺼내들었다. 즉 조화調和를 강조한 유교 철학을 사회 불안정에 대 한 처방약으로 사용하려 한 것이다. 류샤오보는 전에는 당의 이념적 적 敵이었던 유교 철학을 다시 품겠다는 후진타오의 결정을 매우 냉소적인 시선으로 바라보았다. 후진타오는 이 유교 사상을 '중국인의 정신적 열 망이 담긴 광대하고 풍요로운 문화'라고 했다.[53] 5·4운동가들이 들었으 면 펄쩍 뛰었을 일이고 마오쩌둥도 진저리를 쳤을 일이었다. 그러나 중 국 공산당은 이에 아랑곳하지 않고 부끄러움도 모르는 채 '사회적 불안 정'이라는 발등의 불을 끄고자 유교 사상을 다시 부활하려 했다. 나중에 손을 쓸 수 없을 정도로 큰불이 되는 것을 원치 않았기 때문이다. 류샤오보는 위단于丹 같은 '지식 대중화' 강사들의 견강부회식 논리를 극도로 혐오하는 사람이었다. 위단은 텔레비전을 통해 일반인이 이해하기 쉬운 말로 유교 사상을 강의하는 사람으로 유명하다. 그런데 류샤오보는 위단을 두고 '고대 현인들에 관한 믿기 어려운 과장된 이야기를 대중가요 가사처럼 통속적이지만 세련된 말로 잘도 버무린 장사치 논리'로 대중에게 고대 철학자의 사상을 전달하는 사람이라고 표현했다.[54]

적도 없고, 증오도 없고, 거짓도 없다

체제에 반대하는 의견을 공공연히 표현하기가 쉽지 않은 환경에서 살았던 류샤오보는 다음과 같은 딜레마와 싸워야 했다. 이처럼 억압적인 환경 속에서 어떻게 내 신념을 지키며 살 수 있을까? 류샤오보는 전 체코 대통령이자 극작가인 바츨라프 하벨을 특히 존경했다. 하벨은 전체주의 환경에서도 양심이 시키는 대로 자신이 누구를 지지하는지, 또 누구와 행동을 같이할지를 서슴없이 표현했고 '거짓되게 사는 삶'에서 벗어나 '참되게 사는' 방법을 열심히 찾았던 흔치 않은 인물 가운데 한 사람이었다.[55] 반체제 예술가 아이웨이웨이가 2012년 트위터에 올린 글처럼 우리는 다음과 같은 선택지 가운데 하나를 선택할 수 있다. "참된 삶을 살 것인가 거짓된 삶을 살 것인가? 행동을 할 것인가 세뇌당할 것인가? 자유로울 것인가 구속당할 것인가?"[56]

류샤오보는 하벨의 말을 떠올리면서 이렇게 썼다. "엄청난 용기, 숭

원한으로 사상을 오염시키지 마라

고함, 양심, 지혜가 필요한 것은 아니다. 우리 자신에게 투옥의 위험을 감수하게 할 필요도 없고 단식농성을 할 필요도 없다. 자기희생을 필요로 하지도 않는다. 우리는 그저 거짓말을 하지 말고 거짓을 강경책이나 유화책의 수단으로 사용하지 않으면 된다. 허위와 거짓 위에 세워진 전제정권, 그 정권을 무너뜨리는 가장 강력한 무기는 바로 일상생활에서 일체의 거짓을 허용하지 않는 것이다."[57] 이것은 류샤오보의 새로운 생활철학 가운데 세번째에 해당하는 것이다. 그 생활철학을 정리하면 다음과 같다. '적도 없고, 증오도 없고, 거짓도 없다.'

21세기 민족주의

류샤오보에게 정부의 거짓 가운데 가장 용서할 수 없는 것은 국가 내부에 진짜 문제가 있을 때 민족주의 정서를 부추겨 실제로는 있지도 않은 외국의 위협에 사람들의 관심을 돌리게 하는 것이었다. 개혁가들과 지식인들 가운데는 무엇보다 지난 100년간의 국가적 치욕을 지우는 일에 본능적으로 매달리는 사람이 많다. 그러나 팡리즈와 마찬가지로 류샤오보는 '전통문화와 애국심의 결합'을 유독하고 치명적인 조합으로 보기 때문에 이 두 가지를 교묘하게 결합하려는 당의 노력을 경멸적 시선으로 바라볼 수밖에 없었다. 류샤오보는 중국의 시급한 과제는 경제적 부와 군사적 힘으로 국제사회를 압박하는 것이 아니라 자국민을 인간답게 대우하고 공명정대하게 통치하는 방법을 배워 국가적 자긍심을 다시 높이는 것이라고 보았다. 류샤오보가 더 우려한 점은 '폭력배의 세

沒有敵人

계관'과 다를 바 없는 '세계 지배 사고'였다. 2002년에 류샤오보는 이렇게 경고했다. "과거에도 그랬고 현재도 마찬가지로 이러한 기질과 성향이 중국에 가져다준 것은 평화, 성공, 영광, 안정, 건강한 사회 등이 아니라 유혈참사, 실패, 파멸, 굴욕, 비참한 생활, 사회 붕괴 등이었다."[58]

류샤오보가 보기에 가장 치욕스러운 것은 중국의 약한 국력이 아니라 역사적으로 중국의 지도자들이 자국민은 자치 과정에 참여할 능력이 없다고 생각한 것 그 자체였다. 류샤오보는 2002년에 「호전성과 흉악성: 21세기 벽두에 생각하는 중국인이 지닌 애국심의 근원」이라는 제목의 글에서 이렇게 썼다. "20세기 중국의 역사는 자기비하와 자기확대가 순환되는 역사였고 이는 우리가 민족주의라는 악마의 굴레에서 벗어나지 못한 데서 빚어진 결과다." 중국의 근대사를 '극한 수준의 자신감 상실과 좌절감을 만들어낸 연속적 대격변의 서사시'라고 생각하는 류샤오보는 중국이 오만과 자기비하의 굴레에 갇히는 것을 경계했다. 류샤오보는 이렇게 썼다. "'우리 기술은 다른 국가의 기술만큼 좋지 않다'에서부터 '우리 정치체제는 다른 국가만큼 좋지 않다' '우리 문화는 다른 국가의 문화만큼 좋지 않다'에 이르기까지 중국인들은 자신들의 결점을 점점 더 깊이 들여다보았다. 그러나 이렇게 자기반성에 몰두하게 된 것은 '인간성의 해방'이라든가 '사람들을 부자로 만들어주기'라는 고매한 심적 자세에 바탕을 둔 것이 아니라 주권 상실과 기타 국가적 치욕에 대한 굴욕감에서 비롯된 일이었다."[59]

류샤오보는 중국이 다른 국가한테 괴롭힘을 당하던 약한 국가에서 다른 국가를 괴롭히는 강한 국가로 전환되는 것을 특히 우려했다. 류샤오보는 그러한 '편협한 민족주의' 혹은 인간의 기본적 자유권 같은 보편

원한으로 사상을 오염시키지 마라

적 가치보다 부국강병이라는 목표를 우선순위에 두고 추진하는 개혁정
책에는 더 관심을 두고 싶어하지 않았다.[60]

류샤오보의 주장대로 중국은 스스로 힘이 있다는 착각에 빠질 수 있
는 '유치한' 수준의 민족주의를 선택할 것인지, 아니면 더 공정한 사회
와 진정한 힘을 만들어낼 수 있는 인도주의적 가치를 선택할 것인지를
결정해야 한다. 류샤오보는 이렇게 썼다. "대다수 사람이 인간의 자유와
존엄성이라는 보편적 가치보다 편협한 민족주의를 더 지지하는 순간
'애국심'은 독재정부, 군사적 모험행위, 잔혹한 살육행위를 옹호하는 것
으로 변질되고 만다."[61]

금메달이라는 '아편'

류샤오보에게 2008년 베이징에서 열린 하계올림픽은 그러한 천박
한 '살육행위' 가운데 하나를 확인할 수 있는 장이었다. 그는 '당 간부들
의 금메달에 대한 집착과 애국심에 대한 호소'가 '병적인 수준'에 이르
렀다고 생각했다.[62] 류샤오보는 이렇게 썼다. "메달 수에 대한 그러한
'강박적 집착'에는 '올림픽 정신'이라든가 인간의 가치와 숭고한 이념은
눈을 씻고 찾아도 없었다." 이것은 정부가 '대중의 민족주의를 독재체제
를 유지하는 수단으로 변질시키는 또다른 방식'에 불과했다.[63]

물론 류샤오보는 이미 중국의 지도자들이 '서구를 넘어서는' 일에
집착하는 것 또한 '병적'인 현상이라고 판단했었다. "금메달 수에서 미
국을 넘어 1등을 하면 중국이 다른 모든 면에서도 미국을 넘어서고 그래

沒有敵人

서 세계 일등 국가가 되는 양 전국이 말도 안 되는 흥분 상태에 빠져 있었다."[64] 류샤오보는 '금메달에 그처럼 강박적으로 집착하는 국가는 절대로 위대한 시민국가가 될 수 없으리라' 결론 내렸다.[65]

많은 점에서 류샤오보는 반체제 예술가 아이웨이웨이의 의견에 동조했다. 아이웨이웨이는 비록 '새둥지'로 더 잘 알려진 베이징올림픽 주경기장을 설계한 인물이지만 이 올림픽은 '극단적으로 초현실적인 기이한 악몽'이라는 결론에 이르게 됐다.[66] 아이웨이웨이는 『가디언』지와의 인터뷰에서 이렇게 말했다. "베이징올림픽은 '오로지 중국을 찬미할 의도로 교묘하게 계획된, 가식적 웃음을 뿌리는 가장무도회' 같았다. 개회식부터 폐회식, 성화 봉송, 금메달을 기원하는 열띤 응원에 이르는 그 모든 것이 전체주의 정치체제의 힘을 과시하려는 필사적인 몸부림에 불과했다."[67]

그러나 대다수 중국인과 당 지도부가 베이징올림픽을 류샤오보나 아이웨이웨이와는 전혀 다른 시각으로 보았음은 물론이다. 실제로 올림픽 유치는 덩샤오핑이 오래도록 염원했으나 끝내 이루지 못한 꿈이었다. 덩샤오핑은 1989년 톈안먼 사태 이후 중국에서 올림픽을 개최하고 싶어했다. 중국이 올림픽 개최지로 선정되면 그동안 손상됐던 중국의 국가적 위신이 조금은 회복될 수 있으리라 생각했다. 그런데 1993년에 치러진 2000년도 하계올림픽 개최지 선정 투표에서 한 표 차이로 시드니에 개최권을 넘겨주고 말았다. 인권 문제가 걸림돌이 됐던 이 결정에 대해 중국 공산당은 적들이 중국의 올림픽 개최를 방해한 결과라고 선전했다. 2000년에 열린 2008년도 올림픽 개최지 선정 투표에서 베이징이 승리하자 이번 결정에 대해서는 열렬히 환영했다.

원한으로 사상을 오염시키지 마라

2008년 올림픽 개최일이 다가옴에 따라 중국 정부는 중국이 내건 '평화로운 부상和平崛起'과 '조화로운 사회和諧社會'라는 기치를 국제사회에 널리 알릴 수 있게 되기를 바랐다. 그러나 갑자기 티베트 라싸에서 불행한 사건이 발생했다. 3월 10일에 중국 공산당의 티베트 통치에 반대하여 일으킨 1959년의 민중봉기를 기념하는 자리에서 달라이라마가 성명을 발표했다. 그때의 봉기가 실패하면서 달라이라마는 인도로 영구 추방됐었다. "중국은 눈부신 경제발전 덕분에 새로운 강국으로 부상하고 있다. 이것은 매우 환영할 만한 일이다. 그러나 중국이 공언했던 '평화로운 부상'과 '조화로운 사회' 개념을 중국의 현 지도부가 어떻게 실현할지 전 세계가 예의 주시하고 있다. 이러한 개념을 실현하려면 경제발전만으로는 충분치 않다. 경제발전 외에 법치 준수, 투명성, 알 권리, 언론의 자유 부문에서도 진전이 있어야 한다."[68]

같은 날 티베트 드레풍사원哲蚌寺의 승려 수백 명이 자신들의 문화와 종교생활을 억압하는 데 항의하여 라싸를 향해 행진하며 시위를 벌였다. 이후 나흘간 승려의 시위와 경찰의 진압이 계속 꼬리를 물었다. 급기야 3월 14일에는 이것이 라싸 거주 티베트 주민들의 폭동으로 이어져 시가지 곳곳에서 광포한 행위가 이어졌고 중국인 기업주에 대해서는 특히 잔혹한 보복행위가 가해졌다.[69]

후진타오 주석은 라싸 시위에 관한 소식을 듣고 틀림없이 데자뷰를 느꼈을 것이다. 1989년 초에도 이와 비슷한 경험을 한 바 있었기 때문이다. 이때도 승려와 학생, 일반 시민이 중국 정부에 반대하는 군중 시위에 참여했었다. 당시 당의 떠오르는 신예였고 진보적 성향의 기술관료였던 후진타오는 티베트 자치구에서 고위급 성 관료로 있었다. 시위가 벌어지자 후진타오는 즉각 계엄령을 선포하여 시위대를 무력으로 진압했다. 덩샤오핑을 비롯한 중앙당은 이와 같은 강경책에 매우 흡족해했고, 결국 덩샤오핑은 2002년에 후진타오가 당 총서기가 될 수 있는 발판을 마련해주게 된다. 이 같은 배경을 고려한다면 자신이 최고 권력자로 있던 2008년 3월에 또다시 그때와 유사한 사태가 발생했을 때 어떻게 대처했을지 익히 짐작할 수 있을 것이다. 후진타오는 이번에도 무력으로 시위를 진압했다. 철통보안 속에 티베트는 봉쇄 조치됐다. 따라서 대규모 구금 사태는 물론이고 심지어 처형에 관한 소식도 외부에 제대로 전달되지 않았다. 외신 기자들도 티베트에서의 취재 및 보도 행위가 금지됐고 중국 관리들은 달라이라마를 '양의 탈을 쓴 늑대'라며 맹렬히 비난했다. 국제사회에서 베이징을 올림픽 개최지로 선정한 것이 과연 옳은 결정이었는지 의문스러워하는 목소리가 높아지기 시작했다.

티베트 지역의 유혈사태로 전 세계가 중국 정부를 비난하고 나서자 중국은 다가올 올림픽을 그 방패막이로 삼았다. 중국 정부는 잔치 분위기를 돋우고자 총 봉송 거리만 약 13만 6000킬로미터에 이르고 지구촌 곳곳을 거치는 사상 최장 거리의 성화 봉송을 계획했다. 그러나 중국이 기대했던 것과는 달리 이 성화 봉송은 '조화의 여정'을 상징하는 것이 아니라 외국의 인권보호론자들과 애국심을 앞세운 친중국 반시위 세력들 간의 험악하고 때로는 폭력적인 대치 상황을 만드는 행사로 변질됐다. 이 가운데 최악의 상황은 4월 초에 휠체어를 탄 성화 봉송 주자 진징金晶이 파리 센 강변을 지날 때 발생했다. 진징이 성화를 들고 갈 때 친티베트 시위자들이 다가가 말을 걸며 봉송을 방해했던 것이다. 그러자 진징은 온몸으로 성화를 보호하려 했고 이 같은 사실을 안 중국의 누리꾼은 곧바로 진징에게 '휠체어 위의 미소 천사'라는 별명을 붙여주었다. 그리고 그는 지금도 여전히 중국에 수치를 안겨주려 애쓰는 사악한 적들과 맞서 싸워 중국의 존엄성을 지켜낸 영웅이라 칭송된다.

올림픽이 시작되는 8월이 다가오자 베이징 내에 흉흉한 분위기가 감돌기 시작했다. 1999년 봄, 미국이 베오그라드 주재 중국 대사관에 폭격한 것에 항의해 학생들이 미국 대사관에서 투석전을 벌이던 그때와 같은 긴장감이 팽배했다. 당시 금방이라도 폭발할 것만 같은 민심을 대신하여 텔레비전에 얼굴을 비친 사람은 사실상의 후계자였던 후진타오였다. 후진타오는 미국의 주도로 북대서양조약기구NATO가 자행한 만행을 '잔인무도한 범죄' 행위라며 맹비난했다.[70] 그런데 후진타오는 2008년에 다시 한번 국가의 위신을 지켜야 하는 상황이 됐다. 이번에는 일이 그렇게 녹록지가 않았다. 이도저도 할 수 없는 진퇴양난에 빠졌기 때문이다. 올림픽을 성공적으로 치러 국가의 위상을 높이고 세계인의 우러름을 받고 싶은 열망은 더없이 강했다. 그러자면 '조화의 여정'을 세계 만방에 알리려던 중국의 의지에 찬물을 끼얹은 세력에 무턱대고 반격을 가할 수만도 없었다. 국가적 굴욕을 감수하고 올림픽을 성공적으로 치러 국가적 위상을 높일 것인지 아니면 방해세력에 적극적으로 대처하여 국가적 자존심을 지킬 것인지를 두고 한쪽을 선택하는 일은 쉽지 않았다. 세계 평화의 상징처럼 여겨지는 올림픽을 성공적으로 치르려면 적어도 당분간만이라도 이들에 대한 비난은 자제하고 중국의 발전상을 보여줄 수 있는 올림픽에 온 신경을 집중해야 했다.

결국 중국인들은 세계인의 탄성을 자아낼 만큼 올림픽을 성공적으로 치러냈다. 전 세계에서 수십억 명이 지켜보는 가운데 베이징은 '신흥 강국'에 어울릴 법한 장관을 연출해냈다. 폭죽과 불을 이용하는 일명 '불꽃' 화가 차이궈창蔡國強이 설계한 방사형 불꽃이 베이징 밤하늘을 화려하게 수놓았다. '새둥지'를 뜻하는 '냐오차오鳥巢' 주경기장을 가득 메운 9만 명의 관중은 전설적인 영화감독 장이머우張藝謀가 1억 달러 넘는 비용을 들여 연출한 화려한 볼거리를 마음껏 즐겼다. 극적인 개회식 행사로 2008명의 고수鼓手가 중국 고대 병사의 복장을 한 채 나열하여 북을 두드리는 장관을 연출했으며, 자신의 시대를 '조화'의 시대로 정한 후진타오의 뜻을 받들어 2008명의 고수가 몸으로 한자 '화和'의 모양을 그려냈다.

베이징올림픽은 1989년 톈안먼 사태에 대한 기억을 희미하게 할 만큼 완벽하게 성공한 행사였다. 난감했던 성화 봉송 방해로 입은 손상을 대부분 치유했고 티베트 봉기에 대한 기억도 지웠으며 전통사상의 가치를 존중하는 신흥 강국의 눈부신 면모가 대신 그 자리를 채웠다. 그러나 이러한 '조화'는 '불화不和 요소에 대한 통제'라는 값비싼 대가를 치르고 얻은 것이었다. 티베트를 진정시키느라 국가안보 예산이 엄청나게 증가했다. 국내에서는 경찰관들과 공안요원들이 '가정방문'을 통해 문제를 일으킬 소지가 있는 반체제 인사들의 집에 수만 개에 달하는 신형 감시 카메라와 웹 감시 장비를 설치했고 불상사를 미리 방지하기 위한 기타 관리 감시 조치들을 시행했다.

그리고 올림픽이 끝난 다음에도 이러한 보안 감시 체계를 그대로 유지하여 공안부장의 말에 따르자면 '올림픽 경험 자체를 영구적인 체제'로 바꿔버렸다. 이를테면 '24시간 국민 감시 체제'에 들어가겠다는 것이나 다름없었다.[71] 그래서인지 '사회적 안정 유지'를 의미하는 '유온維穩'

이라는 말이 유행처럼 사용되기 시작했다. '유온'은 중국 정부가 추진하는 다양한 공안정책을 완곡하게 표현한 말이다. 정부는 2011년에 이러한 공안정책 비용으로 1000억 달러 이상을 지출했으며 이는 중국의 국방예산을 뛰어넘는 수준이라고 한다.[72] 아마도 의기양양하게 '부강'을 운운하는 당에 맞서 불화를 조장하는 목소리가 나오지 않게 하기 위한 이 같은 공안정국의 가장 두드러진 피해자는 류샤오보였을 것이다.

진실의 통로, 블로그

　　우크라이나와 조지아에서 있었던 무혈혁명의 영향으로 후진타오는 2002년에 이미 류샤오보에 대한 재구금 명령을 포함하여 반체제 인사들에 대한 새로운 탄압정책을 승인했다.[73] 민권단체, 공익변호사, 사회운동가 등은 '조화로운 사회'를 명목으로 한 당의 선전운동에 반기를 들었다. 이들은 신체장애인, 에이즈 환우, 반체제 인사 등의 권리 보호를 위해 중국인권수호자維權運動라는 인권운동 단체를 조직하여 활동했다. 그리고 이들 가운데 2005년에 시각장애인 인권운동가 천광청, 2006년에 인권변호사 가오즈성高智晟, 2007년에 사회운동가 후자胡嘉 등을 포함하여 정부 정책에 거침없이 쓴소리를 뱉어낸 사람들은 체포되거나 자취를 감춰버렸다. 대정부 비판을 거침없이 쏟아내는 사람들이 늘면서 점점 더 자유분방한 사회가 되어가는 것을 막고자 후진타오가 '조화'의 칼을 빼들었다. 그리고 양자가 격돌한 최대 격전지는 바로 '온라인'이라는 새로운 전장戰場이었다.

沒有敵人

21세기 들어 첫 10년 동안 후진타오가 주석에 취임한 첫해에만 중국의 인터넷 사용자 수가 3000만 명에서 약 6000만 명으로 두 배나 증가했다.[74] 10년이 더 지난 지금 중국에서는 5억 명 이상이 인터넷을 사용하고 있으며 이 가운데 3억 명이 블로그를 통해 자신들의 일상생활과 생각을 전 세계인에게 공개하고 있다. 이렇게 거미줄처럼 뻗쳐 있는 가상 통신 세계에 대한 '질서 유지'를 위해 당은 제한된 외부 세계의 데이터가 몇 개의 게이트웨이를 통해서만 국내로 들어올 수 있게 하는 체계를 구축했다. 이때는 당연히 내용을 파악할 수 있는 패킷(데이터의 전송 단위-옮긴이)을 통해 비교적 쉽게 데이터를 통제하고 감시할 수 있는 게이트웨이가 사용된다. 당의 이러한 인터넷 검열체계를 공식적으로는 '황금 방패'라는 의미의 '금순공정金盾工程'이라 부르지만 이를 조롱하고 비판하는 쪽에서는 '만리방화벽Great Firewall of China'을 의미하는 '방화장성防火長城'이라 불렀다.

어쨌거나 이러한 온라인 검열체계를 주축으로 당은 국외 서버를 통해 중국 사용자들이 접근할 수 있게 한 사이트 가운데 이념적으로 수용할 수 없다고 판단되는 특정 사이트를 통제할 수 있었다. 이와 동시에 수만 명에 달하는 '인터넷 경찰'을 두어 당에서 허용하지 않는 행위를 하는 사용자나 사이트에 대해 경고 혹은 폐쇄 조처를 내렸다. 당이 만들고자 했던 것은 필요하면 언제든 다른 세계와 단절시킬 수 있는 '중국 인터넷'이었다. 이처럼 쫓고 쫓기는 인터넷 게임에서 중국의 누리꾼 사이에서는 '화합당했다'는 의미의 '피화합被和諧'이라는 말이 유행했다. 인터넷 게시물이 삭제되거나 웹사이트가 봉쇄됐을 때 중국 누리꾼은 자조적으로 '화합당했다'고 표현했다.

그러나 중국에서는 인터넷이 이렇게 통제되는 상황인데도 새로운 온라인 혁명이 일어났고 이것이 류샤오보 자신과 류샤오보가 하는 일에 중대한 영향을 끼쳤다. 지난 20년 세월을 교도소에서 보냈음에도 류샤오보는 글쓰기를 멈추지 않았다(실제로 류샤오보가 그동안 쓴 논평과 시를 책으로 묶은 것이 족히 17권은 된다).[75] 그러나 당의 검열 때문에 류샤오보의 글이나 책은 중국에서는 출판되거나 배포될 수 없었다. 다행스럽게도 인터넷이라는 신세계가 류샤오보를 비롯한 반체제 작가들에게 세계를 향한 언로를 뚫어주었고 이 때문에 당국은 몹시 곤혹스러운 상황에 부닥치게 됐다.

류샤오보는 「인터넷이여 영원하라」라는 글에서 '언론통제에 늘 강박적으로 매달리던 공산당 정권은 인터넷 사용자들의 활동을 감시하느라 혈안이 됐다'고 설명했다. "독재자들은 항상 정보의 개방과 표현의 자유를 두려워한다. 이 놀라운 인터넷이 정치적으로 자신들을 위협할 수 있다는 점을 걱정한다. 이들이 인터넷 통제를 최우선 순위에 두는 것은 어찌 보면 당연한 일이다."[76]

2013년이 되자 중국의 인터넷 사용자가 폭발적으로 늘어나면서 새로운 세상이 열렸고 전에는 국가의 통제로 언로가 막혔던 반체제 작가들과 정치운동가들에게 이것은 아주 강력한 무기가 됐다. 류샤오보는 2008년에 쓴 두번째 인터넷 소론에서 이렇게 썼다. "중국은 자신의 의견을 말하는 사람들을 박해해온 뿌리깊은 전통이 있다. 중국 역사 여기저기에 그러한 희생자들이 널리고 널렸다. 진나라 초대 황제인 진시황이 서적을 불태우고 학자들을 생매장한 이른바 '분서갱유'는 아주 유명하다.[77] 그러나 인터넷은 '마법의 엔진' 같은 것이고, 또 마치 간헐천처

沒有敵人

럼 내 글을 세상 밖으로 '뿜어올리는' 데 도움을 주었다. 지금은 그 글쓰기로 생계까지 유지할 수 있는 정도가 됐다."[78]

류샤오보는 인터넷이 중국인의 삶에 새로운 다양성을 제공해준 점에 놀라움을 금치 못했다. 전에는 공식적으로 당을 통하지 않으면 유명인사가 되는 것이 불가능했다. 지금은 당 밖에서도 수많은 '인재'가 탄생했다. 수백만 명의 팔로어(추종자)를 거느린 상하이의 파워 블로거 한한韓寒이 이에 해당한다.[79] 중국 정부가 방화장성을 세우는 데 막대한 비용을 쏟아부었다는 것은 웹사이트의 위력이 그만큼 강하다는 방증이었다. 그리고 2008년에 류샤오보가 깨달은 사실인데, 인터넷의 가장 큰 위력 중 하나는 자신과 같은 사람들이 정치적 탄원서나 공개서한을 작성하고 이에 공감하는 사람들의 서명이나 추천을 받기가 수월해졌다는 점이었다.

류샤오보는 이렇게 설명했다. "인터넷이 생기기 전에는 이런 일을 하려면 힘이 많이 들었다. 하지만 지금은 컴퓨터 앞에 앉아 이메일 작업만 하면 된다. 그러면서 전에는 이 일을 하기가 얼마나 어려웠는지를 생각하며 작은 탄식을 하곤 한다."[80]

'중국의 미래는 아직도 불투명하다', 08헌장

2008년에 류샤오보는 공개서한과 관련한 문제에 연루됐고 이것이 그의 인생에 엄청난 영향을 끼쳤다. 류샤오보는 티베트 봉기와 베이징 올림픽, 당의 '안정 유지' 정책을 지켜보면서 자신과 뜻을 같이하는 진

원한으로 사상을 오염시키지 마라

보적 비판세력과 함께 중국의 일당독재체제를 노골적으로 비판하는 내용의 성명서를 만들었다. 이것이 '08헌장'이었다.

1977년에 바츨라프 하벨과 얀 파토츠카Jan Patočka의 주도로 체코슬로바키아의 공산당 정권을 무너뜨린 이른바 '벨벳 혁명'의 도화선이 된 '77헌장'을 모형으로 한 08헌장은 중국에서의 일당독재체제의 종식과 법치주의 확립에 필요한 개혁 요구를 목적으로 세계인권선언世界人權宣言 채택 60주년에 즈음하여 제정됐다. 류샤오보는 곧바로 중국인권수호자 단체에서 가장 왕성한 활동을 하는 회원이 됐다. 일당 통치를 끝내라는 주장은 당연히 중국 정치지도자들의 심기를 건드렸고 그래서 그들은 이들이 주류 언론에 노출되는 것을 통제했다. 이 단체는 인터넷으로 눈을 돌렸다. 12월 10일 인터넷에 올린 08헌장에 1만 2000명 이상이 지지 서명을 했다. 정치적 성향이 강한 글에 지지 서명을 하는 것에 무시무시한 대가가 따르는 국가에서는 보기 드물게 엄청난 성과였다.

중국 공산당은 2008년 12월 지난 30년간 추진해온 '개혁과 개방', 국가 부흥이라는 목표의 성공적 달성을 대대적으로 기념하고 축하할 계획이었다. 그러나 08헌장 작성자들에게 중국의 눈부신 경제성장은 정치적 개혁의 실패와 이에 따른 사회적 가치의 타락이라는 상황을 숨기는 것에 불과했다. 08헌장은 이렇게 시작됐다. "중국이 헌법을 제정한 이후로 100년이 흘렀다. 민주주의를 지지하는 학생 시위대를 향해 자행된 1989년 톈안먼 대학살 사건 발생 20주년도 다가오고 있다. 그 모진 세월 동안 인권 탄압과 수없는 투쟁을 감내했던 중국 인민은 이제 자유, 평등, 인권이 인류의 보편적 가치임을, 민주주의와 입헌정부가 이러한 가치를 수호할 수 있는 기본 정치체제라는 사실을 분명히 알게 됐다. 중국

沒有敵人

정부가 이러한 가치를 등한시한 채 추구한 '현대화'는 한마디로 재앙이었다. 보편적 가치가 빠진 이러한 '현대화'는 인권을 박탈하고, 인간의 존엄성을 파괴하고, 정상적인 인간성을 타락시킬 뿐이었다."[81]

08헌장은 '중국의 미래는 이직도 불투명'하다고 경고하면서 이렇게 선언했다. "중국이 현재의 곤경에서 벗어나는 길은 인민들 스스로 '현명한 군주' 혹은 '청렴한 관리'에 의존하는 독재정치 개념에서 벗어나 자유, 민주주의, 법치체계로 눈을 돌리는 데 있다."[82] 08헌장은 이렇게 끝을 맺었다. "불행하게도 우리는 세계 주요 국가들 가운데 여전히 독재정치체제에 안주한 유일한 국가다. 우리의 정치체제는 계속해서 인권 탄압과 사회적 위기 상황을 연출하고 있다. 이것이 중국의 발전을 방해할 뿐 아니라 인류 전체의 문명화를 제한하고 있다. 이에 중국 정치의 민주화를 더는 미룰 수 없다."[83]

강경한 어조가 드러난 08헌장은 류샤오보의 글쓰기 특성을 쏙 빼닮았다. 류샤오보는 미국 시사주간지 『뉴요커』의 에번 오스노스Evan Osnos에게 이렇게 항변했다. "내 공개서한의 어조는 아주 부드럽다고 생각한다. 서방 국가들은 중국 정부에 인권 상황을 호전시키겠다는 약속을 이행하라고 촉구한다. 그러나 국내에서 그와 같은 목소리를 내는 사람이 없으면 정부는 아마도 이렇게 말할 것이다. '외국에서만 난리지 중국인들은 그러한 것을 요구하지 않는다.' 나는 국제사회만이 아니라 중국인들도 자국의 인권 상황이 호전되기를 희망한다는 점을 알려주고 싶다."[84]

정작 중요한 것은 류샤오보가 자신의 어조를 어떻게 평가하든 08헌장에는 당 지도부가 채택한 현대화 전략을 정면에서 반대하는 매우 대

원한으로 사상을 오염시키지 마라

담한 메시지가 담겨 있다는 사실이다.

"자유에 대한 갈증은 무엇으로도 막을 수 없다"

　08헌장이 인터넷에 공개되기 이틀 전인 2008년 12월 8일 밤늦게 경찰이 류샤오보의 집에 들이닥쳐 책과 문서, 컴퓨터 파일 등을 압수했다. 그리고 류샤오보를 다시 감금 조치했다. 이번에는 '국가권력 전복과 사회주의체제 타도를 선동하기 위한 유언비어 유포와 중상모략' 혐의였다.[85] 류샤오보도 웨이징성처럼 법정에서 자신을 변호할 기회를 달라고 주장했다. 법정 출두를 일당독재를 공격할 기회로 삼으려 했던 것이다.

　류샤오보에 대한 재판은 1년 뒤 시작됐기 때문에 그는 그때까지의 시간을 자기변론서를 작성하는 데 활용할 수 있었다. 류샤오보는 자기변론서에서 자신은 '독재정권에 맞선 독립적 지식인들에게 어떠한 일이 벌어졌는지를' 역사적 기록으로 남기고 싶었다고 설명했다.[86] 류샤오보는 매우 강한 어조로 이렇게 주장했다. "비판하는 것은 유언비어 유포가 아니며 반대하는 것은 중상모략이 아니다. 1989년부터 2009년까지 20년이 넘도록 나는 중국의 정치개혁이 적절한 통제 아래 점진적으로, 또 평화적으로 질서 있게 이루어져야 한다고 늘 주장했다. 나는 항상 갑작스러운 급진적 도약 개념을 지지하지 않았고 이보다 훨씬 더 과감한 폭력적 혁명에도 반대했다."[87] 류샤오보는 '온 나라가 강제된 획일성의 수렁에 빠져 있던' 1949년 이후 표현의 자유가 자취를 감추었다고 주장하면서 표현의 자유를 강하게 옹호했다.[88] 그리고 재판부를 향해 '자신의

沒有敵人

의사를 표현하는 행위를 범죄로 취급하는 것은 세계 현대사의 흐름에 역행하는 일일 뿐 아니라 기본적 도덕관념으로서의 인본주의와 인권을 탄압하는 일이며 표현의 자유는 동서고금을 막론한 만고의 진리'라는 점을 상기시켰다.[89]

그리고 자신에 대해서는 이렇게 변호했다. "그저 정치적으로 다른 의견을 말했고 평화적인 민주주의 운동에 참여했다는 이유로 누군가(예컨대 류샤오보 같은 사람이) 가르칠 권리를 잃었고, 작가가 출판한 권리를 잃었으며, 대중 지식인이 더는 공개적으로 말을 할 수 없게 됐다. '개혁과 개방'을 표방했던 30년 세월이 지난 지금 이러한 상황이 나 혼자만의 운명이든 중국의 운명이든 참으로 서글픈 운명임에는 틀림이 없다."[90]

류샤오보는 재판 결과가 어떻게 나오든 자신은 '자신의 개인적 운명을 딛고 일어나 조국의 지속적 발전과 사회의 변화를 위해' 계속 이바지할 수 있기를 희망한다고 말했다. "나는 나의 적을 자비로 대할 수 있기를, 그리고 사랑으로 미움을 쫓아낼 수 있기를 바란다." 류샤오보는 과감한 저항의 말도 함께 내뱉었다. "인간의 본성에 내재한 자유에 대한 갈증은 무엇으로도 막을 수 없다. 중국도 언젠가는 인권을 가장 중요하게 여기는 국가가 될 날이 올 것이다. 중국은 아주 오래전부터 자신의 생각을 자유롭게 말하는 것을 범죄로 취급했다. 이제 내가 그 오랜 역사의 마지막 희생자이기를 바란다. 표현의 자유는 가장 기본적인 인권이고 인간 본성의 뿌리이며 진리의 어머니다. 이러한 자유를 말살하는 것은 인권을 모독하고, 인간의 본성을 억압하고, 진리를 은폐하는 것과 다름없다."[91]

류샤오보의 최후 변론에서 뒷부분이 지나치게 공격적이라고 판단한 재판장은 피고인은 검사가 기소문을 낭독하는 시간보다 더 오래 변론할 수 없다고 주장하며 류샤오보의 자기변론 시간을 단축해버렸다.[92]

류샤오보는 이 재판에서 11년형을 선고받았다.

"이 상은 먼저 죽은 수많은 영혼의 몫"

류샤오보의 아내 류샤가 자신의 남편에게 2010년 노벨 평화상 수상 소식을 알리려고 랴오닝遼寧 성 진저우錦州 교도소를 방문했을 때 류샤오보는 이렇게 말하며 눈물을 흘렸다. "이 상은 먼저 죽은 수많은 영혼의 몫이다."[93] 류샤오보는 자기변론 과정에서 이렇게 말했다. "1989년 이후 20년이 지났으나 그때 학살된 억울한 영혼들은 아직도 우리를 지켜보고 있다."[94]

물론 류샤오보는 노벨상을 받으러 오슬로로 가지는 못했다. 이로써 류샤오보는 노벨상 시상식에 직접 참석하지 못한 다섯번째 수상자가 됐다. 중국 정부는 시상식 참석차 국외로 나가야 하는 류샤오보의 가족과 친구들에게 출국 허가를 해주지 않았다. 이와 동시에 중국 외교부는 노르웨이 노벨상위원회를 비난하기 시작했다. 외교부 대변인은 이렇게 말했다. "류샤오보는 중국 법을 어긴 범죄자다. 노벨상위원회가 그러한 사람에게 노벨평화상을 주는 것은 상의 취지에도 맞지 않을 뿐 아니라 평화상 자체를 모욕하는 일이다."[95] 중국 외교관들은 다른 국가에 대해 오슬로 주재 자국 대사들을 노벨상 시상식에 보내지 말도록 강하게 압박하기 시작했고 노르웨이에서 열리기로 돼 있던 수산업 관련 장관회의

沒有敵人

참석도 취소했다. 또 노르웨이산 훈제연어의 대중국 수출도 보류했다.

당시 애리조나 주에 거주하면서 학생들을 가르치고 있던 팡리즈는 노벨상위원회의 수상자 결정을 환영하면서 이렇게 썼다. "노벨상위원회가 서구 사회로 하여금 1989년 톈안먼 대학살 사건 이후 만연하게 된 위험한 발상을 재고하는 계기를 마련했다. 그 위험한 발상이란 다름아니라 '경제발전이 필연적으로 중국의 민주화를 가져올 것'이라는 생각이다. 그러나 중국의 지도자들은 외부 사회에 자국 시장을 아무리 넓게 개방한다 해도 억압적 정치체제에 대한 자신들의 신념을 양보하는 일은 없을 것이다."[96]

노벨상 수상을 그토록 오랫동안 염원해온 중국은 막상 류샤오보가 수상자로 결정되자 이를 국가적 모욕으로 느껴야 하는 상황이었다. 수많은 중국인이 하루바삐 '서구사회를 따라잡아야 한다'고 느끼는 바로 그만큼의 애국심으로 중화인민공화국 본토의 자국민이 노벨상을 받기를 또한 애타게 염원하고 있었다. 이제 그렇게 바라고 바라던 순간이 왔는데 어이없게도 노벨상 수상자로 지목된 그 사람은 자국의 '적'과 다름없는 인물이었다(마침내 2012년 추방되지도 투옥되지도 않은 중국 시민인 작가 모옌 莫言이 노벨 문학상을 받은 것이다).

첫 미국 방문 직전인 1988년에 류샤오보는 친구 바르메에게 편지를 썼다. "내가 가는 곳에 벽돌 벽이 있으면 그것에 머리를 박는 것이 내 성격이다. 설사 머리뼈가 깨지는 한이 있어도 벽을 부수려는 도전을 멈출 수 없다."[97] 실제로 류샤오보는 그후 20여 년 동안 몇 번 그러한 벽에 머리를 박았다. 류샤오보가 극한의 시련을 겪은 이유는 원칙에 관한 문제들에 대해 절대 타협하지 않아서만이 아니라 마르크스, 레닌, 마오쩌둥

등이 규정한 계급이나 국민성을 인권과는 별개의 것이라고 보았기 때문이다. 류샤오보는 인권을 피하려야 피할 수 없는 권리라고 생각했다. 설사 인권 따위는 한 치도 누릴 생각도 없다고 생각하는 사람들조차 그 인권에서 멀어질 수 없다. 한마디로 인권은 사람인 이상 누구에게나 부여된 이른바 천부적 권리다. 류샤오보는 이렇게 말했다. "인권은 국가가 부여하는 권리가 아니다."[98] 인권은 민주주의와 마찬가지로 개혁가나 국가가 때에 따라 편의적으로 취하거나 버릴 수 있는 일개 도구가 아닌 절대 불변의 가치라고 그는 생각했다.

앞으로 류샤오보가 웨이징성이나 팡리즈(2012년 4월 망명지 애리조나에서 사망)처럼 중국 역사의 뒤안길로 사라질지 아니면 넬슨 만델라나 바츨라프 하벨, 레흐 바웬사, 김대중, 아웅 산 수 치 등과 같이 출옥한 영웅이 되어 중국의 정치사에서 중요한 역할을 하게 될지는 여전히 미지수다. 그러나 한 가지 분명한 사실은 적어도 지금 당장은 류샤오보가 자신의 자유를 희생하면서까지 추구하고자 했던 가치 대부분이 현 중국 정치지도자들의 신념과는 여전히 정반대 노선을 걷고 있다는 사실이다. 그리고 류샤오보가 생각하는 '중국의 현대화'와 관련된 문제는, 부강과 국위 회복이라는 목표를 달성한 후의 상황을 염려하는 일부 사상가들과 정치지도자들의 관점과 맥을 같이한다는 사실이다.

그 모든 결점과 경직성에도 중국 공산당은 신흥 초강대국으로서 중국이 21세기를 맞게 한 일을 비롯하여 시의적절한 노선 변경을 통해 소기의 목적을 달성해내는 능력으로 계속해서 세상을 놀라게 했다. 이를 통해 정통 마르크스 사상뿐 아니라 국가의 일반적 발전방식 및 자유시장과 민주주의의 관계성에 관한 서구 전문가들의 견해도 바꿔놓았다.

그러나 부강을 추구하는 것과 민주주의를 추구하는 이 두 가지 사조가 미래의 어느 순간 하나로 수렴되는 날이 올지도 모른다. 만약 그렇게 된다면 웨이징성, 팡리즈, 류샤오보와 같은 사람들의 목소리가 더 중요해질 것이다. 물론 그러한 날이 언제 어떻게 찾아올지는 여전히 미지수다.

❀

529

부흥復興: 돈과 힘, 그 이후는?

지난 150여 년 동안 쇠약해진 조국의 모습에 번민하면서 더 좋은 시절을 꿈꾸었던 중국 근대사 속의 인물들이 오늘날 베이징의 판구다관盤古大觀을 방문한다면 아마도 이들은 무척 놀라 자신의 눈을 의심하게 될 것이다. 거대한 용머리 형상의 39층짜리 건물이 베이징 제4순환로 위로 우뚝 솟아 있다. 이 아찔하게 높은 사무 건물은 마치 거대한 체스판에 선 '킹' 말처럼 그 아래 늘어선 화려한 세 동의 아파트와 호텔 건물을 내려다보고 있다. 각 아파트 옥상에는 전통가옥 양식의 쓰허위안四合院 네 채가 들어서 있다. 쓰허위안은 가운데에 하늘이 보이는 정원을 두고 구조물이 'ㅁ'자로 배열된 형태의 전통가옥이다. 그리고 한쪽 끝에 있는 호화로운 7성급 호텔은 무늬가 들어간 이탈리아 대리석 바닥재, 맞춤형 집사 서비스와 애스턴마틴, 페라리, 롤스로이스, 부가티 같은 최고급 자동차가 가득 들어찬 거대한 지하주차장 등을 자랑한다.

길 건너 올림픽 공원 인근에는 수이리팡水立方이라고도 하는 워터큐브國家游泳中心가 있다. 올림픽 수영경기장으로 쓰였으며 반투명유리로 된

이 특이한 건물은 거대한 핀볼 머신처럼 밤이면 외벽의 색깔이 변화한다. '새둥지'를 뜻하는 냐오차오 올림픽 주경기장은 물결 모양의 금속 상부 구조를 특징으로 하며 밤에도 조명이 환하게 빛나 마치 외계의 별을 보는 듯한 환상적 장면을 연출한다. 중국 정부는 이곳에서 2008년 하계올림픽 개막식을 거행했다. 량치차오도 린위탕도 감히 상상하지 못했을 환상적인 개막식이었다. 대리석, 강철, 화려한 빛 등은 중화인민공화국이 애써 얻은 부와 힘을 상징하는 것들이기도 하다. 또한 판구다관은 덩샤오핑의 '개혁과 개방' 청사진이 어떻게 구현됐는지를 보여주는 아주 작은 예에 불과하다. 1980년대에 이미 중국 인민들에게 '일부 사람이 먼저 부자가 되게 하는 것이 옳다' 혹은 '부자가 되는 것은 명예로운 일이다'라는 말로 현대 중국의 자본주의가 들불처럼 일어나도록 그 불씨를 댕긴 사람이 바로 덩샤오핑이었다.

1997년에 덩샤오핑이 사망하고 그 자리를 승계한 장쩌민은 중국은 '발전'뿐 아니라 '부흥'도 필요하다고 강조했다. 여기서 말하는 '부흥'은 1894년에 쑨원이 주장했던 국가의 '진흥振興'이나 이보다 앞서 1860년대에 풍계분이 말한 청나라의 '중흥中興'과 맥을 같이한다.[1] 장쩌민은 1991년에 중국 공산당 창설 70주년을 기념하는 자리에서 중국 근대사를 관통하는 기본 철학을 이렇게 정리했다. "20세기 중반부터 21세기 중반까지 약 100년에 걸쳐 우리는 '강한 조국, 부유한 인민, 국가의 부흥'이라는 목적을 달성하고자 노력해왔다."[2]

2000년대에는 후진타오(역시 덩샤오핑이 직접 발탁함)가 장쩌민의 뒤를 이어 국가주석과 당 총서기를 맡았다. 후진타오 역시 부강한 국가를 만드는 일에 매진했다. 2005년에 후진타오는 중국을 방문한 타이완 신당新黨 사람들에게 '낙후취요애타落後就要挨打'라는 옛말을 인용하며 이렇게 말했다. "역사와 현실은 우리에게 '뒤처지면 당한다'라는 사실을 알려준다."[3] 그리고 이렇게 덧붙였다. "중국의 근대사는 서구 열강에 괴롭힘을 당한 역사라 해도 과언이 아니다. 우리가 그렇게 당한 주된 이유는 그 기간에 중국이 만성적인 빈곤과 쇠약에 시달리고 있었기 때문이다. 이후 중국인이 줄곧 실현하고자 애썼던 목표는 바로 '중국의 부흥'이었다."[4]

2012년에 마침내 정치국 상무위원회(7명의 위원이 5년 임기로 13억 5000만 중국인을 통치한다)의 수장인 신임 총서기 자격으로 인민대회당 연단에 오른 시진핑習近平은 이렇게 말했다. "중국 공산당은 창설 이래 줄곧 큰 희생을 치렀고 온갖 역경을 딛고 앞으로 나아갔다. 우리는 중국 인민을 이끌고 가난하고 약한 옛 중국을 부유하고 강한 새로운 중국으로 변화시키면서 국가 부흥으로 향하는 문을 활짝 열었다."[5]

그로부터 2주일 후 시진핑은 신임 정치국 상무위원들을 대동하고 톈안먼 광장 동쪽에 있는 중국국립박물관을 찾아 '부흥의 길復興之路'이라는 제목으로 열리는 전시회를 관람했다. 그리고 이곳에서도 아팠던 근대 중국의 역사를 다시 거론하며 중국은 이제 굴욕의 19세기에서 벗어나 부흥의 21세기를 맞이했다고 말했다. 시진핑은 이 오랜 '중국의 꿈'을 실현하는 데 매진할 것임을 약속했다. 중국 관영 신화통신은 이렇게 보도했다. "시진핑은 마오쩌둥의 시 구절을 인용하여 중국은 근대 세계사에서 모진 고난과 시련을 겪었다고 말했다. 시진핑은 '그러나 우리 중국인은 포기하지 않고 온갖 시련에 끊임없이 맞서 싸웠고, 마침내 스스로 운명의 주체가 되어 국가 건설이라는 위대한 과정을 시작했다. 이

復興

것은 애국심을 핵심으로 한 위대한 국가정신의 발현이었다'라고 강조했다."[6] 수십 년 앞서 자신의 선임자들이 했던 말을 떠올리듯 시진핑은 이렇게 말했다. "중국의 부흥을 실현하려면 부유한 국가와 강한 군사력이라는 두 가지 요소를 모두 충족시켜 '부국강병'의 대의를 이루어야 한다."[7] 2013년 3월에 시진핑은 국가주석이 됐고 '중국의 꿈'은 이제 '모든 개개인뿐 아니라 국가 전체에 해당하는 꿈'이 됐다고 설명했다. 그리고 오랫동안 품어왔던 이 꿈을 실현하려면 '중국의 방식'을 찾아야 한다고 주장했으며 중국의 특색을 지닌 사회주의, 즉 '중국식 사회주의'가 바로 그 방식이라고 했다.[8]

위원과 같은 법가 사상가들이 맨 처음 19세기 초 청나라의 쇠락을 보고 애태웠던 이후, 게놈의 형태로 자손에게 전달되는 유전자 조합처럼 중국의 국력과 국제적 위상을 회복하겠다는 이 오랜 꿈이 '유전자 부호'에 담겨 계속해서 중국인의 정신 속에 그 모습을 드러냈다. 옌푸처럼 유럽으로 떠나는 근대 개혁가들이 생기면서 국력 회복에 대한 열망과 긴급함이 더욱 고조되기 시작했다. 1877년에 영국의 사상을 배우고, 서구 열강은 선진국이 됐는데 중국은 후진국으로 남은 이유를 알아내고자 런던으로 간 옌푸는 그곳에서의 경험을 이렇게 정리했다. "이곳은 과거 1000년보다 지난 100년 동안 훨씬 많은 것을 이루어냈다고 해도 과언이 아니다. 이곳 유럽 국가들은 하루가 다르게 부유해지고 있으며 국방력도 엄청나게 강해졌다. 한 국가가 강해지느냐 약해지느냐는 다양한 부의 원천이 존재하느냐에 달렸다. 부유한 국가를 만들고 싶다면 국민의 지식수준과 경제체제를 향상시켜야 한다."[9] 그러나 안타깝게도 옌푸와 같은 선각자들의 그러한 경고는 당시 중국인들에게 쇠귀에 경 읽기에

※

533

불과했다.

그러나 근 150년 동안 '내우외환'의 풍파를 겪고 난 후 중국은 마침내 서구 문물을 효과적으로 도입하는 방법을 배우게 됐다. 고층 건물로 홍수를 이룬 수많은 신흥도시가 화려한 스카이라인을 그리는 위엄 속에 이제 중국은 세계 제2의 경제대국이 됐고 군사력도 급속히 팽창하고 있으며 국제사회에서의 위상도 엄청나게 높아졌다. 세계 부의 중심축이 이제 동쪽으로 이동하기 시작했다. 억지로 '불평등조약'에 서명하고 끝없는 외국의 약탈행위를 묵묵히 감내하던 중국이 이제는 당당히 발기인 혹은 자본가 자격으로 아프리카와 남미, 나아가 북미 지역에서의 개발과 투자 계획을 주도하고 있다. 국내에서는 저 먼 우주로 우주비행사를 올려보내고, 항공모함을 진수하고, 슈퍼컴퓨터를 만들고 있다.

이러한 예를 다 들자면 한도 끝도 없으며 앞으로 그 '목록'은 더 길어질 것이다. 중국은 1989년 톈안먼 사태의 후유증에서 벗어나고자 노력하는 와중에 소련의 붕괴라는 대사건을 맞았다. 이때 덩샤오핑은 후배 지도자들에게 '도광양회韜光養晦', 즉 능력을 숨기고 때를 기다리라고 주문했다. 그러나 지금 중국에는 누릴 '부'가 있고 행사할 '힘'이 있다. 수많은 중국인이 오랫동안 자제하며 감춰왔던 '막강한 힘'을 사용할 기회가 자신들에게 주어졌다는 사실에 큰 자부심과 벅찬 기쁨을 느끼고 있다.

復興

창조적 파괴에서 건설까지: 마오쩌둥에서 덩샤오핑까지

대담한 역사학자 가운데 몇몇이 오랜 세월 실패만을 거듭하던 중국 경제가 언제 어떻게 그러한 성공 가도를 달리게 됐는지를 연구하기 시작했다. 이 의문에 대한 가장 흥미롭고 또 가장 역설적인 대답은 아이러니하게도 마오쩌둥과 깊이 연결돼 있었다. 즉 지금과 같은 중국의 경제발전은 창조적 '파괴' 시대를 주도한 마오쩌둥에게서 비롯됐다는 것이다.

마오쩌둥은 냉혹하고 무자비하게 옛 중국을 파괴함으로써 후임자인 덩샤오핑이 개혁정책을 시행할 길을 말끔하게 닦아놓았는지도 모른다. 이렇게 자신의 생전에는 상상조차 할 수 없었던 중국의 재탄생에 마오쩌둥이 결정적 구실을 한 것인지도 모르겠다. 20세기 중국의 정치지도자 가운데 마오쩌둥만큼 전체주의 경향이 강하고 무자비했던 인물은 없었다. 그리고 과거의 수많은 개혁가가 발전의 걸림돌로 여겼던 유교적 전통사상과 사회적 가치체계는 마오쩌둥이 통치하는 동안 역사상 유례없을 정도로 무자비한 공격과 비난의 대상이 됐다.

량치차오와 쑨원 같은 초창기 개혁가들도 중국 근대화 과정의 첫 단계로 옛것을 파괴하는 작업이 필요하다는 점을 인식하고 있었다. 그래야만 그 자리에 새로운 것이 들어올 수 있다고 생각했다. 그러나 마오쩌둥 이전에는, 수천 년 동안 중국 근대화의 발목을 잡았던 유교문화와 전통에 메스를 가하고자 냉혹하고 무자비한 지도력과 조직력을 보여주는 것은 고사하고 그와 같은 혁명적 사상을 감히 실현하겠다고 나선 사람조차 없었다. 초창기에 마오쩌둥은 량치차오와 쑨원의 신봉자였으나 이들보다 더 강경하게 나간 사람이었다. 결국 마오쩌둥은 중단 없는 폭력

535

적 대변혁을 주장하는 훨씬 극단적이고 구조적인 혁명방식을 채택했다. 1927년에 마오쩌둥이 예측했던 대로 처음에는 모든 것을 빼앗겨 희망을 잃은 농민이, 그다음에는 도시민이 대대적인 봉기를 일으켰다. 누구도 진압할 수 없는 엄청난 힘이 폭발한 것이다.[10]

그래서 다른 지도자들은 기껏해야 중국 고대 문화의 영향력을 다소 완화하는 정도에서 그쳤을 때 마오쩌둥은 그 문화의 뿌리까지 근절하는 데 거의 성공했다. 이렇게 하여 천두슈와 루쉰을 포함한 초기 개혁가들을 그토록 번민케 한, 아버지와 아들, 남편과 아내, 스승과 제자, 가장과 가족 구성원, 과거와 미래, 연속성과 변화 간에 전자가 후자를 억압하는 형태의 병적인 고착관계의 고리를 끊어냈다. 루쉰은 고대 사상가들의 작품 속에 드러난 떨쳐버리고 싶은 생각들이 자신한테서 자꾸 발견되는 것에 상당한 고뇌를 느꼈다고 썼다.[11] 그리고 5·4운동 세대의 노력이 있었음에도 잠시 억압돼 있던 전통문화의 잔재가 결국은 중국의 젊은이들에게 또다시 전달될 위험성이 있다는 사실이 더 괴로웠다고 했다. 그는 절박한 심정을 담아 이렇게 주장했다. "의식 있는 사람들이여! 전통이 짓누르는 무게와 부담이 얼마나 큰지를 깨닫고 어둠의 문 밑에 등을 받치고 서 있으라. 그리하여 자신들의 아이들만은 그 문을 지나서 자유와 빛이 있는 공간으로 빠져나가 인간다운 삶을 누리며 행복하게 살 수 있게 하라."[12]

사실 과거와 전통의 뿌리가 얼마나 깊은지, 또 그 굴레가 얼마나 강하게 사람들을 압박하는지는 초기 개혁가들의 행보만 봐도 익히 짐작할 수 있다. 량치차오, 쑨원, 천두슈, 루쉰 등 1세대 개혁가라 할 사람들도 말년에는 모두 한때 그토록 벗어나려 애썼던 전통적 가치와 문화라는

'어둠의 문' 안으로 다시 들어가고 말았다. 이러한 관점에서 마오쩌둥이 휘둘렀던 '레킹볼(건물 해체 작업에 쓰는 파괴용 쇠붙이 공―옮긴이)'도 좀 다른 시각에서 바라볼 수 있다. 즉 다음 지도자가 완전히 새로운 판을 깔 수 있도록 기존의 판을 깨끗하게 정리해준 도구라고 이해할 수도 있겠다.

마오쩌둥 통치 시절에서 반우파운동과 대약진운동부터 프롤레타리아 대문화운동까지 마지막 20년은 '잃어버린' 세월이자 몹시 암울했던 시기였던 것만은 사실이다. 1979년에 『밍바오明報』 신문은 초창기 대장정 시절부터의 동지 천원의 말을 인용해 실었다. "마오쩌둥이 1956년에 죽었다면 그는 아마도 중국 인민들에게 위대한 지도자로 남았을 것이다. 1966년에 죽었다면 그 위대한 업적이 조금은 퇴색됐을지언정 전반적으로는 매우 훌륭한 지도자로 기억될 것이다. 그러나 마오쩌둥은 1976년에 죽었고 우리는 그에 관해 뭐라 할말이 없어졌다."[13]

냉정한 눈으로 역사를 바라보면 마오쩌둥 시절은 이전의 개혁가들이나 혁명가들이 감히 상상조차 할 수 없었던 일, 즉 중국의 '구사회'를 파괴하여 중국인들을 전통이라는 속박에서 벗어나게 하는 데 성공할 만큼의 위력을 지닌, 가장 강경한 폭력주의의 시기였는지도 모른다. 이러한 관점에서 보면 마오쩌둥의 폭정 시기는 역설적이기는 하나 뒤이어 덩샤오핑과 그 후계자들이 이루게 될 중국의 번영과 발전에 필수적인 과정이었다고 할 수 있다. 이 과정을 거쳐 중국인들은 마침내 과거에서 해방되어 그토록 염원하던 '부강'을 위해 매진할 수 있게 됐다.

근대 중국학 권위자인 하버드 대학의 존 킹 페어뱅크John King Fairbank는 절대로 마오쩌둥의 신봉자가 아니다. 그런데 이러한 사람도 마오쩌둥이 줄곧 추진했던 '영구혁명'이 미래의 발전을 위해 길을 깨끗이 정리해주는 이른바 '판 정화'의 구실을 했다는 점은 인정했다. 페어뱅크는 이렇게 썼다. "구사회에서는 학생이 선생을 존경하고 아내가 남편에게 순종하며 어린 사람은 어른을 공경했다. 그런데 이러한 기존 체제를 무너뜨리는 데는 아주 오랜 시간이 걸렸다. 어릴 때부터 받아들였던 인간의 기본 가치들과 가정들을 변화시켜야 했기 때문이다. 강한 의지력을 지닌 지도자가 필요했다. 매우 강경하게 구체제와 맞설 만큼 결단력 있고, 또 그것을 위해서라면 무슨 일이든 서슴지 않을 그러한 사람 말이다. 가난한 농부들의 편에 서고, 험하고 고된 삶을 살고, 관료주의 체계를 혐오하는 사람이어야 했다."[14] 좋든 나쁘든 어쨌거나 마오쩌둥이 바로 그러한 사람이었다. 량치차오의 표현대로[15] 20년, 30년 아니 50년 동안 펄펄 끓는 용광로에서 철을 단조하듯 농민들을 담금질하며 필요하다면 폭정이라도 기꺼이 감행할 지도자, 그렇게 해서 중단 없이 '창조적 파괴' 작업을 수행할 그러한 지도자가 바로 마오쩌둥이었다.

마오쩌둥은 중국이 '자본주의의 길'로 들어서는 것을 막고자 문화혁명을 시작했다. 그러나 이러한 노력은 아이러니하게도 마오쩌둥의 의도와 정반대되는 결과를 낳았다. 당시 대표적 역사학자 로더릭 맥파커와 미하엘 쇤할스는 이렇게 말했다. "'진정한 문화혁명도 없고 경제개혁도 없는' 그것이 바로 마오쩌둥이 수행한 문화혁명의 본질이다. 문화혁명은 엄청난 재앙이었고 그 재앙의 정도가 지나치게 컸기 때문에 이것이 오히려 마오쩌둥이 막으려 했던 '진정한 문화적 혁명'을 촉발하는 결과를 낳았다."[16]

마오쩌둥은 중국사회를 옛 방식에서 탈피시키겠다는 일념으로 이미 완성돼 중국사회의 근간이 돼버린 전통적 사회구조와 질서를 모두 파괴했다. 덕분에 덩샤오핑은 마오쩌둥에게서 말끔히 정리된 '공사장工事場'을 선사받았고 그 위에 개혁과 개방이라는 새로운 '건물'을 지어올릴 수 있게 됐다. 마오쩌둥은 '유토피아 사회주의 건설'이라는 자신의 꿈을 실현하고자 그 말 많고 탈 많은 '대파괴' 작업을 진행했는데 그 열매는 덩샤오핑이 따먹은 셈이 됐다. 즉 덩샤오핑은 유토피아 사회주의가 아니라 마오쩌둥이 평생 가장 혐오했던 '실질적인 자본주의' 경제체제를 구축해버렸다.

역사를 돌이켜보며 분석하는 것이 가능한 지금, 일부 학자는 마오쩌둥이 덩샤오핑에게 남긴 유산이 '파괴가 완료된 깔끔한 공사장'만은 아니었다고 주장한다. 마오쩌둥은 자신의 고유한 특징이라 할 '게릴라식 편의주의'도 덩샤오핑에게 물려주었다. 언뜻 보면 마오쩌둥의 계급투쟁론과 영구혁명론은 실용, 개방, 시장화, 안정 등을 내세운 덩샤오핑의 비전과는 전혀 접점이 없어 보인다. 실제로 이념적으로 정반대 체제 속에 구현된 중국사회를 자신의 이념과 비전에 맞게 변화시킨다는 것은 결코 쉬운 일이 아니며 덩샤오핑 이외에 그러한 일을 해낼 지도자가 있었을지 의문이다. 이처럼 쉽지 않은 일이 이루어진 것을 보면서 하버드 대학의 엘리자베스 페리Elizabeth Perry와 독일 트리어 대학의 제바스티안 하일만Sebastian Heilmann은 중국 공산당의 '모두가 어리둥절해할 만큼의 활력' 그리고 '놀랄 만한 탄성과 적응력'이 대체 어디에서 비롯된 것인지 그 해답을 찾는 데 몰두했다.[17] 어쨌거나 레닌주의를 신봉하는 정당은 혁신정신이 부족하고 사고가 지나치게 경직돼 있지 않았던가? 그리고 자유로운 세계시장에서 살아남을 준비가 안 돼 있지 않았던가? 대체 중국 역사에 무슨 일이 벌어졌던 것인가? 지난 수십 년 동안 일어난 세계시장 통합의 혜택을 어떻게 공산주의국가인 중국이 다른 국가보다 더 많이 볼 수 있었는가?

이러한 숱한 의문에 대해 페리와 하일만은 잘못된 시작, 실패, 자초한 파국 등에도 불구하고 마오쩌둥 치하의 중국 공산당은 강한 생존본능을 지닌 존재로 진화하는 데 성공한 것이 아닌가 추측한다. 이러한 생존본능은 국민당과 일본군의 추격을 피해 중국 산간벽지에 숨어 게릴라전을 펼쳐야 했던 공산당 시절의 경험뿐 아니라 긴장 관리, 끊임없는 실험, 끝없는 적응과 조정, 지속적 변화 과정을 염두에 둔 정책 입안 등을 통해 점점 강해진 것이다.[18] 마오쩌둥의 행동이 이기적이고 공산주의 원칙상 모순되는 부분도 있으며 그가 잔혹한 파괴를 자행한 것은 분명하다. 그러나 이러한 점과는 별개로 마오쩌둥은 자신의 게릴라 활동에서 얻은 경험을 통해 경직성과 안정성보다는 융통성과 민첩성이 더 가치 있다는 사실을 배웠다. 그리고 실용적 차원에서 이렇게 얻은 교훈을 1949년 중화인민공화국 수립 이후 당의 정책과 노선을 결정하는 데 활용하고자 했다.[19] 페리와 하일만은 이렇게 말한다. "마오쩌둥은 정권의 토대를 공고히 하는 과정에서 '지속적인 실험과 변화(영구혁명)'를 꾀하고자 했다.[20] 혁명 과정 내내 필요에 따라 즉각적으로 변화에 대응하고 적응하는 방식이 일상화됐으며 결국 이것이 중국 공산당의 핵심 전술로 굳어졌다."[21]

마오쩌둥은 기본적으로 유용한 것이라 판단되면 레닌주의 규범이나 당 조직에 관한 기본 원칙들을 수용했다. 그렇다 하더라도 생존이라는 관점에서 시행착오를 통해 계속 진화하지 않으면 도태한다는 사실을 일찍이 깨달은 첫번째 지도자가 바로 마오쩌둥이었다. 그러한 실리적 적응주의 혹은 진화론적 편의주의 덕분에 마오쩌둥은 적응주의적 관점에서 자기 자신과 중국 공산당 운영체계의 핵심적 부분에 대한 실험을 계속할 수 있었다. 또 '적응력이 탁월한' 새로운 형태의 독재주의를 시험해볼 수 있었다. 이러한 임기응변식 운영 노선이 결국 사회주의체제의 정당성을 해치는 데 한몫했다. 그러나 또 한편으로는 이 덕분에 사회주의 진영이 몰락하는 와중에도 중국 공산당은 살아남을 수 있었고 냉전 이후 세계시장의 통합화나 경제 세계화에서 중국이 큰 이득을 볼 수 있었다.[22] 그러나 컬럼비아 대학의 앤드루 네이선Andrew Nathan이 규정한 마오쩌둥의 '탄력적 독재주의'가 중국 역사상 최종적인 정치체제일지는 불분명하다.[23] 모든 것을 고려했을 때 이른바 '탄력적 독재주의'는 장기적으로 유지될 정체政體라기보다는 전략적 적응과 조정의 결과 탄생한 효율적인 단기적 정치체제 모형 정도의 의미가 있다 하겠다.

1989년의 신기루

경제기적을 이룬 덩샤오핑 시대가 순탄하게 흘러가기만 했던 것은 아니다. 그 시절 덩샤오핑을 비롯한 수많은 중국인을 고뇌에 빠뜨렸던 대사건이 바로 광풍과도 같았던 1989년의 톈안먼 사태였다. 이 사건은 중국이라는 국가 자체와 중국 역사의 전개 방향에 대한 서구인들의 사고에 엄청난 영향을 끼쳤다. 그러나 1989년에 창안 가를 통해 톈안먼 광장에 있는 마오쩌둥 초상화 앞으로 진행하던 인민해방군의 탱크 앞을 막아서던 일명 '탱크맨'의 모습이 사람들의 기억 속에서 희미해지고,

541

'탄력적 독재주의'가 성공하고, 공산당의 후원을 받은 자본주의자들의 성장이 두드러지자 서구인들도 중국을 다른 눈으로 바라보기 시작했다. 특히 시장화를 통한 경제성장과 국가 발전에 과연 민주화가 필수적 요소인지에 관해 재고하는 분위기가 생겼다.

하버드 대학의 페어뱅크는 근대 중국학이라는 학문 분야를 창시했듯 저 유명한 '아시아 연구' 강좌를 개설하는 데 일조했다. 페어뱅크의 학생들은 이 과목을 '라이스패디(벼)'라는 애칭으로 불렀다. 페어뱅크는 일주일에 세 번 하버드옌칭연구소 강의실에 나가 최면에 걸린 듯 넋을 잃고 교수의 말을 경청하는 학생들에게 접이식으로 된 두툼한 왕조 연대표를 참고로 중국의 4000년 역사에 관해 강의했다.

미국인은 방문이 허용되지 않았던 그때, 그 거대하고 이상한 공산주의 국가에서 대약진운동이라는 기묘한 상황이 벌어지고 있을 당시 페어뱅크의 강의를 듣던 한 학생이 집요하게 마오쩌둥의 혁명 논리가 무엇인지를 물었다. 수양을 많이 한 고승처럼 페어뱅크는 마지못해 미소를 띠며 이렇게 말했다. "마오쩌둥이 여러분을 위해 공산혁명을 일으킨 것은 아니라는 점을 기억하라."

페어뱅크는 분명히 괴팍한 사람은 아니었고 탐구심이 강한 그 학생에게 핀잔을 주려던 의도도 아니었다. 단지 전체적으로 볼 때 중국의 역사는 중국 고유의 패턴에 따라 전개된 것이고 이를 서구인의 시각으로 재단하기는 곤란하다는 말을 하고 싶었던 것일 뿐이다. 자신의 연구 총서 『동아시아East Asia: The Modern Transformation』에서 그는 이렇게 말했다. "중국은 우리와는 사뭇 다른 전통과 근대 혁명사를 갖고 있다. 앎과 지혜는 우리의 무지를 인정하는 데서 시작된다."[24]

대다수가 페어뱅크의 제자인 후세대 동양학자들은 '서구의 도전/중국의 반응'이라는 유럽 중심적 기본 틀 속에서 중국의 근대사를 설명하려는 페어뱅크의 접근법을 비판했다. 특히 베트남전쟁 때 성년을 맞은 학자들은 미국이 아시아를 있는 그대로 보지 않고 자신들이 보고 싶은 대로 보려는 경향이 있다는 사실을 잘 인지하고 있었다. 이들은 페어뱅크가 했던 경고의 말을 페어뱅크의 접근법을 비판하는 도구로 사용하면서 중국 역사학의 연구방식을 '유럽 중심적' 접근법에서 '중국 중심적' 접근법으로 바꾸려 했다.[25] 페어뱅크는 '중국 역사는 영원히 중국의 것이다'라고 경고했었다. 1989년 베이징과 기타 주요 도시에서 대규모 민주화 시위가 발생하면서 새로운 관점에서 이 경고에 다시 주목하게 됐다. '민주주의와 과학'을 구호로 내걸었던 1920년대의 5·4운동부터 자유민주주의를 부르짖던 1980년대의 학생 시위까지 20세기 중국을 승리자인 서구 열강의 패러다임 속에서 바라보려는 경향이 생겼다. 지표면에 뚫린 분화구로 용암이 분출하는 모습에서 지표면 아래에 뜨거운 마그마가 액체 상태로 흐르고 있다는 사실을 알 수 있듯, 중국에서 거리 시위가 벌어질 때마다 그것은 중국사회 저변에 결코 억누를 수 없는 힘이 교교히 흐르고 있어 이것이 중국의 역사를 다시 '올바른 궤도'에 올려줄 것임을 확인시키는 증거처럼 보였다. 그리고 중국 공산당으로 하여금 벼랑 끝을 경험하게 했던 1989년 톈안먼 민주화 시위 이후 소련을 비롯하여 공산주의 진영 대부분이 무너졌다. 서구사회에서는 이제 공산주의의 마지막 보루가 된 중국마저 자유주의국가로 변화되리라는 기대감이 팽배했다.

실제로 톈안먼 광장에서 1989년의 봄을 경험했던 사람들이라면 누구나 중국이 역사적으로 중대한 전환점에 섰다고 생각하지 않을 수 없었다. 적어도 한동안은 민주주의의 보편적 가치가 세계를 넘어 중국에까지 전파되는 것이 필연적이라는 사실에 딴죽을 걸 수 없었다. 프랜시스 후쿠야마Francis Fukuyama는 냉전 후의 이러한 시대사조를 '역사의 종언' '경제적, 정치적 자유주의의 당당한 승리' 등으로 표현했다. 서구 자유주의와 맞섰던 다른 대안들이 사라지면서 '서구와 서구 사상의 승리'가 확인됐다는 것이었다.[26]

이러한 관점에서 후쿠야마는 특히 중국 역시 보편적 가치, 즉 자유민주주의의 질서 안으로 들어오게 되리라는 기대에 들떠 있었다. 후쿠야마는 중국 공산당이 이제 비자유주의 세력의 파수꾼 역할을 더는 할 수 없으리라 확신하면서 이렇게 주장했다. "자유주의 사상이 아시아에서 가장 크고 역사도 가장 오랜 문화, 즉 중국에 아무런 영향도 주지 못한다면 자유주의의 위력이 그리 대단하다고 볼 수 없을 것이다."[27]

중국의 학자들마저 서구인들의 이러한 시각에서 크게 벗어나지 않았다. 1989년의 민주화 시위 이후 중국 정부가 자행한 탄압은 민주주의 행보에 역행하는 행위인 것만은 분명했으나 수많은 전문가는 결국 중국이 자유민주적 통치체제로 진화해가는 도도한 기세를 거스르지는 못할 것으로 보았다. 시몽 레즈Simon Leys라 불리는 벨기에의 중국학자 피에르 리크망Pierre Ryckmans은 1989년 톈안먼 민주화운동 직후 쓴 글에서 중국인을 '자유를 갈구하는 민중'이라고 기술했다. 리크망은 덩샤오핑을 비롯하여 시위대를 무력으로 진압하도록 명령한 당 지도자들에 대해 이렇게 썼다. "이들은 자신들이 미래를 앗아갈 정도로 거세며 도저히 억압할 수 없는 힘에 맞닥뜨렸다는 사실을 알았다. 현 정부가 무너지는 것은 불

544

가피했다."[28]

예일 대학의 조너선 스펜스는 자신의 역작 『현대 중국을 찾아서*The Search for Modern China*』에서 이렇게 결론 내렸다. "중국 정부가 지적, 정치적 억압을 가하더라도 1989년의 민중항거가 민주화 시위의 마지막이 되지는 않을 것이다. 중국인들이 제 목소리를 낼 수 있을 때까지 중국의 진정한 현대화는 실현된 것이라 볼 수 없다."[29]

『천명*Mandate of Heaven: The Legacy of Tiananmen Square*』의 저자 가운데 한 명은 이 책 중 「경제발달*The Boom*」이라는 제목으로 쓴 마지막 부분에서 이렇게 말했다. "중국의 다음번 시위는 정치가 아니라 경제가 촉발할 것이다. 베이징이 아니라 지방에서 일어날 것이며 학생이 아니라 노동자가 주도할 것이다. 그러나 지난 역사를 돌이켜보건대 그 시위의 여파는 곧 '톈안먼'에 미치게 될 것이다."[30]

처음에는 로맨스로 시작했다가 비극으로 끝맺은 1989년 톈안먼 사태를 보면서 서구인들은 또다시 자신들의 목적론적 세계관에 따라 중국 역사 또한 더 민주적인 미래를 지향한다고 생각하고 싶을 것이다. 그러나 이러한 사고는 실제로 중국의 지도자들이 어떠한 미래 비전을 가지고 인민들을 이끌었는지를 밝히는 데 전혀 도움이 안 된다. 이 책에 등장한 인물들이 확인해주었듯 근대 중국의 사상가들과 지도자들은 급속한 쇠락과 외국의 빈번한 침략으로 말미암은 깊은 굴욕감에 분노하면서 좀더 시급한 목표를 달성하는 데 매달렸다. 즉 부와 힘, 국가적 위상 회복이 그것이었다. 비록 민주주의가 활짝 꽃을 피우는 수준까지는 되지 못했으나 20세기 초에는 중국에도 민주주의의 기미가 보였고 지지자도 양산됐다. 그렇다고는 해도 20세기 전체를 놓고 보면 국제사회의 존중을 받는 부강한 국가를 건설하겠다는 강한 열망이나 민족주의 정서와 비교할 때 민주주의 사상의 기세는 상대적으로 약했다. 그리고 우리는 민주주의씨와 과학씨를 좋아했던 천두슈를 비롯하여 5·4운동 참여자들도 1989년 봄에 톈안먼 광장을 지켰던 학생들만큼이나 애국심이 깊었던 사람들이라는 사실을 아주 쉽게 잊어버렸다. 민족주의는 입헌주의나 민주주의보다 더 강한 정서를 바탕으로 하고, 고통스러운 역사에서 비롯된 굴욕감은 민족주의 정서를 더욱 부풀렸다.

　19세기에 중국이 세계의 중심 국가라는 지위를 잃었다는 사실이 자존심과 체면을 중시하는 중국인들에게는 크나큰 충격이자 치욕이었으며 이러한 고통스러운 정서에서 매우 강하고 영속적인 역반응이 생성됐다. '수치심에서 행동할 용기가 나온다'는 유교적 가르침을 토대로 쇠약과 패배에서 비롯된 수치심이 신기한 연금술을 통해 국력 회복에 대한 의욕과 용기로 변화됐다. 사람들을 크게 좌절시킬 요소가 오히려 힘을 주는 요소로 바뀌었고 이것이 궁극적으로 중국인들 스스로 잘못됐다 생각하는 역사의 그림자 부분을 바로잡을 수 있게 할 에너지의 원천이 됐다.

　중국은 역사적으로 큰 굴욕을 겪었다. 그러나 월나라의 구천이 그 굴욕을 견디며 복수의 칼날을 갈았듯 중국인이 겪은 그 굴욕과 좌절이 승리의 밑거름이 됐다. 20세기 중국에 민주주의보다 훨씬 더 강한 영향을 끼친 사조는 바로 실리주의였다. 20세기는 공화주의, 무정부주의, 마르크스주의, 기독교 사상, 심지어 파시즘까지 실리주의에 따라 각종 이념과 사상이 줄줄이 적용되던 시기였다. 오늘날 중국의 대도시를 아주 잠깐이라도 방문해보면 이러한 실리주의적 접근법이 중국이라는 국가에, 혹은 최소한 대다수 중국 인민에게 상당히 효과적이었다는 것을 알 수 있다. 그러나 수세대에 걸쳐 실패를 거듭하던 중국이 오늘날과 같은 경제기적을 이룬 것은 부강한 국가를 만들겠다는 불요불굴의 의지와 열망이 마침내 그 결실을 본 것이라 설명할 수 있겠다.

새로운 컨센서스?

새로운 컨센서스란 '베이징 컨센서스'를 의미하는가? 베이징 컨센서스는 정부가 주도하는 시장경제 발전 모형이다. 이 새로운 모형 속에서 자유시장경제 발전은 정치적 자유와는 별개로 취급되며 자본주의도 민주주의와는 분리되어 인식된다.[31] 2010년에 중국 총리 원자바오는 중국의 독재체제가 성공을 거둘 수 있었던 원인 가운데 하나가 이러한 체제 덕분에 '지도자들이 좀더 효율적으로 의사를 결정하고 좀더 효과적으로 관리할 수 있었으며 목표 달성을 위해 모든 자원을 집중 투여할 수 있었기 때문'[32]이라고 주장했다.

베이징 컨센서스가 기존의 것을 대체할 새로운 컨센서스든 아니든 우리가 인정해야 할 것은, 명백하게 드러나는 약점과 온갖 예측을 뒤집어버리는 의외성이 존재함에도 중국 공산당은 지난 30년 동안 비교적 안정적인 정치체제로 급속한 경제성장을 이룩했고 덩샤오핑이 그토록 꿈꾸었던 샤오캉 사회小康社會에 한층 가깝게 다가갔다는 사실이다. 덕분에 중국 인민들은 공산 정부와 정치적 부분에서 어느 정도 타협할 여지가 생겼다. 즉 사람들의 생활을 점점 더 풍요롭고 윤택하게 해주는 한, 국제사회에서 존중받는 부강한 국가에 한 걸음 더 다가가게 해주는 한

돈과 힘, 그 이후는?

중국 인민들도 전제적 통치에 더는 딴죽을 걸지 않을 것이다.

200여 년 전 위원이 처음으로 중국의 국위가 한없이 추락한 것을 안타까워했고 그후 이러한 참담한 상황은 중국인들의 애국심을 자극하는 요소로 작용해왔다. 이러한 역사적 배경이 있었기에 중국인들로서는 자국이 거둔 놀라운 성과에 충분히 자긍심을 느낄 만했다. 또 이러한 성과를 발판으로 안정된 민주사회라는 미래를 꿈꿀 수 있게 됐다. 그러나 일단 '부강'한 국가라는 목표 지점에 도달한 지금 한 가지 중요한 의문이 생긴다. 그러면 그다음은? 중국의 지도자와 인민은 오랫동안 꿈꿔왔던 곳에 도달했다고 느끼는가? 그래서 더는 노력을 하지 않아도 된다고 생각하는가?

그것은 절대 아니다. 현 중국사회에 부족한 여러 가지 중 하나가 바로 '자신감'이다. 자신감이 있어야 진정으로 자신들이 목표했던 지점에 도달했다는 느낌이 들 것이고 그래야만 국제사회의 존중을 받으며 안정된 삶을 살고 있다는 사실을 비로소 실감할 수 있을 것이다.

'국제사회로부터 존중받는 국가'라는 새로운 꿈

'존중'과 '지위' 같은 단어는 중국인들이 오래전부터 외쳐왔던 '부강'과 관련이 없어 보일지 모른다. 그러나 이 단어 속에는 중국인들이 오랫동안 품어왔던 꿈이 내포돼 있다. 따지고 보면 '경제적 번영'과 '군사적 힘'을 그렇게 강조했던 것도 19세기에 서구 열강에 패한 굴욕감에서 비롯된 것이다. 따라서 중국에 그러한 치욕을 안겼던 서구 열강으로

復興

부터 존중받는 국가로 거듭나야만 그 굴욕에서도 벗어날 수 있다. 중국이 외교 문제를 다룰 때 끊임없이 언급하는 것이 이 '존중'이라는 단어다. 그런데 타국으로부터 존중받는 국가가 되려면 부강한 국가가 되는 것만으로는 부족하다. 말로 표현하기 쉽지 않으나 타국으로부터 존경과 찬양을 이끌어낼 수 있는 그 무엇인가가 필요하다.

중국은 이제 외국으로부터 괴롭힘을 당할 국가는 아니다. 그럼에도 수많은 중국인(특히 중국 관리들)이 가장 당황스러워하는 것은 중국이 '부강'한 국가라는 목표에 거의 도달했는데도 국제사회에서 존중받는다는 느낌을 별로 못 받는다는 사실이었다. 기적이라고 불릴 만큼 엄청난 발전을 이룩했고 이 정도면 당연히 국제사회의 인정을 받을 것으로 생각했는데 현실은 그렇지 않다는 데에 그들은 매우 당황스러워했다. 성장기에 대공황 시절을 겪은 미국인이 그후 부를 누리고 있다 해도 그것으로는 뼛속 깊은 불안감을 다 청산하지 못하듯이, 중국인 또한 세계가 놀라워할 정도의 경제기적을 이루어 성공을 맛보았다 해도 그것을 통해 갖게 된 자신감 정도로는 굴욕의 역사를 통해 체화된 국가적 열등감을 치유하기가 역부족이다. 자신들이 거둔 성과만큼의 자신감을 얻으려면 한 세대 정도는 더 기다려야 할지도 모른다. 어느 국가든 국민 정서와 심리를 아무리 조정해도 끊임없이 변화하는 현실과는 항상 큰 격차가 있다. 엄청난 발전을 이룩했는데도 굴욕 콤플렉스와, 민족주의, 쉽게 피해의식에 사로잡히는 중국인의 경향이 여전한 것은 바로 이러한 복잡하고 묘한 상황 때문이라 할 수 있다.

중국인들이 그토록 염원했던 국제사회의 '존중'은 이전의 수많은 개혁가들과 혁명가들이 상상했던 것보다 훨씬 손에 넣기 어려운 목표였다. 소프트파워('연성권력'이라고도 함. 돈이나 권력이 아닌 매력을 설득의 수단으로 삼아 원하는 것을 얻는 능력-옮긴이) 권위자의 설명대로 한 국가에 대한 진정한 존경심은 경제적 부와 군사적 힘에서 비롯되는 것이 아니다. 그보다는 그 국가의 문화적 매력, 시민생활의 가치, 정치체제에 대한 반응성 등과 관련된 좀더 미묘한 유형의 성과물에서 비롯된다. 적어도 서구 유럽 국가들은 '안정 유지'와 같은 과도한 통제체계가 자리잡은 사회에는 별 매력을 느끼지 못한다. 그보다는 문화적으로 개방돼 있고 관대하며 다양한 사상과 생각을 수용하는 사회를 더 높이 평가한다. 더 나아가 가장 혁신적이고 매력적인 유형의 소프트파워를 생산해낼 수 있는 사회가 다른 국가로부터 존중과 찬사를 얻을 수 있다. 그러한 사회는 자기표현의 자유를 확실하게 보장한다. 그런데 중국 공산당은 아이웨이웨이 같은 창의적 이단아, 류샤오보 같은 신랄한 비판자, 천두슈 같은 강인한 개혁가 들이 그토록 갈구했던 자유로운 의사 표현을 독려하기는커녕 이러한 자유를 허용하는 것을 가장 껄끄러워했다.

성공적인 인프라 구축을 비롯하여 국위를 선양하고 인민의 자긍심을 높이려는 그간의 노력과 성과는 물론 인상적이었다. 2008년 베이징 올림픽, 2010년 상하이 세계박람회, 공들여 마련한 건국 기념 퍼레이드 등도 이러한 존중감을 불러일으키는 데 일조했다. 그러나 이처럼 국가가 주도하는 계획된 행사나 이미지는 소프트파워의 위력을 당해내지 못한다.

2004년 출간된 이후 중국에서 선풍적 인기를 끌었던 책 『소프트파워Soft Power』에서 이 무형의 '연성권력'을 주창한 소프트파워 개념의 창시자 조지프 나이Joseph Nye는 이렇게 말했다. "소프트파워란 다른 국가의 행위에 영향을 끼쳐 자국이 원하는 결과를 얻어내는 능력을 의미한다. 소프트파워가 있는 국가는 국제사회에서 자국이 원하는 바를 취할 수 있다. 그 국가가 지닌 가치와 미덕을 찬양하고 이를 모방하여 그와 같은 수준의 번영과 개방성을 확보하고자 하는 다른 국가들이 결국은 그 국가를 추종하고 싶어하기 때문이다." 나이는 이렇게 덧붙였다. "매력은 강압보다 항상 효과적인 법이다. 그리고 민주주의, 인권, 개인의 기회 등과 같은 가치는 상당히 매력적인 것이다."33

그런데 중국인들 자신조차 현재 중국의 가장 기본적인 가치가 무엇인지 잘 모르는 것 같다. 수십 년에 걸쳐 문화적, 정치적 말살과 자기 재창조 과정을 거듭한 중국인들은 사회의 근간이 되는 전통과 문화의 기본 가치마저 다 내던져버렸다. 그래서인지 중국이라는 국가 자체가 오로지 기술만 추구하는 사회와 국가로 전락한 듯 목적은 없고 수단만 있는 왕국이라는 느낌이 들 때가 있다. 그러나 여기서 중요한 의문이 생긴다. 목적이 무엇인가? 대체 무엇을 향해 그렇게 하는가?

중국 지도자들은 대외적으로 늘 '핵심 이익'을 강조했다. 이 때문에 오바마 미국 대통령이 공식적으로 '미중관계 진전을 위해서는 각국의 핵심 이익을 존중하는 것이 매우 중요하다'는 데 동의한 것을 두고 일종의 외교적 승리로 여기기까지 했다.34 그러나 '핵심 이익'이 아니라 '핵심 가치'가 화두가 되면 중국 지도자들은 유구무언이 될 수밖에 없다. 사실 중국은 서구의 민주주의를 수용하거나 인권을 모든 인간의 생래적 권리로 인정하고 싶어하지 않는다. 그렇다고 해서 그 대안으로 중국만의 또다른 '보편적 가치'를 존중하는 것도 아니다.

빈 의자

이제 21세기를 달리는 중국! 아주 잠깐이라도 요즘의 중국을 방문해본 사람이라면 적어도 물질적 부분에서의 그 엄청난 발전상에 눈이 휘둥그레질 것이다. 그러한 경제적 발전상을 보면서 중국에 필요한 것은 독재적 자본주의가 아니라는 말, 전체 사회의 이익을 중시하여 경제적 권리가 개인의 권리에 우선하도록 내버려두어서는 안 된다는 말, 민주주의는 항상 가장 효과적인 통치방식이라는 말(특히 개발도상국에서) 등등이 과연 진실인지에 의문을 품기 시작했다. 그러나 이러한 의문을 무색하게 하는 사건이 종종 터지면서 독재주의가 지닌 약점이 속속 드러났고, 경제적으로 아무리 발전한 국가라 해도 국제사회가 중국 같은 국가를 존중하는 데 인색한 이유가 무엇인지도 깨닫게 해주었다.

이러한 일들이 벌어질 때마다 국가의 이미지 제고를 위해 노력했던 중국의 지도자들은 매우 난감하고 당황스러울 수밖에 없을 것이다. 최근 사례를 들자면 투옥된 반체제 인사 류샤오보가 2010년 노벨 평화상 수상자가 된 일, 2012년에 힐러리 클린턴 미 국무장관이 베이징에 도착했을 때 시각장애인 인권운동가 천광청이 가택 체포를 피해 베이징 주재 미국 대사관으로 피신한 사건, 2013년 초에 티베트에서 중국의 압제에 항거하여 100번째 젊은이가 분신자살한 사건 등이 있다. 당연한 일이지만 이처럼 중국 당국이 자초한 '수치'로 말미암아 소프트파워, 환호와 갈채, 국제사회의 존중 등 중국이 얻으려 애쓰는 것들은 손에 잡히기는커녕 더 멀리 달아나버리고 말았다.

량치차오나 린위탕 시대에는 '부강'한 중국을 만든다는 것이 백일몽

552

이나 공상과학처럼 실현 불가능한 꿈으로 여겨졌다. 이 때문에 중국인들로 하여금 '1세기 동안의 굴욕'이 남긴 상처를 치유하려면 이 구체적인 목표를 달성하는 것이 필요하다는 사실을 계속 믿게 하는 것이 사실상 가능했다. 그러나 멀게만 느껴졌던 해안선이 이제 정말로 눈앞에 다가오자 오랫동안 갈증에 허덕이던 중국인들의 목을 충분히 축여주려면 '부강' 말고 다른 무언가가 필요하다는 사실이 분명해졌다. 이와 동시에 '다른 무언가'가 정확히 무엇인지 알아내기 어렵다는 사실도 함께 깨닫게 됐다.

요즘도 중국인들은 시진핑이 국가주석 자리에 오르자마자 언급했던 '국가 부흥'의 꿈은 부와 힘만으로는 실현되지 않는다는 사실을 자주 간과하고 있다. 웨이징성, 팡리즈, 류샤오보 같은 비판자들과 이들보다 더 앞선 천두슈, 루쉰, 량치차오 같은 선대 개혁가들도 부강한 국가가 되는 것만으로는 타국의 존중을 받는 국가가 되려는 염원을 충족시킬 수 없다는 사실을 알고 있었다. 또 중국이 타국의 존중을 받는 국가가 되지 못한 것은 타국에 자국을 존중하도록 강제할 만한 부와 힘이 부족했기 때문만이 아니라는 점도 잘 알고 있었다. 중국인의 자존심과 자부심의 문제는 외국인이 중국인을 어떻게 대하느냐뿐 아니라 중국 정부가 자국 국민을 어떻게 대하느냐와도 관련돼 있다고 지적하는 목소리가 심심치 않게 들려왔었다. 그러나 안타깝게도 이러한 의견은 대부분 무시되거나 주목받지 못했다.

맹목적 애국심이나 민족주의에 눈이 멀지 않은 사람에게도 중국의 주된 문제의 원인이 외부뿐 아니라 내부에도 있다는 사실을 인정하기란 매우 어렵고 고통스러운 일이다. 이러한 사실을 인정하려면 먼저 중국

553

인이 겪은 불행의 주된 원인은 서구 제국주의가 아니라는 사실을 깨닫는 능력이 뒷받침돼야 한다. 외세 침략의 역사, 중국인에 대한 강대국의 부당한 대우, 쑨원과 장제스부터 마오쩌둥과 후진타오까지 중국 정부가 조장해놓은 피해자 의식 등으로 말미암아 중국의 고통은 서구 제국주의에서 비롯됐다고 생각하기 쉽겠지만 말이다. 또 개방성, 투명성, 관용, 정의, 법치에 따른 민주적 사회를 만들어가는 중국 정부의 능력이 중요하다는 점을 인식할 능력과 의지가 있어야 문제의 원인이 내부에 있다는 사실을 인정할 수 있다.

간혹 진보적 사상을 지닌 뛰어난 인물이 등장하기도 했으나 민주주의를 요구하는 이들의 목소리가 중국 근대사를 이끄는 주된 동력이 됐던 적은 거의 없었다. 적어도 지금까지는 그랬다. 이보다 훨씬 더 강력한 동력은 중국을 다시 부강한 국가로 만들고 싶다는 열망이었다. 이제 중국은 부강한 국가 건설이라는 목표를 거의 실현했다고 할 수 있다. 이 목표가 실현된 지금 점점 더 많은 중국인이 더 개방된 법치사회에서 누릴 수 있는 새로운 뭔가를 요구하게 되지 않겠는가? 그러한 사회에서는 지도자를 정하고 통치방식을 결정하는 데 국민이 중요한 구실을 한다. 부와 힘을 어느 정도 확보한 중국인이 이제 이 새로운 사회를 꿈꾸려 하지 않을까? 또 국제사회의 존중을 원하는 정치지도자들이 민주적 정치체제까지는 아니더라도 좀더 협력적인 체제를 지향하게 되지 않을까?

중국 공산당은 그러한 미래를 위한 초석을 다지는 데는 성공한 듯하다. 외국인의 투자 개방, 국제무역, 국내 개혁 등을 통해 세계 역사상 가장 역동적인 경제발전을 이룩했다. 흥미로운 점은 그러한 발전을 이룬 과정인데, 약 1세기 전에 쑨원이 맨 처음 설계했고 이후 장제스가 채택한 다음 여러 지도자를 거치면서 수정된 발전 경로를 따라 오늘에 이르렀다는 것이다. 즉 장기적으로는 민주주의를 실현한다는 모호한 목표를 세우기는 했으나 중국이 주권을 공고히 하고 국가를 부강하게 한 연후 국민이 자유를 행사하고 누릴 준비가 다 될 때까지는 정치적 훈련 기간인 이른바 '훈정기'가 필요하다는 개념에 따라 실질적인 민주주의의 시행은 계속해서 유예됐다.

　중국의 미래가 어찌 전개될지는 많은 부분에서 여전히 불투명하지만 한 가지는 분명하다. 덩샤오핑의 경제개혁 청사진이 근 30년 동안 구현된 이후 중국의 발전 드라마는 이제 다음 단계로 진행해야 하는 현실에 봉착했다는 사실이다. 실제로 2012년 11월에 제18기 전국대표대회가 치러지고 2013년 3월에 시진핑이 당 총서기와 국가주석에 취임하면서 중국에는 세기말적인 기류가 감지됐다. 다음에는 어떻게 해야 하는지에 관한 청사진이 명확히 나온 것도 아니고 무엇을 어떻게 해야 할지 아는 사람이 아무도 없다는 사실 때문에 중국의 미래는 더욱 불확실해지고 이에 대한 불안감은 더욱 높아졌다. 더구나 지금의 지도자들은 예전의 독재적인 지도자들과는 다르게 협조와 합의를 중시하는 경향이 더 강해졌고 막강한 권력을 지닌 한 사람이 자신의 비전을 강요하며 멋대로 밀고 나가는 상황이 아니기 때문에 지도자 부재로 구심점 없이 이리저리 휘둘릴 수 있다는 걱정이 커졌던 것이다. 물론 대다수 사람은 계속해서 희망을 품고 낙관적 시각으로 미래를 꿈꿀 근거를 애써 찾으려 노력하고 있다. 그러한 꿈과 희망의 실현을 위해 앞으로 어떤 길을 어떻게 가야 할지 확실한 것은 아무것도 없어 보이지만 말이다.

　덩샤오핑이 저 유명한 '남순'을 진행하는 과정에서 1992년 선전에 들렸을 때 이런 말을 했다. "사회주의 개혁과 개방 이외의 다른 길은 '막다른 곳'에 이르게 하며[35] 국가 부흥이라는 꿈에서 멀어지게 할 뿐이다." 1989년 톈안먼 사태라는 악재 이후 덩샤오핑은 마침내 중국을 개혁과 개방이라는 길로 이끄는 데 성공했다.

수십 년이 지나 시진핑이 새 지도자가 된 지금 중국은 또 새로운 이정표를 찾아야 하는 상황이 됐다. 흥미롭게도 시진핑이 당 총서기가 되고 나서 첫 순시길에 포함된 곳 또한 광둥 성이었다. 광둥 성을 방문한 것은 덩샤오핑에 대한 존경의 표시이기도 하다. 그러나 한편으로는 자신 또한 과감하게 새 길을 열어보겠다는 의지를 내보이는 다분히 계산된 행동이기도 했다. 경제개혁에 더욱 박차를 가하겠다는 의지를 표명한 시진핑은 육군과 해군 기지 몇몇 곳을 방문하면서 중국국립박물관에서 천명했던 '중국의 꿈'에 강한 군사력도 덧붙였다. 시진핑은 후이저우惠州에 있는 광저우 군구軍區 사령관들에게 이렇게 말했다. "중국의 꿈에는 강한 국가를 만드는 것도 포함돼 있다. 강한 국가가 되려면 반드시 강한 군사력이 뒷받침돼야 한다. 우리는 반드시 옛 국력을 회복해야 하고 부유한 국가와 강한 군대가 조화를 이루도록 해야 한다."[36]

미래 청사진 속에 경제와 군사 부문은 이렇게 언급했으나 여전히 빠져 있는 부분이 하나 있었다. 그것은 바로 정치개혁 부문이었다. 특히 베이징을 비롯한 대도시에서는 지식인들을 중심으로 '중국의 부흥'을 실현하려면 개방과 법치의 수준을 더 높이고 진정한 입헌제로 나아가는 방법밖에 없다는 인식이 높아지고 있었다. 그러나 이러한 부분에 대한 시진핑의 청사진은 흐릿하고 모호하기만 할 뿐이었다.

근 1세기 전 지금보다 훨씬 더 암담했던 그때, 그러니까 경제적 부는 고사하고 최소한 자국을 방어할 수준의 군사력도 없던 그 시절에 루 쉰 역시 조국이 그 참담한 상황을 헤치고 희망의 길을 찾을 수 있을지 걱정하며 고뇌했다. 그는 1921년에 쓴 글에서 이렇게 말했다. "길이라 는 것은 존재하지 않는 것도, 또 존재하는 것도 아니다. 그 희망의 길 또 한 땅 위에 내는 길과 마찬가지다. 그 길이 처음부터 나 있는 것은 아니 다. 수많은 사람이 그 위로 걸어다닐 때 비로소 그것이 길이 되는 것이 다."[37]

길고 험했던 그 '길'을 걸어온 지금, 중국은 루쉰이 상상했던 것보다 훨씬 더 대단한 지점에 서 있다. 쑨원은 국민이 자신들의 정치적 권리를 행사할 자격을 갖추고 그 준비를 하려면 일정 기간의 정치적 훈련이 필 요하다고 말하며 민주주의 실현을 훗날로 미루어놓았다. 그런데 근 1세 기 동안 쑨원이 말했던 훈정기를 거쳐 이제 중국은 '재건이 완료되고 혁 명이 성공했다'고 천명할 순간에 거의 도달했다.[38]

인류 역사상 마지막 안식처라는 것은 존재하지 않는다. 특히 중국처 럼 역동적이고 변화가 극심한 국가에 영원히 안주할 종착역이라는 것은 없다. 같은 유교문화권이고 식민통치라는 비슷한 역사를 지닌 타이완, 홍콩, 한국 등 주변 아시아 국가들도 비슷하게 전제정에서 입헌정 체제 로의 변화를 겪었다. 시진핑이 최고 권력자가 됐을 당시 중국은 경제적 으로 풍요롭고 중산층도 증가한 상황이었다. 따라서 이제 중국도 이들 이웃나라의 여정을 따라갈 수 있는 여건이 됐다. 적어도 과거 어느 때보 다 훨씬 나은 환경이 조성됐다. 그러나 2013년 새 지도부가 꾸려졌을 당 시, 사회주의 노선을 이탈했을 때 중국이라는 정치 모함이 길을 잃고 좌 초할지 모른다는 불안감과 염려가 여전했다. 그러한 염려와 불안이 전혀 근거 없는 것만은 아니었다. 사실 시진핑 역시 '비밀 연설'을 통해 당 지도자들에게 중국이 구소련의 전철을 밟을 수 있음을 경고했다.[39]

중국 발전 '드라마'에서 중대한 구실을 했던 덩샤오핑은 이렇게 말한 적이 있다. "두려움을 극복해야 한다. 맨 처음에는 누군가 앞에 나서서 길을 내고 모두가 그 사람을 따라야 한다. 그것이 새 길을 만드는 유일한 방법이다."[40] 중국의 새 지도부가 이 새 길을 내는 가장 쉬운 방법은 이미 존재하는 헌법을 과감히 꺼내드는 것일지도 모른다. 이것은 그동안 중국의 지식인들이 소리 높여 거듭 요구했던 일이기도 하다. 일례로 2013년 벽두에 진보적 성향의 광저우 지역 신문 『난팡주말南方週末』이 '입헌제를 꿈꾸며'라는 제목의 사설을 썼다. "입헌제를 시행하고 국가권력에 대한 감시체계가 작동되는 환경에서만 국민은 권력에 대해 비판의 목소리를 낼 수 있다. 또 그래야만 모든 사람이 진정으로 자유로운 삶을 누린다고 느낄 수 있다." 그러나 안타깝게도 이 때문에 당국과 마찰이 일어났고 이 사설은 결국 내용이 수정된 채 게재됐다. 원래의 비판은 다 사라지고 현 체제를 찬양하는 내용으로 수정된 것이다. 그러자 편집진은 이에 항의하여 파업에 들어갔고 며칠 후에는 일반인까지 가세하면서 대중 시위로 번졌다.[41]

이러한 와중에 2013년 3월에 리커창李克強은 총리로서 처음으로 맞은 기자회견에서 새 지도부는 헌법을 준수할 것이라고 말했다. 그는 이렇게 달콤한 말로 국민을 열에 들뜨게 하며 총리직을 시작했던 것이다.[42]

그러나 중국이라는 모함을 이끌 새로운 지도부가 들어섰는데도 중국인들이 바라는 국가 부흥이라는 것이 대체 무엇인지는 여전히 모호한

復興

상태로 남아 있었다. 중국은 점점 더 부유해지고 점점 더 강해지고 있는데 정작 그러한 부와 힘이 국제사회에 어떠한 영향을 끼칠지, 그것이 어떻게 작용할지도 여전히 미지수였다. '능력을 숨기고 주목을 피하라' 했던 덩샤오핑의 경고를 따르며 비교적 최근에 나온 개념인 '평화적 부상' 쪽으로 가닥을 잡을 것인가? 아니면 강해진 군사력을 이웃 국가를 위협하여 자국에 복종하도록 하는 데 사용하라고 한 양이楊毅 해군 소장의 제안에 따라 강한 경제력과 군사력을 드러내 보이려 할 것인가? 양이는 이렇게 말했다고 한다. "우리가 앞으로 항공모함을 몇 대나 더 만들지 세상에 알려야 한다. 이것이야말로 주변국으로 하여금 감히 우리를 도발할 꿈은 아예 꾸지도 못하게 하는 가장 쉬운 방법이다."43

19세기에는 개혁가들이 경제적 빈곤과 군사적 허약함에 초점을 맞췄고, 그래서 방어적 측면에서 외국의 침략으로부터 자국을 방어하고 보호하는 것을 우선순위에 둘 수밖에 없었다. 그러나 쑨원이 '쟁반 위의 모래알'이라 한탄하며 중국인들의 단합과 결속을 위해 애국주의와 민족주의에 의존했던 근 1세기가 지난 지금, 중국은 여전히 위험한 정서에 노출돼 있다. 물론 예전에는 외세의 침략과 위협으로 말미암은 억압적 정서가 문제였으나 지금은 과거에 자신들이 당했던 것과 똑같이 다른 국가에 해주고 싶은 유혹이 존재한다는 것이 문제다.

중국의 새 지도부가 19세기 혹은 20세기 개혁가들이 그토록 염원했던 국력, 특히 군사력을 국제사회에 과시하는 방향으로 사용하려는 태도를 보이고 이것이 예전보다 훨씬 더 호전적인 것으로 변질될지 어떨지는 중국 내부인은 물론이고 국제사회도 쉽게 가늠하기 어렵다. 그러나 한 가지는 분명하다. 중국이 강해진 힘을 호전적인 혹은 공격적인 방

※

559

향으로 쏟아낸다면 중국인이 그토록 원하는 소프트파워는 끝내 얻지 못할 것이다. 소프트파워는 선전과 홍보만으로 얻을 수 있는 것이 아니다. 더구나 중국인들이 오랫동안 갈구하며 노력해왔던, '국제사회로부터 존중받는 국가'라는 목표의 달성은 바로 눈앞에서 사라져버리고 말 것이다.

그러나 중국 지도부가 그러한 호전적 유혹을 떨쳐내고 주변 국가와 평화롭게 공존하는 쪽을 택한다면, 또한 법치, 투명성, 국민에 대한 통치자의 책임성 등을 바탕으로 국내 정치체제를 발전시켜나간다면 중화인민공화국은 강대국, 더 나아가 위대한 현대 국가 건설이라는 오랜 꿈을 마침내 실현할 기회를 잡을 수 있다.

들어가는 글. 부국강병: 중국은 어떻게 돈과 힘을 움켜쥐었는가

1. Liang, *Liang Qichao quanji*, 5609; Wang, *Fin-de-siècle Splendor*, 307-12. Wei, "Xinzhongguo weilai de lishi guannian jiqi zhengzhi lunli"도 참고.
2. Liang, Ibid.
3. Lin, *Between Tears and Laughter*, 5.
4. Ibid., 5.
5. Han, *Han Feizi jijie*, 428.
6. Cohen, *Speaking of History*, 491-7.
7. Wang, *Never Forget National Humiliation*, 5. Gries, *China's Nationalism*, 43-5도 참고.
8. Tsu, *Failure, Nationalism and Literature*, 21.
9. Yan, Schwartz, *In Search of Wealth and Power*, 47 인용.
10. Bergère, *Sun Yat-sen*, 354 인용.

1장. 행기유치: 부끄러워할 줄 아는 것이 힘이다

1. Lovell, *The Opium War*, 240.
2. 위원에 관한 영어 자료는 Hummel, *Eminent Chinese of the Ch'ing Period*, 중국어 자료는 Chen and Liu, *Wei Yuan pingzhuan* 참고.
3. Rowe, *China's Last Empire*, 62.
4. 청조의 인구 자료는 ibid., 91 참고. 청조의 경제 관련 자료는 Pomeranz, *The Great Divergence*; Rosental and Wong, *Before and Beyond Divergence*; 그리고 Maddison, *Chinese Economic Performance in the Long Run* 등을 참고.
5. 청조의 군사력 확장에 관한 더 상세한 내용은 Perdue, *China Marches West* 그리고 Mosca, *From Frontier Policy to Foreign Policy* 참고.
6. Cheng, Lestz, and Spence, eds., *The Search for Modern China*, 105 인용. Hevia, *Cherishing Men from Afar*는 중국인의 관점에서 매카트니의 중국 방문을 묘사하고 있다. 황제에 관한 부분은 Elliott, *Emperor Qianlong*에서 확인할 수 있다.
7. Macartney, *An Embassy to China*, 165.
8. Rowe, *China's Last Empire*, 149-58.
9. Macartney, *An Embassy to China*, 143. Harr, *The White Lotus Teachings in Chinese Religious History* 참고.
10. 유봉록과 공양학에 관한 상세 내용은 Elman, *Classicism, Politics, and Kinship* 참고. 위원과 유봉록의 관계는 Chen and Liu, *Wei Yuan*, 58-70 참고.

11. Chen and Liu, *Wei Yuan*, 19.

12. *Statecraft* 발췌본은 Dunstan, *Conflicting Counsels to Confuse the Age*, Wakeman, "The Huang-chao ching-shihwen-pien"; Janku, "Preparing the Ground for Revolutionary Discourse" 등을 참고.

13. Hsiao, *A History of Chinese Political Thought*, 464. 공자와 그의 가르침에 대한 역사적 고찰은 *The Analects*와 Chin, *Confucius* 참고. 유가의 기본 사상에 관해서는 De Bary, *Sources of Chinese Tradition*, 역사적 관점에서 본 유가 사상에 관해서는 Bol, *Neo-Confucianism in History* 참고.

14. Sima Qian, *Selections from Records of the Historian*, 69-70.

15. Han, *Han Feizi jijie*, 428.

16. Han, *Han Fan Tzu: Basic Writings*, 112. 유가와 법가 논쟁에 관해서는 Schwartz, *The World of Thought in Ancient China*와 Graham, *Disputers of the Tao*, 그리고 Goldin, "Persistent Misconceptions About Chinese 'Legalism'" 참고.

17. Kuhn, *Origins of the Modern Chinese State*, 49 인용.

18. De Bary, *Sources of Chinese Tradition*, 190.

19. Chen and Liu, *Wei Yuan*, 29.

20. 영국의 외교관이자 학자인 에드워드 하퍼 파커(Edward Harper Parker)가 위원의 말을 *A Chinese Account of the Opium War*에 번역해놓았다. 위원의 편견을 비판적 시각에서 바라본 내용은 Polachek, *The Inner Opium War*에서 확인할 수 있다.

21. 로우(Rowe)는 "Money, Economy and Polity in the Daoguang-Era Paper Currency Debates"에서 청조가 직면한 재정적 위기 상황을 색다른 관점에서 바라보고 있다. Waley, *The Opium War Through Chinese Eyes*는 임칙서의 일기를 기반으로 하고 있다. 영국인의 관점에서 본 아편전쟁은 Fay, *The Opium War*에 기술돼 있다.

22. Wei, *Opium War*, 6-7.

23. Ibid., 6.

24. Fay, *The Opium War*, 194.

25. *Chinese Repository* 9, 10 (1841): 508.

26. 앤스트루더의 감금에 관한 내용은 *Chinese Repository* 9, 6 (1840): 422-23; 10, 4 (1841): 191-204; 10, 9 (1841): 506-10 참고. Wei, "Briefingon England"는 *Haiguo tuzhi*, 348-49에 포함돼 있다.

27. Wei, *Opium War*, 21.

28. MacPherson, *Two Years in China*, 4.

29. Wei, *Opium War*, 26.

30. 위원의 시는 Chen and Liu, *Wei Yuan*, 30에 수록돼 있다.

31. Teng and Fairbank, eds., *China's Response to the West*, 28 인용.

32. Wei, *Opium War*, 66.

33. Ibid.

34. Fay, *Opium War*, 361 인용.

35. 청국 대표단에 관한 이야기는 Teng, *Chang Hsi and the Treaty of Nanking*에 번역돼 있다. 캐설(Cassel)은 *Grounds of Judgement*에서 최근에 중국인들이 치외법권 논리를 자신들에게 유리하게 활용하려 얼마나 애썼는지를 보여줬다.

36. Wei, *Opium War*, 80.

37. Ibid., 81.

38. 비커스(Bickers)는 *The Scramble for China*에서 이 부분을 열정적으로 묘사하고 있다.

39. Wei, De Bary et al., *Sources of Chinese Tradition*, 208 인용.

40. Ibid., 208.

41. Barnett, "Wei Yuan and Westerners."

42. 위원의 자료는 Mitchell, "The Limits of Reformism," 201 인용.

43. Wei, Leonard, *Wei Yuan*, 102 인용.

44. Leonard, *Wei Yuan*, 2.

45. Wei, ibid., 164 인용.

46. Leonard, *Wei Yuan*, 197.

47. Wei, *China's Response*, 34 인용.

48. Ibid.

49. Wei, De Bary, *Sources of Chinese Tradition*, 211 인용.

50. Xiong, "Interpreting American Democracy in the Late Qing," 9 인용.

51. Ibid.

52. Kuhn, *Origins of the Modern Chinese State*, 47.

2장. 자강: 수치심을 느껴야 강해진다

1. Macartney, *An Embassy to China*, ix.

2. Ibid., 39.

3. Hurd, *The Arrow War*.

4. Hevia, *English Lessons*, 48, 107.

5. Ibid., 89-90.

6. Wolseley, *Narrative of the War with China*, 226-27.

7. Ibid., 278.

8. Ibid., 280.

9. Spence, *To Change China*, 74-75 인용.

10. Wolseley, *Narrative of the War with China*, 280.

11. Ibid., 281.

12. Ibid.

13. Boulger, *Life of Gordon*, 46.

14. Teng and Fairbank, *China's Response to the West*, 76 인용.

15. 풍계분에 관한 영어 자료는 Montgomery, "The 'Remonstrance' of Feng Kuei-fen" 참고. 중국어 자료는 Xiong, *Feng Guifen pingzhuan* 참고.

16. Xiong, *Feng Guifen*, 286.

17. Miyazaki, *China's Examination Hell*, 그리고 Elman, *A Cultural History of Civil Examinations* 참고.

18. Polachek, *Inner Opium War*, 193 인용.

19. Feng, *Jiaobinlu kangyi*, 49.

20. Chu and Liu, *Li Hung-chang*, 6 참고.

563

21. Xiong, *Feng Guifen*, 71.
22. Guan, *Guanzi*, 384 참고.
23. 태평천국의 난에 관한 더 상세한 내용은 Spence, *God's Chinese Son*, 그리고 Platt, *Autumn in the Heavenly Kingdom* 참고.
24. 아들의 자필 일기를 바탕으로 함. Xiong, *Feng Guifen*, 102-3 인용. 왕도에 관한 더 자세한 내용은 Cohen, *Between Tradition and Modernity* 참고. 조약항으로서 상하이의 초기 역사에 관해서는 Bergère, *Shanghai* 참고.
25. Xiong, *Feng Guifen*, 99.
26. Feng, *Jiaobinlu kangyi*, 48-49.
27. Ibid., 49.
28. Ibid., 51.
29. Fairbank, *Trade and Diplomacy on the China Coast*, 19 인용.
30. Feng, *Jiaobinlu kangyi*, 48.
31. Zheng, "Loyalty, Anxiety, and Opportunism," 63-64 참고.
32. Feng, *Jiaobinlu kangyi*, 55.
33. Ibid., 49.
34. Ibid.
35. Feng, Montgomery, "'Remonstrance,'" 108 인용.
36. Ibid., 86.
37. Feng, Min, *National Polity and Local Power*, 234-35 인용. 상하이 도서관은 초기 원고를 소장하고 있지 않으나 Chen, "*Guanyu Jiaobinlu kangyi*"에 필사본 형태로 보존됨.
38. Feng, Montgomery, "'Remonstrance,'" 99 인용.
39. Ibid., 68.
40. Ibid., 70.
41. Feng, *Jiaobinlu kangyi*, 33.
42. Ibid., 75.
43. Ibid.
44. Ibid., 57.
45. 증국번에 관해 더 상세한 내용은 Porter, *Tseng Kuo-fan's Private Bureaucracy* 참고.
46. Spector, *Li Hung-chang and the Huai Army*.
47. Loti, *The Last Days of Pekin*, 164.
48. Hummel, *Eminent Chinese of the Ch'ing Period*, 1:242 참고.
49. Xiong, *Feng Guifen*, 186.
50. Teng and Fairbank, *China's Response*, 62 인용.
51. 증국번이 풍계분에게 공식 발표를 권한 내용에 관해서는 *China's Response*, 50 참고.
52. Chu and Liu, *Li Hung-chang and Early Modernization*, 29-30, 그리고 Wright, *The Last Stand of Chinese Conservatism*, 76 참고.
53. Liu, *Li Hung-chang and Early Modernization*, 23.
54. Li Hongzhang (Feb. 1863), in *China's Response*, 69.
55. Li Hongzhang (June 1863), in *China's Response*, 72.
56. Liu, *Li Hung-chang and Early Modernization*, 7 인용. 일반 부서에 관해서는 Hsu, *China's*

Entrance into the Family of Nations 참고.

57. Feng, *Jiaobinlu kangyi*, 57.
58. Ibid., 56.
59. Teng and Fairbank, *China's Response*, 75 인용.
60. Xiong, *Feng Guifen*, 143-44.
61. 서구 유럽을 배우는 것에 대한 왜인(Wo-jen)의 반대 의견은 *China's Response*, 76 수록.
62. 총리각국사무아문의 반박은 *China's Response*, 77 수록.
63. Montgomery, "'Remonstrance,'" 18 참고.
64. Kuhn, *Origins of the Modern Chinese State*, 58-73.

3장. 체용: 지키되 구하라

1. Headland, *Court Life in China*, 70.
2. Seagrave, *Dragon Lady*, 12. 백하우스에 관한 더 상세한 내용은 Trevor-Roper, *Hermit of Peking* 참고.
3. Backhouse, *Décadence Mandchoue*, 61.
4. Ibid., 198.
5. Ibid., 71.
6. Pearl Buck, *Imperial Woman*부터 Anchee Min, *Empress Orchid* 그리고 *The Last Empress*에 이르기까지 서태후에 관한 이야기는 역사소설가들의 관심을 끈 소재였다. 안타깝게도 서태후의 이야기는 학문적 탐구의 대상이기도 하다. Xu, *Yige zhenshi de Cixi taihou*는 매우 유용한 중국어 전기 자료다.
7. Yang, *Wan Qing shishi*, 53.
8. Backhouse, *Décadence Mandchoue*, 28.
9. Rhoads, *Manchus and Han*, 79. Kwong, "Imperial Authority in Crisis"도 참고.
10. Zeng, Kwong, *A Mosaic of the Hundred Days*, 36-37 인용.
11. Wenxiang (1874), *China's Response*, 90 인용.
12. Xue Fucheng (1878), *China's Response*, 117 인용.
13. 이홍장의 노력에 관해서는 Chu and Liu, *Li Hung-chang and China's Early Modernization*, 그리고 Feuerwerker, *China's Early Industrialization*에 기술됨.
14. Li Hongzhang (1872), *China's Response*, 109 인용.
15. Mokros, "Reconstructing the Imperial Retreat" 참고. 청조의 재정 문제 부분은 Feuerwerker, *The Chinese Economy, 1870-1949* 참고.
16. Liu, "The Ch'ing Restoration" 참고.
17. Cixi (1878), Teng and Fairbank, *China's Response*, 105 인용.
18. Li Hongzhang (1882), Chu and Liu, *Li Hung-chang and Early Modernization*, 10 인용. 이홍장의 부정 축재에 관한 부분은 273-75 참고.
19. Wang Tao (1880), Cohen, *Between Tradition and Modernity*, 232 인용.
20. 청류당의 등장에 관해서는 Rankin, "'Public Opinion' and Political Power" 그리고 Eastman, "Ch'ing-i and Chinese Policy Formation" 참고.
21. Eastman, *Throne and Mandarins*, 105 인용.
22. Elman, "Naval Warfare and the Refraction of China's Self-Strengthening Reforms,"

298 참고.

23. Li Hongzhang (1885), Teng and Fairbank, *China's Response*, 119-20 인용.
24. Itō Hirobumi, Paine, *Sino-Japanese War*, 82 인용.
25. 1863년 유럽 여행을 시작한 이토 히로부미는 *A Maker of New Japan*에서 해외 여행의 효과를 기술함.
26. Sun Yat-sen (1893), Cheng, Lestz, and Spence, *The Search for Modern China*, 169-71 인용.
27. Bergère, *Sun Yat-sen*, 39-41 참고.
28. 돌배 개조에 관해서는 Hayter-Menzies, *The Empress and Mrs. Conger*, 222 참고.
29. Backhouse, *Décadence Mandchoue*, 59.
30. 패멀라 크로슬리(Pamela Crossley), 제임스 밀워드(James Millward), 피터 퍼듀(Peter Perdue) 같은 청을 전공한 역사가들은 만주족이 독특한 대외 관계 방식을 창조했다는 입장이나, 조공체계에 관한 고전적 저서는 Fairbank, *Chinese World Order*라 할 수 있다.
31. 이 전쟁에 관해서는 Paine, *Sino-Japanese War* 참고. Fung, "Testing the Self-Strengthening"도 참고.
32. Li Hongzhang, Tan, *The Boxer Catastrophe*, 15 인용.
33. Li Hongzhang, Teng and Fairbank, *China's Response*, 126 인용.
34. Paine, *Sino-Japanese War*, 262 참고.
35. Ibid., 267.
36. Makito, *The Sino-Japanese War* 참고.
37. 얀센(Jansen)은 *The Making of Modern Japan*, 270-71, 318에서 중국의 정치 서적이 일본에 미친 영향을 논하고 있다.
38. Ibid., 355.
39. Rhoads, *Stepping Forth into the World* 참고.
40. Itō, *Commentaries on the Constitution of the Empire of Japan* 참고.
41. Jansen, *Modern Japan*, 377.
42. Ibid., 426.
43. 이홍장의 유럽 순방에 관해서는 Dong, *Li Hongzhang de waijiao shengya* 참고.
44. Spence, *The Search for Modern China*, 225.
45. Nathan, *Chinese Democracy*, 138-39.
46. 19세기 말의 지적 사조에 관해서는 Chang, "Intellectual Change and the Reform Movement" 참고. Eastman, "Political Reformism in China"도 참고.
47. 대학 설립에 관해서는 Weston, *The Power of Position* 참고.
48. 선교사 새뮤얼 우드브리지(Samuel Woodbridge)가 Chang, *China's Only Hope*에 실린 장지동의 글을 번역했다.
49. Wakeman, *History and Will*, 143 인용.
50. 이토 히로부미가 광서제를 알현한 내용은 Teng and Fairbank, *China's Response*, 179-80에서 발췌.
51. Seagrave, *Dragon Lady*, 11.
52. 캉유웨이의 서태후 암살 기도에 관한 자료는 Yang, *Wan Qing shishi*, 59 참고.
53. Der Ling, *Two Years in the Forbidden City*, 291 인용.

54. Liang, *Wuxu zhengbian ji*, 87-88 참고.
55. Chung, "The Image of the Empress Dowager Tz'u-hsi." 104 인용.
56. Martin, *The Siege in Peking*, 51.
57. *People's Daily*, Sept. 22, 1989. Fewsmith, *China Since Tiananmen*, 37 인용.
58. Der Ling, *Two Years*, 225.
59. Ibid., 260.
60. Ibid., 253, 282.
61. Wu, *Flight of an Empress*, 141.
62. Warner, *Dragon Empress*, 121.
63. Der Ling, *Two Years*, 68.
64. Hart, *The I.G. in Peking*, 2:1230 참고. 의화단과 관련된 더 자세한 내용은 Cohen, *History in Three Keys*와 Esherick, *The Origins of the Boxer Uprising* 그리고 Bickers and Tiedemann, *The Boxers, China, and the World* 참고.
65. Der Ling, *Two Years*, 181.
66. Ibid., 184.
67. Reynolds, *China*, 201-2.
68. Ibid., 203. Horowitz, "Breaking the Bonds of Precedent" 그리고 Thompson, "The Lessons of Defeat"도 참고.
69. Yang, *Wan Qing shishi*, 61.
70. Der Ling, *Two Years*, 183-84.
71. Headland, *Court Life in China*, 193-94.
72. Conger, *Letters from China*, 41.
73. Ibid., 220. Hayter-Menzies, *The Empress and Mrs. Conger*도 참고.
74. Headland, *Court Life in China*, 102.
75. Ibid., 102-3.
76. Carl, *With the Empress Dowager of China*.
77. Der Ling, *Two Years*, 356.
78. Reynolds, *China* 참고.
79. Harrison, *The Man Awakened from Dreams*, 88 인용.
80. Horowitz, "Breaking the Bonds of Precedent," 791 인용.
81. Sun, "Chinese Constitutional Missions," 266.
82. Rhoads, *Manchus and Han*, 17 인용.
83. Rhoads, *Manchus and Han*.
84. Bland and Backhouse, *China Under the Empress Dowager*, 471-75.
85. McAleavy, *A Dream of Tartary*, 186.
86. Yan Fu, Teng and Fairbank, *China's Response*, 150-51 인용.

4장. 신민: 근본적 변화 없이는 생존할 수 없다

1. Liang, *Liang Qichao wenxuan*, 41.
2. Liang, "My Autobiographical Account at Thirty," 6 참고. 량치차오의 삶과 사상에 관해서는 Levenson, *Liang Ch'i-ch'ao and the Mind of Modern China*; Huang, *Liang Ch'i-ch'ao and*

Modern Chinese Liberalism; Chang, *Liang Ch'i-ch'ao and Intellectual Transition in China*; Tang, *Global Space and the Nationalist Discourse of Modernity* 등을 참고. 네이선 (Nathan)은 *Chinese Democracy*에서 량치차오의 사상을 깊이 있게 다루었고, 미슈라 (Mishra)는 *From the Ruins of Empire*에서 범아시아적 맥락에서 량치차오를 탐구했다. 최근 에 나온 중국어 전기로는 Jie, *Liang Qichao zhuan*가 있다.

3. Miles, *The Sea of Learning* 참고.
4. 량치차오 일가의 이야기는 Fairbank, *Liang and Lin*에서 깊이 있게 다루고 있다.
5. Xu Jiyu (1848), Teng and Fairbank, *China's Response*, 42.
6. Liang, Levenson, *Liang Ch'i-ch'ao*, 17 인용.
7. 캉유웨이의 사상에 관해서는 Hsiao, *A Modern China and a New World* 참고. 그의 이야기는 Spence, *The Gate of Heavenly Peace*에서도 깊이 있게 다루고 있다.
8. 량치차오와 티머시 리처드의 관계에 대해서는 Chang, *Liang Ch'i-ch'ao*, 71 참고.
9. Liang, *Intellectual Trends in the Ch'ing Period*, 113.
10. Liang, *Wuxu zhengbian ji*, 3.
11. Wang, *Never Forget National Humiliation*, 151 참고.
12. Liang, *Intellectual Trends*, 98.
13. Ding and Zhao, *Liang Qichao nianpu changbian*, 25 참고.
14. Liang, *Intellectual Trends*, 102.
15. Vittinghoff, "Unity vs. Uniformity," 110 참고.
16. 새로운 유형의 언론 활동과 량치차오의 역할에 관해서는 Chang, "Intellectual Change and the Reform Movement," 292-95 참고. Judge, *Print and Politics*도 참고.
17. Chang, *Liang Ch'i-ch'ao*, 124.
18. Liang, "Autobiographical Account at Thirty," 12.
19. Liang (1897), *Liang Qichao quanji*, 1:122.
20. Liang, *Liang Qichao zishu*, 31.
21. Liang, *Liang Qichao quanji*, 1:122.
22. Liang, Tang, *Global Space*, 17 인용.
23. Liang, *Intellectual Trends*, 101. 후난 성의 환경에 관해서는 Platt, *Provincial Patriots*, 78-86 참고.
24. Schwartz, *In Search of Wealth and Power*, 33. Huang, *The Meaning of Freedom*도 참고.
25. Yan, Schwartz, *In Search of Wealth and Power*, 31 인용.
26. Ibid., 33.
27. Ibid., 44.
28. Ibid., 49.
29. Yan, Lin, *The Crisis of Chinese Consciousness*, 58 인용.
30. Yan, Schwartz, *In Search of Wealth and Power*, 45-46 인용.
31. Kang, Wakeman, *History and Will*, 141 인용.
32. Kang, Chang, "Intellectual Change," 325 인용.
33. Karl and Zarrow, *Rethinking the 1898 Reform Period*: Kwong, *A Mosaic of the Hundred Days* 참고.
34. 이토 히로부미의 역할에 관해서는 Levenson, *Liang Ch'i-c h'ao*, 55 참고.

35. 티머시 리처드는 9월 23일 량치차오를 만나 일본 공사관에 신변 보호 요청을 하라고 조언했다고 주장했다. Richard, *Forty-five Years in China*, 266.
36. Levenson, *Liang Ch'i-ch'ao*, 56.
37. Huang, *Liang Ch'i-ch'ao*, 41 그리고 Tang, *Global Space*, 141, 160 참고; Fogel, *The Role of Japan in Liang Qichao's Introduction of Modern Western Civilization to China*도 참고.
38. Liang, Tang, *Global Space*, 14 인용.
39. Liang (1899), Levenson, *Liang Ch'i-ch'ao*, 64 인용.
40. Liang (1898), Huang, *Liang Ch'i-ch'ao*, 46 인용.
41. Liang (1901), *Liang Qichao zishu*, 37.
42. Liang (1902), *Liang Qichao quanji*, 2:663.
43. Liang (1902), ibid., 2:674.
44. Liang, Levenson, *Liang Ch'i-ch'ao*, 117 인용.
45. Liang, Huang, *Liang Ch'i-ch'ao*, 31 인용.
46. Nathan, *Chinese Democracy*, 55 참고.
47. Yan, Tang, *Global Space*, 48 인용.
48. Chang, *Liang Ch'i-ch'ao*, 145 참고.
49. Liang (1902), *Liang Qichao quanji*, 2:759.
50. Liang (1902), ibid., 2:688.
51. Liang, Wakeman, *History and Will*, 151 인용.
52. Liang, *Intellectual Trends*, 105.
53. 량치차오의 여행에 관해서는 Ding, *Liang Qichao nianpu changbian*, 174-91에 기술돼 있다. 여행기에서 발췌한 내용은 Arkush and Lee, *Land Without Ghosts*, 81-96에 번역, 수록돼 있다.
54. Liang, *Liang Qichao quanji*, 2:1187.
55. Fitzgerald, *Awakening China*, 118 참고. 샌프란시스코 차이나타운은 1877년의 약탈 사건에서 비롯된 반중 정서의 피뢰침 같은 역할을 했으며 1882년 '중국인 배척법'의 근간이 됐다. 량치차오가 미국에서의 인종차별적 반중 경향을 인식하지 못한 부분에 대해서는 Wong, "Liang Qichao and the Chinese of America" 참고. 량치차오는 또 중국계 미국인의 시민권 소송에 대해서도 무지했다. 이 부분은 McClain, *In Search of Equality* 참고.
56. Liang, Arkush and Lee, *Land Without Ghosts*, 92-93 인용.
57. Liang (1904), De Bary, *Sources of Chinese Tradition*, 300 인용.
58. Liang, Arkush and Lee, *Land Without Ghosts*, 93 인용.
59. Liang, *Intellectual Trends*, 103.
60. Liang, Huang, *Liang Ch'i-ch'ao*, 100 인용.
61. Liang, Judge, "Public Opinion and the New Politics of Contestation," 70 인용.
62. Huang, *Liang Ch'i-ch'ao*, 121.
63. Liang (1913), *Liang Qichao zishu*, 69.
64. Liang (1914), ibid., 76.
65. Lai, *Liang Qichao de jingji mianxiang* 참고.
66. Levenson, *Liang Ch'i-ch'ao*, 178.
67. 위안스카이의 독재에 반기를 든 량치차오의 행동에 관해서는 Ch'en, *Yuan Shih-k'ai*, 208-

9. 220-34 참고.

68. Liang, *Intellectual Trends*, 106.

69. Liang, Tang, *Global Space*, 189 인용.

70. 참전 및 일본으로부터의 차관 도입을 지지하는 량치차오의 입장에 관해서는 Huang, *Liang Ch'i-ch'ao*, 135-39 참고.

71. 베르사유조약이 동아시아에 미친 영향에 관해서는 Manela, *The Wilsonian Moment* 참고.

72. Liang, Levenson, *Liang Ch'i-ch'ao*, 189 인용.

73. Tang, *Global Space*, 175. 량치차오가 보낸 전보에 관해서는 Chow, *The May Fourth Movement*, 90-94 참고.

74. Tang, *Global Space*, 178.

75. Liang, Tang, *Global Space*, 182 인용.

76. Liang, Levenson, *Liang Ch'i-ch'ao*, 200 인용.

77. Yan, Schwartz, *In Search of Wealth and Power*, 235 인용.

78. Tang, *Global Space*, 186.

79. Liang, Fairbank, *Liang and Lin*, 32 인용.

80. Liang, Tang, *Global Space*, 191 인용.

81. Liang, ibid., 193 인용.

82. Liang, Huang, *Liang Ch'i-ch'ao*, 149 인용.

83. Tang, *Global Space*, 196-98 참고.

84. Levenson, *Liang Ch'i-ch'ao*, 191.

85. Fairbank, *Liang and Lin*, 37-38.

86. Liang, *Intellectual Trends*, 106.

87. Ibid.

88. Huang, *Liang Ch'i-ch'ao*, 7.

89. Snow, *Red Star over China*, 137.

5장. 일반산사: 흩어진 모래는 파도에 쓸려갈 뿐이다

1. Bergère, *Sun Yat-sen*, 25.

2. Musgrove, "Monumentality in Nanjing's Sun Yat-sen Memorial Park," 5.

3. Musgrove, "Building a Dream," 139.

4. Sun Yat-sen, Schiffrin, *Sun Yat-sen*, 57 인용.

5. Jansen, *The Japanese and Sun Yat-sen* 참고.

6. Bergère, *Sun Yat-sen*, 76.

7. Wilbur, *Sun Yat-sen*, 287.

8. Strand, *An Unfinished Republic*, 281.

9. Sharman, *Sun Yat-sen*, 322.

10. Strand, *An Unfinished Republic*, 241.

11. Sun, Sharman, *Sun Yat-sen*, 4 인용.

12. Sun, Strand, *An Unfinished Republic*, 238 인용.

13. Ponce, Jansen, *The Japanese and Sun Yat-sen*, 70 인용.

14. Cantlie and Jones, *Sun Yat Sen and the Awakening of China*, 31.

15. Sun, Gordon, *Sun Yatsen*, 2 인용.

16. Bergère, *Sun Yat-sen*, 36-40.

17. Wilbur, *Sun Yat-sen*, 13.

18. Sun, Cantlie and Jones, *Sun Yat Sen and the Awakening of China*, 41 인용.

19. Cantlie and Jones, *Sun Yat Sen and the Awakening of China*, 51.

20. Sun, Gasster, "Reform and Revolution in China's Political Modernization," 79 인용.

21. Sharman, *Sun Yat-sen*, 127-28 인용.

22. Sharman, *Sun Yat-sen*, 128.

23. Calhoun, Horner, *Rising China and Its Postmodern Fate*, 82 인용.

24. Schiffrin, *Sun Yat-sen*, 216 인용.

25. Spence, *The Search for Modern China*, 277.

26. Musgrove, "Monumentality," 7-8.

27. Schiffrin, *Sun Yat-sen*, 42-43 인용.

28. Sun, Bergère, *Sun Yat-sen*, 361 인용.

29. Strand, *An Unfinished Republic*, 265 인용; 유교 사상으로의 회귀에 관해서는 262-65 참고.

30. Strand, *An Unfinished Republic*, 268 인용.

31. Sun Yat-sen, *The Three Principles of the People*, vii. 중국어 원서, *Sanmin Zhuyi*를 기준으로 번역함.

32. Sun, *Three Principles*, 7.

33. Ibid., 24.

34. Bergère, *Sun Yat-sen*, 357.

35. Sun, *Three Principles*, 14.

36. Ibid., 31.

37. Ibid., 6.

38. Ibid., 14.

39. Ibid., 29.

40. Westad, *Restless Empire*, 60.

41. Sun, *Three Principles*, 9-10.

42. Wang Dong, *China's Unequal Treaties*, 64.

43. Sun, *Three Principles*, 25.

44. Ibid., 9-10.

45. Wang, *China's Unequal Treaties*, 65.

46. Sun, *Three Principles*, 49.

47. Ibid., 53.

48. Ibid., 60.

49. Ibid., 59.

50. Strand, *An Unfinished Republic*, 256.

51. Sun, Bergère, *Sun Yat-sen*, 372 인용.

52. Strand, *An Unfinished Republic*, 272.

53. Sun, *Three Principles*, 92.

54. Sun, Strand, *An Unfinished Republic*, 263 인용.

571

55. Sun, *Three Principles*, 61.
56. Ibid., 62.
57. Ibid., 87.
58. Ibid., 113.
59. Bergère, *Sun Yat-sen*, 382.
60. Sun, *Three Principles*, 121.
61. Ibid., 119.
62. Ibid., 128-29.
63. De Bary, *Sources of Chinese Tradition*, Sun's 1918 "A Program for National Reconstruction," 779-783 참고.
64. Ibid., 328-30.
65. Musgrove, "Building a Dream," 142.
66. Sun, *Three Principles*, 96.
67. Ibid.
68. Ibid., 97.
69. Martin, *Strange Vigour*, 210.
70. Schiffrin, *Sun Yat-sen*, 250.
71. Sun, Pantsov and Levine, *Mao*, 128 인용.
72. Brandt, *Stalin's Failure in China* 참고.
73. Iriye, *After Imperialism*, 11.
74. Sun, Schiffrin, *Sun Yat-sen*, 244 인용.
75. Bergère, *Sun Yat-sen*, 309-10.
76. Westad, *Restless Empire*, 158.
77. Schwartz, *Chinese Communism and the Rise of Mao*, 40 인용.
78. Spence, *The Search for Modern China*, 335.
79. Spence, *Mao Zedong*, 63.
80. Westad, *Restless Empire*, 159 인용.
81. Pantsov and Levine, *Mao*, 126.
82. Brandt, *Stalin's Failure in China* 참고.
83. Sun, Bergère, *Sun Yat-sen*, 325 인용.
84. Wilbur, *Sun Yat-sen*, 281.
85. Schiffrin, *Sun Yat-sen*, 269.
86. Bergère, *Sun Yat-sen*, 41.

6장. 신청년: 죽지 않는 것보다 다시 태어나는 것이 중요하다

1. Feigon, *Chen Duxiu*, 226.
2. Zhu, *Chen Duxiu*, 286.
3. Cadot-Wood, "Striving Toward a Lovable Nation," 134.
4. Zhu, *Chen Duxiu*, 287.
5. Kagan, "Chen Tu-hsiu's Unfinished Autobiography," 302.
6. Zhu, *Chen Duxiu*, 1-3.

7. Kagan, "Chen Tu-hsiu's Unfinished Autobiography," 302; Zhu, *Chen Duxiu*, 4-5.

8. Ibid., 305.

9. Zhu, *Chen Duxiu*, 6.

10. Chen, Zhu, *Chen Duxiu*, 13 인용.

11. Feigon, *Chen Duxiu*, 32.

12. Kagan, "Chen Tu-hsiu's Unfinished Autobiography," 313.

13. Chen, Wang, "Chen Duxiu," 134 인용.

14. Chen, Kagan, "Chen Tu-hsiu's Unfinished Autobiography," 314 인용.

15. Kagan, "Chen Tu-hsiu's Unfinished Autobiography," 297.

16. Chen, Wang, "Chen Duxiu," 134 인용.

17. Ibid.

18. Chen, Cadot-Wood, "Striving Toward a Lovable Nation," 134 인용.

19. Feigon, *Chen Duxiu*, 37-39.

20. Chen, Lin, *The Crisis of Chinese Consciousness*, 68 인용.

21. Feigon, *Chen Duxiu*, 66.

22. Feigon, *Chen Duxiu*, 41 인용.

23. Chen, ibid., 42 인용.

24. Ibid., 47.

25. Ibid., 44.

26. Ibid.

27. Chen, Cadot-Wood, "Striving Toward a Lovable Nation," 36 인용.

28. Ibid., 37.

29. Ibid., 63-65.

30. Leys, *The Burning Forest*, 219 그리고 Lu, *Selected Works*, 2:327.

31. Chen, Lin, *The Crisis of Chinese Consciousness*, 59 인용.

32. Li Dazhao, Schwartz, *Chinese Communism and the Rise of Mao*, 12 인용.

33. Chen, in Teng and Fairbank, *China's Response to the West*, 241.

34. Feigon, *Chen Duxiu*, 128.

35. Chen, Lin, *Crisis of Chinese Consciousness*, 59 인용.

36. Lu, *The Real Story of Ah-Q and Other Tales of China: The Complete Fiction of Lu Xun*, translated by Lovell, preface to "Outcry," 17.

37. Hsia, *The Gate of Darkness*, 148.

38. Lu, *The Real Story of Ah-Q and Other Tales of China*, translated by Julia Lovell, preface to "Outcry," 19.

39. Ibid.

40. Ibid., 31.

41. Ibid.

42. Cadot-Wood, "Striving Toward a Lovable Nation," 95.

43. Feigon, *Chen Duxiu*, 105.

44. Ibid., 104.

45. Chen, Teng and Fairbank, *China's Response to the West*, 242 인용.

46. Fu Sinian, Schwarcz, *The Chinese Enlightenment*, 288 인용.
47. Chao, "Chen Duxiu's Early Years," 181.
48. Chen, De Bary, *Sources of Chinese Tradition*, 353 인용.
49. Chen, Teng and Fairbank, *China's Response to the West*, 242 인용.
50. Ibid., 240.
51. Ibid.
52. Ibid., 241-46.
53. Meisner, "Cultural Iconoclasm, Nationalism, and Internationalism," 15.
54. Chen, Barmé and Jaivin, *New Ghosts, Old Dreams*, 199 인용.
55. Wang, "Chen Duxiu," 136.
56. Chen, Schwarcz, *The Chinese Enlightenment*, 61 인용.
57. Chow, *The May Fourth Movement*, 70.
58. Ibid., 69.
59. Chen, Wang, "Chen Duxiu," 14 인용.
60. Vernoff and Seybolt, *Through Chinese Eyes*, 70-72.
61. Zhu, *Chen Duxiu*, 4.
62. Ba Jin, *Random Thoughts*, 95-96.
63. Schwartz, *Chinese Communism*, 9.
64. Gentzler, *Changing China*, 168.
65. Ibid.
66. Grieder, *Hu Shih and the Chinese Renaissance*, 66 인용.
67. Zhu, *Chen Duxiu*, 37-42; 두 웹사이트 참고: http://news.hinhuanet.com/theory/201-03/05/c_121151787.htm 그리고 http://www.360doc.com/content/12/0626/15/2207798_220544882.shtml.
68. Cadot-Wood, "Striving Toward a Lovable Nation," 118.
69. Chen, Westad, *Restless Empire*, 152 인용.
70. Meisner, *Li Ta-chao and the Origins of Chinese Marxism*, 97.
71. Mao, "Poor Wilson," in Mao, *Mao's Road to Power*, 1:338.
72. Meisner, *Li Ta-chao*, 98.
73. Rice, *Mao's Way*, 20.
74. Nathan, *Chinese Democracy*, 8.
75. Chow, *May Fourth*, 106-7.
76. Rice, *Mao's Way*, 20.
77. Schwarcz, *The Chinese Enlightenment*, 19.
78. Chen, Cadot-Wood, "Striving Toward a Lovable Nation," 108 인용.
79. Lin, *The Crisis of Chinese Consciousness*, 60.
80. Cadot-Wood, "Striving Toward a Lovable Nation," 110, 147.
81. Chow, *May Fourth*, 135.
82. Chao, "Chen Duxiu's Early Years," 315.
83. Ibid., 316.
84. Ibid.

85. Mao, "The Arrest and Rescue of Chen Duxiu," in Mao, *Mao's Road to Power,* 1:328.

86. Chen Duxiu, "Yanjiu yu jianyu"("The Research Institute and the Prison"), *Meizhou Pinglun* #15 (June 8, 1919). Lanza, *Behind the Gate,* 141도 참고.

87. Lanza, *Behind the Gate,* 137.

88. Cadot-Wood, "Striving Toward a Lovable Nation," 119.

89. Chen, Feigon, *Chen Duxiu,* 152-53 인용.

90. Ibid.

91. Chen, Schwartz, *Chinese Communism,* 22 인용.

92. Schwartz, *Chinese Communism,* 21.

93. Westad, *Restless Empire,* 158.

94. Schwartz, *Chinese Communism,* 34.

95. Chen, Feigon, *Chen Duxiu,* 152-53 인용.

96. Ibid., 152.

97. Schwarcz, *The Chinese Enlightenment,* 179; Feigon, *Chen Duxiu,* 235.

98. Feigon, *Chen Duxiu,* 196.

99. 천두슈의 말년에 관해서는 Zhu Hong, *Chen Duxiu: Zuihou suiyue* 참고.

100. Chen, "Letter to Liangen," in Benton, *Last Days,* 59.

101. Chen, "A Sketch of the Post-war World," in ibid., 85-86.

7장. 통일: 응집된 힘, 하나된 마음을 이길 것은 없다

1. Taylor, *The Generalissimo,* 242.

2. Chiang and Jaffe, *China's Destiny,* 100.

3. Taylor, *The Generalissimo,* 12-14.

4. Fenby, *Chiang Kai-shek,* 23.

5. Taylor, *The Generalissimo,* 17.

6. Chiang, Fenby, *Chiang Kai-shek,* 26 인용.

7. Taylor, *The Generalissimo,* 29.

8. Fenby, *Chiang Kai-shek,* 39-43.

9. Taylor, *The Generalissimo,* 41.

10. Ibid., 27.

11. Ibid., 61.

12. Ibid., 73.

13. Wang, *China's Unequal Treaties,* 70.

14. Fenby, *Chiang Kai-shek,* 175.

15. Peffer, *China,* 281-83.

16. Eastman et al., *The Nationalist Era in China,* Eastman, "Nationalist China During the Nanking Decade, 1927-37," 1.

17. Chiang, Westad, *Restless Empire,* 164 인용.

18. Musgrove, "Building a Dream," 144.

19. Ibid.

20. Schoppa, *Twentieth Century China,* 85.

21. Ibid., 87.
22. McAleavy, *The Modern History of China*, 100.
23. Eastman, *Nationalist Era in China*, 47.
24. Spence, *The Search for Modern China*, 424. 그리고 Westad, *Restless Empire*, 255.
25. Snow, *Journey to the Beginning*, 135.
26. Ibid., 135-36.
27. Westad, *Restless Empire*, 167 그리고 Taylor, *The Generalissimo*, 79-82, on estimates in thousands. Spence, *The Search for Modern China*, 363도 참고.
28. Chiang, *Jiang Jieshi riji jiemi*, 2:504.
29. Ibid., 2:480.
30. Ibid., 2:492.
31. Woo, *The Kuomintang and the Future of the Chinese Revolution*, 246.
32. Chiang, *Jiang Jieshi riji jiemi*, 2:504.
33. Rabe, *The Good Man of Nanking*, 77.
34. Taylor, *The Generalissimo*, 152.
35. Snow, *People on Our Side*, 282.
36. White, *In Search of History*, 156.
37. Taylor, *The Generalissimo*, 259.
38. Chiang, *China's Destiny*, 79.
39. White, *In Search of History*, 156-57.
40. Ibid., 157.
41. Ibid., 160.
42. Taylor, *The Generalissimo*, 33.
43. Chiang, Chow, *The May Fourth Movement*, 344 인용.
44. Chiang, Wakeman, "A Revisionist View of the Nanjing Decade," 170 인용.
45. Chiang, *China's Destiny*, 157.
46. Ibid., 149.
47. Taylor, *The Generalissimo*, 216.
48. Ibid., 49-50.
49. Chiang and Jaffe, *China's Destiny*, 44.
50. Wang, *Never Forget National Humiliation*, 80.
51. Fairbank, Reischauer, and Craig, *East Asia: The Modern Transformation*, 714.
52. Chiang, *China's Destiny*, 123 그리고 Cohen, *Speaking to History*, 73.
53. Cohen, *Speaking to History*, 2-35.
54. Ibid., 73-74.
55. Wang, *Never Forget National Humiliation*, 80-81. Chiang, *Jiang Jieshi riji jiemi*, multiple entries도 참고.
56. ibid., 80-81 인용. 그레이스 황(Grace Huang)의 번역본 참고. 원본은 Cohen, *Speaking to History*, 73.
57. Cohen, *Speaking to History*, 231-32.
58. Chiang, *China's Destiny*, 84.

❖

59. Ibid., 78.

60. Ibid., 29.

61. Ibid., 34.

62. Ibid., 97.

63. Callahan, Wang, *Never Forget National Humiliation*, 64 인용.

64. Stilwell, *The Stilwell Papers*, 110-222.

65. Stilwell, Taylor, *The Generalissimo*, 216 인용.

66. Stilwell, *The Stilwell Papers*, 133.

67. Service, *Lost Chance in China*, 90.

68. Snow, *People on Our Side*, 280.

69. Chiang, *China's Destiny*, 208.

70. Ibid., 103.

71. Confucius, *Analects*, 3.

72. Schoppa, *Twentieth Century China*, 79-80.

73. Fenby, *Chiang Kai-shek*, 246.

74. Ferlanti, "The New Life Movement in Jiangxi Province, 1934-1938" 참고.

75. Wills, *Mountain of Fame*, 323-24.

76. Taylor, *The Generalissimo*, 45.

77. Wakeman, "Revisionist View," 141.

78. Ibid., 142.

79. Ibid. 그리고 Taylor, *The Generalissimo*, 102.

80. Wakeman, "Revisionist View," 142.

81. Chiang and Jaffe, *China's Destiny*, 210.

82. Snow, *Journey to the Beginning*, 137.

83. Barnett, *China on the Eve of Communist Takeover*, 97.

8장. 혁명: 밀려오는 파도를 두려워하지 마라

1. Snow, *Red Star over China*, 133.

2. Ibid., 132.

3. Lifton, *Revolutionary Immortality*, 82 참고.

4. *Poems of Mao Zedong*, 41.

5. Pye, *Mao Tse-tung*, 36.

6. Fairbank, introduction to Snow, *Red Star over China*, 11-13.

7. Snow, *Red Star over China*, 132-33.

8. Ibid., 133.

9. Ibid., 132-33.

10. Confucius, *Analects*, Book 2.5.

11. Ibid., Book 4.18.

12. Snow, *Red Star over China*, 131.

13. Ibid.

14. Ibid.

15. Ibid., 133.

16. Ibid., 136.

17. Spence, *Mao Zedong*, 7.

18. Snow, *Red Star over China*, 136-37.

19. Wakeman, *History and Will*, 143.

20. Spence, *Mao Zedong*, 11.

21. Spence, *Mao Zedong*, 20-21.

22. Mao, *Mao's Road to Power* (이하 MRTP), 1:xxi.

23. Ibid., 1:6.

24. Spence, *Mao Zedong*, 18.

25. Mao, MRTP, 1:6.

26. Spence, *Mao Zedong*, 20-26.

27. Feigon, *Mao: A Reinterpretation*, 19.

28. Mao, MRTP, 1:113.

29. Ibid., 1:115.

30. Ibid., 1:116.

31. Ibid., 1:120.

32. Ibid., 1:115.

33. Ibid., 1:5.

34. Ibid., 1:60.

35. Ibid., 1:119, 120.

36. Ibid., 1:113.

37. Ibid., 1:124.

38. Ibid., 1:120.

39. Ibid., 1:132.

40. Ibid., 1:xxi.

41. Meisner, *Li Ta-chao and the Origins of Chinese Marxism*, 93.

42. Short, *Mao*, 83.

43. Mao, MRTP, 1:385.

44. Ibid., 1:381-82.

45. Ibid., 1:386.

46. Ibid., 1:389.

47. Platt, *Provincial Patriots*, 194.

48. Ibid.

49. Mao, MRTP, 1:263-64.

50. Ibid.

51. Ibid., 1:318.

52. Pantsov and Levine, *Mao*, 101-2.

53. Mao, "On People's Democratic Dictatorship," in Mao, *Selected Works*, 4:412-413.

54. Ibid.

55. 레닌(Lenin)의 에세이 "What Is to Be Done?" in Lenin, *The Lenin Anthology* 참고.

56. Spence, *Mao Zedong*, 54–55.

57. Pantsov and Levine, *Mao*, 101.

58. Ch'en, *Mao and the Chinese Revolution*, 112.

59. Mao, "On New Democracy," in Mao, *Selected Works*, 2:367.

60. Ibid., 2:366.

61. Mao, MRTP, 2:429.

62. Ibid., 2:430.

63. Ibid., 2:431.

64. Ibid., 2:430.

65. Ibid., 2:432–33.

66. Ibid., 2:434–35.

67. Ibid., 2:430–31.

68. Ibid., 2:434–35.

69. Wakeman, *History and Will*, 92.

70. Mao, MRTP, 1:124.

71. Solomon, *Mao's Revolution*, 166.

72. Ch'en, *Mao Papers*, 114.

73. Schumpeter, *Capitalism, Socialism, and Democracy*, 82–85.

74. Wakeman, *History and Will*, 152.

75. Ibid., 151.

76. Mao, *Selected Works*, 2:688.

77. Spence, *The Search for Modern China*, 403–9.

78. Ibid., 407.

79. Mao, *Selected Works*, 1:318.

80. Ibid.

81. Ibid., 1:333.

82. Ch'en, *Mao Papers*, 33.

83. Snow, *Red Star over China*, 90.

84. Snow, *Journey to the Beginning*, 162.

85. Ibid.

86. Snow, *Red Star over China*, 90.

87. Fairbank, introduction to Barrett, *The Dixie Mission*, 8.

88. Barrett, *Dixie Mission*, 82.

89. Service, *Lost Chance in China*, 193–94.

90. Ibid., 194–97.

91. Ibid., 198.

92. Ibid., 308.

93. Feigon, *Mao: A Reinterpretation*, 66.

94. Selden, *The Yenan Way in Revolutionary China*, 190.

95. Brandt et al., Mao: Yenan Forum ... in *A Documentary History of Chinese Communism*, 384.

96. Rice, *Mao's Way*, 98.
97. Chi et al., *Chinese English Dictionary of Contemporary Usage*, 297.
98. Goldman, *Literary Dissent in Communist China*, 18-19.
99. Schurmann, *Ideology and Organization*, 29.
100. Huang, "An Unforgettable Night in Yanan," 91.
101. Brandt et al., *A Documentary History of Chinese Communism*, 375.
102. Ibid., 383.
103. Ibid., 382.
104. Schram, *The Political Thought of Mao Zedong*, 179.
105. Brandt et al., *A Documentary History of Chinese Communism*, 386.
106. Ibid., 392.
107. Ibid., 396.
108. Ibid., 392.
109. Ibid., 407.
110. Spence, *The Gate of Heavenly Peace*, 291-94.
111. Goldman, *Literary Dissent in Communist China*, 25-26.
112. Dai, Wang Shiwei and *Wild Lilies*, xvii-xxxi.
113. McDougall, *Mao Zedong's Talks at the Yan'an Conference on Literature and Art*, 12.
114. Huang, "An Unforgettable Night in Yan'an," 92.
115. Ibid., 91-98.
116. Ibid., 93.
117. Mao, *Quotations from Chairman Mao*, 299.
118. McDougall, *Talks at the Yan'an Conference*, 61.
119. Mao, *Quotations from Chairman Mao*, 300.
120. Brandt et al., *A Documentary History of Chinese Communism*, 408.
121. Ibid., 418.
122. Huang, "An Unforgettable Night in Yanan," 95-96.

9장. 불파불립: 파괴 없이는 건설도 없다

1. Mao, "The Chinese People Have Stood Up," *Selected Works*, vol. 5, 17.
2. Wu, *Remaking Beijing*, 93-4.
3. Ibid., 59.
4. Lu Xun, "More Roses Without Blooms," *Selected Works of Lu Xun*, 2:249.
5. Mao, *Selected Works*, 4:374.
6. Wu, *Remaking Beijing*, 63. Lanza, *Behind the Gate*, 169-173도 참고.
7. Ibid., 23.
8. Hung, *Mao's New World*, 9, 36-47.
9. Ibid., 8, 46.
10. Wu, *Remaking Beijing*, 23.
11. Hung, *Mao's New World*, 27-34.
12. Ibid., 27-29 그리고 Wu, *Remaking Beijing*, 7-8.

13. Becker, *City of Heavenly Tranquility*, 170.

14. Wu, *Remaking Beijing*, 64-5.

15. Barmé, *The Forbidden City*, 11.

16. Hung, *Mao's New World*, 35-36.

17. Ibid., 47.

18. Mao, *Introducing a Cooperative*, (April 15, 1958), *Selected Works*, vol 8. http://www. marxists.org/reference/archive/mao/selected-works/volume-8/mswv8_09.htm.

19. Lifton, *Thought Reform and the Psychology of Totalism* 참고.

20. Goldman, *From Comrade to Citizen*, 159; Mei, *Hu Feng's Prison Years*도 참고.

21. Garside, *Coming Alive*, 33.

22. Mao, *Selected Works*, 4:374.

23. Mao, Selden, *The People's Republic of China*, 324 인용.

24. Mao, Ch'en, *The Mao Papers*, 62-64 인용.

25. Dikötter, *Mao's Great Famine*, 48.

26. Mao, Ch'en, *The Mao Papers*, 61 인용.

27. Ibid., 57.

28. MacFarquhar, *The Great Leap Forward*.

29. Schram, *The Political Thought of Mao Tse-tung*, 102.

30. Schurmann, *Ideology and Organization*, 74.

31. Ibid., 76.

32. Li, *The Private Life of Chairman Mao*, 274.

33. Schurmann, *Ideology and Organization*, 279.

34. Yang, *Tombstone*, 108.

35. Spence, *The Search for Modern China*, 579.

36. Yang, *Tombstone*, 200-201.

37. Dikötter, *Mao's Great Famine*, 49.

38. Spence, *The Search for Modern China*, 579.

39. Krushchev, *Khrushchev Remembers*, 467-68.

40. Schram, *Mao Tse-Tung Unrehearsed*, 139.

41. Ibid., 146.

42. Yang, *Tombstone*, 13.

43. Dikötter, *Mao's Great Famine*, 320.

44. Spence, *The Search for Modern China*, 592.

45. MacFarquhar and Schoenhals, *Mao's Last Revolution*, 10.

46. Mao, *Mao Tsetung Poems*, 49-50.

47. MacFarquhar and Schoenhals, *Mao's Last Revolution*, 13.

48. Spence, *The Search for Modern China*, 595.

49. MacFarquhar and Schoenhals, *Mao's Last Revolution*, 47.

50. Ibid., 104.

51. Ibid., 73-74.

52. Ch'en, *Mao Papers*, 24-25.

53. Ibid., 25.
54. Ibid., 25-26.
55. Milton and Milton, *The Wind Will Not Subside*, 147.
56. MacFarquhar and Schoenhals, *Mao's Last Revolution*, 102.
57. Deng, *Deng Xiaoping and the Cultural Revolution*, 12.
58. MacFarquhar and Schoenhals, *Mao's Last Revolution*, 102.
59. Ibid., 102.
60. Ibid., 85.
61. Ibid., 48.
62. Ibid., 85.
63. Han, *Han Fei Tzu*, 17-18.
64. Mao, *Mao Tsetung Poems*, 31-32.
65. MacFarquhar and Schoenhals, *Mao's Last Revolution*, 82.
66. Milton and Milton, "*The Wind Will Not Subside*," 139.
67. Vogel, *Deng*, 43.
68. Milton and Milton, "*The Wind Will Not Subside*," 146.
69. Karol, *The Second Chinese Revolution*, 189.
70. Schram, *Mao Unrehearsed*, 260.
71. MacFarquhar and Schoenhals, *Mao's Last Revolution*, 90.
72. Ibid., 72.
73. Ibid., 67, 92-94.
74. Ibid., 92.
75. Granqvist, *The Red Guard*, 100.
76. Ibid., 100.
77. MacFarquhar and Schoenhals, *Mao's Last Revolution*, 102.
78. Ibid., 108.
79. Gray and Cavendish, *Chinese Communism in Crisis*, 125.
80. Daubier, *A History of the Cultural Revolution*, 71; MacFarquhar and Schoenhals, *Mao's Last Revolution*, 107-8.
81. Snow, *Red Star over China*, 70.
82. Karol, *Second Chinese Revolution*, 188; 그리고 MacFarquhar and Schoenhals, *Mao's Last Revolution*, 109-10.
83. MacFarquhar and Schoenhals, *Mao's Last Revolution*, 109.
84. Ibid., 206.
85. Li, *The Private Life of Chairman Mao*, 482.
86. MacFarquhar and Schoenhals, *Mao's Last Revolution*, 159-161.
87. Mao, "On New Democracy," in *Selected Works*, 2:340.
88. Tuchman, *Notes from China*, 77-78.
89. Ibid., 79-87.
90. Kissinger, *Years of Renewal*, 142.
91. Ibid., 881.

92. Ibid., 144.
93. Ibid., 152.
94. Ibid., 154.
95. Ibid., 152.
96. Ibid., 154.
97. Heilmann and Perry, *Mao's Invisible Hand*, "Embracing Uncertainty," 1-29 참고.

10장. 흑묘백묘: 혁명보다는 생산, 이념보다는 실리

1. Drawn from Schell, *Watch Out for the Foreign Guests*.
2. TV 중계에 관해서는 Vogel, *Deng Xiaoping and the Transformation of China*, 337 참고.
3. Butterfield, "Apathy Replaces Marxist Idealism Among Chinese," *New York Times*, December 30, 1980.
4. Deng Xiaoping, August 21, 1985, in *Selected Works of Deng Xiaoping*, 3:139.
5. 덩샤오핑의 영어 자서전으로는 *Deng Xiaoping and the Transformation of China* 참고. Yang, *Deng: A Political Biography*, Evans, *Deng Xiaoping and the Making of Modern China*, Shambaugh, *Deng Xiaoping: Portrait of a Chinese Statesman* 등도 유용한 자료다. 덩샤오핑의 딸이 쓴 비망록 *Deng Xiaoping and the Cultural Revolution and My Father Deng Xiaoping: The War Years*도 참고할 만하다.
6. Yang, *Deng*, 29.
7. Deng, *Deng Xiaoping zishu*, 2.
8. Deng, *Deng Xiaoping and the Cultural Revolution*, 29.
9. Yang, *Deng*, 32.
10. Wang, "Deng Xiaoping: The Years in France," 698-705 그리고 Levine, *The Found Generation* 참고.
11. Deng, *My Father*, 101. Vogel, *Deng*, 22도 참고.
12. 덩샤오핑과 장징궈는 같은 학생 집단에 속해 있었고, 두 사람은 친밀한 관계를 맺게 된다. Taylor, *The Generalissimo's Son*, 33 참고.
13. Deng, My Father, 126 인용. 레닌 사상 학습에 관해서는 Sheng, *Sun Yatsen University in Moscow and the Chinese Revolution*, 64 참고.
14. 보겔(Vogel)이 언급한 대로, "덩샤오핑이 신성시하는 것이 있다면 그것은 바로 중국 공산당이었다". (*Deng*, 262).
15. Pye, "Deng Xiaoping and China's Political Culture," in Shambaugh, *Deng Xiaoping*, 24.
16. Stranahan, *Underground: The Shanghai Communist Party and the Politics of Survival*, 1927-1937 참고.
17. Mao, "Problems of War and Strategy," *Mao's Road to Power*, 6:552.
18. Deng, *Deng Xiaoping zishu*, 110 참고.
19. 장제스에게 모멸감을 안긴 부분에 관해서는 Deng, *My Father*, 507 참고. 화이하이 전투에 관해서는 Westad, *Decisive Encounters* 참고.
20. Goldstein, *A History of Modern Tibet*, 181.
21. Khrushchev, *Memoirs of Nikita Khrushchev, vol. 3: Statesman, 1953-1964*, 439.
22. Deng, January 16, 1980, *Selected Works*, 2:228.

23. Vogel, *Deng*, 41-43.
24. Yang, *Deng*, 151 인용. 덩샤오핑이 제7차 중국공산당청년동맹 총회(1962년 7월 7일)에서 언급. 이 총회에 참석했던 롼밍(阮銘)은 덩샤오핑이 이는 류보청(劉伯承)이 즐겨 쓰던 쓰촨 성의 속담이라고 했다고 기록하고 있다. Ruan, *Deng Xiaoping: Chronicle of an Empire*, 4 참고. Su, *Deng Xiaoping shengping quanji lu*, 482-83; Deng, *Deng Xiaoping wenxuan*, 1:304-9도 참고.
25. Mencius, *Mencius*, 447 (6B.15).
26. Deng, March 25, 1984, in Deng, *Selected Works*, 3:64.
27. Deng, *Deng Xiaoping and the Cultural Revolution*, 46-47.
28. Ibid., 166.
29. Chin, *Teng Hsiao-ping: A Political Biography*, 59-60.
30. Deng, Deng Xiaoping tongzhi de " *Wo de zishu*". 하버드의 컬렉션에서 이 텍스트를 찾아준 교수 에즈라 보겔(Ezra Vogel)과 사서 낸시 허스트(Nancy Hearst)에게 감사를 보낸다.
31. Ibid.
32. Deng, *Deng Xiaoping and the Cultural Revolution*, 185.
33. Yang, *Deng*, 175.
34. Deng, *Deng Xiaoping and the Cultural Revolution*, 227.
35. Deng, *Speech by Chairman of the Delegation*.
36. Deng, September 16, 1978, *Selected Works*, 2:142.
37. Kissinger, *On China*, 324.
38. Vogel, *Deng*, 86.
39. CCP Central Documentary Research Office, *Deng Xiaoping sixiang nianpu*, 5:14-15.
40. Cheng and Xia, *Deng Xiaoping yu 1975 nian zhengdun* 참고.
41. Deng, August 18, 1975, *Selected Works*, 2:46.
42. MacFarquhar and Schoenhals, *Mao's Last Revolution*, 387-88 참고.
43. Deng, August 18, 1975, *Selected Works*, 2:44.
44. Vogel, *Deng*, 89.
45. 중국 국가 통계청이 편찬한 공식 자료에 따르면 1974년에 2.3퍼센트였던 GDP 성장률이 1975년에는 8.7퍼센트로 증가했다가 1976년에는 -1.6퍼센트로 감소했다고 한다. 중국 경제 전문가 배리 노턴(Barry Naughton)이 언급한 덕분에 이 자료를 입수할 수 있었다.
46. Wu, *Remaking Beijing*, 37.
47. 1976년 4월의 상황을 가장 생생하게 기록한 자료는 Garside, *Coming Alive*다.
48. Spence, *The Search for Modern China*, 646 인용.
49. Garside, *Coming Alive*, 17-19.
50. Ibid., 110-14.
51. Ibid., 115.
52. Thurston, *A Chinese Odyssey*, 282.
53. Goldman, *From Comrade to Citizen*, 27.
54. Garside, *Coming Alive*, 124.
55. Ibid., 128-31.
56. Thurston, *A Chinese Odyssey*, 284.

57. Garside, *Coming Alive*, 132.

58. Fraser, *The Chinese*, 218.

59. Baum, *Burying Mao*, 38.

60. Yang, *Deng*, 178.

61. Franz, *Deng*, 261 인용.

62. Franz, *Deng*, 261 인용.

63. 엄격히 말해 덩샤오핑이 처음 '개혁과 개방'이라는 문구를 사용한 것은 1987년이었다. Deng, March 8, 1987, *Selected Works*, 3:211 참고.

64. Deng, December 13, 1978, *Selected Works*, 2:165.

65. Deng, May 25, 1988, *Selected Works*, 3:259.

66. Deng, *Selected Works*, 2:161.

67. Ibid., 2:154.

68. Ibid., 2:165.

69. Vogel, *Deng*, 218 인용.

70. Tyler, *A Great Wall*, 276.

71. Vogel, *Deng*, 221.

72. Wong and Ansfield, "Rising Power of Generals Worries Party in Beijing," *International Herald Tribune*, August 2, 2012.

73. Zhao, *Prisoner of the State*, 206.

74. Deng, August 21–23, 1980, *Selected Works*, 2:330.

75. Deng, May 24, 1977, *Selected Works*, 2:51; Salisbury, *The New Emperors*, 329도 참고.

76. Deng, August 18, 1980, *Selected Works*, 2:319.

77. Deng, January 16, 1980, *Selected Works*, 2:228.

78. Deng, August 19, 1977, *Selected Works*, 2:81.

79. Schell, *Watch Out for the Foreign Guests*, 143.

80. Deng, May 24, 1977, *Selected Works*, 2:53.

81. Yang and Downer, *Wei Jingsheng: The Man and His Ideas*, 42.

82. Nathan, *Chinese Democracy*, 11.

83. Yang and Downer, *Wei Jingsheng*, 40; Nathan, *Chinese Democracy*, 10.

84. Nathan, *Chinese Democracy*, 4.

85. Ibid., 9.

86. Garside, *Coming Alive*, 223.

87. Yang and Downer, *Wei Jingsheng*, 43.

88. Fraser, *The Chinese*, 245.

89. Deng, December 13, 1978, *Selected Works*, 2:155.

90. Goldman, *From Comrade to Citizen*, 32.

91. Ibid., 35.

92. Woodman, "Biography of Wei Jingsheng," 1.

93. Wei, *The Courage to Stand Alone*, 209–10.

94. Ibid., 206.

95. Ibid., 208–9.

96. Ibid., 212.
97. Garside, *Coming Alive*, 263.
98. Nathan, *Chinese Democracy*, 33.
99. Schell, *The China Reader*, 163.
100. Nathan, *Chinese Democracy*, 34.
101. Yang and Downer, *Wei Jingsheng*, 94.
102. Goldman, *From Comrade to Citizen*, 45–46.
103. Yang and Downer, *Wei Jingsheng*, 202.
104. Woodman, "Biography of Wei Jingsheng," 5.
105. Yang and Downer, *Wei Jingsheng*, 226.
106. Wei, *Courage*, 225.
107. Garside, *Coming Alive*, 281.
108. Ibid., 278; Nathan, *Chinese Democracy*, 34.
109. Nathan, *Chinese Democracy*, 37.
110. Deng, March 18, 1978, *Selected Works*, 2:106-7.
111. Deng, October 6, 1984, *Selected Works*, 3:85.
112. Naughton, "Deng Xiaoping: The Economist," in Shambaugh, *Deng Xiaoping*.
113. Deng, November 26, 1979, *Deng Xiaoping wenxuan*, 2:231.
114. 자오(Zhao)에 따르면, 덩샤오핑은 이 문구를 반복적으로 사용했다고 한다. Zhao, *Prisoner of the State*, 119.
115. Shirk, *The Political Logic of Economic Reform in China*.
116. Vogel, *Deng*, 156 인용.
117. ibid., 437 인용.
118. Lau, Qian, and Roland, "Reform Without Losers" 참고. 농촌 지역의 자본주의에 관해 더 상세히 알고 싶으면 Huang, *Capitalism with Chinese Characteristics* 참고.
119. Lau, Qian, and Roland, "Reform Without Losers," 18 참고. Naughton, *Growing Out of the Plan*도 참고.
120. Deng, June 30, 1984, in *Selected Works*, 3:73; April 26, 1987, 3:223.
121. Yu, *Deng Xiaoping Shakes the World*, 130–31.
122. Deng, January 12, 1983, *Selected Works*, 3:33.
123. Deng, February 24, 1984, *Selected Works*, 2:61-62.
124. Vogel, *Deng*, 398.
125. Zhao, *Prisoner of the State*, 102.
126. Deng, September 16, 1978, *Selected Works*, 2:142.
127. Zhao, *Prisoner of the State*, 107.
128. Deng, October 22, 1984, *Selected Works*, 3:97.
129. Schell, *Mandate of Heaven*, 357 참고.
130. Vogel, *Deng*, 418.
131. Deng, September 1, 1982, *Selected Works*, 3:14.
132. Burns, "Deng Asserts Ties to West Are Vital to Fight Poverty."
133. Yang, *Deng*, 227.

11장. 동란: 후퇴하는 자는 반드시 패한다

1. Schell, *Discos and Democracy*, 121-139 그리고 Schell, "China's Andrei Sakharov." Fang, *Bringing Down the Great Wall* 참고.
2. Yang, *Deng*, 285.
3. Deng, April 16, 1987, *Selected Works*, 3:219.
4. Zhao, *Prisoner of the State*, 248-49.
5. Deng, August 18, 1980, *Selected Works* 2:302-25 참고.
6. Salisbury, *The New Emperors*, 329.
7. Deng, December 30, 1986, *Selected Works*, 3:195.
8. Deng, June 12, 1987, *Selected Works*, 3:238.
9. Deng, June 26, 1983, *Selected Works*, 3:41-42.
10. Schell, *Discos*, 213-14.
11. Deng, Baum, "Road to Tiananmen," in MacFarquhar, *The Politics of China*, 398 인용. 1986년의 시위에 '충격'을 받은 덩샤오핑에 관해서는 Zhao, *Prisoner*, 172 참고.
12. Deng, January 13, 1987, *Selected Works*, 3:200.
13. Deng, March 30, 1979, *Selected Works*, 2:178-79.
14. Deng, December 30, 1986, *Selected Works*, 3:194.
15. Deng, January 13, 1987, *Selected Works*, 3:198.
16. Woodman, "Wei Jingsheng Biography," 10; Tyler, "China Detains and Then Frees a Top Dissident"도 참고.
17. Zhao, *Prisoner*, 175.
18. Schell, "China's Andrei Sakharov" 참고.
19. Schell, *Mandate of Heaven*, 46.
20. Ibid., 47.
21. Ibid., 48-49.
22. Ogden et al., *China's Search for Democracy*, 117 인용.
23. Gorbachev, *Memoirs*, 489.
24. Chinoy, *China Live* 참고.
25. Kahn, "Better Fed than Red."
26. Vogel, *Deng*, 575 인용.
27. Brook, *Quelling the People* 참고.
28. Deng, June 9, 1989, *Selected Works*, 3:294-95.
29. 이 장은 Schell, *Mandate of Heaven*, 197-206에 묘사돼 있다.
30. Schell, "The Odyssey of Comrade Fang."
31. Deng, June 16, 1988, *Selected Works*, 3:302.
32. Deng, November 23, 1989, *Selected Works*, 3:334.
33. Deng, December 1, 1989, *Selected Works*, 3:336.
34. Zhao, "A State-Led Nationalism" 참고.
35. Deng, January 18-February 21, 1992, *Selected Works*, 3:365.
36. Deng, December 24, 1990, *Selected Works*, 3:351.
37. Huang, *Ying daoli*, 131.

38. Schell, *Mandate of Heaven*, 324. MacFarquhar, "Deng's Last Campaign," *New York Review of Books*, December 17, 1992도 참고.

39. Deng, *Deng Xiaoping wenxuan*, 3:370.

40. Schell, *Mandate of Heaven*, 345.

41. Deng, January 18-February 21, 1992, *Selected Works*, 3:360. 마오가 인용한 말은 Vogel, *Deng*, 440 참고.

42. Deng, *Selected Works*, 3:365.

43. Vogel, *Deng*, 674.

44. Yahuda, "Deng Xiaoping: The Statesman," 160 참고; Deng, September 24, 1982, in Shambaugh, ed., *Deng Xiaoping, Selected Works*, 3:23도 참고.

45. Yang, *Deng*, 226.

46. Vogel, *Deng*, 714; Shambaugh, *China Goes Global*, 19 참고.

47. Schell, *Mandate of Heaven*, 331-63.

48. Evans, *Deng*, 306-8 참고.

49. Yang, *Deng*, 261.

50. Ibid., 150.

51. Deng, August 21-23, 1980, *Selected Works*, 2:331.

12장: 입세: 강해지고 부유해진 후에야 행동할 수 있다

1. 기자회견 전문을 보려면, www.presidency.wasb.edu/wg/pod?=56229.

2. Gilley, *Tiger on the Brink*, 103.

3. Gao and He, *Tie mian zaixiang*, 218.

4. Ibid., 222-23.

5. Gilley, *Tiger*, 144 인용.

6. Ibid., 144.

7. Ibid., 101.

8. Kristof, "Shanghai's Mayor Gains Credit as Pragmatist."

9. Fewsmith, *China Since Tiananmen*, 49 인용.

10. Ibid.

11. Zhu, June 21, 2000, *Zhu Rongji Meets the Press*, 103.

12. Zhu, June 5, 2001, *Zhu Rongji jianghua shilu*, 4:161.

13. Gao and He, *Tiemian zaixiang*, 72.

14. Schell, *Mandate of Heaven*, 344.

15. Zhu, March 25, 1992, *Zhu Rongji jianghua shilu*, 1:134.

16. Yan, Teng and Fairbank, *China's Response*, 150-51 인용.

17. Zhu, March 25, 1992, *Zhu Rongji jianghua shilu*, 1:139.

18. Zhu, September 28, 1992, *Zhu Rongji jianghua shilu*, 1:223.

19. Baum, *Burying Mao*, 350.

20. Gilley, *Tiger*, 293.

21. Vogel, *Deng*, 451.

22. Baum, *Burying Mao*, 333.

23. Gilley, *Tiger*, 188; Mufson, "Economic Pragmatist to Be China Premier." *Washington Post*, March 5, 1998.

24. Eckholm and Faison, "China's New Premier: Fast Riser Who Tamed Economy in Chaos." *New York Times*, March 16, 1998.

25. Cooper and Madigan, "China: The Year of the Inflation Dragon." *Bloomberg*, October 10, 1994.

26. Shirk, *The Political Logic of Economic Reform*, 149-96 참고.

27. Kristof, "No Praise, Please! He Wants to Be the Premier." *New York Times*, August 25, 1992.

28. McGregor, *The Party*, 45-46.

29. Zhu, March 24, 1998, *Zhu Rongji jianghua shilu*, 3:4.

30. Li, *China's Leaders*, 149-50 참고.

31. Naughton, *The Chinese Economy*, 100.

32. Zhu, November 25, 1993, *Zhu Rongji jianghua shilu*, 1:408.

33. Zhu, January 15, 1994, *Zhu Rongji Meets Press*, 21.

34. Wang and Hu, *The Chinese Economy in Crisis*, 198-99.

35. ibid., 225 인용.

36. Zhu Rongji, January 15, 1994, *Zhu Rongji Meets the Press*, 22, 24.

37. Yang, *Remaking the Chinese Leviathan*, 73. Naughton, "China's Economic Think Tanks." 633도 참고.

38. Shih, *Factions and Finance in China*, 154.

39. Brahm, *Zhu Rongji and the Transformation of Modern China*, 18-19.

40. Lardy, *China's Unfinished Economic Revolution*, 174.

41. Yang, *Leviathan*, 85.

42. Shih, *Factions and Finance*, 14.

43. Ibid., 175.

44. Chandler, "Wall Street's War for China," *Fortune*, May 17, 2006; Anderlini, "Ag-Bank IPO Officially the World's Biggest." *Financial Times*, August 13, 2010.

45. Landler, "Bankruptcy the Chinese Way." *New York Times*, January 22, 1999.

46. Wu, *Understanding and Interpreting Chinese Economic Reform*, 86.

47. Zhu, March 15, 2001, *Zhu Rongji Meets the Press*, 248.

48. Zhu, March 6, 1993, *Zhu Rongji Meets the Press*, 8.

49. Huang, *Capitalism with Chinese Characteristics*, 23; Shih, *Factions and Finance*, 189.

50. Zong, ed., "Zhu Rongji in 1999." 88 인용.

51. Zhu, *Zhu Rongji Meets the Press*, 371, 383, 385.

52. Ibid., 383, 389, 394.

53. Lampton, *The Making of Chinese Foreign and Security Policy in the Era of Reform*, 181.

54. "DCI Statement on the Belgrade Chinese Embassy Bombing." House Permanent Select Committee on Intelligence Open Hearing, July 22, 1999.

55. "Beijing Halts Rights, Arms Talks with U.S." *Chicago Sun-Times*, May 11, 1999.

56. Zong, "Zhu Rongji in 1999." 81.

57. Ibid., 83.
58. Chu, Farley, and Kuhn, "Chinese Attack U.S. Missions as Protests Intensify." *Los Angeles Times*, May 10, 1999.
59. Gries, *China's New Nationalism*, 105 인용.
60. Zong, "Zhu Rongji in 1999," 50.
61. Gries, *New Nationalism*, 129 인용.
62. Zhu, November 30, 1999, *Zhu Rongji Meets the Press*, 415.
63. Zhu, March 15, 2000, *Zhu Rongji Meets the Press*, 213.
64. Shirk, *China: Fragile Superpower*, 230–31.
65. Zhu Rongji, March 15, 2002, *Zhu Rongji Meets the Press*, 269.
66. Garnaut, "China's Elite Fail to Share Fruits of Growth." *The Age*, October 1, 2007.
67. Chen and Wu, *Will the Boat Sink the Water?*, 137–38.
68. Zhu, *Zhu Rongji Meets the Press*, 310–11.
69. Shih, *Factions and Finance*, 184.
70. Lam, *Chinese Politics in the Hu Jintao Era*, 233.
71. Zhu, May 13, 1993, *Zhu Rongji jianghua shilu*, 1:286.
72. Zhu, June 21, 2000, *Zhu Rongji Meets the Press*, 103.
73. Ibid., 105–6.
74. Zhu, April 13, 1999, *Zhu Rongji Meets the Press*, 386.
75. Zhu, March 15, 2001, *Zhu Rongji Meets the Press*, 243.
76. Zhu, October 22, 2001, *Zhu Rongji Meets the Press*, 163.
77. Zong, "Zhu Rongji in 1999," 57.
78. Nathan and Gilley, *China's New Rulers*, 195.
79. Zhu, August 30, 2001, *Zhu Rongji Meets the Press*, 145.

13장. 몰유적인: 원한으로 사상을 오염시키지 마라

1. Liu, Barmé, "Confession, Redemption, and Death," in Hicks, *The Broken Mirror*, 56 인용.
2. Liu, *No Enemies, No Hatred*, 237.
3. Liu, *June Fourth Elegies*, xxv.
4. Liu, *No Enemies, No Hatred*, xv.
5. Liu, Barmé, "Confession, Redemption, and Death," 53 인용.
6. Yang, translator's afterword, in Liu, *June Fourth Elegies*, 214.
7. Barmé and Jaivin, *New Ghosts, Old Dreams*, 385.
8. Yang, translator's afterword, in Liu, *June Fourth Elegies*, 215.
9. Barmé, "Confession, Redemption, and Death," 57.
10. Ibid., 59.
11. Ibid., 52.
12. Yang, translator's afterword, in Liu, *June Fourth Elegies*, 225.
13. Liu, Barmé, "Confession, Redemption, and Death," 81 인용.
14. Ibid., 62.

15. Ibid., 61.

16. Barmé and Jaivin, *New Ghosts, Old Dreams*, p. 67-9.

17. Fathers and Higgins, *Tiananmen: The Rape of Beijing*, 90.

18. Ogden et al., *China's Search for Democracy*, 357.

19. Ibid., 358.

20. Ibid., 360-61.

21. 학생들의 순교에 대한 역사적 반향에 대해서는 Dardess, *Blood and History in China* 참고.

22. Schell, *Mandate of Heaven*, 138-9.

23. Barme, "Confessions, Redemptions, Death," 79.

24. Schell, *Mandate of Heaven*, 152-53.

25. Fathers and Higgins, *Tiananmen: The Rape of Beijing*, 122.

26. Schell, *Mandate of Heaven*, 169 그리고 Perry Link, Introduction, *No Enemies, No Hatred*, xvii.

27. Yang, translator's afterword, in Liu, *June Fourth Elegies*, 218.

28. Liu, *No Enemies, No Hatred*, 293.

29. Ibid., 237-8.

30. Lu Xun, *Random Thoughts Under the Lamp*, Schell, *Mandate of Heaven*, faceplate 인용. 다른 번역에 관해서는 *Selected Works of Lu Xun*, 2:135 참고.

31. Liu, *No Enemies, No Hatred*, 10.

32. Goldman, *Comrade to Citizen*, 13-14.

33. 류샤오보는 2000년에 랴오이우에게 편지를 썼고 이 편지는 *No Enemies, No Hatred*, 288에서 확인할 수 있다.

34. Link Introduction, ibid., xiii.

35. Liu, *No Enemies, No Hatred*, 118.

36. Ibid., 117.

37. Chen Duxiu, Lanza, *Behind the Gate*, 141 인용.

38. Link Introduction, *No Enemies, No Hatred*, xviii.

39. Ibid., 241.

40. Ibid., 322-23.

41. Ibid., 321-22.

42. "Full Text of Hu Jintao's Speech at CPC Anniversary Gathering," *Xinhua*, July 1, 2011.

43. Liu, *No Enemies, No Hatred*, 223.

44. Ibid.

45. Ibid., 226.

46. Ibid.

47. Ibid., 227.

48. "Premier: China Confident in Maintaining Economic Growth," *Xinhua*, March 16, 2007.

49. Shen Hu, "China's Gini Index at 0.61," *Caixin*, December 10, 2012.

50. Devichand, "Millions 'Left Behind' in Rural China," BBC News, May 12, 2010; Flannery, "China's Billionaire Boom," *Forbes*, October 27, 2010.

51. Freeman, "The Accuracy of China's 'Mass Incidents,'" *Financial Times*, March 2, 2010.

52. Orlik, "Unrest Grows as Economy Booms," *Wall Street Journal*, September 26, 2011.

53. Hu Jintao, "Adhering to the Socialist Cultural Development Path with Chinese Characteristics and Striving to Build a Country with a Strong Socialist Culture," *Qiushi Journal*, April 2012.

54. Liu, *No Enemies, No Hatred*, 189.

55. Havel, *Václav Havel: Living in Truth*, 55.

56. Ai Weiwei Twitter feed, cited in Wall Street Journal, "A Dissident's Tips for Survival," December 29–30, 2012.

57. Liu, *No Enemies, No Hatred*, 295.

58. Ibid., 83–84.

59. Ibid., 62–63.

60. Ibid.

61. Ibid., 83.

62. Ibid., 246.

63. Ibid., 245.

64. Ibid., 249.

65. Ibid., 255.

66. Ai, "The Olympics Was a Strange, Surreal Nightmare," China Boom Project (http://chinaboom.asiasociety.org/period/overdrive/0/155).

67. Ai, "China Excluded Its People from the Olympics. London Is Different," *The Guardian*, July 25, 2012.

68. Dalai Lama, "Forty-Ninth Anniversary," *Central Tibetan Administration*, March 10, 2008 (http://tibet.net/2008/03/10/statement-of-his-holiness-the-dalai-lama-on-the-forty-ninth-anniversary-of-the-tibetan-national-uprising-day-10-march-2008).

69. Barnett, "Thunder from Tibet," *New York Review of Books*, May 1, 2008; Miles, "Siege of Lhasa," *The Economist*, March 17, 2008.

70. Hu Jintao, "China's Response," *PBS Newshour with Jim Lehrer*, May 9, 1999 (www.pbs.org/newshour/bb/europe/jan-june99/china_statement_5-9.html).

71. Fewsmith, "'Social Management' as a Way of Coping with Heightened Social Tensions," *China Leadership Monitor* 36, January 26, 2012, 6.

72. Jacobs and Ansfield, "Well-Oiled Security Apparatus in China Stifl es Calls for Change," *New York Times*, February 28, 2011.

73. Fewsmith, *China Since Tiananmen*, 260–61.

74. China Internet Network Information Center, http://www.internetworldstats.com.asia/cn.htm.

75. Liu, *No Enemies, No Hatred*, xxi.

76. Ibid., 203.

77. Ibid., 211.

78. Ibid., 204.

79. Ibid., 209.

80. Ibid., 205.

81. Ibid., 301.

82. Ibid., 303, 305.

83. Ibid., 309-10.

84. Osnos, "Liu Xiaobo Wins the Nobel Peace Prize," *The New Yorker*, October 10, 2010 (http://www.newyorker.com/online/blogs/evanosnos/2010/10/liu-xiaobo.htmlixzz1yFIymNdK).

85. Liu, *No Enemies, No Hatred*, 315.

86. Ibid., xx.

87. Ibid., 315-16.

88. Ibid., 319.

89. Ibid., 318.

90. Ibid., 322.

91. Ibid., 323-26.

92. Mo et al., "Criminal Defense in Sensitive Cases," 73-74.

93. Liu, *No Enemies, No Hatred*, xvii.

94. Ibid., 322.

95. "International Reaction to Liu Xiaobo Nobel Peace Prize," *BBC News*, October 28, 2010 (http://bbc.co.uk/news/world-europe-11499931).

96. Fang, "Liu Xiaobo and Illusions About China," *New York Times*, October 11, 2010.

97. Barmé, *Confessions, Redemption, Death*, 80.

98. Liu, *No Enemies, No Hatred*, 304.

나오는 글. 부흥: 돈과 힘, 그 이후는?

1. 쑨원의 노력에 관해서는 Bergère, *Sun Yat-sen*, 50-55 참고. 국가의 부흥을 염원했던 자강주의자들에 관해서는 Wright, *Last Stand of Chinese Conservatism* 참고. 현대 분석에 관해서는 Wang, *Never Forget National Humiliation*, 237-42 참고.

2. Wang, *Never Forget National Humiliation*, 130 인용.

3. Wang, *Never Forget National Humiliation*, 238.

4. Wang, *Never Forget National Humiliation*, 132 인용.

5. Xi Jinping, "Address to the Media," *China Daily*, November 16, 2012.

6. Xi Jinping, "Xi Pledges Great Renewal of Chinese Nation," *Xinhua News Service*, November 29, 2012.

7. Simon Rabinovitch, "'Strong Army' Xi: The Other Side of China's Reformer," *The Financial Times*, December 13, 2012.

8. "China Top Legislature Concludes Annual Session," *Shanghai Daily*, March 17, 2013: http://mobile.shanghaidaily.com/article/?id=526199.

9. Schwartz, *In Search of Wealth and Power*, 120.

10. Schram, *MRTP*, 2:430.

11. Leys, *Broken Images*, 25 인용.

12. Ibid., 29; Hsia, *The Gate of Darkness*, 146-62도 참고.

13. Schoppa, *Twentieth Century China: A History in Documents*, 141.
14. Fairbank, Foreword, in Lo and Kinderman, *In the Eye of the Typhoon*, ix.
15. Liang, Arkush and Lee, *Land Without Ghosts*, 93 인용.
16. MacFarquhar and Schoenhals, *Mao's Last Revolution*, 3.
17. Heilmann and Perry, eds., *Mao's Invisible Hand*, 5, 15.
18. Ibid., 3.
19. Ibid., 11-15.
20. Ibid., 7.
21. Ibid., 12.
22. Heilman, "Policy Making Through Experimentation," in Heilman and Perry, eds., *Mao Invisible Hand*, 87-89.
23. Nathan, "Authoritarian Resistance." 참고.
24. Fairbank, Reischauer, and Craig, *East Asia: The Great Transformation*, 884.
25. Cohen, *Discovering History* 참고.
26. Fukuyama, "The End of History," 1.
27. Ibid., 7-8.
28. Hicks, *The Broken Mirror*, 160 인용.
29. Spence, *"The Search for Modern China,"* 1st ed., 747.
30. Schell, *Mandate of Heaven*, 441.
31. Halper, *The Beijing Consensus* 참고.
32. http://www.china-embassy.org/eng/xw/t662061.htm.
33. Nye, *Soft Power*, x.
34. White House, "U.S.-China Joint Statement," Beijing, November 17, 2009.
35. Deng, *Deng Xiaoping wenxuan*, 3:370.
36. Wong, "China Communist Chief Acts to Bolster Military," *New York Times*, December 15, 2012.
37. Lu Xun, "Nahan"("Outcry"), trans. by authors, *Lu Xun Xiaoshuoji*, 91.
38. De Bary et al., *Sources of Chinese Tradition*, 781.
39. Buckley, "Vows of Change in China Belie Private Warning," *New York Times*, February 14, 2013.
40. Deng, (Jan. 28-Feb. 18, 1991) *Selected Works of Deng Xiaoping*, 3:355.
41. Editorial, *The Financial Times*, January 8, 2013; "Battling the Censors," *Economist*, January 13, 2013.
42. http://news.xinhuanet.com/ en glish/china/2013-03_132240.
43. Hille, "Return of Warlike Rhetoric from China," *The Financial Times*, January 22, 2013.

Ai, Weiwei. "China Excluded Its People from the Olympics. London Is Different." *Guardian*, July 25, 2012.

———. "A Dissident's Tips for Survival." *Wall Street Journal*, December 29, 2012.

———. "The Olympics Was a Strange, Surreal Nightmare." *The China Boom Project*, http://chinaboom.asiasociety.org/period/overdrive/0/155 (accessed February 28, 2013).

Anderlini, Jamil. "AgBank IPO Offi cially the World's Biggest." *Financial Times*, August 13, 2010.

Arkush, R. David, and Leo Ou Lee. *Land Without Ghosts: Chinese Impressions of America from the Mid-Nineteenth Century to the Present*. Berkeley: University of California Press, 1993.

Ba Jin. *Random Thoughts*. Hong Kong: Joint Publishing, 1984.

Backhouse, Edmund. *Décadence Mandchoue: The China Memoirs of Sir Edmund Trelawny Backhouse*. Ed. Derek Sandhaus. Hong Kong: Earnshaw Books, 2011.

Barmé, Geremie. *The Forbidden City*. Cambridge, MA: Harvard University Press, 2008.

Barmé, Geremie, and Linda Jaivin. *New Ghosts, Old Dreams: Chinese Rebel Voices*. New York: Times Books, 1992.

Barnett, A. Doak. *China on the Eve of Communist Takeover*. New York: Praeger, 1963.

Barnett, Robbie. "Thunder from Tibet." *New York Review of Books*, May 1, 2008.

Barnett, Suzanne Wilson. "Wei Yuan and Westerners: Notes on the Sources of the Haikuo t'u-chih." *Ch'ing-shih wen-t'i* 2, vol. 4 (1970): 10–14.

Barrett, David D. *Dixie Mission: The United States Army Observer Group in Yenan, 1944*. Berkeley: Center for Chinese Studies, University of California, 1970.

"Battling the Censors." *Economist*, January 12, 2013.

Baum, Richard. *Burying Mao: Chinese Politics in the Age of Deng Xiaoping*. Princeton, NJ: Princeton University Press, 1994.

Becker, Jasper. *City of Heavenly Tranquility: Beijing in the History of China*. Oxford: Oxford University Press, 2008.

Bergère, Marie-Claire. *Shanghai: China's Gateway to Modernity*. Stanford, CA: Stanford University Press, 2010.

———. *Sun Yat sen*. Stanford, CA: Stanford University Press, 1998.

Bickers, Robert A. *The Scramble for China: Foreign Devils in the Qing Empire, 1832-1914*. London: Allen Lane, 2011.

Bickers, Robert A., and R. G. Tiedemann. *The Boxers, China, and the World*. Lanham, MD:

595

Rowman and Littlefield, 2007.

Bland, J. O. P., and E. Backhouse. *China Under the Empress Dowager, Being the History of the Life and Times of Tzu hsi.* Boston: Houghton Miffl in, 1914.

Bol, Peter K. *Neo-Confucianism in History.* Cambridge, MA: Harvard University Asia Center, 2008.

Boulger, Demetrius Charles. *The Life of Gordon, Volume I,* London: T. Fisher Unwin, 1897.

Brahm, Laurence J. *Zhu Rongji and the Transformation of Modern China.* Singapore: John Wiley and Sons (Asia), 2003.

Brandt, Conrad. *Stalin's Failure in China, 1924-1927.* Cambridge, MA: Harvard University Press, 1958.

Brandt, Conrad, Benjamin I. Schwartz, and John King Fairbank. *A Documentary History of Chinese Communism.* Cambridge, MA: Harvard University Press, 1959.

Brook, Timothy. *Quelling the People: The Military Suppression of the Beijing Democracy Movement.* New York: Oxford University Press, 1992.

Buckley, Chris. "Vows of Change in China Belie Private Warning." *New York Times,* February 14, 2013.

Burns, John F. "Deng Asserts Ties to West Are Vital to Fight Poverty." *New York Times,* January 2, 1985.

Butterfield, Fox. "Apathy Replaces Marxist Idealism Among Chinese." *New York Times,* December 30, 1980.

Cadot-Wood, Antoine. "Striving Toward a Lovable Nation: Nationalism and Individual Agency in the Writings of Chen Duxiu." B.A. thesis, Wesleyan University, 2010.

Cantlie, James, and Charles Sheridan Jones. *Sun Yat Sen and the Awakening of China.* New York: Fleming H. Revell, 1912.

Carl, Katharine A. *With the Empress Dowager of China.* New York: Century, 1905.

Cassel, Pär Kristoffer. *Grounds of Judgment: Extraterritoriality and Imperial Power in Nineteenth-Century China and Japan.* Oxford: Oxford University Press, 2012.

Chandler, Clay. "Wall Street's War for China." *Fortune,* May 17, 2006.

Chang, Chih-tung [Zhang Zhidong]. *China's Only Hope: An Appeal.* Trans. Samuel Isett Woodbridge. New York: Fleming H. Revell, 1900.

Chang, Hao. "Intellectual Change and the Reform Movement." In *The Cambridge History of China,* vol. 11: *Late Ch'ing 1800-1911, Part 2,* ed. John King Fairbank, 274–338. Cambridge: Cambridge University Press, 1978.

——. *Liang Ch'i-ch'ao and Intellectual Transition in China,* 1890–1907. Cambridge, MA: Harvard University Press, 1971.

Chao, Anne Shen. "Chen Duxiu's Early Years: The Importance of Personal Connections in the Social and Intellectual Transformation of China, 1895–1920." PhD dissertation, Rice University, 2009.

Chen, Duxiu. *Chen Duxiu's Last Articles and Letters, 1937-1942.* Ed. Gregor Benton. Honolulu: University of Hawaii Press, 1998.

Chen, Guidi, and Chuntao Wu. *Will the Boat Sink the Water?: The Life of China's Peasants.* New

York: Public Affairs, 2006.

Ch'en, Jerome. *Mao*. Englewood Cliffs, NJ: Prentice Hall, 1969.

———. *Mao and the Chinese Revolution*. London: Oxford University Press, 1965.

———. *Mao Papers: Anthology and Bibliography*. London: Oxford University Press, 1970.

———. *Yuan Shih-k'ai*. Stanford, CA: Stanford University Press, 1961.

Chen, Qitai, and Lanxiao Liu. *Wei Yuan pingzhuan*. Nanjing: Nanjing daxue chubanshe, 2005.

Chen, Xulu. "Guanyu jiaobinlu kangyi [On Dissenting Views]." *Xin Jianshe* 2 (1964): 85-92.

Cheng, Pei-kai, Michael Elliot Lestz, and Jonathan D. Spence, eds. *The Search for Modern China: A Documentary Collection*. New York: Norton, 1999.

Cheng, Zhongyuan, and Xingzhen Xia. *Deng Xiaoping yu 1975 nian zheng dun [Deng Xiaoping and the Reconsolidation of 1975]*. Beijing: Renmin chubanshe, 2004.

Chi, Hsin. *Teng Hsiao-ping: A Political Biography*. Hong Kong: Cosmos Books, 1978.

Chi, Wen-shun. *Chinese-English Dictionary of Contemporary Usage*. Berkeley: University of California Press, 1977.

Chiang, Kai-shek. *Jiang Jieshi riji jiemi*, [Revealing the Secrets of Chiang Kai-shek's Diary]. Ed. Zhang Xiuzhang. Beijing: Tuanjie chubanshe, 2007.

Chiang, Kai-shek, and Philip Jaffe. *China's Destiny and Chinese Economic Theory*. New York: Roy, 1947.

Chiang, Kai-shek, and May-ling Soong. *General Chiang Kai-shek: The Account of the Fortnight in Sian When the Fate of China Hung in the Balance*. Garden City, NY: Doubleday, 1937.

Chin, Annping. *Confucius: A Life of Thought and Politics*. New Haven, CT: Yale University Press, 2008.

Chin, Hsin. *Teng Hsiao-ping: A Political Biography*. Hong Kong: Cosmos Books, 1978.

———. The Chinese Repository. Canton, 1832-1851.

Chinoy, Mike. *China Live: People Power and the Television Revolution*. Boston: Rowman and Littlefi eld, 1999.

Chow, Tse-tsung. *The May Fourth Movement: Intellectual Revolution in Modern China*. Cambridge, MA: Harvard University Press, 1960.

Chu, Henry, Maggie Farley, and Anthony Kuhn. "Chinese Attack U.S. Missions as Protests Intensify." *Los Angeles Times*, May 10, 1999.

Chu, Samuel C., and Kwang-Ching Liu, eds. *Li Hung-chang and China's Early Modernization*. Armonk, NY: M. E. Sharpe, 1994.

Chung, Sue Fawn. "The Image of the Empress Dowager Tz'u-hsi." *In Reform in Nineteenth-Century China*, ed. Paul A. Cohen and John Schrecker, 101-10. Cambridge, MA: East Asian Research Center, Harvard University, 1976.

Cohen, Paul A. *Between Tradition and Modernity: Wang T'ao and Reform in Late Ch'ing China*. Cambridge, MA: Harvard University Press, 1974.

———. *Discovering History in China: American Historical Writing on the Recent Chinese Past*. New York: Columbia University Press, 1984.

————. *History in Three Keys: The Boxers as Event, Experience, and Myth.* New York: Columbia University Press, 1997.

————. *Speaking to History: The Story of King Goujian in Twentieth-Century China.* Berkeley: University of California Press, 2009.

Confucius. *The Analects,* Trans. D. C. Lau. New York: Penguin Books, 1979.

Conger, Sarah Pike. *Letters from China: With Particular Reference to the Empress Dowager and the Women of China,* Chicago: A. C. McClurg, 1910.

Cooper, James C., and Kathleen Madigan. "China: The Year of the Infl ation Dragon." *Bloomberg BusinessWeek,* October 9, 1994.

Crozier, Brian. *The Man Who Lost China: The First Full Biography of Chiang Kai-shek.* New York: Scribner, 1976.

Dai, Qing. *Wang Shiwei and "Wild Lilies": Rectifi cation and Purges in the Chinese Communist Party, 1942-1944.* Ed. David E. Apter and Timothy Cheek. Trans. Nancy Liu and Lawrence R. Sullivan. Armonk, NY: M. E. Sharpe, 1994.

Dalai Lama. "2009 (Forty-Ninth Anniversary)." Central Tibetan Administration. tibet .net/2008/03/10/statement-of-his-holiness-the-dalai-lama-on-the-forty-ninth-anniversary-of-the-tibetan-national-uprising-day-10-march-2008 (accessed February 28, 2013).

Dardess, John W. *Blood and History in China: The Donglin Faction and Its Repression, 1620-1627.* Honolulu: University of Hawaii Press, 2002.

Daubier, Jean. *A History of the Chinese Cultural Revolution,* New York: Vintage Books, 1974.

"DCI Statement on the Belgrade Chinese Embassy Bombing." Central Intelligence Agency. https://www.cia.gov/news-information/speeches-testimony/1999/dci_speech_072299.html (accessed February 23, 2013).

de Bary, William Theodore. *Sources of Chinese Tradition,* vol. 2. New York: Columbia University Press, 2001.

Deng, Rong. *Deng Xiaoping and the Cultural Revolution,* Beijing: Foreign Languages Press, 2003.

————. *My Father Deng Xiaoping: The War Years,* Beijing: Foreign Languages Press, 2008.

Deng, Xiaoping. *Deng Xiaoping tongzhi de "Wo de zishu"* [Comrade Deng Xiaoping's "Autobiography"]. Manuscript collection, Harvard University, Cambridge, MA, 1972.

————. *Deng Xiaoping wenxuan* [Selected Works of Deng Xiaoping]. Beijing: Renmin chubanshe, 1994.

————. *Deng Xiaoping zishu* [Deng Xiaoping in His Own Words]. Ed. Zhang Liangcun. Beijing: Jiefangjun chubanshe, 2004.

————. *Selected Works of Deng Xiaoping,* Beijing: Foreign Languages Press, [1984] 1994.

————. *Speech by Chairman of the Delegation of the People's Republic of China, Teng Hsiao-ping, at the Special Session of the U.N. General Assembly, April 10, 1974.* Beijing: Foreign Languages Press, 1974.

Deng Xiaoping sixiang nianpu [Chronology of Deng Xiaoping Thought]. Beijing: Zhongyang wenxian chubanshe, 1998.

Der Ling. *Two Years in the Forbidden City.* New York: Moffat, Yard, 1917.

Devichand, Mukul. "Millions 'Left Behind' in Rural China." BBC News, May 12, 2010.

Dikötter, Frank. *Mao's Great Famine: The History of China's Most Devastating Catastrophe, 1958-1962.* New York: Walker, 2010.

Ding, Wenjiang, and Fengtian Zhao. *Liang Qichao nianpu changbian* [Draft Biography of Liang Qichao]. Shanghai: Shanghai renmin chubanshe, 2009.

Dong, Zonglin. *Li Hongzhang de waijiao shengya* [Li Hongzhang's Diplomatic Career]. Beijing: Tuanjie chubanshe, 2007.

Dunstan, Helen. *Conflicting Counsels to Confuse the Age: A Documentary Study of Political Economy in Qing China, 1644-1840.* Ann Arbor: Center for Chinese Studies, University of Michigan, 1996.

Eastman, Lloyd E. *The Abortive Revolution: China Under Nationalist Rule, 1927-1937.* Cambridge, MA: Harvard University Press, 1974.

———. "Ch'ing-i and Chinese Policy Formation During the Nineteenth Century." *Journal of Asian Studies* 24, no. 4 (1965): 595-611.

———. "Political Reformism in China Before the Sino-Japanese War." *Journal of Asian Studies* 27, no. 4 (1968): 695-710.

———. *Throne and Mandarins: China's Search for a Policy During the Sino-French Controversy, 1880-1885.* Cambridge, MA: Harvard University Press, 1967.

Eastman, Lloyd E., Jerome Ch'en, Suzanne Pepper, and Lyman P. Van Slyke. *The Nationalist Era in China, 1927-1949.* Cambridge: Cambridge University Press, 1991.

Eckholm, Eric, and Seth Faison. "China's New Premier: Fast Riser Who Tamed Economy in Chaos." *New York Times,* March 16, 1998.

Editorial. *Financial Times* (London), January 8, 2013.

Elliott, Mark C. *Emperor Qianlong: Son of Heaven, Man of the World.* New York: Pearson Longman, 2009.

Elman, Benjamin A. *Classicism, Politics, and Kinship: The Ch'ang-chou School of New Text Confucianism in Late Imperial China.* Berkeley: University of California Press, 1990.

———. *A Cultural History of Civil Examinations in Late Imperial China.* Berkeley: University of California Press, 2000.

———. "Naval Warfare and the Refraction of China's Self-Strengthening Reforms." *Modern Asian Studies* 38, no. 2 (2004): 283-326.

Esherick, Joseph W. "Cherishing Sources from Afar." *Modern China* 24, no. 2 (1998): 135-161.

———. *The Origins of the Boxer Uprising.* Berkeley: University of California Press, 1987.

Evans, Richard. *Deng Xiaoping and the Making of Modern China.* New York: Viking, 1994.

Fairbank, John King, ed. *The Chinese World Order: Traditional China's Foreign Relations.* Cambridge, MA: Harvard University Press, 1968.

———. Foreword to Ruth Earnshaw Lo and Katherine S. Kinderman, *In the Eye of the Typhoon.* New York: Harcourt Brace Jovanovich, 1980.

———. *Trade and Diplomacy on the China Coast: The Opening of the Treaty Ports, 1842-1854.*

Cambridge, MA: Harvard University Press, 1953.

Fairbank, John King, Edwin O. Reischauer, and Albert M. Craig. *East Asia: The Modern Transformation*. Boston: Houghton Miffl in, 1965.

——. *East Asia: Tradition and Transformation*. Boston: Houghton Miffl in, 1973.

Fairbank, Wilma. *Liang and Lin: Partners in Exploring China's Architectural Past*. Philadelphia: University of Pennsylvania Press, 1994.

Fang, Lizhi. *Bringing Down the Great Wall: Writings on Science, Culture, and Democracy in China*. Ed. and tr. by James Williams. New York: Knopf, 1991.

——. "Liu Xiaobo and Illusions About China." *New York Times*, October 11, 2010.

Fathers, Michael, and Andrew Higgins. *Tiananmen: The Rape of Peking*. London: Independent, 1989.

Fay, Peter Ward. *The Opium War, 1840-1842: Barbarians in the Celestial Empire in the Early Part of the Nineteenth Century and the War by Which They Forced Her Gates*. Chapel Hill: University of North Carolina Press, 1975.

Feigon, Lee. *Chen Duxiu: Founder of the Chinese Communist Party*. Princeton, NJ: Princeton University Press, 1983.

——. *Mao: A Reinterpretation*. Chicago: Ivan R. Dee, 2002.

Fenby, Jonathan. *Chiang Kai-shek: China's Generalissimo and the Nation He Lost*. New York: Carroll and Graf, 2004.

Feng, Guifen. *Jiaobinlu kangyi* [Dissenting Views from a Hut near Bin]. Taibei: Wenhai chubanshe, 1971.

Ferlanti, Federica. "The New Life Movement in Jiangxi Province, 1934-1938." *Modern Asian Studies* 44, no. 5 (2010): 961-1000.

Feuerwerker, Albert. *China's Early Industrialization: Sheng Hsuan-huai (1844-1916) and Mandarin Enterprise*. Cambridge, MA: Harvard University Press, 1958.

——. *The Chinese Economy, 1870-1949*. Ann Arbor: Center for Chinese Studies, University of Michigan, 1995.

Fewsmith, Joseph. *China Since Tiananmen: From Deng Xiaoping to Hu Jintao*. New York: Cambridge University Press, 2008.

——. "'Social Management' as a Way of Coping with Heightened Social Tensions." *China Leadership Monitor* 36 (2012).

Fitzgerald, John. *Awakening China: Politics, Culture, and Class in the Nationalist Revolution*. Stanford, CA: Stanford University Press, 1996.

Flannery, Russell. "China's Billionaire Boom." *Forbes*, October 27, 2010.

Fogel, Joshua, ed. *The Role of Japan in Liang Qichao's Introduction of Modern Western Civilization to China*. Berkeley: Center for Chinese Studies, University of California, 2004.

Franz, Uli. *Deng Xiaoping*. Boston: Harcourt Brace Jovanovich, 1988.

Fraser, John. *The Chinese: Portrait of a People*. New York: Summit Books, 1980.

Freeman, Will. "The Accuracy of China's Mass Incidents." *Financial Times*, March 2, 2010.

Fukuyama, Francis. *The End of History and the Last Man*. New York: Free Press, 1992.

————. "The End of History?" *National Interest* 16, Summer 1989. 1.

"Full Text of Hu Jintao's Speech at CPC Anniversary Gathering." Xinhua. July 1, 2011.

Fung, Allen. "Testing the Self-Strengthening: The Chinese Army in the Sino-Japanese War of 1894-1895." *Modern Asian Studies 30*, no. 4 (1996): 1007-31.

Gao, Xin, and Pin He. *Tiemian zaixiang: Zhu Rongji da zhuan* [Iron-Faced Prime Minister: A Biography of Zhu Rongji]. Hong Kong: Mirror Books, 1998.

Garnaut, John. "China's Elite Fail to Share Fruits of Growth." *The Age* (Melbourne). October 1, 2007.

Garside, Roger. *Coming Alive: China After Mao*. New York: McGraw-Hill, 1981.

Gasster, Michael. "Reform and Revolution in China's Political Modernization." In *China in Revolution: The First Phase, 1900-1913*, ed. Mary Clabaugh Wright, 67-96. New Haven, CT: Yale University Press, 1968.

Gentzler, J. Mason. *Changing China: Readings in the History of China from the Opium War to the Present*. New York: Praeger, 1977.

Gilley, Bruce. *China's Democratic Future: How It Will Happen and Where It Will Lead*. New York: Columbia University Press, 2004.

————. *Tiger on the Brink: Jiang Zemin and China's New Elite*. Berkeley: University of California Press, 1998.

Goldin, Paul R. "Persistent Misconceptions About Chinese 'Legalism.'" *Journal of Chinese Philosophy 38*, no. 1 (2011): 88-104.

Goldman, Merle. *From Comrade to Citizen: The Struggle for Political Rights in China*. Cambridge, MA: Harvard University Press, 2005.

————. *Literary Dissent in Communist China*. New York: Atheneum, 1971.

————. *Modern Chinese Literature in the May Fourth Era*. Cambridge, MA: Harvard University Press, 1977.

Goldstein, Melvyn C. *A History of Modern Tibet*. Berkeley: University of California Press, 2007.

Gorbachev, Mikhail Sergeevich. *Memoirs*. New York: Doubleday, 1995.

Gordon, David B. *Sun Yatsen: Seeking a Newer China*. Upper Saddle River, NJ: Prentice Hall, 2010.

Graham, A. C. *Disputers of the Tao: Philosophical Argument in Ancient China*. La Salle, IL: Open Court, 1989.

Granqvist, Hans. *The Red Guard: A Report on Mao's Revolution*. New York: F. A. Praeger, 1967.

Gray, Jack, and Patrick Cavendish. *Chinese Communism in Crisis: Maoism and the Cultural Revolution*. New York: Praeger, 1968.

Grieder, Jerome B. *Hu Shih and the Chinese Renaissance: Liberalism in the Chinese Revolution, 1917-1937*. Cambridge, MA: Harvard University Press, 1970.

Gries, Peter Hays. *China's New Nationalism: Pride, Politics, and Diplomacy*. Berkeley: University of California Press, 2004.

Guan, Zhong. *Guanzi: Political, Economic, and Philosophical Essays from Early China*. Trans.

W. Allyn Rickett. Boston: Cheng and Tsui, 2001.

Hahn, Emily. *China Only Yesterday: 1850-1950, a Century of Change*. Garden City, NY: Doubleday, 1963.

Halper, Stefan A. *The Beijing Consensus: How China's Authoritarian Model Will Dominate the Twenty-First Century*. New York: Basic Books, 2010.

Han, Fei. *Han Fei Tzu: Basic Writings*. Trans. Burton Watson. New York: Columbia University Press, 1964.

———. *Han Feizi jijie*. Beijing: Zhonghua shuju, 1998.

Harrison, Henrietta. *The Man Awakened from Dreams: One Man's Life in a North China Village, 1857-1942*. Stanford, CA: Stanford University Press, 2005.

Hart, Robert. *The I.G. in Peking: Letters of Robert Hart, Chinese Maritime Customs, 1868-1907*. Ed. John King Fairbank, Katherine Frost Bruner, and Elizabeth Mac-Leod Matheson. Cambridge, MA: Belknap Press of Harvard University Press, 1975.

Havel, Václav. *Václav Havel: Living in Truth*. Ed. Jan Vladislav. Boston: Faber and Faber, 1990.

Hayter-Menzies, Grant. *The Empress and Mrs. Conger: The Uncommon Friendship of Two Women and Two Worlds*. Hong Kong: Hong Kong University Press, 2011.

Headland, Isaac Taylor. *Court Life in China*. New York: F. H. Revell, 1909.

Heilmann, Sebastian, and Elizabeth J. Perry. *Mao's Invisible Hand: The Political Foundations of Adaptive Governance in China*. Cambridge, MA: Harvard University Asia Center, 2011.

Hevia, James Louis. *Cherishing Men from Afar: Qing Guest Ritual and the Macartney Embassy of 1793*. Durham, NC: Duke University Press, 1995.

———. *English Lessons: The Pedagogy of Imperialism in Nineteenth-Century China*. Durham, NC: Duke University Press, 2003.

Hicks, George L., ed. *The Broken Mirror: China After Tiananmen*. Chicago: St. James Press, 1990.

Hille, Kathrin. "Return of Warlike Rhetoric from China." *Financial Times*, January 23, 2013.

Horner, Charles. *Rising China and Its Postmodern Fate: Memories of Empire in a New Global Context*. Athens: University of Georgia Press, 2009.

Horowitz, Richard S. "Breaking the Bonds of Precedent: The 1905-6 Government Reform Commission and the Remaking of the Qing Central State." *Modern Asian Studies* 37, no. 4 (2003): 775-97.

Hsia, Tsi-an. *The Gate of Darkness: Studies on the Leftist Literary Movement in China*. Seattle: University of Washington Press, 1968.

Hsiao, Kung-chuan. *A History of Chinese Political Thought*. Trans. Fred Mote. Princeton, NJ: Prince ton University Press, 1979.

———. *A Modern China and a New World: K'ang Yu-wei, Reformer and Utopian, 1858-1927*. Seattle: University of Washington Press, 1975.

Hsu, Immanuel C. Y. *China's Entrance into the Family of Nations: The Diplomatic Phase, 1858-1880*. Cambridge, MA: Harvard University Press, 1960.

Hu Jintao. "Adhering to the Socialist Cultural Development Path with Chinese

Characteristics and Striving to Build a Country with a Strong Socialist Culture." *Qiushi Journal Online— Leaders, Politics, Economics, Culture, Society.* http://english.qstheory.cn/leaders/201204/t20120401_149158.htm (accessed February 28, 2013).

———. "China's Response." *PBS NewsHour,* May 9, 1999.

Huang, Hong. *Ying daoli: nanfang tanhua huimou* [The Absolute Principle: Retrospective on the Southern Talks]. Jinan: Shandong renmin chubanshe, 2002.

Huang, Kang. "An Unforgettable Night in Yanan." *Chinese Literature* 9 (1977): 91-95.

Huang, Max K. W. *The Meaning of Freedom: Yan Fu and the Origins of Chinese Liberalism.* Hong Kong: Chinese University Press, 2008.

Huang, Philip C. *Liang Ch'i-ch'ao and Modern Chinese Liberalism.* Seattle: University of Washington Press, 1972.

Huang, Renyu. *Cong da lishi de jiaodu du Jiang Jieshi riji.* [Reading the Diaries of Chiang Kai-shek from the Perspective of History]. Beijing: Jiuchuan chubanshe, 2010.

Huang, Yasheng. *Capitalism with Chinese Characteristics: Entrepreneurship and the State.* Cambridge: Cambridge University Press, 2008.

Hummel, Arthur W. *Eminent Chinese of the Ch'ing Period (1644-1912).* Washington, DC: Library of Congress, 1943.

Hung, Chang-tai. *Mao's New World: Political Culture in the Early People's Republic* Ithaca, NY: Cornell University Press, 2011.

Hurd, Douglas. *The Arrow War: An Anglo-Chinese Confusion, 1856-1860.* New York: Collins, 1967.

"International Reaction to Liu Xiaobo Nobel Peace Prize." BBC News, October 28, 2010.

Iriye, Akira. *After Imperialism: The Search for a New Order in the Far East, 1921-1931.* Cambridge, MA: Harvard University Press, 1965.

Itō, Hirobumi. *A Maker of New Japan: Marquis Ito's Experience.* Trans. Teizo Kuramata. Nagasaki: Gwaikokugo Kyojusho, 1904.

Itō, Hirobumi, and Miyoji Ito. *Commentaries on the Constitution of the Empire of Japan.* Tokyo: Chu-o Daigaku, 1906.

Jacobs, Andrew, and Jonathan Ansfield. "Well-Oiled Security Apparatus in China Stifles Calls for Change." *New York Times,* February 28, 2011.

Janku, Andrea. "Preparing the Ground for Revolutionary Discourse: From the Statecraft Anthologies to the Periodical Press in Nineteenth-Century China." *T'oung Pao* 90 (2004): 65-121.

Jansen, Marius B. *The Japanese and Sun Yat-sen.* Cambridge, MA: Harvard University Press, 1954.

———. *The Making of Modern Japan.* Cambridge, MA: Belknap Press of Harvard University Press, 2002.

Jones, Andrew F. *Developmental Fairy Tales: Evolutionary Thinking and Modern Chinese Culture.* Cambridge, MA: Harvard University Press, 2011.

Judge, Joan. *Print and Politics: "Shibao" and the Culture of Reform in Late Qing China.* Stanford, CA: Stanford University Press, 1996.

———. "Public Opinion and the New Politics of Contestation in the Late Qing, 1904–1911." *Modern China* 20, no. 1 (1994): 64–91.

Kagan, Richard C. "Chen Tu-hsiu's Unfinished Autobiography." *The China Quarterly* 50 (1972): 295–314.

Kahn, J. F. "Better Fed than Red." *Esquire*, September 1990.

Karl, Rebecca E., and Peter Gue Zarrow. *Rethinking the 1898 Reform Period: Political and Cultural Change in Late Qing China.* Cambridge, MA: Harvard University Asia Center, 2002.

Karol, K. S. *The Second Chinese Revolution.* New York: Hill and Wang, 1974.

Kaufman, Alison A. "One Nation Among Many: Foreign Models in the Constitutional Thought of Liang Qichao." PhD dissertation, University of California, Berkeley, 2007.

Khrushchev, Nikita Sergeevich. *Khrushchev Remembers.* Ed. Edward Crankshaw and Jerrold Schechter. Trans. Strobe Talbott. New York: Little, Brown, 1974.

———. *Memoirs of Nikita Khrushchev,* vol. 3: *Statesman, 1953-1964.* Ed. Sergei Khrushchev. University Park: Penn State University Press, 2007.

Kissinger, Henry. *On China.* New York: Penguin, 2011.

———. *Years of Renewal.* New York: Simon and Schuster, 1999.

Kristof, Nicholas D. "Shanghai's Mayor Gains Credit as Pragmatist." *New York Times,* November 5, 1989.

———. "No Praise, Please! He Wants to Be the Premier." *New York Times,* August 25, 1992.

Kuhn, Philip A. *Origins of the Modern Chinese State.* Stanford, CA: Stanford University Press, 2003.

———. *Rebellion and Its Enemies in Late Imperial China: Militarization and Social Structure, 1796-1864.* Cambridge, MA: Harvard University Press, 1970.

Kwong, Luke S. K. "Imperial Authority in Crisis: An Interpretation of the Coup d'État of 1861." *Modern Asian Studies* 17, no. 2 (2008): 221–38.

———. *A Mosaic of the Hundred Days: Personalities, Politics, and Ideas of 1898.* Cambridge, MA: Council on East Asian Studies, Harvard University, 1984.

Lai, Jiancheng. *Liang Qichao de jingji mianxiang* [Liang Qichao's Views on Economics]. Hangzhou: Zhejiang daxue chubanshe, 2010.

Lam, Willy Wo-Lap. *Chinese Politics in the Hu Jintao Era: New Leaders, New Challenges.* Armonk, NY: M. E. Sharpe, 2006.

Lampton, David M. *The Making of Chinese Foreign and Security Policy in the Era of Reform, 1978-2000.* Stanford, CA: Stanford University Press, 2001.

Landler, Mark. "Bankruptcy the Chinese Way: Foreign Bankers Are Shown to the End of the Line." *New York Times,* January 22, 1999.

Lanza, Fabio. *Behind the Gate: Inventing Students in Beijing.* New York: Columbia University Press, 2010.

Lardy, Nicholas R. *China's Unfinished Economic Revolution.* Washington, DC: Brookings Institution, 1998.

Larsen, Kirk W. *Tradition, Treaties, and Trade: Qing Imperialism and Choson Korea, 1850-1910.* Cambridge, MA: Harvard University Asia Center, 2008.

Lau, Lawrence J., Yingyi Qian, and Gerard Roland. "Reform Without Losers: An Interpretation of China's Dual-Track Approach to Transition." *Journal of Political Economy* 108, no. 1 (2000): 120-43.

Lenin, Vladimir Ilyich. *The Lenin Anthology.* Ed. Robert C. Tucker. New York: Norton, 1975.

Leonard, Jane Kate. *Wei Yuan and China's Rediscovery of the Maritime World.* Cambridge, MA: Council on East Asian Studies, Harvard University, 1984.

Levenson, Joseph Richmond. *Liang Ch'i-ch'ao and the Mind of Modern China.* Cambridge, MA: Harvard University Press, 1959.

Levine, Marilyn A. *The Found Generation: Chinese Communists in Europe during the Twenties.* Seattle: University of Washington Press, 1993.

Leys, Simon. *The Burning Forest: Essays on Chinese Culture and Politics.* New York: Holt, Rinehart, and Winston, 1985.

——. *Broken Images: Essays on Chinese Culture and Politics.* London: Allison & Busby, 1979.

Li, Cheng. *China's Leaders: The New Generation.* Lanham, MD: Rowman and Littlefield, 2001.

Li, Zhisui. *The Private Life of Chairman Mao: The Memoirs of Mao's Personal Physician.* Ed. Anne F. Thurston. Trans. Hung-chao Tai. New York: Random House, 1994.

Liang, Qichao. *Intellectual Trends in the Ch'ing Period.* Trans. Immanuel C. Y. Hsu. Cambridge, MA: Harvard University Press, 1970.

——. *Liang Qichao quanji* [The Complete Works of Liang Qichao]. Beijing: Beijing chubanshe, 1999.

——. *Liang Qichao wenxuan* [Selected Writings of Liang Qichao]. Ed. Wang Defeng. Shanghai: Shanghai yuandong, 2011.

——. *Liang Qichao zishu* [Liang Qichao's Autobiographical Writings]. Ed. Cui Zhihai. Zhengzhou: Henan renmin chubanshe, 2005.

——. "My Autobiographical Account at Thirty." *Chinese Studies in History* 10, no. 3 (1977): 4-34.

——. *Wuxu zhengbian ji* [Record of the Coup of 1898]. Guilin: Guangxi shifan daxue chubanshe, 2010.

Lifton, Robert Jay. *Thought Reform and the Psychology of Totalism: A Study of "Brainwashing" in China* . New York: Norton, 1961.

——. *Revolutionary Immortality: Mao Tse-tung and the Chinese Cultural Revolution.* New York: Random House, 1968.

Lin, Yüsheng. *The Crisis of Chinese Consciousness: Radical Antitraditionalism in the May Fourth Era.* Madison: University of Wisconsin Press, 1979.

Lin, Yutang. *Between Tears and Laughter.* New York: John Day, 1943.

Liu, Kwang-Ching. "The Ch'ing Restoration." In *The Cambridge History of China,* vol. 10:

605

The Late Ch'ing, Part 1, ed. John K. Fairbank, 409–90. Cambridge: Cambridge University Press, 1978.

Liu Xiaobo. *June Fourth Elegies*. Trans. Jeffrey Yang. Minneapolis: Graywolf Press, 2012.

———. *No Enemies, No Hatred: Selected Essays and Poems*. Ed. E. Perry Link, Tienchi Martin-Liao, and Liu Xia. Cambridge, MA: Belknap Press of Harvard University Press, 2012.

Loti, Pierre. *The Last Days of Pekin*. Trans. Myrta L. Jones. Boston: Little, Brown, 1902.

Lo, Ruth Earnshaw and Katharine Kinderman. Introduction by J. K. Fairbank. *In the Eye of the Typhoon*. New York: Harcourt, 1980.

Lovell, Julia. *The Opium War: Drugs, Dreams and the Making of China*. London: Picador, 2011.

Lu Xun. *Call to Arms*. Beijing: Foreign Languages Press, 2010.

———. *The Real Story of Ah-Q and Other Tales of China*. Trans. by Julia Lovell. London: Penguin Books, 2009.

———. *Selected Works of Lu Xun*, vols. I–IV. Beijing: Foreign Languages Press, 1957.

———. *Xiaoshuoji*, [The Short Stories of Lu Xun]. Hong Kong: Datong Shuju Chuban, 1959.

Macartney, George. *An Embassy to China; Being the Journal Kept by Lord Macartney During His Embassy to the Emperor Ch'ien-lung, 1793-1794*. London: The Folio Society, 2004.

MacFarquhar, Roderick. "Deng's Last Campaign." *New York Review of Books*, December 17, 1992.

———. *The Origins of the Cultural Revolution*, vol. II, *The Great Leap Forward, 1958-1960*. New York: Columbia University Press, 1983.

———, ed. *The Politics of China: The Eras of Mao and Deng*. 2nd ed. New York: Cambridge University Press, 1997.

MacFarquhar, Roderick, and Michael Schoenhals. *Mao's Last Revolution*. Cambridge, MA: Belknap Press of Harvard University Press, 2006.

MacPherson, Duncan. *Two Years in China*. London: Saunders and Otley, 1843.

Maddison, Angus. *Chinese Economic Performance in the Long Run*. Paris: OECD, 1998.

Makito, Saya. *The Sino-Japanese War and the Birth of Japanese Nationalism*. Tokyo: International House of Japan, 2011.

Manela, Erez. *The Wilsonian Moment: Self-Determination and the International Origins of Anticolonial Nationalism*. Oxford: Oxford University Press, 2007.

Mao Zedong. *Mao Papers*. Ed. Jerome Ch'en. London: Oxford University Press, 1970.

———. *Mao Tsetung Poems*. Beijing: Foreign Languages Press, 1976.

———. *Mao Zedong xuanji*, [The Selected Works of Mao Zedong]. Beijing: Renmin chubanshe, 1961.

———. *Mao's Road to Power: Revolutionary Writings, 1912-1949*. Ed. Stuart Schram. Armonk, NY: M. E. Sharpe, 1992.

———. *Quotations from Chairman Mao Tse-tung*. Beijing: Foreign Languages Press, 1966.

———. *Selected Works of Mao Zedong*. Beijing: Foreign Languages Press, 1969.

Martin, Bernard. *Strange Vigour: A Biography of Sun Yat-sen*. Port Washington, NY: Kennikat

Press, 1970.

Martin, W. A. P. *The Siege in Peking: China Against the World.* New York: F. H. Revell, 1900.

McAleavy, Henry. *A Dream of Tartary: The Origins and Misfortunes of Henry P'u Yi.* London: G. Allen and Unwin, 1963.

———. *The Modern History of China.* New York: Praeger, 1967.

McClain, Charles J. *In Search of Equality: The Chinese Struggle Against Discrimination in Nineteenth-Century America.* Berkeley: University of California Press, 1996.

McDougall, Bonnie S. *Mao Zedong's "Talks at the Yan'an Conference on Literature and Art": A Translation of the 1943 Text with Commentary.* Ann Arbor: The University of Michigan, 1980.

McGregor, Richard. *The Party: The Secret World of China's Communist Rulers.* New York: Harper, 2010.

Mei Zhi. *HuFeng's Prison Years,* trans. Gregor Benton. New York: Verso, 2013.

Meisner, Maurice. "Cultural Iconoclasm, Nationalism, and Internationalism in the May Fourth Movement." In *Reflections on the May Fourth Movement: A Symposium,* ed. Benjamin I. Schwartz and Charlotte Furth, 14-22. Cambridge, MA: Harvard University Press, 1972.

———. *Li Ta-chao and the Origins of Chinese Marxism.* Cambridge, MA: Harvard University Press, 1967.

Mencius. *Mencius.* Trans. D. C. Lau. New York: Penguin, 1970.

Miles, Steven B. *The Sea of Learning: Mobility and Identity in Nineteenth-Century Guangzhou.* Cambridge, MA: Harvard University Asia Center, 2006.

Milton, David, and Nancy Milton. *The Wind Will Not Subside: Years in Revolutionary China, 1964-1969.* New York: Pantheon Books, 1976.

Min Tu-ki. *National Polity and Local Power: The Transformation of Late Imperial China.* Ed. Philip A. Kuhn and Timothy Brook. Cambridge, MA: Council on East Asian Studies, Harvard University, 1989.

Mishra, Pankaj. *From the Ruins of Empire: The Intellectuals Who Remade Asia.* New York: Farrar, Straus and Giroux, 2012.

Mitchell, Peter M. "The Limits of Reformism: Wei Yuan's Reaction to Western Intrusion." *Modern Asian Studies* 6, no. 2 (1972): 175-204.

Miyazaki, Ichisada. *China's Examination Hell: The Civil Service Examinations of Imperial China.* Trans. Conrad Shirokauer. New Haven, CT: Yale University Press, 1981.

Mo Shaoping et al. "Criminal Defense in Sensitive Cases." In *Liu Xiaobo, Charter 08, and the Challenges of Political Reform in China,* ed. Jean-Phillipe Béja, Fu Hualing, and Eva Pils, 61-78. Hong Kong: Hong Kong University Press, 2012.

Mokros, Emily. "Reconstructing the Imperial Retreat: Politics, Communications, and the Yuanming Yuan Under the Tongzhi Emperor, 1873-74." *Late Imperial China* 33, no. 2 (2012): 76-118.

Montgomery, Walter G. "The 'Remonstrance' of Feng Kuei-fen: A Confucian Search for Change in 19th-Century China." PhD dissertation, Brown University, 1979.

Mosca, Matthew. *From Frontier Policy to Foreign Policy: The Question of India and the*

Transformation of Geopolitics in Qing China. Stanford, CA: Stanford University Press, 2013.

Mufson, Steven. "Economic Pragmatist to Be China Premier." *Washington Post*, March 5, 1998.

Musgrove, C. D. "Building a Dream: Constructing a National Capital in Nanjing, 1927–1937." In *Remaking the Chinese City: Modernity and National Identity, 1900-1950*, ed. Joseph W. Esherick, 139–60. Honolulu: University of Hawaii Press, 2000.

———. "Monumentality in Nanjing's Sun Yat-sen Memorial Park." *Southeast Review of Asian Studies* 29 (2007): 1–19.

Naquin, Susan. *Millenarian Rebellion in China: The Eight Trigrams Uprising of 1813*. New Haven, CT: Yale University Press, 1976.

Nathan, Andrew. "Authoritarian Resilience." *Journal of Democracy* 14, no. 1 (2003): 6–17.

———. *Chinese Democracy*. New York: Alfred A. Knopf, 1985.

Nathan, Andrew J., and Bruce Gilley. *China's New Rulers: The Secret Files*. New York: New York Review of Books, 2002.

Naughton, Barry. "China's Economic Think Tanks: Their Changing Role in the 1990s." *China Quarterly* 171 (2002): 625–35.

———. *The Chinese Economy: Transitions and Growth*. Cambridge, MA: MIT Press, 2006.

———. *Growing Out of the Plan: Chinese Economic Reform, 1978-1993*. New York: Cambridge University Press, 1995.

Nye, Joseph S. *Soft Power: The Means to Success in World Politics*. New York: Public Affairs, 2004.

Ogden, Suzanne, Kathleen Hartford, Lawrence Sullivan, and David Zweig, eds. *China's Search for Democracy: The Student and the Mass Movement of 1989*. Armonk, NY: M. E. Sharpe, 1992.

Orlik, Tom. "Unrest Grows as Economy Booms." *Wall Street Journal*, September 26, 2011.

Osnos, Evan. "Liu Xiaobo Wins the Nobel Peace Prize." *New Yorker*, October 10, 2010.

Paine, S. C. M. *The Sino-Japanese War of 1894-1895: Perceptions, Power, and Primacy*. New York: Cambridge University Press, 2003.

Pantsov, Alexander, and Steven I. Levine. *Mao: The Real Story*. New York: Simon and Schuster, 2012.

Peffer, Nathaniel. *China: The Collapse of a Civilization*. London: George Routledge and Sons, 1931.

Perdue, Peter C. *China Marches West: The Qing Conquest of Central Eurasia*. Cambridge, MA: Belknap Press of Harvard University Press, 2005.

Perry, Elizabeth J. *Rebels and Revolutionaries in North China, 1845-1945*. Stanford, CA: Stanford University Press, 1980.

Peterman, Erika. "Beijing Halts Rights, Arms Talks." *Chicago-Sun Times*, May 11, 1999.

Platt, Stephen R. *Autumn in the Heavenly Kingdom: China, the West, and the Epic Story of the Taiping Civil War*. New York: Alfred A. Knopf, 2012.

———. *Provincial Patriots: The Hunanese and Modern China*. Cambridge, MA: Harvard

University Press, 2007.

Polachek, James M. *The Inner Opium War.* Cambridge, MA: Council on East Asian Studies, Harvard University, 1992.

Pomeranz, Kenneth. *The Great Divergence: China, Europe, and the Making of the Modern World Economy.* Princeton, NJ: Princeton University Press, 2000.

Porter, Jonathan. *Tseng Kuo-fan's Private Bureaucracy.* Berkeley: Center for Chinese Studies, University of California, 1972.

"Premier: China Confi dent in Maintaining Economic Growth." *Xinhua,* March 16, 2007.

Pye, Lucian W. *Mao Tse-tung: The Man in the Leader.* New York: Basic Books, 1976.

Rabe, John. *The Good Man of Nanking: The Diaries of John Rabe.* Ed. Erwin Wickert. Trans. John E. Woods. New York: Alfred A. Knopf, 1998.

Rabinovitch, Simon. " 'Strong Army' Xi: The Other Side of China's Reformer." *Financial Times,* December 12, 2013.

Ramo, Joshua Cooper. *The Beijing Consensus.* London: Foreign Policy Centre, 2004.

Rankin, Mary Backus. "'Public Opinion' and Political Power." *Journal of Asian Studies* 41, no. 3 (1982): 453-84.

Reynolds, Douglas Robertson. *China, 1898-1912: The Xinzheng Revolution and Japan.* Cambridge, MA: Council on East Asian Studies, Harvard University, 1993.

Rhoads, Edward J. M. *Manchus and Han: Ethnic Relations and Political Power in Late Qing and Early Republican China, 1861-1928.* Seattle: University of Washington Press, 2000.

———. *Stepping Forth into the World: The Chinese Educational Mission to the United States, 1872-81.* Hong Kong: Hong Kong University Press, 2011.

Rice, Edward E. *Mao's Way.* Berkeley: University of California Press, 1972.

Richard, Timothy. *Forty-five Years in China: Reminiscences.* New York: Frederick A. Stokes, 1916.

Rosenthal, Jean-Laurent, and R. Bin Wong. *Before and Beyond Divergence: The Politics of Economic Change in China and Europe.* Cambridge, MA: Harvard University Press, 2011.

Rowe, William T. *China's Last Empire: The Great Qing.* Cambridge, MA: Harvard University Press, 2009.

———. "Money, Economy, and Polity in the Daoguang-Era Paper Currency Debates." *Late Imperial China* 31, no. 2 (2010): 69-96.

Ruan, Ming. *Deng Xiaoping: Chronicle of an Empire.* Trans. and ed. Nancy Liu, Peter Rand, and Lawrence R. Sullivan. Boulder, CO: Westview Press, 1994.

Salisbury, Harrison E. *The New Emperors: China in the Era of Mao and Deng.* Boston: Little, Brown, 1992.

Schell, Orville. "China's Andrei Sakharov." *Atlantic Monthly,* May 1988.

———. *Discos and Democracy: China in the Throes of Reform.* New York: Pantheon Books, 1988.

———. *Mandate of Heaven: A New Generation of Entrepreneurs, Dissidents, Bohemians, and Technocrats Lays Claim to China's Future.* New York: Simon and Schuster, 1994.

———. "The Odyssey of Comrade Fang." *Los Angeles Times Magazine,* October 1, 2007.

———. *Watch Out for the Foreign Guests: China Encounters the West.* New York: Pantheon Books, 1980.

Schell, Orville and David Shambaugh, eds. *The China Reader: The Reform Era.* New York: Random House, 1994.

Schiffrin, Harold Z. *Sun Yat-sen, Reluctant Revolutionary.* Boston: Little, Brown, 1980.

Schoppa, R. Keith. *Revolution and Its Past: Identities and Change in Modern Chinese History.* Upper Saddle River, NJ: Prentice Hall, 2006.

———. *Twentieth Century China: A History in Documents.* Oxford: Oxford University Press, 2004.

Schram, Stuart R., ed. *Mao Tse-Tung Unrehearsed.* Trans. John Chinney. Harmondsworth: Penguin, 1974.

———. *The Political Thought of Mao Tse-tung.* Harmondsworth: Penguin, 1969.

Schumpeter, Joseph A. *Capitalism, Socialism, and Democracy.* New York: Harper, 1942.

Schurmann, Franz. *Ideology and Organization in Communist China.* Berkeley: University of California Press, 1966.

Schwarcz, Vera. *The Chinese Enlightenment: Intellectuals and the Legacy of the May Fourth Movement of 1919.* Berkeley: University of California Press, 1986.

Schwartz, Benjamin I. *Chinese Communism and the Rise of Mao.* Cambridge, MA: Harvard University Press, 1951.

———. *In Search of Wealth and Power: Yen Fu and the West.* Cambridge, MA: Harvard University Press, 1964.

———. *The World of Thought in Ancient China.* Cambridge, MA: Harvard University Press, 1985.

Seagrave, Sterling. *Dragon Lady: The Life and Legend of the Last Empress of China.* New York: Random House, 1993.

———. *The Soong Dynasty.* New York: Harper and Row, 1985.

Selden, Mark, ed. *The People's Republic of China: A Documentary History of Revolutionary Change.* New York: Monthly Review Press, 1979.

———. ed. *The Yenan Way in Revolutionary China.* Cambridge, MA: Harvard University Press, 1971.

Service, John S. *Lost Chance in China: The World War II Despatches of John S. Service.* Ed. Joseph Esherick. New York: Random House, 1974.

Shambaugh, David L. *China Goes Global: The Partial Power.* New York: Oxford University Press, 2013.

———. ed. *Deng Xiaoping: Portrait of a Chinese Statesman.* Oxford: Clarendon Press, 1995.

Sharman, Lyon. *Sun Yat-sen: His Life and Its Meaning.* Stanford, CA: Stanford University Press, 1968.

Shen Hu. "China's Gini Index at 0.61." *Caixin* (Beijing), December 10, 2012.

Sheng, Yueh. *Sun Yat-sen University in Moscow and the Chinese Revolution: A Personal Account.* Lawrence: Center for East Asian Studies, University of Kansas, 1971.

Shih, Victor C. *Factions and Finance in China: Elite Conflict and Inflation.* Cambridge:

Cambridge University Press, 2009.

Shirk, Susan L. *China: Fragile Superpower.* Oxford: Oxford University Press, 2008.

————. *The Political Logic of Economic Reform in China.* Berkeley: University of California Press, 1993.

Short, Philip. *Mao: A Life.* New York: Henry Holt, 1999.

Sima, Qian. *Selections from Records of the Historian.* Trans. Xianyi Yang and Gladys Yang. Beijing: Foreign Languages Press, 1979.

Snow, Edgar. *Journey to the Beginning: A Personal View of Contemporary History.* New York: Random House, 1958.

————. *People on Our Side.* New York: Random House, 1944.

————. *Red Star over China.* New York: Grove Press, 1968.

Solomon, Richard H. *Mao's Revolution and the Chinese Political Culture.* Berkeley: University of California Press, 1971.

Soong, May-ling, and Kai-shek Chiang. *This Is Our China: Selections from the Writings of Madame Chiang Kai-shek.* New York: Harper and Brothers, 1940.

Spector, Stanley. *Li Hung-chang and the Huai Army: A Study in Nineteenth-Century Chinese Regionalism.* Seattle: University of Washington Press, 1964.

Spence, Jonathan D. "The Enigma of Chiang Kai-shek." *New York Review of Books,* October 22, 2009.

————. *The Gate of Heavenly Peace: The Chinese and Their Revolution, 1895-1980.* New York: Penguin, 1982.

————. *God's Chinese Son: The Taiping Heavenly Kingdom of Hong Xiuquan.* New York: W. W. Norton, 1996.

————. *Mao Zedong.* New York: Viking, 1999.

————. *The Search for Modern China.* New York: Norton, 1990.

————. *To Change China: Western Advisers in China, 1620-1960.* Boston: Little, Brown, 1969.

Stilwell, Joseph W. *The Stilwell Papers.* Ed. Theodore H. White. New York: William Sloane Associates, 1948.

Stranahan, Patricia. *Underground: The Shanghai Communist Party and the Politics of Survival, 1927-1937.* Lanham, MD: Rowman and Littlefield, 1998.

Strand, David. *An Unfinished Republic: Leading by Word and Deed in Modern China.* Berkeley: University of California Press, 2011.

Su Tairen. *Deng Xiaoping shengping quanji lu* [Complete Record of the Life of Deng Xiaoping]. Beijing: Zhongyang wenxian chubanshe, 2003.

Sun, E-Tu Zen. "The Chinese Constitutional Missions of 1905-1906." *Journal of Modern History* 24, no. 3 (1952): 251-69.

Sun Yat-sen. *The Three Principles of the People.* 4th ed. Trans. Frank W. Price. Taipei: China Publishing, 1982.

————. "A Program of National Reconstruction," in De Bary et al, *Sources of Chinese Tradition.* New York, Columbia University Press.

Sun Zhongshan. *Sanmin Zhuyi,* [The Three Principles of the People]. Guangzhou:

Guangdong renmin chubanshe, 2006.

Tai Wan-chin. "Chen Duxiu's Conversion from a Liberal Democrat to a Marxist-Leninist: Motivations and Impact." *Tamkang Journal of International Affairs* 11, no. 1 (2007).

Tan, Chester C. *The Boxer Catastrophe*. New York: Norton, 1971.

Tang, Xiaobing. *Global Space and the Nationalist Discourse of Modernity: The Historical Thinking of Liang Qichao*. Stanford, CA: Stanford University Press, 1996.

Taylor, Jay. *The Generalissimo: Chiang Kai-shek and the Struggle for Modern China*. Cambridge, MA: Belknap Press of Harvard University Press, 2009.

———. *The Generalissimo's Son: Chiang Ching-kuo and the Revolutions in China and Taiwan*. Cambridge, MA: Harvard University Press, 2000.

Teng, Ssu-yu. *Chang Hsi and the Treaty of Nanking, 1842*. Chicago: University of Chicago Press, 1944.

Teng, Ssu-yu, and John King Fairbank, eds. *China's Response to the West: A Documentary Survey, 1839-1923*. Cambridge, MA: Harvard University Press, 1982.

ter Haar, B. J. *The White Lotus Teachings in Chinese Religious History*. Leiden: E. J. Brill, 1992.

Thompson, Roger R. "The Lessons of Defeat: Transforming the Qing State After the Boxer War." *Modern Asian Studies* 37, no. 4 (2003): 769-73.

Thurston, Anne F. *A Chinese Odyssey: The Life and Times of a Chinese Dissident*. New York: Charles Scribner's Sons, 1991.

Trevor-Roper, Hugh. *Hermit of Peking: The Hidden Life of Sir Edmund Backhouse*. New York: Knopf, 1978.

Tsu, Jing. *Failure, Nationalism, and Literature: The Making of Modern Chinese Identity, 1895-1937*. Stanford, CA: Stanford University Press, 2005.

Tuchman, Barbara Wertheim. *Notes from China*. New York: Collier Books, 1972.

Tyler, Patrick. "China Detains and Then Frees a Top Dissident." *New York Times*, March 5, 1994.

———. *A Great Wall: Six Presidents and China*. New York: PublicAffairs, 2000.

"U.S.-China Joint Statement." The White House. http://www.whitehouse.gov/the-press-office/us-china-joint-statement (accessed February 28, 2013).

Vernoff, Edward, and Peter J. Seybolt. *Through Chinese Eyes: Tradition, Revolution and Transformation*, 3rd ed. New York: APEX Press, 2007.

Vittinghoff, Natascha. "Unity vs. Uniformity: Liang Qichao and the Invention of a 'New Journalism' for China." *Late Imperial China* 23, no. 1 (2002): 91-143.

Vogel, Ezra F. *Deng Xiaoping and the Transformation of China*. Cambridge, MA: Belknap Press of Harvard University Press, 2011.

Wakeman, Frederic E. *History and Will: Philosophical Perspectives of Mao Tse-tung's Thought*. Berkeley: University of California Press, 1973.

———. "The Huang-chao ching-shih wen-pien." *Ch'ing-shih wen-t'i*, 1, no. 1 (1969): 8-22.

———. "A Revisionist View of the Nanjing Decade: Confucian Fascism." In *Reappraising

Republican China, ed. Richard L. Edmonds, 141-78. Oxford: Oxford University Press, 2000.

Waley, Arthur. *The Opium War Through Chinese Eyes*. London: Allen and Unwin, 1958.

Wang, David Der-wei. *Fin-de-siècle Splendor: Repressed Modernities of Late Qing Fiction, 1849-1911*. Stanford, CA: Stanford University Press, 1997.

Wang, Dong. *China's Unequal Treaties: Narrating National History*. Lanham, MD: Lexington Books, 2005.

Wang, Fanxi. "Chen Duxiu, Founder of Chinese Communism." In Chen Duxiu, *Chen Duxiu's Last Articles and Letters, 1937-1942*, ed. Gregor Benton, 133-41. Honolulu: University of Hawaii Press, 1998.

Wang, Nora. "Deng Xiaoping: The Years in France." *China Quarterly* 92 (1982): 698-705.

Wang Shaoguang and Hu Angang. *The Chinese Economy in Crisis: State Capacity and Tax Reform*. Armonk, NY: M. E. Sharpe, 2001.

Wang, Zheng. *Never Forget National Humiliation: Historical Memory in Chinese Politics and Foreign Relations*. New York: Columbia University Press, 2012.

Warner, Marina. *The Dragon Empress: The Life and Times of Tz'u-hsi, Empress Dowager of China, 1835-1908*. New York: Macmillan, 1972.

Wei, Jingsheng. *The Courage to Stand Alone: Letters from Prison and Other Writings*. Trans. and ed. Kristina M. Torgeson. New York: Penguin, 1998.

Wei, Yuan. *A Chinese Account of the Opium War*. Trans. Edward H. Parker. Shanghai: Kelly and Walsh, 1888.

———. *Haiguo tuzhi* [Illustrated Study of Sea Powers]. Zhengzhou: Zhongzhou guji, 1999.

Wei Chaoyong. *"Xin zhongguo weilaiji" de lishi quannien jiqi zhengzhi lunli*, [An Historical View and the Political Ethics of "The Future of New China"]. *Zhejiang Xuekan*, no. 4, 2006.

Westad, Odd Arne. *Decisive Encounters: The Chinese Civil War, 1946-1950*. Stanford, CA: Stanford University Press, 2003.

———. *Restless Empire: China and the World Since 1750*. New York: Basic Books, 2012.

Weston, Timothy B. *The Power of Position: Beijing University, Intellectuals, and Chinese Political Culture, 1898-1929*. Berkeley: University of California Press, 2004.

White, Theodore H. *In Search of History: A Personal Adventure*. New York: Harper and Row, 1978.

White, Theodore H., and Annalee Jacoby. *Thunder Out of China*. New York: William Sloane Associates, 1946.

Wilbur, C. Martin. *Sun Yat-sen, Frustrated Patriot*. New York: Columbia University Press, 1976.

Wills, John E. *Mountain of Fame: Portraits in Chinese History*. Princeton, NJ: Princeton University Press, 1994.

Wolseley, Garnet Wolseley. *Narrative of the War with China in 1860*. London: Longman, Green, Longman, and Roberts, 1862.

Wong, Edward. "China's Communist Chief Acts to Bolster Military." *New York Times*,

December 15, 2012.

Wong, Edward, and Jonathan Ansfield. "Rising Power of Generals Worries Party in Beijing." *International Herald Tribune*, October 2, 2012.

Wong, K. Scott. "Liang Qichao and the Chinese of America: A Re-evaluation of His 'Selected Memoir of Travels in the New World.' " *Journal of American Ethnic History* 11, no. 4 (1992): 3-24.

Woo, T. C. *The Kuomintang and the Future of the Chinese Revolution.* London: George Allen and Unwin, 1928.

Woodman, Sophia. "Wei Jingsheng's Lifelong Battle for Democracy," in Wei Jingsheng, *The Courage to Stand Alone: Letters from Prison and Other Writings.* New York: Viking, 1997.

Wright, Mary Clabaugh. *The Last Stand of Chinese Conservatism: The T'ung-chih Restoration, 1862-1874.* Stanford, CA: Stanford University Press, 1962.

Wu, Hung. *Remaking Beijing: Tiananmen Square and the Creation of a Political Space.* Chicago: University of Chicago Press, 2005.

Wu, Jinglian. *Understanding and Interpreting Chinese Economic Reform.* Oakland, CA: Texere, 2005.

Wu, Yung. *The Flight of an Empress.* Trans. Ida Pruitt. 1936. Westport, CT: Hyperion, 1973.

"Xi Pledges 'Great Renewal of Chinese Nation,' " *Xinhua*, November 29, 2012.

Xi Jinping. "Full Text of Xi's Address to the Media." *China Daily*, November 16, 2012.

Xiong, Yuezhi. "Difficulties in Comprehension and Differences in Expression: Interpreting American Democracy in the Late Qing." *Late Imperial China* 23 (2002): 1-27.

————. *Feng Guifen pingzhuan.* Nanjing: Nanjing daxue chubanshe, 2004.

Xu Che. *Yige zhenshi de Cixi taihou.* Beijing: Tuanjie chubanshe, 2007.

Yahuda, Michael. "Deng Xiaoping: The Statesman." *China Quarterly* 135, special issue: "Deng Xiaoping: An Assessment" (1993): 551-72.

Yang, Benjamin. *Deng: A Political Biography.* Armonk, NY: M. E. Sharpe, 1998.

Yang, Dali. *Remaking the Chinese Leviathan: Market Transition and the Politics of Governance in China.* Stanford, CA: Stanford University Press, 2006.

Yang, Jianli, and John Downer, eds. *Wei Jingsheng: The Man and His Ideas.* Pleasant Hill, CA: Foundation for China in the 21st Century, 1995.

Yang Jisheng. *Tombstone: The Great Chinese Famine, 1958-1962.* Ed. Edward Friedman, Guo Jian, and Stacy Mosher. Trans. Stacy Mosher and Guo Jian. New York: Farrar, Straus and Giroux, 2012.

Yang Tianshi. *Wan Qing shishi* [Historical Events of the Late Qing]. Beijing: Zhongguo renmin daxue chubanshe, 2007.

Yu Guangyuan. *Deng Xiaoping Shakes the World: An Eyewitness Account of China's Party Work Conference and the Third Plenum (November-December 1978).* Ed. Steven I. Levine and Ezra F. Vogel. Norwalk, CT: EastBridge, 2004.

Zhao, Suisheng. *China and Democracy: The Prospect for a Democratic China.* New York: Routledge, 2000.

——. "A State-Led Nationalism: The Patriotic Education Campaigns in Post-Tiananmen China." *Communist and Post-Communist Studies* 31, no. 3 (1998): 287-302.

Zhao, Ziyang. *Prisoner of the State: The Secret Journal of Zhao Ziyang.* Trans. and ed. Pu Bao, Renee Chiang, and Adi Ignatius. New York: Simon and Schuster, 2009.

Zheng, Xiaowei. "Loyalty, Anxiety, and Opportunism: Local Elite Activism During the Taiping Rebellion in Eastern Zhejiang, 1851-1864." *Late Imperial China* 30, no. 2 (2009): 39-83.

Zheng, Yi. *Scarlet Memorial: Tales of Cannibalism in Modern China.* Trans. and ed. T. P. Sym. Boulder, CO: Westview Press, 1996.

Zhu, Rongji. *Zhu Rongji jianghua shilu* [A True Record of Zhu Rongji's Speeches]. Beijing: Renmin chubanshe, 2011.

——. *Zhu Rongji Meets the Press.* Hong Kong: Oxford University Press, 2011.

Zhu, Wenhua. *Chen Duxiu zhuan* [A Biography of Chen Duxiu]. Beijing: Hongqi chubanshe, 2009.

Zhu Hong. *Chen Duxiu: Zuihou suiyue* [Chen Duxiu's Last Years of Arduous Struggle]. Shanghai: Dongfang Chuban Zhongxing, 2011.

Zong, Hairen, ed. "Zhu Rongji in 1999." *Chinese Law and Government* 35, no. 2 (2002): 3-91.

찾아보기

❀

620

❖

지은이 **존 델러리**John Delury

예일 대학교에서 17세기 유교 철학자 고염무顧炎武에 관한 논문으로 중국 근대사 박사학위를 받았다. 브라운 대학교, 컬럼비아 대학교, 베이징 대학교 등에서 중국 역사와 정치를 가르쳤고 아시아소사이어티 미중관계센터 이사로 재직했다. 현재 연세대학교 국제대학원 조교수로 있다.

지은이 **오빌 셸**Orville Schell

하버드 대학교와 캘리포니아 대학교 버클리 캠퍼스에서 수학했으며 중국에 관한 다수의 책과 논문을 썼다. UC버클리 언론대학원 전前 학장이었으며 아시아소사이어티 미중관계센터 소장으로 있다.

옮긴이 **이은주**

이화여자대학교 법학과를 졸업하였으며, 현재 번역 에이전시 하니브릿지에서 출판기획 및 전문 번역가로 활동하고 있다. 역서로 『2020년 중국: 세계적 석학들의 중국 경제 전망』 『블라인드사이드: 생각의 사각지대 』 『크래시 코스: 시한부 세계경제의 진실을 말하다』 『피터 드러커의 위대한 통찰』 등 다수가 있다.

돈과 힘

1판 1쇄 2015년 1월 27일
1판 2쇄 2015년 3월 2일

지은이 존 델러리·오빌 셸 | 옮긴이 이은주 | 펴낸이 강병선
기획·책임편집 고아라 | 편집 방재숙 오경철 | 독자모니터 이상훈 황치영
디자인 윤종윤 이주영 | 저작권 한문숙 박혜연 김지영
마케팅 정민호 이연실 정현민 지문희 김주원 | 온라인 마케팅 김희숙 김상만 한수진 이천희
제작 강신은 김동욱 임현식 | 제작처 영신사

펴낸곳 (주)문학동네
출판등록 1993년 10월 22일 제406-2003-000045호
주소 413-120 경기도 파주시 회동길 210
전자우편 editor@munhak.com | 대표전화 031) 955-8888 | 팩스 031) 955-8855
문의전화 031) 955-1933(마케팅), 031) 955-1915(편집)
문학동네카페 http://cafe.naver.com/mhdn | 트위터 @munhakdongne

ISBN 978-89-546-3463-2 03910

www.munhak.com